1000편의
시로 쓴
예수 그리스도의
생애

1000편의
시로 쓴
예수 그리스도의
생애

용혜원 지음

책만드는집

당신은 예수 그리스도를 만나보셨습니까. 우리가 지은 모든 죄를 용서하여
주시는 예수 그리스도는 구주이십니다. 십자가 보혈로 용서하고 구원하여주
시는 예수 그리스도는 하나님의 아들이십니다. 나는 예수 그리스도를 믿습니
다. 나는 예수 그리스도를 구주로 고백합니다. 나는 예수 그리스도를 시인합
니다. 나는 예수 그리스도를 전합니다. 『1000편의 시로 쓴 예수 그리스도의
생애』는 그분의 삶을 시로써 전하고 싶어 기도하며, 눈물로 시인하고 고백하
며, 감사하며, 찬양하며 지금까지 쓴 것을 엮은 것입니다. 30대부터 60대까
지 오랫동안 주님을 사모하며 '나사렛 시인 예수' 주님의 생애를 시로 썼습니
다. 기도하며 말씀을 읽고 묵상하며 주님의 생애를 시로 쓸 수 있는 것은 놀라
운 은혜요 축복입니다. 주님은 참으로 고귀하고 위대한 하늘 사랑을 보여주셨
습니다.

처음에는 1000편까지 쓸 생각을 하지 않았습니다. 예수 그리스도에 관한 시
를 쓴 것은 1986년에 출간한 첫 시집 『한 그루의 나무를 아무도 숲이라 하지
않는다』에 실은 「내 작은 소망으로」와 「나사로」가 처음입니다. 하나님은 내가
시인으로 출발할 때 이미 이 시집을 쓸 것을 인도하여주신 것입니다. 그리고
두 번째 시집 『사랑이 눈을 뜰 때면』에서 첫 편과 마지막 편을 예수에 관한 시
로 실었습니다. 「당신은 그분을 만나보셨습니까」와 「하나님은 언제나 함께하
신다오」입니다. 모든 일은 하루아침에 일어나는 것이 아닙니다. 모든 일의 시
작과 끝은 하나님의 인도하심 아래 이루어집니다. 예수 그리스도의 생애를 시
로 쓰기 시작한 지 올해로 30년이 되었습니다. 주님께서는 참으로 오랜 세월

4

동안 쓸 수 있는 기쁨과 감동을 주셨습니다.

이 작업의 첫 결실은 1991년 7월 15일 도서출판 주찬양에서 수십 편의 시를 실어『우리들의 예수』라는 제목으로 맺어졌습니다. 두 번째 시집은 1992년 7월 30일 혜선출판사에서 222편으로 출간되었습니다. 세 번째 시집은 1995년 11월 30일 도서출판 진흥에서 52편으로, 네 번째 시집은 2013년 7월 21일 책만드는집에서 619편으로 출간되었습니다. 이제 다섯 번째로 그동안 갈망하고 원했던 1000편 시집을 출간하게 되었습니다. 모든 과정은 주님의 인도하심과 사랑 속에 이루어졌습니다. 30년 동안 1000편을 쓰게 하여주신 주님께 찬양과 영광을 돌립니다. 또한 수고한 출판사 분들과, 항상 곁에서 도와준 나의 아내 이수인 시인에게도 감사와 사랑을 전하고 싶습니다.

『1000편의 시로 쓴 예수 그리스도의 생애』를 쓰는 동안 수많은 기도 시간과 성경 묵상이 필요했습니다. 그동안 구약성경을 500번 이상, 신약성경을 1500번 이상 읽으며 기도하고 묵상했습니다. 힘들고 어려웠던 순간도 있었지만 주님이 이 땅에 오심과 고난으로써 보여주신 십자가의 사랑, 그리고 하나님의 놀라운 구속의 섭리와 천국을 예비하심을 깊이 깨달을 수 있음이 도리어 축복이었습니다. 나를 사랑하여주시는 주님께 무한 감사를 드릴 뿐입니다. 그동안 축복하여주시고 인도하여주신 주님께 감사를 드립니다.

나의 사랑하는 주님께 영광을 돌립니다. 예수 그리스도의 사랑이 온 땅에 흘러내려 사람들의 마음에 넘치기를 원합니다. 이 땅에 예수 그리스도의 계절이 오기를 원합니다. 이 시를 읽는 모든 분들이 주님께 돌아와 구원받기를 원합니다. 주님을 믿는 모든 이들에게 주님의 사랑과 축복과 평안이 날마다 함께하기를 간절히 기도드립니다.

용혜원

1 | 서시 - 당신은 그분을 만나보셨습니까

예수께서 이르시되 내가 곧 길이요 진리요 생명이니 나로 말미암지 않고는 아버지께로 올
자가 없느니라 ✝ 요한복음 14 : 6

당신은 그분을 만나보셨습니까
늘 우리 곁에 한 사람의 얼굴로
다가와서는 기쁨으로 가득 채우는
그분을 만나보셨습니까

소문을 내지 않아도 소문나던 분
가난한 이들과 외로운 이들과
병든 사람들을 가까이하시던
그분의 손길은 사랑이었습니다

우리의 삶 속에
텅 빈 것 같은 공허감을 느끼며
인생의 결국이 온다면
얼마나 외롭겠습니까

당신은 그분을 만나보셨습니까
온유한 모습으로 찾아와
나는 길이요, 진리요, 생명이라
말씀하시는 이
예수를 만나보셨습니까

2 | 당신을 위하여 오신 예수 그리스도

우리가 다 하나님의 아들을 믿는 것과 아는 일에 하나가 되어 온전한 사람을 이루어 그리스
도의 장성한 분량이 충만한 데까지 이르리니 이는 우리가 이제부터 어린아이가 되지 아니
하여 사람의 속임수와 간사한 유혹에 빠져 온갖 교훈의 풍조에 밀려 요동하지 않게 하려 함
이라 오직 사랑 안에서 참된 것을 하여 범사에 그에게까지 자랄지라 그는 머리니 곧 그리스
도라 ✝ 에베소서 4 : 13-15

주님은 당신을 죄에서 구원하시고
이 땅에 오셨습니다

당신은 죄가 있다고 생각하십니까
죄가 없다고 생각하십니까
하나님은 누구나 죄인이라고 말씀하십니다

주를 영접하고 죄를 회개하면
구원을 받아 영생을 얻고
하나님의 자녀가 되어
아름다운 영원한 천국에 초대를 받습니다

예수 그리스도는 중보자이시기에
지금도 하나님의 보좌 우편에서
당신의 부족하고 연약함을 위하여
기도하고 계십니다

참평안과 구원의 기쁨을 주시고
갈 길을 인도하여주시고
당신을 구원하시려고
지금 이 순간에도 오라고 부르십니다

3 | 초대받은 사람들

이르되 주 예수를 믿으라 그리하면 너와 네 집이 구원을 받으리라 하고 ✝ 사도행전 16 : 31

죄악의 그늘에 생명의 빛이 비추고
고통의 상처에 구원의 꽃이 피어납니다
이 땅에 오셔서 사람들을 찾아다니시고
죄악의 골짜기에 복음을 전하시며
천국으로 모든 사람들을 초대하셨습니다

당신은 지금 죄의 절망 속에서
주님을 영접하지 못하여 허무하지 않습니까
산다는 것은 무엇입니까
모질고 험한 인생살이에 낙심한
나약하고 초라한 자들을 초대하셨습니다

나보다 나를 더 먼저 사랑하시고
모든 것을 받아주시는 예수 안에서
이 세상 무엇과도 바꿀 수 없는
참평안을 누릴 수 있습니다

십자가 고난에 눈시울이 붉어지고
가슴 벅찬 감동에 눈물이 쏟아집니다
천국에 초대받았다면 머뭇거리지 말고
주를 영접하고 하나님의 행복으로
멋진 날을 꿈꾸고 이루며 살아야 합니다

4 | 초대받지 못한 사람들 1

> 기록된바 의인은 없나니 하나도 없으며 깨닫는 자도 없고 하나님을 찾는 자도 없고 다 치우 쳐 함께 무익하게 되고 선을 행하는 자는 없나니 하나도 없도다 ✝ 로마서 3 : 10-12

바싹 메마른 마음이 죄악의 덫에 걸려
도무지 헤어나지 못하고
부질없는 일에 온정신이 팔린 사람들

지금 잘못된 길로 가는 줄도 모르고
생명이 끝나는 줄도 모르는
죄악의 늪에 빠져가는 불쌍한 사람들

머뭇거리다가, 서성거리다가
두리번거리다가, 기웃거리다가
결국 빈손으로 쥔 것도 없이
떠나는 허무하고 가련한 사람들

허무하게 불타는 욕망 속에
타락의 재미를 느끼며 살다가
죄와 허물을 아무리 숨겨보아도
주님의 눈빛 앞에 드러나
감추지도 못하고 살아가는 사람들

하나님의 초대에 망설이다 가지 못하고
잘못된 선택으로 회개하지 못하고
지옥 가는 영벌에 처해진다면 불행이다

5 | 초대받지 못한 사람들 2

오직 믿음으로 구하고 조금도 의심하지 말라 의심하는 자는 마치 바람에 밀려 요동하는 바다 물결 같으니 이런 사람은 무엇이든지 주께 얻기를 생각하지 말라 두 마음을 품어 모든 일에 정함이 없는 자로다 ✝ 야고보서 1:6-8

주님은 우리를 구원의 자리에 초대하시고
누구든지 아무나 오라 하시며
돈도 권력도 아무것도 원하지 않으셨다

주님이 오라 부르시는데
초대받았는가 초대받지 못했는가
분명하고 확실하게 깨달아야 한다

우리는 어디로 가고 누구를 만나야 하는가
주님께 초대받지 못한다면
얼마나 불쌍하고 초라한 삶인가

아무리 부유하고
명예와 권세를 누리고 살아도
불쑥 드러나는 죄를 회개하지 않으면
가장 불행한 지옥 불에 떨어진다

세속의 날은 하잘것없이 흘러가고
다시는 돌아오지 않는데
죄 속에서 뼈아픈 몸부림만 치지 말고
죄를 숨기지 말고 고백하고
우리 주 예수 그리스도를 영접하라

6 | 목련꽃이 필 때면

하나님의 아들 예수 그리스도의 복음의 시작이라 ✝ 마가복음 1 : 1

예수 그리스도의 사랑은
봄날 하얗고 순결한 목련꽃 피듯
십자가에서 한순간 절명하듯
생명의 꽃잎 다 떨어져도
부활의 절정으로 피어났다

십자가의 고귀한 사랑으로
영원한 생명까지 아낌없이 주셨으니
참 아름답고 고결하시다

목련꽃 필 때면 십자가 예수가
더 그립도록 마음 깊이 찾아와
괜스레 명치끝이 아리고 시리다

낮고 천한 이 땅에 오셔서
목련꽃 피듯 구원의 봄날에
부활꽃을 활짝 피워주셨다

꽃 피는 봄날에 예수 사랑의 향기가
하늘과 땅에 가득히 퍼져 나가고
생명의 복음, 구원의 복음이 전파되어
온 세상에 산 소망이 충만하다

7 | 예수 그리스도의 삶을 기록한 제자 마가

하나님의 아들 예수 그리스도의 복음의 시작이라 ✝ 마가복음 1:1

하나님의 아들이 지상에 오셔서
살아간 삼십삼 년 동안
스치고 지나간 사람이 많고 많았다

마가여! 예수의 모든 사역을 간결하고
생생하게 정리하여 가슴이 뜨겁도록
흥미롭고 유익하게 전하여주는가

예수 그리스도의 공생애 동안
마가의 모든 시선과 마음이
주님을 따라 동행하며 움직였다

성령의 인도하심 따라 쓴
정결하고 힘찬 복음을 즐겨 읽으며
구원의 말씀, 생명의 말씀으로 받아들인다

예수를 종의 모습으로 십자가에
죄짐을 지고 가는 복음을 들려준다

죽음을 이기고 부활하신
예수의 삶과 구원의 길을 기록한 마가는
삶을 통하여 하나님의 도구로 쓰임받은
복 많이 받은 주님의 제자다

8 | 예수 그리스도의 삶을 기록한 제자 누가

> 우리 중에 이루어진 사실에 대하여 처음부터 목격자와 말씀의 일꾼 된 자들이 전하여준 그
> 대로 내력을 저술하려고 붓을 든 사람이 많은지라 그 모든 일을 근원부터 자세히 미루어 살
> 핀 나도 데오빌로 각하에게 차례대로 써 보내는 것이 좋은 줄 알았노니 이는 각하가 알고
> 있는 바를 더 확실하게 하려 함이로라 🕊누가복음 1 : 1-4

직업이 의사인 누가는
예수의 삶을 자세히 기록하였다

누가의 꼼꼼하고 치밀한 성격과
직업 정신이 누가복음에
아주 강렬하고 정결하고 세밀하게 그려진다

열두 제자 중에 한 사람인 누가는
주님을 따르며 예수를 보고 듣고
사람들을 만나 체험한 것들을
자세하고 또렷하고 분명하게 기록하였다

제자들을 통하여 나타내신
모든 일을 자세히 살피고
정확하고 분명하게 분석하며
성령의 인도하심 따라
하나님의 말씀으로 기록하였다

공생애 삶의 현장을
성경으로 기록한 누가는
예수의 참된 제자다

9 | 말씀이 육신이 되어 오신 예수 1

말씀이 육신이 되어 우리 가운데 거하시매 우리가 그의 영광을 보니 아버지의 독생자의 영광이요 은혜와 진리가 충만하더라 ✝ 요한복음 1 : 14

말씀이 인간의 육신이 되어 찾아오신 분이
예수 그리스도시다
사람은 서로 이해하지 않으면
절대로 상대방의 마음을 알 수 없다

거지 심정은 거지가 되어야 알고
부자 마음은 부자가 되어야 알듯이
주님은 하늘 보좌에만 계시지 않고
인간의 모습으로 오셔서 체휼하셨다

인간이 왜 죄짓고 사는지
왜 슬퍼하고 절망하고 낙망하는지
죄와 고통의 상처를 체험하셨다

인간의 힘과 능력으로 죄 문제를
해결할 수 없기에 대속제물이 되어
십자가 보혈로 용서를 베푸셨다

말씀이 육신이 되어 오셔서
십자가의 고난으로 구원을 완성하신
하나님의 독생자의 하늘 영광이 가득하다
주 예수는 은혜와 진리가 충만하신
생명을 구원하는 말씀이시다

10 | 말씀이 육신이 되어 오신 예수 2

우리 주 예수 그리스도는
하나님과 인간을 연결해주는 통로이며
살아 있는 생명의 말씀이다

하나님과 인간의 교제를 위한 기도도
그 이름으로만 할 수 있고
주님 그리스도만이 구원하시고
우리를 생명의 길로 인도하신다

우리 마음에 태어나시기 위하여
말씀으로 오신 예수 그리스도를
영접하는 사람들은 하나님의 자녀가 된다

예수의 눈동자 속에는 무한한 자비하심과
끝없는 구속의 사랑이 깃들어 있고
주님의 구원의 사랑은 끝날 날이 없다

말씀으로 인간의 육신을 입고
이 땅에 오신 주님을 영접하여
온전히 믿고 구세주로 모셔야 한다

11 | 사랑이신 예수 그리스도

한 사람
단 한 사람
아무도 돌을 던질 수 없는 이
사랑이신 예수 그리스도

지금 여기 내 가슴에 찾아오시는 이

가장 처절하게
조롱당하며 죽어갔으나
죽음을 이기시고 부활하시고
하늘로 승천하시어
가장 사랑받으시며 찬양받으시는
예수 그리스도

한 사람
단 한 사람
이 세상 누구에게도 부끄러움 없을
사랑인 그분
언제나 내 마음에 찾아오시는 이

12 | 예수 그리스도의 삶

예수는 예언되어 기록된 삶을 성취하고
인간을 구원하시기 위해 죽으시고자
이 세상에 태어나셨다

베들레헴에서 태어나시고
골고다언덕 십자가에서 죽으심으로
구원의 완성을 이루어놓으신
죄인의 친구이며 선한 목자이시다

예수 그리스도는 구원자로
예언의 말씀을 그대로
삶 속에서 이루어주시는 구세주이시다

죄악의 어둠의 세력에서
죄인을 구원하시기 위하여
자신의 몸과 영혼을 제물로 바치시는
위대한 구원자이시다

날마다 삶 속에서
섬기며 따르는 것은 큰 축복이지만
가장 큰 은혜를 담을 그릇이 늘 부족하다

13 | 예수 그리스도의 생애 1

그는 실로 우리의 질고를 지고 우리의 슬픔을 당하였거늘 우리는 생각하기를 그는 징벌을
받아 하나님께 맞으며 고난을 당한다 하였노라 그가 찔림은 우리의 허물 때문이요 그가 상
함은 우리의 죄악 때문이라 그가 징계를 받으므로 우리는 평화를 누리고 그가 채찍에 맞으
므로 우리는 나음을 받았도다 ✝ 이사야 53 : 4-5

예수는 죄에 갇혀 산산이 부서지고
방황하는 이들을 찾아가
새로운 생명의 길을 열어주셨다

어리석은 자는 달콤한 유혹과
욕망 속에 질탕거리기 원하지만
길 잃은 양을 찾아오셨다

부족한 자는 헛된 욕구를 불사르고
찰나의 유혹에 도취되지만
십자가의 고난을 몸소 지셨다

세속을 좇던 사람들은
허무만 가득해 쥔 것도 없이
빈손으로 묻히지만
예수는 사망권세를 이기고 부활하셨다

닮고 싶은 예수의 삶은
누구나 모범으로 본받아야 할
역사상 가장 위대한 삶이다

14 | 예수 그리스도의 생애 2

가장 낮은 자리에 오셔서
갇혀 갈 곳을 잃고 방황하는 자에게
구원의 문을 활짝 열고 부르신다

어리석은 사람들은
현실에 안주하여 살고 싶어 하지만
죄에서 구원하시고자 오셨다

사람은 욕망에 취해 술과 쾌락에
순간순간 지배받고 노예가 되지만
이 땅에 오신 사명을 완성하셨다

죄악을 따라 사는 사람들은
갈증과 허무 속에 소득도 없이
빈손으로 왔다 사라지지만

십자가의 고난을 처참하게 당하사
몸이 찢기시고 대속제물이 되어 죽으시고
삼 일 만에 부활하셨다

아무 흠도 없고 변함도 없고
늘 바라보아도 좋고 간직해도 좋을 삶을
사모하며 따르고 싶다

15 | 예수 그리스도의 생애 3

천지만물을 창조하신 하나님의 아들
독생자가 우주의 떠돌이별 지구에서
삼십삼 년 동안이나 머무셨다

유대 베들레헴 마구간에서 태어나
나사렛에서 자라고 성장하셔서
구원의 복음 전하시고 십자가 고난 당하시고
부활 승천하시기까지 지구에 계셨다

이 얼마나 위대하고 복된 일인가
하나님이 인간을 위하여
육신을 입고 모든 것을 체휼하시고
대속제물이 되기 위하여 오셨다

이 세상에 이런 일이 있을 수 있다는 것은
놀라운 하나님의 사랑의 표현이다

사랑의 하나님이 예수를 통하여
우주에서 가장 아름다운
사랑의 모습을 우리에게 보여주셨다
예수의 생애는 전 우주에서 가장 위대하고
영원히 찬양받으시기에 합당하다

16 | 나사렛 시인 예수

우리는 다 양 같아서 그릇 행하여 각기 제 길로 갔거늘 여호와께서는 우리 모두의 죄악을 그에게 담당시키셨도다 † 이사야 53 : 6

사나이 중의 사나이 예수
혁명가, 철학자, 교육자도 아니고
한순간쯤 되는 삶을
영원한 생명으로 열어놓은 멋진 사나이

하늘을 나는 새를 노래하고
들에 핀 백합화를 노래한
나사렛 시인 예수

무엇 하나 소유하지 않았으나
겸손하고 온유하게 살다가
영원한 사랑으로 함께한 사나이

온 세상을 사랑하고 용서하기 위하여
골고다 십자가 위에서
붉은 보혈의 꽃으로 활짝 피었다

시처럼 살다가 부활한 예수
영원한 예수 시인 예수
사나이 중의 사나이
나를 사로잡은 나사렛 시인 예수

17 | 나사렛 목수 예수

이 땅에 오신 예수가 왜 목수였을까
목수는 나무를 자르고 붙이고 다듬어서
새로운 것을 만들어낸다

나무로 만든 것이 부서지고 틀어져
잘못되어도 잘 고쳐서
다시 새롭게 만들어놓는다

더러운 것과 거친 것은 대패로 밀고
잘 맞도록 톱으로 자르고
못을 박아 튼튼하게 만든다

나무가 목수의 손에 들어오면
보기에 좋고 쓰기에 좋은 도구가 되고
나사렛 목수 예수를 만나는 이는
죄를 용서받고 병을 치료받고
귀신이 떠나가고 새로운 사람이 된다

우리는 왜 예수가 목수였을까
그 이유를 알 수 있다
나사렛 명장 목수 예수를 만나면
모든 심령이 새롭게 거듭나고 변한다

18 ┃ 당신은 아십니까

> 너희와 모든 이스라엘 백성들은 알라 너희가 십자가에 못 박고 하나님이 죽은 자 가운데서 살리신 나사렛 예수 그리스도의 이름으로 이 사람이 건강하게 되어 너희 앞에 섰느니라 이 예수는 너희 건축자들의 버린 돌로서 집 모퉁이의 머릿돌이 되었느니라 다른 이로써는 구원을 받을 수 없나니 천하 사람 중에 구원을 받을 만한 다른 이름을 우리에게 주신 일이 없음이라 하였더라 ✝ 사도행전 4 : 10-12

당신은 아십니까
예수 이름으로 새롭게 변화되어
즐거워하고 기쁨으로 찬양합니다

예수를 만나 구원받은 소망을 알고 닮아가며
수많은 제자들이 복음을 전하다
처참하게 순교당했습니다

당신은 아십니까
주님이 부르시는 손길을 따라
죄의 절망과 고통에서 벗어나고
회개하고 새롭게 변화되었습니다

죄악이 낀 초라한 목숨뿐인데
죄를 대속하여주시기 위하여
십자가를 홀로 지시고
골고다 언덕길을 걸어가셨습니다

주님이 없다면 살 수 없는데
구원의 옷 입혀주시고 감싸 안아주시니
주님 마음에 쏙 들어보고 싶습니다

19 | 예수 그리스도의 세계 1

아브라함과 다윗의 자손 예수 그리스도의 계보라 ✝ 마태복음 1 : 1

하나님이 창조하신 아담 이후
믿음의 행진이 계속되어온 계보가
또렷하게 기록되어 있다

오직 믿음과 순종으로
죄악의 욕심을 속죄의 눈물로 떨쳐버리고
갈망하고 외치며 믿음에 바로 선 사람들이다

실수투성이, 모순투성이
역겨운 찬밥 신세 속에서도
절망의 땅에 믿음의 역사를 만들며
주님이 오시는 길을 열어놓았다

진리의 길과 생명의 길을
두려움 없는 발길로 걸어와
아무도 예상을 못 하고
누구도 상상하지 못했던
새롭게 살 길을 활짝 열었다

예수 그리스도의 구원 세계가
온 세상을 향하여 활짝 열렸으니
예수를 영접하여 믿고 구원받으라

20 | 예수 그리스도의 세계 2

태초에 말씀이 계시니라 이 말씀이 하나님과 함께 계셨으니 이 말씀은 곧 하나님이시니라
✝ 요한복음 1 : 1

인간 역사 이래 누가 인간을
죄와 절망의 늪에서 떠나게 하고
사망권세를 무너뜨리고 구하겠는가

각 나라 수많은 철학자와 역사가와 저술가들이
큰소리쳐도 모두 다 죽고
인간 역사 속으로 하나님의 아들
독생자가 오셔서 삶을 바꾸어놓으셨다

대속제물이 되어 죄를 짊어지시고
구원의 방법을 가르치시는 것만 아니라
구원을 친히 완성하러 오셨다

십자가로 열린 단 하나 구원의 문을
누구나 들어오라고 활짝 열어놓으셨다
몸과 마음과 영혼이 쉴 곳 생명의 길을 활짝 열어주시니
눈시울이 뜨거워 반가움에 달려간다

천형처럼 고달프고 쓸쓸하고
짓궂은 변덕에 소망 없던 온 땅에
영원한 구원의 세계가 펼쳐지고 있다
몸과 마음이 거듭나 구원을 받는 것은
구세주 안으로 들어가는 것이다

21 | 예수로 새롭게 시작하는 삶

아브라함과 다윗의 자손 예수 그리스도의 계보라 ✝ 마태복음 1:1

예수를 믿는 것은 과거를 던져버리고
새롭게 시작하는
새로운 삶을 살아가는 것이다

나로부터 시작되는 삶은
언제나 죄투성이고
모순투성이고 잘못투성이로
고해를 해도 부족할 삶이었다

예수 그리스도를 영접하고
죄를 회개하고 난 후에는
삶이 확연히 달라져 새 사람이 되었다

옛것은 지나고 새것이 되었고
소망을 가지고 살아가는 하나님의 백성
거룩한 성도 그리스도인이 되었다

하늘나라 생명책에 이름이 기록되고
예수 그리스도의 안에서
새롭게 삶을 시작하는 것이다

22 | 참빛이 되신 예수

죄악이 가득한 세상의
어둠을 밝힐 수 있는 것은
생명의 영원한 빛 예수 그리스도시다

거짓을 가장한 빛들도 많지만
구주는 빛 중에 참빛이 되신다

수많은 빛들이 어둠을 밝히려 하지만
예수 그리스도의 참빛만이
죄의 어둠을 선명하게 밝혀주고
병든 몸과 영혼을 밝혀주어
모든 죄가 낱낱이 드러나게 만든다

참빛이 비출 때 갈 곳을 잃어 떠돌던
죄악에서 벗어나 예수 앞으로 나와
어리석고 하찮은 삶에서 구원을 받아
크나큰 하늘 소망을 갖고 살자

아무런 대책과 도리도 없는 사람들아
참빛 되신 예수 앞에 나와
고개를 숙여 통곡으로 회개하고
모든 죄를 용서받고 영생을 얻으라

참빛 곧 세상에 와서 각 사람에게 비추는 빛이 있었나니 ✝ 요한복음 1 : 9

참빛으로 오신 주님
죄악의 깜깜한 어둠 속에서도
생명의 길을 찾아 빛으로 밝혀주십니다

죄악의 어둠이 가득한 세상에
하나님을 향한 믿음이 아득해질 때
어둠 속이 발칵 뒤집히도록
구원의 등불로 오셨습니다

내 마음의 창문을 활짝 열고
주님을 영접하여 빛이 켜지게 하소서
고통과 절망에 기죽고 힘이 빠져
기진맥진할 때 구주로 시인하며
내 마음의 방에 모시기를 원합니다

절망의 고삐를 쥐어틀지 말고
마음을 활짝 열고 구원의 기쁨을 누리며
겸손하게 받아들이게 하소서

빈 수레 소리가 더 크게 들리니
나를 온전히 비워 은혜로 채워가며
감동의 물결로 출렁이게 하소서

24 | 참빛으로 오신 주님 2

참빛으로 오신 주님
내 마음을 복음으로 밝혀주사
골병들게 했던 죄 낱낱이 회개하여
거룩한 성도가 되게 하소서

늘 가없는 그리움을 가슴에 새기며
더 목메게 그리워하며
주님의 사랑을 마음껏 누리며
그리움에 볼 비비며 살게 하소서

내 마음이 가득한 구속의 사랑에 골몰하며
벅찬 가슴으로 사모하니
생명의 복음이 싹터 자랍니다

뜨거운 눈물 흘리며 부수고 싶어도
깨지지 않던 죄를 깨끗이 씻음받고
용서받은 은혜를 잊지 않겠습니다

참빛 되신 주님의 말씀대로
생명의 빛을 세상에 발산하며
내 마음에 가득하고 늘 귓전을 때리는
생명의 복음을 전하게 하소서

25 | 예수께서 이 땅에 오심은

이를 위하여 너희가 부르심을 받았으니 그리스도도 너희를 위하여 고난을 받으사 너희에게 본을 끼쳐 그 자취를 따라오게 하려 하셨느니라 ✝ 베드로전서 2 : 21

예수 그리스도는
마귀를 멸하시고 인간을 체휼하시고
어떤 삶을 살 것인지 가르침을 주시려
이 땅에 오셨다

예수 그리스도는 골고다 십자가에서
대속제물이 되어
우리를 죄에서 구원하고
새 생명을 주시려고 오셨다

내 영혼의 선장이 되시는
예수를 마음속에 온전히 받아들이고
영접하고 구세주임을 고백해야 한다

예수가 아니면 그 어떤 일도 할 수 없다
예수 이름을 또렷이 영혼과 가슴에
새기고 불러야 한다

예수 그리스도만이 관대한 사랑으로
죄에 굴하지 않는 믿음을 주시고
우리를 인도하여주시고 구원하신다

26 | 주님의 자녀로 살기를 원합니다

영접하는 자 곧 그 이름을 믿는 자들에게는 하나님의 자녀가 되는 권세를 주셨으니 이는 혈
통으로나 육정으로나 사람의 뜻으로 나지 아니하고 오직 하나님께로부터 난 자들이니라
✝ 요한복음 1 : 12-13

빈 나뭇가지에 앉은 새처럼 홀로 외로운
신세가 되어도 후회 않고 살기 원하며
거친 파도도 실없이 부서지는데
뽐내던 마음 던져버리고 순종하며 삽니다

막다른 궁지에서도 걱정하지 않고
기도하면 주님께서 인도하여주시니
불타오르던 욕망에서 떠나게 하시고
남의 죄보다 나의 죄를 먼저 회개하며
놀라운 기쁨 안에 살기를 원합니다

이 세상의 어떤 향기보다 예수 향기를 날리며
목숨 걸고 뜨거운 믿음으로 살고 싶습니다

지상에서 지탱하는 목숨이 아니라
죽어도 죽지 않는 목숨이 되어 천상에서
영생복락을 누리며 살기를 원합니다

봄날 아침의 햇살이 아름답듯이
흐린 눈 씻어 밝은 마음으로
고통과 죽음이 괴롭히더라도
하늘 가까이 동행하며 살겠습니다

27 | 하나님의 자녀가 되는 권세

영접하는 자 곧 그 이름을 믿는 자들에게는 하나님의 자녀가 되는 권세를 주셨으니 이는 혈통으로나 육정으로나 사람의 뜻으로 나지 아니하고 오직 하나님께로부터 난 자들이니라 말씀이 육신이 되어 우리 가운데 거하시매 우리가 그의 영광을 보니 아버지의 독생자의 영광이요 은혜와 진리가 충만하더라 ☙ 요한복음 1 : 12-14

모든 것 중의 모든 것이 되시는
하나님의 독생자를 영접하는 사람들에게
하나님의 자녀가 되는 권세를 주셨다

주님을 만난 사람들은 마음에
큰 변화가 일어나 회개하고
물로 세례를 받고 구원받아
찬양하며 복음을 전파하기 시작했다

불안과 초조에 떨며 상심으로 얼룩져
죄의 고통에서 쩔쩔매며 걱정하던 사람들이
두려움에서 벗어나 소망을 갖고
믿음으로 큰 기쁨을 얻게 되었다

믿음은 족보로도 혈육으로도
돈과 어떤 수단과 방법으로도 되지 않고
오직 죄를 회개하고 구주를 영접하고
거듭나야 얻게 되는 것이다

죄가 각을 세워 영혼을 괴롭히는 세상에
말씀이 구주로 오셨으니
이 땅에 놀라운 은혜와 진리가 충만하다

28 | 우리의 발걸음마다

주님의 자녀가 되니
은혜 위에 은혜를 더하여주시고
발걸음마다 인도하시고 은혜를 주십니다

말씀을 또렷이 마음 판에 새기고
은혜와 진리 가운데 살아가며
행복한 하늘나라에 이를 때까지
주 안에서 살기를 원합니다

믿음 안에서 정결하고 새롭게
주님이 가신 길 발자국 발자국마다
사랑으로 함께하여주시기를 원합니다

어쩌면 이리도 좋은 기쁨의
생명의 길로 인도하시는지
명랑하고 행복하게 내딛는 발자국마다
영광을 나타내기를 원합니다

죄짐을 벗어버리게 하여주시고
발걸음마다 가볍게 하여주시니
주님이 가신 발자취를 따라가며
복음을 전하며 살기를 원합니다

29 | 기쁨이 넘치는 그리스도인 1

> 주의 말씀의 맛이 내게 어찌 그리 단지요 내 입에 꿀보다 더 다니이다 주의 법도들로 말미암아 내가 명철하게 되었으므로 모든 거짓 행위를 미워하나이다 주의 말씀은 내 발에 등이요 내 길에 빛이니이다 🌷 시편 119 : 103-105

참빛 되신 구주 예수를 만나
메마른 마음에 은혜의 단비가 내려
소망이 넘치는 그리스도인이 되었습니다

혼자의 힘만으로는 돌이킬 수 없는 죄와
가릴 수 없는 어긋난 죄가
온몸과 영혼을 발기발기 찢어
원망만 가득하고 큰 상처만 남았습니다

쾌락은 짧고 슬픈 후회만 남는데
구원의 예수께서 끝내
날 버리지 않고 구원하여주셨으니
주님의 은혜를 소중하게 가슴에 새깁니다

주님 안에 살아가면 서로가
두말할 것 없이 한마음이 되어
기쁨과 찬양이 강물처럼 쏟아져 내립니다

자유로운 생명이 되어
거룩한 복음의 심장이 뛰어
사람들의 마음에 언제나 살아남아
끊어지지 않도록 전하고 싶습니다

30 | 기쁨이 넘치는 그리스도인 2

이 복음을 위하여 그의 능력이 역사하시는 대로 내게 주신 하나님의 은혜의 선물을 따라 내가 일꾼이 되었노라 ✝ 에베소서 3 : 7

기쁨이 넘치는 그리스도인으로
주 안에서 살 수 있다는 것은
단 한 번뿐인 삶에 놀라운 축복입니다

구원의 빛으로 죄를 용서하여주셔서
행복한 웃음을 웃을 수 있으니
걱정과 근심이 사라지고 넘치는 기쁨 속에
성품을 날마다 닮기를 원합니다

어렴풋하던 기도 길이 환하게 열려
빈 들판의 목마른 양처럼
불쑥불쑥 주님을 만나고 싶습니다

얼마만큼 따를 수 있을까
늘 이유 대고 변명하고 핑계를 대는
못된 습관과 버릇을 버리고 싶습니다

내가 바라는 것은 주님께 순종하여
빛과 소금이 되어 하늘 아래
행복이 가득한 그리스도인으로
날마다 사는 것입니다

31 | 예수 그리스도 이 땅에 오심으로

너희는 마음에 근심하지 말라 하나님을 믿으니 또 나를 믿으라 ✝ 요한복음 14 : 1

예수 그리스도가 이 땅에 오시니
핏기 하나 없이 추하고
저주가 가득한 곳에 생명이 전해졌다

암울한 죽음이 운명이 되어
기막힌 슬픔에 혼신을 떨고 있을 때
구원의 통로가 분명하게 뚫렸다

헝클어져 방황하는, 병들고 헐벗은
영혼을 찾아주시고 감싸주시며
한없는 사랑을 주시는 선한 목자다

한기를 느끼며 죄악에 쪼글쪼글
주름 잡혀 피눈물이 마르지 않았는데
소망의 기쁨을 가득 채워주셨다

늘 아섭고 그리운데 골고다 십자가의 사랑은
목마른 영혼에게 난생처음으로
구원의 소망을 몽실몽실 피워주셨다

죄로 꺾였던 목숨 보혈로 살아나
영혼을 흠뻑 적셔도 좋을 감동의 사랑은
온 세상에 쏟아지는 소낙비 하늘 사랑이다

32 | 우리를 심방하러 오신 예수 1

> 그리스도께서 우리를 자유롭게 하려고 자유를 주셨으니 그러므로 굳건하게 서서 다시는
> 종의 멍에를 메지 말라 ✝ 갈라디아서 5 : 1

우리를 심방하러 이 땅에 오셔서
죄인을 찾고 만나기를 원했지만
사람들은 외면하고 환영하지 않았다

세월의 둔덕에 서서 머뭇거리며
왜 만나기를 원하지 않았을까
늘 불안이 이마에 부딪쳐
눈에 보이는 것이 불만뿐이었다

마을마다 찾아다니며 따르기를 원했지만
믿고 영접하고 따르는 이들은
나약한 병든 자들뿐이었다

죄로 고장 난 인생을 찾는데
왜 만나기를 원하지 않았을까
왜 오신 이유를 몰랐을까

오늘도 왜 원하지 않는가
돈과 욕망의 노예가 되어 죽음의 길로 가거나
다시는 종의 멍에를 메지 말라
찢기고 상하고 한숨이 가득한 마음을
사랑으로 시침질하시고 어루만져 주신다

33 | 우리를 심방하러 오신 예수 2

이천 년 전에 심방하러 오셔서
사람들을 만나고자 했지만
외면하고 방관하는 사람이 많았습니다

왜 만나기를 원하지 않았을까요
그들은 영원을 바라보지 않고
현실만, 눈에 보이는 것만을 원했습니다
주님보다 세상의 물질만 바라보았습니다

마을마다 다니시며 따르기를 원했지만
소수의 사람들이 제자가 되었습니다

왜 만나기를 원하지 않았을까요
그들은 주님의 마음을 몰랐습니다
오신 이유를 모르고 회개를 몰랐습니다
구원을 모르고 예수를 몰랐습니다

문득문득 그리워지는 것은
나를 죄에서 구원하여주신 분이
우리 주 예수 그리스도이시기 때문입니다

34 | 우리를 심방하러 오신 예수 3

우리를 심방하러 오신
예수 그리스도 나의 주님
지금도 나와 함께하여주시고
내 마음에 찾아와 주소서

주님 예수 이름을 부를 수 있음이
얼마나 놀라운 은혜입니까

주님 예수 이름으로 기도할 수 있음이
얼마나 감사한 일입니까

주님 예수 이름으로 예배드릴 수 있음이
얼마나 기쁜 일입니까

주님 예수 이름으로 소망을 가질 수 있음이
얼마나 놀라운 축복입니까

예수 그리스도 나의 주님
나의 마음을 정결하게 하셔서
언제나 주님을 찬양하며 살게 하소서

35 | 왕이신 그리스도

시온의 딸아 크게 기뻐할지어다 예루살렘의 딸아 즐거이 부를지어다 보라 네 왕이 네게 임하시나니 그는 공의로우시며 구원을 베푸시며 겸손하여서 나귀를 타시나니 나귀의 작은 것 곧 나귀 새끼니라 ✝ 스가랴 9 : 9

온 우주에서 주님보다 위대하고
놀라우신 분을 찾을 수 없으니
눈물이 나도록 기뻐하고 즐거워해도 좋다

뼛속까지 스미는 죄악의 찬 바람에
창백하고 어두운 몰골에
아무도 몰래 죄를 숨겨놓아도
숨 돌릴 틈 없이 궁핍한 절망이 끌고 간다

닥지닥지 낀 죄 속에 신음하며
속앓이로 아우성치며 절망하던 자가
죄악을 벗어버리고 빛 가운데 서니
즐거운 웃음꽃이 곳곳에 피어난다

머물지 못하고 떠돌며 분별도 염치도 없이
무너져 내린 가슴을 어찌할 것인가
허무하게 떠도는데 평안을 주시고
참 놀라운 사랑을 주신다

타고난 슬픈 죄에서 구원하시려고
인간의 모습으로 오신 겸손하고 온유한 주님은
십자가 보혈의 사랑으로 소망을 주셨다

36 | 생명의 그 이름은 주 예수

아들을 낳으리니 이름을 예수라 하라 이는 그가 자기 백성을 그들의 죄에서 구원할 자이심이라 하니라 ✝ 마태복음 1 : 21

누구나 자기의 이름을 알리고 싶어도
결국에는 잊히고 사라지지만
영원히 살아 복되고 귀한 이름
생명의 그 이름은 주 예수입니다

수많은 사람들은 예수를 영접하고
믿고 경배하고 능력을 행하고
말씀을 전하다가 순교당하고
변화하고 기뻐하고 찬양하고
기도하며 영광을 돌립니다

보혈로 씻겨주신 주님만이
영혼의 고백을 받으시고
영원히 찬양받으실 분입니다

구김만 당하던 삶 속에
성령의 인도 없이는 아무도 부를 수 없는
순결하고 거룩한 이름 예수입니다

살아가며 기억하고 기뻐하고
믿고 시인하고 고백해야 할 이름은
주 예수 그 이름입니다

37 | 자기 백성을 죄에서 구원하시는 예수

아들을 낳으리니 이름을 예수라 하라 이는 그가 자기 백성을 그들의 죄에서 구원할 자이심
이라 하니라 ✝ 마태복음 1 : 21

하나님은 우리를 너무나 사랑하셔서
독생자까지 아끼지 않으시고
우리의 죄를 대속할 속죄 제물로 보내셨다

말씀이 사랑이 되셔서
겸손과 섬김의 아름다움을 몸소 보여주시고
보혈의 고운 피로 죄를 용서하셨다

자기를 비움으로써 이루어지는 것이
하늘 사랑 영적인 구원의 사랑이다

예수 그리스도
자기 백성을 죄에서 구원하실 단 한 분 외에는
아무도 인간을 구원할 수 없다

구원은 한시적인 구원이 아니라
영원한 생명의 구원이니
감사할 수밖에 없어 눈을 꼭 감고
감사의 기도를 드려야 할 것만 같다

예수를 만나면 하나님을 만나는 것이고
예수를 영접하면 하나님을 영접하는 것이다

38 | 예수 그 이름 1

아들을 낳으리니 이름을 예수라 하라 이는 그가 자기 백성을 그들의 죄에서 구원할 자이심
이라 하니라 ✝ 마태복음 1 : 21

나에게는
불러도 불러도
좋은 이름 하나 있습니다

가슴에 새겨두고
영원히 영원히
못 잊을 이름 하나 있습니다

나에게
외쳐도 외쳐도
좋을 이름 하나 있습니다

그 누구에게
자랑하여도 좋을
멋진 이름 하나 있습니다

나를 사랑하시고
나를 구원하시고
나를 인도하시는 이
나의 주님 되시는
예수, 그 이름입니다

39 | 예수 그 이름 2

> 하늘에 있는 자들과 땅에 있는 자들과 땅 아래에 있는 자들로 모든 무릎을 예수의 이름에
> 꿇게 하시고 모든 입으로 예수 그리스도를 주라 시인하여 하나님 아버지께 영광을 돌리게
> 하셨느니라 ✝ 빌립보서 2 : 10-11

세상에서 가장
아름다운 이름 하나
가슴에 품고 살아갑니다

내 마음에 그려놓고
날마다 보고 싶고 그리워지는
이름 하나 있습니다

나에게 힘껏
목메도록 불러도 좋을
아름다운 이름 하나 있습니다

날마다 전해도 좋고
누구에게나 소개하여도 좋을
멋진 이름 하나 있습니다

오직 사랑뿐인 예수
하늘 사랑으로 가득한
나의 구주 되시는 그 이름입니다

40 | 예수 그 이름 3

오늘 다윗의 동네에 너희를 위하여 구주가 나셨으니 곧 그리스도 주시니라
✝ 누가복음 2 : 11

주 예수 그리스도 그 이름
참 놀라운 이름입니다

죄악에서 날 구원하여주시고
새 생명 주신 구원자의 이름
영원히 가슴에 새겨두어도
참 좋은 이름입니다

높이 찬양을 받으시고
언제나 경배를 받으시고
영원히 마음에 간직해야 할
나를 사랑하시는 이름입니다

예수 그 이름, 영혼에 새겨두어도 좋고
늘 기억하며 살아도 좋을
참 아름답고 행복한 이름
자꾸만 그리움이 되어 떠오르는 이름
언제나 불러도 좋을 이름입니다

예수 그 이름으로
믿고 기도하면 응답하시고
늘 함께 인도하시는 이름, 예수입니다

41 | 주 예수 이름은 사랑

주 예수 이름을 내 입술로 고백하며
부를 수 있음이 축복입니다

예수 이름으로 기도할 수 있음이
내 마음이 퍼덕거리도록
한없이 눈물겨운 은총입니다

주님이 없는 삶은 허무한
하나의 몸짓에 불과하고
아무리 발버둥치며 살아보아도
죽음만이 남아 있을 뿐입니다

주 예수 이름은 사랑입니다
주님께서 골고다 언덕의 십자가에서
고난의 피 흘리신 구원 사랑은
누구도 대신할 수 없는 사랑입니다

주 예수 이름은 잊을 수 없는
나의 영혼에 새겨진 이름입니다
주 예수 이름으로 모든 것이 달라지고
구원을 받고 천국을 소유하였습니다

42 | 임마누엘이 되시는 예수

> 보라 처녀가 잉태하여 아들을 낳을 것이요 그의 이름은 임마누엘이라 하리라 하셨으니 이를 번역한즉 하나님이 우리와 함께 계시다 함이라 ✝ 마태복음 1 : 23

겸손의 모범이 되시어
가장 낮은 자세로 육신을 입고 오셔서
임마누엘이 되시는 예수

하나님이 우리와 함께하심은
놀라운 섭리이며 인도하심이니
세상에서 가장 크나큰 축복입니다

죄 중에 빠져 갈 길을 찾지 못하고
혼란스럽던 죄악에 등 떠밀려 미몽으로
떠내려가는 영혼을 구원하여주시고
우리와 지금 함께하십니다

인간을 죄악에서 구원하시려고
임마누엘로 우리와 함께 계십니다

사망에서 생명으로 옮기신
놀라운 사랑에 가슴이 흠뻑 젖어
감동이 울렁입니다

지상에서 끝나면 영원한 벌에 처해질 우리를
천국에 초대하시고
소박한 믿음으로 살게 하십니다

43 | 예수로 충만한 사람

시와 찬송과 신령한 노래들로 서로 화답하며 너희의 마음으로 주께 노래하며 찬송하며 범사에 우리 주 예수 그리스도의 이름으로 항상 아버지 하나님께 감사하며 그리스도를 경외함으로 피차 복종하라 ✝ 에베소서 5 : 19-21

예수로 충만한 사람은
식을 줄 모르는 창조적 꿈이 가득하고
열정과 사랑의 깊이가 있어
정신을 바짝 차리고 행동으로 옮겨나간다

오며 가며 만나고 함께 일해도
스쳐 지나가듯 인사만 나누는 사람은
따스한 마음도 알 수 없다

자기만을 위한 기도를 하면
깊은 은혜와 만족이 없고
이웃을 위한 사랑을 나눌 수 없다
우리는 언제나 잊을 수 없어
온 가슴에 간직해야 할 사랑이다

주님 한 분으로 영혼이 만족한 사람은
하루의 첫 시간을 기도 시간으로 갖는다

사랑이 충만한 사람은 천국을 소유하고
지상에서 영원으로 이어지는
참기쁨과 평안을 누리며 산다

44 | 가브리엘 천사의 예고

> 천사가 이르되 마리아여 무서워하지 말라 네가 하나님께 은혜를 입었느니라 보라 네가 잉
> 태하여 아들을 낳으리니 그 이름을 예수라 하라 ✝ 누가복음 1 : 30-31

마리아여 하나님의 은혜를
온몸에 받은 순결한 처녀여 평안하라
하나님의 은총으로 선택하셨다

마리아여 복된 처녀여
하나님이 선택한 정결한 처녀여
하나님의 섭리에 놀라지 말라

이 세상 수많은 처녀들 중에
네가 복되도다 마리아여
하나님이 너의 태를 인도하여
아들을 낳으면 이름을 예수라 하라

이 세상 처녀들 중에
택함을 받은 복된 마리아
하나님의 은총을 받은 처녀여
네 마음이 평안하라

하나님이 너를 인도하시리니
평생토록 마음에 간직하여
선하신 하나님의 뜻을 따르라

45 | 사가랴의 독백

마침 사가랴가 그 반열의 차례대로 하나님 앞에서 제사장의 직무를 행할새 제사장의 전례를 따라 제비를 뽑아 주의 성전에 들어가 분향하고 모든 백성은 그 분향하는 시간에 밖에서 기도하더니 주의 사자가 그에게 나타나 향단 우편에 선지라 사가랴가 보고 놀라며 무서워하니 천사가 그에게 이르되 사가랴여 무서워하지 말라 너의 간구함이 들린지라 네 아내 엘리사벳이 네게 아들을 낳아 주리니 그 이름을 요한이라 하라 ✝ 누가복음 1 : 8-13

오 하나님
너무나 놀라운 일입니다
눈을 열어 진리를 보게 하시고
저에게 아들을 주시다니요
엘리사벳이 아들 요한을 낳는단 말입니까
너무나 오랜 세월을 성전에서 견뎠는데
변화의 바람이 불어오니
참으로 놀라운 기쁨입니다
오 하나님 내 아들 요한이
하늘 영광을 나타내기 위하여
모태에서부터 성령 충만을 입어
많은 자를 하나님께로 돌아오게 하니
참으로 놀라운 일입니다

내가 이것을 어떻게 알겠습니까
나의 경험으론 믿어지지 않습니다
늙은 아내의 태에서 아이가 태어나다니요

오 하나님 때가 이를 때까지
벙어리가 되어 입술로 말할 수 없으니
오 하나님의 뜻을 이루소서

46 | 엘리사벳의 찬양

내 주의 어머니가 내게 나아오니 이 어찌 된 일인가 보라 네 문안하는 소리가 내 귀에 들릴
때에 아이가 내 복중에서 기쁨으로 뛰놀았도다 ✝ 누가복음 1 : 43-44

주의 모친 마리아여
온 세상 여자 중에 가장 복되다
끝내 하나님의 섭리가
그대에게 이루어지도다

태중에 뛰노는 아이는 누구인가
우리의 기쁨과 소망의
아기 예수가 아닌가
하나님의 독생자 예수가 아닌가

마리아 주의 모친이여
복중에 아이가 뛰노는 소리가
가슴까지 울리는 것을 들었다

순결하고 고귀하고
정결한 믿음을 가진 여자여
하나님이 택하셨으니 말씀대로 이루어진다

주님의 모친 마리아는
이 땅에 태어난 여자 중에
가장 숭고하고 복된 여자다

47 | 사가랴의 찬양

하나님께서 은밀한 기도를 들으시고
영혼을 돌아보시고 구원하시고
마음을 헤아려주심을 찬송합니다

죄악의 손길에서 인도하시고
미워하고 조롱하는 자의
죄악의 손길에서 건져주신 구원을
간간히 찬송하며 예배드립니다

원수의 손에서 붙잡아 주시고
불의와 진리를 구별하게 하시고
성결과 의로 두려움 없이
섬기게 하시는 권능을 찬송합니다

군더더기 가득 찬 죄를 용서하시고
놀란 가슴으로 구원의 권능을 깨닫게 하시는
은혜와 사랑을 찬송합니다

온유하고 따스한 구원의 손길로
어둠과 그늘에서 건져내시고
손길과 발길과 눈길 속에서
생명의 빛으로 임하심을 찬송합니다

48 | 사가랴와 엘리사벳

이 아이여 네가 지극히 높으신 이의 선지자라 일컬음을 받고 주 앞에 앞서 가서 그 길을 준비하여 주의 백성에게 그 죄 사함으로 말미암는 구원을 알게 하리니 ✝ 누가복음 1 : 76-77

주님의 길을 예비하는 광야의 외침
사가랴와 엘리사벳이여
두 사람 하나같이 의롭게
모든 계명과 규례대로 살았으니
흠 없이 아름답다

하나님께 마음의 중심을 모으라
천상에서 지상에서 가장 고귀하신 주님은
준비하고 예비하시는 분이시다

하나님께서 기도하는 자를 택하여
주님의 가시는 길을 예비하여줄
세례 요한을 아들로 주셨다

기도가 상달되어 세밀한 인도 속에
주님의 길을 예비하는 길이
아들을 통하여 복음 속에 이루어졌다

세례 요한은 주 앞에 큰 자가 되고
이스라엘과 온 열방의 자손을
하나님께로 돌아오게 할 것이다
사가랴, 엘리사벳이여
주께서 돌보시고 긍휼히 여기셨다

49 | 요셉의 사랑 노래 1

여섯째 달에 천사 가브리엘이 하나님의 보내심을 받아 갈릴리 나사렛이란 동네에 가서 다윗의 자손 요셉이라 하는 사람과 약혼한 처녀에게 이르니 그 처녀의 이름은 마리아라
✝ 누가복음 1 : 26-27

빛이었습니다
마리아가 나에게 다가온 것은
하나님의 은총입니다
온유와 순결로 가득한
아름답고 고운 마리아를 본 순간
사랑이 시작되었습니다

지상에서 가장 소중한 만남으로
하늘은 더 푸르게 보이고
나를 향한 축복을 느낄 수 있었습니다
마리아에게 임한 하나님의
신비한 임재하심을 깨달아
말로 다 할 수 없도록 놀랐습니다

마리아, 풀밭에 누워
사랑을 마음껏 속삭이고 싶고
숲길을 걸으며 보살펴 주고 싶은
나의 사랑입니다

하늘의 별들이 노래하고
구름마저 포근히 감싸줄
나의 사랑 마리아를 영원히 사랑합니다

50 │ 요셉의 사랑 노래 2

요셉도 다윗의 집 족속이므로 갈릴리 나사렛 동네에서 유대를 향하여 베들레헴이라 하는
다윗의 동네로 그 약혼한 마리아와 함께 호적하러 올라가니 마리아가 이미 잉태하였더라
☩ 누가복음 2 : 4-5

사랑하는 마리아의 눈보다
맑고 아름다운 눈 본 적이 없고
그 눈 속에 내가 있다니 참 행복합니다

마리아처럼 정결하고 순결한
처녀의 고귀한 마음을
그동안 한 번도 느낀 적이 없는데
마리아의 마음속에 내가 있다니
크나큰 축복을 받았습니다

남녀가 서로 사랑함은
하늘이 내려주신 축복이니
내 비록 목수라도 청춘과 목숨을 바쳐
마리아만을 사랑하겠습니다

마리아가 원하는 일이라면
모든 것을 다 바쳐 일하며
땀과 열정을 쏟아도 좋습니다

내 사랑 마리아에게 순정을 바쳐
일생 동안 목숨처럼 사랑하고 보살피며
변하지 않는 사랑을 하겠습니다

51 | 요셉의 고백

나의 사랑 마리아와 정혼했는데
성령으로 아기가 잉태되었다니
너무나 놀랍고 신비로워
도무지 이해할 수 없습니다

사내를 전혀 모르는 마리아의
정결함과 순결함을 온 동네가 아는데
어찌할 수 없어 몸부림만 쳤습니다

마리아를 마음 깊이 사랑하지만
하나님의 뜻이 있기에
결혼할 수가 없어
아무도 모르게 끊고자 했습니다

천사를 보내시고 마리아에게
성령으로 하나님의 아들을
잉태함을 알려주심을 감사드립니다

진정 마리아와의 결혼은 축복입니다
나의 삶, 나의 가정, 온 세상에
어린 예수 나심은 축복입니다

52 | 주여 알게 하소서

아들을 낳으리니 이름을 예수라 하라 이는 그가 자기 백성을 그들의 죄에서 구원할 자이심
이라 하나라 ✝ 마태복음 1 : 21

주여 알게 하소서
내 마음의 문을 활짝 열고
구원의 말씀을 가슴에 새겨두길 원합니다

그동안 무엇에 빠져 있었는지
하나님의 독생자가 이 땅에 오신 이유를
많은 사람들이 알지 못합니다

임마누엘이 되신 주님께서
자기 백성을 구원하시기 위하여
복음을 전하신 것을 알게 하소서

만병의 의원이 되셔서
수많은 병자에게 가까이 다가가셔서
믿음을 보시고 치유해주셨습니다

세상 죄 지고 가는 어린양 되셔서
허공의 십자가에 달리신 이유를
가슴팍에 고스란히 받아들이게 하소서

깜깜한 밤 별 하나 보이지 않는
죄악의 어두운 밤에 새벽별 되셔서
소망으로 빛나는 것을 알게 하소서

53 | 자기 백성을 그들의 죄에서 구원할 예수

하나님의 아들 예수는
구원자의 이름이요 구세주의 이름이요
하나님의 아들 독생자의 이름이다

이 세상에서 가장 귀한 이름
잊을 수 없고 잊어서는 안 되는 이름
영원히 찬양받으실 이름 예수다

예수 그리스도는 자기 백성을
자기의 이름으로 구원하신다

죄가 없으신 주님이
자기 백성을 죄에서 구원하시고
천국 백성이 되게 하신다

하늘 보좌를 버리고 이 땅에 오신 예수
죄로 인하여 죽음으로 달려가는
자기 백성을 구하기 위하여 오신 예수

우리를 죄에서 구원하실 분이
천상천하에 한 분 주 예수밖에 없다

54 | 죄인을 부르러 오신 예수

아들을 낳으리니 이름을 예수라 하라 이는 그가 자기 백성을 그들의 죄에서 구원할 자이심
이라 하니라 ✝ 마태복음 1 : 21

이 세상에는 의인은
단 한 사람도 없고
예수 그리스도만이 의로우신 분이다

이 땅에 죄 없다 말하는 의인을
찾아오시지 않았다

죄를 지어 고통당하고
절망하는 죄인을 부르러 오시고
죄인을 친히 찾아오셨다

하나님이 인간의 육신을 입고
인간의 모습으로 구원하시려고
죄인을 찾아오셨다

죄인이 저지른 죄악을 깨끗이 씻겨주시고
물과 성령으로 거듭난
새 사람으로 살게 하여주시려고
죄인을 찾아오셨다

55 | 임마누엘

놀라운 축복과 사랑 속에
내 마음에 가득한 은혜 속에
임마누엘의 하나님이 함께하십니다
나의 모습은 초라하고 부족한데
가 닿을 수 없는 사랑이 충만합니다

눈멀어 지은 죄 스스로 감추어도
이 궁리 저 궁리로 시름에 잠겨도
죄가 드러나 가릴 수 없어
오랜 뉘우침 아닌 단번에 회개합니다

초라해 조바심 내며 고백하여도
엉성한 모습 있는 그대로 받아주시고
영생을 가르쳐주십니다

속마음 영혼까지 용서받는
구속의 사랑을 베풀어주시니
이 복 받은 일을 어찌 표현합니까
이 놀라운 사랑을 어찌 표현합니까

주님의 사랑을 고백할 수 있으니
얼마나 놀라운 축복입니까
하나님이 우리와 함께하십니다

56 ┃ 하나님이 우리와 함께 계신다

하나님이 우리와 함께 계신다
인간은 누구와 함께하느냐에 따라
삶이 달라지고 운명이 달라지고
시작이 달라지고 끝이 달라진다

인간은 누구와 함께하느냐
누구를 만나느냐에 따라
행동이 달라지고 열매가 달라진다

하나님은 우리와 함께 계신다
이 놀라운 사실이 얼마나 축복인가
인간의 모든 것은 달라졌다
죄는 예수 그리스도의 보혈로
용서를 받고 심령은 천국을 이루었다

하늘나라 생명책에 이름이 기록되고
하늘나라 천국에 초대되었으며
그 이름으로 기도하면 응답을 받는다

하나님이 함께 계신다
하나님의 자녀가 되었고
성도가 되었고 그리스도인이 되었다

57 | 의로운 사람 요셉

온유한 마음으로 감싸주는
아름다운 마리아를
아내로 맞이한 의로운 사람 요셉입니다
처녀의 몸에 아이가 잉태됨을 알고
촘촘히 박혀오는 놀람과
뼈저린 아픔을 느꼈습니다

하나님의 아들임을 알았을 때
거룩함 속에 다가오는 은혜로
하나님의 섭리를 깨달았습니다
나무를 다듬어 새롭게 만들듯
삶 속에 하나님의 놀라우신 섭리 속에
예수의 세계가 시작되었습니다

한마음으로 영혼 깊이
하나님의 아들 예수를 지켜보며
영혼을 다하여 기도하였고
온몸과 마음으로 사랑하였습니다

하나님의 거룩한 뜻을 아무에게도 드러내지 않고
순결로 받아들인 마음이 가난한 사람
나사렛 목수 요셉입니다

58 | 예수의 모친 마리아

마리아는 죄 많은 이 땅에서
심성이 가장 고결하고
영혼까지 순결한 아름다운 처녀다
천지창조 이래로 처녀가 많았지만
처녀 중에 동정녀 마리아가
하나님이 보시기에 좋았다

정혼하여 정결하게 신랑을 기다리는
아름다운 마리아에게
하나님의 고귀하신 섭리가 있다

세상의 수많은 처녀들 중에
정결하고 순결하기에 선택되어
주님이 오시는 길을 예비한 마리아다

하나님의 아들을 낳은 마리아는
이 땅에서 가장 복 받은 여성
하나님의 최고의 사랑을 받았다
세상의 모든 여성 중에 모든 어머니 중에
성경에 기록되어 많은 사람들의
존경과 사랑을 받는다

59 | 마리아의 사랑 노래

누구입니까
내 마음의 뜨락에 다가오는
당신은 누구입니까

싱그러운 봄 향기로 설레게
나의 마음의 창을 열어놓는
당신은 누구입니까

아침 이슬처럼
촉촉하게 스며드는 사랑의 노래는
너무나 아름답습니다

오 하나님
요셉을 사랑하는데
성령의 은총을 입어
하나님의 아들을 잉태하였습니다

오 하나님
가슴 저린 나의 사랑 노래는
내 마음속에 영원히 간직하렵니다

60 | 마리아와 요셉의 결혼

요셉이 잠에서 깨어 일어나 주의 사자의 분부대로 행하여 그의 아내를 데려왔으나 아들을
낳기까지 동침하지 아니하더니 낳으매 이름을 예수라 하니라 ✝ 마태복음 1 : 24-25

하나님의 뜻입니다
나의 사랑 마리아가
아내가 됨은 하나님의 은총입니다

나의 사랑 마리아와의 결혼은
하나님이 예비하신 축복이기에
하나님의 뜻을 따릅니다

천사가 전한 말을 따르며
하나님의 아들 예수를 낳기까지
마리아의 사랑을 가슴에 담으렵니다

하나님의 뜻입니다
나의 사랑 마리아가
예수를 잉태하여 낳음은 은혜입니다

사랑하는 순결한 마리아와의 결혼은
하나님의 섭리이며 뜻입니다
인간적인 간절한 아쉬움은 버리고
마리아를 택하신 하나님을 찬양합니다

61 | 마리아의 찬양

오 하나님 수많은 처녀가 있는데
어이해 나를 택하셨습니까

하나님의 아들이 잉태되다니
사내를 모르고 순결한데
어찌 이 놀라운 일이 일어납니까

사람의 딸이 하나님의 아들을
잉태하여 낳을 수 있겠습니까
지극히 높으신 능력이 덮이면
하나님의 아들을 낳을 수 있겠습니까

이 몸은 하나님이 만드신 창조물
주의 계집종이니 도구로 사용하여
말씀이 내게 이루어지기 원합니다

내 영혼이 기뻐하며
이 계집종의 비천함을 돌보시는
하늘의 축복 받음을 찬양합니다

62 | 아기 예수 태어나시던 날

아기 예수 베들레헴에 태어나시던 날
세상은 어떠했습니까
평상시 일상으로 살아가고 있었습니다

강물은 흘러가고 바다는 파도치고
새들은 숲에서 노래하고
하늘의 별이 빛을 발하였습니다

사람들은 언제나 그랬듯이
이른 아침에 일을 시작하고
저녁이면 가족들과 함께
음식을 먹고 이야기를 나누었습니다

하나님의 아들이 하늘 보좌를 비우고
베들레헴에 아기로 오시던 날
사람들의 이야기를 만들고 있었습니다

주님이 이 땅에 오시던 날
늘 헛헛하고 허망한 세상에
마음과 영혼에 위안이 되는
새 생명의 복음을 주셨습니다

63 | 이 땅에 오신 예수여

이 땅에 오신 예수여
지옥으로 달려가던 삶이 예수를 만나
놀라운 구원을 받아 새 사람이 됨은
새 생명을 얻는 구원의 소식입니다

주님이 오심으로 숨겨놓았던
죄악의 그림자 드러날 때마다
눈과 같이 깨끗하게 씻겨주셨습니다

이 땅에 오심으로
삭막한 세상 벗어날 길이 없는데
십자가에서 목숨까지 바치시사
구원해주시어 죄를 용서받았습니다
용서란 이름의 구원 여행은
아름답고 행복한 일입니다

다시 오시는 것도
십자가의 구속의 사랑도 알지 못하여
죄에 죄를, 악에 악을 더하며 사악해집니다

세속의 미련을 싹둑 베어버리고
영혼을 구원받아 자유함으로
신비한 구원 여행에 정중하게 초대합니다

64 | 주님께서 이 땅에 오심은

천지만물을 창조하고 운행하시고
하늘을 나는 새와 풀 한 포기
해와 달과 별들을 만드신 이가
왜 이 땅에 오셔야만 했습니까

죄가 사망을 불러 절망에 빠져들어
온몸의 죄악의 찌꺼기가 몰려오고
악이 파도쳐 지옥으로 들어갈 때
구원을 주시고자 오셔야 했습니다

온통 사랑뿐이신 주께서 오심은
놀라운 축복이며 은총입니다
골고다 십자가의 구원의 사랑
이보다 고귀한 희생이 어디에 있습니까

걸어가신 골고다 언덕길의
힘들고 지치신 발걸음 하나하나가
생명의 빛이 되고 구원의 목적이 됩니다

고통을 아시고 죄악의 결박에서 풀어주시고
구원의 길로 인도하시니
참 밝고 맑고 아름답게 살고 싶습니다

65 | 오늘 그대는 알고 있습니까

또 유대 땅 베들레헴아 너는 유대 고을 중에서 가장 작지 아니하도다 네게서 한 다스리는
자가 나와서 내 백성 이스라엘의 목자가 되리라 하였음이니이다 ✝ 마태복음 2 : 6

그 누가 알았을까
베들레헴 다윗 동네에 예수 나심을
아무도 반기지 않았지만
천군천사들은 큰 기쁨의 복된 소식
구주 나심을 전하였다

한밤중에 양을 치던 목자들이
어둠을 밝히려 오신 예수 나심을 알았다
하늘의 별들은 빛을 발하고
천사들은 축복하며
온 세상을 향해 찬양하였다

목자들은 베들레헴에 찾아와
아기 예수께 경배하고 듣고 본 것을
하나님께 영광을 돌리며 찬송하였다

사람들은 예수 그리스도가
이 땅에 오심을 왜 모르고 있었을까
잠들었을까 꿈꾸고 있었을까
여행을 떠났을까 어디에 있었을까
당신은 알고 있나요
이 땅에 오심을 알고 있나요

66 | 이 좋은 날이 기쁜 날

죄악의 어둠에 파묻혀
빛 하나 없던 사악한 세상에
구원의 참빛으로 오셨다

유대 땅 베들레헴에 오셨기에
말씀이 선포되고 소망 속에 구원의 문이 열렸다

죄를 벗어버리고 예수를 영접하면
구원을 받아 꿈이 현실로 이루어진다
구주가 오시면 찬양이 가득하다

구주께서 오심으로 죄를 용서받아
생가슴 명치끝의 아픔도
고통의 시퍼런 목줄도 사라진다

주님이 세우신 믿음의 터 위에서
하나님이 거하실 처소가 되기 위하여
믿음의 공동체로 지어져 간다

이 좋은 날이 기쁜 날
구원의 기쁜 소식이 가득하도록
이 땅에 오신 예수를 전하자

67 | 성탄절이 오면

> 천사가 이르되 무서워하지 말라 보라 내가 온 백성에게 미칠 큰 기쁨의 좋은 소식을 너희에게 전하노라 오늘 다윗의 동네에 너희를 위하여 구주가 나셨으니 곧 그리스도 주시니라
> ✝ 누가복음 2 : 10-11

성탄절이 오면 기쁜데
이 땅에 대속제물로 오신 예수를
무엇을 선물로 드려 경배하며
모시고 맞아들여야 합니까

개구쟁이 아이들은 골목길에서
등불 들고 새벽 찬송을 하며
아기 예수 오신 복된 소식을 전합니다

생명의 길로 날 구원하여주신 사랑과
보혈로 씻긴 마음으로 찬양을 드린다면
얼마나 좋겠습니까

예수를 향한 사랑으로 가득한 내 마음을
기도로 감사드릴 수 있다면
얼마나 좋겠습니까

성탄절이 찾아오면
주님이 이 땅에 오심을 찬양하며
기쁨을 감사하며 경배하며
예배를 드리기 원합니다

68 | 빛, 빛, 빛 생명의 빛

우주와 지구의 미아
하나님을 떠난 범죄자들 법을 어기고
에덴동산에서 쫓겨난 아담의 후손이다

때가 차매 세상과 역사 속으로
말씀이 육신을 입고
빛, 빛, 빛, 생명의 빛이 찾아왔다

빛이 오기 전에 어둠의 자식들이
저지른 죄에 대한 재판은
이미 사형선고가 내려져 있다

내일의 약속은 없지만
때가 차매 새 생명의 바람이 불어오고
죄악을 짊어지려고 찾아오셨다

하나님이 우리들 속에 오시고
생명의 길을 열어주셨다
빛, 빛, 빛, 참빛이 오셨다

하나님의 사랑을 받는 길이 열렸다
예수가 몰고 온 성령의 바람이
온 세상 가득히 불고 있다

69 | 여관 주인

요셉도 다윗의 집 족속이므로 갈릴리 나사렛 동네에서 유대를 향하여 베들레헴이라 하는
다윗의 동네로 그 약혼한 마리아와 함께 호적하러 올라가니 마리아가 이미 잉태하였더라
거기 있을 그때에 해산할 날이 차서 첫아들을 낳아 강보로 싸서 구유에 뉘었으니 이는 여관
에 있을 곳이 없음이러라 ✝ 누가복음 2 : 4-7

하나님의 놀라운 섭리
인간 구속의 역사의 시작을 알리는
마리아의 산고가 시작되던 밤

낯선 베들레헴 여관 주인들은
하나님의 아들을 출산할 마리아에게
방 한 칸 빌려주기를 단호히 거절했다

돈의 욕심이 그칠 줄 모르는 사람들
주님을 알면 심령이 가난해지고
마음이 넉넉해지는 것을 전혀 몰랐다

따뜻하게 맞아주는 곳 없는 베들레헴에서
마리아와 요셉은 얼마나 절박했을까
아기 낳을 방 하나 얻지 못한
마음의 안쓰러움이 어떠했을까

오늘의 여관 주인은 누구인가
구주를 영접하지 않은 사람은 누구인가
오늘도 마음의 방에
예수를 모시지 못하는 사람은 누구인가

70 | 베들레헴 마구간

베들레헴의 마구간에서 아기 예수가
이 땅에 태어나셨다

주님은 인간의 가족의 전통도
잊지 않고 다윗의 자손으로 오셨다

메시아가 베들레헴에서 태어난다는
예언의 성취를 위하여 태어나셨으니
하나님의 뜻, 말씀을 이루심이다

화려한 집에서 태어나지 않으시고
짐승의 집에서 태어나신 것은
주님이 대속제물이 되시는 것을
알려주시는 것이다

크고 놀라운 주님의 사랑
위대한 구원의 사랑이 시작됐다
하나님이 인간 되어 이 땅에 오셨다

할렐루야
할렐루야
전능하신 하나님을 찬양하라

71 | 구유에 누우신 예수

첫아들을 낳아 강보로 싸서 구유에 뉘었으니 이는 여관에 있을 곳이 없음이러라
✝ 누가복음 2 : 7

심령의 가난을 원하셨다
마구간의 아기는 구유에 벌거벗은
인간의 모습으로 태어나셨다

성육신하심이 하나님의 뜻이기에
우리 곁에 오시기 위하여
하나님의 뜻을 성취하기 위하여
사람의 몸으로 오시어 순종하셨다

성만찬에서 몸과 피 나누기 위해
이 땅에 밥으로 오신 아기 예수
가난한 사람들이 탄생을 축하하고
병들고 고단한 사람들이 따랐다

십자가에서 고난받으시고
보혈을 흘려 대속해주시는
예수 그리스도의 제자로 따르려면
모든 걸 버려야 했기에
직업도 가족도 버리고 따랐다

심령이 가난하면 복이 되고
예수를 따르는 자 천국이 저희 것이다

72 | 마구간을 빌려준 사람

요셉도 다윗의 집 족속이므로 갈릴리 나사렛 동네에서 유대를 향하여 베들레헴이라 하는
다윗의 동네로 그 약혼한 마리아와 함께 호적하러 올라가니 마리아가 이미 잉태하였더라
거기 있을 그때에 해산할 날이 차서 첫아들을 낳아 강보로 싸서 구유에 뉘었으니 이는 여관
에 있을 곳이 없음이러라 ✝ 누가복음 2 : 4-7

아기 예수 누일 여관이 없는데
이 막막하고 절박한 순간에
마구간을 내어준 사람은 누구입니까
아기 예수를 알았을까 몰랐을까

마리아가 산기가 있어
아기 예수가 강보에 싸여
누일 곳 찾을 줄 알았습니까

주님은 홀로 모든 짐을 지시고
고독한 길을 가시기 위하여 오셨는데
철저하게 외면을 당했습니다

눈앞의 어리석은 것을 좇다가
아기 예수 나심을 몰라
여관도 준비하지 못했습니다

마구간 주인은 누구입니까
마음이 따뜻한 사람입니까
모두 외면하고 딴청 하고 있는데
마구간을 빌려준 사람은 누구입니까

73 | 베들레헴 1

또 유대 땅 베들레헴아 너는 유대 고을 중에서 가장 작지 아니하도다 네게서 한 다스리는 자가 나와서 내 백성 이스라엘의 목자가 되리라 하였음이니이다 ✝ 마태복음 2 : 6

베들레헴 다윗의 동네여
거두어지지 않는 어둠 속에
빛으로 오신 예수 나신 곳

마리아에게 성령으로 잉태되시고
해산의 고통으로 울음뿐인 세상에
새 생명으로 태어났다

아기 예수의 첫울음을 들었던
베들레헴에 누울 여관이 없었다
사랑 없는 자들은 몰인정해
마음의 여관을 비우지 못한다

예언의 땅에서 강보에 싸여
말구유에 누우신 어린 예수는
버려진 삶들을 찾아오셨다

죄악이 곪아 터져
인자도 머리 둘 곳 없는 사악한 땅에
홀로 십자가를 지시러 오심으로
천국이 다가와 진리가 시작되었다

74 | 베들레헴 2

> 요셉도 다윗의 집 족속이므로 갈릴리 나사렛 동네에서 유대를 향하여 베들레헴이라 하는 다윗의 동네로 그 약혼한 마리아와 함께 호적하러 올라가니 마리아가 이미 잉태하였더라 거기 있을 그때에 해산할 날이 차서 첫아들을 낳아 강보로 싸서 구유에 뉘었으니 이는 여관에 있을 곳이 없음이러라 ✝ 누가복음 2 : 4-7

복된 마을 유대 땅 베들레헴
구세주 아기 예수 탄생하신 곳
구원의 창문이 열린 곳이다

어렴풋이 멀게만 느껴져
늘 아쉬웠던 하늘의 하나님이
인간의 육신을 입고 태어나신 곳이다

베들레헴아 베들레헴아
너는 유대 고을 중에서
가장 작지 않아 모든 사람들에게
주목받고 언제나 기억될 곳이다

이 땅의 인간들을 모든 죄에서
구원하실 예수 그리스도가 오신 곳
구속의 하늘 사랑이 시작된 곳이다

베들레헴아 복된 고을이여
죄지으며 갈 길을 못 찾아
방황하던 우리에게
주님은 목자이시고 우리는 양이다

75 | 베들레헴 3

아기 예수께서 어디에서 태어나실까
유대 땅 베들레헴이
아기 예수께서 태어나실 마을이다

유대 땅 베들레헴이여
구원의 길 빛으로 밝혀주실
구주 되신 아기 예수
태어나실 복된 마을이여

축복의 땅 베들레헴이여
이 땅에 태어나실
아기 예수를 맞을 준비를 하라

베들레헴은 유대 나라 땅 중에서
가장 작지 않은 곳
영원히 가슴에 기억될 아름다운 곳
복되고 성스러운 마을이다

오늘도 그리스도인들의 입에서 입으로
전해지는 베들레헴
아기 예수가 태어나실 곳이다

76 | 베들레헴 사람들

베들레헴에 살고 있는 사람들은
참으로 어리석은 사람들이었습니다

수많은 집과 사람이 있었지만
아기 예수 태어나심을 몰랐고
이 세상의 아이들과 똑같다는 생각에
어쩔 수 없다는 표정입니다

돈에 눈멀어
구원하러 오신 아기 예수를 위하여
방 하나를 비워주지 못했습니다
베들레헴 양을 치던 목자들은
천사의 소리를 듣고
아기 예수를 찾아와 경배드렸습니다

오늘도 이 땅에서
아기 예수를 맞을 준비를 하였다면
얼마나 놀라운 축복입니까

예수를 반기지 못하고
은혜의 자리를 마련하지 못한다면
정말 어리석은 사람들입니다

77 | 예수가 오셨다 1

> 말씀이 육신이 되어 우리 가운데 거하시매 우리가 그의 영광을 보니 아버지의 독생자의 영광이요 은혜와 진리가 충만하더라 ✝ 요한복음 1 : 14

빛이 비추고 새롭게 되어
사랑을 나누는 사람들이
마을과 마을 곳곳으로 퍼져나갔다

죄의 덤불에 갇혀 살던 사람들이
예수 이름으로 역사가 바뀌고
예수 이름으로 새롭게 태어나
찬양하며 하나님께 영광을 돌렸다

소름 끼치도록 두려워 떨던
죄인들이 한 점의 흠도 티도 없는
예수를 영접하여 가장 자랑스러운
하나님의 백성 거룩한 성도가 되었다

하나님과 인간 사이에 놓였던
율법의 통로에 사랑의 가교가 되어
한숨에 암울하던 세상을 빛으로 밝혔다

만상에 깃든 하나님의 뜻을 깨달아
주님의 발자취를 따라 살기 원하며
싹터 오른 사랑에 감동의 눈물이 흐른다

78 | 예수가 오셨다 2

하나님의 아들 독생자가
죄인을 구원하려고 이 땅에 오셨다
말씀인 예수께서 은혜와 진리를 전하시니
믿는 자는 구원을 받았다

예수를 만나고 영접하여
찌들었던 죄를 회개하고
옛것은 지나고 새것이 되어
거룩한 하나님의 백성이 되었다
죄로 물든 몸과 마음을 깨끗이 씻고
새순처럼 솟아나는 말씀에 감동하여
기쁨의 눈물이 흘렀다

사랑을 나누는 사람들이
사방 곳곳에서 일어났다
예수를 소문내고 전하는 사람들이
여러 마을에서 계속해서 늘어났다

예수께서 오시지 않았더라면
죄에서 구원을 받았을까
예수 이름으로 구원 역사가 바뀌고
몸과 영혼이 새롭게 거듭나서
하나님을 찬양하며 영광을 돌렸다

79 | 우리들의 시간에 오신 예수

천지만물을 창조하고 섭리하고
우주만물을 운행하시는 예수가
우리들의 시간에 오셨다

일자와 연도와 시간을 만들고
봄, 여름, 가을, 겨울을 허락하신 이가
삼십삼 년 동안이나 함께하셨다

자신의 형상대로 인간을 만드신 이가
육신을 입고 아픔과 슬픔을 알고
배고픔과 고독에 젖은 눈으로
나누시고 베푸시며 함께하셨다

우리와 함께 동행하여주시는
시작도 끝도 없는 하나님이
영원한 안식의 세계로 초대하셨다

죄악 때문에 영문 밖
골고다 언덕 위 십자가에 달리사
고결한 보혈의 피가 뿌려진
이 세상은 주님의 목숨밭이다

80 | 주님을 내 마음에 모실 자리

지금은 구원의 날
마냥 떠돌던 죄의 사슬을 벗고
확 트인 내 마음에 주님을
모실 자리를 만들어야 합니다

죄짓고 싶은 마음에 소름이 돋고
심장까지 뻘겋게 충혈될 때
발길을 돌려 영접해야 합니다
죄악에 발목이 잡혀
오가지 못하고 꼼짝 못 할 때도
부르짖으며 구원을 요청해야 합니다
생각의 틀에 박혀 쓰러지지 말고
내 생각 속에도 찾아오시는
주를 믿고 따라야 합니다

보잘것없는 것에 목숨을 걸지 말고
내일의 푸른 꿈을 이루어가며
가슴 떨리는 감동과 기쁨으로
주님을 모실 자리를 만들어야 합니다
뭉게뭉게 일어나는 사랑을 느끼며
항상 새롭게 피어나는 은혜 속에
주님을 마음에 모셔야 합니다

81 | 천사들의 노래

예수가 이 땅에 오심을 기뻐하며
하늘의 천군천사들이 살아 계신
창조주 하나님을 찬양합니다

태초에 천지만물을 만드신
하나님의 창조 섭리 속에
가장 놀라운 일 중 하나는
십자가에서 대속제물이 되어
구원을 완성하는 일입니다

믿고 따르며 살아가는 모습이
참으로 놀랍고 신비해 찬양하며
마냥 즐거워해도 좋습니다

창조하신 오묘한 세계가 신비롭고
넓은 바다의 모래 한 알맹이에도
들판에 무수히 피어난 꽃들 속에도
하나님의 놀라운 섭리가 가득합니다

만물을 주관하시는
하나님의 사역을 돕는 천사들이
사랑하는 주님을 찬양합니다

82 | 아기 예수 탄생 소식을 들은 목자들

그 지역에 목자들이 밤에 밖에서 자기 양 떼를 지키더니 주의 사자가 곁에 서고 주의 영광
이 그들을 두루 비추매 크게 무서워하는지라 천사가 이르되 무서워하지 말라 보라 내가 온
백성에게 미칠 큰 기쁨의 좋은 소식을 너희에게 전하노라 오늘 다윗의 동네에 너희를 위하
여 구주가 나셨으니 곧 그리스도 주시니라 ✝ 누가복음 2 : 8-11

사랑하는 마음으로 양 떼들을
밤이 지나도록 지켜주는 목자들아

주의 천사가 전하는 말을 들어라
다윗 동네에 구주 예수가
아기로 탄생하여 오셨다

아기 탄생 소식을 들은 목자들은
감동하며 매우 기뻐하였다

목자들아 세상에 전하라
주님과 가까움은 가장 큰 행복이다

온 세상의 죄인을 구원하시는
구원의 약속 하나님의 사랑이
널리 널리 퍼져나간다

구주가 이 땅에 아기로 오셨다
찬양하며 경배하라고
이 놀라운 기쁜 소식을 만방에 전하라

83 | 목자들의 큰 기쁨

한밤중에 양 떼를 지키는 목자에게
하늘 영광이 다가와 아기 예수께서
이 땅에 오셨다고 전해주는 소식보다
큰 기쁨이 어디에 있겠습니까

천사들은 어둠 속에서
양들을 돌보는 목자들에게
예수 나심을 전해주었습니다

놀람과 설렘으로 발길마저 구름에 뜬 듯
아기 예수를 만나고 싶은데
보살펴 주시고 감싸주시고 인도하시는
목자의 마음을 알고 있습니까

예수가 와도 반기는 사람이 없는데
하늘엔 천군천사가
아기 예수 나심을 찬양합니다

아기 예수께 경배하러 목자들은
보고 들은 모든 것으로 찬양합니다
양 떼를 지키던 목자들은 진정한 마음으로
아기 예수 나심을 찬양합니다

84 | 동방박사들

아기 예수를 그리워하는 그리움이 꽃피어
동방박사들은 먼 길을 찾아 경배하러 왔지만
죄를 짓는 사람들은 몰랐습니다
선지자들이 진리를 먼저 알았더라면
유대 사람들이 베들레헴 사람들이
하나님의 뜻을 먼저 알았더라면
동방박사보다 먼저 경배드렸을 것입니다

헤롯은 분노의 눈빛을 불태우며
권좌를 잃을까 두려워 떨며
하나님의 뜻을 외면하고 말았습니다
죄악은 먼지와 티끌만을 날리고
더러운 것들을 털어내지도 못한 채
아기 예수 오심의 뜻조차 몰라
죄악의 입들만 더 크게 벌렸습니다

헤롯의 칼에 찔린 어린 생명에서 떨어지는
붉은 피에 비열한 웃음이 섞입니다
아이 잃은 어미들의 절망의 외마디는
허공에서 비정의 칼에 갈라지고
위로받기 거절하며 통곡을 합니다

85 | 동방박사들의 찬양

깜깜한 밤하늘에 빛을 발하는 수많은 별
그 가운데 유난히 빛나는
별을 보고 경배하러 왔다

하늘의 별도 유난하게 빛나며
동방박사들의 길을 인도하다가
아기 예수 있는 곳에 머물러 찬양을 하는데
어찌 찬양하지 않겠는가

동방박사들은 아무런 망설임도 없이
하나님의 아들 아기 예수께
황금과 몰약과 유황을 드리며 경배하였다

하늘 보좌를 비우고
죽어가는 영혼에 생명을 주시고
보혈의 피를 쏟아주기 위하여 오셨다

하늘 보좌를 비우고
이 땅에 오신 아기 예수를
동방박사들이 경배하고 찬양하였다

86 | 시므온의 찬양

시므온이 아기를 안고 하나님을 찬송하여 이르되 주재여 이제는 말씀하신 대로 종을 평안
히 놓아 주시는도다 내 눈이 주의 구원을 보았사오니 이는 만민 앞에 예비하신 것이요 이방
을 비추는 빛이요 주의 백성 이스라엘의 영광이니이다 하니 ✝ 누가복음 2 : 28-32

세세 무궁토록 영원히 찬양받으시고
영광과 존귀를 받으실 거룩하신 하나님
말씀대로 이루어주시니
아기 예수를 안고 찬양합니다

여기 이곳에 생명의 빛이 비치고
오랜 세월 기다림으로 설렜는데
여기 이곳에 아기 예수 오셨다

만민 앞에 예비하신 구속의 사랑
온 땅에 비추시는 빛의 영광으로
놀랍도록 축복하여주셨다

이 황홀하도록 놀랍고 신비한 축복
어린 아기 예수는 하나님의 뜻을
이 땅에 이루시기 위하여 오셨다

오 하나님 놀라운 사실을 깨닫고
머뭇거리지 말고 온전히 받아들여
놀라운 축복을 믿고 전하게 하소서

87 | 애굽으로 피난 가신 예수

그들이 떠난 후에 주의 사자가 요셉에게 현몽하여 이르되 헤롯이 아기를 찾아 죽이려 하니 일어나 아기와 그의 어머니를 데리고 애굽으로 피하여 내가 네게 이르기까지 거기 있으라 하시니 ✝ 마태복음 2 : 13

두 눈에 핏발이 가득한
헤롯이 독한 성질을 뿜어내며
죽음의 손길로 권세를 동원하여
어린 아기 예수를 죽이려 한다

하나님의 놀라우신 섭리에 감사하며
겸손하게 받아들여야 하는데
자신의 왕권이 위협받을까 두려워
죄 없는 어린 예수를 죽이려 한다

저 소리를 들어보라
좌불안석으로 두려움에 온몸을 떨며
죽음이 찾아오는 고통 속에
절규하는 소리를 들어라

머리 위 왕관을 지키기 위하여
자신의 엉덩이를 받쳐줄 왕좌를 위하여
피를 부른다

어린 예수여 어서 떠나소서
애굽으로 피난하소서
이 죽음의 도성을 빨리 떠나소서

88 | 헤롯의 아이 학살 1

이에 헤롯이 박사들에게 속은 줄 알고 심히 노하여 사람을 보내어 베들레헴과 그 모든 지경 안에 있는 사내아이를 박사들에게 자세히 알아본 그때를 기준하여 두 살부터 그 아래로 다 죽이니 ✝ 마태복음 2 : 16

헤롯 왕이여 얄팍한 권세가 흔들릴까
불안한 골몰과 흔들리는 눈빛이 안타깝다
어린 아기 예수 나심이 무엇이 두려워
나이가 같은 갓난아이들을 학살하는
참혹한 만행을 저지르느냐

베들레헴과 그 모든 지경의 두 살 이하의 사내아이를
어찌 죽였는가 이 악인이여
아이의 울음소리가 들리지 않는가
부모들의 애곡하는 소리가 들리지 않는가
어린 자식의 죽음으로 위로조차 거절하는
어미들이 가슴이 아파 애통하며
피를 토하는 절규 소리가 들리지 않는가

왕이 백성의 어린 아기들을 죽였으니
왕의 권위가 상실되고 땅에 떨어지며
백성이 너를 원망하고 증오하고
하나님이 보고 계시니 죄가 너를 불러낼 것이다
목에 힘을 잔뜩 준 너의 권세가 그럴듯해 보일지 모르지만
헤롯이여 너는 가장 어리석은 통치자다
큰소리를 쳐도 허공을 맴돌며 메아리치고
너는 분명히 죗값을 받을 것이다

89 │ 헤롯의 아이 학살 2

헤롯이여 저주받은 왕이여
아이들의 고통의 핏소리가
너의 머리를 잡아 흔드는구나
헤롯이여 냉혈 인간이여
생각과 행동이 뒤틀리어
상상을 뛰어넘는 죄를 짓는가
무엇이 두려워 만행을 저지르는가

제멋대로 놀아나는
세상 권세 왕위가 그리도 좋더냐
바보 같은 어리석은 인간이여
인간의 탈을 쓴 짐승 악마로구나
모순과 거짓투성이의 인생이여

자식을 위하여 위로받기를 거절하고
크게 호곡하는 소리가 네 귀에 들리는가
헤롯, 저주받은 헛되고 가련한 죄인아
호쾌하지 못하고 경망스럽게 저지른
죄의 핏값은 너에게로 다시 돌아가고
죽음의 그림자가 너를 덮쳐오고
죗값의 사망인 지옥이 너를 부른다

90 | 여인들의 통곡

이에 선지자 예레미야를 통하여 말씀하신바 라마에서 슬퍼하며 크게 통곡하는 소리가 들
리니 라헬이 그 자식을 위하여 애곡하는 것이라 그가 자식이 없으므로 위로받기를 거절하
였도다 함이 이루어졌느니라 ✝ 마태복음 2 : 17-18

헤롯아 이 소리가 들리느냐
아이들의 핏소리가 뼈마디 녹아드는
절망의 탄식이 온 하늘에 솟구친다
무슨 권세로 어린 생명을 빼앗느냐
두 살도 안 된 아이들
천하보다 귀한 생명을 어찌 죽이는가
하늘이 보고 땅이 지켜본다

어리석고 냄새나는 권세자여
쥐뿔같은 권세는 하루아침에 무너지고
사망이 끌고 갈 줄 모르는가
핏소리가 너를 삼키고 저주하리라

헤롯아 이 소리가 들리느냐
자식이 없어 위로받기 거절하고
통곡하고 애곡하는 어미의 목소리가
너의 영혼을 창으로 찌르지 않더냐
시퍼렇게 살아 있는 어미 눈앞에서
어린 자식이 처참하게 죽는 일은
절망 속에 어미의 생가슴에
대못이 박히는 처절한 고통을 준다

91 | 헤롯의 죽음

이 땅에 오신 아기 예수가 두려워
두 살 이하의 모든 아기를 죽이고
박해하던 살인자 헤롯이여
아기를 죽이고 어머니들의
생가슴을 찢어놓았던 극악한 살인자여
너에게도 죽음이 찾아왔구나

세상의 권세가 아무리 대단해도
죽음을 막을 수는 없는 것
결국에 죽을 삶이라면 살았을 때
백성들을 위하여 선행을 베풀었다면
역사도 기리며 기억해주었을 것이다

악인의 잔혹함은 수천 년이 지나도
저주와 증오의 목소리가 가득하다
잔인한 왕 헤롯이여
죗값으로 심장이 고통 속에 떨며
죽음이 행한 대로 심판을 받을 것이다

후회해도 소용없는 죽음이 찾아왔다
고통의 바다에서 헤매게 될
세상에서 가장 악한 권세자여

92 | 하나님께로 난 사람들

세상에 수많은 이름이
하늘의 별처럼 떠오르다가
하루아침에 낙엽처럼 허무하게 사라진다

구원자 예수 그리스도는 날과 달이 가고
해가 바뀌어도 수많은 가슴을 열어주고
미궁이 가득한 세상에 해답이 된다

허망에 들뜨던 마음을 버리고
예수 이름에 울고 웃고 찬양하며
어둠을 떠나 빛 가운데 산다

길가에 버려진 듯 아주 잊힌 듯
갈 길을 잃고 외면당한 사람들도
주님을 영접하면 혈이나 육에 얽매인 것이 아닌
하나님의 자녀가 되는 권세를 주신다

우리는 나약하고 부족하지만
믿음 속에 찬란한 기쁨이 솟아나고
하늘 소망이 넘치는 성도가 된다

93 | 나사렛 예수 1

요셉이 일어나 아기와 그의 어머니를 데리고 이스라엘 땅으로 들어가니라 그러나 아켈라
오가 그의 아버지 헤롯을 이어 유대의 임금 됨을 듣고 거기로 가기를 무서워하더니 꿈에 지
시하심을 받아 갈릴리 지방으로 떠나가 나사렛이란 동네에 가서 사니 이는 선지자로 하신
말씀에 나사렛 사람이라 칭하리라 하심을 이루려 함이러라 ✝ 마태복음 2 : 21-23

나사렛 동네는 버려진 땅
툭하면 출신 성분 따지는 사람들
죄 중에 서로 자랑한들 무엇하나

겸손하신 아기 예수를
목수 요셉과 마리아의 아들로 알고
하나님의 독생자를 전혀 알 수 없었다

갈릴리에서 복음을 외치고
요단 강에서 세례받기 전까지
오직 믿음으로 구주를
영접하기 전에는 몰랐다

주님의 어린 시절
주님의 소년 시절
주님의 청년 시절
주님의 지상의 삶이 신비롭다

주님의 고귀한 사랑
우리와 함께 자고 깨고 일하신
예수는 구원의 복된 편지다

94 | 나사렛 예수 2

하나님의 아들 예수 그리스도를
사람들은 나사렛 사람이라 부르며
평범한 사람인 줄로 알았다
천지만물을 창조하고 섭리하시는 분이
우리와 똑같은 모습으로
희로애락을 느끼고 생활하며 사셨다

멸시당하는 사람이 살던 곳
이름 없고 나타낼 것도 없고
자랑할 것도 없는 동네에서
아무 보잘것없는 민초처럼 사셨다

나사렛 동네에 사신 예수가
하나님의 자녀가 되게 해주시고
겸손하게 낮아지셔서 높여주셨다

상처와 절망의 무게를 아시기에
민초들과 희로애락을 함께하시고
목수로 일하며 인간의 심정을 알게 하신 것이
하나님의 놀라우신 섭리이며 뜻이다
성육신하여 사랑을 나누어주신 분
예수 그리스도는 나사렛 예수다

95 | 나사렛 사람들 1

예수의 어린 시절부터
십자가의 고난까지 보았던
나사렛 사람들은 어떻게 바라보았을까

주님을 한 번만이라도 눈으로 보면
샘솟듯 기쁨이 넘치고 좋을 텐데
함께 살고, 거닐고, 이야기를 나누던
나사렛 사람들은 어떻게 바라보았을까

이 지상의 삶에서 예수를
가장 가까이 만날 수 있었던 날들
구주를 앞에 두고 몰랐다니 참 어리석다

오늘도 사람들은 예수를 모르고
무슨 생각을 하며 살아가는 것일까

고달픈 인생에 목매달지 말고
주님을 소망하며 한 줄기 신앙으로
죄의 갈등과 실망에서 벗어나
새 생명의 꽃을 활짝 피우며
예수 사랑의 질주를 멈추지 말라

96 | 나사렛 사람들 2

예수와 함께 호흡하며 산
나사렛 사람들 복된 사람들이다

하나님의 아들 독생자 예수를
날마다 마주하며
살 수 있는 축복을 받음은
얼마나 놀라운 은혜인가

어린 시절부터 예수의 친구가 되고
함께 생각하고 뛰놀며 말벗이 되고
길동무가 되어준 나사렛 사람들

목수가 되는 것을 바라본 사람들
예수가 만든 갖가지 목공예품을
써보고 사용해본 사람들
예수를 보며 삶을 체험했으니
나사렛 사람들은 행복한 사람들이다

97 | 성장하는 어린 예수

헤롯의 손길을 피하여
나사렛 동네에서 아기는 성장하며
강하고 지혜가 충족하여
은혜가 함께했다

키가 자라가며 사랑을 받으신
지혜로운 어린 예수
온유하신 모습이 아름답다

나사렛 어린 시절이 참으로
생명이 가득한 봄꽃처럼
얼마나 신비롭고 놀라운가
어떻게 자라시고 지내셨을까

하나님이 사람으로 살게 하신
구원의 섭리가 놀랍고
가슴을 감동으로 뜨겁게 하는
지상의 공생애가 참 놀라운 기적이다

나사렛에서 하나님의 은총 가운데
하루하루 나날이 다르게
성장하는 어린 모습이 아름답다

98 | 지혜와 키가 자라던 어린 시절

아기가 자라며 강하여지고 지혜가 충만하며 하나님의 은혜가 그의 위에 있더라
✝ 누가복음 2 : 40

어린아이 같아야 천국에 갈 수 있다고 하신
주님의 어린 시절은 어떠했을까

나사렛 동네에서 아이들과 함께 뛰놀고
아이들의 마음을 아시고
아이들이 온유하고 착하기에
거짓 없이 진실하게 말씀하셨다

하나님의 아들이 사람의 아들이 되어
아이들과 함께 뛰놀았다니
참으로 이 얼마나 놀라운 일인가

천지만물을 운행하시는 분이
우리와 같은 모습으로 오셔서
어린 시절 은혜가 항상 있었다

나사렛 동네 사람들과 요셉과 마리아
주의 형제들에게 사랑을 받으셨다

조금은 알 듯한 주님의 삶
어린 날 동네 친구들과 우정을 나누고
즐거운 나날 함께하심은
놀라운 은혜요 축복이다

99 | 어찌하여 나를 찾으시나이까

> 그의 부모가 해마다 유월절이 되면 예루살렘으로 가더니 예수께서 열두 살 되었을 때에 그
> 들이 이 절기의 관례를 따라 올라갔다가 그날들을 마치고 돌아갈 때에 아이 예수는 예루살
> 렘에 머무셨더라 그 부모는 이를 알지 못하고 동행 중에 있는 줄로 생각하고 하룻길을 간
> 후 친족과 아는 자 중에서 찾되 만나지 못하매 찾으면서 예루살렘에 돌아갔더니 사흘 후에
> 성전에서 만난즉 그가 선생들 중에 앉으사 그들에게 듣기도 하시며 묻기도 하시니 듣는 자
> 가 다 그 지혜와 대답을 놀랍게 여기더라 ✝ 누가복음 2 : 41-47

예수는 요셉과 마리아의 아들로 오지 않고
죄의 대속제물이 되기 위하여
인간의 육신을 입고 오셨다

열두 살의 소년 예수는
예루살렘 성전에서 지혜로 듣고 물으셨다
"저 소년은 누구일까"
질문을 당해낼 수가 없어 어리석은 변론만 일삼고
순종이 제사보다 낫다는 것을 몰랐다

요셉과 마리아는 예루살렘을 떠나
하룻길을 간 후에야 잃은 것을 알고
부르짖고 외쳐도 찾을 수 없어
자식을 잃은 아픔에
예루살렘으로 다시 돌아왔다

오늘 우리는 예수 그리스도와
하루, 이틀, 사흘 길보다 더 멀리
잃어버리고 동떨어져서 살면서
구원하신 이유조차 모르고 있지 않은가

100 | 주님을 처음 만났을 때 1

예수께서 거니심을 보고 말하되 보라 하나님의 어린 양이로다 ✝ 요한복음 1 : 36

주님을 처음 만났을 때
어떤 고백이 나올까
죄지은 마음은 불안하고 무안한데
어떻게 믿음을 고백해야 합니까

오직 사랑으로 구원해주시는
주님을 처음 만났을 때
골고다 언덕의 십자가
죽음의 고갯길을 넘어 부활하셔서
새 생명을 주셨는데 할 말이 있습니까

삭신이 저린 죄 한탄하고 떨었지만
죄악의 상처를 싸매시고 치유하신
무엇에도 비교할 수 없는
구속의 사랑에 기쁨을 찾았습니다

목자가 되셔서 내 마음 문을 두드리시고
나의 이름을 부르며 나를 따라오라
말씀하실 때 무어라 고백했습니까

삶의 새로운 전환점을 만들어주신
주여 오늘도 속마음을 고백합니다
하나님의 아들이시고 구원자이십니다

101 | 주님을 처음 만났을 때 2

세상 사람들은 눈멀고 귀먹어
죄악 속에 호들갑스럽게 떠들어도
주의 마음을 알아가게 하소서
욕망의 헛바닥이 아무리 유혹해도
죄짐을 벗은 가벼운 마음으로
주님의 삶을 본받게 하소서

한이 맺혀 늘 부르짖고
시름에 잠겨 눈꺼풀마저 내려앉고
깡마른 마음 늘 허기져 있을 때도
죄가 되는 삶이 아니라
축복이 되는 삶을 살게 하소서

담 하나 사이에 천국과 지옥이 갈라짐을 느낄 때
복음을 절박하게 전하게 하소서
풀잎 잠 깨우는 아침에도
별들이 눈 감는 시간에도
주님의 뜻을 구하며 기도하게 하시고
봄날 아지랑이 피듯 그리워하게 하소서

조금씩 주님을 닮고 싶어
가슴 깊이 박히는 또렷해지는 말씀과 사랑에
가슴이 찡해집니다

주님과 교제하는 삶을 살게 하소서
말씀과 기도로 교제하며
경건한 예배를 통하여 가까이 계시니
주님의 사랑은 반복해도 좋습니다

죄의 허상에 행복은 흩어져 사라지니
주여 내 가슴에 손을 먼저 얹어
진정한 평안을 주시기를 원합니다

기도하다 눈 뜨면 주님이 보일까
엉뚱한 생각도 가끔 해보지만
주님을 늘 진정 사랑합니다
흙탕물에 연꽃이 피어나듯이
죄악의 더러움을 씻겨주시는 보혈은
사랑의 꽃을 피워냅니다

주님을 만나고 난 후 삶이 변하여
소망이 달라지고 새 사람이 되었습니다
주님의 사랑을 배우며 아낌없이 베풀 때
즐거움을 느낄 수 있는 것은
삶을 아름답게 살아가는 것입니다

103 | 광야의 사람 세례 요한 1

그때에 세례 요한이 이르러 유대 광야에서 전파하여 말하되 회개하라 천국이 가까이 왔느
니라 하였으니 그는 선지자 이사야를 통하여 말씀하신 자라 일렀으되 광야에 외치는 자의
소리가 있어 이르되 너희는 주의 길을 준비하라 그가 오실 길을 곧게 하라 하였느니라
✝ 마태복음 3 : 1-3

썩어버린 세상에
생생한 생명의 소리가 들려온다
한순간 살다 갈 목숨을 배신하는
변절자 속에 살아 있는 외침은
불의와 타협하지 않고 예수의 길을 곧게 만들었다

하늘도 땅도 두려워할 줄 모르는
예수의 길을 예비하고 죄의 회개를 전하다
헤롯에게 미움과 질시를 받았다
하나님의 사람이 세상 왕의 잔치에서
여자의 홀리는 유혹의 춤에
놀잇거리가 되었다

선물이 되어 넋 나간 자
헤롯의 기분 풀이에 목이 잘리는
순교를 당하여 소반에 담겼다
세례 요한은 여인이 난 자 중에 가장 큰 자
가슴에 울리는 광야의 소리
"회개하라 천국이 가까이 왔느니라"

지금도 성경을 읽을 때마다 이 땅에서 저 땅으로
넌 하늘까지 귓가 쟁쟁하게 들려오고 있다

104 | 광야의 사람 세례 요한 2

광야에 외치는 자의 소리가 있어 이르되 너희는 주의 길을 준비하라 그의 오실 길을 곧게
하라 기록된 것과 같이 세례 요한이 광야에 이르러 죄 사함을 받게 하는 회개의 세례를 전
파하니 온 유대 지방과 예루살렘 사람이 다 나아가 자기 죄를 자복하고 요단 강에서 그에게
세례를 받더라 ✝ 마가복음 1 : 3-5

침묵을 깨고 들려오는 양심을 찌르는 소리
허허로운 광야에서 주님의 길을
예비하는 외침이 들리는가

아무런 거리낌도 없이
유대 광야에서 심장이 터지도록 외치는
살아 있는 생명의 소리가 들리는가
"회개하라 천국이 가까이 왔느니라"

이 외침 앞에 누가 숨어버리고
이 외침 앞에 누가 귀 기울이고
이 외침 앞에 누가 나오는가
그들의 선택이 전혀 다른 길을 만든다

광야의 소리를 듣는 자 누구나 나와서
죄를 회개하여 합당한 열매를 맺어야 한다

광야의 사람 세례 요한
세상 죄를 지고 가는 어린양을 찬양하며
오늘도 재림의 길을 예비하는 세례 요한이
회개를 촉구하며 복음을 외치고 있다

105 | 광야의 외치는 소리 1

유대인들이 예루살렘에서 제사장들과 레위인들을 요한에게 보내어 네가 누구냐 물을 때에
요한의 증언이 이러하니라 요한이 드러내어 말하고 숨기지 아니하니 드러내어 하는 말이
나는 그리스도가 아니라 한대 또 묻되 그러면 누구냐 네가 엘리야냐 이르되 나는 아니라 또
묻되 네가 그 선지자냐 대답하되 아니라 또 말하되 누구냐 우리를 보낸 이들에게 대답하게
하라 너는 네게 대하여 무엇이라 하느냐 이르되 나는 선지자 이사야의 말과 같이 주의 길을
곧게 하라고 광야에서 외치는 자의 소리로라 하니라 ✝ 요한복음 1 : 19-23

광야같이 영적으로 삭막한 세상에
세례 요한의 외침이 살아 있어야 한다
"회개하라 천국이 가까이 왔느니라"
구약 선지자의 마지막 목소리가 들린다

오늘도 수많은 사람들이
어그러지고 잘못된 길을 가며
방탕하며 아슬아슬하게 살아간다

곁길 딴 길 후미진 곳에서
죄를 부끄러워하고 있지 않는데
이들에게 생명의 말씀을
외칠 자는 과연 누구인가

주님의 길을 예비하는 세례 요한의
살아 있는 외침을 기억해야 한다

세속적인 것에서 떠나 주님의 길을 예비하는
세례 요한의 모습을 바라보라
"요한은 낙타 옷을 입고 허리에 가죽띠를 띠고
음식은 메뚜기와 석청이었다"

106 | 광야의 외치는 소리 2

요한이 세례받으러 나아오는 무리에게 이르되 독사의 자식들아 누가 너희에게 일러 장차
올 진노를 피하라 하더냐 그러므로 회개에 합당한 열매를 맺고 속으로 아브라함이 우리 조
상이라 말하지 말라 내가 너희에게 이르노니 하나님이 능히 이 돌들로도 아브라함의 자손
이 되게 하시리라 ✝ 누가복음 3 : 7-8

바리새인들아 독사의 자식들아
사두개인들아 회칠한 무덤들아
회개하지 않는 무리들이여
진노를 피하고 회개의 열매를 맺어라

세례 요한의 목쉰 외침도 거절한다면
이제 곧 타작하여 알곡은 곳간에
쭉정이는 꺼지지 않는 불에 던질 것이다
잔망스럽고 어리석은 불신의 시대여
세례 요한의 외침을 들어라
"회개하라 천국이 가까이 왔느니라"

회개하라 천국이 가까이 왔다
광야에서 외치는 소리가 들리지 않는가
세례 요한의 외침이 들리지 않는가
욕망에 눈멀어 죄를 밥 먹듯 짓는 자들아

무서워하지 않고 두려워하지 않고
양심의 가책도 없이
제멋대로 살아가는 한심한 존재들이여
죄악의 피가 손에 가득하고
사악한 얼굴조차 붉게 물들인다

107 | 광야의 외치는 소리 3

요한은 낙타털 옷을 입고 허리에 가죽띠를 띠고 메뚜기와 석청을 먹더라 그가 전파하여 이르되 나보다 능력 많으신 이가 내 뒤에 오시나니 나는 굽혀 그의 신발 끈을 풀기도 감당하지 못하겠노라 나는 너희에게 물로 세례를 베풀었거니와 그는 너희에게 성령으로 세례를 베푸시리라 ✝ 마가복음 1 : 6-8

광야의 외침 세례 요한이
주님의 전하실 복음의 길을 순교할 각오로
목숨을 걸고 예비하고 터놓고 있다
지금 곧 회개하라 주님의 때가 가까이 왔다

독생자 예수 그리스도가 육신 입고
우리를 구원하러 이 땅에 오셨다
그분에게 구원이 있고 새 생명이 있고
하늘나라에 영원한 초대가 있다

권력과 종교에 아부하는 자들아
권세와 종교를 이용하는 자들아
욕망 속에 죄로 문란한 자들아
예수를 알지 못해 시치름하는 자들아
내일은 모르고 오늘에 만족하는 자들아

천하의 모든 것은 시와 때가 있는 것
너희들의 때가 얼마를 가겠느냐
주님의 길을 예비한다 거짓되고 부패한 자들아
보라 예수가 오고 있다 그는 흥하여야 하리라
죄악 속에 살아가는 사람들은 망할 것이다
세상 죄를 지고 가는 어린양을 보라

108 | 광야의 외치는 소리 4

이때에 예루살렘과 온 유대와 요단 강 사방에서 다 그에게 나아와 자기들의 죄를 자복하고
요단 강에서 그에게 세례를 받더니 요한이 많은 바리새인들과 사두개인들이 세례 베푸는
데로 오는 것을 보고 이르되 독사의 자식들아 누가 너희를 가르쳐 임박한 진노를 피하라 하
더냐 ✝ 마태복음 3 : 5-7

광야에서 외치는 자
주님의 길을 예비하는 세례 요한은
낙타 털 옷을 입고 허리에 가죽띠를 띠고
메뚜기와 석청을 먹으며 살았다

세례 요한 시대를 깨닫지 못하고
죄를 회개하지 않는 사람들에게
전도하며 목청껏 외치기 시작했다
"회개하라 천국이 가까이 왔느니라"
양심의 가책을 받고 죄를 깨달은 사람들이
예루살렘과 온 유대 요단 강 사방에서
쏟아져 나와 죄를 통회 자복하고
요단 강에서 세례 요한에게 세례를 받았다

깨닫지 못하고 나오지 않는
바리새인과 사두개인에게도 외쳤다
너희들의 오막조막한 마음을 회개하라
"독사의 자식들아 회개하라!"
너희들이 빨리 다가오는
하나님의 진노를 어찌 피할 수 있겠느냐
마땅히 회개하고 합당한 열매를 맺으라
어리석은 자들아 진노가 너희 머리 위에 있다

109 | 회개에 합당한 열매를 맺으라 1

그러므로 회개에 합당한 열매를 맺고 ✝ 마태복음 3:8

회개의 합당한 열매를 맺으라
알곡이 되고 가라지와
쭉정이는 되지 말아야 한다

말만 자랑하고 떠벌리는 그리스도인이 아니라
행함이 있는 믿음으로 성령의 열매를 맺으며 살아야 한다

보혈의 죄 씻음을 받은 거룩한 성도라면
죄의 괴로움을 게워내는 것이 아니라
회개의 합당한 열매를 맺어야 한다

열매가 없는 나무는
죽은 나무와 같이 잎도 없고
열매가 없는 나무는
아무 쓸모가 없고 보잘것없다
열매가 없으면 불신자와 다를 바가 없다

그리스도인이라면 죄를 마음에 두고
괴로워하기보다 죄를 회개하여
합당한 열매를 맺고 참평안 속에
그리스도의 자랑거리가 되어야 한다

110 | 회개의 합당한 열매를 맺으라 2

회개 없이는 아무도 누구도
예수 그리스도의 이름으로
구원받을 수 없으므로
회개하여 합당한 열매를 맺어야 한다

회개는 자신의 지은 죄를
예수 이름으로 있는 그대로
가감 없이 고백하여 내놓는 것이다

회개는 자신이 지은 죄를
인정하고 죄를 범한 잘못을 회개하여
가난한 마음에 풍성한 용서를 받는 것이다

자범죄와 고범죄와 은밀히 지은 죄와
교묘하게 속이며 지은 죄를 고백하고
모든 것을 용서받는 것이다

예수 그 이름으로 기도하고
죄를 낱낱이 고백해야 용서를 받고
구원을 받아 새 사람이 되어
초록 잎 자라듯 믿음이 자라나
영혼에 피어나는 보혈의 사랑을 받는다

111 | 쭉정이는 꺼지지 않는 불에 태우리라

손에 키를 들고 자기의 타작마당을 정하게 하사 알곡은 모아 곳간에 들이고 쭉정이는 꺼지지 않는 불에 태우시리라 ✝ 마태복음 3 : 12

알곡은 곳간에 모으고
쭉정이는 꺼지지 않는
영벌에 처해 불에 태울 것이다

우리는 알곡 신앙인가 쭉정이 신앙인가
부족하고 초라한 모습일 뿐이다

알곡이라 하면 교만할 것 같고
쭉정이라 하면 흔들리고 불안한 믿음이다

내 속셈까지 다 아시는 주님을 의지하고
기도하고 주님의 일을 힘써 함으로써
알곡 신자가 되어야 한다

내 뜻대로 될 수 없으니
주님의 인도하심을 받아 바싹 다가서서
믿음 가운데 살아야
알곡 신자가 되어 천국에 갈 것이다

구원받음이 얼마나 행복한가
구원받음이 얼마나 고마운가
알곡이 되어야 천국의 기쁨이 찾아오고
지옥의 고통이 떠나간다

112 | 세상 죄를 지고 가는 어린양 예수 1

이튿날 요한이 예수께서 자기에게 나아오심을 보고 이르되 보라 세상 죄를 지고 가는 하나님의 어린 양이로다 ✝ 요한복음 1:29

세상 죄를 지고 가시는 어린양 예수여
한 줌의 재로 사라질 삶이 허망하고
허무한 거리에서 갈 길이 막막하고 두려울 때
주님의 마음을 닮고 싶습니다

작은 슬픔에도 눈물 나는 세상
명치끝에서 시작되는 그리움 속에
겸손한 마음으로 기도할수록 목숨 줄기가 하늘에 닿아
어느 때나 변함없이 응답해주십니다

겟세마네 동산에서 고뇌하시며
기도하시는 모습이 고귀한데
언제나 몹쓸 밍밍한 신세타령만 하는
허랑방탕한 모습입니다

캄캄한 미로에서 방황하던 길을 멈추고
말씀을 가슴에 담고 놀라운 기쁨을
주시는 주님을 늘 닮아가야 합니다

공생애 짧은 세월에도
겸손하게 구원의 길을 닦아주셨으니
귀를 쫑긋하여 십자가 고난 너머 주님을 보며
순한 어린양이 되고 싶습니다

113 | 세상 죄를 지고 가는 어린양 예수 2

> 그가 곤욕을 당하여 괴로울 때에도 그의 입을 열지 아니하였음이여 마치 도수장으로 끌려
> 가는 어린 양과 털 깎는 자 앞에서 잠잠한 양같이 그의 입을 열지 아니하였도다
> ✝ 이사야 53 : 7

세상 사람의 모든 죄를 용서하시기 위하여
죄를 지고 가시는 어린양 예수를 보라

하나님의 아들이 인간이 저지른 사악한 모든 죄를 용서하시려고
십자가의 대속제물로 육신을 입고 오셨다

골고다 언덕길을 쓰러지고 넘어지며
야윈 어깨에 십자가를 지고 고독하고 쓸쓸하게 올라가
죄인으로 십자가에 못 박혀 대속제물이 되신 예수를 보라

말없이 십자가를 지시는 순결한 어린양이 되시어
죄 지은 자를 용서하심으로
가슴이 터진 듯 후련하게 만들어주신다

모든 죄를 깨끗하게 용서하여주시는
이보다 놀랍고 신비로운 사랑이 이 지상의 어디에 있을까
이 지상 어느 곳에서도 찾아볼 수 없는
놀라운 하나님의 구원의 사랑이다

잡초 같은 목숨 살려주시기 위하여
독생자가 죄의 깊은 아픔을 아시고
세상의 죄짐을 지고 가는 어린양이 되셨다

114 | 세상 죄를 지고 가는 어린양 예수 3

죽임을 당한 어린 양의 생명책에 창세 이후로 이름이 기록되지 못하고 이 땅에 사는 자들은 다 그 짐승에게 경배하리라 ✝ 요한계시록 13 : 8

세상 죄를 지고 가시는 예수
휘몰아치는 혼란 속에도 늘 반겨주시고
맞아주시는 손길 느낀다
눈으로 볼 수 없지만 느낄 수 있는
전하시는 생명의 말씀 온유하신 따스한 손길
가슴과 손끝에 와 닿는 촉감을 느낀다

날 위해 십자가에 못 박혀 보혈로 구원하신 사랑은
뒷모습조차 감사하여
참 많은 슬픔으로 눈물에 젖는다

죄악 속에서 날 구원하여주시고
힘껏 안아주시는 손길을 느끼며
마음의 골목길에서 만나
온유하고 겸손하신 마음을 닮아가고 싶다
어린양의 생명책에 기록됨을 감사하고
구세주를 영원히 찬양하라

늘 병들고 아픈 자들을 찾아가 품어주시고
친히 자기 백성이 되게 하신
주님의 따뜻한 구원의 손길을 느낄 수 있기에
내 마지막 소원은 예수에 미치는 것이다

115 | 세상 죄를 지고 가는 어린양 예수 4

예수는 어린양으로 이 땅에 오셨다
어린양은 성품이 순결하고 선하여
제사를 드릴 때 희생 제물로 쓰였다

주님은 어떤 목동이 기르는 양도 아니고
어느 목장의 우리에 있는 양도 아닌
하나님의 어린양이다

예수 그리스도는 스스로
제물이 되어 십자가에 못 박히셨다

인간은 자기 죄를 속죄하기 위하여
양을 죽여 제물로 삼았지만
예수는 스스로 목숨까지 주시고
스스로 어린양이 되어 제물로 드려졌다

보혈의 피가 뿌려지자
모든 죄에 영원한 대가가 치러지고
구속사의 가장 소중한 사랑이 이루어졌다

하나님이 인간을 위하여 제물이 되시고
죽으셨다가 다시 살아나셨다

116 | 세상 죄를 지고 가는 어린양 예수 5

어찌 어린양 한 마리가
세상 모든 사람의
죄를 대신하는 대속제물이 될 수 있습니까

하나님의 아들이시요
구세주이시기에 합당합니다

고통스러운 죄의 길에서
생명이 넘치는 구원의 길로 인도하시기 위하여
세상 죄를 지고 가시는 어린양이십니다

천지만물을 창조하시고
운행하시는 하나님의 독생자로
인간을 지극히 사랑하시기에 가능합니다

우리를 친밀히 사랑하시는 주님은
죄악의 올무와 덫을 피하지 않으시고
십자가로 정면 돌파하셨습니다

예수는 섬김을 받으려고가 아니라
우리를 섬기려고 오셨습니다

117 | 주님이 원하시는 대로 살게 하소서

> 우리 구주 예수 그리스도로 말미암아 우리에게 그 성령을 풍성히 부어주사 우리로 그의 은혜를 힘입어 의롭다 하심을 얻어 영생의 소망을 따라 상속자가 되게 하려 하심이라
> ✝ 디도서 3 : 6-7

영원한 하늘나라가 예비되어 있으니
온갖 걱정에 잔뜩 웅크리고 앉아
눈앞이 캄캄하게 번민하지 않고
진리를 깨닫고 자유를 누리게 하소서
길을 잃고 방황하다 구원받았으니
무거운 죄짐을 벗어버리고
기쁨 속에 나눔을 베풀게 하소서

속삭이듯 들리는 음성을 듣고
소망을 가졌으니 내 작은 입으로
간절한 소망으로 가장 큰 찬양을 드리며
꼬박꼬박 뜻하신 대로 살게 하소서
심령의 가난의 의미를 알아
마음속에 천국을 이루었으니
주님을 바라보며 범사에 감사하게 하소서

나의 눈빛과 마음을 읽어주시는
주께서 기도하심을 닮아가게 하소서
사탄의 공격이 화살처럼 쏟아져도
날마다 하늘 사랑을 주시는
눈에 선하고 참 좋은 예수 안에서 멋지게 살게 하소서

118 | 요단 강의 세례

하늘에서 가장 높으신 분이 낮아져서
세례 요한에게 세례를 받으시는
겸손의 아름다움을 보여주셨다

세례는 예수 이름으로
죄 씻음받고 용서를 받는 것이니
은혜가 헛되지 않기를 원합니다

세례 요한과 모든 의를
하나님의 뜻에 합당하게 이루시니
얼마나 겸손하고 아름다운 모습인가

높아지려고 교만한 자들에게
섬김의 모습을 보여주시려고
예수께서 세례를 받던 날 하늘이 열리고
성령이 비둘기같이 내렸다

골고다의 외침이 구원의 꽃이 되어
활짝 만개해 화창하게 피어납니다
예수 그리스도 행하신 일이
복음의 꽃으로 피어 구원의 열매가 되었다

119 | 죄인이 받아야 할 세례

이때에 예수께서 갈릴리로부터 요단 강에 이르러 요한에게 세례를 받으려 하시니 요한이 말려 이르되 내가 당신에게서 세례를 받아야 할 터인데 당신이 내게로 오시나이까 예수께서 대답하여 이르시되 이제 허락하라 우리가 이와 같이 하여 모든 의를 이루는 것이 합당하니라 하시니 이에 요한이 허락하는지라 ✝ 마태복음 3 : 13-15

구주 예수 그리스도께서
죄인이 받아야 할 세례를 받으시고
세리와 친구가 되시고 온갖 병자의
의원 되시고 죄인의 구세주가 되셨다

죄인의 허물과 수치를 홀로 담당하시고
거짓 없는 순결한 사랑을 주셨다

죄인을 위해 신앙의 모범을 보이시고
아버지의 뜻을 이루시기 위하여
인간의 길을 걸어가셨다

"이는 내 사랑하는 아들이라"
하나님의 음성이 들리던 날
삼십 년간의 침묵의 시간을 떠나
복음 소식을 활짝 열어놓았다

요단 강의 흐름보다 더 강렬한 사랑이
역사에 가득 흘러넘치는 것은
내 삶의 자랑이며 갈 길을 알려주는 나침판이다

120 | 세례를 받으신 예수

이때에 예수께서 갈릴리로부터 요단 강에 이르러 요한에게 세례를 받으려 하시니 요한이
말려 이르되 내가 당신에게서 세례를 받아야 할 터인데 당신이 내게로 오시나이까 예수께
서 대답하여 이르시되 이제 허락하라 우리가 이와 같이 하여 모든 의를 이루는 것이 합당하
니라 하시니 이에 요한이 허락하는지라 예수께서 세례를 받으시고 곧 물에서 올라오실새
하늘이 열리고 하나님의 성령이 비둘기같이 내려 자기 위에 임하심을 보시더니 하늘로부
터 소리가 있어 말씀하시되 이는 내 사랑하는 아들이요 내 기뻐하는 자라 하시니라

✝ 마태복음 3 : 13-17

예수께서 갈릴리로부터 요단 강에 오셔서
주님의 길을 예비하고자
이 땅에 온 세례 요한을 만나셨다

죄인들에게 세례 베푸시러 오신 예수께서
세례 요한에게 세례를 받으시고
모든 것들을 합력하여 선을 이루게 하셨다

세례 요한은 감당할 수 없어 반문하였다
내가 세례를 받아야 하는데 어찌 내가 세례를 합니까

주님이 말씀하셨다
세례 요한아 허락해주길 원한다
네가 세례를 베풀어야 의를 이루는 것이다

세례를 받고 물 위로 올라오실 때
비둘기 같은 성령이 머리 위에 임하셨다
믿음의 삶에 모범이 되시는
주님을 향하여 하나님이 말씀하셨다
"이는 내 아들이요, 내 기뻐하는 자라"

121 | 서른세 살의 청년 예수 그리스도

> 예수께서 세례를 받으시고 곧 물에서 올라오실새 하늘이 열리고 하나님의 성령이 비둘기 같이 내려 자기 위에 임하심을 보시더니 하늘로부터 소리가 있어 말씀하시되 이는 내 사랑하는 아들이요 내 기뻐하는 자라 하시니라 🕇 마태복음 3 : 16-17

이 세상에 오셔서 머물다 떠돌다 가신
서른세 살의 청년 예수 그리스도
죄악에 갇혀 있는 사람들을 구원하시러 오셔서
죄악의 어둠에 찌든 심령을
치료하여주시고 소생시켜주셨습니다

주를 사모하고 그리워하는 그리움이
가슴에 꽉꽉 차오르면 주님의 이름을 불러봅니다

이 세상에 구주로 오신 주님을
어리석은 사람들은 차가운 눈초리로
냉대하며 침을 뱉고 돌을 던졌습니다
서른세 살의 청년 예수는 인간을 구원하시려고
몸소 죄인의 십자가에 달리셨습니다

인간을 위해 가장 위대하게 죽으시고
사흘 만에 부활하신 주님이 그리워지면
하늘을 바라보며 고대하고 있습니다

십자가의 운명은 가장 아름다운 이별
죄를 떠나 구원받는 구속의 사랑은
아름답게 꽃피워야 할 사랑입니다

122 | 청년 예수를 본받게 하소서

나의 자녀들아 너희 속에 그리스도의 형상을 이루기까지 다시 너희를 위하여 해산하는 수
고를 하노니 ✝ 갈라디아서 4 : 19

청년 예수의 삶을 본받게 하소서
불타는 열정으로 복음을 전하신
심령이 뜨거운 청년 예수를 따라
하나님의 섭리에 순응하게 하소서

가난하고 외로운 사람들에게
늘 환하게 피는 사랑을 나누고
죄에서 해방되어 환호하며
생명의 말씀을 가슴에 담게 하소서

어떠한 극한 환경 속에서도
기도와 말씀으로 준비하여 이겨내고
오직 하늘 아버지의 뜻에 살고 죽는
믿음의 길을 온전히 가는
청년 예수를 본받게 하소서

맞부딪치는 세월의 상처 속에서
헝클어진 마음을 풀어주시고
풋풋한 청년 예수를 닮게 하소서

123 | 구주 예수 그리스도

예수 그리스도 이 세상의 그 누구
단 한 사람도 외면할 수 없는 분
오직 사랑인 주님 예수

아스러질 목숨 구원해주시고
내 가슴에 항상 찾아오시는
오직 은혜의 주님 예수

가장 처절하게 죽어갔으나
가장 사랑받고 찬양받으시는
구원자 예수 그리스도 주님

한 사람 한 사람
이 세상 누구에게도
아무런 부끄러움이 없는 이

하늘 사랑인 그분
언제나 당신의 마음에 찾아오시는 이
오직 말씀이신 주님 예수

나의 삶을 바꾸어놓으신
구주 예수 그리스도께
지그시 눈 감고 감사의 기도를 드린다

124 | 광야의 굶주림, 40일 금식기도 1

빵은 가진 자와 못 가진 자의
욕심과 청빈을 갈라놓는 선이다

굶주림의 빈창자를 뒤흔들어놓은
외로운 광야의 기도는
하나님 뜻을 따르며 간구하는 가운데
사탄의 시험을 이겨내게 하였다

인간은 먹을 것을 위해 싸움을 하지만
주님은 영혼의 양식을 위하여
세상 끝에 홀로 남아 외로이
사십 일의 금식기도를 하셨다

빵의 유혹을 말씀으로 이기심은
복음이 육신의 양식을 벌기 위한
도구가 아님을 분명하게 보여주셨다

복음은 생명과 영생의 떡이니
빵의 노예선에 탄 불만과 탄식이 가득한
불신의 사람들이여
생명의 말씀을 확실히 깨닫고
생명의 복음으로 삶의 배를 갈아타라

125 | 광야의 굶주림, 40일 금식기도 2

> 그때에 예수께서 성령에게 이끌리어 마귀에게 시험을 받으러 광야로 가사 사십 일을 밤낮
> 으로 금식하신 후에 주리신지라 시험하는 자가 예수께 나아와서 이르되 네가 만일 하나님
> 의 아들이어든 명하여 이 돌들로 떡덩이가 되게 하라 예수께서 대답하여 이르시되 기록되
> 었으되 사람이 떡으로만 살 것이 아니요 하나님의 입으로부터 나오는 모든 말씀으로 살 것
> 이라 하였느니라 하시니 ✝ 마태복음 4 : 1-4

빈 들판에 엉겅퀴 돋아나고 짐승들의
울음 들리는 굶주리고 허기진 광야에서
고독한 금식기도를 사십 일 동안 밤낮으로 하셨다
성령에 이끌리어 마귀에게 시험을 받으시고
시련의 가시밭에서 피어나는
한 송이 백합처럼 온갖 시련 속에서
가시에 찔리셔도 말씀만 쏟아내셨다

배고픔에 돌도 떡덩이로 보일 즈음에
에덴동산의 풍요가 넘치는 땅에서
첫 아담을 쓰러뜨린 사탄은
휑뎅그렁 비어 굶주린 예수 그리스도쯤은
아주 쉽게 시험에 들게 할 수 있다고 생각했다
나약해져 가장 견디기 힘들 때 사탄은 권세와
명예로 시험하며 인간이 갖기 원하는
보암직하고 탐스럽고 먹음직한 것으로 유혹했다

사탄의 시험이 거센 폭풍우처럼 밀려와
화산의 불길처럼 활활 타올라도
조금도 흔들림 없이 조롱과 회유를
육신을 입고 오신 주님이 말씀으로 물리치셨다

126 | 광야의 굶주림, 40일 금식기도 3

성령에 이끌려 주야로 금식하신 사십 일은
우리의 영혼을 사랑하신 예수께서
새 생명의 복음 전도를 위해
철저히 준비하신 기도의 시간이다

구주의 삶은 단순하지 않았다
인간의 새로운 생명의 구원 역사를
금식기도를 하시고 말씀으로 시작하셨다

고통 속에서 복음 선포를 준비하신 것은
사람들의 영육의 굶주림을
치유하여주시고 구원해주시기 위함이다

사탄의 시험을 말씀으로 이기시고
사탄의 교묘한 교활함도 말씀으로 이기셨다
타고난 고운 품성을 가지신
겸손하고 온유하신 주님이 전하시는
전지전능하신 하나님의 말씀은
생명을 구원하는 살아 있는 말씀이다

말씀으로 사탄의 시험을 이기자
하늘의 천사가 수종을 들듯이
예수는 찬양받기에 합당하신 구원자시다

127 | 주님의 40일 금식기도

성령에 이끌리어 광야에서
사십 일 동안 주야로 금식하신 주님

복음 선포를 준비하시기 위하여
굶주리신 주님
그 모두가 우리를 사랑하시기 때문입니다

오직 말씀으로
오직 말씀으로
오직 말씀으로
세 번의 사탄의 시험을 이기신 주님

사탄의 교묘한 시험도 말씀으로
이길 수 있음을 보여주셨습니다

우리를 구원하시는 이
우리의 영혼의 양식은 말씀입니다

사탄의 시험을 이기신 주님을
천사가 수종을 들었듯이
우리의 삶도 천사가 도울 것입니다
주님은 능력과 구원의 주님이십니다

128 | 사탄의 첫 번째 유혹

그때에 예수께서 성령에게 이끌리어 마귀에게 시험을 받으러 광야로 가사 사십 일을 밤낮
으로 금식하신 후에 주리신지라 시험하는 자가 예수께 나아와서 이르되 네가 만일 하나님
의 아들이어든 명하여 이 돌들로 떡덩이가 되게 하라 예수께서 대답하여 이르시되 기록되
었으되 사람이 떡으로만 살 것이 아니요 하나님의 입으로부터 나오는 모든 말씀으로 살 것
이라 하였느니라 하시니 ✝ 마태복음 4 : 1-4

예수께서 사십 일을 밤낮으로 금식하며
기도하실 때 사탄은 교묘하게 시험을 하였다
인간의 육신을 입고 오셔서 금식하는
굶주림 속에 교묘히 파고들었다

하나님의 아들이 분명하면
광야의 돌을 떡으로 만들어보라는 것이다

아주 시기적절한 유혹으로
인간이 빵에 늘 쓰러지고 넘어지기에
배고프니 빵을 만들어라 시험한 것이다

예수는 분명히 살아 있는 말씀으로
사탄의 시험을 이기셨다
"사람이 떡으로만 살 것이 아니요
하나님의 입으로 나오는
모든 말씀으로 살 것이라 하였느니라"

인간은 배고픔에 빵으로 죄를 짓지만
인간을 체휼하러 오신 예수는
하나님의 말씀으로 이겨내셨다

129 | 사탄의 두 번째 유혹

이에 마귀가 예수를 거룩한 성으로 데려다가 성전 꼭대기에 세우고 이르되 네가 만일 하나
님의 아들이어든 뛰어내리라 기록되었으되 그가 너를 위하여 그의 사자들을 명하시리니
그들이 손으로 너를 받들어 발이 돌에 부딪치지 않게 하리로다 하였느니라 예수께서 이르
시되 또 기록되었으되 주 너의 하나님을 시험하지 말라 하였느니라 하시니

✝ 마태복음 4 : 5-7

마귀는 인간의 과시욕과
허영심을 건드리고 파고들며 유혹하였다

네가 만일 하나님의 아들이거든
성전 꼭대기에서 뛰어내려라
하나님이 너를 절대로 상하지 않게
돌에 부딪치지 않게 할 것이다

하나님은 마술을 하시는 분이 아니고
절대로 구경을 위한 장난을 하지 않으신다
이 땅에 나를 구원자로 보내신 것이지
사탄의 도구로 보내신 것이 아니다

사탄과 불신자는 엉뚱한 기적과 표적을 요구하지만
주님은 흔들림 없이
하나님 아버지의 뜻을 따르셨다
분명하게 말씀으로 이겨내셨다

"주 너의 하나님을 시험하지 말라 하셨느니라"
사탄은 물러갔다
예수께서 두 번째 유혹을 이기셨다

130 | 사탄의 세 번째 유혹

마귀가 또 그를 데리고 지극히 높은 산으로 가서 천하 만국과 그 영광을 보여 이르되 만일 내게 엎드려 경배하면 이 모든 것을 네게 주리라 이에 예수께서 말씀하시되 사탄아 물러가라 기록되었으되 주 너의 하나님께 경배하고 다만 그를 섬기라 하였느니라 이에 마귀는 예수를 떠나고 천사들이 나아와서 수종드니라 ✝ 마태복음 4 : 8-11

사탄은 지극히 높은 산꼭대기로 예수를 데리고 가서
화려한 미끼로 욕망과 허영을 시험하였다

예수는 인간을 죄에서 구속하시고자
희생당할 어린양으로 오셨지
사탄을 경배하러 오시지 않았다
사탄은 천하만국을 보여주며 자기에게 경배하면
세상의 왕으로 만들어주고 권세를 주겠다고 유혹했다

만왕의 왕이신 주
세상을 주겠다고 해서 시험받으실 분이 아니다
말씀으로 이기셨다
"사탄아 물러가라 기록되었으되
주 너의 하나님께 경배하고 다만
그를 섬기라 하였느니라"

말씀이 육신이 되어 오신
어느 누구도 감당할 수 없는 강한 인내심과 의지력으로
시험을 이겨내신 생명의 말씀이시다
우리를 구원하시고 인도하시는
영원히 살아 있는 생명의 말씀이시다

131 | 주님의 제자

갈릴리와 데가볼리와 예루살렘과 유대와 요단 강 건너편에서 수많은 무리가 따르니라
✝ 마태복음 4 : 25

사는 곳도 자라난 곳도 다르고
삶의 모습은 다르고
생각도 행동도 각기 다르지만
주님의 제자가 되기를 기뻐합니다

갈피를 못 잡고 의미도 없이
보잘것없는 인생을 살았으나
주님의 복음의 전달자가 되길 원합니다

나의 모습에 빌립과 나다나엘의 모습도
요한의 모습도 베드로의 모습도
도마의 모습도 있는 줄 알지만
성품도 변하고 습관도 변합니다

나에게 지혜가 부족하고
모든 것이 연약하여도
주님께서 인도하고 함께하신다면
참된 복음을 전도할 것입니다

오 주여
주님의 제자가 되게 하시고
가시는 길을 따르게 하소서

132 | 기도하심을 본받게 하소서

사랑하는 자들아 주께는 하루가 천 년 같고 천 년이 하루 같다는 이 한 가지를 잊지 말라 주
의 약속은 어떤 이들이 더디다고 생각하는 것같이 더딘 것이 아니라 오직 주께서는 너희를
대하여 오래 참으사 아무도 멸망하지 아니하고 다 회개하기에 이르기를 원하시느니라
✝ 베드로후서 3 : 8-9

복음 전하기 위하여 기도로 준비하시고
광야와 겟세마네 동산과 골고다 언덕
십자가 고통 속에서 구원을 완성하시며
기도로 마치신 삶을 본받기를 원합니다

죄악에 잠들고 꽁꽁 묶여 살던 세월을 후회하며
발 동동 구르며 슬퍼하고
안타까워하던 마음을 돌이켜 회개합니다
주님 뜻에 합당하게 살지 못하고
그럭저럭 시간만 죽이고 살아온
세월이 얼마나 초라합니까

주님의 음성을 가슴에 새기고 말씀과 믿음으로
생각을 정리하여 언제나 기도로 시작하고 마치며
한눈팔 시간 없이 살기를 원합니다

회개하여 정결한 은혜로 채워주시고
기도함으로 하늘 문이 열리고 닫힘을
깨달아 알게 하여주시기를 원합니다
기도함으로 하나님의 뜻이 이루어지고
사랑이 바다 크기로 몰려오니
성숙한 믿음으로 행하며 살기를 원합니다

133 | 기도는 영혼의 목소리

기도는 하늘로 오르는 영혼의 향기
티 없이 맑은 보혈로 깨끗이 씻긴
고귀한 생명의 꽃 피어나는
거룩한 성도의 마음의 표현이다

기도는 하늘과 이 땅을
연결하는 영혼의 사닥다리
주님의 은혜에 끝내 눈물만 쏟는다

하나님의 뜻대로 하는 기도는
회개를 하는 것이고
세상의 근심은 절망을 만들어낸다

기도를 통하여 채울 수 없던
갈증을 채워주시고
스스로 빛이 되신 예수께서
말씀으로 비추어주시니
얼마나 놀라운 은혜이며 축복인가

기도는 언제나 하늘을 열 수 있고
닫을 수 없는 영혼의 호흡이다
가식 없이 드리는 청결한 목소리다

134 | 기도를 드리고 싶을 때

오직 오늘이라 일컫는 동안에 매일 피차 권면하여 너희 중에 누구든지 죄의 유혹으로 완고하게 되지 않도록 하라 우리가 시작할 때에 확신한 것을 끝까지 견고히 잡고 있으면 그리스도와 함께 참여한 자가 되리라 ✝ 히브리서 3 : 13-14

주 안에 살면 마음이 한결 가벼워지는데
왜 죄짐을 지고 힘겹게 살았을까
하나님을 가까이 느낄 때
사랑에 폭 젖어 간절히 기도드린다

하나님의 일을 하고 싶을 때
내 간구 들어주시면 힘과 생기가 돌아
때로는 감격에 목 놓아 펑펑 울고 싶다

사랑받음을 알고 있을 때
피할 수 없던 운명을 뛰어넘어
하나님의 손길을 느끼며 살다 보면
얼핏얼핏 주님이 더 그리워진다

하나님의 뜻을 알고 싶어서 그리워지는 날
하늘을 향하여 손을 흔들 때
눈에 아른거리는 주님이 보고 싶다

구름처럼 떠도는 삶에 가슴에 스며드는
믿음 속에 주님을 향한 믿음을 확신하며
생명의 복음을 전하는 기쁨에 동참하며
사랑을 더욱 깊이 깨닫는다

135 | 두 손 모아 주님께 기도를

두 손 모아 기도를 드릴 때
신세 한탄 하지 않고 죄를 자백하며
믿음으로 간절히 기도하면 들어주신다
날마다 살아갈 길을 의탁하면
얼마나 놀라운 일들을 펼쳐주실까
기대하며 날마다 소망을 펼쳐나가면
기쁨이 가슴속에 충만해진다

갑자기 다가온 난관 속에 일어나는
가혹한 괴로움에 몸서리칠 때도
모든 죄에서 떠나 주님을 만나야 한다
어두운 그늘 없이 행복한 마음으로
들판에 꽃이 피어나듯이
최선을 다할 때가 가장 아름답다

두 손 모아 기도를 드릴 때
날마다 주님이 가신 길 따라 가까이
믿음을 발돋움하며 기쁨 속에 살고 싶다
기도할 때마다 응답 주시고
갈 길을 인도하여주시니
봄 햇살 손등에 비추시는 따뜻한 사랑에
삶의 이정표가 분명하게 세워졌다

136 | 주님의 이름을 부르세요

> 모든 기도와 간구를 하되 항상 성령 안에서 기도하고 이를 위하여 깨어 구하기를 항상 힘쓰며 여러 성도를 위하여 구하라 ✝ 에베소서 6 : 18

기도하고 싶을 때 주님을 간곡히 부릅니다
우리들과 언제 어디서나 동행하시는
마음과 손길을 느끼십니까
빈 껍질 인생 무엇을 남길 것인가
눈 딱 감고 예수를 만납시다

조용히 이름을 부르면
주체할 수 없는 감동의 눈물에
가까이 다가오심을 느낄 수 있고
지난날의 베푸신 은혜가 고맙습니다

구름이 하늘에서 떠돌듯이
이 땅을 떠돌며 사는 나그네를 떠나
평화롭게 살고 싶습니다

상쾌한 봄날 아침에 향긋한
풀 향기가 들판에 가득하듯
온 세상이 온통 하늘 사랑입니다

가신 길마다 꽃들이 피어나는
따스한 봄철에 허허 웃으시는 모습이
그리워 참 많이 자꾸만 보고 싶어집니다

137 | 주여 깊은 영성을 주소서

내가 확신하노니 사망이나 생명이나 천사들이나 권세자들이나 현재 일이나 장래 일이나 능력이나 높음이나 깊음이나 다른 어떤 피조물이라도 우리를 우리 주 그리스도 예수 안에 있는 하나님의 사랑에서 끊을 수 없으리라 🕆 로마서 8 : 38-39

제각기 살아가는 길 한구석에서
유혹의 손길이 늘 뻗쳐 와
어지럽게 거듭되던 타락 속에서
악은 버리고 돌아서게 하여주시고
비루하고 초라해도 구원하여주소서

주여 기도 속에 깊은 영성을 주셔서
죄의 상처뿐인 큰 응어리가 가득해
쓰라린 가슴으로 시무룩하고
참담하게 널브러지지 않게 하소서

진흙 구덩이에서 알고 지은 죄 모르고 지은 죄
알쏭달쏭한 죄로부터 낱낱이 벗어난
기쁨 속에 날마다 영혼을 새롭게 하소서

처참하게 죽어가는 병색을 보면서도
상관없는 듯 야속하게 스쳐 지나가고
몰인정하고 매정하고 가증스럽게
이웃도 없이 야박하게 삶을 용서하소서
주여 마음 문을 열어주시고
영혼에 깊은 영성을 주시며
죄악의 그림자에서도 벗어나게 하소서

138 | 생명의 복음을 전하는 예수

예수께서 요한이 잡혔음을 들으시고 갈릴리로 물러가셨다가 나사렛을 떠나 스불론과 납달리 지경 해변에 있는 가버나움에 가서 사시니 이는 선지자 이사야를 통하여 하신 말씀을 이루려 하심이라 일렀으되 스불론 땅과 납달리 땅과 요단 강 저편 해변 길과 이방의 갈릴리여 흑암에 앉은 백성이 큰 빛을 보았고 사망의 땅과 그늘에 앉은 자들에게 빛이 비치었도다 하였느니라 이때부터 예수께서 비로소 전파하여 이르시되 회개하라 천국이 가까이 왔느니라 하시더라 ✝ 마태복음 4 : 12-17

죄인들에게 전하는 생명의 복음
이토록 가슴 벅차게 흔들어놓는
감동적인 소식이 어디 있는가

처참하게 죽어가는 생명을 살리는
기쁘고 위대한 소식이 어디 있는가
"회개하라 천국이 가까이 왔느니라"
복음의 소리 듣는 자 복 있다

흑암의 그늘에 앉은 자들아
말씀은 빛이요 생명이요 진리요 은혜이다
마른 땅에 샘물이 터지고
생수가 터지면 영원히 목마르지 않다

몸과 마음과 영혼을 콕콕 쑤셔오는
죄악을 깨끗이 씻겨주는
이 생명의 말씀을 어찌 전하지 않는가

생명의 말씀을 듣고 변화를 받으니
순결의 복음을 어찌 전하지 않겠는가
구원의 기쁨을 어찌 전하지 않겠는가

139 | 회개하라 천국이 가까이 왔느니라

예수께서 요한이 잡혔음을 들으시고 갈릴리로 물러가셨다가 나사렛을 떠나 스불론과 납달리 지경 해변에 있는 가버나움에 가서 사시니 이는 선지자 이사야를 통하여 하신 말씀을 이루려 하심이라 일렀으되 스불론 땅과 납달리 땅과 요단 강 저편 해변 길과 이방의 갈릴리여 흑암에 앉은 백성이 큰 빛을 보았고 사망의 땅과 그늘에 앉은 자들에게 빛이 비치었도다 하였느니라 이때부터 예수께서 비로소 전파하여 이르시되 회개하라 천국이 가까이 왔느니라 하시더라 ✝ 마태복음 4 : 12-17

복음 전도의 첫 말씀은
"회개하라 천국이 가까이 왔느니라"이다

회개는 죄를 지은 자들이
예수 그리스도 구세주 이름으로
구원의 문으로 들어가는 첫 관문이다

자기가 지은 죄를 예수 이름으로
스스로 고백하는 회개가 없다면
절대로 죄를 용서받을 수 없고
구원을 받을 수가 없다는 것을
분명하고 확신 있게 말씀하셨다

"회개하라 천국이 가까이 왔느니라"라는
생명의 전도 말씀은
심판주로 재림하시는 날까지
전해야 할 복음 전도의 생명의 말씀이다

회개하지 않으면 구원받을 수 없고
하나님의 자녀가 될 수 없고
천국에 갈 수 없다

140 | 갈릴리 전도의 시작

> 요한이 잡힌 후 예수께서 갈릴리에 오셔서 하나님의 복음을 전파하여 이르시되 때가 찼고
> 하나님의 나라가 가까이 왔으니 회개하고 복음을 믿으라 하시더라 ✝ 마가복음 1 : 14-15

때가 차 하나님의 나라가 가까이 다가오자
예수께서 갈릴리에서 말씀을 전도하기 시작하셨다

주님의 길을 예비한
세례 요한은 옥에 갇혔지만
귀 있는 자들은 천국 복음을 듣고 나와서
죄를 회개하고 세례를 받고 구원받았다

이 땅에 오신 주님은
죄로 저주받아 죽어가는 자에게
생명의 복음을 전하셨다
"때가 찼고 하나님의 나라가 가까이 왔으니
회개하고 복음을 믿으라"

죄악의 수레바퀴 속에 예언자들과
예수가 외쳐도 듣지 않는 사람들은
언제나 외면하고 등 돌리고
죄를 밥 먹듯 지으며 살았다

갈릴리에서 온 세상을 향하여
생명을 전파하자 눈 있는 자는 보고
나와 구원을 받고 예수를 믿었다

141 | 갈릴리 사람들아

갈릴리 바다 바람은 불어오는데
주님은 복음을 전하셨다
수많은 마을 중에서 복 받은 마을이여
갈릴리 바다 축복받은 사람들아
너희들 중에서 제자를 선택하셨다

바다와 싸우며 억세게
굳은 마음도 녹여 회개하게 하는
생명의 복음의 바람이 불었다

주님의 부르심에 순복하며
세상의 모든 것을 버리고
제자가 되어 선택된 사람들아

갈릴리 바다 사람들아
복음이 익어 터지는 시간이 왔다
하나님의 기뻐하심을 입어
고기 잡는 어부에서
사람 낚는 어부가 된 예수의 제자들

오늘도 부르심에 순종하며
복음의 바다에 그물을 던진다
주님을 따라가는 발걸음이 참 가볍다

142 | 갈릴리의 외침

예수께서 성령의 능력으로 갈릴리에 돌아가시니 그 소문이 사방에 퍼졌고 친히 그 여러 회당에서 가르치시매 뭇사람에게 칭송을 받으시더라 📖 누가복음 4 : 14-15

갈릴리의 예수의 외침을 들어라
생명의 빛이 어둠에 쏟아지자
얼룩진 양심에 어둠이 걷히고
죄악의 행렬이 거듭나기 시작했다

죽음의 깊은 고독에서 절망하던 자들이
어느 때 말씀을 처음 들었는가
어느 때 회개하여 은혜를 맛보았는가

참빛 생명의 외침에 영혼이 소생하여
쉼을 얻고 석류가 온몸을 쏟아냄처럼
쏟아지는 진리의 말씀을 듣는다

윤리를 외쳐도 생명을 얻지 못하고
천하를 얻고 구원받지 못하면 소용없다

아직도 마음의 창을 닫고
죄악의 커튼을 내리고 있는가
죄를 씻어내면 눈과 같이 희어진다

오늘 누가 예수 만나 변화되어
갈릴리에서 전하신 생명의 복음을
전하고 믿을 것인가

143 | 예수의 외침

이때부터 예수께서 비로소 전파하여 이르시되 회개하라 천국이 가까이 왔느니라 하시더라
✝ 마태복음 4:17

복음의 외침이 시작되었다
죄악의 억압과 고통에서 신음하며
비참과 울분에 사로잡혀 있을 때
"회개하라 천국이 가까이 왔다"
힘 있게 외치셨다

잃어버린 영혼을 향한
구원의 외침은 갈릴리 마을에서 시작해서
골고다 십자가의 외침으로 계속되었다

믿고 회개하여 응답하면
보혈로 구원받으니
더 바랄 것 없는 사랑이니
항상 예수의 이름을 믿고 기도해야 한다

십자가에서 마지막으로 "다 이루었다"
외치셨을 때가 가장 중요한 구원의 완성이다
신앙은 의무가 아니라 구원받고
천국에 초대받는 아주 반가운 행복이다

죄악에서 회개하여 옛것을 버리고
구원의 사랑으로 새롭게 태어나
복된 부활로 이어지는 새 생명의 복음이다

144 | 예수의 가르침

그리스도의 말씀의 가르침은
모든 사람들이 죄를 깨닫고 돌이켜서
양심을 찾고 회개하라는 것이다

죄를 지었다면 죄를 시인하고 죄를 고백하고
삶을 변화시켜 하나님께 예배하는
성도의 삶을 살아가라고 가르치셨다

주님의 가르침은 나를 따르라는 것이다
죄의 자식처럼 어둠으로 다니지 말고
주님이 세상의 빛이시니
생명의 빛을 얻으라고 가르치셨다

하나님을 사랑하고 순종하고 따르며
경배하고 예배하고 말씀을 깨달아
가서 복음을 전하라고 가르치셨다

가르침을 겸손하게 받아들이고
투명하신 예수를 가장 진솔하고
정직한 마음으로 전해야 한다

145 | 안나의 고백

또 아셀 지파 바누엘의 딸 안나라 하는 선지자가 있어 나이가 매우 많았더라 그가 결혼한
후 일곱 해 동안 남편과 함께 살다가 과부가 되고 팔십사 세가 되었더라 이 사람이 성전을
떠나지 아니하고 주야로 금식하며 기도함으로 섬기더니 마침 이때에 나아와서 하나님께
감사하고 예루살렘의 속량을 바라는 모든 사람에게 그에 대하여 말하니라
✝ 누가복음 2 : 36-38

사람들이여 들어보십시오
아셀 지파 비누엘의 딸 안나입니다
이 늙은이가 홀로 살아온
인생의 행로가 참으로 비참했습니다

삶이 고단하고 힘들고 험난했지만
오직 기도하며 구원의 주님을 기다리며
하나님의 뜻을 깊이 바라고 있었습니다

결혼한 지 칠 년 만에 과부가 되어
홀로 팔십사 세가 되기까지
얼마나 외롭게 살았는지 알 것입니다
소망은 오직 하나밖에 없어
하나님의 성전을 떠나지 않고
주야로 금식을 하며 열린 마음으로
하나님의 뜻만을 기다렸습니다

하나님의 섭리 속에 새로운 변화가 일어나
아들이 오심이 행복합니다
하나님의 속량하심을 바라는 사람들이여
주님이 이 땅에 오셨습니다

146 | 주님의 말씀을 듣게 하소서

하나님께서 지으신 모든 것이 선하매 감사함으로 받으면 버릴 것이 없나니 하나님의 말씀
과 기도로 거룩하여짐이라 ☙ 디모데전서 4 : 4-5

주님의 말씀을 마음 깊숙이 듣게 하소서
내 몸과 마음이 새롭게 되기를 원합니다

말과 행동을 멈추고 겸손함 마음으로
내 사연을 펼쳐 보이며
말씀이 마음에 또렷하게 새겨져
항상 주님이 삶의 첫 번째에 있기를 원합니다

내 마음대로 행동하며 움직이던 것을
잠시 멈추고 깊이 생각하며
깔끔한 성품을 지니신 주님의 순결함을
묵상하오니 찾아와 주소서

말씀 속에서 절망을 버리고
소망 속에서 기쁨을 꽃피우며
주님의 발길을 따르는 삶이기를 원합니다

발길 가는 곳마다 가슴에 가득한
사랑이 복받쳐 가슴 찡하고 울컥해
주님의 그림자라도 붙잡고 싶은 마음에
이런 날은 눈물을 왈칵 쏟아도 좋습니다

147 | 어부를 부르시는 예수

> 갈릴리 해변에 다니시다가 두 형제 곧 베드로라 하는 시몬과 그의 형제 안드레가 바다에 그
> 물 던지는 것을 보시니 그들은 어부라 말씀하시되 나를 따라오라 내가 너희를 사람을 낚는
> 어부가 되게 하리라 하시니 그들이 곧 그물을 버려두고 예수를 따르니라 거기서 더 가시다
> 가 다른 두 형제 곧 세베대의 아들 야고보와 그의 형제 요한이 그의 아버지 세베대와 함께
> 배에서 그물 깁는 것을 보시고 부르시니 그들이 곧 배와 아버지를 버려두고 예수를 따르니
> 라 ✝ 마태복음 4 : 18-22

갈릴리 해변에서 평생토록
고기 잡아 생업을 이어왔던
어부들을 불러 제자로 선택하셨다

어부들인 시몬 베드로와 그의 형제 안드레와
세배대의 아들 야고보와 요한을 부르셨다
어부들아 그물을 버려두고 나를 따르라
내가 너희들을 사람을 낚는
어부가 되게 할 것이다

갈릴리 어부들은 지금까지 한 번도
들어보지 못한 생명의 말씀을 듣자
한순간에 삶이 통째로 변하고 말았다

아무런 변론 없이 거리낌 없이
아버지와 가족과 배와 그물과
자기의 모든 것을 버려두고
순종하는 마음으로 예수를 따랐다

제자들의 삶이 통째로 바뀌어 고기를 낚는
어부에서 사람을 낚는 삶이 시작되었다

148 ｜ 갈릴리 바다

갈릴리 해변으로 지나가시다가 시몬과 그 형제 안드레가 바다에 그물 던지는 것을 보시니 그들은 어부라 예수께서 이르시되 나를 따라오라 내가 너희로 사람을 낚는 어부가 되게 하리라 하시니 ☙ 마가복음 1 : 16-17

소금기 거세고 차가운 갈릴리 바다 바람에
마음까지 소금기에 절었다

바다가 생명과 소망이며 행복이었던
갈릴리 바다 사람들
복음을 듣고 만선을 건지고
어부의 행복을 마음껏 만끽했다

바다를 사랑하는 어부들이
왜 배와 그물을 버리고 따라갔을까

새 생명의 구원의 물결이 파도치고
하나님이 영광을 받으실 날이
다가오고 있다는 것을 알았다

어부들은 큰 바다를 알았고
더 많은 고기를 알았고 영생을 깨닫고
영원한 구원의 소금 맛을 알았다

갈릴리 바다 바람은 복음의 바람이 되어
가장 소중한 구원의 기쁨이 되어
모든 심령에 불기 시작하였다

149 | 예수 그리스도의 전도

갈릴리와 데가볼리와 예루살렘과 유대와 요단 강 건너편에서 수많은 무리가 따르니라
✝ 마태복음 4 : 25

일기예보는 화창함을 알리고 갈릴리 여러 고을에
구원의 봄소식이 가득하게 찾아와
나무의 꽃봉오리들이 활짝 꽃을 피웠다

랍비 예수는 전심으로 생명의 말씀을 가르치시고
소경의 눈을 밝혀주시며 입으로 말하고
마음으로 느끼며 행동으로 보여주셨다

한 치 앞도 내다볼 수 없는 지옥의 벼랑에 선 사람들에게
생명이 싹이 나고 열매가 맺혔다

죄악과 온갖 병과 약한 것들이 폭풍우 앞에
난파선처럼 사라지고 내리쬐는 빛에 얼음처럼 녹아내려
소문은 꼬리를 물고 퍼져나갔다

영혼을 썩게 하는 온갖 병들이 발 빠르게
줄행랑을 치고 찌들고 상하고 찢긴 마음이
만병의 의원 되신 손길로 치유되었다

나직한 발걸음으로 다가오시는 예수를 만나
중풍병자, 귀신 들린 자, 간질병이 낫기를 원하는 자가
치유되고 축복의 아침에 하늘의 뜻이 이루어졌다

150 | 새벽 미명에 기도하라 1

새벽 아직도 밝기 전에 예수께서 일어나 나가 한적한 곳으로 가사 거기서 기도하시더니
✝ 마가복음 1 : 35

어둠이 사라지기 전
서늘한 새벽 미명에 기도하시고
새날을 새 부대에 담으셨다

세상이 밝아오기 전
정결하고 깨끗한 마음을 모아
한적한 곳에서 기도하셨다

하나님의 예정된 모든 일을 기도해야
아버지의 뜻을 이룰 수 있기에
시시때때로 기도하셨다

곤한 단잠을 깨운 새벽 미명에
어둠의 커튼을 걷고자 기도하면
해가 뜨면 밝듯이 마음이 산뜻하다

기도로 준비하는 하루의 삶을
인도하시고 함께하시니
강하고 담대한 믿음을 갖고
온전히 신뢰하며 살아야 한다

151 | 새벽 미명에 기도하라 2

> 날이 밝으매 예수께서 나오사 한적한 곳에 가시니 무리가 찾다가 만나서 자기들에게서 떠나시지 못하게 만류하려 하매 예수께서 이르시되 내가 다른 동네들에서도 하나님의 나라 복음을 전하여야 하리니 나는 이 일을 위해 보내심을 받았노라 하시고 갈릴리 여러 회당에서 전도하시더라 ✝ 누가복음 4 : 42-44

동쪽 하늘이 붉게 물들며
하루의 시작을 알리기 전
새벽 미명에 기도하라

세상의 모든 것과
세상 사람들과 대면하기 전에
가장 솔직하고 정한 마음으로
모든 것을 의탁하며 겸손히 기도하라

오늘 하루도 주님이 인도하시고
함께하여주시기를 간곡히 기도하라

기도하는 사람들의 기도를 들어주시니
하루를 시작하기 전에
첫 시간을 감사의 기도로 시작하라

속이 시원하도록 응답해주시고
잔잔함 속에 함께하여주시며
날마다 인도하여주신다

152 | 전도하러 길 떠나시는 예수 1

새벽 아직도 밝기 전에 예수께서 일어나 나가 한적한 곳으로 가사 거기서 기도하시더니 시몬과 및 그와 함께 있는 자들이 예수의 뒤를 따라가 만나서 이르되 모든 사람이 주를 찾나이다 이르시되 우리가 다른 가까운 마을들로 가자 거기서도 전도하리니 내가 이를 위하여 왔노라 하시고 이에 온 갈릴리에 다니시며 그들의 여러 회당에서 전도하시고 또 귀신들을 내쫓으시더라 ✝ 마가복음 1 : 35-39

어둠이 아직 가시기 전 새벽에 일어나
한적한 곳에서 습관적으로 기도하시며
복음을 전하시려고 마음 준비를 하셨다

애타게 찾고 기다리는 사람들이 있음을 아시고
가까운 마을부터 온종일 돌아다니시며
사람들에게 복음을 전하시려 찾아다니셨다

말씀을 보고 듣지도 못하고
마음으로 깨닫지도 못한 자들을 찾아오셨다

죄를 회개하고 자복하게 하시고
세례를 주려고 이 땅에 오셔서
쉴 사이 없이 갈릴리 온 동네를 다니시며
하나님의 말씀을 전하셨다

사람들을 괴롭히는 모든 귀신들을
예수의 이름 명하여 내쫓으셨다

구원의 기쁜 소식을 전하시려고
이 땅에 육신을 입고 오셨다

153 | 전도하러 길 떠나시는 예수 2

찾아온 사람들 누구입니까
부르짖은 사람들은 누구입니까
그늘에 갇혀 갈 길을 잃고 헤매며
심령의 갈급함을 느끼며 병과 고통 속에
짓눌려 살던 버려진 사람들입니다

죄악에 갈기갈기 찢겨 추하고
더러운 모습 받아주시고
구원의 소망을 주셨습니다

바리새인들은 교만하여 비아냥거리고
멸시하며 잘난 맛에 예수를 몰랐습니다
사두개인과 장로들은 기웃거리다가
음모와 모략을 꾸미려고 멀어졌습니다

복음 전도를 통하여 사람들이 나와서
죄악에 머물러 있지 않고 회개하여
창백했던 얼굴이 따뜻하게 바뀌었습니다

주님이 오셔서 사람들이 구원받아
기쁨 속에 천국을 소유하는 소망을 주신
주님의 사랑은 영원히 끝나지 않습니다

154 | 죄인을 부르러 오신 예수 1

바리새인의 서기관들이 예수께서 죄인 및 세리들과 함께 잡수시는 것을 보고 그의 제자들
에게 이르되 어찌하여 세리 및 죄인들과 함께 먹는가 예수께서 들으시고 그들에게 이르시
되 건강한 자에게는 의사가 쓸데없고 병든 자에게라야 쓸데 있느니라 나는 의인을 부르러
온 것이 아니요 죄인을 부르러 왔노라 하시니라 ✝ 마가복음 2 : 16-17

이 세상에 살면서 죄 없는 자 누구인가
죄를 들킨 자들만 죄인인가
죄짓고 변명만 일삼는 자가 아니던가

죄를 지어 마음이 꺼림칙한 자들아
죄지은 자들을 주님이 부르신다

죄를 감추고 무법한 자들아
주님께 죄를 낱낱이 고백하고
깨끗하게 죄 사함을 받으라

죄를 두려워하면 죄인이 되고
병을 두려워하면 병자가 되니
두려워하지 말고 예수를 믿고 따라서
죄와 병에서 떠난 복된 삶을 살자

건강한 사람은 의사가 필요 없고
죄로 병든 자에게는 구주가 필요하다

귀신 들린 자들아 나오라
주님께서 죄인을 부르러 오셨다

155 | 죄인을 부르러 오신 예수 2

> 바리새인의 서기관들이 예수께서 죄인 및 세리들과 함께 잡수시는 것을 보고 그의 제자들에게 이르되 어찌하여 세리 및 죄인들과 함께 먹는가 예수께서 들으시고 그들에게 이르시되 건강한 자에게는 의사가 쓸데없고 병든 자에게라야 쓸데 있느니라 나는 의인을 부르러 온 것이 아니요 죄인을 부르러 왔노라 하시니라 ♱ 마가복음 2 : 16-17

이 세상에 살고 있는 사람들은
모두 죄를 지은 죄인이다

눈으로, 입으로, 행동으로, 권력으로
죄지으며 뻔뻔하게 살아간다
이런저런 변명할 수 있지만
지은 죄는 말끔하게 회개해야 한다

지구 상에 수많은 나라와 민족이 살지만
죄를 지었다 고백하는 사람은 많지 않다

하나님의 말씀 속에 깨우침을 받았을 때
비로소 자기의 죄를 깨닫고
회개하면 구원을 받는다

누구든지 믿으면 거룩한 백성
그리스도인이 되어 천국에 초대받는다

우리가 죄악에 휩쓸려 어둠의 파도를 타고 있을 때
죄에서 건져주시려고 죄인을 부르러
이 땅에 오셨다

156 | 내가 닮고 싶은 주님

주님의 삶을 닮고 싶습니다

주님의 온유하신 성품을 닮고 싶습니다
주님의 겸손을 닮고 싶습니다

주님의 습관적인 기도를 닮고 싶습니다
주님의 관대한 성격을 닮고 싶습니다

주님의 크나큰 사랑을 닮고 싶습니다
주님의 변함없는 섬김을 닮고 싶습니다

주님의 굳건한 믿음을 닮고 싶습니다
주님의 권세가 넘치는 능력을 닮고 싶습니다
주님의 힘 있는 가르침을 닮고 싶습니다

주님을 닮고 싶습니다

157 | 누군가 생명의 복음을 전해야 한다

이러므로 우리가 하나님께 끊임없이 감사함은 너희가 우리에게 들은바 하나님의 말씀을
받을 때에 사람의 말로 받지 아니하고 하나님의 말씀으로 받음이니 진실로 그러하도다 이
말씀이 또한 너희 믿는 자 가운데서 역사하느니라 🕊데살로니가전서 2 : 13

우리에게 영생을 주시는 구원의 복음을
모든 나라 모든 민족에게 전해야 한다
죄악으로 달려가며 헝클어진 마음으로
죄를 짓고 알지도 깨닫지도 못하는
추하고 더러운 마음을 갖고 설움에 사는
사람들에게 말씀을 전해야 한다

빛을 잃어 쓸쓸하고 고독한 마음의
빈자리에 채울 것이 없어
허무하고 쓸쓸하게 살아가는 이들에게
생명의 복음을 전해야 한다
막막한 허공만 바라보며 사는 이들에게
날마다 공급해주시는 소망 속에
기쁨을 주는 생명의 말씀을
온 세상 모든 사람에게 전해야 한다

내가 먼저 예수 그리스도를 믿고
시인하고 고백해야 누구에게나 자신이 넘치게
강하고 담대하게 복음을 전할 수 있다
누군가는 바로 너와 나 우리
주님을 마음으로 영접하면 촉촉하게 마음에 스며드는
하늘 사랑을 받을 수 있다

158 | 주님의 말씀

주님의 말씀이 임하는 곳마다
몸과 영혼이 새롭게 변화를 받는
놀랍고 신비한 일들이 일어났다

거칠게 불어오는 죄악의 바람에
병들었던 영혼이 고침을 받고
소망 없이 살던 삶이 하늘 사랑을 받아
기쁨과 감사가 봄날 새순처럼 돋아났다

창조하시고 구원하시는 생명의 말씀이
온 누리에 퍼지고 영광이 드러나고
사탄의 권세는 쫓겨나 예수를 따랐다

말씀이 이 땅에 오셔서 구원을 주셨으니
어찌할 수 없는 사랑에 빠졌다

뜨거운 열정으로 복음을 전하시고
임마누엘로 함께하여주시고
심령을 새롭게 하시고 찬양하게 하신다

해가 질 무렵 태양이 붉게 물들어 가면
사랑하는 주님이 더 보고 싶어진다

159 | 빌립과 나다나엘을 부르시는 예수 1

> 이튿날 예수께서 갈릴리로 나가려 하시다가 빌립을 만나 이르시되 나를 따르라 하시니 빌립은 안드레와 베드로와 한 동네 벳새다 사람이라 빌립이 나다나엘을 찾아 이르되 모세가 율법에 기록하였고 여러 선지자가 기록한 그이를 우리가 만났으니 요셉의 아들 나사렛 예수니라 ✝ 요한복음 1 : 43-45

빌립아 나를 따르라 내 제자가 되라
제자로 선택하고 부르셨다
빌립이 나다나엘에게 말하였다
예수는 요셉의 아들 나사렛 예수다
우리가 그를 따를 수 있을까

나다나엘은 의구심이 많았다
저 초라한 시골 동네 나사렛에서
어찌 선하신 예수가 날 수 있습니까
예수를 만나려면 와서 보고 확인하자
빌립과 나다나엘은 예수를 만났다

예수 그리스도는 빌립과 나다나엘의
마음의 중심을 알고 계셨다
빌립아 나다나엘아 너희는 간사함이 없구나

주여 어찌 우리 마음을 아십니까
네가 무화과나무 그늘 아래 있을 때 보았다
나다나엘이 신앙고백을 했다
"주님은 요셉의 아들 나사렛 예수가 아니라
하나님의 아들이시며 임금이십니다
세사로 받아주시기를 원합니다"

160 | 빌립과 나다나엘을 부르시는 예수 2

갈릴리 바다 바람은 부는데
무슨 생각을 하고 있습니까
바람도 꽃을 피우고 갈 곳이 있는데
그대는 무엇을 얻고자 합니까

벳새다 빌립이여 지금까지 살아오면서
무엇을 찾고 좇으며 살아왔습니까

예수를 따르면 마음이 새롭게 되고
아픔에 눈물짓게 되고
기쁨과 감동에 웃게 되고
진리와 생명을 알게 됩니다

나다나엘이여 가식의 껍데기가 없고
간사함이 없이 진실을 말하는 사람이여
주님은 무화과나무 아래 있을 때부터
내일의 삶도 알고 계십니다

죄를 회개하면 구원의 옷을 입혀주시고
새 생명의 길로 인도하시는
주님께서 말씀하십니다
"나를 믿으라 하나님의 자녀가 되어라"

161 | 랍비 예수

나다나엘이 대답하되 랍비여 당신은 하나님의 아들이시요 당신은 이스라엘의 임금이로소
이다 ✝ 요한복음 1 : 49

위대한 선생이시며 마음을 살펴주시는
온유하고 겸손하신 주님의 가르침을 배우며 살아간다

악과 선을 구별 못 해 썩어가는 양심의 칠판에
누구나 알고 깨닫도록 말씀을 비유로 새겨주시며
복음의 열쇠로 생명의 문을 열어주셨다

주님의 가르침은 아마 그럴 것이다
"그렇게 생각한다"가 아니었다
몸소 진실함 속에 모범으로 교육하시고
실천으로 생명의 말씀의 진실을 가르치셨다

울적한 마음에서 회개가 터져 나와
구원의 기쁨에 눈물이 헤프게 되고
사랑의 고백은 눈물에서 시작하는데
황혼이 물들어 가는 시간까지
진종일 행복하게 살았으면 참 좋겠다

나의 주님은 십자가의 고통까지
온몸과 영혼으로 감당하신
하나님의 아들이시며 이스라엘의 왕이시다

162 | 연회장 하인들의 노래

처녀 총각의 결혼식을 축하하는 잔칫날
많고 많은 사람들이 찾아와 축하하니
신랑 신부 웃음꽃이 활짝 피어났다

잔치는 한창인데 어찌 된 일인가
포도주가 떨어졌으니 어찌하나
축하객들이 좋아서 기뻐하는데 야단났다

"여보게들 놀라지 말게나
오늘 잔치에 예수께서 참석하시지 않았나"
마리아가 포도주가 모자란다 말했다

주님의 말씀대로 돌항아리 여섯에
물을 가득 채우니 포도주가 되는
놀라운 기적이 일어나 인정이 넘쳤다

물이 포도주가 된 것을 모르고
맛 좋은 포도주라고 좋아했으니
참으로 신기해 왜 그리 가슴이 설레는지
이 얼마나 놀랍고 신비로운 일인가

163 | 갈릴리 가나 혼인 잔치 1

경사가 났다 경사가 났다
백년가약을 맺는 혼인 잔치가 벌어졌다
신랑 신부는 양 볼에 홍조를 띠고
세상에서 가장 행복한 시간이 즐겁다

입가엔 행복한 미소를 지으며
발걸음도 사뿐사뿐 몸짓도 사뿐사뿐
저절로 흥이 난다 어깨춤을 춘다

초청된 사람도 많고 주님이 함께 계시니
얼마나 기쁨이 넘치는 혼인 잔치인가

에덴동산에선 아담과 하와의 신혼살림에
사탄이 선악과로 유혹하더니
혼인 잔치에는 포도주가 떨어져 마음이 탔다

즐겁고 기쁨이 넘치는 잔칫집에
포도주가 떨어져서 걱정과 불안이 찾아왔다
주님께서 하라시는 대로 했다
돌항아리 여섯 개를 아귀까지
물을 가득 채우고 떠서 갖다 주니
아주 맛 좋은 포도주가 되었다

164 | 갈릴리 가나 혼인 잔치 2

처음 표적으로 갈릴리 가나
혼인 잔치에서 물이 포도주가 되게 하시고
주님이 새로운 변화를 시작하셨다

아무 소망도 없이 죄를 지어
죄 속에서 죽어가는 사람들에게
거듭난 삶 구원을 주시고
새 생명을 주시기 위하여 오셨다

죄인이 변하여 의인이 되고
땅에 소망을 두고 살던 사람들이
행복한 하늘에 소망을 갖게 하셨다

이 땅의 아버지께 순종하던 사람들을
하늘 하나님 아버지를 알고 따르며
섬기며 예배하고 순종하게 하셨다

죽어가는 생명이 새 생명이 되게 하시고
옛것은 지나가고 새것이 되게 하시니
주님을 향한 그리움이 늘 가득합니다

165 | 주님을 전하게 하소서 1

하나님의 부르심을 받았으니
기도와 말씀 속에 성숙된 믿음으로
겸손하게 전하게 하시고
쓸모없는 죄짐을 벗어버리게 하소서
정결하고 겸손하신 주님을 깊이 만나
불신하고 빈정대던 마음을 깨뜨리고
가장 낮은 겸손함으로 영접하게 하소서

더러운 욕심의 죄악을 회개하고
막다른 골목에서 죄의 안타까움을 모르고
죄짓고 살고팠던 생각을 던져버리고
사나 죽으나 주님 안에서 살게 하소서
마른 논 같은, 티끌 같은 헛된 꿈을 버리고
흘러가는 시간의 안타까움도 버리게 하소서

진리를 깨달아 머리를 숙이고 조아리며
마음을 드려서 진실하게 고백하게 하시고
죄에 빼앗겼던 자유를 찾아주시고
고달픈 삶에 길이 되어주시는
더할 나위 없는 사랑에 감사하며
눈물이 앞을 가리니 회개하게 하소서

166 | 주님을 전하게 하소서 2

우리는 우리를 전파하는 것이 아니라 오직 그리스도 예수의 주 되신 것과 또 예수를 위하여
우리가 너희의 종 된 것을 전파함이라 어두운 데에 빛이 비치라 말씀하셨던 그 하나님께서
예수 그리스도의 얼굴에 있는 하나님의 영광을 아는 빛을 우리 마음에 비추셨느니라

✝ 고린도후서 4 : 5-6

죄악의 숲이 너무 울창하고 갈등 속에
생각이 갈라질 때 서둘러 보기에 좋은 길로
가지 말고 인도하시는 길을 찾게 하소서
주님을 떠나면 사랑과 자유도 없으니
소망 속에 평안과 기쁨으로 살게 하소서

이 세상에서 가장 슬픈 일은
막막함 속에서 어찌할 줄 모르면서도
주님을 알지 못하는 일이니
죄짓는 삶에서 떠나게 하소서

머물 수 없는 이 땅에서 쓸데없이
욕심으로 발버둥 치며 잘못과 못된 일을
저질러 망쳐놓지 않게 하소서

예수 그리스도를 향하는 문은
확신 있는 믿음으로 문고리를 열면
아주 쉽게 열리니 들어가게 하소서

나의 구세주이신 주님을 바라보며
내 마음속에 구원의 주님을 그려놓고
복음을 전하며 주님을 닮아가게 하소서

167 | 성전이 되신 예수

> 예수께서 대답하여 이르시되 너희가 이 성전을 헐라 내가 사흘 동안에 일으키리라 유대인들이 이르되 이 성전은 사십육 년 동안에 지었거늘 네가 삼 일 동안에 일으키겠느냐 하더라 그러나 예수는 성전 된 자기 육체를 가리켜 말씀하신 것이라 죽은 자 가운데서 살아나신 후에야 제자들이 이 말씀하신 것을 기억하고 성경과 예수께서 하신 말씀을 믿었더라
> ✝ 요한복음 2 : 19-22

인간이 지은 아무리 위대하고
화려하고 견고한 건축물일지라도
하나님이 없으면 거룩한 성전이 될 수 없다

예수께서는 성전인 자신의 몸이 십자가에 못 박혀
죽음으로 허물어서 삼 일 만에 부활하여
다시 세우실 것을 말씀하셨다

성전은 화려하게 치장하고
온갖 잡다한 것들을 모셔놓는 곳이 아니라
하나님께 신령과 진정으로
순종하며 예배드리고 기도하는 집이다

하나님의 성전을 거룩하게 하라
성전은 인간의 놀이터나 상업적인 장소가 아니라
하나님께 예배드리는 곳이다

성전보다 더 크신 이가 여기 계시니
구주 예수 그리스도 주님이시다
하나님은 성전에서 신령과 진정으로 드리는
찬양과 경배를 받기를 원하신다

168 │ 사람의 마음을 아시는 주님

유월절에 예수께서 예루살렘에 계시니 많은 사람이 그의 행하시는 표적을 보고 그의 이름
을 믿었으나 예수는 그의 몸을 그들에게 의탁하지 아니하셨으니 이는 친히 모든 사람을 아
심이요 또 사람에 대하여 누구의 증언도 받으실 필요가 없었으니 이는 그가 친히 사람의 속
에 있는 것을 아셨음이니라 ✝ 요한복음 2 : 23-25

천지만물을 창조하신 전지전능하신 하나님은
우주만물을 주관하시고 운행하시는
권능과 능력이 충만한 분이시다

주님이 많은 사람들에게
생명의 복음을 전하실 때
사람들은 말씀보다 표적을 보고
예수의 이름을 믿었다

죄를 짓고 갈 길을 못 찾는
사람의 마음과 중심을 아시기에
발목이 시리도록 복음 전하시면서도
그의 몸을 맡기지 않으셨다

꿈에도 잊을 수 없는 예수는 수시로
마음이 변하는 사람들 그 누구에게도
누구인지 증언을 받으실 필요가 없는 분이다

따스한 햇살처럼 늘 가까이 다가오시고
우리를 하나님 가까이 인도하시는
예수는 이 세상의 구주로 오셨다

169 | 착한 행실로 하나님께 영광을 돌려라

이같이 너희 빛이 사람 앞에 비치게 하여 그들로 너희 착한 행실을 보고 하늘에 계신 너희 아버지께 영광을 돌리게 하라 ✝ 마태복음 5 : 16

성도들의 삶을 바라보며
예수를 발견할 수 있도록
욕되게 살지 말고
선하고 바르고 진실하게 살아야 한다

직장이나 가정에서 성실하게 일함으로써
저 사람처럼 살고 싶다 생각 들도록
그리스도인으로서 모범적인 삶을 살자

세상 사람들이 성경을 보기 전에
교회에 오기 전에 먼저 성도의 삶
그리스도인의 삶에서 발견하고 만나도록
착한 행실로 살아야 한다

"내가 당신을 만나서 예수를 만나게 되었고
예수를 믿고 구원을 받았습니다"

하나님의 사람으로서
이런 말을 들을 수 있다면
주님도 보시고 기뻐하시는
성도의 사명을 다하는 축복된 삶이다

170 | 은밀한 중에 기도하게 하소서 1

너는 기도할 때에 네 골방에 들어가 문을 닫고 은밀한 중에 계신 네 아버지께 기도하라 은밀한 중에 보시는 네 아버지께서 갚으시리라 ✝ 마태복음 6 : 6

기도를 들으시는 주님
입술로 표현할 수 있는 말 중에
기도가 가장 소중하오니 기도하게 하소서

나의 기도가 형식적이지 않게 하시고
위선적이거나 의식적이지 않게 하소서

언제나 들으시고 갚아주시는
주님의 마음을 깨달아 속마음을 털어놓고
진실하게 기도하게 하소서

욕심으로 구하거나 소득만을 위하여
허영으로 구하지 않게 하시고
죄를 낱낱이 회개하며
여윈 슬픔에 잠겨 괴로워하지 않고
주님께 솔직하게 기도하게 하소서

남에게 보여주기 위한 기도가 아니라
응답해주시는 정직한 기도를 하게 하시고
은밀한 중에 주님과 교제하는 시간이
더욱 많아져서 행복하게 살게 하소서

171 | 은밀한 중에 기도하게 하소서 2

> 그러므로 내가 너희에게 말하노니 무엇이든지 기도하고 구하는 것은 받은 줄로 믿으라 그리하면 너희에게 그대로 되리라 ✝ 마가복음 11 : 24

항상 은밀한 중에 기도하게 하시고
고요하고 평온한 중에 기도하게 하소서
죄의 어두운 그림자에 밟혀서
마음이 흔들릴 때 잡아주소서

살기 힘들어 베개가 눈물에 젖고
무너진 지난날 버리고 달아나고 싶을 때
유혹으로 도금한 말에 넘어가지 않게 하소서

변명과 핑계로 아무 말도 못 할 때
용서의 고백과 나의 간구를 들어주시고
주님의 은혜 속에 따스한 햇살 아래
믿음의 열매를 풍성하게 맺게 하소서

나를 찾으면 찾을 것 하나 없고
예수를 찾으면 모든 것이 아름답도록
한 폭 그림처럼 아름답게 헌신하게 하소서

172 | 은밀한 중에 기도하게 하소서 3

진종일 헛된 망상에 빠지지 않고
주님과 고요히 만날 수 있는
조용한 시간에 기도하게 하소서

죄의 흔적을 보시고
눈 깜박할 사이에 사하여주시니
눈물샘이 마르지 않을 때
회개하여 용서받게 하소서

나의 모든 삶을 아시니
나의 죄와 허물의 용서를 구하는
은혜의 시간이 고맙고 감사합니다

주님의 사랑은 영영 지울 수 없는
지문처럼 새겨져 있으니
묵상을 하며 항상 기도하게 하소서

기도함으로 늘 비워지는 마음을
주님의 은혜와 사랑으로
가득 채우게 하시고 기도하게 하소서

믿음은 삶을 아름답게 하는 알토란 같은
신앙의 출발점이니 말씀을 실천하게 하소서

173 | 내 영혼에 새겨진 이름 하나

형제들아 우리 주 예수 그리스도의 이름으로 너희를 명하노니 게으르게 행하고 우리에게서 받은 전통대로 행하지 아니하는 모든 형제에게서 떠나라 ✝ 데살로니가후서 3 : 6

내 마음에 사모하는 이름 하나 있다면
십자가 보혈의 붉은 피 쏟아주신
예수 그 이름입니다

온 세상에 수많은 외침이 있지만
골고다 십자가의 외침에
순종하며 믿음으로 고백합니다

소원은 예수를 사랑하는데
골고다를 바라보면
너무나 작은 부스러기일 뿐입니다

온 세상에 전할 이름은
칠흑 같은 죄의 어둠을
말씀으로 풀어내어 빛이 되게 하신
늘 함께하고 싶은 예수 그 이름입니다

주님의 말씀대로 길이요 진리요 생명이신
주님이 기쁨을 주시니
나의 삶 동안 행복하게 해주시는
놀라우신 예수 그 이름으로
구원의 복음을 뜨겁게 전하고 싶습니다

174 | 니고데모야 거듭나라

예수께서 대답하여 이르시되 진실로 진실로 네게 이르노니 사람이 거듭나지 아니하면 하나님의 나라를 볼 수 없느니라 니고데모가 이르되 사람이 늙으면 어떻게 날 수 있사옵나이까 두 번째 모태에 들어갔다가 날 수 있사옵나이까 예수께서 대답하시되 진실로 진실로 네게 이르노니 사람이 물과 성령으로 나지 아니하면 하나님의 나라에 들어갈 수 없느니라
✝ 요한복음 3 : 3-5

사람은 예수를 만나
물과 성령으로 거듭나지 않으면
하나님의 나라를 볼 수 없다
사람이 거듭나는 것이
모친의 몸으로 들어가서
다시 태어나는 것은 아니다

예수를 영접하여 하나님의 자녀가 되고
거룩한 성도가 된다는 것은
성령으로 다시 한번 거듭나야 하는 것이다

옛 사람, 옛 죄악, 옛 습관을 몽땅 버리고
갈등의 짐도 내려놓고 회개해야 한다
모든 죄를 회개하여 물과 성령으로
새로 태어나 옛 사람을 벗고
새롭게 태어나 새 생명을 얻는 것이다
어둠 속에 살던 자가
새롭게 되어 하나님의 자녀가 되는 것이다

하나님의 말씀인 생명의 복음은
이론이 아니라 말씀이며 행동이며 생명이다

175 | 예수가 누구인가 1

하나님이 세상을 이처럼 사랑하사 독생자를 주셨으니 이는 그를 믿는 자마다 멸망하지 않
고 영생을 얻게 하려 하심이라 ✝ 요한복음 3 : 16

예수가 누구인가
당신은 대답할 수 있습니까
예수가 누구인가
구세주이심을 고백할 수 있습니까

오늘도 수많은 사람이
갈 길을 일러줄 인도자를 찾고 있는데
오늘도 수많은 사람이
생명의 진리를 찾고 있는데

예수가 누구인가
당신은 시인할 수 있습니까
예수가 누구인가
당신은 간증할 수 있습니까

오늘도 수많은 사람이
인생이 무엇인가 묻고 있는데
오늘도 수많은 사람이
사랑이 무엇이냐고 찾고 있는데

예수 안에 해답이 있는데
그분을 만나고 싶지 않습니까
예수는 사랑이며 복음입니다

잠 못 이루는 밤
나의 주님을 깊이 묵상한다

졸지도 않으시고 주무시지도 않으시는 주님은
지금도 날 위해
하나님 보좌 우편에서
중보의 기도를 하여주신다

불안과 잡생각으로 뒤척이며
잠 못 이룬다는 불평은 하지 않고
도리어 이 시간 주님의 은혜에
가슴이 메어 감사 기도를 드린다

이 세상 살아감이 모두 은혜이며
주님의 깊고 놀라운 사랑인데
깊은 밤 잠 못 이루어도
주님의 은혜로 구원받음을 생각하면
평안한 마음으로 잠들 수 있다

가로등 불빛도 야위어가는 깊은 밤
주님을 더욱 의지하고 싶은 시간
주님의 십자가의 사랑과 은혜를 생각하면
늘 감사 늘 기쁨이다

177 ｜ 예수가 누구인가 3

예수가 누구인가 나의 주님이시며
영원히 찬양과 경배를 받으시기에
합당하신 나의 구세주이시다

나의 고백을 인도하여주시고
사랑하시는 주 예수시다

그 이름으로 기도하면 응답해주시고
삶에 지혜와 풍족한 은혜를 주신다

가족에게 사랑을 주시고
매사에 열정을 쏟게 도와주시는
늘 희망 속에 살게 하시는 주님이시다

나의 모든 것이 되시고
나의 꿈이 되시고 희망이 되시고
평생의 자랑이 되시고 소망이 되시는
주님은 나의 사랑이시다

가도 가도 늘 부끄럽기만 한 삶인데
주님은 늘 용서하여주시고
나와 늘 동행하여주시니
죽으나 사나 주의 것이 되고 싶다

178 | 예수는 흥하고 나는 쇠하여야 하리라

내가 말한바 나는 그리스도가 아니요 그의 앞에 보내심을 받은 자라고 한 것을 증언할 자는
너희니라 신부를 취하는 자는 신랑이나 서서 신랑의 음성을 듣는 친구가 크게 기뻐하나니
나는 이러한 기쁨으로 충만하였노라 그는 흥하여야 하겠고 나는 쇠하여야 하리라 하니라
✝ 요한복음 3 : 28-30

세례 요한은 하나님의 뜻을 깨달아
고통스러운 여정 속에서도
예수는 흥하고 자신은 쇠하여야 한다는 것을 알았다

세례 요한은 주님의 길을
예비하는 자임을 분명히 알고
일을 시작할 때와 떠나야 할 때를 분명히 알았다

예수의 지상 사역을 준비하고
길을 열어놓는 선지자였기에
주님이 하시는 일을 기쁨으로 받아들였다

자신이 세례를 준 사람들이
예수께로 가도 당연하다고 생각하고
모든 것을 순응하며 받아들였다

자기의 제자들에게도 자신은 예수 앞에 보내심을
받은 자라고 분명하게 증언할 것을 부탁하였다

세례 요한은 예수의 길을 예비하고 길을 여는 일에
기쁨을 충만하게 가진 하나님의 도구였다

179 | 하늘로부터 오신 예수

> 위로부터 오시는 이는 만물 위에 계시고 땅에서 난 이는 땅에 속하여 땅에 속한 것을 말하느니라 하늘로부터 오시는 이는 만물 위에 계시나니 그가 친히 보고 들은 것을 증언하되 그의 증언을 받는 자가 없도다 그의 증언을 받는 자는 하나님이 참되시다는 것을 인쳤느니라 하나님이 보내신 이는 하나님의 말씀을 하나니 이는 하나님이 성령을 한량없이 주심이니라 아버지께서 아들을 사랑하사 만물을 다 그의 손에 주셨으니 아들을 믿는 자에게는 영생이 있고 아들에게 순종하지 아니하는 자는 영생을 보지 못하고 도리어 하나님의 진노가 그 위에 머물러 있느니라 ✝ 요한복음 3 : 31-36

하늘로부터 오신 예수만이 인간을
죄의 고통에서 구원하실 수 있다
하늘에서 오신 이는 만물 위에 계시고
땅에 속한 자는 땅을 말한다

예수를 만나고 보고
그냥 스쳐 지나가는 것이 아니라
예수를 믿고 영접한 자는
하나님이 참되시다 고백할 것이다

죄악에서 내 손을 잡아 구원해주신
예수는 곧 하나님의 말씀이시고
하나님께서 한량없이 원 없이
성령을 쏟아부어 주시는 분이다

하나님께서 독생자 예수에게
만물을 손에 주셨으니
불신으로 불순종하는 자는 버림을 받고
예수를 믿고 순종하는 자는
영생을 얻고 구원받는다

180 | 사람을 낚는 어부가 되게 하리라

갈릴리 해변으로 지나가시다가 시몬과 그 형제 안드레가 바다에 그물 던지는 것을 보시니 그들은 어부라 예수께서 이르시되 나를 따라오라 내가 너희로 사람을 낚는 어부가 되게 하리라 하시니 ✝ 마가복음 1 : 16-17

세상에 던지는 낚싯줄에는
죄악과 욕망이 걸려들지만
주님의 부름에 사람 낚는 어부가 되리라
어두운 수평선에서 밀려오는
죄악의 파도 속에 절망의 피눈물 거두고
예수 그리스도의 복음의 기쁨을
마음껏 누리도록 사람을 건져내리라

막다른 골목에서 서성거리지 말고
너의 모든 것을 버리고 주님을 따르라
사람을 낚는 어부가 되게 하리라

거짓을 버리고 진리를 따르고
죄악을 버리고 영생의 길을 걸어가야
영원한 생명의 구원을 받는다

주님이 주시는 복음의 그물은
죄악에 빠져 휩쓸려 가는 자들에게
그들을 구원하는 생명의 도구다
하늘의 부르심을 받은 자들이여
주님이 구원의 배의 선장이 되시니
사람을 낚는 어부가 되리라

181 | 천국을 전파하시는 예수

> 예수께서 요한이 잡혔음을 들으시고 갈릴리로 물러가셨다가 나사렛을 떠나 스불론과 납달리 지경 해변에 있는 가버나움에 가서 사시니 이는 선지자 이사야를 통하여 하신 말씀을 이루려 하심이라 일렀으되 스불론 땅과 납달리 땅과 요단 강 저편 해변 길과 이방의 갈릴리여 흑암에 앉은 백성이 큰 빛을 보았고 사망의 땅과 그늘에 앉은 자들에게 빛이 비치었도다 하였느니라 이때부터 예수께서 비로소 전파하여 이르시되 회개하라 천국이 가까이 왔느니라 하시더라 ☩ 마태복음 4 : 12-17

예수의 오시는 길을 예비하던
세례 요한의 시대는 끝이 나고
천국을 전파하기 시작하셨다

나사렛을 떠나 스불론과 납달리 지경
해변에 있는 가버나움에서
이사야의 예언의 말씀을 그대로 이루셨다

말씀이신 주님은 삶을 통하여
말씀이 현실이 되는 것을 보여주시며
살아 계신 하나님의 말씀을 믿고
성취하는 삶을 살기를 원하셨다

이 땅에 죄짓고 영생을 살 사람은
단 한 사람도 없다
모두 다 떠나가는 삶을 살아간다

큰 빛이 이 땅에 오셨다
흑암에 앉아 있던 사람들에게
어둠의 그늘에 앉아 있던 사람들에게 외치셨다
"회개하라 천국이 가까이 왔느니라"

182 | 어부 베드로의 노래 1

말씀을 마치시고 시몬에게 이르시되 깊은 데로 가서 그물을 내려 고기를 잡으라 시몬이 대답하여 이르되 선생님 우리들이 밤이 새도록 수고하였으되 잡은 것이 없지마는 말씀에 의지하여 내가 그물을 내리리이다 하고 그렇게 하니 고기를 잡은 것이 심히 많아 그물이 찢어지는지라 ✝ 누가복음 5 : 4-6

어부 베드로야 바다 깊은 데로 가서
그물을 내려 고기를 잡으라
밤새도록 헛그물을 건졌어도
주의 말씀에 의지하고 던졌습니다

친구들이여 어서 와보라
주님의 말씀대로 바다 깊은 데로
그물을 있는 힘을 다해 던졌더니
고기가 우리의 생각보다 더 많이
그물 가득히 잡혔다

친구들이여 여기를 보라
두 배에 가득한 고기를 보라
주님의 말씀의 참되심을 보라

어부 생활을 오랫동안 해보았어도
이런 일은 한 번도 없었습니다
주님 기적이 일어났습니다

주여 나를 떠나소서 나는 죄인입니다
주여 나의 모든 것을 던지고
사람 낚는 어부가 되겠습니다

183 | 어부 베드로의 노래 2

> 갈릴리 해변으로 지나가시다가 시몬과 그 형제 안드레가 바다에 그물 던지는 것을 보시니 그들은 어부라 예수께서 이르시되 나를 따라오라 내가 너희로 사람을 낚는 어부가 되게 하리라 하시니 곧 그물을 버려두고 따르니라 ✝ 마가복음 1 : 16-18

갈릴리 햇살과 바람에 얼굴이 검붉게 그을고
어부의 노래를 부르며 온갖 풍랑을 이겨낸
바다에서 잔뼈가 굵은 강인한 베드로여
밤새도록 그물을 던져도 허탕 치던 날
실망에 빠지고 허무가 몰려와
그물을 건져내고 돌아가던 길
말씀에 의지하여 다시 던졌던 사람
만선의 기쁨도 버리고 예수를 따랐다

주님이 원하시면 무엇이든 하고자 했던
사나이 기백이 있던 사람
겟세마네에서 몸부림치며 괴로워하시던 날
깊은 잠에 빠져 아무 준비도 하지 못하고
성급한 마음에 무엇을 했나
주님이 십자가를 지시던 날
닭 울음소리 듣고 주님의 말씀 깨달아
목메게 통곡하던 착한 사람아

빛 앞으로 나오던 날 거짓 믿음이
하나씩 벗겨져 죽음도 두려움 없이
십자가에 거꾸로 달려 순교한
예수 그리스도의 참제자 베드로여

184 | 사람을 낚는 어부가 되게 하소서

바다의 깊은 곳에 그물을 던지라 하신 주여
지난밤은 고기가 잡히지 않아 안타까움에
발만 동동 구르며 애만 태웠습니다

절망의 짙은 안개 속에 살아
늘 허무하게 헛수고하였으나
말씀에 순종해 외로운 결단을 하며
생명의 바다에 그물을 던집니다

만물의 근원이 되시고 모든 것이 축복이며
은혜니 허망한 욕심을 내지 않겠습니다
생명의 그물을 깊은 곳에 던지라 하신 주여
이제 오라 하시면 오고 가라 하시면 가고
있으라 하시면 있겠습니다

주님께서 나의 이름을 불러주시고
제자로 선택하신 날은 영원히 잊을 수 없는
하나님의 축복의 날입니다
내 안에 사랑이 충만하여
이제는 고기를 낚는 어부가 아니라
죄악의 세상 물결과 절망에 빠져 있는
사람을 낚는 어부가 되기를 원합니다

185 | 복음 전하시는 예수

예수께서 온 갈릴리에 두루 다니사 그들의 회당에서 가르치시며 천국 복음을 전파하시며
백성 중의 모든 병과 모든 약한 것을 고치시니 그의 소문이 온 수리아에 퍼진지라 사람들이
모든 앓는 자 곧 각종 병에 걸려서 고통당하는 자, 귀신 들린 자, 간질하는 자, 중풍병자들을
데려오니 그들을 고치시더라 ✝ 마태복음 4 : 23-24

갈릴리 온 마을을 다니시며
회당에서 말씀을 가르치시고
이곳저곳에서 복음을 전하셨다

인간의 연약함을 아시고
이스라엘 백성들을 괴롭히는
모든 질병과 약한 것들을 고치시고
치유하여주시고 만져주셨다

사역이 소문에 소문을 더하며
온 땅과 온 마을에 널리 퍼져나갔다
갖가지 질고에 병든 사람들
평생토록 앓아 고질병이 심하게 든 자도
직접 만나서 치료하여주셨다

귀신 들리고 간질과 중풍에 걸려
간 졸이고 애간장을 태우던 사람들을 만나
병자들의 질고를 고쳐주시자
어둠은 사라지고 구원의 빛이 되었다

갈릴리와 유대 땅에서 수많은 사람들에게
환영을 받으시며 복음을 전하셨다

186 | 떠돌이 설교자 예수

예수께서 이르시되 내가 다른 동네들에서도 하나님의 나라 복음을 전하여야 하리니 나는
이 일을 위해 보내심을 받았노라 하시고 갈릴리 여러 회당에서 전도하시더라

✝ 누가복음 4 : 43-44

나그네도 머물지 못하는 이 땅에서
떠돌이 설교자 예수는
한가롭게 머물러 환상이나 공상의
헛된 꿈을 말하고 전하지 않았다

시끄럽고 복잡한 세상에서 버려진
죽어가는 영혼들을 치유하시며
마을로 떠돌아다니며 소망을 주셨다

반기는 사람보다 고통을 호소하는 사람과
초청하는 사람보다 외면하는 사람과
대접하기보다 요구하는 사람들을
누구나 원하면 어디나 찾아다니셨다

떠돌이 설교자 예수 그리스도가 오늘도
이 땅에 계신다면 어느 동네 어느 골목에서나
복음을 전하고 병을 고치시며
영혼에 안식을 주실 것이다

떠돌이 설교자 예수는 항상
변하지 않는 사랑으로 감싸주시며
한결같은 은혜를 베풀어주신다

187 | 노동자 예수

예수께서 온 갈릴리에 두루 다니사 그들의 회당에서 가르치시며 천국 복음을 전파하시며 백성 중의 모든 병과 모든 약한 것을 고치시니 그의 소문이 온 수리아에 퍼진지라 사람들이 모든 앓는 자 곧 각종 병에 걸려서 고통당하는 자, 귀신 들린 자, 간질하는 자, 중풍병자들을 데려오니 그들을 고치시더라 ✝ 마태복음 4 : 23-24

나사렛의 젊은 목수는
사람들의 눈에 잘 띄지 않는
이름도 흔한 아주 평범한 노동자였다
생활도 다른 사람들에 비해
너무 평범하여 다를 바 없고
땀 냄새와 휴식의 즐거움 속에
평범한 일상의 삶을 살았다

노동이 주는 고통의 그림자 속에
언제나 괴로운 빛이 떠돌았다
나사렛 민중의 고통을 체험하고
가난을 맛본 노동자 예수는
인간의 고독을 아셨다

이 땅에는 어디의 누구에게나
너무나 많은 고통과 절망의 아픔으로
눈물이 고여 있기에
사랑의 본을 보여주는 삶을 살았다

나사렛에서 시작된 사랑의 복음은
골고다 언덕을 넘어 오늘까지
한없는 사랑으로 촉촉하게 적셔준다

188 | 복음을 전하는 삶을 살게 하소서 1

> 하나님이 나사렛 예수에게 성령과 능력을 기름 붓듯 하셨으매 그가 두루 다니시며 선한 일
> 을 행하시고 마귀에게 눌린 모든 사람을 고치셨으니 이는 하나님이 함께 하셨음이라
> ✝ 사도행전 10 : 38

허울만 좋고 겉만 번듯하게 살며
자랑하듯 떠들고 즐겁게 산다 해도
예수 없이 산다면 아무 소용 없다

죄에 대롱대롱 매달려 살던 사람이
입술로 구주를 시인하고 고백하며
복음을 전하는 것은 놀라운 축복이다
복음의 증인이 될 수 있음은
성령의 은혜와 구원의 확신 속에서
한없이 퍼부어 주신 하나님의 은혜다

오가는 듯 떠나는 세월 속에
누구든지 예수를 믿고
입술로 시인하고 복음을 전할 수 있음은
성령 충만 속에 주 안에서 시작된다

주님의 복음을 전하는 것은
성도의 사명이며 달란트니 성도답게
복음을 온 세상에 전해야 한다
내가 전해야 할 것은 예수가 오신 이유와
구원과 십자가와 부활과 재림과 영생이니
축복임을 깨달아 전하는 것이 사명이다

189 │ 복음을 전하는 삶을 살게 하소서 2

> 오직 성령이 너희에게 임하시면 너희가 권능을 받고 예루살렘과 온 유대와 사마리아와 땅 끝까지 이르러 내 증인이 되리라 하시니라 ✝ 사도행전 1 : 8

세상 어느 곳 땅끝까지
버려진 사람들을 위하여 복음을 전하라
죄의 벼랑에 매달린 사람들에게
구원의 소식을 전하며 열매를 맺어라

들어라 목마른 사람들아
새 생명의 기쁨을 찬양하는 소리를
죄악의 질긴 인연에서 떠나
천국 백성의 인연을 맺어라

복음 속에서 예수를 만나면
모두가 변화되어 주님의 제자가 되어
빛과 소금의 사명을 다한다

생명의 복음을 힘차게 외치고 믿음을 고백하며
신앙의 고삐를 단단하게 해야 한다

죄는 상처와 불안과 초조를 만들지만
주님은 죄를 씻겨 참평안을 주시고
예수의 사랑이 영혼에 행복을 주신다

해가 바뀌어도 날마다 생생하게 피어나
새 생명의 길로 인도하시며 함께하신다

190 | 복음을 전하는 삶을 살게 하소서 3

너는 말씀을 전파하라 때를 얻든지 못 얻든지 항상 힘쓰라 범사에 오래 참음과 가르침으로
경책하며 경계하며 권하라 ✞ 디모데후서 4 : 2

오 주여 우리를 보내주소서
오 주여 나를 보내주소서
복음을 전하는 삶을 살게 하소서
어둠 속을 밝혀주는 세상의 빛과
소금이 되어 새롭게 일어나게 하소서

겉으로 빙빙 돌며 갈피를 못 잡고
시늉하며 쓸모없이 살아가기보다
주의 도구로 쓰임받아
가라 하면 가고 오라 하면 오게 하소서
평생 병들어 고달프게 살았던
죄의 상처를 감싸주시고
고통 속에 소망이 가득하게 하소서

죄의 아수라장 같은 세상이니
주님의 손길이 필요한 곳에
마음과 걸음을 재촉하여 다니며
복음으로 꽃을 피우게 하소서
그날이 오면 피어난 생명의 꽃이
못 잊고 영원히 지지 않을 것이니
복음을 전하는 기쁨이 가득해
웃음을 머금고 행복하게 살게 하소서

191 | 온전한 그리스도인의 삶을 살게 하소서

> 내가 예수 그리스도의 심장으로 너희 무리를 얼마나 사모하는지 하나님이 내 증인이시니라 내가 기도하노라 너희 사랑을 지식과 모든 총명으로 점점 더 풍성하게 하사 너희로 지극히 선한 것을 분별하며 또 진실하여 허물없이 그리스도의 날까지 이르고 예수 그리스도로 말미암아 의의 열매가 가득하여 하나님의 영광과 찬송이 되기를 원하노라 📖 빌립보서 1:8-11

주님을 사모하고 찬양하는 마음으로
기도하며 온전한 성도로 살게 하소서
죄와 허물이 샅샅이 드러나
사방에서 조여드는 아픔에 서러워하며
함부로 비난하지 않게 하소서

사람들은 누구나 죄를 지었으니
눈살을 찌푸리거나 비웃거나
손가락질하거나 욕설을 뱉으며
어리석게 살지 않게 하소서
자기만의 행복과 이익을 위하여
남을 괴롭히거나 남의 것을 욕심내거나
공짜 소득을 기뻐하지 않게 하소서

영적으로 성숙하여 신앙고백을 하게 하시고
다른 사람들도 인정할 수 있는
참된 그리스도인으로 살게 하소서
시련 속에서도 메마른 가슴 적셔주시고
지는 꽃이 아니라 영원히 피어나는
구원의 꽃을 피우며 주님 안에 살아 있음을
기뻐하고 좋아하며 반가움이 되게 하소서

192 | 주님의 음성을 듣게 하소서

네가 만일 네 입으로 예수를 주로 시인하며 또 하나님께서 그를 죽은 자 가운데서 살리신 것을 네 마음에 믿으면 구원을 받으리라 ✝ 로마서 10 : 9

죄 중에 드러나는 온갖 모략 속에서도
침묵 속에 세미한 음성을 듣게 하소서
주위에서 들려오는 잡된 소리를 떠나
고요한 중에 기도의 마지막 순간까지
사랑을 망각하지 않게 하소서

외롭게 있을 때도
새로운 슬픔이 터져 고독하지 않게
아침 이슬이 풀잎을 적시듯이
늘 부드러운 손길로 찾아와 주소서
믿음이 멀대같이 자라지 않게 하시고
또렷하고 분명하고 견고한 믿음을
반석 위에 굳건하게 세우게 하소서

날마다 골방에서 기도하게 하시고
자투리 시간에 간단하게
형식적으로 기도하는 것이 아니라
소중하고 진실한 기도를 하게 하소서

말씀 묵상하며 생사고락을 같이 하시며
무진 세월 주님을 사모하며 살게 하소서
선하고 착한 삶 속에 보람을 느끼고
쉼과 안식을 누리며 사랑하게 하소서

193 | 착한 행실로 하나님께 영광을 돌리게 하라

사람이 등불을 켜서 말 아래에 두지 아니하고 등경 위에 두나니 이러므로 집 안 모든 사람
에게 비치느니라 이같이 너희 빛이 사람 앞에 비치게 하여 그들로 너희 착한 행실을 보고
하늘에 계신 너희 아버지께 영광을 돌리게 하라 ☙ 마태복음 5 : 15-16

악한 일은 누구나 할 수 있지만
선한 일은 아무나 할 수 없다

눈으로 죄악을 보는 것을 좋아하고
자신은 잘못과 실수를 하면서도
남만은 잘해주기를 원한다

세상 사람들이 하나님의 사람을
어떻게 구별할 수 있겠는가
바로 어떻게 살고 있느냐 보고 계신다

그리스도인이라면 선하신 주를 본받아
남을 섬기고 배려하는 겸손한 마음으로
착한 행실로 본이 되는 삶을 살아야 한다

가정에서 일터에서 교회에서
친구 사이 어디서나 필요한 사람
도움이 되는 사람이 되어야 한다

나도 저 사람 같으면 예수를 믿겠다
나도 하나님께 영광을 돌리는 삶을 살고 싶다
바로 이런 삶을 살아야 한다

194 | 함부로 화를 내지 말라

나는 너희에게 이르노니 형제에게 노하는 자마다 심판을 받게 되고 형제를 대하여 라가라
하는 자는 공회에 잡혀가게 되고 미련한 놈이라 하는 자는 지옥 불에 들어가게 되리라
✝ 마태복음 5 : 22

화의 높이가 높아질수록 질서가 파괴되고
마음이 무너지고 상처를 입는다

화를 잘 내는 사람은
일을 효율적으로 하지 못한다

형제에게 화를 잘 내는 사람은
화목하지 못한 사람이며
욕심이 많고 교만한 사람이다

화평의 하나님은 서로 화목하고
사랑을 나누는 것을 원하신다

하나님 앞에 예배드리기 전에
잘못한 것을 먼저 화해해야 한다

인간의 허물을 풀어내지 못하면
어찌 하나님과의 관계를
아름답게 할 수 있겠는가

195 | 문둥병자를 고치신 예수 1

예수께서 손을 내밀어 그에게 대시며 이르시되 내가 원하노니 깨끗함을 받으라 하시니 즉시 그의 나병이 깨끗하여진지라 ☙ 마태복음 8 : 3

상처와 아픔은 어디인가
가뭄에 논바닥이 쩍쩍 갈라지듯
병든 몸 내동댕이쳐지듯 버림받았다

파편처럼 쏟아지는 눈총과
저주의 손가락질 속에 말라비틀어진 고통은
어떤 위로도 소용없이 나락으로 떨어졌다

외면하고 돌아서는 발길과
무관심 속에 도망치는 눈빛들
정겹게 손 한번 잡아준 사람도
시원한 냉수 한 그릇 줄 사람도 없다

무슨 저주라 목숨이 이토록 모진가
끊어버릴 수 없는 운명의 밧줄이 야속하기만 하다

순수한 사랑의 구원의 발길이
다가와 소망이 이루어졌다

"주여 원하시면 저를 깨끗이 하실 수 있나이다"
예수께서 손을 내밀며 말하셨다
"내가 원하노니 깨끗함을 받으라"

196 | 문둥병자를 고치신 예수 2

한 나병 환자가 예수께 와서 꿇어 엎드려 간구하여 이르되 원하시면 저를 깨끗하게 하실 수 있나이다 예수께서 불쌍히 여기사 손을 내밀어 그에게 대시며 이르시되 내가 원하노니 깨끗함을 받으라 하시니 곧 나병이 그 사람에게서 떠나가고 깨끗하여진지라

✝ 마가복음 1 : 40-42

나는 나병 환자입니다
온몸이 병으로 고통당하며
썩고 물컥물컥 지독한 냄새가 나서
나조차 내 몸뚱어리가 보기 싫고
살기조차 싫어 서글펐습니다

내가 나를 보아도 이런데
가족들과 사람들의 마음은 어떻겠습니까
끔찍하여 바라보기조차 싫어하고
도망쳐 버려 소원해졌습니다
주께서 손을 내밀어 치료하시니
나병이 어디로 간지도 모르게 떠나가고
내 몸이 아주 건강해졌습니다

나에게 이런 일이 생기다니요
고쳐달라고 하면서도 믿지는 못하고
막연한 기대감뿐이었는데 고침을 받았습니다
살아오면서 수많은 나병 환자를 만나고 보았지만
한순간에 만족하게 생생하게 고침을 받은 사람은
주님께 치유받은 나뿐입니다
주님은 진정 구주이십니다

197 | 문둥병자를 고치신 예수 3

예수께서 산에서 내려오시니 수많은 무리가 따르니라 한 나병 환자가 나아와 절하며 이르되 주여 원하시면 저를 깨끗하게 하실 수 있나이다 하거늘 예수께서 손을 내밀어 그에게 대시며 이르시되 내가 원하노니 깨끗함을 받으라 하시니 즉시 그의 나병이 깨끗하여진지라 예수께서 이르시되 삼가 아무에게도 이르지 말고 다만 가서 제사장에게 네 몸을 보이고 모세가 명한 예물을 드려 그들에게 입증하라 하시니라 ✝ 마태복음 8 : 1-4

몸 썩어 문드러진 참담한 몰골을 볼 수가 없어
곡기를 끊고 죽고도 싶었다
태어날 때 기쁨 주었는데 문둥병 때문에
꿈이 산산조각 나 사람들은 도망치고
돌을 던져 온갖 고통이 골수에 사무쳤다
가족도 친구도 떠나 살길이 막막해
떠돌이로 죽는 것이 유일한 희망이었다
절망 속에 병을 고친다는 예수의 소문을 들었다

죄인 아닌 죄인이 되어 울고 저주하고 몸부림쳐도
소용없어 피맺힌 절규로 울부짖으며
기다림과 설렘 속에 불안과 기대 속에
모든 힘을 다하여 외쳤다
"주여! 주여! 주여! 원하시면
저를 깨끗하게 하실 수 있나이다"

목소리는 떨리고 함께해주시길 원하는데
너무나 놀랍게 치유의 손길이 임했다
"내가 원하노니 깨끗함을 받으라"
깨끗해진 몸과 영혼이 놀라워
주님을 위하여 평생을 살기를 원한다

198 | 열병으로 앓아누운 베드로의 장모

예수께서 베드로의 집에 들어가사 그의 장모가 열병으로 앓아누운 것을 보시고 그의 손을 만지시니 열병이 떠나가고 여인이 일어나서 예수께 수종 들더라 ☙ 마태복음 8 : 14-15

베드로야 너희 집으로 가자
온갖 걱정으로 얼굴에 근심이 가득하구나
장모가 열병이 들어 심히 아파 고생을 하고 있으니
네 생가슴이 근심과 걱정으로 새까맣게 탔구나

수많은 병자를 고치는 걸 보며
얼마나 가슴이 아팠을까
장모가 병들어 생가슴을 몹시 졸였겠구나

온몸이 열기로 목 타는 여인이여
나를 기다리며 가슴을 애태웠구나
병들어 열이 올라 갈증이 타올라
힘들었을 텐데 고침을 받아라

열병에 붙잡힌 여인이여 손을 내밀라
치유의 능력이 닿은 곳에
열병이 떠나고 구원을 받았다
이 얼마나 놀라운 은총인가
나의 찬양을 받으소서
이제부터는 오롯이 주님을 위하여
남은 삶을 수종을 들며 살고 싶다

199 | 귀신 들린 자

귀신들이 예수께 간구하여 이르되 만일 우리를 쫓아내시려면 돼지 떼에 들여보내 주소서
하니 그들에게 가라 하시니 귀신들이 나와서 돼지에게로 들어가는지라 온 떼가 비탈로 내
리달아 바다에 들어가서 물에서 몰사하거늘 치던 자들이 달아나 시내에 들어가 이 모든 일
과 귀신 들린 자의 일을 고하니 온 시내가 예수를 만나려고 나가서 보고 그 지방에서 떠나
시기를 간구하더라 ✝ 마태복음 8 : 31-34

내 꼴이 엉망진창 왜 이 모양인가
마구 헝클어진 머리칼 휘청거리며
흔들리는 발길 허공을 향하여 소리를 질렀다

귀신 들려 성질만 거칠고 사나워져서
사람들이 망종과 쓰레기로 알고
못 볼 걸 본 것처럼 외면하고 달아나도
안 죽고 살아남아 절망 속에 관심도 없이
내팽개쳐졌는데 고쳐주셨다

주님이 오셨을 때 귀신에게 혼이 나가
사방팔방으로 뿔뿔이 흩어졌던 정신이
한순간에 돌아와 고침 받고 온전해져
고통 속에 살았음을 깨달았다

나를 괴롭히던 귀신들이 돼지 떼에 들어가
비탈길을 달려 바다에서 몰살되는 것을
주변 사람도 신기한 듯 바라보았다
군대 귀신 들렸던 자가 가족에게 갔으니
이 변화를 어찌 잊겠습니까
예수 그리스도는 나의 구원자이십니다

200 | 일어나 네 침상을 가지고 가라

예수께서 배에 오르사 건너가 본 동네에 이르시니 침상에 누운 중풍병자를 사람들이 데리고 오거늘 예수께서 그들의 믿음을 보시고 중풍병자에게 이르시되 작은 자야 안심하라 네 죄 사함을 받았느니라 ✝ 마태복음 9 : 1-2

주목하여 보라
놀라운 변화가 일어났다
누웠던 침상을 메고 가는 자를 보라

조금 전까지 몸을 가누지 못해
누웠던 자가 아니냐
하나님을 찬양하라

너는 듣는가 놀라운 변화를 보라
중풍병자는 나았으니 얼마나 놀라운가

헛된 믿음 거짓된 믿음은
언제나 불행 속에 헛된 질문을 던지고
메마른 가슴에서 바삭바삭
마른 낙엽 부서지는 소리가 들린다

중풍병자를 향하신 말씀이 놀랍다
주님의 권능이 강하게 임하였다
"일어나 네 침상을 가지고 집으로 가라"

건강하게 된 자를 보라
하늘 권세를 주신 하나님을 찬양하라

201 | 중풍병자의 고백

만남과 헤어짐이 반복되는 세월 속에
고통을 아는 우정 있는 친구가 찾아왔다
예수께서 분명히 고치실 것이라고 말하며
설레는 마음으로 병의 굴레를 벗고 일어나
가족들과 즐겁게 살아가기를 원했다

업으려 하고 안아보기도 하다가
침상을 함께 들고 예수께 고침을 받으려고
달려가며 신나는 모양이다
"너는 오늘 분명히 나을 거야
그분은 소문이 났다! 예수가 가는 곳마다
수많은 병자들이 고침을 받았다"

오 주님 혹시나 하다가 실망하면
어쩌나 하고 걱정했습니다
그럼에도 불구하고 말씀하셨다
"너의 침상을 들고 가라"

강하고 세찬 음성을 믿고 벌떡 일어났다
조금 전까지도 병자였는데
깨끗이 나아 침상을 들고 갈 수 있으니
주님과 친구들에게 진심으로 감사하다

202 | 중풍병자와 네 친구

그 사람이 그들 앞에서 곧 일어나 그 누웠던 것을 가지고 하나님께 영광을 돌리며 자기 집으로 돌아가니 모든 사람이 놀라 하나님께 영광을 돌리며 심히 두려워하여 이르되 오늘 우리가 놀라운 일을 보았다 하니라 ✝ 누가복음 5 : 25-26

여보게들 친구를 살리러 가자
중풍병으로 마음이 어두워진 친구
갈릴리에서 예수가 오시니 병을 고치러 가자
이보다 좋은 기회가 어디 있나
약으로 우정으로 못 고친 병 고쳐보자
침상을 들고 키 작은 자 앞에 들고
힘들다 어렵다 염려하지 말고 가자
저 사람들 좀 보게 만나지 못하겠다
사다리를 빌려 오게 어떻게든 해보자
주님을 만날 길을 만들어보자
지붕 위로 조심조심 올라가자
이를 어찌하나 예수를 만날 수 없다
옳지 지붕을 뚫자 친구를 살리는 일이다
지붕 아래 인자하신 예수를 만나자
옳지 침상에 줄을 달아 내리고 아픈 친구 고침 받게 하자
네 친구들아 우정이 이토록 깊은 줄 몰랐다
예수께서 믿음을 보셨다
"소자야 안심하라 네 죄 사함을 받았느니라"
친구여 저기 좀 보라 친구가 자리에서 일어섰다
"일어나 네 침상을 가지고 집으로 가라"
저기를 보라 두 다리에 힘을 얻고
일어나 침상을 번쩍 들고 걸어간다

203 | 마태를 부르신 예수 1

예수께서 그곳을 떠나 지나가시다가 마태라 하는 사람이 세관에 앉아 있는 것을 보시고 이르시되 나를 따르라 하시니 일어나 따르니라 예수께서 마태의 집에서 앉아 음식을 잡수실 때에 많은 세리와 죄인들이 와서 예수와 그의 제자들과 함께 앉았더니 바리새인들이 보고 그의 제자들에게 이르되 어찌하여 너희 선생은 세리와 죄인들과 함께 잡수시느냐 예수께서 들으시고 이르시되 건강한 자에게는 의사가 쓸데없고 병든 자에게라야 쓸데 있느니라 너희는 가서 내가 긍휼을 원하고 제사를 원하지 아니하노라 하신 뜻이 무엇인지 배우라 나는 의인을 부르러 온 것이 아니요 죄인을 부르러 왔노라 하시니라 ✝ 마태복음 9 : 9-13

죄의 서글픈 칼날에
한 가닥 소망이 끊어지는 걸 모르고
돈을 움켜쥐기 위해 핏발 서도록
세금을 거두는 세리 마태여 나를 좇으라

세상을 돈으로만 보고 모든 것을
하나같이 돈으로만 해결하던 자여
밑바닥이 드러난 초라하고 볼 것 없는
네 영혼을 바라보라

부요해 부족함 없다 소리치는 자여
세상을 온통 돈 보따리로 보고
돈이면 다 되는 줄 아는 몹쓸 병에 걸렸구나
죄악의 골목길에서 헤매지 말고
손가락질과 삿대질을 받지 말고
수치를 버리고 예수를 따르라
병든 자와 죄인을 부르러 오셨다

세리 마태여 예수의 제자가 되어
하나님의 영광을 드러내는 일을 하라

208

204 | 마태를 부르신 예수 2

그 후에 예수께서 나가사 레위라 하는 세리가 세관에 앉아 있는 것을 보시고 나를 따르라 하시니 그가 모든 것을 버리고 일어나 따르니라 레위가 예수를 위하여 자기 집에서 큰 잔치를 하니 세리와 다른 사람이 많이 함께 앉아 있는지라 바리새인과 그들의 서기관들이 그 제자들을 비방하여 이르되 너희가 어찌하여 세리와 죄인과 함께 먹고 마시느냐 예수께서 대답하여 이르시되 건강한 자에게는 의사가 쓸데없고 병든 자에게라야 쓸 데 있나니 내가 의인을 부르러 온 것이 아니요 죄인을 불러 회개시키러 왔노라 ✝ 누가복음 5 : 27-32

권력의 노예가 되어 이웃을 착취하고
배부름에 세월 가는 줄 모르고 세금을 거두던
세리 마태여 주님이 네 마음을 잡으셨다
예수께서 너를 찾고 부르신다
단 한 번도 생명의 소리를 듣지 못하고
돈독이 들어 양심이 갈 길을 잃었었다
세리 마태가 가슴에 가득하던 욕심을 떠나보내고
죄와 허식을 떠나 복음의 소리에 순응하였다
"주여! 내 집에 오셔서 음식을 드소서"

세금이란 명목 아래 착취를 일삼고
권력의 채찍을 휘둘러 피를 흘리게 했다
형식과 법만 따지는 위선자들아
건강한 자에게 무슨 의사가 필요하랴
마태의 건강은 양호하지만
너희 양심에 죄악의 바이러스가 침투해
남 보기에 허울 좋은 삶도 형식뿐이다

이웃의 심장에 법 아닌 법으로
활을 쏘고 칼로 찌르며 창을 던져
이웃을 죽이고 멸망으로 인도하는 자들아
죽음의 차가운 그림자가 너를 덮고 있다

205 | 주님의 도구로 사용하여주소서

주님의 도구로 쓰시고자 찾으실 때
죄악의 냉기와 독을 버리고
욕심과 허영 속에 욕망을 채우기보다
주님의 뜻에 따르기를 원합니다

겉만 아름다운 전시용 도구가 아니라
농부의 손길로 땅을 일구어내는
진흙투성이 삽과 팽이같이
복음의 현장에서 쓰임받기를 원합니다

복음의 도구로 사용하려고 구원하셨으니
사명을 감당할 수 있게 하소서
지혜롭게 일을 진행하게 하시고
강하고 담대하게 쓰임받아
천리만리 다니며 복음을 전하게 하소서

주께서 부르시는 날
낡아서 쓸모없는 도구가 아니라
주님께 쓰임받는 도구가 되어
가슴이 후련하게 살게 하소서

206 | 내 아버지 집을 장사하는 집으로 만들지 말라

유대인의 유월절이 가까운지라 예수께서 예루살렘으로 올라가셨더니 성전 안에서 소와 양과 비둘기 파는 사람들과 돈 바꾸는 사람들이 앉아 있는 것을 보시고 노끈으로 채찍을 만드사 양이나 소를 다 성전에서 내쫓으시고 돈 바꾸는 사람들의 돈을 쏟으시며 상을 엎으시고 비둘기 파는 사람들에게 이르시되 이것을 여기서 가져가라 내 아버지의 집으로 장사하는 집을 만들지 말라 하시니 제자들이 성경 말씀에 주의 전을 사모하는 열심이 나를 삼키리라 한 것을 기억하더라 ✝ 요한복음 2 : 13-17

아버지 집은 만민들이 나와서
신령과 진정으로 예배드리는 성전이다
누가 장사하고 떠들며 소란 피우는가
누가 자기주장만 하는가

아버지 집은 만민들이 나와서
찬양을 드리는 거룩한 성전이다
누가 방관하고 구경하는가
누가 못된 교만과 시기심으로
주님의 말씀을 거들떠보지도 않는가
누가 성전을 죄악의 협곡으로 만들어
어리둥절 방황하게 만드는가

예배하고 찬양하는 장소에서
왜 너희들을 위하여 장사를 하는가
어리석은 자들아
아버지 집은 진리의 말씀이 선포되고
하나님의 은혜와 축복이 가득한
성령 충만하고 사랑이 풍성한 집이다

207 | 예수의 거룩한 분노

유대인의 유월절이 가까운지라 예수께서 예루살렘으로 올라가셨더니 성전 안에서 소와 양과 비둘기 파는 사람들과 돈 바꾸는 사람들이 앉아 있는 것을 보시고 노끈으로 채찍을 만드사 양이나 소를 다 성전에서 내쫓으시고 돈 바꾸는 사람들의 돈을 쏟으시며 상을 엎으시고 비둘기 파는 사람들에게 이르시되 이것을 여기서 가져가라 내 아버지의 집으로 장사하는 집을 만들지 말라 하시니 제자들이 성경 말씀에 주의 전을 사모하는 열심이 나를 삼키리라 한 것을 기억하더라 ✝ 요한복음 2 : 13-17

예수는 성전에 들어가
하나님의 거룩한 성전을
장사꾼의 소굴로 만든 자들에게
강한 권세를 행하셨다

노끈으로 만든 채찍을 휘두르시고
돈 바꾸는 사람들 장사꾼들을
성전 밖으로 쫓아내고
차려놓은 상을 엎으셨다

만민을 위해 기도하는 집을
강도의 굴혈로 만든 자들에게
거룩한 분노를 나타내셨다

시대를 막론하고 하나님을 이용하고
성직과 말씀을 이용하여
돈을 벌려는 자들은
저주를 받고 내쫓김을 당할 것이다

성전은 기도와 찬송과 예배를 드리는
하나님의 거룩한 집이다

208 | 성전에서 예배를 온전히 드리게 하소서

말일에 여호와의 전의 산이 모든 산 꼭대기에 굳게 설 것이요 모든 작은 산 위에 뛰어나리니 만방이 그리로 모여들 것이라 ✝ 이사야 2 : 2

예배 전에 기도로 준비하고
성령으로 새롭게 변화되게 하소서
예배 속에 구원의 기쁨을 체험하게 하시고
그늘진 죄악의 사슬을 끊게 하사
시들지 않고 피어나는 꽃처럼
주님의 놀라운 사랑을 체험하게 하소서

마른 심령을 촉촉하게 적셔주는
은혜의 단비를 내려주시고
신령과 진정으로 예배드리며
불타는 마음으로 갈망하며 살게 하소서

십자가 보혈로 구속하신 예수의 사랑에
고마움에 감동하여 펑펑 울게 하시고
피눈물이 범벅이 되어 회개를 하고
구원 사역을 본받게 하시며
성령의 능력으로 복음을 전하게 하소서

성결하시고 순결하신 주님께서
늘 낯익은 미소로 다가오시니
주님의 형상을 닮아가게 하소서
주님의 공생애는 참 아름다운 삶입니다

213

209 | 예수를 모르는 사람들

우리를 구원하러 오신 예수를
알지 못하고 깨닫지 못하는 사람들
온 마음으로 신뢰하지 않았다

예수를 방해자와 훼방자로 알고
죄인으로 잡아들이려 했던 대제사장과
바리새인이 가장 미련하고 어리석었다

평범한 하속들도 믿는데
하나님을 잘 안다고 하는 사람들이
가슴으로 영접하여 믿지 못하고
마땅찮은 머리로 판단하고 있었다

오늘의 우리는 어떠한가
니고데모의 외침을 들어야 한다
"우리 율법은 사람의 말을 듣고
그 행한 것을 알기 전에 판결하였느냐"

예수 그리스도와 사람들을 분별없이
머리로만 판단하지 말고
온 가슴으로 정성을 다해 영접하여
사랑을 나누며 살아야 한다

210 | 그리스도의 몸인 교회

> 예수께서 대답하여 이르시되 너희가 이 성전을 헐라 내가 사흘 동안에 일으키리라 유대인들이 이르되 이 성전은 사십육 년 동안에 지었거늘 네가 삼 일 동안에 일으키겠느냐 하더라 그러나 예수는 성전 된 자기 육체를 가리켜 말씀하신 것이라 ✝ 요한복음 2 : 19-21

그리스도인들아 깨어나라
교회의 주인이 누구이더냐
화려한 장식과 안락한 의자에 앉아
아주 편안하게 예배를 보지 말고 정성껏 드려라

그리스도인들아 변화되라
삶의 주인이 누구이더냐
누구의 이름으로 영광을 가로채느냐
자신의 이름만 드러내고
잽싸게 주님의 이름을 가로채느냐

어리석고 처연한 자들아 깨어나라
주님의 몸 되신 교회에서
장사꾼과 불순종자들아 사라져라

늘 허겁지겁 정신없이 사는 자들아
허깨비 신앙과 껍데기 믿음으로
장황하게 변죽만 울리지 말고
내실을 갖추는 믿음의 삶을 살라
지금도 구원의 길을 찾는 사람들
신령과 진정으로 예배하는 성도들을
하나님이 찾고 계시니 영광을 돌려라

211 | 웃지 않으신 예수

유월절에 예수께서 예루살렘에 계시니 많은 사람이 그의 행하시는 표적을 보고 그의 이름을 믿으나 예수는 그의 몸을 그들에게 의탁하지 아니하셨으니 이는 친히 모든 사람을 아심이요 또 사람에 대하여 누구의 증언도 받으실 필요가 없었으니 이는 그가 친히 사람의 속에 있는 것을 아셨음이니라 ✝ 요한복음 2 : 23-25

하나님의 아들 예수가
행복하게 웃을 수 없었던 것은
사람들이 죄를 쌓고 허덕이며 지옥 가는 모습이
너무나 가슴 아팠기 때문이었다

절망의 거센 바람이 불어오는데
병과 질고에서 갈증 느끼며 고통 속에
시기하고 미워하는 것이 괴롭고 슬펐다

영혼에 쉼과 평안을 주시는 주님이
웃음도 없이 슬퍼하시고
피눈물을 흘리심도 잊은 채
사람들은 죽음의 길로 가는 줄도 모른다

현실에 급급하게 살고 쫓기어
하나님을 영화롭게 못 하고
음욕의 혓바닥만 날름거리고
의미 잃은 신음 소리만 가득하다

삶이 온통 찢어진 깃발이 되어
펄럭여도 두리번거리며 눈치 살피고
자기 자랑만 일삼고 구원을 알지 못한다

212 ˌ 니고데모 1

칠흑의 어둠이 내리는 시간에
지루한 침묵을 깨고 구원받기 위하여
홀로 찾아왔던 사람아

갈 길을 찾지 못해 숨바꼭질하듯
의문만 반복하며 어둠에 숨듯 찾아왔는데
주님은 수수께끼 같은 말씀을 주셨다
"사람이 거듭나지 아니하면
하나님의 나라에 이르지 못하리라"

죄악과 허물에 둘러싸여 이해할 수 없는
구원의 신비를 무어라 물었던가
"주여! 내가 어찌 어미의 배에
다시 들어갔다 나오리까"

진리이신 주님 앞에서 방황하던 사람아
어찌 삶을 의미 없이 살다 가겠는가
하늘을 나는 한 마리 새에게도
들에 핀 이름 모를 꽃 한 송이에도
하나님의 섭리가 함께하는 줄 몰랐는가
구원을 고백하고 믿음으로 한없이 비상하라

유대인 지도자 바리새인 니고데모가
가질 것 다 갖고 누려보아도
항상 끊임없이 따라다니고
쫓아다니는 궁금증을 풀기 위하여
예수를 만나러 한밤중에 찾아왔다

세상에서 대답을 얻기를 원했으나
대답을 얻을 수 없어 번민만 가득해
예수 그리스도를 찾아와
하나님의 나라의 진리를 깨달아 알고
거듭남의 비밀을 직접 들었다

오늘도 사람들이 거듭남의 비밀에 대하여
묻고 대답을 원하지만
누가 생명의 진리를 말해주는가
거듭남의 진리를 알지 못했는데
물과 성령으로 거듭나야 한다는
말씀을 듣고 깨달아 알고 믿고 구원받았다

생명의 길을 찾지 못해
온 영혼이 깜깜한 한밤중이던 날
예수를 찾았던 일이 얼마나 잘된 일이냐
너의 영혼을 천하보다 귀하게 하셨다

214 | 니고데모 3

주여 당신은 위대한 스승이오니
믿음에 대하여 가르쳐주시기를 원합니다

당신이 행하시는 놀라운 표적을
어이해야 이해할 수 있습니까
내 지식과 경험으로는 알 수가 없습니다

항간에 떠도는 소문이 사실임을 알았을 때
예수를 만나고 싶어 찾아왔습니다

죄악이 뒤엉킨 뿌리들을 잘라버리고
성령으로 거듭나지 아니하면
하나님의 나라를 볼 수 없습니까
내가 어떻게 하면 거듭날 수 있습니까
가르쳐주시기를 원합니다

내가 어떻게 다시 거듭납니까
어머니 뱃속에 들어갔다 나와야 합니까

나로 하여금 물과 성령으로 거듭나서
주님의 뜻대로 살게 하시고
나의 마음이 주님께 흘러가기 원하오니
진리를 가르쳐주소서

215 | 예수 그리스도의 사랑 1

시간과 공간을 초월해 인도하시는
주님의 위대한 하늘 사랑이 놀랍고 고귀해
심장이 박동하며 힘차게 뛴다

꽃 피어나는 사랑은 깊이와 높이와
넓이를 측량할 수 없고 어디서도
만날 수 없는 가장 놀라운 축복이다
하늘의 축복된 사랑을 깨달아
주님의 은혜에 감사해 울먹이며
은밀한 기도의 속삭임 속에
날마다 찬양하며 말씀 전한다

예수를 마음으로 영접한 그리스도인은
눈물과 감동과 환희가 넘치는
이 삭막한 지상에서 행복한 사람들이다

볕 좋은 봄날 들판에 푸름이 가득하고
성령의 푸른 생명의 바람이 불어오듯이
영원한 천국에 초대받은 사람들
천국이 마음속에 있는 사람들은
하나님의 사랑받는 복된 자녀다

아버지가 아들을 세상의 구주로 보내신 것을 우리가 보았고 또 증언하노니 누구든지 예수를 하나님의 아들이라 시인하면 하나님이 그의 안에 거하시고 그도 하나님 안에 거하느니라 하나님이 우리를 사랑하시는 사랑을 우리가 알고 믿었노니 하나님은 사랑이시라 사랑 안에 거하는 자는 하나님 안에 거하고 하나님도 그의 안에 거하시느니라 ✝ 요한1서 4 : 14-16

예수 십자가의 대속의 사랑만이
우리를 죄에서 구원하시는
능력과 권세가 있는 사랑이다

십자가 사랑을 통해서
하나님의 위대하신 구속의 섭리가
꿈꾸던 사람들에게 이루어진다

구원의 완성을 위해 십자가 모진 고난을
끝끝내 홀로 감당하시고 이겨내신
주님의 놀라우신 구속의 사랑이다

그리스도의 사랑의 깊이와
높이와 넓이가 얼마나
대단하고 놀라운가를 알 수 있다

꿈과 희망을 주시고
천국에 대한 소망을 갖게 하시는
풋풋한 향기가 어쩌면 이리도 좋은가

그리스도의 사랑은 지상과 천국을
연결해주는 위대한 하늘 사랑이다

217 | 예수 그리스도의 사랑 3

> 하나님이 그 아들을 세상에 보내신 것은 세상을 심판하려 하심이 아니요 그로 말미암아 세
> 상이 구원을 받게 하려 하심이라 ✝ 요한복음 3 : 17

예수 그리스도의 하늘 사랑은
십자가의 못 자국으로써 보여주신
끝없이 무한한 용서의 표현입니다

빛나는 눈빛과 마주칠 때
죄의 상처로 뻥 뚫린 심령을
치유하는 온전한 사랑입니다

늘 마음이 설레고 감동하게 하는
예수 그리스도의 삶이
얼마나 위대하고 아름답습니까

어둠의 천 길 벼랑 앞에서조차
서로 잡아당기고 다투는 자들까지도
깨닫도록 모범이 되어 보여주는
순수한 섬김입니다

차마 감출 수 없는
아슬아슬한 죄악의 틈새 속에 살며
어슬렁거리던 자들이 찾아와도
영혼을 구원해주시니 넋을 잃고
바라보아도 좋을 영원한 사랑입니다

죄의 상처로 얼룩진 마음을 치유해주신
예수 그리스도의 사랑은
그리움으로 목메어 부르게 합니다

예수 그리스도의 사랑은
아낌없이 한도 없이 원도 없이 마음껏
소낙비처럼 부어주시는 하늘 사랑입니다

죄인들을 죄에서 구원하여주시고
병든 자들을 치유와 기쁨으로
가득 채워주시는 사랑입니다

예수 그리스도의 사랑은
심령이 가난한 자들을 돌보시는
긍휼이 넘치는 온유하신 사랑입니다

지금 막 시작된 구원의 사랑도
주님의 고난 속에 이루어지고
지상에서 영원까지 구원의 다리를 놓아주시는
끝없는 사랑입니다

219 | 예수 그리스도의 사랑 5

장미는 향기를 내도 한순간이지만
골고다 언덕 고난의 가시에 찔려 흘린 피가
지금도 흘러내립니다
장미꽃 피었다 한순간 시들지만
주님의 사랑은 시절을 마다치 않고
영혼에 피어나 풍성한 열매를 맺습니다

죄 때문에 고통당하신 주님을 사랑합니다
늘 모양새 갖추기에만 급급하고
내 사랑은 언제나 작고 초라하지만
주님의 사랑이 심장을 뛰게 하여주시니
크고 넓고 높아 무릎을 꿇습니다

나의 바람은 목숨이 다하는 날까지
주님을 믿고 구원받는 것입니다
늘 그립고 아쉽지만 말씀을 새기는 맛이
참 좋아 행복합니다

가냘프게 사라지는 것에 목숨 걸기보다
영원한 것에 내 목숨을 다하며 사랑합니다
주님이 내 삶을 보시고 환하게 웃으시도록
청춘의 시절부터 노년까지 사랑하며 살기를 원합니다

220 | 예수를 믿는 자는 영생이 있다

사람의 목숨은 참으로 소중한 것
하나님이 허락해주신
천하보다 귀한 생명이다

구세주 예수 그리스도를 믿고
순종하며 따르는 사람에게는
천국에 들어가는 영원한 생명이 있다

예수를 믿지 못하고 불신하는 자들은
영생을 보지 못하고
그들의 머리 위에는
항상 진노가 머물러 있다

예수를 팔아버린 가룟 유다의 머리 위에
하나님의 진노가 머물고
스승을 팔아 번 돈은 겨우 피밭이 되고
스스로 자살하여 배가 터져 죽고 말았다

예수를 믿고 순종하는 자에게
하나님의 나라에 들어가는 영생이 있다

221 | 예수 그리스도로 옷 입게 하소서

화려하고 값진 아름다운 옷도
세월이 흘러가면 퇴색하오니
주 말씀으로 믿음이 강하게 하소서

늘 귓가에 솔깃하던 죄에서 벗어나
주님의 길을 따르며 가게 하시고
눈물로 진실을 고백하게 하여주시고
예수 그리스도로 옷 입게 하소서

죄로 온갖 골병이 든 내 영혼을
주님의 은혜로 채우지 않으면
언제나 죄가 다시 찾아오니
주 안에서 정결하고 새롭게 하소서

우리의 허물과 잘못으로
주님을 섭섭하게 할 때가 많고
어떤 행위로도 구원받을 수 없으니
오직 성령으로 충만하게 하소서
날마다 주님을 닮아가
믿음의 층계를 하나씩 오르며
간절한 소망 이루게 하소서

222 | 그리스도 예수의 날까지

깜깜한 밤하늘 아래 주저앉은 것처럼
죄 많고 악하고 추한
우리를 아시는 선하신 주님께서
우리 안에서 착한 일을 시작하셨다

우리의 완성은 점점 깊어가는
주님의 사랑 속에 날마다 피어나
이미 모든 것을 이루신 주님께서
예수의 날까지 이루실 것이다

선한 목자가 되시는 주님께서
환한 빛으로 인도하시니
죄악에서 악은 모양이라도 버리고
어둠의 그림자에서도 떠나야 한다

착하고 선하신 주님을 닮아가는 것이
성도의 삶이며 하나님의 은혜이다
우리에게 착한 일을 시작하신 주님
황혼에 이마 주름이 늘어나도
주의 날까지 이루시기를 원합니다

223 | 예수 사랑의 따뜻한 가슴이 되리라

> 나의 간절한 기대와 소망을 따라 아무 일에든지 부끄러워하지 아니하고 지금도 전과 같이 온전히 담대하여 살든지 죽든지 내 몸에서 그리스도가 존귀하게 되게 하려 하나니 이는 내게 사는 것이 그리스도니 죽는 것도 유익함이라 ✝ 빌립보서 1 : 20-21

하늘과 바다와 땅이 어울려
하나님의 영광을 찬양하듯
예수 그리스도가 존귀하게 되시도록
성도의 삶을 온전하게 살기를 원합니다

예수로 충만한 그리스도인의 심장에
손을 대어보십시오
얼마나 뜨겁게 뛰고 있습니까

예수 그리스도 보혈로 죄 씻음받아
부끄러움이 없는 하나님의 자녀들
하나님의 은혜로 구원받은 성도입니다

주님이 나타내신 하늘 사랑을
고통받는 이웃들과 나누어가며 눈과 입이 되고
손과 발과 힘이 되어주기를 원합니다

골고다 산상에서 제물이 되셔서
그 사랑과 보혈로 구원받았는데
어찌 이웃을 사랑하지 못하겠습니까
사랑으로 한마음 되어 정이 들면
따뜻한 가슴에 새로운 변화가 시작됩니다

224 | 죄를 향한 용서의 사랑

십자가 고난 속에 흘리신 보혈로
모든 죄를 깨끗하게 씻겨주셨다

세상 죄를 지고 가는 어린양의
고귀한 십자가의 사랑과 은혜가
내 마음속에 찬양이 되어 흐른다

죄로 멍들어 시달린 아픈 상처를
보혈로 씻겨주시고 은혜가 흘러넘쳐
메말랐던 영혼을 촉촉하게 적셔주시니
어두웠던 하늘마저 밝아온다

주님의 보혈로 터널 속처럼 어두웠던 죄는
안개 사라지듯 사라져버리고
청결한 마음으로 천국을 바라보는
거듭난 새 사람이 되었다

십자가에서 흘리신 마지막 피 한 방울
보혈의 피로 놀라운 용서를 하셨으니
그 사랑 받음을 찬양하고 싶어
품에 꼭 안기는 그리움을 사모한다

225 │ 주님의 사랑을 체험하게 하소서

나를 불쌍히 여기사 죄악의 파도에
휩쓸리지 않게 하시고
죄악의 험난한 길에서 동행하여주시고
초라하고 나약한 순간에도 감싸주는
사랑을 체험하며 살게 하소서

예수의 사랑을 헤아리지 못하고
깨닫지 못한 어리석음을 용서해주시고
내 영혼의 시력으로 바라보게 하소서
죄 속에 서성이며 실망하지 않게 하시고
강하고 담대한 믿음으로 따르게 하소서

주님의 말씀을 믿지 못해
불신으로 고개를 절레절레 저으며
손사래 치며 예수를 부인하는 것은
어리석고 못난 일임을 깨닫게 하소서

예수를 만남이 죄에서 떠나는
가장 좋은 기회가 되게 하소서
사랑으로 천국에 갈 수 있음이
얼마나 놀라운 축복인가를 깨닫고
믿음을 북돋우며 사랑을 체험하게 하소서

226 | 나의 삶이 주님 안에

주님 안에 살아갈 수 있는 힘은
성령이 인도하시면 가질 수 있습니다
나의 죄를 주님과 함께 못질하여
못 자국마다 함께 죽고 살기를 원합니다

넋 잃은 영혼마저 더럽히며 살지 않고
군더더기 하나 없이
죄 씻김을 받아 결박을 풀어
내 영혼이 자유롭게 살게 하소서

세상 풍조를 따라가면 절망뿐이지만
믿음의 오솔길을 따라 걸어가면
사무친 그리움이 뼛속에 저립니다

구원의 길 찾지 못하면 가장 큰 슬픔이니
어리석지 않게 지혜를 구하게 하소서

날마다 소망 속에 꿈을 물들이며
기쁨이 수북하게 살게 하시고
흡족한 웃음을 드리게 하시고
나의 삶이 주님 안에 있으니
주님의 은총 안에 오래 머물게 하소서

227 | 예수 그리스도를 믿으니

예수 그리스도를 믿으니
죄 사함을 받고 영혼이 구원받아
나약함이 강해지고 은혜가 충만합니다

하나뿐인 목숨 소중한데
살아도 암흑만 가득한 절망으로 파멸될 삶이
소망으로 변했습니다

부끄러움뿐인 옛 사람을 벗고
새 사람이 되어 복음의 바통 이어 받고
기쁠 때나 슬플 때나 때 놓치지 않고
복음을 전하며 살기를 원합니다

죄에 대롱대롱 매달려 위급한 영혼
예수를 믿고 영혼이 구원을 받아
무거웠던 죄짐이 가벼워지고
천국에 초대받은 자녀가 되었습니다

하루만큼의 목숨을 날마다
마른 심지에 불붙이듯이 살아왔는데
성령의 불길로 활활 타오르며
날마다 사랑받으며 살기를 원합니다

228 | 수가성 우물가 사마리아 여인 1

목말라 우물을 찾아온 여인이 낯선 사내의
물음에 관심도 없었는데 목마른 마음에
생수가 터져 쏟아져 내렸다
다섯 남편을 겪어온 모진 세파의 여인
지금 남편도 사랑하지 못했는데
닫힌 마음을 활짝 열어서 회복되고 변화되었다

죄의 막막한 벽에 갇혀 쓸쓸하고 외로워
절망의 행로에서 몸부림치며 살아 한없이
갈한 목을 축이기 위해 물동이에 매달려 살았다
수가성 우물가 사마리아 여인이
예수를 만난 감격을 전하는 예수꾼이 되었다

사마리아 여인이 주님을 전하며
"와보라" 외칠 줄 누가 알았을까

믿음은 놀라운 변화로 새롭게 하고
유대인들도 배척하던 사마리아 여인이
메시아를 만나게 해주었다
오랜 아픔과 슬픔 속에 빠져서
괴로워하다 구원받은 사마리아 여인이
복음을 전하는 복된 발길이 되었다

여자가 물동이를 버려두고 동네로 들어가서 사람들에게 이르되 내가 행한 모든 일을 내게 말한 사람을 와서 보라 이는 그리스도가 아니냐 하니 그들이 동네에서 나와 예수께로 오더라 ✚ 요한복음 4 : 28-30

사마리아 여인은 우물가에서
뜻밖에 예수를 만났지만
주님은 우물에 물 길으러 올 것을 다 아셨다

왜 예수 그리스도는 열세 명의 식사를 위하여
열두 제자들을 다 보내셨을까
괴롭고 외롭고 고달프고 서글픈
사마리아 여인의 딱한 사정을 아시고
주님은 홀로 만나주려고 하셨다

슬퍼도 울 수 없어 절망과 고독이 가득한
수가성 사마리아 여인의 사정을 너무나 잘 아셨다

깊은 슬픔에 빠져 있던
지난 모든 죄를 용서하여주시고
구원을 얻게 하시고 새롭게 살 길을 열어주셨다

주님을 믿고 알게 된 사마리아 여자는
복음을 전하려 외치고 또 외쳤다
"와보라! 와보라! 내가 그분을 만났다!
내가 구원자 예수를 만났다!"

우물에서 물을 달라는 당신이
진정 하나님의 아들 예수라니
처음에는 믿어지지가 않았습니다

목말라 물을 길으러 가는
모진 목숨을 가진 사마리아 여인이
한을 풀고자 다섯 남자를 만났습니다
몸도 정도 섞고 살다 떠나갔으나
남은 것은 허기진 목마름뿐이었습니다

죄는 지을 수 없고 상처받아
늘 남은 것은 눈물뿐인 목마른 삶인데
생수로 영혼이 채워졌습니다

오늘은 행복한 날입니다
물동이에 물을 긷기보다 먼저
마음을 열어주신 주님을 알려야겠습니다
심령에서 터져 나오는 생수의 기쁨을
동네 사람들에게 "와보라" 전해야겠습니다
죄를 깨끗이 씻은 내 마음이
참으로 싱그럽고 가볍습니다
목마르다 물을 달라던 분이
내 영혼의 목마름을 채워주셨습니다

231 | 온전한 예배를 드려라

예배하는 성도들아
하나님을 향하여 찬양을 드리며
온 마음과 정성을 다하여
신령하고 온전한 예배를 드려라

형식적이고 위선적이 아니라
겸손하게 낮아져서 신령과 진정으로
하나님을 경외하며 예배를 드려라

인간을 위한 예배가 아니라
교회를 위한 예배가 아니라
오직 살아 계신 하나님을 향하여
거룩한 예배를 전심으로 드려라

망설이지 말고 겸손한 마음으로
속마음을 그대로 기도드리면
하나님은 참되게 예배하는 자를 찾으신다

하나님을 참되게 예배하는 자들이
진정한 그리스도인이며 성도이니
구주가 되시는 주님을 기뻐하며
싱싱한 웃음으로 즐거워하라

232 | 사마리아인들의 노래

여자의 말이 내가 행한 모든 것을 그가 내게 말하였다 증언하므로 그 동네 중에 많은 사마리아인이 예수를 믿는지라 ✝ 요한복음 4 : 39

예수를 영접한 사마리아 여인이
변화된 신앙을 간증하며 기뻐하였다
예수여 우리와 함께하소서

여윈 가지에 매달린 듯 늘 괴로워하고 슬퍼하던
사마리아 여인의 인생을 놀랍게 변화시킨
위대한 힘을 가지신 구원의 주님이다

주님으로 인해 믿음의 날개를 폈으니
예수여 우리와 함께하소서
주님의 말씀을 듣게 하소서

우리는 알게 되었다
주님 예수를 만나 생명의 말씀 구원의 말씀을 듣고 난 후에는
참으로 놀라운 일들이 있어났다

사마리아 여인이 발 벗고 나서며
온 동네 떠들썩하게 복음을 전하자
사마리아 동네 많은 사람들이
구세주 예수를 믿었다

예수여 당신은 진정 생명을 구원하여주시는
영원한 구세주이십니다

233 | 사랑하는 사람들

예수의 말씀으로 말미암아 믿는 자가 더욱 많아 그 여자에게 말하되 이제 우리가 믿는 것은
네 말로 인함이 아니니 이는 우리가 친히 듣고 그가 참으로 세상의 구주신 줄 앎이라 하였
더라 ✠ 요한복음 4 : 41-42

진리를 사랑하는 사람은
새순이 돋듯 믿음이 싹트고
봄꽃 피듯 찬란한 꿈을 꾸며
서로를 위하여 기도를 한다

진실한 사랑에 이웃과 화목해지고
행복한 사랑에 슬픔이 밀려가고
주님 사랑에 믿음이 가득해진다

예수를 사모하고 그리워하는 마음에
눈물이 고이고 흘린 눈물마다
은혜가 환한 기쁨으로 꿈을 이룬다
복음을 나타내며 서로를 위하여
믿음으로 함께하기를 원한다

처음으로 받은 구원의 하늘 사랑을
예수께서 주심은 사랑을 통하여
예수를 배우고 나타내는 것이다

늘 소망 속에서 살아가며
희망과 꿈을 안고 살아가는 것
참 아름답고 보배로운 것이다

234 | 왕의 신하의 아들을 고치시는 예수

신하가 이르되 주여 내 아이가 죽기 전에 내려오소서 예수께서 이르시되 가라 네 아들이 살
아 있다 하시니 그 사람이 예수께서 하신 말씀을 믿고 가더니 내려가는 길에서 그 종들이
오다가 만나서 아이가 살아 있다 하거늘 그 낫기 시작한 때를 물은즉 어제 일곱 시에 열기
가 떨어졌나이다 하는지라 ✝ 요한복음 4 : 49-52

예수 그리스도께서 갈릴리에서 행하신
첫 번째 표적은 혼인 잔치에서
물이 변하여 포도주가 되게 하신 것이다

두 번째 표적은
왕의 아들이 죽을병에 들자
그 신하가 예수께 살려달라고 간구하므로
살려주신 것이다

예수 그리스도는
하나님의 말씀을 듣고 회개하여
구원받기를 원하셨지만
사람들은 눈에 당장 보이는
표적과 이적을 보지 않으면
믿으려 하지 않았다

예수 그리스도는 지상 사역으로
곳곳에서 표적과 이적을 행하셨다

예수께서 가장 중요하게 여기신 것은
주 예수를 믿고 회개하여
구원을 받으라고 말씀을 전하신 것이다

235 | 주님의 마음을 닮게 하소서

변화와 반복이 격렬하여
극심한 격랑에 맞부딪치는 고통이
파편처럼 조각날 때가 있다

새로운 것을 찾고 만들려는
강박감과 분주함 속에서도
영혼까지 비추는 말씀을 만나면
마음속에 갖가지 변화가 일어난다

성급함 속에 가득한 욕망이
얼굴을 일그러지게 만들고
교만과 소유욕이 갈등을 만들어낸다

병들고 상한 마음을 어루만져 주시고
건강하게 치료하여주시니
깊은 영성을 소멸하지 않아야 한다

온유하고 겸손하신 마음을 닮아가며
고난 속에서 습관처럼 기도하심같이
무릎 꿇는 겸손한 기도를 통하여
깊은 영성 속에 교제하는 것이다

236 | 내 이웃을 내 몸처럼 사랑하라

> 사랑은 오래 참고 사랑은 온유하며 시기하지 아니하며 사랑은 자랑하지 아니하며 교만하지 아니하며 무례히 행하지 아니하며 자기의 유익을 구하지 아니하며 성내지 아니하며 악한 것을 생각하지 아니하며 불의를 기뻐하지 아니하며 진리와 함께 기뻐하고 모든 것을 참으며 모든 것을 믿으며 모든 것을 바라며 모든 것을 견디느니라 ✝ 고린도전서 13 : 4-7

이웃을 미워하고 냉정하게 대하며
이웃을 내 몸처럼 사랑하지 못하고
방관할 때가 많습니다

교만과 가식이 너무 많아
모두의 가슴에 상처가 되고
이웃을 주님의 마음으로 사랑하지 못하고
외면할 때가 많습니다

욕망이 너무 많아 즐겁고 행복하도록
이웃을 내 가족처럼 사랑하지 못하고
냉정할 때가 많습니다

거짓과 욕심이 많아
모두가 한마음으로 감사하도록
이웃을 주님처럼 사랑하지 못하고
무관심할 때가 많습니다

예수님처럼 희생하면
내 이웃을 내 몸처럼 사랑하면
서로 좋아하고 기뻐할 수 있는데
사랑을 베풀지 못할 때가 많습니다

237 | 안식일의 주인

또 이르시되 안식일이 사람을 위하여 있는 것이요 사람이 안식일을 위하여 있는 것이 아니
니 이러므로 인자는 안식일에도 주인이니라 ✞ 마가복음 2 : 27-28

죄의 유혹에 풀꽃처럼 스러지는 것은
쉼표 없는 영혼의 안식도 모르는
참 어리석고 불쌍한 인생이다

회개하면 옹졸한 마음이
눈물 흘리고 겸손해져
주님이 모든 기억 속에 살아난다

헛것 쥐려고 고집 부리지 말고
멈추지 말고 흘러내려
영혼의 안식을 얻어야 한다

빛을 잃고 어둠에 갇혀
안절부절못하고 옴짝달싹 못 하여
쭈그렁탱이가 되어 서성거리지 말자

주님을 찬양하며 영광을 나타낼 때
영혼도 진정한 쉼을 얻는다
구원받은 자는 영생에 초청되었고
안식일의 주인이 함께하심은
참으로 놀랍고 행복한 일이다

238 | 손 마른 자를 고쳐주시는 예수 1

거기에서 떠나 그들의 회당에 들어가시니 한쪽 손 마른 사람이 있는지라 사람들이 예수를
고발하려 하여 물어 이르되 안식일에 병 고치는 것이 옳으니이까 예수께서 이르시되 너희
중에 어떤 사람이 양 한 마리가 있어 안식일에 구덩이에 빠졌으면 끌어내지 않겠느냐 사람
이 양보다 얼마나 더 귀하냐 그러므로 안식일에 선을 행하는 것이 옳으니라 하시고 이에 그
사람에게 이르시되 손을 내밀라 하시니 그가 내밀매 다른 손과 같이 회복되어 성하더라

✝ 마태복음 12 : 9-13

손을 내밀라 핏기 없는 손 마른 자여
힘이 있어야 할 손이 힘을 잃었다
저 먼 꿈길 같았던 일이 눈앞에 이루어져
병을 고칠 수 있는 구원의 손길이 다가오고 있다

믿음으로 주님께 손을 내밀어라
너의 손은 병이 심하게 들어
부드럽지 못하고 흉하게 비틀어졌다
온기가 사라져 비비 틀어지고 말라버려
나눔이 있어야 할 손이 꼬였다

손 마른 자의 몸짓은 늘 허전한데
주님의 몸짓은 구원이다
병든 자를 잡아주시니 회복되고 성하였다

절망이 토해놓은 악취와
잘못된 욕망을 버려라, 손 마른 자여
고침을 받고 간절한 소망으로 새 꿈을 꾸며
뜨거운 가슴으로 나누고 봉사하는 손이 되어라

239 | 손 마른 자를 고쳐주시는 예수 2

> 그들에게 이르시되 안식일에 선을 행하는 것과 악을 행하는 것, 생명을 구하는 것과 죽이는 것, 어느 것이 옳으냐 하시니 그들이 잠잠하거늘 그들의 마음이 완악함을 탄식하사 노하심으로 그들을 둘러보시고 그 사람에게 이르시되 네 손을 내밀라 하시니 내밀매 그 손이 회복되었더라 ✝ 마가복음 3 : 4-5

손 마름병에 걸려 얼마나
괴로운 시절을 살아왔을까
일을 할 수 있나 손을 잡을 수 있나
세수를 할 수 있나 밥을 먹을 수 있나
무엇 하나 집을 수 있나
사람답고 일다운 일을 할 수가 없다

세상에 태어났으니 사는 것이지
사람다운 삶을 한 번도 살지 못하고
사람다운 대접 한번 받지 못했다
손 마른 자의 눈길이 거쳐 갈 때마다
괴롭고 애처로운 삶이다

주님께서 손을 내밀라 하시자
회복되고 병자가 고침을 받았거늘
안식일에 고쳤다고 생트집을 잡는가

자기들은 아무런 관심도 주지 않고
무관심으로 방관하면서도
매몰차게 시비를 거는 자들아
어리석은 자들아 너희는 모르는구나
주님은 안식일의 주인이시다

또 다른 안식일에 예수께서 회당에 들어가사 가르치실새 거기 오른손 마른 사람이 있는지라 서기관과 바리새인들이 예수를 고발할 증거를 찾으려 하여 안식일에 병을 고치시는가 엿보니 예수께서 그들의 생각을 아시고 손 마른 사람에게 이르시되 일어나 한가운데 서라 하시니 그가 일어나 서거늘 예수께서 그들에게 이르시되 내가 너희에게 묻노니 안식일에 선을 행하는 것과 악을 행하는 것, 생명을 구하는 것과 죽이는 것, 어느 것이 옳으냐 하시며 무리를 둘러보고 그 사람에게 이르시되 네 손을 내밀라 하시니 그가 그리하매 그 손이 회복된지라 그들은 노기가 가득하여 예수를 어떻게 할까 하고 서로 의논하니라 ✝ 누가복음 6 : 6-11

비뚤어지고 어그러지고
뒤틀어져 무참히 허물어지는데
생명을 사랑할 것인가
배만 불리고 욕망을 불태울 것인가

어리석은 자들아 보라
"손 마른 자여! 손을 펴라!"

손 마른 자의 숨 차오르는 감격 속에
할 말을 잃고 눈물로 감사하는
손과 마음의 평안을 보라

안식일에 선한 일을 했다
얼굴을 붉히고 성내는 섬뜩한 자들아
생명을 구하는 일보다
소중한 것이 어디 있느냐

손 마른 자보다 양심이 바싹 말라
엉망진창된 자신을 보라
얼마나 초라하고 괴롭고 불쌍한 모습이냐

> 열두 사도의 이름은 이러하니 베드로라 하는 시몬을 비롯하여 그의 형제 안드레와 세베대
> 의 아들 야고보와 그의 형제 요한, 빌립과 바돌로매, 도마와 세리 마태, 알패오의 아들 야고
> 보와 다대오, 가나나인 시몬 및 가룟 유다 곧 예수를 판 자라 ✝ 마태복음 10 : 2-4

하늘나라 생명책에 이름이 기록된 사람들
주님을 따르고 자신을 부인하고
십자가를 지고 복음을 믿고
복음을 전하기로 작정한 사람들이다

유별나고 특별하고 뛰어나지 않고
평범하여 주변에서 만날 수 있는
그들이 바로 열두 제자들이다

제자를 선택하시고 복음을 전하라
부르시고 새 생명의 길로 인도하는
전도할 사명을 주셨다

열두 제자의 이름은 베드로 안드레
야고보 요한 빌립 바돌로매 도마
마태 알패오의 아들 야고보와 다대오 시몬
가룟 유다 예수를 판 자는
차라리 태어나지 않았으면 좋았겠다

하나님의 영광을 위하여 살다가
순교한 거룩한 그리스도인들
빛과 소금의 삶을 살다 간 세사들이다

화려하지도 부유하지도
대단하지도 유명하지도 않은
순수한 믿음을 가진 열두 제자입니다

주님의 복음을 전하는 일에
앞장서는 사랑하는 제자의 길입니다
주님을 따르며 어디든지 가야 하는 길
복음을 전파하고 예수 이름으로
모든 일을 하는 것이 제자의 길입니다

제자의 길을 가는 데는
어떤 일도 먼저가 될 수 없고
오직 주님의 길을 위하여
모든 걸 버리는 것이 제자의 길입니다

성령의 능력으로 복음을 전하며 치유하고
귀신을 쫓아내고 새 생명의 길로 인도하는
사명을 받은 제자의 길입니다

지상 사명을 온전히 받아들이며
자신의 모든 것을 부인하고
목숨까지 드리며 순종하며
복음의 길을 따라가는 열두 제자입니다

243 | 마태의 형제 사도 야고보

하나님과 주 예수 그리스도의 종 야고보는 흩어져 있는 열두 지파에게 문안하노라
✝ 야고보서 1:1

새 예루살렘 열두 기초석에
이름이 영원히 새겨진 야고보는
주 예수 그리스도의 믿음의 길을 가며
순종한 믿음의 하나님의 사람

알패오의 아들 야고보 불타오르는
나라를 사랑하고 구하려 한 열심당원
마태의 형제 야고보가 제자가 되었다

이 땅에서 이름나고 뛰어나면 무엇하나
하늘나라 생명책에 이름이 기록됨이
최대의 축복이며 최대의 은혜다

열두 제자 중 한 사람 야고보
순교자들의 이름 속에 있다
순교자의 피가 하늘을 향하여 솟구친다
"주여 이 땅을 구원하소서"

정직한 입술로 바치는 진실한 고백과
간절한 기도는 하늘에 상달되어
주님의 은총이 소나기처럼 쏟아진다

244 | 의심 많은 제자 도마

도마에게 이르시되 네 손가락을 이리 내밀어 내 손을 보고 네 손을 내밀어 내 옆구리에 넣어보라 그리하여 믿음 없는 자가 되지 말고 믿는 자가 되라 도마가 대답하여 이르되 나의 주님이시요 나의 하나님이시니이다 예수께서 이르시되 너는 나를 본 고로 믿느냐 보지 못하고 믿는 자들은 복되도다 하시니라 ✝ 요한복음 20 : 27-29

홀로 계실 때도 수많은 무리 속에서
능력으로 함께하시고
다락방 성만찬에서 떡과 포도주로
주님의 피와 살을 손수 나누어주셨다

죄인이 십자가를 지고 오르는
골고다 언덕길에서 쓰러지고 또 쓰러지시며
흉악한 죄인처럼 십자가에 못 박히셨다

주와 함께 죽으러 가자 외치던 자도
너무도 큰 충격에 억장이 무너진 듯
괴로워 모든 것을 포기하고자 했다

부활하셨다니 불신의 이 마음은
내 눈으로 손과 발의 못 자국을 똑똑히
바라보아야 확신하고 믿을 것 같았는데
주님이 친히 나타내 보여주시니
이 제자 도마는 어찌하오리까

의심을 버리고 의심이 사라지고
주님을 온전한 믿음으로 확신하니
부활의 주님 내 눈앞에 와 계신다

245 | 주님의 제자 안드레

> 갈릴리 해변에 다니시다가 두 형제 곧 베드로라 하는 시몬과 그의 형제 안드레가 바다에 그
> 물 던지는 것을 보시니 그들은 어부라 말씀하시되 나를 따라오라 내가 너희를 사람을 낚는
> 어부가 되게 하리라 하시니 그들이 곧 그물을 버려두고 예수를 따르니라 ✝ 마태복음 4 : 18-20

벳새다 사람 어부가 부르심에
궁금하고 모르는 것 많아
예수 그리스도께
말세의 징조에 대해서 질문해보았다

고기 잡던 어부가
어찌 사람을 낚는 어부가 됩니까
묻고 싶고 알고 싶은 것을
배우고 깨달아 제자가 되게 하소서

오병이어의 기적이 일어난 날
떡과 물고기를 가진 아이를 인도하고
일어난 기적이 무척 놀라웠다

하늘을 우러러 축사하고 나누자
오천 명이 먹고 열두 광주리나 남아
마음속에 놀라운 은혜가 임했다

놀라운 능력을 보고 제자가 되어
복음을 전하며 순교하기까지
복음 전도자의 길을 가기를 원했다

246 | 사람 낚는 어부 베드로

갈릴리 바다가 무엇을 말해주던가
바닷바람과 싸워온 억센 사내가
사람을 낚는 어부가 되었다

불같은 성격이 되살아나 제자가 되어도
인간적 갈망에 무너져 내려
하늘을 향하여 호언장담을 하고도
십자가 죽음의 그늘이 질 때
살기 위해 주님을 세 번이나 부인했다

죄스런 마음에 물고기 잡으러 갔다가
주님의 음성에 세 번이나
"주께서 아시나이다"
믿음으로 순수한 고백을 했다

밤하늘에 별빛이 쏟아지듯
주님의 은혜가 소낙비처럼 쏟아져 내렸다
십자가에 거꾸로 매달려 주를 위하여 죽은
순교의 날까지 복음의 그물을 던지는
주님의 제자가 되었다

247 | 나다나엘이라는 바돌로매

> 나다나엘이 이르되 나사렛에서 무슨 선한 것이 날 수 있느냐 빌립이 이르되 와서 보라 하니라 예수께서 나다나엘이 자기에게 오는 것을 보시고 그를 가리켜 이르시되 보라 이는 참으로 이스라엘 사람이라 그 속에 간사한 것이 없도다 ✝ 요한복음 1 : 46-47

갈릴리 바닷바람과 맞부딪치며
억세게 살아온 수많은 사람 중에
간사함이 없는 나다나엘이라는 바돌로매
좋은 친구 빌립을 두었지만 복음을 알지 못해
"나사렛에서 무슨 선한 것이 나올 수 있겠느냐?"
의심하며 반문하고 말았다

의심은 떠나고 기쁨이 찾아와
주님은 나다나엘을 참 이스라엘 사람이라 하셨고
나다나엘은 주님을 이스라엘 왕이라고 불렀다

나다나엘은 신앙을 진실하게 고백했다
"랍비여 당신은 하나님의 아들이시요
이스라엘의 임금이로소이다"

변화된 나다나엘에게 약속하셨다
"나다나엘아! 이보다 더한 큰일을 네가 볼 것이다
하늘이 열리고 하나님의 사자들이 인자 위에
오르락내리락하는 것을 볼 것이다"

주님의 시선을 외면하지 않고 언제나 따르던
제자 나다니엘, 주의 영광을 드러내며 살았다

248 | 세리 마태

예수께서 그곳을 떠나 지나가시다가 마태라 하는 사람이 세관에 앉아 있는 것을 보시고 이
르시되 나를 따르라 하시니 일어나 따르니라 ✝ 마태복음 9 : 9

온 세상을 세금으로 계산하고
돈만을 사랑하던 마태가 제자가 되었다
세금 장부의 돈만 보던 사람이
신약성경 첫 부분에 적혔다

얼마나 복된 손길이 되었는가
마태의 붓 끝이 닿으면 세금이 되더니
성령에 이끌려 성경을 기록하고
구원을 전하는 생명의 마태복음이 되었다

마태여 복된 사람
예수를 영접하지 못하고 제자가 되지 않았다면
영영 사라지고 말았을 이름이
오늘도 입에서 입으로 전해진다

마태는 즐거운 마음으로 주의 복음을 전했다
하나님의 아들 예수의 삶에 동참한 마태는
늘 하늘 행복으로 행복하였다
신약성경의 문을 열어놓은 하나님의 사람 마태여
예수 그리스도로 인해 행복하다

249 | 예수의 제자 요한

요한은 제자가 되어
주님을 닮기로 한 뒤로
온통 예수 사랑으로 물들었다

주님의 진실을 가슴에 담던 요한은
주님이 십자가에 달리셨을 때도
모친을 부탁하며 사랑을 가르쳐주었다

주님의 제자 중에 이 땅에서
가장 오래 살며 복음을 전했던
제자 요한이 전하는 구원의 복음도
온통 사랑으로 가득 찼다

죄와 병마의 무거운 짐을 지고
설움 안고 온 사람들이 복음을 듣고
회개하여 예수 그리스도를 영접하고
홀가분하고 기쁜 마음으로 돌아간다

밧모 섬에서 재림의 주님을
다시 볼 수 있었던 복 많은
사도 요한은 제자가 된 후로는
삶이 온통 예수 사랑이다

250 | 예수의 제자 의사 누가

우리 중에 이루어진 사실에 대하여 처음부터 목격자와 말씀의 일꾼 된 자들이 전하여준 그 대로 내력을 저술하려고 붓을 든 사람이 많은지라 그 모든 일을 근원부터 자세히 미루어 살 핀 나도 데오빌로 각하에게 차례대로 써 보내는 것이 좋은 줄 알았노니 이는 각하가 알고 있는 바를 더 확실하게 하려 함이로라 ✝ 누가복음 1 : 1-4

병자들을 고쳐주던 의사 누가여
삼 년 동안 수많은 병자를 고치는
예수 그리스도가 그의 눈에 어떻게 보였을까
만인을 치료하시는 생명의 주님이 되셨다

말씀에 병이 떠나가고
만지심에 고침이 있고 명령에 살아나고
만인의 의원 되시는 예수가
영혼에 어떻게 새겨졌는가
만인을 구원하시는 구세주가 되었다

제자 누가는 눈에 비치고
영혼에 새겨진 예수를 자세히 살피고
눈여겨보고 잘 듣고 마음에 새겨
누가복음을 기록하였다

주님의 모습을 전하고자
붓을 들고 복음을 써 내렸다
의사인 누가가 영혼의 의사 예수를 만나
영혼의 고침을 받고 제자가 되었다

251 | 주님의 제자 다대오

주를 영접하고 죄를 용서받고
우주보다 넓은 주님의 큰 사랑을 받고
제자가 되기 원했을 때
감격에 가슴이 얼마나 뛰었을까

주님이 부르시던 날 무엇을 했을까
일하는 자를 부르시기에
충실하게 열심히 일했을 것이다

제자가 되어 삼 년 동안 복음을 전하며
오병이어의 기적을 보이시고
귀신을 쫓아내시고 병자들을 치유하시고
성만찬을 행하심을 보며 무엇을 느꼈는가

부활의 주님 다가오셨을 때
얼마나 기쁨으로 가슴이 뛰었을까

목숨이 다하도록 복음을 전하였던
열두 제자 중의 한 사람
예수 그리스도의 제자 다대오

열두 사도의 이름은 이러하니 베드로라 하는 시몬을 비롯하여 그의 형제 안드레와 세베대
의 아들 야고보와 그의 형제 요한, 빌립과 바돌로매, 도마와 세리 마태, 알패오의 아들 야고
보와 다대오, 가나나인 시몬 및 가룟 유다 곧 예수를 판 자라 ☙ 마태복음 10 : 2-4

조국을 향한 넘쳐흐르는 사랑
이 세상에 수많은 길이 있지만
오직 한 길이 좁을지라도
원하시면 모든 것을 뒤로하고
제자가 된 가난한 열심당원 시몬아

길을 따라 살면 진리의 자유함을 얻고
진리의 자유함 속에 생명을 얻기에
길이요 생명이신 주님을 따라가려고
모든 것을 포기한 제자 시몬아

어느 유명한 학자의 이름이
열두 제자의 이름만 하겠는가
예수와 함께 기도하고 복음을 전하는
축복받은 복된 사람들이 아닌가

이름이 뚜렷하게 성경에 기록되었듯이
하늘나라 열두 기둥에 기록되어 있다
주님을 사랑한 사람 시몬아

253 | 예수의 처음 제자 빌립

이튿날 예수께서 갈릴리로 나가려 하시다가 빌립을 만나 이르시되 나를 따르라 하시니 빌립은 안드레와 베드로와 한 동네 벳새다 사람이라 ✝ 요한복음 1 : 43-44

갈릴리 바다 바람 불어오던 날
최초로 제자를 부르셨다
"빌립아! 나를 좇으라"

최초로 부름받아 주님을 만나고 따르며
변화된 삶이 너무도 좋아 전도하며
주님 곁에 있고 싶어 하던 사람아

십자가를 지시기 전날
성찬식이 행해지던 다락방에서도
"아버지를 보여주옵소서 그리하면 족하겠나이다"

주님께 원하기만 하던 너에게
"빌립아 내가 이렇게 오래 너희와 함께 있으되 네가 알지 못하느냐"
주님은 말씀하셨다

오순절에 성령 받고 순교하기까지
주님을 전한 사랑하는 복음의 사람아
"와보라! 와보라!" 외치는 소리
복음을 전하는 소리가 들린다

254 | 예수를 은 삼십에 판 가룟 유다

> 이 사람은 본래 우리 수 가운데 참여하여 이 직무의 한 부분을 맡았던 자라 (이 사람이 불의
> 의 삯으로 밭을 사고 후에 몸이 곤두박질하여 배가 터져 창자가 다 흘러 나온지라 이 일이
> 예루살렘에 사는 모든 사람에게 알리어져 그들의 말로는 그 밭을 아겔다마라 하니 이는 피
> 밭이라는 뜻이라) ✝ 사도행전 1 : 17-19

예수의 부름을 받아 제자가 되는 것은
얼마나 놀라운 하나님의 축복인가
복음을 전도하기 위하여
예수께 선택된 열두 제자 중에 한 사람이라면
얼마나 놀라운 하나님의 은총인가

구세주를 신뢰하는 믿음은 사라지고
불평이 가득하고 못마땅한 것이 많은
가룟 유다에게 악의 그림자가 심장을 덮쳤다

차라리 태어나지 말아야 했을 몹쓸 배반자
성만찬에서 예수께서 나를 팔 자라고
말씀하시던 제자가 바로 가룟 유다다

큰돈 움켜쥘 생각에 스승을 팔았으나
절망의 고통을 어찌할 수 없어
양심의 아픔을 어찌할 수 없어
스스로 목숨을 끊어버린 불행한 사람

악의 그물에 걸리고 유혹에 발목이 잡혀
인류 역사 속에 가장 몹쓸 역할을 맡은
가장 불행한 사람 그 이름은 가룟 유다다

255 | 병자를 치유하시는 예수

> 그의 소문이 온 수리아에 퍼진지라 사람들이 모든 앓는 자 곧 각종 병에 걸려서 고통당하는 자, 귀신 들린 자, 간질하는 자, 중풍병자들을 데려오니 그들을 고치시더라 ✝ 마태복음 4 : 24

예수의 발길이 머무는 곳에서
시선이 머물고 손길이 닿는 곳에서
구원을 받아 새 사람이 되고
영혼과 몸이 앓는 갖가지 병에서
고침을 받고 고통에서 놓임을 받았다

벙어리와 눈먼 이
귀신 들려 고통받던 자들과
온몸이 흔들리는 중풍병자들을
주님은 자비로써 고쳐주시고
피보다 진한 사랑을 베풀어주셨다

힘겨워하는 구제불능의 병든 자를
고쳐주시는 하늘 사랑 속에
삼백예순다섯 날 날마다 힘들고
피 마르는 고통의 눈물이 멈췄다

예수를 찬양할 때 행복이 찾아오고
믿고 따를 때 죄와 병마는 떠나간다

오늘도 주여, 내 손을 잡아주소서
내 마지막 꿈과 소원은 살아 계신
하나님께 영광을 돌리는 것입니다

256 | 구원의 다리

바람결에 흔들리고 비난과 조롱에
아파서 서글퍼 울 때도 많았지만
반석 위에 세워진 영원히 흔들리지 않는
구원의 다리를 아무도 무너뜨릴 수 없다

십자가 보혈로 화목제물이 되셔서
구원하여주신 새 생명의 길이기에
아무도 훼방할 수가 없다
누구든지 이 구원의 다리를
예수 이름으로 건너가기 원하면
새롭게 거듭난 축복을 받을 수 있다

준비가 잘 되지 않아 울멍줄멍하지만
지저분한 죄와 헛된 눈물 버리고
막막하고 뒤숭숭한 불신도 버리고
오직 예수를 영접하면 진리의 자유를 주시니
내 평생 찬양을 드려도 부족하다

피와 눈물로 질펀해지던 날
보혈로 놓으신 구원의 다리를 건너
십자가의 사랑으로 새 생명을 얻었으니
평생토록 예수를 전하기를 원한다

257 | 산상에서 말씀 전하시는 예수

> 심령이 가난한 자는 복이 있나니 천국이 그들의 것임이요 애통하는 자는 복이 있나니 그들이 위로를 받을 것임이요 온유한 자는 복이 있나니 그들이 땅을 기업으로 받을 것임이요 의에 주리고 목마른 자는 복이 있나니 그들이 배부를 것임이요 긍휼히 여기는 자는 복이 있나니 그들이 긍휼히 여김을 받을 것임이요 마음이 청결한 자는 복이 있나니 그들이 하나님을 볼 것임이요 화평하게 하는 자는 복이 있나니 그들이 하나님의 아들이라 일컬음을 받을 것임이요 의를 위하여 박해를 받은 자는 복이 있나니 천국이 그들의 것임이라
>
> ✝ 마태복음 5 : 3-10

인간의 생명을 구원하러 오신 예수는
생명의 말씀을 시시때때로 전하셨다
복음은 죄인을 부르는 생명의 말씀이요
구원받은 사람들의 나침판이요
살아 계신 하나님의 말씀이다

말씀이 육신을 입고 오신 예수는
죄가 가득하고 강박한 자들에게
말씀대로 살아갈 것을 부탁하셨다

예수는 산상에서 제자들에게
생명의 말씀을 확신 있게 전하셨다

말씀을 믿는 자가 구원의 확신을 갖고
믿음으로 전도하는 삶을
생활 속에서 실천하며 살아간다

구원받은 성도는 복을 받은 사람들
하나님이 원하시는 생명의 말씀대로 살아가는
그리스도인이 되어야 한다

심령이 가난한 자는 복이 있나니 천국이 그들의 것임이요 애통하는 자는 복이 있나니 그들이 위로를 받을 것임이요 온유한 자는 복이 있나니 그들이 땅을 기업으로 받을 것임이요 의에 주리고 목마른 자는 복이 있나니 그들이 배부를 것임이요 긍휼히 여기는 자는 복이 있나니 그들이 긍휼히 여김을 받을 것임이요 마음이 청결한 자는 복이 있나니 그들이 하나님을 볼 것임이요 화평하게 하는 자는 복이 있나니 그들이 하나님의 아들이라 일컬음을 받을 것임이요 의를 위하여 박해를 받은 자는 복이 있나니 천국이 그들의 것임이라

✝ 마태복음 5 : 3-10

내 심령이 가난하고 부족할 때
주님을 더욱 사랑하게 됩니다
내 마음이 온유하고 겸손할 때
주님을 더욱 의탁하게 됩니다

내 마음이 죄로 애통할 때
주님을 더욱 부르게 됩니다
내 마음이 의에 주리고 목마를 때
주님을 더욱 그리워하게 됩니다

내 마음이 긍휼을 원할 때
주님의 마음을 많이 닮고 싶습니다
내 마음이 청결할 때
주님을 더욱 사모하게 됩니다

내 마음이 화평을 원할 때
주님의 뜻을 따르기를 원합니다
내 마음이 의를 위해 핍박받을 때
주님의 십자가를 바라봅니다

심령이 가난한 자는 복이 있나니 천국이 그들의 것임이요 ✝ 마태복음 5 : 3

그대 마음에 예수가 어떻게 그려지는가
예수가 어떻게 말씀으로 표현되는가
인자하신 모습 온유하신 모습
분노하시는 모습 진노하시는 모습
사랑하시는 모습 어떤 모습인가

목수의 모습 광부의 모습
농부의 모습 어부의 모습
목자의 모습 노동자의 모습
혁명가의 모습 왕의 모습 어떤 모습인가

그대에게 예수가 어떻게 그려지고
어떻게 말씀이 되는가에 따라
삶의 모습이 전혀 달라진다
달빛이 비치면 어둠도 사라지듯이
주님이 심령에 찾아오시면
모든 죄악도 한 점 남김없이 사라진다

예수를 믿어야 복되고 사랑에 발목이 젖는다
믿고 따르며 닮아가면 복이 있다
봄날 새롭게 돋는 풀잎처럼
싱그러운 구속의 은혜를 받으며
예수를 사랑함은 온 동네에 소문나도 좋다

260 | 복 있는 사람 2

심령이 가난한 자는 복이 있나니 천국이 그들의 것임이요 애통하는 자는 복이 있나니 그들이 위로를 받을 것임이요 온유한 자는 복이 있나니 그들이 땅을 기업으로 받을 것임이요 의에 주리고 목마른 자는 복이 있나니 그들이 배부를 것임이요 긍휼히 여기는 자는 복이 있나니 그들이 긍휼히 여김을 받을 것임이요 마음이 청결한 자는 복이 있나니 그들이 하나님을 볼 것임이요 화평하게 하는 자는 복이 있나니 그들이 하나님의 아들이라 일컬음을 받을 것임이요 의를 위하여 박해를 받은 자는 복이 있나니 천국이 그들의 것임이라

✝ 마태복음 5 : 3-10

복 있는 사람은 누구인가
구원의 선물인 주님의 말씀을
귀 기울여 듣고 순종하며 따르는 성도들이다

복 있는 사람은 마음이 가난한 사람들
생명의 말씀을 모종처럼 심어놓고
풍성하게 자라나 꽃 피우고 열매 맺어
온 세상에 전하기를 원하는 사람들이다

자기가 지은 모든 죄를 통회하고 자복하며
회개하는 사람들 예수를 만난 기쁨에
양 볼이 살짝 붉어진 사람들이다

올바르게 살며 의에 주리고 목마른 사람들
이웃들의 마음을 긍휼히 여길 줄 아는 사람들
모든 것을 제대로 보는 마음이 청결한 사람들
싸우는 세상에서 평화를 원하는 사람들이다

불의가 판치는 세상에서 의롭게 살아가는
복 있는 사람들 복음으로 가득 물들이며
순종하며 믿고 따르는 사람들이다

261 │ 주여, 심령의 가난함을 주소서 1

심령이 가난한 자는 복이 있나니 천국이 그들의 것임이요 ✝ 마태복음 5 : 3

한정된 삶을 살아가면서
보고 듣고 말하고 얻은 것들이
부질없는 욕심일 때가 많사오니
주여, 가난한 심령을 주소서

조용히 무릎 꿇고 다가오는 십자가로
천국을 맛보게 하시고 날마다 스치는
손길에 가난한 마음으로 행복하게 하소서

원망을 되풀이해도 남는 것은 푸념과 넋두리일 뿐이니
생명의 유한성을 깨달아
겸손하여 교만을 버리게 하소서

날마다 마음을 정갈하게 하시고
철저하게 비워내고 준비해
무탈하게 은혜 속에 살기 원합니다

천상에서 오사 십자가로 구원해주시고
내 가슴에 언제나 살아 계셔서
삶이 천국 생활의 모형임을 깨닫게 하시고
심령의 정제된 가난함을 주시고
믿음을 밝혀 천국을 체험하게 하소서

262 | 주여, 심령의 가난함을 주소서 2

> 나의 간절한 기대와 소망을 따라 아무 일에든지 부끄러워하지 아니하고 지금도 전과 같이
> 온전히 담대하여 살든지 죽든지 내 몸에서 그리스도가 존귀하게 되게 하려 하나니 이는 내
> 게 사는 것이 그리스도니 죽는 것도 유익함이라 ✝ 빌립보서 1 : 20-21

심령의 가난함을 허락하셔서
홀로 잘난 척하던 삶을 새롭게 하소서
가난한 마음의 행복을 깨달아
작은 자에게 베푸는 냉수 한 그릇에도
진정한 기쁨이 있음을 체험하게 하소서

하나님의 은총을 도처에서 잃어버리고
구걸하는 옹색한 영적인 거지가 아니라
기도하며 간구하며 살게 하소서

생명의 유한함을 깨닫게 하시고 물질의 소유주가
주님이니 늘 드리는 기쁨과 베풂과 나눔 속에
복음의 발자국을 남기며 살게 하소서

사람들과 야박하고 매몰차게 살기보다
외로운 사람끼리 마음 나누며 정겹고
따뜻하게 눈 마주치고 웃으며 살게 하소서

죄 속에 비틀거리지 않고
내 영혼이 보혈로 말갛게 씻겨
내 마음 한 조각 한 조각이 하나가 되어
날마다 새로운 기쁨을 누리게 하소서

263 | 애통하는 삶을 살게 하소서

애통하는 자는 복이 있나니 그들이 위로를 받을 것임이요 ✝ 마태복음 5:4

우리가 지은 주홍 같고 진홍 같은
모든 죄를 애통하며 부르짖으며
통회 자복하며 회개하게 하여주소서

낯설고 흉흉한 세상에서
죄를 죄로 알지 못하고 살던
얄팍하고 미련한 삶에서 벗어나
생명의 말씀 속에 통회 자복하게 하소서

자신의 죄를 애통해하지 않는 자는
주여 불쌍히 여겨주셔서
마음의 문을 열고 눈물로 회개하게 하소서

죄악으로 하나님과 팍팍해져서
단절되었던 것을 회복시켜주시고
울어야 할 때 우는 간절함을 주소서

애통하는 자는 복이 있으니
죄를 깨달아 두려움에 떨지 않고
온전히 내놓아 눈물로 회개하게 하소서
애통할 수 있는 것도 축복이오니
울고 웃을 수 있는 여유로움을 주소서

264 | 온유한 마음으로 살게 하소서

온유한 자는 복이 있나니 그들이 땅을 기업으로 받을 것임이요 ✝ 마태복음 5 : 5

마음이 온유하고 겸손하신 주님
내 마음도 주님을 닮아가며
온유함과 겸손함으로 대하게 하소서

화를 잘 내거나 거친 말로
남에게 상처를 입히지 말게 하시고
늘 따뜻한 마음으로 낮아져서
사람들을 편하게 대할 수 있게 하소서
쓸데없는 고집으로 까다롭게 해서
분위기를 망치지 말게 하시고
늘 마음에 평안을 주소서

세상은 사람과 사람이 어울려
하모니를 이루며 살아가는 것이오니
너무 튀거나 잘난 체 말게 하시고
잘 동화되어 친밀감을 갖게 하소서

온유하고 겸손하여 나에게 주시는
하나님의 축복을 누리며 살게 하시고
고독하고 서러운 몸뚱이마저 상처를 받는
사람이 없게 하시고 위로를 받고
사람들이 행복을 찾아가게 하소서

265 | 의에 주리고 목마른 삶을 살게 하소서

의에 주리고 목마른 자는 복이 있나니 그들이 배부를 것임이요 ✝ 마태복음 5 : 6

세상에는 의와 불의가 있으니
항상 의를 택하여 살게 하시고
의인 되신 예수를 바라 살아가며
때론 목 아프도록 기도할 수 있게 하소서

불의가 판치고 선동할지라도 언제든지
흔들림 없이 하나님의 의를 따르며
겉만 번지르르하고 속이 빈 삶이 아니라
진리 안에 바로 서게 하소서

죄가 불의를 조성하고 만드니
야비한 죄 떠나 선한 삶을 살게 하시고
불의한 사람들도 예수를 영접하고
말씀을 들음으로 믿음이 생기게 하소서

작은 욕심과 작은 음모가 불의를 만드니
마음을 울적하게 만드는 죄에서 떠나
꿋꿋이 믿음 지키며 지혜롭게 살게 하소서

주님의 자녀답게 불의와 타협하지 않고
의롭고 진실하게 위풍당당하게
하나님의 은혜를 입은 성도답게
의에 주리고 목마른 삶을 살게 하소서

266 | 긍휼히 여기는 삶을 살게 하소서

긍휼히 여기는 자는 복이 있나니 그들이 긍휼히 여김을 받을 것임이요 ✝ 마태복음 5 : 7

죄를 긍휼히 여기고 사망권세를 이기고
부활하여 생명을 구원하여주신 주님
잘못을 원망하고 시시콜콜 탓하고
실수를 지적하기보다는
여유와 믿음을 주시기를 원합니다
삶은 메아리로 되돌아오니
내가 먼저 다른 사람을 앞장서서 사랑하며
긍휼히 여길 수 있게 하소서

죄가 있을 때 어리석게 살지 않고
올바른 성도의 삶을 살아가게 하시고
자만과 교만으로 실족하지 않게 하시고
믿음을 모래밭에 세우지 않고
반석 위에 세워 고통과 역경을 다스리며
견고하여 흔들리지 않게 하소서

남에게 늘 먼저 인사하고
도울 일을 먼저 돕게 하시고
해야 할 일을 제쳐두거나 미루지 않고
남을 탓하지 않고 살게 하소서
목숨이 있는 날 동안 뜨거운 생명을 주신
하나님께 감사하며 긍휼한 마음으로
가족과 이웃을 사랑할 수 있는 마음을 주소서

267 | 화평하게 하는 삶을 살게 하소서

화평하게 하는 자는 복이 있나니 그들이 하나님의 아들이라 일컬음을 받을 것임이요
✝ 마태복음 5 : 9

다툼과 싸움에서 벗어나 화평하게 하시고
아슬아슬하게 분위기 깨지 않고 합력하여
선을 이루는 삶을 살게 하소서

남에게 도움이 되지 못하고
냉혹하여 해가 되지 않게 하시고
남에게 따뜻한 행복을 나누며
불행하게 만들지 않게 하소서

정겨움 속에서 이웃과 사랑하게 하시고
삶 속에서 옹골차고 호탕하게 하소서
말만 번지르르하게 하기보다
생활 속에서 정겨운 마음으로
사랑을 나누며 당당하게 행동하고
솔선수범하는 삶을 살게 하소서

죄는 어둠과 다툼과 분쟁을 만드니
은혜 속에 기쁨과 감사가 넘치는
모범된 성도의 삶을 살게 하소서
삶이 화평하여 가족과 이웃에게
식지 않는 뜨거운 마음을 나누며
말씀을 전해주는 삶을 살게 하소서

268 | 의를 위하여 핍박을 받게 하소서

의를 위하여 박해를 받은 자는 복이 있나니 천국이 그들의 것임이라 ✝ 마태복음 5 : 10

주님의 말씀을 전하며
때때로 고난과 핍박을 받아도
장쾌한 믿음의 군사로 살게 하소서

십자가의 시련과 역경을 몸소 받으셨듯이
다가오는 핍박이나 어려움을
기쁨으로 이겨내게 하소서

그리스도인으로서 복음을 전하며
핍박받는 것은 축복이오니
하찮은 일에 연연하지 않고
예수의 남은 고난을 채워가며
거룩한 주의 백성 성도로 살게 하소서

의를 위하여 핍박을 받으면
천국이 그들의 것임이라 하셨으니
날마다 천국을 소망하며 살아가는
맑고 아름다운 성도가 되게 하소서

의로우신 주님의 삶이 가슴속에
파노라마처럼 펼쳐지니 마음속에 그리며
다가오는 핍박을 모두 이겨내게 하소서

269 | 천국에서 키 재기

죄로 인하여 창살 없는 감옥에 갇히고
늘 원망하며 감정의 사슬에 묶여
금이 가고 찢겨서 아프고 아팠다
맨몸 덩어리 사지만 멀쩡하면
무슨 일이든지 내키는 대로
마음대로 할 수 있다고 생각했다

끝없는 분주함 속에 쉼을 원하고
고요함 속에 불협화음을 만들고
더러운 욕망의 피가 철철 흘렀다
법이란 법들이 눈 부릅뜨고 쳐다보아도
헛된 삶 피를 불러 보복하고 싶었는데
한순간 생명의 말씀이 화살처럼 박혔다

예수 그리스도의 하늘 사랑이
가슴에 강같이 녹아 흘러넘쳐서
율법의 완성이 하늘 사랑임을 알았다
구원의 행복함을 알게 되었고
사랑할 수 있다는 것을 알았다
천국에서 누가 크고 누가 작다 할 것인가

270 | 빛과 소금 1

죄악 세상 가운데서
칠흑같이 어두운 죄 속에서
구원의 기쁨을 생생하게 나타내며
주님의 사랑을 기쁨으로 나타내는
사람들은 세상의 빛과 소금이다

푸른 숲에 생명의 기운이 가득한데
구원의 복음의 길을 안내할 사람은
예수를 믿고 따르는 성도들이다

성도들이여
믿음과 기쁨 속에 성령 충만하라
예수가 함께하시니 외롭지 않다
어두운 세상에 높이 밝혀주는 빛이 되어
길 잃은 자들의 길 안내자가 되어라

부패해 썩어가는 냄새나는 죄악 속에서
소금이 되어줄 사람들
예수를 구주로 믿고 따르는 성도들이다
사랑하는 예수를 전하는 성도들이여
세상의 빛과 소금으로 사명을 다하여라
너희를 기억하시고 사랑하신다

> 너희는 세상의 소금이니 소금이 만일 그 맛을 잃으면 무엇으로 짜게 하리요 후에는 아무 쓸데 없어 다만 밖에 버려져 사람에게 밟힐 뿐이니라 너희는 세상의 빛이라 산 위에 있는 동네가 숨겨지지 못할 것이요 사람이 등불을 켜서 말 아래에 두지 아니하고 등경 위에 두나니 이러므로 집 안 모든 사람에게 비치느니라 ✝ 마태복음 5 : 13-16

그리스도인들은 세상의 소금
소금은 음식의 맛을 내는 기본적이고
아주 중요한 재료이다
그리스도인의 삶도 맛과 멋이 있어야
생활 속에 감동과 기쁨이 넘친다

얼마나 많은 사람들이
날마다 쳇바퀴를 돌려가며
삶을 맹탕으로 살아가고 있는가
소금이 양념에 꼭 필요하듯이
신앙이 굳건한 그리스도인의
참된 삶이 꼭 필요하다

어떤 소금이든지 맛을 내지 않으면
아무리 좋은 음식도 맛이 없다
예수의 향기를 나타내야 한다

그리스도인이 자기 역할을 하지 못하면
하나님의 나라와 복음 전도를 위하여
아무 쓸모가 없는 존재가 되고 만다
그리스도인은 세상의 빛과 소금이다

예수는 세상의 참빛이 되신다
그리스도인들은 바로 어두운 세상을
신앙의 힘으로 밝혀주는 빛이다

죄악의 세상에 성도들이 빛을 잃고
밝혀주지 못하면 도리어 방해가 되고
세상은 더욱더 어두워질 수밖에 없다

지상에 오신 예수 그리스도의 삶을
당시 사람들이 눈으로 지켜보았듯이
오늘도 사람들은 그리스도인의 삶을
눈으로 지켜보고 바라본다

그리스도인들은 예수의 거룩한
보혈로 씻긴 성도답게
세상을 밝혀주는 빛이 되어
고통과 절망이 기쁨의 웃음이 될 때까지
구별된 거룩한 삶을 살아야 한다

예수 그리스도의 삶이 드러나듯이
그리스도인들의 삶도 드러난다
그리스도인들은 어두운 세상의 빛이다

273 | 예수 그리스도는 율법의 완성이시다

예수는 이 땅에
하나님의 율법이나 선지자의 모든 것을
폐하려고 오신 것이 아니다
십자가 사랑으로 율법을 완성하러 오셨다

천지가 없어지기 전에 하나님의 율법은
일점일획도 없어지지 아니하고
헛되이 아니하며 모든 것을
다 이루실 것이라 예수께서 말씀하셨다

하나님의 계명은 작은 것이라도 버리고
율법을 잘못 가르치는 자는
하나님의 나라에서 작은 자가 된다

누구든지 사려 깊은 순수한 믿음으로
하나님의 뜻대로 살아야 천국에 갈 것이다
너희 중에 누구든지 측은하다고
함부로 비웃으며 조롱하듯 말하지 말라
서기관과 바리새인보다 낫지 아니하면
천국에 가지 못할 것이다

274 | 화를 내지 말라

나는 너희에게 이르노니 형제에게 노하는 자마다 심판을 받게 되고 형제를 대하여 라가라
하는 자는 공회에 잡히게 되고 미련한 놈이라 하는 자는 지옥 불에 들어가게 되리라 그러
므로 예물을 제단에 드리려다가 거기서 네 형제에게 원망 들을 만한 일이 있는 것이 생각나
거든 예물을 제단 앞에 두고 먼저 가서 형제와 화목하고 그 후에 와서 예물을 드리라

✝ 마태복음 5 : 22-24

성급하게 분노하고 화를 잘 내는 것은
수양이 부족하여 마음을 다스리지 못하여
실수나 잘못을 가리고 싶을 때
나오는 잘못된 행동의 시작이다

함부로 노하며 분을 품는 것은
남을 멸시하거나 무시하는 짓이며
위안을 얻지 못해 과시하고 싶은
우월감에서 나오는 아주 못된 짓이다

성질이 사나워 화를 잘 내는 사람들은
거짓말도 잘하고 법과 질서를 지키지 않고
불평을 입에 달고 살아간다

행위는 행한 대로 돌아오는 법
악을 선하게 대하면 선하게 돌아오고
선을 선하게 대하면 더 큰 선으로
돌아오는 것이 삶의 법칙이다

화를 내며 죄를 짓지 말고 회개하라
죄의 아픔은 고통이지만 회개하고 나면
기쁨 속에 행복한 얼굴로 웃을 수 있다

275 | 간음하지 말라

> 또 간음하지 말라 하였다는 것을 너희가 들었으나 나는 너희에게 이르노니 음욕을 품고 여
> 자를 보는 자마다 마음에 이미 간음하였느니라 만일 네 오른 눈이 너로 실족하게 하거든 빼
> 어 내버리라 네 백체 중 하나가 없어지고 온몸이 지옥에 던져지지 않는 것이 유익하며 또한
> 만일 네 오른손이 너로 실족하게 하거든 찍어 내버리라 네 백체 중 하나가 없어지고 온몸이
> 지옥에 던져지지 않는 것이 유익하니라 ✝ 마태복음 5 : 27-30

세상에 음란이 가득하다고 실족하여
음란하게 살며 간음하지 말아야 한다
주님께서 말씀으로 가르치시고
모세가 받은 돌판의 십계명에
분명하게 기록된 하나님의 말씀이다
음란한 것들에서 멀리 떠나
몸과 영혼을 깨끗이 해야 거룩한 성도가 된다

분별없이 연약해지면 항상 기도하고
늘 영적으로 무장하고 깨어서
거룩한 말씀으로 다스려야 한다
어지러운 것들로 마음을 채우지 말고
사람을 사랑하고 죄를 떠나야 한다

헛되고 부질없는 것을 좇으며
죄로 영혼이 망하게 하지 말고
주님의 말씀을 온전히 따라야 한다
"간음하지 말라!"
가슴에 새기고 들어라
이는 생생한 주님의 말씀이다

276 | 헛된 맹세를 하지 말라

또 옛사람에게 말한바 헛맹세를 하지 말고 네 맹세한 것을 주께 지키라 하였다는 것을 너희가 들었으나 나는 너희에게 이르노니 도무지 맹세하지 말지니 하늘로도 하지 말라 이는 하나님의 보좌임이요 땅으로도 하지 말라 이는 하나님의 발등상임이요 예루살렘으로도 하지 말라 이는 큰 임금의 성임이요 네 머리로도 하지 말라 이는 네가 한 터럭도 희고 검게 할 수 없음이라 오직 너희 말은 옳다 옳다, 아니라 아니라 하라 이에서 지나는 것은 악으로부터 나느니라 ✝ 마태복음 5 : 33-37

헛맹세를 하지 말라
말로 되는 일은 어느 곳에도 없다
땀과 피와 눈물 없는 헛된 것은
허공에 그림을 그리는 것이다

하나님은 진실을 원하시니
거짓과 임기응변으로 하지 못할 것을
교묘하게 할 수 있는 것처럼
함부로 맹세를 하여서는 안 된다

우리의 중심을 보고 계시므로
우리의 사명을 감당하며
달란트를 남기는 삶을 살아야 한다

거짓과 부정은 은혜롭지 못하고
선한 일을 이룰 수 없으며
하나님은 거짓과 부정을 싫어하신다

진실은 언제나 통하는 것이니
늘 변치 않는 진실한 마음으로 살면
좋은 일이 따라올 것이다

277 | 악한 자를 대적하지 말라

또 눈은 눈으로, 이는 이로 갚으라 하였다는 것을 너희가 들었으나 나는 너희에게 이르노니
악한 자를 대적하지 말라 누구든지 네 오른편 뺨을 치거든 왼편도 돌려 대며 또 너를 고발
하여 속옷을 가지고자 하는 자에게 겉옷까지도 가지게 하며 또 누구든지 너로 억지로 오 리
를 가게 하거든 그 사람과 십 리를 동행하고 네게 구하는 자에게 주며 네게 꾸고자 하는 자
에게 거절하지 말라 ✝ 마태복음 5 : 38-42

악한 자를 악으로 대적하는 것보다
사랑으로 대하는 것이 가장 강한 힘이다
악을 악으로 대하면 큰 다툼이 일어나지만
선으로 대하면 사랑이 꽃핀다

악을 선으로 대하고 선을 선으로 대하며
깊고 착한 삶을 사는 것이 성도의 삶이다

죄지으면 병이 찾아오고
병이 찾아오면 몸이 쇠약해지며
마음이 약해지고 의지가 사라진다

악한 자에게 대들기보다
먼저 용서하는 마음을 갖고
무언가 나눌 수 있는 마음을 가져야 한다
힘들더라도 서러운 눈물꽃 피더라도
잘 견디며 깨달아 지혜롭게 행동해야 한다

구하는 자에게 줄 것이 있다면
손이 부끄럽지 않게 줄 수 있어야
신성한 그리스도인의 삶이다

278 | 원수를 사랑하라 1

살다 보면 이유 없이 미워지고
이유 없이 싫어지는 사람이 있다
왠지 귀찮아지고 싫어질 때면
상대방의 시선으로 자신을 보아야 한다

예수의 마음처럼 늘 먼저
타인의 마음을 보살피는
온유한 마음을 가져야 한다

원수까지도 사랑하며 진실을 주어야
죄로 고통과 슬픔까지 담당하시는
주님의 마음을 알 수 있을 것이다

예수라면 어떻게 하셨을까
저 사람이라면 어떻게 하였을까
나라면 어떻게 했을까
가장 먼저 곰곰이 생각해야 한다

원수라도 사랑하라 말씀하셨는데
나 때문에 예수를 만나고
나 때문에 행복할 수 있다면
이보다 더한 축복이 어디에 있을까

그러나 너희 듣는 자에게 내가 이르노니 너희 원수를 사랑하며 너희를 미워하는 자를 선대하며 너희를 저주하는 자를 위하여 축복하며 너희를 모욕하는 자를 위하여 기도하라
📖 누가복음 6 : 27

사랑하는 사람을 위하여 기도하고
사랑할 수 있는 사람을 사랑하는 것은
누구나 다 할 수 있는 일이다

손잡고 싶지 않고 얼굴 보고 싶지 않고
마주 앉기도 싫고 말하기도 싫고
정 주기도 싫은 사람을 위하여 베풀며
사랑하는 것이 호탕한 성도의 마음이다

자신을 미워하고 버리고 때리고 괴롭히고
모함하고 비난하고 상처를 입힌 원수까지
사랑하는 것이 그리스도인의 삶이다
원한 맺힌 원수를 위하여 기도하고
온 마음으로 사랑하며
예수의 삶을 본받는 것이 성도의 삶이다

사랑이 닿지 못할 곳에 닿을 수 있다면
시기와 미움의 경계를 넘어
그리스도인의 삶을 실천하는 것이다
죄 때문에 사랑할 수 없었던 우리를 위하여
십자가를 지시고 보혈을 흘려주셨으니
흰 몸처럼 사랑하는 삶을 살아야 한다

280 | 은밀하게 구제하라 1

사람에게 보이려고 그들 앞에서 너희 의를 행하지 않도록 주의하라 그리하지 아니하면 하늘에 계신 너희 아버지께 상을 받지 못하느니라 그러므로 구제할 때에 외식하는 자가 사람에게서 영광을 받으려고 회당과 거리에서 하는 것같이 너희 앞에 나팔을 불지 말라 진실로 너희에게 이르노니 그들은 자기 상을 이미 받았느니라 너는 구제할 때에 오른손이 하는 것을 왼손이 모르게 하여 네 구제함을 은밀하게 하라 은밀한 중에 보시는 너의 아버지께서 갚으시리라 ✝ 마태복음 6 : 1-4

세상에는 힘들고 어려워
축 늘어지고 숨을 헐떡거리는
허약하고 빈곤한 사람이 곳곳에 있으니
구제하려면 아주 은밀하게 하라

허례허식이나 자랑하기 위하여
구제를 한다고 쫄래쫄래 다니며
천박하게 뽐내려고 명분만 세우지 말고
그들이 원하는 곳에서 원하는 일을 하라

사람의 인정과 영광을 받으려고
다 보는 곳에서 잘 알려진 곳에서
형식적으로 사진만 찍지 말고
구제한다고 떠들썩하게 허무맹랑하게
광고를 하거나 나팔을 불지 말라

구제할 때에 오른손이 하는 것을
왼손도 알지 못하게 은밀하게 하라
은밀한 중에 가장 따뜻하고 진실함으로
구제할 때 하나님이 보시고 찾아주신다

281 | 은밀하게 구제하라 2

어려움을 당한 사람을 구제하려면
성심을 다하여 남모르게 하는 것이 좋다
체면을 차리고 보여주기 위하여
상을 타고 생색을 내기 위하여
다른 사람들에게 잘 보이려고
구제하는 것은 별 의미가 없다

가시로 찌르고 졸장부처럼 살지 말고
구제하려면 주님의 마음을 닮아
의롭고 남모르게 진실하게 하라

주님이 생각 속에도 계신다면
기억해줄 것을 확실하게 믿으며
성실한 마음으로 성심 있게 구제하라

사랑은 마음과 마음으로 전달되는 것
진실한 사랑은 아주 작은 것이라도
마음에 울림을 주고 행복을 만든다

은밀히 행한 것을 보고 계신다
작은 구제에도 온 마음을 다하여
전심으로 구제하라 하나님의 뜻이다

너는 구제할 때에 오른손이 하는 것을 왼손이 모르게 하여 네 구제함을 은밀하게 하라 은밀한 중에 보시는 너의 아버지께서 갚으시리라 ✝ 마태복음 6 : 3-4

남모르게 호주머니 속 깊이 숨겨두고
아무런 나눔도 없이 살아가면 행복할까
다시는 돌아오지 않는 세월을 살아가며
사랑을 마음껏 표현 못 하고
홀로 고독한 것은 불행만 남긴다

오른손이 하는 것을 왼손이 모르게 하는
감추어진 사랑을 왜 주님은 원하실까
구제하고 도와줘도 거부하는 사람도
마음을 확 풀고 인도하심을 받아야 한다

돌처럼 굳고 차가운 마음으로 살면
평안이 없고 행복한 기쁨을 누릴 수 없으니
따뜻한 마음으로 사랑을 나누어야 한다

서로를 감싸주고 나눌 때 행복한데
허탈하고 허무한 슬픈 몸짓 끝내고
욕심 없는 사랑으로 누구를 도울 것인가

사랑하고 봉사하면 이웃도 가족도 행복해지고
겸손한 기도가 끝없이 한없이 올라가
하늘에 닿으면 응답받아 돌아온다

283 | 외식하는 자처럼 기도하지 말라

> 또 너희는 기도할 때에 외식하는 자와 같이 하지 말라 그들은 사람에게 보이려고 회당과 큰 거리 어귀에 서서 기도하기를 좋아하느니라 내가 진실로 너희에게 이르노니 그들은 자기 상을 이미 받았느니라 너는 기도할 때에 네 골방에 들어가 문을 닫고 은밀한 중에 계신 네 아버지께 기도하라 은밀한 중에 보시는 네 아버지께서 갚으시리라 또 기도할 때에 이방인과 같이 중언부언하지 말라 그들은 말을 많이 하여야 들으실 줄 생각하느니라 그러므로 그들을 본받지 말라 구하기 전에 너희에게 있어야 할 것을 하나님 너희 아버지께서 아시느니라
> ✝ 마태복음 6 : 5-8

기도할 때 남을 의식하고 형식적으로
기도하지 말라
남들 앞에서 미사여구를 써가며
큰 소리로 기도하거나
교회와 큰 거리에서
거룩한 척 기도하지 말라

남에게 보여주려고 아무런 의미 없이
중언부언 기도하지 말라

누가 보고 있지 않아도
누구에게 들리지 않아도
고요한 중에도 함께하시는 하나님께
주님의 이름으로 간절히 기도하라

마음을 쏟아 기도하면
주님께서 응답해주신다

284 | 너희는 이렇게 기도하라

또 너희는 기도할 때에 외식하는 자와 같이 하지 말라 그들은 사람에게 보이려고 회당과 큰 거리 어귀에 서서 기도하기를 좋아하느니라 내가 진실로 너희에게 이르노니 그들은 자기 상을 이미 받았느니라 너는 기도할 때에 네 골방에 들어가 문을 닫고 은밀한 중에 계신 네 아버지께 기도하라 은밀한 중에 보시는 네 아버지께서 갚으시리라 또 기도할 때에 이방인과 같이 중언부언하지 말라 그들은 말을 많이 하여야 들으실 줄 생각하느니라 그러므로 그들을 본받지 말라 구하기 전에 너희에게 있어야 할 것을 하나님 너희 아버지께서 아시느니라

✝ 마태복음 6 : 5-8

너희는 이렇게 기도하라
기도드릴 때 순수하고 진솔하게
가식 없이 가감하지 말고
정직하고 진솔하게 기도하라

잘 보이려고 아주 그럴듯하게
화려한 문장으로 귀에 듣기 좋게
가식적으로 기도하지 말라

기도할 때는 아무도 보지 않는
연약한 마음 있는 모습 그대로
골방에 들어가 고요하게
하나님께 은밀하게 기도하라

기도할 때 마음 중심에서 나오는
진심 어린 간절한 기도를 하라
하나님께서는 기도하기 전에
우리의 마음을 아시고 구하기 전에
중심을 보시고 응답하여주신다

285 | 다른 사람보다 나은 것이 무엇이냐

또 너희가 너희 형제에게만 문안하면 남보다 더하는 것이 무엇이냐 이방인들도 이같이 아니하느냐 그러므로 하늘에 계신 너희 아버지의 온전하심과 같이 너희도 온전하라
✝ 마태복음 5 : 47-48

예수를 잘 믿는다 뽐내는 사람들아
은혜를 많이 받았다 간증하는 사람들아
다른 사람보다 더한 것이 무엇이냐

마음이 넓으냐 이해를 잘하느냐
헌신을 하느냐 사랑을 베푸느냐
구제를 잘하느냐 봉사를 잘하느냐

죄 속에서 오도 가도 못할 때
부르시고 구원하시고 인도하신
구세주 예수 그리스도를 따르라

권세를 누리며 축복받았다 간증하며
온 땅에 거하는 모든 족속들아
시간 없고 관심 없어 주의 일을
변명하고 회피하며 살고 있다

기도하지 않고 말씀 상고하지 않고
가족과 이웃에게 사랑 나누지 않고
주님의 은혜 속에 찬양하며 살지 않으면
다른 사람보다 나은 것이 무엇이냐

286 | 두 손 모으는 행복

두 손을 모을 때마다
숨 쉬는 순간마다 간절한 마음으로
주님을 만나 뵙기를 원합니다

죄악 속에 바람 부는 대로 살던 고통의 삶
막 내리면 기뻐 받아주시고
기쁨으로 소원 들어주십니다

한동안 온갖 욕심 속에
미움의 대상이었으나
이 순간은 제물의 각을 뜨듯
겸손히 무릎을 꿇고 손을 모읍니다

손 모아 기도할 때 행복을 느끼며
놀라운 은혜를 흠뻑 받아
내 안에 힘이 솟아나면
함빡 웃음 웃고 기뻐합니다

기도를 드리면 응답하시는 주님께
거짓 없는 간구를 드리는 시간이
가장 소중하고 아름답습니다

287 | 외식으로 금식기도 하지 말라

> 금식할 때에 너희는 외식하는 자들과 같이 슬픈 기색을 보이지 말라 그들은 금식하는 것을 사람에게 보이려고 얼굴을 흉하게 하느니라 내가 진실로 너희에게 이르노니 그들은 자기 상을 이미 받았느니라 너는 금식할 때에 머리에 기름을 바르고 얼굴을 씻으라 이는 금식하는 자로 사람에게 보이지 않고 오직 은밀한 중에 계신 네 아버지께 보이게 하려 함이라 은밀한 중에 보시는 네 아버지께서 갚으시리라 ✝ 마태복음 6 : 16-18

성도들이여
금식기도는 안 먹는다고 금식이 아니다
금식기도는 몸과 마음을 비워
가난한 심령을 하나님께 드리는 것
사람에게 보이려고 외식하지 말라

금식 날짜와 일수를 자랑하고
힘 빠지고 나약해진 얼굴을 보이면서
고통스러운 듯 슬픈 모습을 보이지 말라

금식은 남에게 보이려 하는 것이 아니라
음식마저 끊고 가난한 심령이 되어
하나님께 간곡히 기도를 드리는 것이다

형식적으로 하는 기도는 응답이 없고
공치사가 되고 마는 어리석은 일이다
금식기도를 할 때는 옷을 단정하게 입고
얼굴 또한 말끔하고 정갈한 마음으로 해야 한다

금식기도를 하려면 오직 은밀하게 보시는
하나님께 경건하게 정성을 다하여 기도하라

288 | 우리의 마음을 하나님께 두자

너희를 위하여 보물을 땅에 쌓아두지 말라 거기는 좀과 동록이 해하며 도둑이 구멍을 뚫고 도둑질하느니라 오직 너희를 위하여 보물을 하늘에 쌓아두라 거기는 좀이나 동록이 해하지 못하며 도둑이 구멍을 뚫지도 못하고 도둑질도 못 하느니라 네 보물 있는 그곳에는 네 마음도 있느니라 ✝ 마태복음 6 : 19-21

욕망의 탑은 쌓고 쌓아도 헛될 뿐
공허하고 애달픈 눈물 흐르고
허탈함에 쓸쓸하고 고독할 뿐
빈손과 벌거숭이 삶은 흙으로 돌아간다

요령과 수단으로 살지 않고
진실한 마음으로 소박하게 살아가면
올망졸망 움트던 꿈이 이루어진다

우리 마음을 하나님께 두고
구주를 믿고 사는 은혜와
재미에 푹 빠져서 영광을 돌리고
하늘에 보물을 쌓으면 축복해주신다

물질의 부요함 속에 꽁꽁 숨겨놓아도
도적질당하고 썩고 사라지고 말기에
늘 항상 기도와 말씀 속에 주님의
응답을 기다리며 친밀해지기를 원한다

믿음을 향한 첫 고백
첫 믿음으로 소중하고 아름답게
늘 주님을 그리워하며 욕심 없이 살고 싶다

289 | 보물을 하늘에 쌓아두라 1

> 너희를 위하여 보물을 땅에 쌓아두지 말라 거기는 좀과 동록이 해하며 도둑이 구멍을 뚫고 도둑질하느니라 오직 너희를 위하여 보물을 하늘에 쌓아두라 거기는 좀이나 동록이 해하지 못하며 도둑이 구멍을 뚫지도 못하고 도둑질도 못 하느니라 ✝ 마태복음 6 : 19-20

내 삶을 허락하심이 얼마나 놀라운 축복인가
시간을 헛된 곳에 허비하며 살지 말고
너희 보물을 저 하늘에 쌓아두라

빈손으로 왔다가 아등바등 살다가
아무것도 못 갖고 빈털터리로 가는 삶
소름 끼치도록 허망한 것을 잡으려고
온갖 몸부림으로 발버둥 치지 말고
하늘의 뜻을 구별하며 살라

이 세상의 모든 것은 한순간에 사라지는 것
늙어가기 전에 믿음을 굳건히 하여
영원한 소망 속에 살아야 한다

어떤 영웅호걸, 권세, 물질
그 무엇도 남을 것 하나도 없으니
하나님이 기뻐하시는 삶을 살아야 한다

지상의 부귀영화는 썩고 말 것들이며
도둑들이 훔쳐 갈 것들이니 늘 선행을 하며
가난한 자와 불쌍한 자와 나누며 살자

290 | 보물을 하늘에 쌓아두라 2

삶이란 빈손으로 왔다가 아무것도
갖지 못하고 모든 것을 그대로 나두고
빈손으로 홀연히 떠나가는 것이다

보물을 이 땅에 쌓으려 하지 말고
너희의 보물을 영원한 하늘에 쌓아두라
죽음이 찾아와 한순간 허무하게
한 줌의 재로 사라지고 마는 것이 인생이다

오직 하나님의 영광을 위하여
하나님을 위해 물질을 쓰면 하늘에 기록된다
그곳은 하나님의 은총이 가득한 곳
영생복락의 섭리가 내려오는 곳이다

물질이 있는 곳에 마음이 있으니
한 번 왔다가 그냥 떠나는
세상에 헛된 미련을 두지 말고
축복 속에 참평안 속에 살아가라

살아가는 동안에 복음 받아들이고
구원받는다는 것은
행복이 더 커지는 아주 신나는 일이다

291 | 내일 일을 염려하지 말라

> 그러므로 염려하여 이르기를 무엇을 먹을까 무엇을 마실까 무엇을 입을까 하지 말라 이는 다 이방인들이 구하는 것이라 너희 하늘 아버지께서 이 모든 것이 너희에게 있어야 할 줄을 아시느니라 그런즉 너희는 먼저 그의 나라와 그의 의를 구하라 그리하면 이 모든 것을 너희에게 더하시리라 그러므로 내일 일을 위하여 염려하지 말라 내일 일은 내일이 염려할 것이요 한 날의 괴로움은 그 날로 족하니라 ✝ 마태복음 6 : 31-34

믿고 따르려면 걱정하지 말고
근심하지 말고 심술부리지 말고
비겁하게 딴지 걸지 말고
모든 것을 다 맡기고 따라야 한다

무엇을 마실까 무엇을 입을까
걱정하는 것은 믿고 따르지 않는
이방인들과 똑같이 행동하며 사는 것이다

모든 염려와 근심을 기도하며 맡기고
주님과 동행하며 기뻐하며 살아야 한다
세상의 물질만을 취하려 하지 말고
하나님의 때를 따라
은혜와 축복 속에 기죽지 말고 살아가라

믿으면 그의 나라와 그의 의가
이 땅에 이루어지기를 기도해야 한다

내일 일은 오늘 염려하지 말고
늘 자족하는 믿음을 가지면
괴로움은 곧 끝나고 말 것이다

292 | 비판하지 말라 1

비판을 받지 아니하려거든 비판하지 말라 너희가 비판하는 그 비판으로 너희가 비판을 받
을 것이요 너희가 헤아리는 그 헤아림으로 너희가 헤아림을 받을 것이니라 ✝ 마태복음 7 : 1-2

누가 누구를 비판하는가
값싼 다툼의 찌꺼기일 뿐이니
자신을 살펴보고 아첨하지 말라

불타는 욕망에 칼 쥔 죄악이 찢어놓는데
주님이 알지 못할 일 없으니
낱낱이 고백하여 용서받아라

내 이웃과 자연스럽게 어울리면
행복의 척도가 달라지고
보고 느끼고 바라보는 것들이 다르다

양들이 행복해하고 목자들이 즐거워하는
초록으로 물든 드넓고 아름다운
푸른 초원이 얼마나 좋은가

형제의 약점을 보고 비판하면
약점이 만천하에 낱낱이 드러나
어지러운 시름에 빠질 뿐이다

이웃을 용서하고 마음을 나누면
초라하기만 했던 마음에 은총이 가득해진다

293 | 비판하지 말라 2

죄악 세상의 사람들이여
시뻘겋게 충혈된 눈을 번뜩이며
시시비비 남 탓만 하며 불평을 일삼고
다른 사람을 함부로 비판하지 말라
비난과 조롱은 죄의 고리이며
모든 불행을 만들어놓을 것이니
원망과 독백보다 먼저 이해해주어야 한다

내가 먼저 남을 이해하고 감싸주면
다른 사람들도 내가 어려울 때
도와주고 힘이 되어줄 것이다
말을 동원하여 비난을 쏘면 쏠수록
서로의 가슴을 아프게 할 뿐이다

사랑의 말 한마디가 행복과 불행을 만들고
삶 전체를 만드는 씨앗이 된다
까칠하게 비판하면 벽이 쌓여 갇혀버린다
죄인이 아니고 완전한 자가 누구인가
경직되게 남을 조이면 괴로울 뿐
서로 겉과 속이 하나가 되어
부족함도 뭉쳐놓으면 멋진 하나다

뭇시선들이 싸늘한 바람처럼 불어와
누가 누구를 함부로 비난하는가
그 밥에 그 숟가락인데 똑같은 짓을 하면서도
아닌 척 모르는 척 허수아비같이 살아가며
남을 향해 섣부르게 손가락질하며
맹공격을 퍼붓는 이유는 무엇인가

너희의 칼날처럼 찌르는 비난이
상처로 솟구치는 분노가 되어
신경이 몹시 날카로워졌다
자신의 잘못은 돌아보지 않고
기회만 있으면 비난을 일삼는 사람들아
너희들도 모든 것이 기록되어
하나님 앞에서 판단을 피할 수 없을 것이다

살아 계신 전지전능하신 하나님은
행한 대로 갚으시고 심은 대로 거두시고
말씀하신 대로 행하시는 분이시다
비난하는 자들아 남을 비난하던 화살이
그대 가슴에 꽂힐 날이 다가오고 있다
하나님이 회개를 끝까지 지켜보고 계시니
비난을 멈추고 잘못된 행실에서 돌아서라

295 | 구하라, 찾으라, 문을 두드리라

기도의 방법이 가장 간단하고
분명하게 소개되어 있다
만족한 사람은 기도하지 않고
부족한 사람이 기도한다

구하고, 찾고, 문을 두드리라
이대로 믿음을 갖고 기도하면 분명히
하늘의 응답이 있을 것이다

믿음이 없고 확신이 없고
주를 믿지 못하는
많은 사람들이 기도하지 않는다

기도가 쉬운 것 같아도
주님처럼 매 순간 기도한다는 것은
그리 쉬운 일이 아니다

기도하는 사람은
믿음이 있는 구주를 믿는 사람이다
기도하는 사람은
예수를 사랑하는 사람이다

296 | 좁은 문으로 들어가라 1

삶이란 언제나 양쪽 중
하나를 확실하게 결단하여
분명하게 선택하며 살아가야 한다

빛과 어둠, 하나님과 사탄
사랑과 미움, 믿음과 불신 중에
어떤 것을 선택하느냐에 따라 결과가 달라진다

삶 속에서 만나는 수많은 문 중에서
하나를 선택하여 가는 것
생명을 주는 좁은 문을 선택하라
절제할 수 있고 겸손할 수 있는
좁은 길을 찾아 살아가는 것이다

넓은 문은 모두 다 쉽게 보이지만
비겁해지고 나태해지기 쉽고
유혹도 많고 교만해질 수 있어
끝내는 타락하여 넘어지고 말 것이다

천국으로 인도하는
좁은 문과 생명의 길로 가는 사람은
하늘의 축복을 받은 사람이다

297 | 좁은 문으로 들어가라 2

세상은 두 길로 이루어지는데
넓은 듯 좁은 멸망의 길과
좁은 듯 넓은 생명의 길이다
멋대로 맴돌고 떠돌아 허무만 남고
죄만 드러나도 갈 곳은 예수의 품이다

실타래 같은 목숨 큰소리치며
시간과 돈 내 것인데 어떠냐
살아도 늘 꼬리 잡혀 허둥대며 산다

시간이 내 것이라 하면 시간에 쫓기고
생명이 내 것이라 하면 병에 쫓기고
돈이라 하면 다 못 써보고 죽고
내 사랑뿐이라는 사람은 한눈판다

시간과 물질은 물거품처럼 사라져도
주님을 선택한 그리스도인은
헌신하는 마음으로 살아간다

황톳길, 갯벌, 산길, 들길을 가도
행복한 사람에게는 기쁨이 오고
죄의 그림자에 쫓기는 사람은
황금 집에 살아도 괴로움뿐이다

누더기같이 더러운 죄에 빠져
고통 속에 시달리는 사람들이여
불평하지 말고 좁은 문으로 들어가라

힘들고 고통스러워 보여도
들어가면 달라질 것이니
넓은 길 편하게 가겠다고 헤매지 말고
심술부리지 말고 좁은 문으로 들어가라

죄로 인해 속이 썩어 공허하고 추하고
부질없더라도 주 예수 이름 의지하고
용기를 내어 좁은 문으로 들어가라

죄를 마음대로 짓고 싶어
큰 문과 넓은 문만 선호하여 찾지 말라
죄를 지으면 결국에 죗값은 사망이다

삶을 의미 있게 제대로 사는 사람들은
좁은 문 좁은 길을 선택한 사람들이다

최선을 다하여 최대의 기쁨을 누리는
천국에 초대된 복된 사람들
하나님의 자녀이며 거룩한 성도이다

299 | 거짓 선지자들을 삼가라

> 거짓 선지자들을 삼가라 양의 옷을 입고 너희에게 나아오나 속에는 노략질하는 이리라 그들의 열매로 그들을 알지니 가시나무에서 포도를, 또는 엉겅퀴에서 무화과를 따겠느냐 이와 같이 좋은 나무마다 아름다운 열매를 맺고 못된 나무가 나쁜 열매를 맺나니 좋은 나무가 나쁜 열매를 맺을 수 없고 못된 나무가 아름다운 열매를 맺을 수 없느니라 ✝ 마태복음 7 : 15-18

허울만 그럴듯하고 성직보다
학위와 명예와 권세를 좋아하는
성경을 그럴듯하게 해석하며 유혹하고
재산을 쌓는 거짓 선지자들을 삼가라

하나님의 일은 말로 하는 것이 아니라
행위와 열매로 나타나는 법이니
시작이 아니라 결과가 중요한 것이니
하나님의 선지자와 거짓 선지자는
분명하게 다른 표시가 날 수밖에 없다

가시나무에서 포도를 딸 수 없듯이
거짓 선지자는 하나님의 일을 한다면서 사업을 하고
참된 선지자는 주님을 통하여
겸손히 드러내지 않고 영혼을 구하는 데
모든 열정과 힘을 쏟아낸다

거짓 선지자는 능력이 많은 척
헛된 이적을 통하여 유혹하지만
참된 선지자는 예수의 말씀을 전하며
한 영혼을 천하보다 귀하게 여긴다

300 | 지혜로운 사람 1

삶에는 언제나 지혜가 있어야
옳고 그름을 판단할 수 있고
삶을 온전하게 살아갈 수 있다
세상에 수많은 사람이 살아가지만
지혜로운 사람과 어리석은
사람이 섞여서 살아간다

지혜와 어리석음은 차이가 나고
살아가는 방법과 모습이
전혀 다른 모습으로 나타나고
운명 전체를 바꾸어놓는다

지혜로운 사람은 반석 위에 집을 지어
그 집을 견고하고 튼튼히 하지만
미련한 사람은 모래 위에 집을 지어
비바람이 몰아치고 태풍이 불면
하루아침에 후회막급하게 집이
무너져 내려 비참하게 망하고 만다

지혜로운 사람은 하나님을 선택하고
어리석은 사람은 사탄의 하수인이 된다

301 | 지혜로운 사람 2

오직 각 사람이 시험을 받는 것은 자기 욕심에 끌려 미혹됨이니 욕심이 잉태한즉 죄를 낳고
죄가 장성한즉 사망을 낳느니라 📖 야보고서 1 : 14-15

선지자의 일을 한다고 선지자는 아니다
사명을 감당해야지 자기 마음대로
하는 것은 위장이요 위선일 뿐이다
성령의 말씀으로 인도를 받으며
하나님의 쓰임받는 도구가 되어
예수를 나타내야 진실한 선지자다

자신의 행적을 욕심껏 쌓으며
명성과 이름만을 드러내기 원한다면
가짜 선지자일 뿐 이 시대의 가룟 유다다

지혜로운 사람이 반석 위에 지은 집은
견고하고 든든하여 폭풍우가 몰아치고
태풍이 불어도 무너지지 않는다
어리석은 사람이 모래 위에 지은 집은
강한 비바람에 폭풍우가 몰아치면
하루아침에 무너져 흔적도 없이 사라진다

욕심에 끌려 죄지으면 지옥에 가지만
보잘것없고 쓸모없더라도
하나님이 쓰시면 하나님의 사람이다

| 권위 있게 가르치시는 예수

> 예수께서 이 말씀을 마치시매 무리들이 그의 가르치심에 놀라니 이는 그 가르치시는 것이
> 권위 있는 자와 같고 그들의 서기관들과 같지 아니함일러라 ✝ 마태복음 7 : 28-29

서기관들은 말씀에 확신이 없어
지식적으로 가르치는 능력도 없고
확신을 주는 아무런 권위도 없었다

예수는 곧 말씀이시니
말씀이 말씀을 가르치시니
권세와 능력이 있고
모두가 진리요 생명이다

말씀은 죄인을 구원하고
병자를 고치고 악한 귀신을 쫓아내는
하늘의 권세와 능력의 말씀이다

말씀은 하나님의 말씀
말씀은 죽은 자도 살리는
하늘의 능력의 말씀이시다

말씀은 서기관들이 전하는
무능력한 말씀이 아니라
생명이 살아 있는 구원의 말씀이다

303 | 너는 나를 좇으라

태어날 때부터 사형 언도가 내려졌는데
죄 속에 어처구니없는 짓 하지 말고
참신앙으로 진실하게 살아야 한다

잠시도 쉬지 못하고 떠날 공간을 위하여
평생을 바쳐 만들어도 죽음이 오면
모든 것은 물거품이 된다

한 마리 작은 새는 높은 가지 위에 앉아
세상을 노래하며 즐거워한다

인자는 머리 둘 곳 없는데 무슨 연민으로
어찌 불장난만 하고 있겠는가

사각의 동물원에서 사육되어
무기력하게 죽으며
애증하며 살기보다
구원의 진리를 사랑하며 살고 싶다

304 | 죄를 사하는 권세

그러나 인자가 땅에서 죄를 사하는 권세가 있는 줄을 너희로 알게 하려 하노라 하시고 중풍병자에게 말씀하시되 ✝ 마가복음 2 : 10

죄를 용서받지 못한 거리에서
질시와 싸늘한 눈초리를 받아가며
푸르고 맑은 하늘 아래서도
어둠 속에 웅크리고 앉아 있다

기다림에 갇히고 허탈감에 빠지고 무기력증에 중독되어
실종된 마음을 어찌할 수 없을 때
세상 물정 몰라 어찌할 수 없을 때
주님이 찾아오셨다

죄를 용서받아 심령이 새로워지고
잃어버렸던 생명을 되찾고
사라져가고 떠나가는 것들 속에서
의미 없던 삶에 의미가 부여되었다

예수의 보혈로 죄를 사하여주시니
주님의 온정이 그리워 찾아가고 싶다
주님의 권세가 모든 죄를 용서하심을 믿어야 한다

흘러가는 세월에 기회를 놓치지 않고
이 기쁜 소식을 오직 예수 그리스도를
사랑하는 한마음으로 뜨겁게 전해야 한다

305 │ 베데스다 연못의 병자들 1

거기 서른여덟 해 된 병자가 있더라 예수께서 그 누운 것을 보시고 병이 벌써 오래된 줄 아시고 이르시되 네가 낫고자 하느냐 병자가 대답하되 주여 물이 움직일 때에 나를 못에 넣어주는 사람이 없어 내가 가는 동안에 다른 사람이 먼저 내려가나이다 예수께서 이르시되 일어나 네 자리를 들고 걸어가라 하시니 그 사람이 곧 나아서 자리를 들고 걸어가니라 이날은 안식일이니 ✝ 요한복음 5 : 5-9

지금 보았는가 무슨 일이 일어났는가
삼십팔 년 동안이나 연못에서 처연하게 병 낫기를
원하던 자가 예수를 만나 치유받았다
오랫동안 누웠던 자리 둘러메고 나가는
놀라운 기적 속에 건강을 찾았다

이 신기한 일을 눈앞에서 보았는가
베데스다 병자를 낫게 한 이는 누구인가
죄를 씻고 병을 고치시는 것이
온 동네방네 소문이 나서 수많은 사람이
보고 싶어 하고 만남을 원하는 예수다

하나님의 말씀과 예수의 명령에 한순간
병이 낫다니 얼마나 놀라운 일인가
감동의 눈물이 흥건히 고인다
나를 돌보시고 병을 치유하여주소서
삼십팔 년 된 병자가 나았다는 소식이 퍼져나갔다

가슴팍에 진한 감동을 주는
병자가 나았다는 훈훈한 소식을
듣고 싶은 사람에게 뜨겁게 전하고 싶다

예루살렘 양문 곁 베데스다 연못의 병자들아
마치 죽은 자처럼 허공을 응시하며
무엇을 기다리는가

사람들의 차가운 시선에 찬 바람이 불어닥치고
온몸이 으스러지는 아픔에 짓눌려 무겁다

베데스다 연못을 돌아보면 온통 병자들과
소경이요 절뚝발이 혈기 마른 자들의
생명의 출구를 찾지 못하는 신음이다

절망의 고통을 호소하는
일그러진 얼굴에 핏기 하나 없이
하늘 보며 누울 자리 염려하던
베데스다 연못의 삼십팔 년 된 병자여

병으로 온몸이 썩어가고 쪼그라드는데
자리 잡고 앉아 있으면 어찌하는가
입 열어 병 낫기를 구하면
예수께서 고통의 응어리 풀어주신다
"네 병 자리를 들고 일어나 걸어가라
삼십팔 년 동안 어찌하지 못했던
병석을 걷고 일어나 걸어가라"

병든 날짜만 세며 삼십팔 년을 보낸 병자여
연못가를 지키며 이토록 병들어야 했나
물이 움직일 때 일어설 수 없다면
도움을 청하면 데려다주지 않았을까

다른 병자들에게 불평을 일삼고
천사가 연못 물을 움직일 때도
자리를 빼앗길까 몸부림치지 않았는가

보금자리도 못 될 병석에
온기마저 싸늘하게 식어버렸는데
짐승처럼 누워 무슨 생각을 했는가

주님이 찾던 날도 불평하며
"주여 물이 움직일 때에 나를 못에 넣어주는 사람이 없어
내가 가는 동안에 다른 사람이 먼저 내려가나이다"

주님이 왜 그토록 불쌍히 여기셨을까
목숨이 천하보다 귀하기 때문이다
"일어나 네 자리를 들고 걸어가라"
병을 온전하게 고침 받아
네가 일어나 병 자리를 들고 가지 않았는가
예수는 하나님의 아들 구세주다

308 | 예수를 돕는 여인들

> 그 후에 예수께서 각 성과 마을에 두루 다니시며 하나님의 나라를 선포하시며 그 복음을 전하실새 열두 제자가 함께 하였고 또한 악귀를 쫓아내심과 병 고침을 받은 어떤 여자들 곧 일곱 귀신이 나간 자 막달라인이라 하는 마리아와 헤롯의 청지기 구사의 아내 요안나와 수산나와 다른 여러 여자가 함께하여 자기들의 소유로 그들을 섬기더라 ✝ 누가복음 8 : 1-3

예수는 하나님 나라를 선포하고
열두 제자를 선택하시고 날마다
복음을 전하는 데 열중하셨다
유대 나라 각 성과 마을을 다니시며
그늘진 사람들에게 해맑은 햇살을 비추듯
전도하시며 생명의 복음을 전파하셨다

주님의 사역에 손발이 되어 헌신적으로
도와주는 여인들 중에는 악귀를 쫓아내어
정신이 새롭게 된 여인이 있다

고통스러운 병에서 고침을 받아
무겁게 누르던 고통의 무게를 던 여인과
일곱 귀신에게 괴롭힘을 당하다가
구원받은 여인 막달라 마리아가 있다

한결같이 은혜를 입은 여인들이 사역을 도왔다
헤롯의 청지기 구사의 아내인
요안나와 수산나라는 여인도 있다
수많은 여인들이 소유를 아끼지 않고
몸도 마음도 사리지 않고 열정을 다하여
뜨거운 마음으로 기쁨으로 사역을 도왔다

309 | 큰 잔치의 비유

종이 이르되 주인이여 명하신 대로 하였으되 아직도 자리가 있나이다 주인이 종에게 이르
되 길과 산울타리 가로 나가서 사람을 강권하여 데려다가 내 집을 채우라 내가 너희에게 말
하노니 전에 청하였던 그 사람들은 하나도 내 잔치를 맛보지 못하리라 하였다 하시니라
✝ 누가복음 14 : 22-24

아주 큰 잔치를 베풀었으니
선택받아 초대된 사람들이여
너희들을 위하여 준비한 잔치이니
모두 꼭 와서 잔치를 즐겨라

초대된 자들이 진실에서 더 멀리 떠나
핑계와 갖가지 이유로 오지 않으면
더 말할 것도 없이 거리에 나가서 누구나 부를 것이다

심령이 가난한 자가 먼저 오시오
마음에 죄를 짓고 병든 사람도 오시오
갖가지 장애가 있는 사람도 오시오
중병자도 눈먼 자도 오시오

아무도 찾아주지 않는 소외감을 벗고
누구든 소식을 듣고 오는 자가
잔치의 주인이 될 것이다

하나님의 잔치에 선택되어 초대받고서도
아무 소식도 없이 오지 않는다면
하나님의 잔치를 맛보지 못하는
크나큰, 엄청난 불행이 찾아온다

310 | 주님이 가신 길마다

예수께서 그들과 함께 내려오사 평지에 서시니 그 제자의 많은 무리와 예수의 말씀도 듣고
병 고침을 받으려고 유대 사방과 예루살렘과 두로와 시돈의 해안으로부터 온 많은 백성도
있더라 ✝ 누가복음 6 : 17

주님이 가신 길마다
영접하는 심령마다 믿음의 꽃 피어나고
전하신 말씀마다 열매를 맺는다

그토록 사모했던 주님을 만난
수많은 사람이 구속함을 기뻐하며
찬양으로 하늘을 우러러 영광을 돌렸다

주님이 찾아와 영혼이 소생되고 치유되어
말씀은 살아서 역사하고
방황하던 이들의 가슴에 별 되어 빛난다

산과 들, 호숫가와 바닷가, 십자가에서 외치신
생명의 말씀이 온 세상에 살아서 움직이고 있다
생명의 소리 복음의 소리가 되어 수많은 이들의
입과 입에서 가슴으로 거세게 울려 퍼지고 있다

십자가에서 온몸이 찢어지는
처절한 고통 속에서도 모든 것을
아버지 하나님께 맡기며 기도하셨다
예수 그리스도의 끝없는 하늘 사랑은
이 세상에서 가장 큰 사랑이라 그 무엇과도 바꿀 수 없다

311 | 한 부자의 비유

> 또 비유로 그들에게 말하여 이르시되 한 부자가 그 밭에 소출이 풍성하매 심중에 생각하여 이르되 내가 곡식 쌓아둘 곳이 없으니 어찌할까 하고 또 이르되 내가 이렇게 하리라 내 곳간을 헐고 더 크게 짓고 내 모든 곡식과 물건을 거기 쌓아두리라 또 내가 내 영혼에게 이르되 영혼아 여러 해 쓸 물건을 많이 쌓아두었으니 평안히 쉬고 먹고 마시고 즐거워하자 하리라 하되 하나님은 이르시되 어리석은 자여 오늘 밤에 네 영혼을 도로 찾으리니 그러면 네 준비한 것이 누구의 것이 되겠느냐 하셨으니 자기를 위하여 재물을 쌓아두고 하나님께 대하여 부요하지 못한 자가 이와 같으니라 ✝ 누가복음 12 : 16-21

어리석고 꼴사나운 부자여
늘 허기지게 살다가 재물에 눈이 어두워
얄팍한 계산으로 재물 모으는 맛에
탐심이 가득한 어리석은 부자여
조그만 더 모으면 조금만 더 모으면
헛배만 부르게 욕심을 덧붙이다가
죄가 덫이 되어 발목을 잡을 것이다

소출이 많아 곳간을 헐고 큰 곳간을 만들어
떠들썩하게 재물을 쌓아놓는구나
가난한 자들이 배고픔에 힘들어하는데
인정사정도 나눔도 없이 껄끄럽게 살며
가난하고 고통받는 자를 돌보지도 않는구나

재물을 쌓아놓고 즐거워하고 기뻐하여도
오늘 너의 생명을 하나님이 거두어 가시면
너는 빈손이 되고 말 것이다
어리석은 부자여
물질은 영원하지 못하고 헛되니
사랑과 나눔을 통하여 하나님을 만나라

312 | 보물을 하늘에 쌓으라

너희는 무엇을 먹을까 무엇을 마실까 하여 구하지 말며 근심하지도 말라 이 모든 것은 세상
백성들이 구하는 것이라 너희 아버지께서는 이런 것이 너희에게 있어야 할 것을 아시느니
라 다만 너희는 그의 나라를 구하라 그리하면 이런 것들을 너희에게 더하시리라
✝ 누가복음 12 : 29-31

물질의 담이 높고 높으면
그 쌓은 높이만큼 손에 피가 가득하고
욕망이 높으면 행복한 웃음도 사기당한다
자연을 벗하면 행복하지만
어리석게 딴생각 품고
죄짓고 철빗장을 지르면 상처만 남는다

가진 것은 모두 하늘이 주신 것이니
물질을 나누며 살아가고
하늘에 쌓으면 기쁨과 행복이 넘쳐흐른다

하나님의 나라와 의를 먼저 구하면
하나님이 모든 것을 인도하시고
진실한 마음에 풍성하게 채워주신다

돈으로 산 꽃은 여인에게 바칠 수 있으나
진실한 사랑은 마음에 꽃 피울 수 있다
돈만 끌어안으면 노예로 사는 것이다
거지에게 던져주는 동전이 아깝다면
철저한 회개의 눈물 없이
주님의 구원의 손을 잡을 수 없다면
피 흘려주신 사랑을 어찌 받을 수 있을까

313 | 공중을 나는 새와 들에 핀 백합화를 보라 1

> 공중의 새를 보라 심지도 않고 거두지도 않고 창고에 모아들이지도 아니하되 너희 하늘 아버지께서 기르시나니 너희는 이것들보다 귀하지 아니하냐 너희 중에 누가 염려함으로 그 키를 한 자라도 더할 수 있겠느냐 또 너희가 어찌 의복을 위하여 염려하느냐 들의 백합화가 어떻게 자라는가 생각하여보라 수고도 아니하고 길쌈도 아니하느니라 그러나 내가 너희에게 말하노니 솔로몬의 모든 영광으로도 입은 것이 이 꽃 하나만 같지 못하였느니라
>
> ✝ 마태복음 6 : 26-29

찬란하게 빛나는 햇빛을 받으며
하늘을 훨훨 마음껏 날아가는
아주 작은 새 한 마리를 보라

넓디넓은 푸른 하늘을
작은 날갯짓으로 날고 있는
생명의 아름다움을 보라

저 작은 눈에 온 우주가 담겨 있고
저 작은 몸에 창조의 손길이 있다

공중을 나는 작은 새 한 마리에게도
자비를 베푸시고 사랑을 베푸시는 은총이 있다
하늘을 나는 새를 보라
아름다운 모습에 하나님의 인도하심과
자비로운 모습이 있다

들길의 꽃을 보라
작은 풀꽃에도 창조주 하나님의
멋진 솜씨가 나타난다

314 | 공중을 나는 새와 들에 핀 백합화를 보라 2

공중을 나는 새를 보라
들에 핀 백합화를 보라
솔로몬의 모든 영광보다
놀랍고 신비한 영광으로 핀 꽃을 보라

작은 꽃 한 송이도
온 우주를 향하여 아름답게 피어나
기꺼이 영광을 돌리지 않는가

온몸으로 향기를 발하여
영혼에 은은하게 퍼지며
아름답게 찬양하는 모습을 보라

어찌 보면 사소하게 보이는
들에 핀 백합화도 대지에 뿌리 내리고
힘껏 자라 아무도 흉내 낼 수 없게
진정 가장 아름답게 피어난다

들에 핀 백합화를 보라
어둠을 헤치고 빛으로 피어나는
생명력이 놀라운 하나님의 은총이다

315 | 공중을 나는 새와 들에 핀 백합화를 보라 3

하나님이 자연을 어떻게 보살피시고
섭리하시는지 살펴보라

살아 있는 것들이 찬양하며 사는 모습을
자세히 살펴보라
얼마나 아름다운가
공중의 새 한 마리 들에 핀 꽃 한 송이
하나님이 친히 보호하시고 살피신다

세상의 대단한 부귀영화도
들에 핀 국화꽃 한 송이만도 못하거늘
무슨 욕심에 무슨 허영에
헛된 권세를 부리며 살고 있는가

예수의 고난의 십자가 사랑이
얼마나 감동적인 울림이 되는가
재물과 하나님을 동시에 섬길 수 없으니
선택하라 믿음이냐 물질이냐

가슴 조이고 응달지던 삶에 빛을 주시니
전심으로 하나님을 경배하고 섬겨라
이 모든 것이 하나님의 뜻이다

316 | 그 나라와 그 의를 구하라 1

하루 일을 멈추고 잠드는 시간에
호흡하듯 속삭이듯 다정하게
만남의 시간을 갖고 있으면
보고 싶고 만나고 싶은 그리움이 더해진다

골고다 십자가 위에 아무것도
원하시지 않고 홀로 달리셨는데
항상 욕심내며 매달리는 기도를 한다

네 것을 베풀고 그 나라와 의를 구하는
기도의 밀실을 가져야 한다
예수가 없다면 화려해도 욕심뿐
아무 가치도 없이 영락없는 허탕이다

죄의 어둠을 회개하고 떠나오면
삶에 출구가 열리고 오염되지 않고 깨끗한
새로운 아침에 날마다 믿음이 새롭다

하나님의 의에 따라 믿음으로 구하면
항상 후하고 흘러넘치도록 채워주신다

317 | 그 나라와 그 의를 구하라 2

헛된 갈망으로 가득한 거리는 분주하고
보암직하고 탐스럽고 먹음직한
유혹에 모든 것을 잃어 늘 허탈하다

시간이 흐를수록 욕심은 크기를 더하고
원하는 행복지수는 점점 커져만 가고
불행의 그림자는 가득해지는데
간절히 소망하며 기도하는 이는 적다

봄날에 씨를 뿌리고 소망하며 가꾸고
기도의 들판이 익어가는 가을,
응답의 기쁨 속에 찬양이 뜨겁다

풍요로운 가을은
농부의 땀 흘리는 얼굴에서 시작하고
행복을 느끼는 수확의 기쁨 속에
삶의 즐거움을 느낄 수 있는 계절이다

들꽃이 피어나듯 생생하게 살아 있는
기도를 드리며 주님의 뜻을 구하면
응답이란 열매를 풍요롭게 거둘 수 있다

318 | 놀라운 기쁨

모든 은혜의 하나님 곧 그리스도 안에서 너희를 부르사 자기의 영원한 영광에 들어가게 하신 이가 잠깐 고난을 당한 너희를 친히 온전하게 하시며 굳건하게 하시며 강하게 하시며 터를 견고하게 하시리라 권능이 세세무궁하도록 그에게 있을지어다 아멘 ♱ 베드로전서 5 : 10-11

죄악 가득한 절망의 고개를 떠나
주님을 내 마음에 영접할 수 있음은
참으로 놀라운 기쁨이고 감동이니
허욕과 허세를 부리고 싶지 않다

험한 세상 살아가며 망설이며
무엇을 해야 할지 몰라
허둥지둥하며 살고 싶지 않다
짐짓 욕심내도 내 것이 아님을 알고
하늘에 보화를 쌓으니 평안이 가득하다

내 앞에 열어놓으신 선한 길이
눈앞에 확실하게 보이니
의기소침해 밋밋하게 살지 않고
참평안을 얻은 놀라운 기쁨으로
미칠 듯이 좋아하며 사랑 고백 하고 싶다

회개하는 눈물은 천국 문 열리게 하고
주님이 영접하여주시고 반겨주신다
죄의 슬픔을 모두 끝내고
주님을 향한 간절한 소망 속에
그리움의 언덕을 넘어가고 싶다

319 | 마음 문 두드리는 음성 1

볼지어다 내가 문밖에 서서 두드리노니 누구든지 내 음성을 듣고 문을 열면 내가 그에게로 들어가 그와 더불어 먹고 그는 나와 더불어 먹으리라 ✝ 요한계시록 3 : 20

죄를 깨끗이 용서하여주시기 위해
주님께서 문밖에서 두드리고 계시니
반가움에 얼른 문을 열고 입술로 고백하며
내 마음이 깨끗해지기를 원한다

가만히 귀 기울여 들어보라
내 마음 문 두드리며 열릴 때까지
기다리고 계시는 주님의 마음을 아는가

주님을 영접하고 마음을 활짝 열고
샘솟듯 시원한 마음속에 기쁨과
터질 듯 가득한 감동이 넘치도록
살면 얼마나 행복한 삶인가

두고두고 후회하지 않도록 통회 자복하고
예수 이름을 부르며 참회의 눈물
펑펑 쏟으면 구원으로 함께하신다

어깨를 툭툭 쳐 격려해주시는
주님을 영접하고 마음을 비우면
천국까지 동행하는 축복을 내려주신다

320 | 마음 문 두드리는 음성 2

내 마음의 문을 두드리시는
주님의 음성을 듣게 하시고
주 안에서 항상 기뻐하며 살게 하소서

이 세상은 잠시 지나가는 것들이니
영원한 천국을 소망하며 살게 하시고
나의 부족과 허무를 인정하며
주의 성도다운 삶을 살게 하소서

시시때때로 찾아오는 잡된 생각을 쫓아
죄악을 생각하지 않고
죄는 항상 멀리하게 하여주시고
주님을 소망하며 살게 하소서

나에게 있는 모든 것이 은총이오니
주신 분도 거두시는 분도 주님이시니
모든 것을 맡기며 나아가게 하소서

지혜와 지식과 권세와 능력을 주셔서
성령의 열매를 맺고 칭찬받을 수 있도록
삶 속에서 주님께 순종하며 살게 하소서

321 | 사랑과 평안을 주시는 주님 안에서

> 그러므로 우리가 낙심하지 아니하노니 우리의 겉사람은 낡아지나 우리의 속사람은 날로
> 새로워지도다 우리가 잠시 받는 환난의 경한 것이 지극히 크고 영원한 영광의 중한 것을 우
> 리에게 이루게 함이니 우리가 주목하는 것은 보이는 것이 아니요 보이지 않는 것이니 보이
> 는 것은 잠깐이요 보이지 않는 것은 영원함이라 ✝ 고린도후서 4 : 16-18

주님을 떠나가면 돌아오는 것으로
걱정과 근심이 얼마나 많은가
나이가 들어 힘들고 허무한 빈손뿐일 때
가슴을 누르는 죄 용서받아 병든 심장도 뛴다
척박한 죄에 빠져 허우적거릴 때
걱정에 빠지고 근심에 빠지는
가냘픈 영혼의 간구를 들어주시고
잘못을 뉘우치고 회개할 때 함께하신다

살아보아도 늘 덜 익어 서러운데
말씀을 묵상하며 진리와 거짓을
분별할 수 있게 순수한 양심을 주셨다
죄에 쫓기고 실수로 떨고 있을 때
초라하고 불쌍한 나에게 찾아와 주셔서
심령이 치유되어 가슴 벅찬 기쁨을 누린다

팍팍한 세월 아주 소소한 일에도 힘들어할 때
사랑과 평안을 주시니
손안에 쥐려 했던 세월도 드리고
금빛 노을 지는 황혼까지 동행하고 싶다
눈에 보이는 세계보다 잔잔한 그리움 속에
영원한 세상을 소망하며 주님을 바라본다

322 | 성령의 인도하심

성령의 인도 없이는 하나님 뜻을 알 수 없고
경험과 지식과 지혜로도 알 수 없어
주님 없이 죄 속에 살면 허당이다

지금은 은혜를 받을 날이고
내 인생에 아름다운 계절이 찾아왔으니
믿음의 눈과 귀가 열려 눈물로 회개를 한다
죄로 인해 짐승같이 타락하여
욕심으로 죄가 잉태되고
반목과 질시가 판쳐 슬프고 괴로웠다

어찌할 수 없는 죽음의 순간이 찾아와
알몸으로 떨고 있을 때
성령의 인도하심이 없다면 어찌하는가
슬픈 깊은 마음을 열어 구주를 믿고
신앙을 고백하며 눈물을 쏟아내고
소망을 갖는 것은 가슴이 든든한 기쁨이다

어두울수록 참빛은 더욱 밝으니
새 생명의 기쁨이 싱싱하게 살아나
영영 잊을 수 없도록 내 영혼 깊숙이 새겨놓은
구속의 사랑에 하늘을 그리워하며 산다

323 | 아름다운 열매를 맺어라

> 거짓 선지자들을 삼가라 양의 옷을 입고 너희에게 나아오나 속에는 노략질하는 이리라 그들의 열매로 그들을 알지니 가시나무에서 포도를, 또는 엉겅퀴에서 무화과를 따겠느냐 이와 같이 좋은 나무마다 아름다운 열매를 맺고 못된 나무가 나쁜 열매를 맺나니 좋은 나무가 나쁜 열매를 맺을 수 없고 못된 나무가 아름다운 열매를 맺을 수 없느니라 아름다운 열매를 맺지 아니하는 나무마다 찍혀 불에 던져지느니라 이러므로 그들의 열매로 그들을 알리라
> ✝ 마태복음 7 : 15-20

옷을 거룩하고 그럴듯하게
입었다고 좋은 성직자는 아니다
양들을 사랑한다 말해도 진실이 아니다
말과 행동이 같고 믿음과 생활이 같아야
선한 그리스도인의 삶을 사는 것이다

주님의 일을 열매로 알 수 있으니
가시나무에 포도가 열리지 않고
엉겅퀴에서 무화과가 열리지 않는다

범사에 시작도 좋고 끝도 좋아야지
겉만 번드르르한 것은 거짓이다
평범한 사람들보다 한 움큼이라도
욕심과 욕망이 더하다면
하나님보다 세상을 더 사랑하는 것이다

좋은 나무가 아름다운 열매를 맺고
못된 나무는 아름다운 열매를 맺을 수 없다
뿌린 대로 심은 대로 거두고
행한 대로 갚으시는 하나님의 법칙이다

324 | 주님께 기억되기를 원합니다

> 나더러 주여 주여 하는 자마다 다 천국에 들어갈 것이 아니요 다만 하늘에 계신 내 아버지
> 의 뜻대로 행하는 자라야 들어가리라 그날에 많은 사람이 나더러 이르되 주여 주여 우리가
> 주의 이름으로 선지자 노릇 하며 주의 이름으로 귀신을 쫓아내며 주의 이름으로 많은 권능
> 을 행하지 아니하였나이까 하리니 그때에 내가 그들에게 밝히 말하되 내가 너희를 도무지
> 알지 못하니 불법을 행하는 자들아 내게서 떠나가라 하리라 ♱ 마태복음 7 : 21-23

구주 예수 그리스도의 이름조차 잃고
아무런 보람 없이 헛되이 죽기보다
주님께 언제나 기억되기를 원합니다

세상의 화려함 속에 이름과 명성을 날려도
얼굴에 악마가 드러나고 주님이 기억하시지 못한다면
이보다 큰 불행이 있겠습니까

사람은 잊어도 주님이 기억하여주시고
천국으로 인도하시니 무한히 감사드립니다

주님의 복음을 전할 때 부족함과 나약함을
십자가 뒤에 가려주시니 용기가 납니다
복음을 전하며 주님의 이름 나타내지 않고
자기 이름만 드러내다 버림을 받을까 두려우니
나를 기억하고 인도하여주소서

자기 멋대로 선지자 노릇을 하고
병을 고치고 능력을 행해도
주를 모르면 이보다 큰 죄악과 불행이
어디에 있겠습니까

325 | 가르치는 권세가 있으신 예수

예수께서 이 말씀을 마치시매 무리들이 그의 가르치심에 놀라니 이는 그 가르치시는 것이
권위 있는 자와 같고 그들의 서기관들과 같지 아니함일러라 ✝ 마태복음 7 : 28-29

예수가 가르치시는 말씀을 들어보라
하늘의 권세가 있지 않은가
어느 지도자가 성실함을 따를 수 있는가
말씀을 가르치실 때도 하늘 권세로
죄를 깨닫게 하시고 고백하게 하셨다

냉혹하게 어두워지는 세상에
절실하게 기다려지는 빛으로 오시니
생명의 말씀을 듣는 자마다 구원받고
받아들이는 자마다 고침을 받았다

세월은 강물처럼 흘러가더라도
뒤엉킨 실타래처럼 엉망진창으로 상처받고
미움으로 버림받은 사람들에게
변화를 주시는 놀라운 능력과 힘으로
예수께서 전하시는 놀라운 복음이다

알고 보면 모두 똑같은 사람들
깨끗하게 허물고 새로 쌓고 싶은 삶
예수의 권세와 능력이 넘치는 말씀에
구원받고 영생을 얻는다

326 | 백부장의 믿음

어떤 백부장의 사랑하는 종이 병들어 죽게 되었더니 예수의 소문을 듣고 유대인의 장로 몇 사람을 예수께 보내어 오서서 그 종을 구해주시기를 청한지라 이에 그들이 예수께 나아와 간절히 구하여 이르되 이 일을 하시는 것이 이 사람에게는 합당하니이다 그가 우리 민족을 사랑하고 또한 우리를 위하여 회당을 지었나이다 하니 예수께서 함께 가실새 이에 그 집이 멀지 아니하여 백부장이 벗들을 보내어 이르되 주여 수고하시지 마옵소서 내 집에 들어오심을 나는 감당하지 못하겠나이다 그러므로 내가 주께 나아가기도 감당하지 못할 줄을 알았나이다 말씀만 하사 내 하인을 낫게 하소서 나도 남의 수하에 든 사람이요 내 아래에도 병사가 있으니 이더러 가라 하면 가고 저더러 오라 하면 오고 내 종더러 이것을 하라 하면 하나이다 예수께서 들으시고 그를 놀랍게 여겨 돌이키사 따르는 무리에게 이르시되 내가 너희에게 이르노니 이스라엘 중에서도 이만한 믿음은 만나보지 못하였노라 하시더라 보내었던 사람들이 집으로 돌아가 보매 종이 이미 나아 있었더라 ✝ 누가복음 7 : 2-10

어찌합니까 병든 불쌍한 영혼 인간다운 대접 한번 못 받고
사람다운 삶을 살지 못했습니다

백부장의 믿음을 아시고 슬픈 눈물 자국에 기쁨을 주시니
이웃 사랑은 포도송이의 어울림이며 아름다운 멜로디입니다

죽어가는 하인을 위해 믿음으로 숨차게 달려와 간구합니다
"주여 말씀만 하소서 나도 종이요 그도 종이니
주님을 맞이할 곳이 없으니
하인의 병이 나을 수 있도록 말씀만 하소서"

나는 아직 이만한 믿음 생생하게
살아 있는 믿음을 만나보지 못했다
천국은 믿음 있는 자들의 것이다
단꿈을 꾸고 권력을 아무리 쥐고
낭만에 취해보아도 믿음이 없으면
슬퍼할 날 오리니 백부장의 믿음을 가져라

327 | 고향 나사렛에서의 말씀 선포

예수께서 그 자라나신 곳 나사렛에 이르사 안식일에 늘 하시던 대로 회당에 들어가사 성경을 읽으려고 서시매 선지자 이사야의 글을 드리거늘 책을 펴서 이렇게 기록된 데를 찾으시니 곧 주의 성령이 내게 임하셨으니 이는 가난한 자에게 복음을 전하게 하시려고 내게 기름을 부으시고 나를 보내사 포로 된 자에게 자유를, 눈먼 자에게 다시 보게 함을 전파하며 눌린 자를 자유롭게 하고 주의 은혜의 해를 전파하게 하려 하심이라 하였더라 ✝누가복음 4 : 16-19

나사렛 동네여
가난한 자에게 전하는 예수의 외침을 듣고
죄로 죽었던 심령들이 깨어나라

예수께서 오신 목적과 이유가
분명하고 확실하게 예언되었음을
이사야의 글을 통하여 말씀하셨다

죄에 얽매여 살고 있는 인생들이여
거듭난 삶에 초대하시는 생명의 소리를 들어라

가난한 자에게 복음을, 포로가 된 자에게 자유를
눈먼 자에게 보게 함을, 눌린 자에게 자유를 전한다

생명의 외침을 들어라
과거에 묶여 있는 사람아
진리를 깨닫지 못하고 눈먼 자들아

억새 끝에 매달린 하루살이 인생들아
초라한 육신 순종하며 말씀을 들어라
예수는 영혼의 구원자가 아닌가

328 | 주님의 말씀을 묵상하게 하소서

여호와의 말씀은 순결함이여 흙 도가니에 일곱 번 단련한 은 같도다 여호와여 그들을 지키
사이 세대로부터 영원까지 보존하시리이다 ✝ 시편 12 : 6-7

주님의 말씀을 묵상하며
주님의 뜻을 깨닫고
주님의 인도하심을 바라며
항상 영적인 교제를 나눈다

아침부터 잠자리에 들기까지
맑은 기도로 영혼을 호흡하여
은혜가 갈피마다 가득하길 원한다

온 세상이 비를 맞듯이
은혜가 한바탕 시원하게 내려
마음과 영혼을 적셔주시기를 원한다

죄악의 유혹을 물리치고
예수 안에서 보혈의 피로 물든 사랑이
파도처럼 밀려와 무한 감사드린다

주님이 구원을 원하는 기도를 하셨듯이
날마다 죄악의 껍데기까지 버리고
변화해 겸손하게 낮아지는 것이다

329 | 병을 짊어지신 예수 1

죄와 영혼의 굶주림과 병을 짊어지신
예수가 베드로 장모 집에 오셨다

나이 들어 늙어 열병으로 누워
기력도 없이 소망이 끊어지는데
주의 손이 닿으니 병은 떠나고
은혜가 넘쳐 수종을 들기 시작했다

동네방네 병을 고친 소문이 퍼져 나갔다
얼마나 신비한가 한번 가보자
예수를 만나 병을 고치자

병들고 나약하고 귀신 들린 자 모여들고
병이란 가시철조망에 걸리고
병이란 전쟁에서 죽어가던 자들이
예수 안에서는 고침을 받았다

병이란 사탄의 무기지만
병보다 무서운 건 절망하고 포기하는 것
만병의 의원 되시는 예수는 병을 고치시고
인간의 연약함을 친히 담당하셨다

330 | 병을 짊어지신 예수 2

병이 들고 귀신 들려 심장이 찢어지듯
고통하며 절규하는 저 신음 소리가 들리는가

저들을 보라 귀신 들리고
각색 병으로 기진맥진 지친
저들을 고치고 저들의 죄와
고통을 짊어지고자 예수가 오셨다

인간의 마음이 연약함을 아시고
한 사람 한 사람 진실한 마음으로
일일이 손을 얹으시고 고쳐주셨다

인간의 아픔과 절망과 고통을 너무나 잘
다스리시고 이겨내게 하셨다
주님의 손길 닿는 곳에서
죽을 만큼 절규하던 병마는 떠나고
풀 죽고 기죽던 질병에서 고침 받았다

예수는 구원하시고 만병을 치료하시고
우리가 해답을 찾을 수 없는 것에 답을 주시고
병마를 짊어지신 진정하신 구원자시다

331 | 병 고치는 예수 1

> 해 질 무렵에 사람들이 온갖 병자들을 데리고 나아오매 예수께서 일일이 그 위에 손을 얹으사 고치시니 여러 사람에게서 귀신들이 나가며 소리 질러 이르되 당신은 하나님의 아들이니이다 예수께서 꾸짖으사 그들이 말함을 허락하지 아니하시니 이는 자기를 그리스도인 줄 앎이러라 ✝ 누가복음 4 : 40-41

죄의 상처가 곪아 터지는 고통과 절망의
아픈 환부에 손을 얹고 치료하여주셨다
병자들은 예수를 외쳐 부르며 고침을 받고
온전한 치료를 받기를 원한다

주님께 온갖 죄의 아픔을 훌훌 털어내면
깨끗이 씻겨주시고 호소력 있게 다가오신다

남에게는 복음을 전하면서도
허허로이 웃고 울고 살아갈 때
기도하며 의탁하면 확신이 서지 않는
나약하고 어리석은 믿음도 고쳐주신다

근심하지 말라고 외치면서도
때때로 걱정이 파도처럼 몰려와도
주님을 신뢰하면 정결한 몸짓으로
믿음이 흔들리는 나약함을 고쳐주신다

늘 생명의 푸름과 밝고 선명하신
주님이 있고 없음은 삶과 죽음의 차이다
천국의 문에서 훈훈하게 만났으면 좋겠다

| 병 고치는 예수 2

저물어 해 질 때에 모든 병자와 귀신 들린 자를 예수께 데려오니 온 동네가 그 문 앞에 모였
더라 예수께서 각종 병이 든 많은 사람을 고치시며 많은 귀신을 내쫓으시되 귀신이 자기를
알므로 그 말하는 것을 허락하지 아니하시니라 ✝ 마가복음 1 : 32-34

예측할 수 없는 아픔에
암울한 절망이 실핏줄까지
하나하나 묶어놓아 터질 것 같다
뼈아픈 고통 속에 죄를 지적하며
비난을 계속 쏴 기죽고 풀 죽어 있다

비웃는 소리가 조롱하듯 들려오고
기만하는 소리에 완전 포위되어
도망칠 곳이 보이지 않는다

말하기 싫고 얼굴 대하기가 싫고
비웃는 소리가 듣기 싫어
참기 어려워 증오로 부글거리고
꽉 다문 입술에서 신음 소리가 새어 나와
아픔이 분노가 되어버리고 확신이 없이
부서지는 절망의 파도가 밀려온다

목숨 하나 갖고 살기도 쉽지 않아
가슴속에 고인 한을 쏟아버려야
생명의 빛이 환하게 몰려와
뜨거운 사랑 노래가 하늘에서 들려온다

333 | 어느 날

예수 사랑에 가슴이 뜨거워지던 날
"나는 구원받았다" 고백하였다
무심코 죄를 저질렀어도
생명의 말씀을 듣고 깨달아
잘못된 죄를 반드시 회개해야 한다

십자가의 사랑을 체험하니
눈물이 흐르고 찬송이 터지고
기쁨이 강같이 흘러넘쳤다

이 세상 모두에게 다가오시는
생명의 주님을 당신은 아십니까
예수 이름으로 마음을 열고
주님을 영접해야 한다

당신도 있었는가 구원의 사랑을 알던 날
무릎을 꿇고 기도하던 날
복음으로 행복한 날
천국이 임한 기쁨의 날이 있었는가

내 마음속으로 잔잔한 호수처럼
밀려오는 구원의 기쁨을 알았다

334 | 나인성 과부 1

주께서 과부를 보시고 불쌍히 여기사 울지 말라 하시고 가까이 가서 그 관에 손을 대시니
멘 자들이 서는지라 예수께서 이르시되 청년아 내가 네게 말하노니 일어나라 하시매 죽었
던 자가 일어나 앉고 말도 하거늘 예수께서 그를 어머니에게 주시니 모든 사람이 두려워하
며 하나님께 영광을 돌려 이르되 큰 선지자가 우리 가운데 일어나셨다 하고 또 하나님께서
자기 백성을 돌보셨다 하더라 ♣ 누가복음 7 : 13-16

처절한 고독 속에 살길이 아찔할 때도
오직 마음에 아들만 두었다
폭풍우 몰아치고 벼락 맞은 듯
괴롭고 무거운 발걸음 속에
여인의 한의 매듭이 굵게 이어졌다

작은 희망으로 핏줄을 키워가며
하루 한 날의 삶에 웃음기가 돌아
지나간 세월의 아픔이 잊혀간다

마지막 소망이던 아들이 죽어버려
경솔한 속단과 편견으로
허탈감에 빠져 눈마저 가물대던 날
"청년아 내가 네게 말하노니 일어나라"
주님의 음성의 능력은 사망을 깬다

일순간에 눈이 반짝이며 심장이 고동치고
얼굴에 생기가 돌아 죽었던 자가 일어났다
미치도록 아름다운 예수의 사랑
상큼하게 스며드는 하늘 사랑에 폭 빠져
참소망을 맛보며 사랑을 깨달았다

335 | 나인성 과부 2

쓰라린 눈물 흘리는 과부를 아십니까
늘 마음 구석이 허전하고
쓸쓸하고 외롭게 살아가는 슬픔 끝에
기쁨이 있다면 얼마나 좋겠습니까

남편과 사별한 뒤 아들을 남편처럼 생각하며
의지하며 살아온 마음을 아십니까
목숨보다 아꼈는데 아들이 죽다니
청천 하늘에 웬 날벼락입니까
가슴이 서늘해지고 막막해지는데
생명을 한순간에 끊어버립니까

소망도 살아갈 힘도 잃고
온 세상이 갑자기 꺼지는 듯
곪아터진 마음을 싸매어 주셨습니다

아들을 영 못 볼 줄 알았는데
죽었던 내 아들을 살려주셨습니다
초라한 과부를 헤아려주시고
고통과 절망에서 구원하여주시고
해처럼 빛나는 삶과 소망을 주셨습니다

336 | 나인성 과부 3

늘 지쳐 힘겨운 발걸음으로 살았는데
나를 불쌍히 여기셔서
죽은 아들을 살려주셨으니
이 얼마나 고대하고 기대하던 일입니까

내 영혼의 기쁨을
주님께 무엇으로 갚을 수 있겠습니까
나의 소망은 오직 하나 아들뿐이었지만
이제부터는 주님을 사랑합니다

초라하고 나약한 나를 돌보셔서
서성대고 맴돌던 거친 삶 벗어던지고
역경을 극복하고 새 사람이 되었으니
이제부터는 주님만을 사랑합니다

진정한 사랑의 의미를 알아
베푸시는 은혜 속에 살기를 원하오니
내 마음을 받아주소서

늘 담아도 부족해 악몽뿐이었는데
죽었던 아들을 살려내어 회복시켜주셔서
평안을 주시고 구원의 기쁨을 채워주시니
사랑이 싹터 올라 가슴에 가득해집니다

337 | 우리의 가장 큰 죄

가장 큰 죄는 무엇인가 죄를 죄인 줄 모르고
죄를 인정하지 않고 똑같은 짓을 하는 것이다
하나님의 심판을 두려워하지 않고
욕망의 올무에 빠져 구주를 영접하지 않고
교만하여 불신하는 죄가 가장 큰 죄다

가장 큰 죄는 늘 못마땅하게 살며
이웃과 가족을 괴롭히고
허상을 꿈꾸며 하나님의 뜻을
부인하고 배신하는 것이다

헛된 환상을 깨고 아픔을 훌훌 털고
가식을 벗고 미진한 것들을 꺼내어 놓고
모든 것을 다 용서받아야 한다

구주를 알지 못하고 쓸데없는 일에
몰두하며 망각해야 할
무의미한 시간들 속에
헛되이 죽어간다면 얼마나 슬픈가
십자가의 외침은 가장 아름다운 구원의 시간
예수 사랑을 영원히 잊지 말아야 한다

338 | 생명의 부활 심판의 부활

내가 진실로 진실로 너희에게 이르노니 내 말을 듣고 또 나 보내신 이를 믿는 자는 영생을
얻었고 심판에 이르지 아니하나니 사망에서 생명으로 옮겼느니라 진실로 진실로 너희에게
이르노니 죽은 자들이 하나님의 아들의 음성을 들을 때가 오나니 곧 이때라 듣는 자는 살아
나리라 아버지께서 자기 속에 생명이 있음같이 아들에게도 생명을 주어 그 속에 있게 하셨
고 또 인자 됨으로 말미암아 심판하는 권한을 주셨느니라 이를 놀랍게 여기지 말라 무덤 속
에 있는 자가 다 그의 음성을 들을 때가 오나니 선한 일을 행한 자는 생명의 부활로, 악한 일
을 행한 자는 심판의 부활로 나오리라 ✝ 요한복음 5 : 24-29

심판의 부활을 하려면
자기 멋대로 살아도 좋지만
생명의 부활을 하려면
예수 그리스도의 음성을 받아들이고
하나님을 믿어야 한다

예수를 믿고 죄에서 벗어나 사망에서
생명으로 옮겨지는 축복을 받아야 한다
하나님은 예수 그리스도에게도 하나님과 같이
생명을 주시고 심판하는 권세까지 허락하셨다

살아 있는 자는 물론 죽은 자까지
예수의 음성을 듣고
무덤을 열고 살아나 남아 있는 죄를
선악 간에 심판받을 날이 온다

선한 일을 행한 사람은
생명의 부활이 될 것이요
씻을 수 없는 죄를 지은 사람은
심판의 부활이 될 것이다

339 | 예수를 증언하는 성경

성경은 하나님의 말씀
생명의 말씀 구원의 말씀
예수가 구주이심을 알려주는
생명 구원의 말씀이다

성경을 연구하고 상고하는 것은
예수를 깨달아 알고 구원받기 위함이다

성경을 읽고 듣고 배우고 가르침으로
복음 전도를 듣고 믿는 자들이
예수 이름으로 죄를 회개하고 구원받는다

성경은 예수가 구세주이심을 알게 하고
우리를 얼마만큼 사랑하셨는가를
우리에게 전해주고 있다

성경을 통하여 하나님을 알고
성경을 통하여 진리를 깨달아
예수를 영접하고 죄를 용서받고
주 예수 이름으로 새 생명을 얻는다

340 | 세상의 구세주 예수

죄악으로 물든 세상에서
인간을 구원하실 분은 예수 단 한 분뿐이다

자기 백성을 죄에서 구해줄
구세주는 예수 그리스도뿐이다

예수는 생명을 구원하실 뿐만 아니라
삶을 통째로 변화시켜주시는 분이다

인간은 죄 속에서 불안에 떨고
불행과 허무 속으로 빠져들 수밖에 없지만
구원받은 소망 속에 기쁨과
행복이 넘치는 삶을 살 수 있다

예수 그리스도는 인간을 사랑하셔서
이 땅에 구세주로 오시고
십자가에 달려 인간을 구원하셨다

구세주 예수 그리스도는
십자가의 보혈로 죗값을 치르시고
세상의 구세주 인간의 구세주가 되셨다

341 | 손끝에 주님의 손길과 숨결을 느끼며

예수께서 대답하여 이르시되 너희가 가서 보고 들은 것을 요한에게 알리되 맹인이 보며 못
걷는 사람이 걸으며 나병 환자가 깨끗함을 받으며 귀먹은 사람이 들으며 죽은 자가 살아나
며 가난한 자에게 복음이 전파된다 하라 누구든지 나로 말미암아 실족하지 아니하는 자는
복이 있도다 하시니라 ✝ 누가복음 7 : 22-23

일상의 길목에서
주님과 눈빛이 마주치고 싶을 때
마음속에 가득한 신앙을 고백한다

상한 마음을 따뜻하게 안아주실 때
거리감도 서먹서먹함도 사라지고
시절을 따라 은총이 열매를 맺는다

합당한 기도의 응답 속에
싹싹한 마음으로 언제나 기쁘게
가장 아름다운 삶을 살기를 원한다

풋풋한 생명의 소식을 듣게 하시는 주님
손끝에 주님의 손길과 숨결을 느끼며
입술로 사랑을 고백하고 싶다

슬픔의 온도는 낮아지고
기쁨의 온도가 날로 높아져서
생명의 복음을 성령의 불길로 태운다

342 | 휴식도 할 수 없는 예수 그리스도

사도들이 예수께 모여 자기들이 행한 것과 가르친 것을 낱낱이 고하니 이르시되 너희는 따로 한적한 곳에 가서 잠깐 쉬어라 하시니 이는 오고 가는 사람이 많아 음식 먹을 겨를도 없음이라 ✝ 마가복음 6 : 30-31

주님은 잠시 휴식할 시간도 없이
해가 뜨면 가르치시고 병을 고치시고
괴로운 자를 상담하셨다

밤과 새벽 미명에 기도하시고
이 마을에서 저 마을로 다니셨다
죽어가고 야위어가는 심령을 새 생명으로
깨우시며 전도하시며 늘 피곤하셨다

음식조차 편히 드실 수 없었고
주님이 계신 곳에 많은 사람이 오가기에
잠시도 편히 쉴 시간이 없었다

사랑하는 제자들이 행한 사역들과
가르친 것을 낱낱이 고하니
제자들의 피곤을 아셨다

"너희는 따로 한적한 곳에 와서 잠깐 쉬어라"
다정다감하게 주님은 말씀하셨다
영혼의 쉼터가 되시는 주님은
복음 전하시고자 휴식할 시간도 없으셨다

343 | 혈루증 앓는 여인 1

주님의 옷자락을 만지던 여인이여
바람에 꺼져가는 램프처럼
나약해 피 흘려 불결하던 여인이여

창백한 얼굴에 할딱거리는 새가슴 되어
하루하루를 애잔하게 이어가며
늦가을 갈대처럼 흔들리던 여인이여

부끄러움을 안고 수치를 무릅쓰고
간절한 절규로 부르짖는 소망으로
주님의 옷자락을 만지며
간절히 혈루증이 낫기를 바라는 그 순간
아름다운 믿음으로 혈루 근원이 말랐다

늘 허물어지고 쓰러지면서 살았는데
가뭄에 타들어 가던 대지에 비가 내리듯
주님의 치유의 은혜를 받아
얼굴엔 은혜와 평안의 꽃이 피고
괴롭고 슬펐던 마음에 화사하게 꽃이 피었다

주님의 옷자락을 만져 병 고침 받아
언제나 사랑의 손길을 잊지 않고 살고 싶다

> 예수의 소문을 듣고 무리 가운데 끼어 뒤로 와서 그의 옷에 손을 대니 이는 내가 그의 옷에 만 손을 대어도 구원을 받으리라 생각함일러라 이에 그의 혈루 근원이 곧 마르매 병이 나은 줄을 몸에 깨달으니라 예수께서 그 능력이 자기에게서 나간 줄을 곧 스스로 아시고 무리 가운데서 돌이켜 말씀하시되 누가 내 옷에 손을 대었느냐 하시니 제자들이 여짜오되 무리가 에워싸 미는 것을 보시며 누가 내게 손을 대었느냐 물으시나이까 하되 예수께서 이 일 행한 여자를 보려고 둘러보시니 여자가 자기에게 이루어진 일을 알고 두려워하여 떨며 와서 그 앞에 엎드려 모든 사실을 여쭈니 예수께서 이르시되 딸아 네 믿음이 너를 구원하였으니 평 안히 가라 네 병에서 놓여 건강할지어다 ✝ 마가복음 5 : 27-34

딸아 안심하라! 불안하게 방황하더니 길을 찾았다
처음에는 여인이기에 흐르는 피인 줄 알고
참으면 감당할 수 있는 아픔인 줄 알아
이겨내려고 수없이 다짐했다

한 달 한 해도 아니고 열두 해 혈루증을 앓아
입술도 수없이 깨물고 속살 후벼 파는 아픔에
머리를 쥐어뜯고 가슴팍 치며 많이 울었다

몹쓸 병에 가까이하는 사람도 없어지고
식구조차 처음에는 안타까워하더니
차라리 죽었으면 하고 눈치만 보았다

수많은 약을 먹고 할 짓 못 할 짓 다 해가며
온 산천을 뒤져 고치려 했으나 허사였다
옷자락만 만지고도 처참했던
병이 나아 은혜가 굽이쳐 흘러넘쳤다
사람의 힘으로는 이룰 수 없는 구원이
믿음의 고백으로 이루어졌다

345 | 혈루증 앓는 여인 3

아수라 세상에서 무진장의 사랑을 만나다니
이런 기쁨을 갖는 것은 처음이다

혈루증으로 지친 몸 돌보지 않아
뭇사람들에게 손가락질당하고
질탕으로 밟히고 모두에게 외면당했다
병이 낫기를 너무나 간절히 원했으나
다가갈 믿음도 용기도 없었다

절실한 마음으로 주님 곁으로 다가가니
옷깃만 만져도 나의 병이 낫고자 하는
간절함을 먼저 아시고 치료해주셨다

병의 고침을 받았다니 너무나 놀라웠다
열두 해 동안이나 괴롭히던
혈루 증세가 한순간에 말라버렸다
참으로 놀랍고 위대하신 분이 주시는
이 기쁨과 은혜는 난생처음이니
삶 속에서 영원히 시워지지 않는다

346 | 벳새다의 소경

> 벳새다에 이르매 사람들이 맹인 한 사람을 데리고 예수께 나아와 손대시기를 구하거늘 예수께서 맹인의 손을 붙잡으시고 마을 밖으로 데리고 나가사 눈에 침을 뱉으시며 그에게 안수하시고 무엇이 보이느냐 물으시니 쳐다보며 이르되 사람들이 보이나이다 나무 같은 것들이 걸어가는 것을 보나이다 하거늘 이에 그 눈에 다시 안수하시매 그가 주목하여 보더니 나아서 모든 것을 밝히 보는지라 예수께서 그 사람을 집으로 보내시며 이르시되 마을에는 들어가지 말라 하시니라 ♜ 마가복음 8 : 22-26

처참한 소경이라 조롱하며
사람들이 가까이하지 않고 떠났는데
주님이 기꺼이 치유해주셨습니다

눈에 침을 뱉고 안수했을 때 얼마나 설렜는지
눈이 떠졌을 때 얼마나 놀라움이 가득했는지 모릅니다

주님께서 "무엇이 보이느냐" 말씀하셨을 때
눈이 떠지기 시작하고
물체와 사람이 희미하게 보였습니다

손을 얹고 안수하시자 기쁨이 넘치고
만물이 분명하게 보였습니다
이 기쁨 이 사랑을 어찌해야 합니까

그동안 살아온 삶이 참으로 모질었는데
눈이 안 보여 뼈 마디마디 삭아 떨어져
보잘것없는 삶을 살아왔는데
두 눈이 떠져 기쁨이 터져 나와
주님의 손길에 제일 먼저 감사합니다
이 기쁜 소식을 가족에게 알리고 싶습니다

347 | 성전보다 크신 이

내가 너희에게 이르노니 성전보다 더 큰 이가 여기 있느니라 나는 자비를 원하고 제사를 원하지 아니하노라 하신 뜻을 너희가 알았더라면 무죄한 자를 정죄하지 아니하였으리라 인자는 안식일의 주인이니라 하시니라 ✝ 마태복음 12 : 6-8

너의 눈초리는 살기의 불을 켜고
주먹은 분노로 떨고 있으며 법을 만든 자들이
법을 올무로 아방궁을 만들어 짓밟고 있다

지위와 권세와 물질 있는 자들이
시간을 떡 주무르듯 쓴다면
신호등을 무시하고 달리는 차와 같다
병을 치유해주는데 법은 무슨 법인가
내 발등에 불이 안 떨어지면
산 너머 불구경처럼 방관하는 자들아

모든 만물에 때와 기한이 있는데
죄악의 칼끝에 놓인 심정을 어찌하는가
구원을 요청하는 손길을 어찌 외면하는가

아픔에 쓰러지고 넘어져
고통당하는 사람이 마지막 순간까지
살려달라고 외치는 것은 당연하다
자비하신 이가 성전보다 크신 이가
안식일의 주인이거늘
어찌 안식일도 너희들의 날인 양
마음대로 살아가며 반분하는가

348 | 씨 뿌리는 비유

옥토 같은 밭은 부드럽고
길가 밭은 거칠고 가시떨기는 사납고
돌밭은 성깔이 까칠하고 두려운 존재다

예수를 만난 사람들은
물과 피로 거듭난 사람들
선한 마음이 옥토로 변한 사람들이다

심은 대로 거두고 행한 대로 갚는
비결을 알기에 예수를 닮아가며
기도의 씨를 뿌리고 있다

마음 한끝으로 곁만 내미는 듯
주님을 온전히 신뢰하며 따르고
사소한 것들을 수없이 생각하기보다
단순하게 주님을 따르게 하소서

예수를 고백하는 사람들은
옛것은 지나가고 새롭게 된 사람들
시절에 따라 열매를 아름답게 맺으며
계절에 따라 결실을 거두는 기쁜 삶을 살아간다

349 | 고독한 예수

예수께서 이르시되 여우도 굴이 있고 공중의 새도 거처가 있으되 인자는 머리 둘 곳이 없다 하시더라 ✝ 마태복음 8 : 20

예수는 항상 고독하였고
얼굴에서 웃음을 볼 수가 없었다
자기들이 원하는 도움만 청할 뿐
주님의 진정한 마음을 알지 못하고
주변을 서성거리는 사람들뿐이다

사람들은 자신의 문제에만 관심을 갖고
앞다투어 해결해주기만을 바라고
빵과 돈과 권세를 원하지만
주님은 죄인을 구원하러 오셨다

이 땅에 오셔서
말씀을 전하고 십자가를 지는 것보다
사람들은 자신들의 문제가
빨리 해결되어 편안하게 살고 싶었다

어떤 상황에서도
자신이 가야 할 길을 위하여
머물러 있거나 절망하지 않으시고
때마다 무리를 떠나서 기도하셨다

하나님 아버지의 뜻을 이루시기 위해
이 땅에 오신 예수는 홀로 고독하셨다

350 | 믿음이 적은 자들아 1

배에 오르시매 제자들이 따랐더니 바다에 큰 놀이 일어나 배가 물결에 덮이게 되었으되 예수께서는 주무시는지라 그 제자들이 나아와 깨우며 이르되 주여 구원하소서 우리가 죽겠나이다 예수께서 이르시되 어찌하여 무서워하느냐 믿음이 작은 자들아 하시고 곧 일어나사 바람과 바다를 꾸짖으시니 아주 잔잔하게 되거늘 그 사람들이 놀랍게 여겨 이르되 이이가 어떠한 사람이기에 바람과 바다도 순종하는가 하더라 ✝ 마태복음 8 : 23-27

바람도 바다도 잠잠케 하시는
주님을 몰라 물결에 떠내려가고
세상 유행 따라 생각 없이 살아간다
초청한 주님을 어디에 두고
풍랑에 겁을 먹고 소리치는가

주님을 영접하지 못해 믿지 못하면
불신 속에 풍랑뿐 무엇이 있으랴
늦가을 비바람 몰아칠 때
가지 끝에 매달린 고추잠자리 인생들아
떠내려가는 나뭇잎 위 개미 인생들아
만물을 주관하시는 이를 곁에 두고
무엇을 걱정하며 이야기를 했던가

예수와 동행하면 염려도 걱정도 없는데
오만상 찌푸리며 소리치는 자들아
"구원하소서 죽겠나이다"
급할 때만 부르는 못난 인생들아
왜 바람과 바다도
예수의 꾸짖음에 잔잔해지고 순종하는가
예수는 하나님의 아들이시다

351 | 믿음이 적은 자들아 2

> 예수께서 깨어 바람을 꾸짖으시며 바다더러 이르시되 잠잠하라 고요하라 하시니 바람이
> 그치고 아주 잔잔하여지더라 ✝ 마가복음 4 : 39

기다리기 초초할 만큼 보고 싶은 주님
길 잃은 양이 선한 목자를 만나
새로운 삶을 살아가는 것이니
주여, 믿음을 갖기를 원합니다

주님을 가까이 만나는 것은
기도하는 삶이니
주님께 못내 고백하고 싶었습니다

겨자씨 같은 아주 작은 믿음도
놀라운 능력을 발휘합니다

인간의 힘으로는 벗을 수 없는
죄까지 용서하여주셨습니다

질긴 목숨이 죄 안에서 살며
죄 속에서 어찌할 수 없을 때
영원히 떠나지 않으시고 지켜주십니다

죄를 짓고도 거리낌 없이 활보하는 사람이
가장 불행하고 초라하고 나약한 삶을 삽니다
주 안의 삶은 힘이 됩니다

352 | 믿음이 적은 자들아 3

하루는 제자들과 함께 배에 오르사 그들에게 이르시되 호수 저편으로 건너가자 하시매 이에 떠나 행선할 때에 예수께서 잠이 드셨더니 마침 광풍이 호수로 내리치매 배에 물이 가득하게 되어 위태한지라 제자들이 나아와 깨워 이르되 주여 주여 우리가 죽겠나이다 한대 예수께서 잠을 깨사 바람과 물결을 꾸짖으시니 이에 그쳐 잔잔하여지더라 제자들에게 이르시되 너희 믿음이 어디 있느냐 하시니 그들이 두려워하고 놀랍게 여겨 서로 말하되 그가 누구이기에 바람과 물을 명하매 순종하는가 하더라 ✝ 누가복음 8 : 22-25

막다른 삶에 먹구름 낀 듯
갈 길이 열리지 않을 때에도
주님 안에서 순종하게 하소서

생각과 지혜와 지식을 총동원하여
해놓은 일이 실패로 끝나더라도 주눅 들지 않고
주님의 섭리하심에 순종하게 하소서

분주함 속에도 영성이 강하게 하시고
지켜주지 못할 것에 목숨 걸지 말고
미움 한 줄 지워버리게 하시고
하나님을 사랑하고 성령이 충만하여
모든 일에 최선을 다하며 살게 하소서

주님께 후회할 일 한탄할 일 만들지 않고
목자이신 주님을 그리워하며 마음의
수평선에 은혜의 배를 띄우게 하소서

353 | 믿음이 적은 자들아 4

보았나 이 놀라운 일을
거세게 몰아치던 파도가
한순간에 잔잔해진 것을 보았는가

바다에 큰 놀이 일어나기까지
물결이 배에 덮이기까지 잠든 예수가
외치고 꾸짖는 소리가 들리는가

어두운 절벽이 눈앞을 가리고
천 길 벼랑에 뒷걸음치지 못해
오도 가도 못해 절망에 빠지는데
어찌 꾸짖음에 순종하는가

예수 그는 누구인가
마지막 순간까지 구원하여주시는
하나님의 아들 구주 예수가 아닌가
예수 그리스도의 제자가 됨은
놀라운 축복이 아닌가

홀로 헤어날 수 없도록
고통스럽던 비극도 견고한 믿음에
근심과 걱정이 말끔하게 사라졌다

354 ㅣ 가라 가라

귀신들이 예수께 간구하여 이르되 만일 우리를 쫓아내시려면 돼지 떼에 들여보내 주소서
하니 그들에게 가라 하시니 귀신들이 나와서 돼지에게로 들어가는지라 온 떼가 비탈로 내
리달아 바다에 들어가서 물에서 몰사하거늘 ✝ 마태복음 8 : 31-32

고래고래 소리 질러라 저주받은 자들아
세상을 거꾸로 보는 자들아

죄악에 쓸려 들어가고
죄악에 갇혀 고통이 풍랑 치는 가운데
죽음을 노래하는 자들아
예수와 상관없이 널려 있는
철부지 어리석은 인생들아

왜 괴롭히지 말라 소리치는가
예수 안에 평안과 치유가 있는데
너희는 왜 불안해하는가
너희가 갈 곳 무저갱으로 가라

이 더러운 것들아 낙인찍힌 것들아
돼지 떼 속으로 들어가라
괴롭히고 혼돈케 하는 사악한 것들아
예수 이름으로 명하노니 떠나라

죄지었던 마음의 빗장을 활짝 열고
귀신 다 나가게 하여 새 사람이 되어라
귀신들이 돼지 떼에 들어가 몰살되는 걸 보라

355 | 나의 모든 죄를 용서하소서

죄인을 부르러 오신 예수여
나의 죄가 드러나오니 잘못된 생각에
무작정 끌려다니며 깨어나지 못해
어리석게 지은 죄를 용서하소서

미움이 생길 때 증오하던 모든 죄를
무진장 사랑으로 용서하게 하소서

허망한 바람이 불고
허무한 생각이 몰아쳐 올 때
욕망이 생길 때 지은 죄를 용서하시고
죄의 언덕을 넘을 수 있게 하소서

물질에 욕심이 생겨
내 것으로 만들고 싶은 아리송하고
헛된 마음으로 지은 죄를 용서하소서

골고다 보혈로 젖고 있으니
주여 나를 용서하시고 받아주소서
목숨의 높이보다 높게 부활하신 주님
주님이 가신 발자국마다 사랑입니다

356 | 새 포도주는 새 부대에

새 포도주를 낡은 가죽 부대에 넣지 아니하나니 그렇게 하면 부대가 터져 포도주도 쏟아지고 부대도 버리게 됨이라 새 포도주는 새 부대에 넣어야 둘이 다 보전되느니라
✝ 마태복음 9 : 17

시계의 태엽을 아무리 되감아도
지나간 것은 돌아오지 않고
가꾸고 성형수술을 해도 위장이다

사진에 남은 것 정지된 시간이 아니라
시계는 새로운 시간을 허락한다
복음은 오늘을 말하고 내일을 전하고
성령을 받은 사람들은 새로운 삶을 산다

과거에 집착해 범죄를 저지르고
오늘에 집착해 술에 취해도
화려한 꽃잎처럼 떨어져 사라질 인생이다

똥폼으로 뽐내고 우쭐대며
조롱하고 뒷전에 앉아 잘난 체해보아도
병과 죽음 앞에 맥 못 추고 쓰러진다

갖가지 변명과 온갖 핑계 대보아도
천국행을 놓쳐 지옥행 급행열차를 탄다면
떠밀려 가는 세월에 무슨 소용인가

357 | 원수를 사랑하라

사랑할 수 없는 것을
사랑하는 것이 진실한 사랑이고
용서할 수 없는 것을
용서하는 것이 진정한 용서다

미워서 돌아서고 싶을 때
편안하게 해줌이 진정한 사랑이고
상관하고 싶지 않은 것을
따뜻하게 돌보는 것이 진정한 용서다

당신이 그리스도인이라면서
사랑하지 못하고 산다면
천 년을 산들 무슨 소용인가

절절한 사연 속에 들러리 서며
속 끓고 보낸 세월에
구원받아 덤으로 사는 삶
주님을 목숨처럼 사랑하며 살겠다

진실한 사랑으로 자신의 원수까지
용서하는 유일한 해답은
하늘 사랑으로 위대한 사랑이다

358 | 예수를 도와드린 여인들

그 후에 예수께서 각 성과 마을에 두루 다니시며 하나님의 나라를 선포하시며 그 복음을 전하실새 열두 제자가 함께하였고 또한 악귀를 쫓아내심과 병 고침을 받은 어떤 여자들 곧 일곱 귀신이 나간 자 막달라인이라 하는 마리아와 헤롯의 청지기 구사의 아내 요안나와 수산나와 다른 여러 여자가 함께하여 자기들의 소유로 그들을 섬기더라 ✝누가복음 8 : 1-3

아름답도다 주님을 돕는 여인들이여
주님의 손길과 인도하심으로
구원받은 기쁨과 감동을 체험한 사람들이다
주님의 사랑을 알기에 정성을 다하여
자기의 소유로 섬기며 복음을 전하는
아름다운 믿음을 가진 여인들이여

고귀하다 가는 발길 발길마다
막달라 마리아 요안나 수산나와 여러 여인들아
맑은 믿음 속에 때를 놓치지 않고 돕는
수고와 사랑의 흔적이 늘 함께하였다

보배롭다 주님이 가시는 길 함께하며
때로는 기뻐하고 안타까워하며
울고 웃으며 사모하던 여인들이여

신비롭다 여인들의 손길이 전해져
한마음 한뜻으로 나타난다
신앙이 녹슬지 않고 날마다 새롭게
봄날의 꽃처럼 아름답게 피어난다
밤낮을 가리지 않고 사역을 도우며
사랑의 마음을 가진 아름다운 여인들이여

359 │ 주의 선함과 착함을 깨달아 알게 하소서

> 너는 진리의 말씀을 옳게 분별하며 부끄러울 것이 없는 일꾼으로 인정된 자로 자신을 하나님 앞에 드리기를 힘쓰라 ☙ 디모데후서 2 : 15

탐욕과 욕망에 흔들릴 때마다
메마른 영혼 인도하시고
흔들리지 않는 반석 같은 믿음을 주소서

갈등이 엄습해 거머리처럼 달라붙는 죄와
헛된 속임수를 떠나 진리의 말씀에
발붙이며 구별된 성도의 삶을 살게 하소서

가까이 다가오는 척 가장 멀리 떠나버리는
무심한 것에 발끝을 돌리지 않게 하시고
주의 인자하심을 깨닫게 하소서

바람 앞에 흔들리는 촛불처럼
나약한 믿음을 아시고
늘 함께하시는 은혜에 감사하게 하소서

벽돌을 차곡차곡 쌓듯이
믿음과 소망을 쌓아가며
세상에서 찾을 수 없는 구원을 베푸시는
골고다 십자가를 바라보게 하소서

주의 선함과 착함을 알게 하시고
맑고 투명하게 온전히 바라보게 하소서

360 | 열두 살, 야이로의 딸 1

이르시되 물러가라 이 소녀가 죽은 것이 아니라 잔다 하시니 그들이 비웃더라 무리를 내보낸 후에 예수께서 들어가사 소녀의 손을 잡으시매 일어나는지라 그 소문이 그 온 땅에 퍼지더라 ✝ 마태복음 9 : 24-26

열두 살 꽃다운 이슬 같은 목숨이
한 송이 꽃으로 활짝 못 피고
죽음의 언덕을 넘을 것을 누가 알았던가

절망의 안개 숲 사이로 다가온
재롱둥이 딸의 죽음으로
집 안에 통곡과 울부짖음이 가득하다

절망을 넘어 들려오는 주님의 음성
"두려워 말라 믿기만 하여라
그리하면 네 딸이 구원을 얻으리라"
죽음의 절망에서 부르셨다
"달리다굼, 소녀야 일어나라
달리다굼, 소녀야 일어나라 잠에서 깨어나라"

주님만이 너를 살리셨다
온갖 아픔에서 벗어난 소녀야
살아 숨 쉬고 호수 같은 눈이 아름답다

심장은 고동치고 아름다운 붉은 볼과
예쁜 입술에 해맑은 웃음이 감돌고
고통 속에 생명꽃이 피어났다

361 | 열두 살, 아이로의 딸 2

예수께서 아이의 손을 잡고 불러 이르시되 아이야 일어나라 하시니 그 영이 돌아와 아이가
곧 일어나거늘 예수께서 먹을 것을 주라 명하시니 ✝ 누가복음 8 : 54-55

열두 살 귀여운 딸이
눈앞에서 죽는 고통을 보며
눈물이 앞을 가리는
아비의 비통한 심정을 아는가

재롱떨고 애교 부리며 자라는 모습이
스쳐 간 듯 눈앞에 아른거리고
웃음을 주던 딸이 싸늘하게 식어간
죽음을 본 아비의 심정을 아는가

무슨 연유인지 무슨 까닭인지 모르고
갑자기 다가온 처절한 죽음이란 슬픔에
가슴 저미는 부모의 심정을 아는가

내 탓으로 여기며 땅끝까지 달려가서
약을 구해 오고 목숨을 다해서라도
살리고픈 아비의 심정을 아는가

어려운 걸음걸이로 찾아온
아비의 심정을 주님이 모르시랴
두려워 말고 믿기만 해라
그리하면 구원을 얻으리라

362 | 눈이 밝아진 두 사람 1

예수께서 거기에서 떠나가실새 두 맹인이 따라오며 소리 질러 이르되 다윗의 자손이여 우
리를 불쌍히 여기소서 하더니 예수께서 집에 들어가시매 맹인들이 그에게 나아오거늘 예
수께서 이르시되 내가 능히 이 일 할 줄을 믿느냐 대답하되 주여 그러하오이다 하니 이에
예수께서 그들의 눈을 만지시며 이르시되 너희 믿음대로 되라 하시니 그 눈들이 밝아진지
라 예수께서 엄히 경고하시되 삼가 아무에게도 알리지 말라 하셨으나 그들이 나가서 예수
의 소문을 그 온 땅에 퍼뜨리니라 ✝ 마태복음 9 : 27-31

안개 자욱한 슬픔에 갇혀
한 치 앞을 알 수 없는 암울함 속에
눈으로 볼 수 없어 가슴 옥죄며 살아왔다

하나님이 창조하신 아름다운 세상을
볼 수 없고 떠오르지 않아
아무것도 그려낼 수 없어
울컥거림조차 뱉어내기도 어려웠다

세상을 볼 수 없는 고통은
내일을 알 수 없는 불안이며 어려움과
초초함 속에 감당할 수 없는 아픔이다

희망마저 등을 돌리고
피 토해도 시원치 않을 인생을
불쌍히 긍휼히 여기시고
고쳐주셔서 눈이 밝아졌다

절망의 고통이 사라지고
눈이 밝아진 두 사람 소식을 전하니
주 예수 소문이 온 땅에 충만하다

363 | 눈이 밝아진 두 사람 2

어둠 속에 빛 찾지 못하고
거지꼴 인생이 되어 구걸하며
몇 푼의 돈에 구경거리가 되어도
그날그날 연명하며 희망 없이 살았다

길가에 앉아 지나가는 사람들이
동전을 던져주는 짤랑거리는 소리에
만족과 기쁨을 느끼며 끼니를 때웠다

눈이 안 보여 실수할 때마다
욕설과 동정과 조롱과 저주 속에
절망의 그림자가 너무 짙게 깔렸다

주님이 가까이 다가오셔서
구원의 손길로 내 눈을 만지셨을 때
간절한 소망이던 눈이 열리고
사물들에 초점이 맞춰지며 보이기 시작하자
가장 뜨거운 감사의 눈물이 흘렸다

새롭게 살게 하시고 감동을 주셨으니
예수의 손길로 삶이 새롭게 되어
새로운 구원의 여행이 시작되었다

364 | 생명의 떡이 되신 예수

우리 구주가 되시는 예수 그리스도는
죄 때문에 그도 저도 못한 삶을 사는
인간을 위하여 목숨을 다한 사랑과
희생의 생명의 떡이 되셨다

그리스도인들에게 주님의 살과 피로
예수 그리스도와 함께 먹고 마시는
떡과 포도주를 준비해주셨다

예수 그리스도는 진리와 생명이시며
살아 있는 영혼의 양식, 말씀이시고
베들레헴은 떡의 집이다

모든 인간을 영적인 빈곤과
굶주림에서 구원하시고자
예수 그리스도는 떡이 되어 오셨다
이 얼마나 귀한 사랑인가

예수 그리스도는 우리를 구원하시고자
고귀하신 몸을 떡으로 주셨다
이 얼마나 아름다운 사랑인가

365 | 목자 없는 양

무리를 보시고 불쌍히 여기시니 이는 그들이 목자 없는 양과 같이 고생하며 기진함이라
✝ 마태복음 9 : 36

갈 곳 없어 상심하여 궁색한 변명
늘어놓는 사람들이
사는 것조차 시들하고 열정도 없고
사랑도 없고 힘도 없는
목자 없는 슬픈 양들이다

꿈도 사랑도 없고 빈둥대고
권력을 남용하고 낭비만 일삼고
잔꾀 속에 성깔 부리고 나눔이 없는
사람들이 목자 없이 방황하는 양이다

바람 따라 손길 따라
정 따라 마음 따라 다녀보아도
매사에 관심 없고 시간 낭비 하는 사람들이
길 잃어버린 양이다

목자가 없는 양들은 공사가 끝난 후
흩어진 자갈처럼 이곳저곳에 버려지는데
주님은 항상 양 떼들을 드넓고 푸른 초장
선하고 복된 길로 인도하신다

366 ㅣ 추수할 일꾼을 보내소서

예수 그리스도는 도시와 마을을
다니시며 복음 전도에
온 힘을 쏟아 총력을 다하셨다

인간들이 몰라도 한참 모르지만
예수 그리스도는 죄와 병에 시달리고
정신 질환에 시달리고 괴로운 사람들을
치유하여주시고 인도하여주셨다

세상에 성도들이 할 일이 많다
복음을 전도하고 봉사하고
치유하고 사랑하며
보살피고 돌보아 주어야 할 사람이 많다
예수는 섬세한 마음으로 한 영혼
한 영혼을 추수할 일꾼으로 찾으신다

우리는 주님 앞에
주여 나를 보내소서 하며
복음 전도와 주님의 일에
쓰임받기를 믿음으로 원해야 한다
주여 가야 할 곳에 나를 보내주소서

367 | 양 치는 목자 예수

나는 선한 목자라 선한 목자는 양들을 위하여 목숨을 버리거니와 삯꾼은 목자가 아니요 양도 제 양이 아니라 이리가 오는 것을 보면 양을 버리고 달아나나니 이리가 양을 물어 가고 또 헤치느니라 ✝ 요한복음 10 : 11-12

선한 목자는 푸른 초장 샘물가로
양 떼를 인도하고 갈한 양의 목을 적셔주고
가슴 저미도록 애틋하게 보호한다

푸른 초장에서 양들에게
쉼을 얻게 하고 순결한 사랑을 주고
평강에 평강을 더하여 준다

선한 목자는 잔잔히 인도하여주며
목숨까지 아끼지 않고 늘 양들 곁에서
지켜주고 보살핀다

길 잃은 양을 견딜 수 없는 사랑으로
두려움 없이 끝까지 찾아내 주며
아낌없이 놀라운 사랑을 베풀어준다

선한 목자이신 주님의 양들은 행복하고
목자를 좋아하고 따르는 양들은 평안하다
선한 목자 예수는 양 떼를 인도하시고
가슴에 넘치는 기쁨과 평안을 주신다

368 | 병자들을 치유하시는 주님

예수께서 그들과 함께 내려오사 평지에 서시니 그 제자의 많은 무리와 예수의 말씀도 듣고 병 고침을 받으려고 유대 사방과 예루살렘과 두로와 시돈의 해안으로부터 온 많은 백성도 있더라 더러운 귀신에게 고난받는 자들도 고침을 받은지라 온 무리가 예수를 만지려고 힘쓰니 이는 능력이 예수께로부터 나와서 모든 사람을 낫게 함이러라 ✝ 누가복음 6 : 17-19

만병의 의원 되시는 주님께서
병자들에게 다시는 찾을 수 없었던
건강을 주시니 고침을 받은 사람에게는
영영 못 잊고 살 구원자이십니다

갖가지 질병으로 신음 속에 살다가
고침을 받는 사람도 있지만
손댈 시간도 없이 지천에 죽어가는
안타까운 사람들이 많이 있습니다

병자들을 치유하여주시는 주님은
병들어 신음할 때 고쳐주시고
눈빛과 메마른 입술을 적셔주시고
고독과 절망을 감싸주십니다

아픈 이들에게 꼭 필요한 것은 치료와
위로의 손길 주님의 손길입니다

병은 누구에게나 찾아오고
질병이 찌르는 고통이 절망이지만
주님께서 치료하시고 회복시켜주시사
고통을 벗고 건강함으로 살게 하십니다

369 | 제자들의 외침

예수께서 그의 열두 제자를 부르사 더러운 귀신을 쫓아내며 모든 병과 모든 약한 것을 고치는 권능을 주시니라 ✝ 마태복음 10 : 1

갈 길을 잃은 사람들아
우리의 필요함을 아시고
꼭꼭 채워주시는 예수를 보라
여기에 길이 있으니
닫힌 마음의 문을 활짝 열어라

죽어가면서 헝클어져 악물고
죄악에 쓰러져 영벌로 가지 말고
소망을 갖고 믿음으로 살자
병들어 헐떡거리며 신음하기보다
회개의 눈물과 구원으로 살면
주체할 수 없는 기쁨이 된다

불안해 질러대는 악다구니를 멈춰라
여기 가슴 한복판에 새겨놓은
감격의 눈물이 쏟아지는 사랑이 있다

힘들고 지칠 때 다정하게 등 두드려
위로와 용기를 주시며 함께해주시는
온유하고 겸손하신 예수를 보라
여기 너희에게 줄 은과 금은 없지만
구원과 새 생명의 길이 있으니
죄를 회개하고 예수를 믿으라

> 예수께서 이 열둘을 내보내시며 명하여 이르시되 이방인의 길로도 가지 말고 사마리아인의 고을에도 들어가지 말고 오히려 이스라엘 집의 잃어버린 양에게로 가라 ✝ 마태복음 10 : 5-6

예수께서 열두 제자들에게
구원의 말씀을 소리 높여 전하고
온 세상이 깨어나도록 마을마다
거리에서 만나는 사람마다
복음을 전하라 파송하셨다

주의 권능을 입술에 함께 주셨으니
강하고 담대하게 거저 받았으니
잃은 양에게 빈 몸으로 가라고 하셨다

세상 욕심이 넘치면
죄를 짓게 되지만
예수를 만나고 영접하면 구원받고
하늘 소망 속에 기쁨이 넘친다

죄악 속에서 누리고 싶은 것
주님께 다 고하고 드리면
가장 아픈 상처가 기쁨으로 변한다

암벽을 오르고 내려가듯 험하고 힘든
복음 전하는 길의 비바람 거친 눈보라
폭풍우 속에도 은혜 속에 감동이 넘친다

371 | 열두 제자의 파송 2

어두운 세상을 밝히는 생명의 복음을 전하라
넘어지고 쓰러져 주저앉고 싶고
통곡하며 울고 싶을 때 붙잡아 주신다

십자가를 홀로 지신 절실한 사랑
보혈을 흘려주신 사랑 때문에
주님께 가까이 다가가면 행복해진다

이리 가운데 있는 양 같은 우리를
구원해줄 강하고 담대하신 분은
오직 한 분 예수밖에 없다

지혜와 순결의 은혜가 넘쳐
고통과 절망과 핍박이 와도
입술에 담대하게 전할 말을 주신다

주님의 생명의 말씀을 온전히 전하라
미움을 받고 시련이 와도
추운 겨울 지나 봄날 오듯 온 세상에 전하라

세상 끝날 때까지 예수 다시 오실 때까지
생명의 말씀을 온 세상 땅끝까지
모든 민족과 사람들에게 전하고 또 전하라

주님의 제자가 되어 가라시는 곳에서
입으로는 말씀을 마음으로는 사랑을
발로는 봉사를 손으로는 섬김과 나눔을
나타내기를 원하고 계신다

주님을 만나보지 못한 사람들이
우리를 보고 주님이 전하는
제자가 됨을 알 수 있도록
온전히 비쳐주는 거울이 되고 싶다

허무와 욕망의 소용돌이 속에 살며
고통스럽고 비참한 사람에게
생명을 통하여 예수를 알게 하는
사랑의 도가니가 되고 싶다

분주히 쏘다녀도 소득이 없고
늘 난간에 매달린 듯 힘든 나그네 삶
주님이 보고 싶어 잠들지 못한 밤
기도와 말씀 속에 주님을 만나자

죄악의 절망 속으로 굴러떨어져 가는
사람들에게 강한 믿음으로 생명의 말씀을
전하며 가슴 가득 은혜 속에 살기를 원한다

373 | 두려움 없는 사랑

참새 두 마리가 한 앗사리온에 팔리지 않느냐 그러나 너희 아버지께서 허락하지 아니하시면 그 하나도 땅에 떨어지지 아니하리라 ✝ 마태복음 10 : 29

인간의 죄는 가리고 숨기고
피할 수 없이 만천하에
속속들이 벌거벗듯이 드러납니다
고래고래 소리 질러도 변명할 수 없고
외로운 눈물에 한숨 소리 큰데
어찌 보여드리지 않겠습니까

고단하고 벌거벗고 있는 대로
연약한 그대로 내 모습을 드립니다
남과 밀담하던 담 밑의 말도 아십니다
사랑을 받는 가난한 마음으로
영혼을 사랑하며 살겠습니다

한 마리 참새의 떨어짐도
머리카락도 세밀하게 세시고
생명을 천하보다 귀하게 여기십니다
죄로 인해 마음이 꼬부라지고
손가락질당하고 처참하게 무너진
죄악을 싹 버리고 주님의 사람이 됩니다
주님 예수 그 이름으로 회개하고
모락모락 피는 구속의 사랑을 키워가며
예수의 은혜 안에 살겠습니다

374 | 자기 십자가를 지고 주를 따르라

또 자기 십자가를 지고 나를 따르지 않는 자도 내게 합당하지 아니하니라 자기 목숨을 얻는
자는 잃을 것이요 나를 위하여 자기 목숨을 잃는 자는 얻으리라 ✝ 마태복음 10 : 38-39

예수 안에 살기를 원하는
사람에게는 누구나 지고 가야 할 십자가
감당할 만한 십자가가 하나씩 있다

십자가를 지지 않으면
자기의 사명을 다하지 않는 사람이다
십자가를 지지 않고 편하게 살려는 사람은
주님의 뜻에 합당하지 않다

자기가 져야 할 십자가를 지고
하나님이 원하는 길을 가는 사람이
구할 것은 충성이라 했으니
죽음이 오는 날까지
하나님의 뜻에 합당하게 살아야 한다

자기 십자가를 남에게 넘기는 사람은
참으로 어리석은 사람이다
그는 그리스도인도 아니고 성도도 아니다
하나님의 자녀라면 자기를 부인하고
순례자의 길을 가며 자기 십자가를 졌다면
내 뜻대로 살아가는 것이 아니라
주님이 원하시는 삶을 사는 것이다

375 | 상을 받을 사람은 누구인가

너희를 영접하는 자는 나를 영접하는 것이요 나를 영접하는 자는 나를 보내신 이를 영접하는 것이니라 선지자의 이름으로 선지자를 영접하는 자는 선지자의 상을 받을 것이요 의인의 이름으로 의인을 영접하는 자는 의인의 상을 받을 것이요 또 누구든지 제자의 이름으로 이 작은 자 중 하나에게 냉수 한 그릇이라도 주는 자는 내가 진실로 너희에게 이르노니 그 사람이 결단코 상을 잃지 아니하리라 하시니라 ✝ 마태복음 10 : 40-42

하나님의 말씀을 전하는 사람들을
기쁨으로 맞이하는 사람들은
예수 그리스도를 영접한 사람들이다

하나님이 선택하여 보내신
선지자들을 선지자로 알고
기쁨으로 맞이하는 사람들은
예수 그리스도를 맞이한 사람들이다

의인을 의인답게 대하는 사람들은
그들도 하나님이 똑같이
대접하여주실 것이다

어느 누구든지 어린아이에게
냉수 한 그릇 대접하듯
아주 작은 일들로 섬기더라도
하나님이 기억하시고
그들에게 선한 대로 갚아주실 것이다

하나님은 행한 대로 갚아주시는
전지전능하신 분이시나

376 | 냉수 한 그릇

또 누구든지 제자의 이름으로 이 작은 자 중 하나에게 냉수 한 그릇이라도 주는 자는 내가
진실로 너희에게 이르노니 그 사람이 결단코 상을 잃지 아니하리라 하시니라

✝ 마태복음 10 : 42

강퍅하게 살면 지극히 작은 자에게
냉수 한 그릇 대접하는
아주 작은 사랑도 쉽지 않다

목마르고 갈증을 느끼는데
땅마저 메말라 풀꽃 하나 필 수 없고
사람들의 마음조차 바짝 말라 있어
시선조차 마주칠까 두렵다

살아보려고 기를 써도 두렵고
늘 갇혀 살아가는 것만 같아
한 매듭으로 하나 되어
석류알처럼 빼곡한 사랑 하고 싶다

냉수 한 사발의 이웃 사랑을
베푸는 것은 정겹고 행복한 마음이다

홀로 갇혀 착각하지 말고
냉수 한 사발 따뜻하게 이어가며
들켜도 좋을 행복한 웃음 웃으며
하늘 사랑 이루는 고운 꿈 꾸며 살아가고 싶다

377 | 요한아 요한아 세례 요한아

예수께서 대답하여 이르시되 너희가 가서 듣고 보는 것을 요한에게 알리되 맹인이 보며 못
걷는 사람이 걸으며 나병 환자가 깨끗함을 받으며 못 듣는 자가 들으며 죽은 자가 살아나며
가난한 자에게 복음이 전파된다 하라 누구든지 나로 말미암아 실족하지 아니하는 자는 복
이 있도다 하시니라 ✚ 마태복음 11 : 4-6

요한아 세례 요한아
여인이 낳은 자 중에 가장 큰 자여
보아라 들어라 어떤 일들이
일어나는가를

소경이 눈 뜨고 앉은뱅이가 일어서고
문둥이가 낫고 귀머거리가 들리며
죽은 자 살아나고 심령이 가난한 자가
회개하고 기쁨이 충만해진다

세례 요한아 갇힌 몸 되어
가장 여린 가지처럼 떨고 있지만
영혼에 놀라운 축복이 있다

죄 속에 쭉정이만도 못해 거센 바람에
갈대처럼 흔들려도 목숨 걸고 이룬 사람아
헐떡이는 거친 숨소리가 들린다

무덤에서 썩을 인생 천하보다 귀하게 여겨
주님의 길 예비하는 소망 속에
날마다 마음에 은혜로 꽃 피어난다

378 | 오실 그이가 당신입니까

오실 그이가 당신입니까
허공을 때리는 소리 가득한 세상에
광야의 길을 예비하고 기다리며
의문만 반복하고 되풀이만 했습니다

요단 강에서 세상 죄를 지고 가며
하나님의 어린양이라 외쳤는데
들메끈을 풀기도 감당치 못했는데
나에게 세례를 받으셨습니다

옥에 갇혀 고통에 시달리는데
오실 그분이 오셨다면
어찌 감옥에 있을 수 있겠습니까

예수여 오실 그이가 당신입니까
아니면 다른 이를 기다려야 합니까
어디쯤 오고 계십니까

기다림의 터널을 빠져나와
한 맺힌 혼자만의 가슴앓이 통증에
외로운 눈물이 흐르는데
오실 그이가 당신입니까

379 | 회개하지 않는 고을을 책망하시는 예수

권능과 이적만을 요구하며 죄를 회개하지 않는
악한 고을아 고라신, 벳새다, 가버나움아
네가 예수 그리스도를 영접하지 않고
마음 주지 않고 배척하니 화가 있을 것이다

하나님의 아들 예수가 너희를 구원하시고
참평안과 참기쁨을 주시려고 오셨는데
교만하고 사악하여 죄 속에 안주하며
그대로 있으니 참으로 어리석도다

너희에게 행한 권능과 이적을
두로, 시돈, 소돔, 고모라에서 행하였더라면
그 고을들은 심판당하지 않고 오늘까지 보전하였을 것이다

정나미 떨어지는 사악한 고을들이여
주님이 찾으시고 부르실 때
죄악을 벗어던지고 돌아오라
구원의 날과 은혜가 항상 있는 것이 아니다
지금이 은혜의 날이요 구원의 때니
돌아오시 않으면 심판을 받아 멸망할 것이다

380 | 이 세대를 무엇으로 비유할꼬

빛과 어둠이 함께하는
이 세대를 무엇으로 비유할까
죽음으로 향하는 발자국들 멈출 수 없다
말씀을 전하는 교회는 많고 많아
한 집 건너 하나씩 수없이 많은데
여전히 그 모양 그 꼴로 죄짓고 살아가고 있다
죄를 눈물로 쏟아놓는 회개는 어디 있나

피리를 부는 자도 영성을 잃고
춤추어야 할 자들은 흥을 잃고
십자가와 교패 붙은 대문은 많은데
예수에게 몰려왔다 떠나는 사람들

큰 예배당에 거룩한 사람은 많지만
진실한 하나님의 사람 외에
누가 예수의 참모습을 보여주는가
누가 죄인의 친구가 되어주는가

영혼의 질서도 없고 사라진 세대가
애곡하고 통곡해야 하는데 눈물도 없고
죄로 가슴 치며 통회할 시간도 없이
날개 잃은 처참한 새가 되고 말았다

381 | 화가 있으리라

가버나움아 네가 하늘에까지 높아지겠느냐 음부에까지 낮아지리라 네게 행한 모든 권능을
소돔에서 행하였더라면 그 성이 오늘까지 있었으리라 내가 너희에게 이르노니 심판 날에
소돔 땅이 너보다 견디기 쉬우리라 하시니라 ✝ 마태복음 11 : 23-24

갈 곳 없는 막장 인생에
죄가 둥지를 틀어 콕콕 쑤셔오는데
돈 많다 자랑하는 사람도 있고
하루를 구걸하며 사는 빈털터리도 있다

가난과 고독에 찌든 사람도 있지만
가슴을 활짝 열어 구원받고
예수로 적셔지는 사람도 있다

이 세대여 이웃도 형제도 돌보지 않고
이웃에 누가 있는지 이름조차 모르고
비웃고 헐뜯는 소리를 좋아하는가

예수 그리스도는 십자가의 고통으로
우리를 살리셨는데 보혈의 공도를 모르고
형식적인 예배를 드리는 자들아
십자가의 사랑은, 구주 예수를 향한 회개는
슬퍼해도 좋을 아주 좋은 슬픔이다

흥청망청 제 배만 불리지 말고
죄인들아, 회개하고 돌아서라
다시는 건너지 못할 강, 지옥으로 가지 말라

382 | 수고하고 무거운 짐 진 자들아

수고하고 무거운 짐 진 자들아 다 내게로 오라 내가 너희를 쉬게 하리라 ✝ 마태복음 11 : 28

육체와 영혼이 시들어
삶이 피곤하고 고달픈 사람들이여
너의 짐이 얼마나 큰가
얼마나 무거운가 주님께 나오라

적막하고 고달픈 자들이여
조바심에 죄에 갇혀 있지 말고 나오라
온유하고 겸손하신 주님께서
너희들을 부르고 계신다

절망에 빠져 도무지 갈 길을 알지 못하고
찾지 못하여 종종걸음으로
암흑의 길을 가는 자들이여

죄악의 어두운 길을 가는 사람들이여
죄의 고통에서 벗어나려면 주께로 나오라
주님의 멍에는 쉽고 가벼우니 나오라
죄악의 종지부를 찍고 나오라

헛된 것을 찾으려고 땅끝으로 가지 말고
절망을 벗고 새롭게 살고 싶다면
천성을 향하여 가려면 주님께 나오라
너의 길을 인도하신다

383 | 삶 속에 함께하시는 예수 1

외로운 새처럼 울지 않고
어둠을 떠나 빛 속에 살고 싶다
갈대의 가슴에도 울음이 있다

잠시 잠깐을 즐겁게 하던
세속적인 것들에서 떠나
영원한 생명의 즐거움을 갖고 싶다

화려하지도 찬란하지도 않고
평범하지만 주께서 함께하여주시니
이 벅차고 풍족한 은혜 속에
푸른 들판에서 마음껏 뒹굴고 싶다

끝없는 일상의 반복에서 벗어나려
가슴 조이고 부대끼며 살았는데 부끄러워
내밀 수 없는 손 따뜻하게 붙잡아 주셨다

심령이 갈라지고 찢어져 불쌍하고 염치없던
죄인의 낙인을 구원의 은혜로
죽기보다 싫은 죄 감쪽같이 벗겨주시니
죄짐을 벗는 것은 풋풋하고 신나는
기쁨과 행복이 가득한 감동의 삶이나

384 | 삶 속에 함께하시는 예수 2

곧 예수 그리스도를 믿음으로 말미암아 모든 믿는 자에게 미치는 하나님의 의니 차별이 없
느니라 모든 사람이 죄를 범하였으매 하나님의 영광에 이르지 못하더니 그리스도 예수 안
에 있는 속량으로 말미암아 하나님의 은혜로 값없이 의롭다 하심을 얻은 자 되었느니라
✝ 로마서 3 : 22-24

욕망의 바람에 삐걱거리고 흔들리며
가쁜 숨을 몰아쉬고 뒹굴어도
안타깝게 심장이 한순간에 멈춘다

욕망의 덫과 의심은 불신을 낳고
믿음은 반석 위에 세워진다
옷에 묻은 먼지만 털지 말고
영혼의 죄를 씻고 안식을 얻고 싶다

서로 상처를 물고 뜯으며 다투고
악다물고 찢어지는 비명을 지르며
푸르뎅뎅하게 피멍이 들어도
결국에 남는 것은 죄뿐이다

죄악에서 돌이키고 돌아서서
상처 난 마음에 말씀을 듣고 회개하여
예수 사랑을 영혼에 새겨놓으라

주님을 만남은 얼마나 놀라운 축복인가
십자가에서 떨어지는 핏방울이
보혈로 흐를 때 내 마음에
촘촘히 돋아나는 구원의 기쁨을 얻는다

385 | 삶 속에 함께하시는 예수 3

그러므로 이제 그리스도 예수 안에 있는 자에게는 결코 정죄함이 없나니 이는 그리스도 예수 안에 있는 생명의 성령의 법이 죄와 사망의 법에서 너를 해방하였음이라 ✝ 로마서 8 : 1-2

웃음마저 빼앗겨 고통당하는
수고하고 무거운 짐 진 자들아
주께로 나오라 너희를 쉬게 하실 것이다

정처 없는 죽음의 길에서 돌아오라
수고하고 무거운 짐 진 자들아
의문스러워 헛된 질문만 하지 말고
예수 그리스도께로 돌아오라

주님을 바라보면 편안해지고 따뜻해지니
새삼 얼마나 복되고 좋은 일인가
끝없는 미로 속에 갈 길을 못 찾아
방황하는 자들아 주님께 나아오라

뭉친 설움을 풀고 무자비하게
엉킨 마음을 풀어 죄 벽을 무너뜨리려면
온유하고 겸손하신 마음을 배워라

과거의 죄악을 끝내고 회개하여
천하를 얻은 듯 기쁨을 얻으려면
수고하고 무거운 짐 진 자들아
우리 주 예수 그리스도께로 나아오라

> 내가 그리스도 안에서 참말을 하고 거짓말을 아니하노라 나에게 큰 근심이 있는 것과 마음에 그치지 않는 고통이 있는 것을 내 양심이 성령 안에서 나와 더불어 증언하노니 나의 형제 곧 골육의 친척을 위하여 내 자신이 저주를 받아 그리스도에게서 끊어질지라도 원하는 바로라 ✝ 로마서 9:1-3

거지와 버려진 사람들이
한겨울 추위를 견디기 위하여
겉옷을 껴입었더니 무거운 짐이 되고 말았다

죄를 진 자들은 주님에게서 멀어지고
은혜가 사라지고 죄 속에 묻힐 자들인데
생명의 말씀이 다가와 죄를 고백했다

예수를 믿고 죄를 회개하고
세례를 받아서 영육을 목욕하고
의의 옷을 가볍게 입고서야 알았다

"수고하고 무거운 짐 진 자들아 내게로 오라
내가 너희를 편히 쉬게 하리라"
이 말씀의 진리를 깨닫게 되었다

신앙은 몸만 돌아오는 것이 아니라
마음이 함께 주님께 나아오는 믿음이다
신앙은 굴복하고 타협하는 것이 아니라
순종하며 믿고 따르는 것
신앙은 불행하게 만드는 것이 아니라
하나님의 사랑으로 행복해지는 것이다

387 | 나사렛 청년 예수

나사렛 마을의 청년 예수는
평범한 젊은이처럼 보였으나
목수 요셉의 아들은 기술이 뛰어나
그가 만든 멍에는 편하고 가볍고
어깨에 지기가 아주 쉬웠다

청년 예수는 매사를 겸손하게 받아들이며
모든 일에 최선을 다하며
불평이나 비난보다 땀 흘리며
내일을 희망하며 사셨다

나사렛 청년 예수는
하나님의 때와 기한이 이를 때까지
요셉과 마리아의 아들로
나사렛 마을의 평범한 청년 목수로 살았다

마리아는 항상 모든 것을 마음에 담고
지켜보며 하나님의 때가 오기를 기다렸다
나사렛 청년이 하나님의 아들로
예수로 살기 시작할 시간이 찾아와
복음의 문이 열리기 시작했다

388 | 쉼을 주시는 예수

수고하고 무거운 짐 진 자들아 다 내게로 오라 내가 너희를 쉬게 하리라 나는 마음이 온유
하고 겸손하니 나의 멍에를 메고 내게 배우라 그리하면 너희 마음이 쉼을 얻으리니 이는 내
멍에는 쉽고 내 짐은 가벼움이라 하시니라 ✝ 마태복음 11 : 28-30

누가 예수를 부르고 함께하는가
불안하고 음산한 바람이 부는데
죄는 후회해도 소용없고 회개를 해야 한다

연약하고 부족한 사람들아
어떤 고통과 문제, 언제든 갖고 찾아오라
죄악을 예수 이름으로 회개하지 않으면
지옥으로 떼굴떼굴 굴러간다

죄의 부끄러운 자리, 미궁에서 벗어나
예수 그리스도와 하나가 되는 꿈을 꾸며
성령의 바람이 인도하는 곳으로 가라

죄악은 타오르는 절망의 숯덩이니
소망 속에 기뻐하며 웃음 속에 살자
주님을 따뜻하게 만나고 싶을 때
주님의 손을 잡고 겸손을 배우며
주 예수를 닮아가며 기쁨으로 살자

늘 서러움에 바싹 말라버리던
모든 더러운 죄를 다 벗어버리고
예수 안에서 영혼의 쉼을 얻자

389 | 내 영혼의 목수 예수 1

내 영혼의 목수이신 주님은
이 땅에 생명을 구원하러 오신
나사렛 동네의 이름난 목수입니다

심령과 영혼 속에
성령의 전을 지으시는
하늘의 목수 내 영혼의 목수입니다

나의 시선, 나의 입
나의 귀, 나의 영혼이
주님의 손길로 새롭게 되기 원합니다

통나무가 목수의 손길로 잘 다듬어져
쓰임받는 도구가 되듯이
새롭게 되기를 원합니다

주님께서 늘 곁에 두고 쓰시는
도구가 되기를 소망합니다
주님은 내 영혼의 목수이신
구주 예수 그리스도이십니다

390 | 내 영혼의 목수 예수 2

의심과 갈등의 상처를 고치시고
치료하시는 영혼의 수선공 예수 그리스도

너덜거리는 낡은 풋대처럼 터지고
뜯어질 대로 뜯어져 버려서
아무 쓸모 없어도 깨끗하게 하시니
숲의 공기만큼 정신이 맑아집니다

항상 친근하게 찾아오시는
주님을 먼저 찾게 하소서
부족하고 연약한 것을 고백하오니
허물 많은 죄인이 긴장을 풀고
주 예수 그리스도를 바라봅니다

문젯덩어리, 골칫덩어리, 사고뭉치로
죄악의 창살에 갇혀 살았는데
주님이 없으면 찌그러진 고물입니다

몸과 영혼을 수선하여주시고
죄악의 치부까지 깨끗하게 씻겨주신
구원을 믿으며 열정을 쏟고 싶습니다

내 영혼의 목수가 되셔서
죄로 가득한 더러운 찌꺼기들을
성령의 톱으로 썰고 잘라내고
죄악을 긁어내어 새롭고 정결하게 하소서

죄악의 더러운 것들을
잘 드는 대패로 싹싹 밀어내어
믿음이 성장하게 하여주셔서
반석 위에 세워지게 하시고
새롭고 깨끗하게 변화되게 하소서

허공에서는 나약하고 연약하오니
주 예수 그리스도 안에
믿음을 굳게 고정시켜주시고
견고한 반석 위에 세워지게 하소서

포용력 있게 꿈을 키워가며
가장 소중한 것을 드리게 하시고
내 영혼을 피보다 진한 사랑으로
복음과 함께 감동을 드리게 하소서

여호와는 나의 목자시니 내게 부족함이 없으리로다 ☘ 시편 23 : 1

목자는
하늘과 땅을 연결하는 사람들
죄와 허물을 용서하며
길 되신 주님의 모습을 알립니다

홀로는 외로워
양 떼가 지나간 뒤
성전 안에서 울기도 합니다
언제나 길 잃고 방황하고
서성거리는 양을 찾습니다

목자가 양을 인도하는
시대는 행복하고
양이 목자를 주장하는
시대는 불행합니다

양이 많은 시대는 행복하지만
목자가 많은 시대는 불행합니다

393 | 주여 내 손을 잡아주소서

항상 중보의 기도를 하여주시는 주님
주님을 사모하고 사랑하며
착하고 진실한 고백을 하며 살게 하시고
시기와 장소에 따라 빛과 어둠이 다르듯
미묘한 두 얼굴을 갖지 않게 하소서

가슴이 꽉 막히고 짜증스럽고
견디기 힘들 때일수록
주님의 사랑을 깊이 깨닫게 하소서
작은 일에도 마음이 흔들릴 때마다
나의 잘못을 깨우쳐주시고
모든 것을 용서받기 위하여
부끄러움에 꾸지람이라도 듣고 싶습니다

헛된 목소리는 허공에 뜨고
뜨거운 기도 속에 진실한 고백은
허기졌던 마음에 은혜의 강이 흐릅니다
가 닿지 못할까 외로워 눈물 흘릴 때
내 손 잡아주시고 인도해주십니다

사랑하는 마음이 눈물꽃으로 피어나
보고픔에 가슴에 설렘이 가득합니다

394 | 나의 주님 예수

그러나 무엇이든지 내게 유익하던 것을 내가 그리스도를 위하여 다 해로 여길뿐더러 또한 모든 것을 해로 여김은 내 주 그리스도 예수를 아는 지식이 가장 고상하기 때문이라 내가 그를 위하여 모든 것을 잃어버리고 배설물로 여김은 그리스도를 얻고 그 안에서 발견되려 함이니 내가 가진 의는 율법에서 난 것이 아니요 오직 그리스도를 믿음으로 말미암은 것이 니 곧 믿음으로 하나님께로부터 난 의라 ✝ 빌립보서 3 : 7-9

내 영혼의 깊은 고백을 받아주실 분은
예수 한 분밖에 없어
고요히 기도를 드리면
끝나지 않을 갈등도 막을 내린다

유혹이 넘실거리는 죄악의 고통과 아픔을
받아주실 이도 주님 한 분뿐이기에
간절히 기도하고 눈 감았다 뜨면
응답이 되어 돌아온다

예수를 믿고 구원받아 소망이 있고
영혼을 깨워주시니
세상 소망도 아랑곳하지 않고 끊어버리고
얕은 잔꾀를 부리는 지식도 버리고
예수를 아는 것이 가장 큰 소망이다

늘 함께해주실 이도
늘 인도하여주실 이도
주님밖에 없어 진실하게 고백한다
주님의 사랑 잊지 않고 늘 기억하며
학처럼 발돋움하며 감사드린다

395 | 누구든지 예수 믿으면

너희는 하나님으로부터 나서 그리스도 예수 안에 있고 예수는 하나님으로부터 나와서 우리에게 지혜와 의로움과 거룩함과 구원함이 되셨으니 기록된바 자랑하는 자는 주 안에서 자랑하라 함과 같게 하려 함이라 ♰ 고린도전서 1 : 30-31

봄바람이 따뜻하게 불어오면
꽃이 피듯 복음의 문이 열려
죽어가는 심령에 구원의 꽃이 핀다

추운 겨울 얼어붙은 땅 숨죽이며
봄을 기다린 것처럼 영생의 길이 열리고
복음의 기쁜 아우성이
내 마음속을 굽이쳐 흘러내린다

뼈까지 슬픔이 치미는 고독을 벗고
주님을 온전히 영접하면
죽어가는 것들이 새롭게 살아난다

빛을 떠나 어둠 속을 방황하여
때늦은 후회가 되지 않게
구원의 문을 두드려라
언제나 열릴 것이다

늘 그리운 주님의 십자가 보혈이
구원의 생명의 꽃으로 피어나고
희망의 별로 떠올라 새롭게 펼쳐주신다

396 | 의의 옷을 입혀주소서

세월이 흐르면서 얼굴이 늙어갈수록
주름도 지고 마음도 낡아지지만
주님의 은혜 속에 날로 새롭게 하소서
나의 가진 것 모두 주의 것이니
성도의 의의 옷을 입혀주소서

늘 오가지도 못하고 뜯기고 할퀴어
아픔만 도사리는데 결코 의심하지 않게
응어리진 혀끝에 죄를 털게 하소서

악한 죄악에 잘못 끼어들어
두려움에 와들와들 떨지 않게 하시고
늘 순수하게 소망 속에 살게 하소서

초청한 잔치에 가고 싶으니
성도의 옷 세마포를 입혀주시고
입만 아니라 마음으로 고백하고
영혼으로 찬양하며 살게 하소서

이 세상의 모든 것 다 잃어도
주님을 잃지 않게 하시고
날 밝으면 햇볕도 좋듯이 밝게 하소서

397 | 나의 눈이 주를 찾게 하소서

나의 주 나의 하나님
나의 눈을 맑고 밝게 하여주시고
나의 기도를 들어주시고
주를 밝히 볼 수 있게 하소서

모나고 거칠고 울퉁불퉁한 마음으로
목에 날이 퍼렇게 선 핏줄로
다투고 싸우지 않게 하시고
주의 손길로 다듬어주시고
두드러지고 거친 것을 고쳐주소서

슬픔이 찾을 때 외톨이가 되지 않고
기쁨이 찾을 때 기쁨 속에 있는
아픔을 찾아 깨닫게 하소서

무심하고 허망한 세월 속에 허락된
덤으로 사는 세월 제멋대로 살지 않고
순정으로 살아 구원받게 하소서

죄악 세상에서 유일한 소망은
오직 주님뿐이오니 눈동자 속에
주님을 사랑하며 그리움이 있게 하소서

398 | 주님만을 바라보게 하소서

하나님이여 나를 지켜주소서 내가 주께 피하나이다 내가 여호와께 아뢰되 주는 나의 주님
이시오니 주 밖에는 나의 복이 없다 하였나이다 땅에 있는 성도들은 존귀한 자들이니 나의
모든 즐거움이 그들에게 있도다 ✝ 시편 16 : 1-3

환상이 깨지고 부질없던 것들이
한순간에 사라지고 모순 보따리,
심술바가지 뒤죽박죽이라
성질을 쏟아내고 숨고만 싶다

세상 유행에 물들어 살고 싶은
가증스러운 욕망의 노예가 되어
죄악의 눈부신 화려함에
눈길이 쏠려 가슴 한쪽이
늘 허물어지고 죄 속에 살았다

별들이 반짝이며 밤하늘을 수놓듯이
나뭇잎이 바람에 흔들리며 찬양하고
열매들이 익어가듯이
작은 믿음의 풀잎마다 꽃을 피우고 싶다

연약하고 초라함을 느낄 때마다
의지할 수 있는 생명의 말씀을 주신다
조바심으로 진땀 빼며 살지 않고
하늘나라 소망을 각인시켜주시고
인도해주시는 주님을 바라보며 살고 싶다

399 | 어디로 가야 합니까

어디로 가야 합니까
내 영혼을 깨물고 소리 질러대며
날 비웃고 조롱하며 노려봅니다

웅성거리는 소리에 만신창이가 되어
분노 가득히 썩는 냄새가 납니다

어디로 가야 합니까
모든 것을 떠나 꼭꼭 숨어버리고
떠나고 싶은데 조각조각 나
안타깝게 자꾸만 흩어져 갑니다

거창하게 보이는 과장과 허영의 죄를 끊고
꼭 잡아주시기를 원하는데
주님이 내 곁을 떠나신다면
어둠 속에 빠져 절망하고 맙니다

불평을 회개의 눈물로 씻어 내리고
주님이 흐뭇해하시는 모습을 보며
항상 동행하여주시기를 원합니다

400 | 주여, 순종하는 삶을 살게 하소서

죄가 짐 되어 화끈 달아올라 숨통이 막혀도
어둠 속에서 별을 바라보듯이
생명의 말씀을 가슴 깊이 받아들입니다

골고다 십자가의 고난을 언제나 새기며
사모하며 따르며 온전하게 살기를 원합니다
주님 앞에 서면 너무도 작은 나의 모습을
바라보며 순종하며 두 손을 모아봅니다

생명의 말씀 한 움큼 먹고 싶어
마음을 모으며 순종하면
주님을 향한 그리움이 마냥 커져갑니다

샘처럼 고이는 사랑 속에
하루하루 시큰둥하며 떼 쓰듯 살지 않고
그리움의 투망을 던지며
이름을 애타게 부르고 싶습니다

십자가 주님을 생각하면 슬픔과 그리움이 교차해
맑고 초롱한 눈으로 바라봅니다
말씀과 뜻을 믿고 신뢰할수록
가슴에 아롱아롱 피는 그리움 속에
심장을 달구는 사랑에 행복합니다

401 | 독사의 자식들아 1

독사의 자식들아 너희는 악하니 어떻게 선한 말을 할 수 있느냐 이는 마음에 가득한 것을 입으로 말함이라 ✝ 마태복음 12 : 34

깨닫지 못하고 변화되지 못한 마음
내키는 대로 출렁거리는
말과 행위가 얼마나 악한지 아는가
악담과 폭언으로 가슴 깊이 상처를 입히고
교만의 늪에서 벗어나지 못하여
남을 저주하고 거짓말을 일삼는구나

죄를 날 세워온 너희의 마음이 악하니
악한 것을 내뿜는 것은 당연하다
너희는 어둠의 자식들이다

선한 사람들은 그들이 쌓은 선에서
선한 마음과 행동이 나오고
악한 사람들은 그들이 쌓은 악에서
악한 마음과 행동이 나온다

끝내 악을 버리지 못하는 독사의 자식들아
사랑을 등진 너희가 한 말과
너희가 가한 행위로 심판을 받을 것이다
너희가 남에게 준 상처 그대로
머리 위에 심판과 벌이 쏟아져 내릴 것이다
악한 독사의 자식들아

맹독을 입으로 쏟아내며 모든 일을 거꾸로 보고
거짓으로 보는 독사의 자식들아
오장육부가 멀쩡한데 어찌 뒤틀렸는가
말이면 다 말인가 사람이 좋으면
삶도 좋은 것 마음에 맹독을 품었으니
쏟아내는 말마다 독기가 올랐다

엉큼한 눈빛과 독한 말로 후벼 파고들어
상처 난 마음조차 깨버리면
한밤중에도 불면으로 고통스럽고
가슴에 구멍이 뚫려 생피를 흘린다
유익한 말을 해도 아까운 날을
무익한 말로 트집 잡고 시비를 걸며
애꿎게 가슴을 아프게 하는가

못마땅해 불신과 모함만 가득한 자들아
선한 말이 그리도 많거늘 왜 악한 말만
골라서 맹독을 퍼붓는가
너희는 심판을 받고 너희가 함부로 뱉은 말
하나도 땅에 떨어지지 않는다
죄악을 저지른 부끄러움으로 네 얼굴을
가리지 못할 것이다 독사의 자식들아

403 | 상한 갈대를 꺾지 않으시는 예수

그는 다투지도 아니하며 들레지도 아니하리니 아무도 길에서 그 소리를 듣지 못하리라 상한 갈대를 꺾지 아니하며 꺼져가는 심지를 끄지 아니하기를 심판하여 이길 때까지 하리니
✝ 마태복음 12 : 19-20

상처뿐인 목숨이 얼마나 가냘프냐
화려한 옷에 돈다발 뿌리며
호사스럽게 살아도 길을 잃는다
인간이란 태어나자마자
죽음이 언제 찾아올지 모르고
불평의 그림자가 지워지지 않는 존재다

인생은 톡 치면 쓰러질 상한 갈대
혹 불면 꺼질 등불이 아닌가
어리석은 자들아 예수를 보아라

고집 센 응어리로 미련하게 폄론하지 말고
주님이 하시는 일을 믿으라
병을 고치고 생명을 구원하는 일이
어찌 너희 눈에 가시가 되고
어찌 너희 양심에 가시가 되느냐

살아가는 동안 마음을 열고
주님을 영접하면 결코 후회하지 않는다
예수의 하시는 일을 보라
가슴 깊이 찔림이 되어 깨닫고
주님의 이름을 뜨겁게 불러라

404 | 요나의 표적밖에는

깨닫지 못하는 어리석은 자들아
무슨 표적이어야 족하고 기쁘랴
표적과 기사가 있으면 탄성을 지르다가
표적이 없으면 관심 없는
음란의 자식들아
요나의 표적밖에 없다

세상의 모든 재간들을 버리고
구원받음이 큰 표적인 줄을 모르는가
돈과 명예 권세를 탐하는 너에게
천하보다 귀한 영혼을 구원함이
표적이거늘 무슨 표적을 구하느냐

이 앙다물고 있어야 무슨 소용인가
죄를 다 뱉고 철저하게 회개하라
표적으로만 믿으면 표적에서 끝나고
예수를 믿으면 믿음은 영원하다

세상길 모두 다 희미해지나
구원의 길은 더욱더 선명하니
가장 위태로울 때 믿음을 굳게 잡고
죄를 회개하면 평안이 찾아온다

405 | 성령을 훼방하지 마라

그러므로 내가 너희에게 이르노니 사람에 대한 모든 죄와 모독은 사하심을 얻되 성령을 모독하는 것은 사하심을 얻지 못하겠고 또 누구든지 말로 인자를 거역하면 사하심을 얻되 누구든지 말로 성령을 거역하면 이 세상과 오는 세상에서도 사하심을 얻지 못하리라
✝ 마태복음 12 : 31-32

기쁠 때 슬플 때
사사로운 일에 신경 쓰지 말고
아무리 힘들어도 진창에 빠져
바보짓 하지 말고 갈 길을 가자

보지 못했는가
귀신 들고 눈멀고 벙어리 된 사람이
불쌍하지 않은가 가까이하지 않고
피하고 살며 돌보지 않았다

병든 영혼이 고침을 받으면
기뻐하며 축하하며 찬양하며
영광을 돌려야 하지 않는가

바알세불을 힘입어 병 낫게 했다고
어리석은 자들아 성령을 훼방하지 말라
성령께서 하시는 일을 거역하는가

침묵과 눈물 속에서 나를 사랑하시는
주님이 꿈엔들 얼마나 보고 싶은가
천지를 창조하시고 구원하시는 사랑에
감동의 찬양이 쏟아져 내린다

406 | 누가 내 형제 내 어머니인가 1

누구든지 하늘에 계신 내 아버지의 뜻대로 하는 자가 내 형제요 자매요 어머니이니라 하시더라 ✝ 마태복음 12 : 50

주의 동생들과 모친을 보라
누가 내 형제 내 모친인가 물으셨다
왜 이런 질문을 하시는 것일까

주여 보소서 당신의 모친과 동생들이
당신께 말하려고 밖에 섰나이다
누가 내 모친이며 내 동생들이냐
모친과 형제를 모르나 궁금해졌다

"나의 모친과 동생들을 보라
누구든지 하늘에 계신
내 아버지의 뜻대로 하는 자가
내 형제요 자매요 모친이니라"

이 각박하고 삭막한 세상에서
아픔이 있을 때 정 진한 눈물 흘리며
누가 반겨줄 수 있는가
가족의 마음이 서로 같아지면
천국의 사랑은 한이 없고 끝없다

죄짐을 벗어버리면
맑고 푸른 하늘 구름처럼 가벼워지고
하나님의 자녀가 될 수 있다

407 | 누가 내 형제 내 어머니인가 2

부모와 형제와 자매, 가족은
매우 행복한 사랑의 보금자리다
눈 감아도 늘 보이는 사람들이다

가족이 얼마나 많은 사람들을
즐겁게 만들어주고
삶을 살아갈 용기를 주는가

또 얼마나 많은 사람들이
가족과 떨어져
불행한 삶을 살아가는가

예수께서 어머니와 동생들에게
누가 내 형제요 어머니냐고 말씀하셨다

주님은 가족을 분명하게 말씀하셨다
"나의 어머니와 동생들을 보라"

주님은 믿음 안에서
복음 안에서 형제와 자매는
하나님 아버지 뜻대로 살아가는
하나님의 사람들이라고 말씀하셨다

408 | 씨 뿌리는 비유

삶은 씨를 뿌리는 것과 같다
세상에는 길가 밭도 있고 돌밭도 있고
씨 한 톨 살아남을 수 없는
가시떨기 밭도 있고
심은 대로 풍성하게 거둘 수 있는
좋은 땅을 가진 밭도 있다

자신의 삶의 밭을
피와 땀과 눈물을 흘려가며
어떻게 가꾸느냐에 따라
가을철 수확이 달라지는 법이다

똑같은 씨앗을 뿌렸어도
꿈을 갖고 어떻게 가꾸느냐에 따라
결실은 각각 다르다

기왕에 사는 삶이라면
절망을 넘어 희망으로 살아가며
피와 땀과 눈물을 흘리더라도
좋은 결실을 맺는 것이
믿음을 가진 성도의 바른 삶이다

409 | 네 가지 땅에 비유

예수께서 비유로 여러 가지를 그들에게 말씀하여 이르시되 씨를 뿌리는 자가 뿌리러 나가서 뿌릴새 더러는 길가에 떨어지매 새들이 와서 먹어버렸고 더러는 흙이 얕은 돌밭에 떨어지매 흙이 깊지 아니하므로 곧 싹이 나오나 해가 돋은 후에 타서 뿌리가 없으므로 말랐고 더러는 가시떨기 위에 떨어지매 가시가 자라서 기운을 막았고 더러는 좋은 땅에 떨어지매 어떤 것은 백 배, 어떤 것은 육십 배, 어떤 것은 삼십 배의 결실을 하였느니라 ✝ 마태복음 13 : 3-8

얼굴도 성격도 똑같은 사람은 하나도 없고
사람은 각자 독특한 개성으로 창조되었다

생명의 말씀을 뿌려도 길가 밭 자갈밭도 있고
가시떨기 밭과 옥토 같은 밭도 있다

예수를 영접하고 믿으면
생긴 모양 사는 동네는 달라도
마음이 옥토 좋은 밭이 되어
말씀대로 살면 풍성한 열매를 맺는다

세상살이 허허로운 바람에 나부끼다
언제 날아갈지 모르는 것이 한둘이 아니다
주님을 만나 영혼의 평안 속에
복음의 꽃을 피우고 열매를 맺자

주님을 고대하며 살아가며
그리워하던 꿈이 맞아떨어져
말씀과 기도와 찬양 속에서라도
만날 수 있다면 얼마나 좋을까

410 | 비유로 말씀을 전하시는 예수

제자들이 예수께 나아와 이르되 어찌하여 그들에게 비유로 말씀하시나이까 대답하여 이르시되 천국의 비밀을 아는 것이 너희에게는 허락되었으나 그들에게는 아니되었나니 무릇 있는 자는 받아 넉넉하게 되되 없는 자는 그 있는 것도 빼앗기리라 그러므로 내가 그들에게 비유로 말하는 것은 그들이 보아도 보지 못하며 들어도 듣지 못하며 깨닫지 못함이니라

✝ 마태복음 13 : 10-13

예수 그리스도께서는
비유로 말씀하여 복음을 전하셨다
주님께서 비유로 말씀하신 것은
우둔한 사람들이 복음을 전하여도
하늘에서 보내신 구세주를 보지 못하고
복음을 전해도 듣지 못하기 때문이다

늘 속고만 살았는지 불신만 커져
자기 눈앞에 예수가 있어도
믿지 못하는 안타까운 사람들에게
주님은 비유로 말씀하셨다

그 누가 전해도 귀가 듣기에 둔하고
눈조차 감으면 가슴에 전달되지 않으니 어찌 믿는가

죄가 있어도 병이 있어도
구세주 예수 그리스도가 고쳐줄까
걱정 근심하며 외면한다면
그들을 누가 구원해줄 것인가
복음을 듣고 믿는 자는 복된 자이며
영생의 소망을 얻으면 행복한 성도다

411 | 내 마음이 옥토가 되고 싶습니다

내 마음이 옥토가 되고 싶습니다
주님의 손길을 부드럽게 느끼며
부드러운 몸짓으로 씨앗을 받아들입니다

비 오면 비 오는 대로
바람이 불면 바람이 부는 대로
주님의 인도하심 따라
풍성한 열매를 맺고 싶습니다

내 마음이 옥토가 되고 싶습니다
심술의 돌멩이들을 던져버리고
원망과 짜증의 가시떨기를 거두고
주님의 말씀을 받아들여
아름다운 열매를 맺고 싶습니다

내 마음이 옥토가 되고 싶습니다
주님의 은혜와 평강을 누리며
온몸의 열정을 발산하고 싶습니다

이른 비와 늦은 비를 맞으며
열매를 맺는 계절이 오면
시절을 좇아 열매를 맺고 싶습니다

412 | 알곡과 가라지

주인이 이르되 가만두라 가라지를 뽑다가 곡식까지 뽑을까 염려하노라 둘 다 추수 때까지 함께 자라게 두라 추수 때에 내가 추수꾼들에게 말하기를 가라지는 먼저 거두어 불사르게 단으로 묶고 곡식은 모아 내 곳간에 넣으라 하리라 ✝ 마태복음 13 : 29-30

타인의 믿음을 눈에 보이는 대로
귀로 듣는 대로 판단할 수 없고
말하는 대로 판단할 수 없다
천국에 가면 놀랄 것이다
가난하여도 누더기 옷을 입고 있어도
죄를 회개하면 들어갈 수 있다

믿음을 함부로 판단하지 말라
알곡과 가라지는 바람 불고
환난이 밀려올 때 알 수 있다
허공에 몸을 기대면 쓰러지니
어둠에 등불을 켜야 한다면
마음에 불을 켜고 기도드린다

예전에는 죄 속에 살았지만
이제는 알곡 성도로 살기 위하여
주님의 은혜 속에 봄비처럼 젖어
오직 믿음 가운데 살고 싶다
욕심에 살지 말고 영혼 되찾아 살자
알곡은 곳간에 넣고
가라지는 지옥에서 불태울 날이 다가오니
주 예수만이 생명과 구원의 길이다

413 | 가라지 같은 악한 자들

> 대답하여 이르시되 좋은 씨를 뿌리는 이는 인자요 밭은 세상이요 좋은 씨는 천국의 아들들
> 이요 가라지는 악한 자의 아들들이요 가라지를 뿌린 원수는 마귀요 추수 때는 세상 끝이요
> 추수꾼은 천사들이니 그런즉 가라지를 거두어 불에 사르는 것같이 세상 끝에도 그러하리
> 라 ✝ 마태복음 13 : 37-40

가라지같이 쓸모없는 악한 자들아
빛을 싫어하고 어두운 곳에 살며
아무 두려움 없이 죄짓고 악행하는 자들아

끝을 알면서도 죄짓는 일을 밥 먹듯 하니
죄 하나 없이 용서받지 않으면
몽땅 거두어 불살라 버릴 것이다

세상을 넘어뜨리고 불법을 행하며 날뛰니
행한 일로 심판을 받을 것이다

바람 불면 날아갈 가라지들이여
아무리 잘난 듯 날뛰어도
결국에 풀무 불에 들어가
거기서 울고 통곡할 날이 올 것이다

가라지들이여 마음껏 날뛰어라
너희들이 끝날 날이 올 것이다
몽땅 풀무 불에 던져질 날이 올 것이다

회개의 눈물로 돌아오지 않으면
통곡하며 후회할 날이 올 것이다

414 | 가라지의 비유

이에 예수께서 무리를 떠나사 집에 들어가시니 제자들이 나아와 이르되 밭의 가라지의 비유를 우리에게 설명하여 주소서 대답하여 이르시되 좋은 씨를 뿌리는 이는 인자요 밭은 세상이요 좋은 씨는 천국의 아들들이요 가라지는 악한 자의 아들들이요 가라지를 뿌린 원수는 마귀요 추수 때는 세상 끝이요 추수꾼은 천사들이니 그런즉 가라지를 거두어 불에 사르는 것같이 세상 끝에도 그러하리라 인자가 그 천사들을 보내리니 그들이 그 나라에서 모든 넘어지게 하는 것과 또 불법을 행하는 자들을 거두어내어 풀무 불에 던져 넣으리니 거기서 울며 이를 갈게 되리라 ✝ 마태복음 13 : 36-42

밭에서 보면 가라지가
좋은 씨보다 더 보기 좋게 잘 자란다

겉보기에는 가라지가 잘 자라서
풍성한 열매를 잘 맺을 것 같지만
가라지는 잎만 무성하지 열매는 없다
열매는 맺지 못하고 입만 무성하면서도
좋은 씨가 자라는 것을 방해만 한다

천하만사는 때가 있는 법
제아무리 잘 자란 듯 보이던 가라지라도
좋은 씨앗의 방해자일 뿐이다

밭에 몰래 땅을 차지하고 자란 것이니
모두 다 하나도 남김없이 베어져
풀무 불에 던져질 것이다

주님을 주님으로 알지 못하고
모략하고 배반하는 불신자들이여
너희들의 삶도 가라지와 똑같이
버림받는 모양새가 되고 말 것이다

415 | 비유로 말씀하시는 예수

예수께서 이 모든 것을 무리에게 비유로 말씀하시고 비유가 아니면 아무것도 말씀하지 아
니하셨으니 이는 선지자를 통하여 말씀하신바 내가 입을 열어 비유로 말하고 창세부터 감
추인 것들을 드러내리라 함을 이루려 하심이라 ✝ 마태복음 13 : 34-35

예수 그리스도는 모든 말씀을 비유로 전달하시며
이미 예언된 말씀을 그대로 이루려고 하셨다

주님은 구원의 섭리와
살아감에 필요한 모든 것들을
조목조목 비유로 말씀하셨다

확신이 있고 지혜로운 사람은
믿음의 반석 위에 세워져
비유의 말씀을 잘 알 수 있다

미련하고 사리사욕과 욕심을 따라
절망에 사로잡힌 사람들은
깨달을 수 없는 진리의 말씀이다

성경 속의 비유는 참으로
많은 것을 우리에게 전해주고
비유를 깨달으면 믿음이 생기고
고귀한 진리를 터득할 수 있다

하나님의 생명의 말씀은 언제나 성취되는
진리의 말씀 영원한 구원의 말씀이다

416 | 천국은 밭에 감추인 보화 1

천국은 마치 밭에 감추인 보화와 같으니 사람이 이를 발견한 후 숨겨두고 기뻐하며 돌아가
서 자기의 소유를 다 팔아 그 밭을 사느니라 ✝ 마태복음 13 : 44

찾아라 너의 생명을 위하여
무엇이 귀한지 알고
말씀의 은혜 속에 풍덩 빠져라

세상의 부귀와 명예도
권세와 영화도 영원한 것 없고
한순간에 끝나고 사라지고 만다

찾아라 감추인 보화를
생명의 구원을 복음 속에서 찾으면
믿음의 꽃망울을 터뜨리며
풍성한 열매를 주렁주렁 맺는다

복잡하게 칭칭 얽히고설킨
죄악의 가시떨기 거두어내고
세상이 주지 못하는 평안을 얻는다

너의 마음과 정성을 다하면
사랑의 열매가 열리니
주님의 손길 놓치지 말아야 한다

417 | 천국은 밭에 감추인 보화 2

천국은 밭에 감추인 보화와 같으니
진리를 알고 있다면
모든 헛된 것을 던져버리고
너의 가진 모든 것으로 사라

세상에 귀하고 소중한 것이 있어도
복음만이 구원의 길로 인도한다

세상 끝에 의인과 악인을 구별하고
갈라내는 분명한 심판을 받아
악인은 영원히 꺼지지 않는
뜨거운 풀무 불에 던져질 것이다

아직 신앙의 봄이 멀고
추위가 심한 겨울이라 하더라도
봄을 준비하고 기다려야 한다

생명이 가득한 믿음의 봄은
예수 그리스도가 주시는
세상에서 가장 아름답게 꽃 피어나는
내 삶의 찬란한 봄이 될 것이다

418 | 고향에서 배척을 받으시는 예수

예수께서 이 모든 비유를 마치신 후에 그 곳을 떠나서 고향으로 돌아가사 그들의 회당에서 가르치시니 그들이 놀라 이르되 이 사람의 이 지혜와 이런 능력이 어디서 났느냐 이는 그 목수의 아들이 아니냐 그 어머니는 마리아, 그 형제들은 야고보, 요셉, 시몬, 유다라 하지 않느냐 그 누이들은 다 우리와 함께 있지 아니하냐 그런즉 이 사람의 이 모든 것이 어디서 났느냐 하고 예수를 배척한지라 예수께서 그들에게 말씀하시되 선지자가 자기 고향과 자기 집 외에서는 존경을 받지 않음이 없느니라 하시고 그들이 믿지 않음으로 말미암아 거기서 많은 능력을 행하지 아니하시니라 ✝ 마태복음 13 : 53-58

예수를 잘 알지 못하고 배척하는
예수의 고향 사람들이여
예수는 하나님의 아들이거늘
어찌하여 인간의 생각과 판단만으로
목수 요셉과 마리아의 아들이라 고집하며
구주로 인정하지 않는가

예수의 형제도 누이도 알고
어린 시절부터 살아온 모습을 안다고
지혜와 능력을 배척하는 자들아
하나님의 뜻과 섭리를 깨닫지 못하여
하나님의 구원과 은혜의 때를
놓치는 것은 참으로 안타까운 일이다

선지자들이 자기의 고향과 가족들에게
존경을 받기가 매우 힘든 것은
선지자가 되기 전을 잘 알기 때문이다
예수를 영접하고 구세주로 믿고
하나님의 능력을 맛보라
예수가 구원자로 오셨다

419 | 예수를 배척하는 사람들 1

> 이 사람이 마리아의 아들 목수가 아니냐 야고보와 요셉과 유다와 시몬의 형제가 아니냐 그
> 누이들이 우리와 함께 여기 있지 아니하냐 하고 예수를 배척한지라 ☩ 마가복음 6:3

예수를 알고 있다
우리와 같은 나사렛 사람
요셉의 아들 목수가 아니냐

어린 시절부터 아는데
회당에서 가르친들 무슨 소용이 있고
지혜가 있으면 무엇하는가
배척하는 고향 사람들

마리아의 아들 청년 목수가 아니냐
그 형제를 잘 알고 있다
야고보와 요셉과 유다와 시몬이 아니냐
누이들이 함께 있지 않느냐

병을 고치고 제자들이 있고
하나님의 아들이라는 소문도 들었다
"동네의 청년 목수, 그가 누구냐"
외치며 배척하며 복음을 모른다

사랑받는 것은 행복한 일
예수와 산다는 것은 닮아가는 것이다

예수는 사람들에게 깨달음을 주시기 위하여
모든 말씀을 비유를 통해
쉽고 편하게 말씀하셨다

사람들은 진리의 말씀을 알지 못하여
혼돈과 방황 속에 오해를 거듭하였다
요단 강에서 친히 세례를 받으시고
구주가 되사 고향에 오셨다

가르침이 놀랍고 능력이 가득해
행하신 일을 부인하려고 하였다
예수가 선한 일을 온전하게 하자
출신과 배경과 족보를 따졌다

예수의 중심을 보지 않고
현실만 직시하는 어리석음이여
덧없이 살 것에 목숨 걸지 말고
진실을 깨닫고 예수께로 돌아오라

선지자를 고향과 집에서 배척하듯이
오늘도 진리를 깨닫지 못한 자들이
하나님의 사람들을 배척하고 있다

421 | 예수를 배척하는 사람들 3

이 땅에 오신 구세주를
함부로 무시하고 배척하지 말라
진정 구주를 버리면
누구를 믿고 구원을 받을 것인가

세월은 흘러가는데 비난 소리뿐
막막한 세상 소망 없이 살지 말고
허망한 것들을 원하며
욕심과 욕망의 노예가 되지 말라

과거에 매달리면 무엇하나
믿고 따르지 아니하면
생명의 말씀을 믿지 않으면
주님의 능력도 나타나지 않는다

예수를 마음대로 배척하지 말라
선지자가 자기 고향과 자기 가족에게
존경을 받지 못한다

믿고 영접해 순종하며 따르는 자가
눈부시고 찬란한 하늘 사랑과
하나님의 축복을 받은 사람이니
힘들고 고통스러워도 허허 웃고 일어서라

422 | 죽음을 부르는 여인 헤로디아

전에 헤롯이 그 동생 빌립의 아내 헤로디아의 일로 요한을 잡아 결박하여 옥에 가두었으니
이는 요한이 헤롯에게 말하되 당신이 그 여자를 차지한 것이 옳지 않다 하였음이라

✝ 마태복음 14 : 3-4

헤로디아야 욕정이 불타올라 헤롯의 심장에
유혹의 화살을 쏘아 정신을 못 차리게 하더니
누구에게 한을 앙갚음하려느냐

죄가 몽땅 드러나는데 어찌 감추겠느냐
욕망이 죽음을 불러 무덤을 파는데
무슨 발버둥으로 허망하게
무너진 것들을 일으켜놓겠느냐

그저 슬프기만 한 세상살이 온 세상을
손에 쥐고 싶지만 가마솥 끓어
지옥의 불길이 타올라 스스로 피를 흘리는구나

너의 불타는 욕정이 불러들이는 것이
세례 요한의 죽음이냐
죽어가는 사람도 살려야 사람의 도리거늘
의롭게 사는 사람을 죽이려 하니
천벌을 받을 못된 짓이 또 어디에 있는가

차마 못 볼 처참한 욕망에 매달려
딸마저 욕구의 도구로 사용하더니
죄가 터져 절망의 끝에서 떨고 있다

마침 헤롯의 생일이 되어 헤로디아의 딸이 연석 가운데서 춤을 추어 헤롯을 기쁘게 하니 헤롯이 맹세로 그에게 무엇이든지 달라는 대로 주겠다고 약속하거늘 그가 제 어머니의 시킴을 듣고 이르되 세례 요한의 머리를 소반에 얹어 여기서 내게 주소서 하니 왕이 근심하나 자기가 맹세한 것과 그 함께 앉은 사람들 때문에 주라 명하고 사람을 보내어 옥에서 요한의 목을 베어 그 머리를 소반에 얹어서 그 소녀에게 주니 그가 자기 어머니에게로 가져가니라

✝ 마태복음 14 : 6-11

영혼이 죄악에 휩쓸리고 타락하여
온몸의 교태 속에 눈길을 흘리며
유혹하며 나긋나긋 춤추는 몸짓이
죽음을 재촉하는 욕망 덩어리다

쏟아져 들어오는 눈길 속에
춤추는 발끝은 나비 같아
온 세상을 잡아당길 듯 슬금슬금
유혹하는 몸짓은 타락한
죄악의 살덩어리일 뿐이다

시간이 흐르면 흐를수록
허욕의 군살이 가득한 욕정의 몸은
욕망의 불을 끌어당겨 불사르고
춤이 죽음을 불러내는
죄악의 아우성에 소름이 돋는다

헤로디아의 딸 욕망의 춤 추는 여자야
죄악의 부끄러움을 털어내지 못하고
끝내 주님의 길을 예비한
세례 요한의 죽음을 부르는구나

온몸으로 요사스럽게 춤을 추더니
찬사하는 자에게 요구한 것이 무엇이냐
"회개하라 천국이 가까이 왔느니라" 외치며
주님의 길을 예비한 세례 요한의 목숨이냐

죄를 짓지나 말지 저지른 죄를 감추려고
사람 하나를 죽인다고
너희의 죄악이 가려지느냐
죄악에 눈멀고 귀먹은 자들아
너희들의 대단하게 보이는
권세와 욕망의 불꽃도
한순간 타버리면 숨소리조차 남지 않는다

구원받고 기뻐하며 살게 될
영원을 저버리고 무엇을 원하여
잔혹하게 세례 요한을 죽였느냐
인간의 탈을 쓴 사탄의 세력아

쾌락이 끝나고 죽음을 부르는데
심장이 멎을 때 심판의 칼날 앞에
어찌 네가 살아남겠는가
초라한 너의 모습을 볼 것이다

425 | 오천 명을 먹이시는 예수

> 저녁이 되매 제자들이 나아와 이르되 이 곳은 빈 들이요 때도 이미 저물었으니 무리를 보내어 마을에 들어가 먹을 것을 사 먹게 하소서 예수께서 이르시되 갈 것 없다 너희가 먹을 것을 주라 제자들이 이르되 여기 우리에게 있는 것은 떡 다섯 개와 물고기 두 마리뿐이니이다 이르시되 그것을 내게 가져오라 하시고 무리를 명하여 잔디 위에 앉히시고 떡 다섯 개와 물고기 두 마리를 가지사 하늘을 우러러 축사하시고 떡을 떼어 제자들에게 주시매 제자들이 무리에게 주니 다 배불리 먹고 남은 조각을 열두 바구니에 차게 거두었으며 먹은 사람은 여자와 어린이 외에 오천 명이나 되었더라 ✝ 마태복음 14 : 15-21

전도 여행 하시는 중에
해가 저물어가는 빈 들에서 어린아이와
여자들을 빼고도 오천 명이나 모여들었는데
저녁에 먹을 음식이 전혀 없었다

제자들은 사람들의 저녁 끼니가 걱정되어
마을에 들어가서 사 먹게 할 것을 예수께 말씀드렸다
주께서 "너희가 먹을 것을 주라" 말씀하셨다

떡 다섯 개와 물고기 두 마리뿐이라고 말씀드렸더니
떡 다섯 개와 물고기 두 마리를 들고
하늘을 우러러 축사하시고 제자와 무리에게
나누어주도록 계속하여 떼어주셨다

참으로 신비하고 놀라운 일이 벌어져
오천 명의 사람들과 아이들과 여자들이 모두 다
배불리 먹고 나니 남은 조각이 열두 바구니였다

이 땅에 빵으로 오신 주께서 구원을 받고자
나온 사람들에게 오병이어로 음식을 베풀어주셨다

426 | 물 위로 걸어오신 예수

밤 사경에 예수께서 바다 위로 걸어서 제자들에게 오시니 제자들이 그가 바다 위로 걸어오심을 보고 놀라 유령이라 하며 무서워하여 소리 지르거늘 예수께서 즉시 이르시되 안심하라 나니 두려워하지 말라 ✝ 마태복음 14 : 25-27

험한 어둠의 권세가 삼킬 자를 찾는데
파도치는 바다를 걸어오셨다
누가 주님의 일을 막을 수 있는가
두려워하면 겁에 질려도 알 수 없다

안심하라 두려워 말라는
주님 말씀에 마음 급한 베드로는
바다 위로 첨벙첨벙 걸어 들어갔다

두려워 말고 의심도 하지 말라
너와 함께하시고 도우신다
물 위를 걷던 베드로는 성난 물결이
무서워 말씀을 의심하여 빠져들었다

우리는 얼마나 의심이 많은가
믿음이 흔들릴 때 영혼까지 흔들린다
주님은 손 내밀어 건져주셨다
믿음이 적은 자여 왜 의심하였느냐

사나 죽으나 영생의 길을 가야 한다
살아서도 한길 죽어서도 한길
오직 예수를 믿고 인도하심을 따라야 한다

427 | 게네사렛에서 병을 고치는 예수

주님은 게네사렛에서 전도하셨다
복음을 전하며 가는 곳마다
복음이 꽃피어 풍성하게 열매를 맺었다

온 마을 사람들이 소문을 듣고
예수를 보려고 쏟아져 나왔다

심령이 가난한 사람들
죄짐을 지고 다니던 사람들
온갖 병든 사람들이
줄줄이 찾아와 예수를 만났다

아주 작은 믿음이라도 있는 사람들은
예수의 옷자락에 손만 대어도
병이 깨끗이 낫는 기적을 보았다

주님의 사역에 하나님이 인도하심과 함께
하늘의 천사들이 돕고 있었다
주님을 따르고 믿는 자는
하나님의 능력 안에서 능치 못함이 없었다

428 | 맹인이 맹인을 인도하면

예수께서 대답하여 이르시되 심은 것마다 내 하늘 아버지께서 심으시지 않은 것은 뽑힐 것
이니 그냥 두라 그들은 맹인이 되어 맹인을 인도하는 자로다 만일 맹인이 맹인을 인도하면
둘이 다 구덩이에 빠지리라 하시니 ✝ 마태복음 15 : 13-14

하나님을 믿고 전한다 하면서도
진리를 깨닫지 못하고 진리를 떠나면
모두 다 한결같이 지옥의 어둠의 자식들이다

하나님의 뜻에 합당하지 않은 것은
아무리 그럴듯하게 만들고
아주 멋있게 포장을 하여도
상처를 입히는 불법이요 거짓일 뿐이다

하나님이 심지 않은 것은
아무리 보기에 좋고 모양이 비슷하다 하여도
결국에는 가라지처럼 뽑혀 나가고 말 것이다

하나님의 말씀을 깨닫지 못하고
하나님의 섭리와 뜻에 합당하지 않은 자는
아무리 인도자라 하여도
맹인이 되어 맹인을 인도하는 것과 같아
그렇게 될 수밖에 없는 운명이다

하나님은 거짓이 없으신 진리의 근본이시다
하나님의 말씀을 떠나면 다 거짓이요
하나님의 진리를 거스르면 다 불법이다

429 | 등불을 켜라

누구든지 등불을 켜서 그릇으로 덮거나 평상 아래에 두지 아니하고 등경 위에 두나니 이는 들어가는 자들로 그 빛을 보게 하려 함이라 숨은 것이 장차 드러나지 아니할 것이 없고 감추인 것이 장차 알려지고 나타나지 않을 것이 없느니라 그러므로 너희가 어떻게 들을까 스스로 삼가라 누구든지 있는 자는 받겠고 없는 자는 그 있는 줄로 아는 것까지도 빼앗기리라 하시니라 ● 누가복음 8 : 16-18

누구나 어디서나 볼 수 있도록
높은 곳에 등불을 두고
켜서 환하게 빛을 밝혀라

그 무엇으로도 가리지 말고
그 무엇으로도 덮지 말고
등불로 어둠을 환하게 밝혀라

빛 앞에 모든 죄악이 드러나도록
모든 허물이 드러나도록
등불을 환하게 밝혀라

빛이 되신 주님 앞에
숨기고 감춘 것들이 밝혀지니
어떤 것도 드러나지 않을 것 없다

우리에게 영혼의 양식으로 주신
생명의 말씀을 듣고 믿고 행하라
어둠 가운데 있는 자들아
너희들이 행한 대로 주실 것이다

430 | 너희 믿음이 어디에 있느냐

하루는 제자들과 함께 배에 오르사 그들에게 이르시되 호수 저편으로 건너가자 하시매 이
에 떠나 행선할 때에 예수께서 잠이 드셨더니 마침 광풍이 호수로 내리치매 배에 물이 가득
하게 되어 위태한지라 제자들이 나아와 깨워 이르되 주여 주여 우리가 죽겠나이다 한대 예
수께서 잠을 깨사 바람과 물결을 꾸짖으시니 이에 그쳐 잔잔하여지더라 제자들에게 이르
시되 너희 믿음이 어디 있느냐 하시니 그들이 두려워하고 놀랍게 여겨 서로 말하되 그가 누
구이기에 바람과 물을 명하매 순종하는가 하더라 ✝ 누가복음 8 : 22-25

제자들에게 호수를 건너가자고 말씀하신 주님은
배에 타시자 피곤함에 잠이 드셨다
갑자기 광풍이 불어
큰 물결이 일어나고 배에 물이 들어오자
두려움에 믿음이 흔들리기 시작했다

제자들이 당황스럽고 두려워
급하게 주님을 불렀다
주여 우리가 죽게 되었습니다
어찌하면 좋겠습니까
주여 우리를 돌보아 주소서

주님이 곁에 계셔도 믿지 못하고 두려워하며
근심 걱정이 가득한 제자들이
믿음 없이 나약하자
잠을 깨시고 일어나셔서
바람과 물결을 다스리시니 잠잠해졌다

제자들에게 말씀하셨다 내가 곁에 있어도
이토록 두려워하고 무서워하니
"너희 믿음이 어디 있느냐"

431 | 나를 인도하소서

자기 스스로 죄를 찾아 들어가
괴롭고 슬퍼할 일 만들지 말고
한스럽고 질식할 순간에도
구세주를 만나 생명의 길로 가게 하소서

푸른 하늘 아래에 살면서도
구김이 많고 많은 내가
구김이 하나도 없으신 주님을 믿어
모든 걱정과 근심이 사라지게 하소서

주님이 주시는 참평안이 찾아오는데
마음속 강한 믿음으로
근심에 빠지지 않게 하소서

몰아치는 걱정과 허세가 믿음을 망쳐놓으니
항상 일깨워 주는 말씀을 듣게 하시고
인생의 물결이 잔잔하게 하소서

세상 소리 소란하고 요란해도
고통을 칭칭 동여맨 것을 풀어주시고
고요히 생명의 소리를 듣게 하시고
언제 어디서나 나를 인도하소서

432 | 장로들의 전통을 주장하는 바리새인과 서기관들 1

그때에 바리새인과 서기관들이 예루살렘으로부터 예수께 나아와 이르되 당신의 제자들이 어찌하여 장로들의 전통을 범하나이까 떡 먹을 때에 손을 씻지 아니하나이다 대답하여 이르시되 너희는 어찌하여 너희의 전통으로 하나님의 계명을 범하느냐 하나님이 이르셨으되 네 부모를 공경하라 하시고 또 아버지나 어머니를 비방하는 자는 반드시 죽임을 당하리라 하셨거늘 너희는 이르되 누구든지 아버지에게나 어머니에게 말하기를 내가 드려 유익하게 할 것이 하나님께 드림이 되었다고 하기만 하면 그 부모를 공경할 것이 없다 하여 너희의 전통으로 하나님의 말씀을 폐하는도다 외식하는 자들아 이사야가 너희에 관하여 잘 예언하였도다 일렀으되 이 백성이 입술로는 나를 공경하되 마음은 내게서 멀도다 사람의 계명으로 교훈을 삼아 가르치니 나를 헛되이 경배하는도다 하였느니라 하시고 무리를 불러 이르시되 듣고 깨달으라 ✝ 마태복음 15 : 1-10

형식과 전통만을 주장하는
헛지식만 가진 바리새인과 서기관들아
죄에서 구원하고 살리는 것이 복음이거늘
허구한 날을 이론과 형식에 빠져
보잘것없는 권위만 내세우는구나

사랑으로 용납하고 받아들이기보다
지적하고 문제를 일삼는구나
부모에게도 효도하지 않고
하나님께 먼저 드렸다 변명하는 자들이여
입술로는 거룩하신 하나님을 공경하고 믿고 따르는 것처럼
보여주고 드러내지만 자기들의 전통으로
말씀을 폐하는 믿음이 없는 자들이다

하나님의 말씀이 아닌 사람의 계명과 교훈으로 가르치니
어찌 상한 심령을 돌보겠느냐
어찌 병든 영혼을 보살피겠느냐
쓸모없는 권위와 거짓을 다 버리고
구원의 말씀 되신 복음을 들어라

433 | 장로들의 전통을 주장하는 바리새인과 서기관들 2

> 입으로 들어가는 것이 사람을 더럽게 하는 것이 아니라 입에서 나오는 그것이 사람을 더럽
> 게 하는 것이니라 이에 제자들이 나아와 이르되 바리새인들이 이 말씀을 듣고 걸림이 된 줄
> 아시나이까 예수께서 대답하여 이르시되 심은 것마다 내 하늘 아버지께서 심으시지 않은
> 것은 뽑힐 것이니 그냥 두라 그들은 맹인이 되어 맹인을 인도하는 자로다 만일 맹인이 맹인
> 을 인도하면 둘이 다 구덩이에 빠지리라 하시니 ✝ 마태복음 15 : 11-14

예수는 참하나님 참인간이시다
성전을 세우기보다
전통과 형식의 모래성을 쌓다가
무너뜨리는 바리새인과 서기관들이여

너희 눈이 진리를 보지 못하고
진리를 깨닫지 못하고 맹인이 되어
맹인을 인도하면 어찌 되겠는가
거짓과 진리를 깨달을 줄 모르니
영영 불신에 빠져서 나오지 못한다

너희들 속은 마음속에서 나오는
악한 것들로 가득하구나
마음에서 나오는 악한 것들이 무엇인가
악한 생각과 음란과 도둑질과
거짓 증언으로 영혼을 더럽히는 것이다

너희들이 마음과 고집이 완악하고 못되어서
결국에는 모략하고 비방하며
십자가에 못을 박는구나
불신이 가득한 전통에 얽매인 자들이여

434 | 가나안 여인 1

여자가 와서 예수께 절하며 이르되 주여 저를 도우소서 대답하여 이르시되 자녀의 떡을 취
하여 개들에게 던짐이 마땅하지 아니하니라 여자가 이르되 주여 옳소이다마는 개들도 제
주인의 상에서 떨어지는 부스러기를 먹나이다 하니 이에 예수께서 대답하여 이르시되 여
자여 네 믿음이 크도다 네 소원대로 되리라 하시니 그때로부터 그의 딸이 나으니라

✝ 마태복음 15 : 25-28

개 취급 받아 한숨조차 쉴 수 없어도
주님의 손길을 원하니 불쌍히 여기사
내 딸에게 흉악한 귀신이 들렸으니
괴롭고 참담한 여자를 살펴주소서

혼미 속에 숨소리조차 나지 않고
숨통이 꽉 막혀 죽을 것 같아
눈물과 어떤 말로도 표현할 수 없어
주님을 갈망하며 치유를 원하노니
부스러기라도 던져 살려주소서

찢어지고 갈라지고 끊어져 버려
부족함과 나약함을 깨달았으니
부스러기라도 주시면 행복합니다

시름시름 병든 내 딸을 살리기 위해
사방팔방을 살펴도 살릴 방법이 없는데
주님의 부르심에 한숨에 달려왔습니다

주여 내 딸을 살려주시기를 원합니다
비애만 있는 삭막한 곳에 찾아오신
주님만이 구원자이시니 감사드립니다

435 | 가나안 여인 2

예수께서 일어나사 거기를 떠나 두로 지방으로 가서 한 집에 들어가 아무도 모르게 하시려 하나 숨길 수 없더라 이에 더러운 귀신 들린 어린 딸을 둔 한 여자가 예수의 소문을 듣고 곧 와서 그 발아래에 엎드리니 그 여자는 헬라인이요 수로보니게 족속이라 자기 딸에게서 귀신 쫓아내 주시기를 간구하거늘 예수께서 이르시되 자녀로 먼저 배불리 먹게 할지니 자녀 의 떡을 취하여 개들에게 던짐이 마땅치 아니하니라 여자가 대답하여 이르되 주여 옳소이 다마는 상 아래 개들도 아이들이 먹던 부스러기를 먹나이다 예수께서 이르시되 이 말을 하 였으니 돌아가라 귀신이 네 딸에게서 나갔느니라 하시매 여자가 집에 돌아가 본즉 아이가 침상에 누웠고 귀신이 나갔더라 ✝ 마가복음 7 : 24-30

다윗의 자손이신 주님
나에게 관심이 없는 줄 알았습니다
남들의 무관심 속에 내 딸이 귀신 들려
비참하게 포기하며 살아온 삶입니다

주님을 찬양합니다
귀신을 내쫓는 정복자이시니
능력을 믿고 나의 딸을 부탁합니다

나의 딸에게서 귀신이 떠나게 하시고
온전하여 건강하게 하소서
늘 부족한 여인의 나약한 믿음을
크다 하심을 찬양합니다

능력의 말씀에 딸이 병에서 나아
주님을 바라보는 간절한 눈망울에
주님의 모습이 비쳐옵니다
놀라우신 주님의 능력과 권세여
딸에게 주님의 사랑을 말하겠습니다

436 | 주여 지금도

불의한 자가 하나님의 나라를 유업으로 받지 못할 줄을 알지 못하느냐 미혹을 받지 말라 음행하는 자나 우상 숭배하는 자나 간음하는 자나 탐색하는 자나 남색하는 자나 도적이나 탐욕을 부리는 자나 술 취하는 자나 모욕하는 자나 속여 빼앗는 자들은 하나님의 나라를 유업으로 받지 못하리라 너희 중에 이와 같은 자들이 있더니 주 예수 그리스도의 이름과 우리 하나님의 성령 안에서 씻음과 거룩함과 의롭다 하심을 받았느니라 ✝ 고린도전서 6 : 9-11

뭉게구름 떠오르듯 밀려오는 그리움 속에
주님이 걸어가신 발자취마다
복음의 꽃이 활짝 피어납니다

날마다 믿음을 점검하며
주님의 눈길이 다가올 때마다
굳지 않고 부드러운 마음으로
망설임 없이 주 안에서 살기 원합니다

온유하신 주님의 눈길을 찾는 사람이
많고 많은데 어디로 향해 떠나가시는지
소수의 사람들만 주님을 만납니다

짧고 희미한 목숨으로 사는 세상에
지금 구원의 문이 열려 있는데
지옥 가는 불쌍한 영혼 어찌합니까
주님의 삶 되새기고 싶습니다

사람들이 주님을 왜 모르고 살아갈까
인생의 욕심은 폐허만 남기는데
믿음이 새순 돋아나듯 자라게 하시고
혼혼히 피어나 열매를 맺게 하소서

437 | 주님의 은혜로 살게 하소서

> 우리는 그리스도 안에서 그의 은혜의 풍성함을 따라 그의 피로 말미암아 속량 곧 죄 사함을
> 받았느니라 ✝ 에베소서 1 : 7

주님께서 절망과 고통을 알아주시니
안일함과 무능함에 안주하지 않고
믿음으로 성취하는 감동을 만드는
진실한 그리스도인이 되게 하소서

죄악의 밤 자취 없이 사라지니
나태하지 않고 늘 깨어서
새벽 별 되시는 예수를 닮아가며
예수를 바라보며 살게 하소서

죄악의 울타리에 갇혀 살지 않고
자유로움 속에 폭넓게 살게 하시고
찬양이 샘솟듯 넘치게 하소서

가슴 한복판에 뻥뻥 구멍이 뚫릴 때
주님의 손길로 긍휼을 베풀어주시고
응답의 기쁨 속에 살게 하소서

세상 죄악의 유혹하는 소리를 떠나
주님의 음성을 듣게 하시고
눈길과 발길 속에 함께하소서

438 | 갈릴리에서 복음을 전하신 예수

예수께서 거기서 떠나사 갈릴리 호숫가에 이르러 산에 올라가 거기 앉으시니 큰 무리가 다리 저는 사람과 장애인과 맹인과 말 못 하는 사람과 기타 여럿을 데리고 와서 예수의 발 앞에 앉히매 고쳐주시니 말 못 하는 사람이 말하고 장애인이 온전하게 되고 다리 저는 사람이 걸으며 맹인이 보는 것을 무리가 보고 놀랍게 여겨 이스라엘의 하나님께 영광을 돌리니라

✝ 마태복음 15 : 29-31

예수께서 제자들을 선택하시고
갈릴리에서 만나는 사람들에게 전도를 하셨다

갈릴리 호숫가 언덕에 앉아서
잠시 동안 쉼을 가지셨지만
주님이 있다는 것을 알고
병들고 죄지은 큰 무리가 찾아왔다

다리 저는 사람 몸이 다친 장애자
눈먼 자 각종 병마에 시달리는 사람들이
참회와 치유를 받으려면
예수를 만나야 한다

주님의 가슴에는 멈출 수 없는
하늘 사랑이 가득하셔서
한 사람 한 사람 마다하시 않으시고
발 앞에 앉히시고 치유해주셨다

예수를 찾아온 사람들은
놀라운 치유의 능력을 체험하고
하나님께 영광과 찬양을 돌렸다

439 | 안식일의 주인 예수

사람들이 예수를 고발하려 하여 안식일에 그 사람을 고치시는가 주시하고 있거늘 예수께
서 손 마른 사람에게 이르시되 한가운데에 일어서라 하시고 그들에게 이르시되 안식일에
선을 행하는 것과 악을 행하는 것, 생명을 구하는 것과 죽이는 것, 어느 것이 옳으냐 하시니
그들이 잠잠하거늘 ✝ 마가복음 3 : 2-4

거룩한 주일은 예배드리는 날로
기도드리고 찬양드리며
예배드리는 경건한 마음으로
하나님을 경배하는 거룩한 날이다

냉가슴에 얼었다 녹아도 사라지지 않는
모든 죄를 쏟고 용서받아야 할 주일은
하나님의 영광을 드러내기 위한 날이다

죄짓던 고통과 막막함에서 벗어나
죄 씻은 기쁨으로
늘 그리운 주님을 믿고 믿으며
찬양과 기쁨 속에 만나는 날이다

세상의 기쁨을 얻기보다
하나님의 뜻을 분별하고 예배드리는
영적으로 구별된 거룩한 날이다

하나님의 이름과 예수의 이름과
선지자의 이름을 빙자하여
가식적인 행위를 하지 말아야 한다
주 예수는 안식일의 주인이 되신다

440 | 에바다 1

예수께서 다시 두로 지방에서 나와 시돈을 지나고 데가볼리 지방을 통과하여 갈릴리 호수에 이르시매 사람들이 귀먹고 말 더듬는 자를 데리고 예수께 나아와 안수하여주시기를 간구하거늘 예수께서 그 사람을 따로 데리고 무리를 떠나사 손가락을 그의 양 귀에 넣고 침을 뱉어 그의 혀에 손을 대시며 하늘을 우러러 탄식하시며 그에게 이르시되 에바다 하시니 이는 열리라는 뜻이라 그의 귀가 열리고 혀가 맺힌 것이 곧 풀려 말이 분명하여졌더라

✝ 마가복음 7 : 31-35

하늘을 우러러 탄식하며
죄악이 절망으로 곤두박질칠 때
답답한 마음이 슬픈 탄식으로 변한다

들리지 않고 말할 수 없는 고통이 얼마나 잔인한가
눈으로 보면서도 제대로 표현하지 못하고
사람답게 살지 못하고 사람다운 대접도 받지 못한다

이 안타까운 절망의 어둠이
예수를 통하여 빛이 되어 살아난다
에바다 에바다 주님이 외치셨다

사악한 사탄의 권세가 떠나가고
풀리지 않던 아픔 사라져
귀가 열리고 혀가 풀렸다

예수의 외침을 들어라 에바다 에바다
죄를 씻은 마음 가벼우니
귀머거리여 벙어리여 고침을 받아라

441 | 에바다 2

속절없이 흐르는 세월 속에
아무것도 듣지 못하여
답답하고 고통스러운 자의 귀여 열려라
들을 것 많은 세상에서
수많은 소리들이 달려들어 유혹하지만
생명의 복음을 듣지 못하던 귀들이여
에바다 열려라

생명의 말씀을 일깨워 주는
영혼의 양식을 듣지 못하던 귀들이여
에바다 열려라

주님의 초대를 까맣게 잊고
세상을 즐기며 사는 어리석은 인생들의 귀여
에바다 열려라

늘 불평불만으로 짜증을 내며
힘들게 살아가는 불쌍한 영혼들이여
소망의 소리를 듣도록 열려라
에바다 열려라

죄 속에 갇혔던 영혼을 구원하여주시고
구석구석을 구원의 빛으로 비춰주신나

442 | 예수 그리스도의 목소리

세상에서 들려오는 외치는 목소리는
많고 많지만 모두 욕심을 내는 소리뿐
진실한 목소리는 거의 없다

변질되고 과장된 목소리가 아니라
생명과 진리를 외치는
순수한 목소리가 듣고 싶다

갈릴리에서 나사렛에서 가버나움에서
회당에서 산과 들에서 겟세마네 동산에서
십자가 구원의 음성을 듣고 싶다

수많은 군중을 향하여 회개를 외치고
병자들을 치유하고 절망이 떠나고
통회하게 하신 구원의 목소리가 듣고 싶다

죄악으로 구멍 나고 텅 빈 마음에
뼛속까지 저린 눈물 쏟아내며
하늘을 향하여 기도드리고 싶다
풋잠에 꿈꾸면 행복한데
주님 다시 오실 그날이 오면
만나고 싶은 주님을 만나고 싶다

443 | 바다 위를 걸으신 예수

예수께서 즉시 제자들을 재촉하사 자기가 무리를 보내는 동안에 배 타고 앞서 건너편 벳새
다로 가게 하시고 무리를 작별하신 후에 기도하러 산으로 가시니라 저물매 배는 바다 가운
데 있고 예수께서는 홀로 뭍에 계시다가 바람이 거스르므로 제자들이 힘겹게 노 젓는 것을
보시고 밤 사경쯤에 바다 위로 걸어서 그들에게 오사 지나가려고 하시매 제자들이 그가 바
다 위로 걸어오심을 보고 유령인가 하여 소리 지르니 그들이 다 예수를 보고 놀람이라 이에
예수께서 곧 그들에게 말씀하여 이르시되 안심하라 내니 두려워하지 말라 하시고 배에 올
라 그들에게 가시니 바람이 그치는지라 제자들이 마음에 심히 놀라니 이는 그들이 그 떡 떼
시던 일을 깨닫지 못하고 도리어 그 마음이 둔하여졌음이러라 ✝ 마가복음 6 : 45-52

어둠 속에 제자들을 태운 배는
바다 한가운데에 떠 있고
주님은 홀로 바닷가를 걸으셨다

바람에 세차게 흔들리고 방향을 잡지 못해
괴로워하는 깊은 밤에 홀로 바다 위를 걸으셨다

천지만물을 주장하시고 운행하시는
예수 앞에는 바다도 길이 되었다

휘몰아치는 바람에 신경을 쏟으며 노를 젓다가
예수가 바다를 걸어오는 걸 보고 놀랐다
주님은 평안을 주시며 말씀하셨다
"안심하라 그리고 두려워 말라"

구세주 예수는 죄의 가시덩굴
우거진 숲에서 빠져나오게 하시고
죄악에 구겨진 주름까지 펴주시는데
왜 사람들은 기적을 보고도 믿지 못할까

444 | 오병이어의 기적 1

여기 한 아이가 있어 보리떡 다섯 개와 물고기 두 마리를 가지고 있나이다 그러나 그것이
이 많은 사람에게 얼마나 되겠사옵나이까 예수께서 이르시되 이 사람들로 앉게 하라 하시
니 그곳에 잔디가 많은지라 사람들이 앉으니 수가 오천 명쯤 되더라 ✝ 요한복음 6 : 9-10

어린아이 하나가 드린
보리떡 다섯 개와 물고기 두 마리를
주님이 축사하시고 나누어주시자
오천 명 먹고 열두 바구니나 남았다

어린아이의 일용할 양식도
축사하시고 떼어주시니
수많은 사람이 먹고 남았다

천국은 아이 같아야 갈 수 있는 곳
드림과 나눔은 놀라운 축복이니
어린아이 같은 순수한 마음을 본받자

거짓 없이 정직하고 솔직하게
주님을 마음으로 영접하고
진실하게 겸손하게 인도하심을 받자

내 것을 드리면 기적이 일어나고
사랑은 나누면 커지니
천국은 진정 어린아이같이
순수하지 않으면 아무도 들어갈 수 없다

아이 마음속에 투명하게 살아 빛나는 순수함
가진 것 아낌없이 드리고 싶은
소중한 사랑의 마음이 있었다

보리떡 다섯 개 물고기 두 마리가
잔디에 앉은 수많은 사람들이
먹을 수 있는 양식이 되었을 때
얼마나 놀라고 기뻤을까

예수가 축사하시고 사람들에게
자신의 몸을 상징하는
떡을 떼어주고 또 떼어주셨다

희생 없이 이웃을 사랑할 수 없기에
자기 몸을 희생해
오천 명의 굶주림에 먹을 것을 주셨다

오천 명이 먹고도 열두 바구니가
남게 거두자 얼마나 놀랐을까
디베랴 바다 건너편에서
보리떡 다섯 개와 물고기 두 마리로 행하신
놀라운 기적을 보고 얼마나 놀라고 기뻤을까

446 | 예수 안에서 하나가

주님을 바라보며 한 형제자매가 되어
함께 울고 웃으며 살아가는 성도들입니다

보혈의 피로 깨끗이 씻김 받은
형제자매들에게 맑은 시냇물처럼
흐르는 사랑에 너무나 행복합니다

구원의 엄청난 축복 받아 기도해주며
가슴에 와 닿는 생명의 말씀 속에
구원받은 하나님의 자녀들입니다

세속의 즐거움을 거짓 꿈을 깨버리고
지상과 천국과 영원으로 이어지는
복음에 담긴 진리를 깨달으며
신령과 진정으로 찬양드립니다

세상은 늘 반겨주지 않지만
주님은 늘 나를 반겨주시니 바라보고 싶은
마음에 눈시울만 뜨거워집니다

아침 이슬에 흠뻑 젖듯이
사랑에 젖어 은혜로 씻고 닦고
청결한 마음으로 하나가 됩니다

447 | 선한 사람 악한 사람

빛과 어둠, 죄와 용서가 있듯이
세상에는 선한 사람과
악한 사람이 섞여서 함께 살고 있다

선한 목자가 되신
예수 그리스도의 삶을 닮아가며
사랑의 마음으로 겸손하고 온유하게
살기를 원하는 사람들이 있다

세상의 모든 악을 쥐고 흔들며
사악하고 잔인하게 살며
자기의 돈과 힘과 권력으로
쥐락펴락하며 악행을 일삼으며
죄를 짓는 악한 사람들이 있다

천지만물을 창조하시고 운행하시는
하나님은 선하신 하나님
불의를 싫어하시는 의로우신 하나님

선함과 악함, 심판과 상급으로
돌아올 날이 지금 점점 다가오고 있다

448 | 이곳에 초막을 짓게 하소서

오 주여 이곳에
초막 셋을 짓게 하소서
모세와 엘리야를 볼 수 있으니
이곳이 참으로 좋습니다

산 아래 욕망의 아우성이 안쓰럽고
눈치만 살피다 세월만 보내며
서로 갖고자 다투고 빼앗습니다

이곳에서 주님의 모습을 보니
영광과 은혜로 충만하니
공간이 있다면 초막을 짓게 하소서

하나는 주님을 위하여
하나는 모세를 위하여
하나는 엘리야를 위하여

이곳이 좋습니다
주님이 원하시는 대로 하고 싶으니
소란하고 복잡한 세상으로 가지 말고
주님과 함께 이곳에 살게 하소서

449 | 가나안 수로보니게 족속 여인의 믿음 1

여자가 와서 예수께 절하며 이르되 주여 저를 도우소서 대답하여 이르시되 자녀의 떡을 취하여 개들에게 던짐이 마땅하지 아니하니라 여자가 이르되 주여 옳소이다마는 개들도 제 주인의 상에서 떨어지는 부스러기를 먹나이다 하니 이에 예수께서 대답하여 이르시되 여자여 네 믿음이 크도다 네 소원대로 되리라 하시니 그때로부터 그의 딸이 나으니라

✝ 마태복음 15 : 25-28

주님 얼마나 기다렸는지 아십니까
병들어 가련하고 불쌍한 딸이 귀신 들려
괴로워서 몸부림치니 내쫓아 주소서

하늘을 바라보면서도 절망의 그림자가 커져
차라리 죽기를 원한 적도 많았고
온갖 잡생각으로 살아왔습니다

딸이 애물단지라도 박대하지 마시고
괴롭히고 못살게 구는 귀신을 쫓아주소서
몸부림치던 날들을 생각하면
어떤 수모도 좋으니 소원을 들어주셔서
개들에게 던지는 부스러기라도 주소서

딸이 낫기를 목 놓아 운들 무슨 소용 있습니까
주님! 이 부족하고 미련하고
가련한 여인의 기도를 들어주소서

"돌아가라 귀신이 네 딸에게서 나갔느니라"
침상에 누웠던 딸이 온전해졌습니다
피보다 진한 사랑을 주셔서 감사합니다

450 | 가나안 수로보니게 족속 여인의 믿음 2

이에 더러운 귀신 들린 어린 딸을 둔 한 여자가 예수의 소문을 듣고 곧 와서 그 발아래에 엎드리니 그 여자는 헬라인이요 수로보니게 족속이라 자기 딸에게서 귀신 쫓아내 주시기를 간구하거늘 예수께서 이르시되 자녀로 먼저 배불리 먹게 할지니 자녀의 떡을 취하여 개들에게 던짐이 마땅치 아니하니라 여자가 대답하여 이르되 주여 옳소이다마는 상 아래 개들도 아이들이 먹던 부스러기를 먹나이다 예수께서 이르시되 이 말을 하였으니 돌아가라 귀신이 네 딸에게서 나갔느니라 하시매 여자가 집에 돌아가 본즉 아이가 침상에 누웠고 귀신이 나갔더라 ✝ 마가복음 7 : 25-30

세상의 어떤 길보다 주님의 길 따르게 하소서
몸소 길이 되고자 이 땅에 오신
구속의 사랑을 가슴에 담기를 원합니다

주여 내 딸에게서 귀신을 쫓아내어 주소서
죄악의 욕망을 용서받음이 최상의 축복이니
엉뚱한 착각에 곁길로 가지 말고
주님께 의탁하여 고침을 받게 하소서

죄악으로 젖어드는 절망 속에
예수 사랑을 받는 시간이 더 많아
식을 줄 모르는 사랑에 충만합니다
평생토록 이 길을 가며 가슴 아리게 슬픈
십자가의 사랑 받았으니 나누며 살게 하소서

주여 고침을 감사합니다
앞으로는 끝내 놓쳐버린 것과 허망한 꿈에
목숨 걸지 않고 주님만 의지하게 하소서
주님을 겸손하게 닮아가며
싱싱한 믿음이 쑥쑥 자라나게 하소서

451 | 표적을 원하는 사람들

믿음이 없고 불신하는 자들은 언제나
그럴듯한 증표, 신비한 표적을 원한다

평범한 것 아닌 무언가 색다른 것
무언가 대단하고 신선한 것
남들이 하지 않는 것을 원하다가
신앙의 본질에서 떠나게 된다

예수 그리스도는 표적을 보이기를 원하는
어리석은 자들에게
표적보다 말씀이 중요함을 알리셨다

악하고 음란한 세대가 표적을 구하고
불신하고 믿지 못하는 자들이
쓸데없는 것을 구하고 있으나
구약성경의 요나의 표적만을 말씀하셨다

참된 신앙은 표적과 기적을 믿는 것보다
살아 계신 하나님의 생명의 말씀에서
비롯되고 시작되는 것이다

452 | 나를 누구라 하느냐

예수께서 빌립보 가이사랴 지방에 이르러 제자들에게 물어 이르시되 사람들이 인자를 누구라 하느냐 이르되 더러는 세례 요한, 더러는 엘리야, 어떤 이는 예레미야나 선지자 중의 하나라 하나이다 이르시되 너희는 나를 누구라 하느냐 시몬 베드로가 대답하여 이르되 주는 그리스도시요 살아 계신 하나님의 아들이시니이다 ✝ 마태복음 16 : 13-16

예수 그 이름이 자기 백성을
저희 죄에서 구원할 자임을 알려도
눈이 보고 생각하는 멋대로 살았다

예수를 나사렛 사람, 죄인들의 친구,
엘리야, 세례 요한, 바알세불의 왕이라고
자기 마음대로 내키는 대로 불렀다

맑은 하늘을 어찌 속이겠는가
예수 이름으로 영광을 돌려야 하는데
조롱하고 비웃으며 비수를 찌른다

오늘도 주님은 물으신다
"나를 누구라 하느냐"
당신은 무엇이라 대답하는가
"오! 주님은 하나님의 아들이요
구원하시는 그리스도 예수이십니다"

주님이 가신 길마다
상하고 갈한 심령에게 복음 전하며
가장 의미 있는 발자국을 남기셨는데
우리도 주님의 모습 따라 살게 하소서

453 | 죽음과 부활을 가르치시는 예수

이때로부터 예수 그리스도께서 자기가 예루살렘에 올라가 장로들과 대제사장들과 서기관
들에게 많은 고난을 받고 죽임을 당하고 제삼일에 살아나야 할 것을 제자들에게 비로소 나
타내시니 ✝ 마태복음 16 : 21

자기가 어떻게 죽는다는 것을
미리 알고 사는 것은
얼마나 고통스럽고 괴로운 일인가

수명이 다하여 죽는 것도 아니고
몸이 병들어 죽는 것도 아니고
자기의 잘못으로 죽는 것도 아니다

인간의 죄를 뒤집어쓰고
처절하게 십자가에
못 박혀 죽는다는 것이
얼마나 놀라운 일인가

예수 그리스도는 제자들에게
자신이 어떻게 죽는지와
다시 사망권세를 이기고
삼 일 만에 살아날 것을 가르치셨다

예수 그리스도는 자신이 공포한 대로
십자가에서 죽으시고
삼 일 만에 다시 살아나신
하나님의 생명의 말씀이시다

454 │ 베드로의 고백

베드로의 신앙고백은 진실한 믿음의
순수한 고백이며 예수를 영접한 사람의 고백이다
"주는 그리스도시요 하나님의 아들입니다"

사탄은 입에서 나오는 수많은 거짓과
술수와 음모와 간계를 꾸미고
간교한 뱀의 말로 사람들을
유혹하여 넘어뜨리려고 하였다
첫째 아담은 실패하였으나
둘째 아담 예수는 말씀으로 승리하셨다

늘 기도하시고 닥쳐온 모든 시험을
하나님의 말씀으로 이겨내시고
승리의 깃발이 펄럭이도록 인도하셨다

새 생명 찾고 믿고 따르는
사람들은 누구나 진실한 고백을 한다
"주는 그리스도시요 하나님의 아들입니다"

심령 속에 죄악으로 얽힌 사연 풀어버리고
믿음으로 고백하는 입은 복이 있다

455 | 강도 만난 자의 이웃

예수께서 대답하여 이르시되 어떤 사람이 예루살렘에서 여리고로 내려가다가 강도를 만나매 강도들이 그 옷을 벗기고 때려 거의 죽은 것을 버리고 갔더라 마침 한 제사장이 그 길로 내려가다가 그를 보고 피하여 지나가고 또 이와 같이 한 레위인도 그곳에 이르러 그를 보고 피하여 지나가되 어떤 사마리아 사람은 여행하는 중 거기 이르러 그를 보고 불쌍히 여겨 가까이 가서 기름과 포도주를 그 상처에 붓고 싸매고 자기 짐승에 태워 주막으로 데리고 가서 돌보아 주니라 그 이튿날 그가 주막 주인에게 데나리온 둘을 내어주며 이르되 이 사람을 돌보아 주라 비용이 더 들면 내가 돌아올 때에 갚으리라 하였으니 네 생각에는 이 세 사람 중에 누가 강도 만난 자의 이웃이 되겠느냐 ✝ 누가복음 10 : 30-36

오늘도 강도를 맞은 사람들 많고 많은데
누가 과연 강도 맞은 자의 이웃인가
강도가 물질을 훔쳐가고 시간을 훔쳐가고
영혼을 훔쳐가려는데 이를 어찌할 것인가

삶의 절벽에서 쓰러진 이웃을 그냥
인정도 없고 파렴치한 사람들이 과연 이웃인가
불쌍해서 안됐다고 말만 하고 사라지는 사람들이 이웃인가

이웃의 상처를 돌봐주고 치료해주고
어려움과 고통을 해결할 길을 열어주는 사람들이
절망하는 사람들의 진정한 이웃이다

늘 가까이 이웃을 사랑하고
감싸줄 수 있는 선한 사마리아인처럼
사랑이 가득한 이웃이 필요하다
오늘의 진정한 사마리아인은 누구인가

456 | 고난을 예고하시는 예수

하나님의 아들 예수 그리스도가
이 땅에서 고난을 당하심은
신비로움과 경이로움이다

죄의 올무에서 벗어나게 하시고
구원을 받게 하시려고
십자가의 고난을 예고하셨다

주님은 인간의 죗값을 치르시기 위하여
고난의 십자가를 마다하지 않으셨다
예루살렘에서 대제사장들과 서기관들의
조롱과 비난을 받으시고
십자가에서 죽으시고 삼 일 만에
부활하시는 구원의 비밀을 말씀하셨다

주님이 가시는 구원의 길은 아무도
막지 못하는 하나님의 섭리요 뜻이다

예수는 십자가로 가는 길을 받아들이시고
처절한 십자가의 고통 후에 오는
구원의 크나큰 감동과 기쁨을 주셨다
아멘, 주 예수여 영광과 찬양을 받으소서

457 | 예수를 따르는 길 1

이에 예수께서 제자들에게 이르시되 누구든지 나를 따라오려거든 자기를 부인하고 자기 십자가를 지고 나를 따를 것이니라 ✝ 마태복음 16 : 24

세상 따르면 부귀와 권세를 얻는다지만
그것은 죄에 빠지게 만든다
제자가 되기를 원한다면
죗값인 사망의 화살이 당겨지기 전에
죄에서 빨리 떠나야 한다

쾌락의 불안한 거리에서 방황하거나
방탕하지 않고 철저히 회개하려면
목숨까지 희생하는 결단이 필요하다

제자가 되면 새 생명을 얻고
생명책에 영원히 이름이 기록되니
이 놀라운 축복은 온 천하를 주고도
바꿀 수 없는 가장 소중한 것이다

주님의 제자가 되어 덧없이
지난 세월 다 떨쳐버리고
새로운 삶을 살기를 원한다

제자가 되기를 원하면
그리운 하늘나라 천국에 소망을 갖고
기쁨과 감사가 터져 나와야 한다

예수를 따르는 길을 가자
생명과 죽음에 이르는 두 길밖에 없다

다른 쪽을 택하면 죽음의 길이요
영영 돌아올 수 없는
후회막심한 선택일 뿐이다

주님이 인도하시는 길을 따라가면
진리가 보이고 진리 따라 살면
생명이 되신 주께서 구원하여주신다

수많은 살길이 있다 안내하지만
모두 다 괴로운 인생길일 뿐
예수 외에 다른 구원은 없다

주님은 손 닿는 곳에 계시지 않아도
말씀 속에서 늘 곁에 계시니
인도하심을 받고 믿음의 길을 가라

신앙생활하면서 문득문득 보고 싶고
그리워지는 예수를 바라보면서
진실한 믿음으로 길을 따라가면
생명의 길이 되시고 구원이 되신다

459 | 버려진 인생들을 위하여

> 우리는 낮에 속하였으니 정신을 차리고 믿음과 사랑의 호심경을 붙이고 구원의 소망의 투구를 쓰자 하나님이 우리를 세우심은 노하심에 이르게 하심이 아니요 오직 우리 주 예수 그리스도로 말미암아 구원을 받게 하심이라 예수께서 우리를 위하여 죽으사 우리로 하여금 깨어 있든지 자든지 자기와 함께 살게 하려 하셨느니라 그러므로 피차 권면하고 서로 덕을 세우기를 너희가 하는 것같이 하라 ✝ 데살로니가전서 5 : 8-11

잘못된 선택으로 깡그리 무너져 내리고
버려지고 구겨진 인생들
지옥에 끌려가 절망 속에 내동댕이쳐질 텐데
일일이 찾아가 만나주셨다

죄에서 헤어 나오지 못하고 썩어 넘어져
시궁창에 흘러내리는 오물 같은 절망에
옹이 박혀 어쩔 수 없는데 구원해주셨다

모진 목숨 살겠다고 갈피를 못 잡고
몸부림칠 때보다 모습이 달라지고
잘 믿었다는 강한 확신이 있을 때
진심으로 회개할 때가 더 행복하다

사람은 담을 쌓기를 원하고
주님은 담을 헐기를 원하시기에
구원의 기쁨에 말씀을 되새기며 전한다

혀 깨무는 고통의 생존의 틈서리에서
주님을 만나 구원받은 참기쁨을
날마다 복음으로 전하며 믿음으로 산다

460 | 간질병에 걸린 아이를 고쳐주신 예수

이에 예수께서 꾸짖으시니 귀신이 나가고 아이가 그때부터 나으니라 ✝ 마태복음 17 : 18

아이가 간질병에 걸린 아버지의
간곡한 부탁을 받은 제자들은
거품 물고 뒹구는 걸 보고 겁을 먹고 쩔쩔맸다
믿음이 없는 강한 자신감은 불신이다

예수께서 변화산에서 내려오셔서
어이해 이토록 믿음이 없느냐?
제자들을 책망하셨다
"할 수 있거든 내 아들의 병을 고쳐주소서"
"할 수 있거든이 무슨 말이냐
믿는 자에게는 능치 못함이 없느니라"

불신하고 의심하는 유혹들이
나약한 신앙을 묶어놓으려 할 때
모든 것을 떨쳐버리고 예수를 의지하자
"믿는 자에게는 능치 못함이 없다"

아이가 온전해지자 제자들은 놀라 물었다
"어이해 이런 일이 일어날 수 있습니까!"
"기도 외에는 이런 유가 나갈 수 없다"
예수의 놀라운 기도의 위력을 깨닫고 알았다

461 | 귀신 들린 자를 고쳐주신 예수

그들이 갈릴리 맞은편 거라사인의 땅에 이르러 예수께서 육지에 내리시매 그 도시 사람으로서 귀신 들린 자 하나가 예수를 만나니 그 사람은 오래 옷을 입지 아니하며 집에 거하지도 아니하고 무덤 사이에 거하는 자라 예수를 보고 부르짖으며 그 앞에 엎드려 큰 소리로 불러 이르되 지극히 높으신 하나님의 아들 예수여 당신이 나와 무슨 상관이 있나이까 당신께 구하노니 나를 괴롭게 하지 마옵소서 하니 이는 예수께서 이미 더러운 귀신을 명하사 그 사람에게서 나오라 하셨음이라 (귀신이 가끔 그 사람을 붙잡으므로 그를 쇠사슬과 고랑에 매어 지켰으되 그 맨 것을 끊고 귀신에게 몰려 광야로 나갔더라) 예수께서 네 이름이 무엇이냐 물으신즉 이르되 군대라 하니 이는 많은 귀신이 들렸음이라 무저갱으로 들어가라 하지 마시기를 간구하더니 마침 그곳에 많은 돼지 떼가 산에서 먹고 있는지라 귀신들이 그 돼지에게로 들어가게 허락하심을 간구하니 이에 허락하시니 ✝ 누가복음 8 : 26-32

거라사 지방의 무덤 사이에 군대 마귀가 들려
상처투성이로 버려져 벌거숭이로 날뛰었다
어느 누구도 감당할 수 없도록
겁이 나고 두려워 안절부절못하며
가까이 다가갈 수 없었다

쇠고랑까지 채워도 힘이 솟아 끊고
달아나던 귀신 들린 자를 말씀으로
무저갱으로 가라 하시사 군대 마귀를 쫓아내셨다

산비탈에서 내려오는 이천 마리의 돼지 떼 속에
마귀를 집어넣어 호수에 몰살시켜
정신을 온전하게 회복시켜주고 건강하게 해주셨다

군대 마귀 들렸던 사람은 처참했던
혼돈은 사라지고 새 생명으로 충만한
기쁨을 되찾아 가족 있는 집에 갔으니
행복한 날이 찾아왔다

462 초막을 지으소서

엿새 후에 예수께서 베드로와 야고보와 그 형제 요한을 데리시고 따로 높은 산에 올라가셨더니 그들 앞에서 변형되사 그 얼굴이 해같이 빛나며 옷이 빛과 같이 희어졌더라 그때에 모세와 엘리야가 예수와 더불어 말하는 것이 그들에게 보이거늘 베드로가 예수께 여쭈어 이르되 주여 우리가 여기 있는 것이 좋사오니 만일 주께서 원하시면 내가 여기서 초막 셋을 짓되 하나는 주님을 위하여, 하나는 모세를 위하여, 하나는 엘리야를 위하여 하리이다 말할 때에 홀연히 빛난 구름이 그들을 덮으며 구름 속에서 소리가 나서 이르시되 이는 내 사랑하는 아들이요 내 기뻐하는 자니 너희는 그의 말을 들으라 하시는지라 ✝ 마태복음 17 : 1-5

주여 우리는 저 아래 세상보다
이곳에 머물기를 원하오니
이곳에 초막을 지으소서

세상은 온통 죄악뿐입니다
거창한 집이 아니라도 좋으니
초막 셋을 지으소서

하나는 주님을 위하여
하나는 모세를 위하여
하나는 엘리야를 위하여
초막 셋을 지으소서

만약에 여분이 있다면
우리의 초막도 부탁합니다

주여 저 세상으로 내려가 보아야
걱정과 염려뿐 이곳에 머물도록
주님의 제자 베드로가 간구하오니
주여 이곳에 초막을 지으소서

463 | 귀신 들린 아이를 고치시는 예수

주여 내 아들을 불쌍히 여기소서 그가 간질로 심히 고생하여 자주 불에도 넘어지며 물에도
넘어지는지라 내가 주의 제자들에게 데리고 왔으나 능히 고치지 못하더이다 예수께서 대
답하여 이르시되 믿음이 없고 패역한 세대여 내가 얼마나 너희와 함께 있으며 얼마나 너희
에게 참으리요 그를 이리로 데려오라 하시니라 이에 예수께서 꾸짖으시니 귀신이 나가고
아이가 그때부터 나으니라 이때에 제자들이 조용히 예수께 나아와 이르되 우리는 어찌하
여 쫓아내지 못하였나이까 이르시되 너희 믿음이 작은 까닭이니라 진실로 너희에게 이르
노니 만일 너희에게 믿음이 겨자씨 한 알 만큼만 있어도 이 산을 명하여 여기서 저기로 옮
겨지라 하면 옮겨질 것이요 또 너희가 못 할 것이 없으리라 ♱ 마태복음 17 : 15-20

제자들아 너희가
귀신 들린 아이를 고치지 못하는 것은
믿음이 작은 까닭이다

보아라 귀신을 꾸짖으니
어린아이에게서 나가지 않느냐
제자들아 왜 이리도 믿음이 없느냐
제자들아 왜 이리도 확신이 없느냐
하나님은 전지전능하신 분이시니
믿고 구하면 받을 줄로 믿으라

겨자씨만 한 믿음만 있어도
놀라운 일을 할 것이다
기도는 믿음이 있어야 하고
행함도 믿음이 있어야 한다

하나님의 일은 믿음이 있어야 할 수 있고
믿음을 말씀을 듣고 구할 때
하나님이 주시는 것이다

464 | 천국에서 큰 사람

그때에 제자들이 예수께 나아와 이르되 천국에서는 누가 크니이까 예수께서 한 어린아이를 불러 그들 가운데 세우시고 이르시되 진실로 너희에게 이르노니 너희가 돌이켜 어린아이들과 같이 되지 아니하면 결단코 천국에 들어가지 못하리라 그러므로 누구든지 이 어린아이와 같이 자기를 낮추는 사람이 천국에서 큰 자니라 ✝ 마태복음 18 : 1-4

천국에서 큰 사람은 누구인가
돈 많은 부자도 아니고
재능 있는 천재도 아니고
권세 있는 사람도 유명인도 아니다

천국에서 큰 사람은 어린아이같이
순수한 사람, 맑고 깨끗한 사람
어린아이같이 착하고 선한 마음을
갖고 사는 사람들이다

맑고 고운 눈을 가진 아이들을
거칠게 쌀쌀맞게 업신여기며
함부로 대하지 말아야 한다

심술궂게 실족하게 하는 자는
멸망에 처할 자들이다
오는 사람 가는 사람 모두 다
주님을 만나게 해야 한다

누구든지 예수 그리스도를 영접하면
저 천국에 갈 수 있도록
주님의 이름으로 영접하여주신다

465 | 죽음과 부활을 예언하신 주님

갈릴리에서 복음을 전하시는 예수께서
제자들과 함께 모이셨을 때
주님의 죽으심과 부활하실 것을
예언하여 제자들에게 말씀하셨다

예수의 죽음과 부활의 말씀을 들은
제자들은 매우 크게 근심하였다

랍비가 되시는 예수 그리스도가
갑자기 자신들을 떠나 죽으신다니
직업도 가족도 모든 걸 버리고 떠난 제자들은
갑자기 허탈해지고 말았다

아직 제자리를 잡지 못했는데
오래도록 같이 계실 줄 알았던
주님이 죽으신다니 믿을 수 없는 일이다

죽으신 지 삼 일 만에 부활하신다니
하루아침에 날벼락 같은
충격이 몰아쳐 걱정에 빠져들었다
제자들은 크신 하나님의 섭리와 뜻을
아직 알지 못하고 깨닫지 못했다

466 | 길 잃은 양 한 마리

너희 생각에는 어떠하냐 만일 어떤 사람이 양 백 마리가 있는데 그중의 하나가 길을 잃었으면 그 아흔아홉 마리를 산에 두고 가서 길 잃은 양을 찾지 않겠느냐 진실로 너희에게 이르노니 만일 찾으면 길을 잃지 아니한 아흔아홉 마리보다 이것을 더 기뻐하리라 이와 같이 이 작은 자 중의 하나라도 잃는 것은 하늘에 계신 너희 아버지의 뜻이 아니니라

✝ 마태복음 18 : 12-14

들판에서 목자로부터 떨어져
길을 잃은 한 마리의 양을 보라
백 마리 중에 한 마리의 양이
무리와 길을 잃고 방황을 한다

얼마나 두렵고 무섭고 고통스럽고 외로울까

착하고 선한 목자는 아흔아홉 마리 양을 두고
한 마리의 길을 잃은 양을 찾아 나선다

하나님께 오늘도 길 잃은
한 마리의 양을 포기하지 않으시고
끝까지 찾아내시니 모두 함께 기뻐한다

한 마리가 돌아와야
온전한 양 무리가 되는 것이다
오늘도 돌아오라
길을 잃은 한 마리의 양이여
한 마리의 양이 바로 내가 아닐까

467 | 형제가 죄를 범했을 때

> 네 형제가 죄를 범하거든 가서 너와 그 사람과만 상대하여 권고하라 만일 들으면 네가 네
> 형제를 얻은 것이요 만일 듣지 않거든 한두 사람을 데리고 가서 두세 증인의 입으로 말마다
> 확증하게 하라 만일 그들의 말도 듣지 않거든 교회에 말하고 교회의 말도 듣지 않거든 이방
> 인과 세리와 같이 여기라 ✝ 마태복음 18 : 15-17

용서할 때 진정한 믿음이 살아나고
믿음이 말이 아니라 살아 움직일 때
우리가 감당할 수 없는 죄를 용서하신다

네 형제가 만약에 죄를 지었다면
형제에게 회개하고 용서 구하라 말하라
형제가 받아들이면 형제를 얻는다
죄를 권고하고 회개하기를 권해도
좀스러워 깨닫지 못하고
회개를 촉구해도 듣지 않으면
한 두 사람이 가서 회개할 것을 말하라

그래도 도통 듣지 않는다면
교회에서 모든 자들에게 선포하고
교회의 말도 듣지 않는다면
죄를 일삼고 살아온 사람이다

형제가 아닌 이방인과 세리처럼 여겨라
짙은 어둠과 절망의 세월을 떠나
형제를 용서하고 상처를 아물게 하고
하나님의 사랑을 본받는 것이 성도의 삶이다

468 | 무엇을 구하든지

진실로 너희에게 이르노니 무엇이든지 너희가 땅에서 매면 하늘에서도 매일 것이요 무엇
이든지 땅에서 풀면 하늘에서도 풀리리라 진실로 다시 너희에게 이르노니 너희 중의 두 사
람이 땅에서 합심하여 무엇이든지 구하면 하늘에 계신 내 아버지께서 그들을 위하여 이루
게 하시리라 두세 사람이 내 이름으로 모인 곳에는 나도 그들 중에 있느니라

✝ 마태복음 18 : 18-20

기도드릴 때 예수 이름으로 구하라
지나온 것은 실망과 낙망뿐이지만
기도 속에 깊은 영성 갖게 하시고
반석 위에 믿음을 세우게 하신다

기도할 때 욕심내어 구하지 말고
굳센 믿음으로 끈기 있게 구하라

환경에 관계없이 최선을 다하며
행함 있는 믿음을 갖게 하시는데
무엇을 바라고 기다리는지
죄를 따라가는 발자국이 미워진다

기도할 때에 무엇을 구하든지
하나님의 뜻에 합당하면
응답하시고 이루어주실 것이다

호젓하고 고독할 때에도
경건한 생활로 주와 깊은 사귐을 갖고
영적인 충만함을 채워나가면
주님이 필요한 곳에 보내주시고
두세 사람이 기도하면 들어주신다

469 | 각각 마음으로 형제를 용서하라

너희가 각각 마음으로부터 형제를 용서하지 아니하면 나의 하늘 아버지께서도 너희에게 이와 같이 하시리라 ✝ 마태복음 18 : 35

각각 마음으로 형제를 용서하라
용서하는 자가
용서를 받고 기뻐할 줄 안다

용서할 줄 모르는 악한 자는
마음이 독하여 병든 자이다
예수 그리스도는 용서하시는
사랑의 구세주시다

구세주를 만나
구원을 받으려면 용서하라
용서는 허물을 덮어주고
이해와 사랑의 마음을 만들어놓는다

세상에 용서가 없다면
다툼 속에 병들고
지옥 같은 삶을 살 수밖에 없다

남을 탓하기 전에 먼저 용서하라
용서는 모든 문제를 해결하는
복된 길을 열어준다

470 ㅣ 예수를 돌로 치려는 사람들

유대인들이 다시 돌을 들어 치려 하거늘 예수께서 대답하시되 내가 아버지로 말미암아 여러 가지 선한 일로 너희에게 보였거늘 그중에 어떤 일로 나를 돌로 치려 하느냐 유대인들이 대답하되 선한 일로 말미암아 우리가 너를 돌로 치려는 것이 아니라 신성모독으로 인함이니 네가 사람이 되어 자칭 하나님이라 함이로라 ✝ 요한복음 10 : 31-33

유대인들이여
예수가 무슨 죄가 있는가
무슨 잘못을 저질렀다고
너희들 마음대로 돌로 치려 하는가

예수는 하나님의 아들이거늘
무엇을 밝히 말하라고 하는가
보고도 믿지 못하는 어리석은 자들아

예수께서 하나님 아버지의 이름으로 행하는 일들을
눈앞에 보이도록 증거하고 있는데
또 무슨 증거를 요구하는가

양들은 목자의 음성을 듣고 따른다
예수가 인도하시고 구원한 사람들은
아무도 어쩔 수 없는 새 생명을 얻었다

천지만물을 주관하시는 하나님께서
이 땅에 보내신 구주 예수다
선하신 예수께서 선한 일을 하시거늘
너희가 어찌 돌로 치려 하는가
하나님의 뜻을 모르는 어리석은 자들아

471 | 유대 지경에서 복음을 전하신 예수

예수는 발길 닿는 곳마다 복음을 전하시고
복음이 열매 맺어 생명의 꽃이 피어났다

죄악의 계곡에 죽음의 곡소리가 사라지고
새 생명의 기쁜 감동과 구원받은 감동과
기쁨의 웃음소리가 넘쳐났다

사람들의 인생사 모든 문제가 해결되고
갖가지 병자들이 고침을 받아
온전하게 나아 건강한 몸이 되고
절망과 신음 소리가 사라졌다

사람들을 괴롭히던 모든 귀신들도
줄행랑을 치며 달아나고 온갖 귀신이 들렸던
사람들이 온전한 정신을 찾았다

쳇바퀴 돌듯 맴돌던 삶에
주님이 찾아오시면 새로 거듭난 삶에
꿈과 희망이 가득해진다

예수께서 갈릴리 바닷가를 떠나
유대 지경에서 복음을 전하실 때
큰 무리가 예수의 빌길을 따랐다

472 | 포도원의 품꾼들

천국은 마치 품꾼을 얻어 포도원에 들여보내려고 이른 아침에 나간 집주인과 같으니 그가 하루 한 데나리온씩 품꾼들과 약속하여 포도원에 들여보내고 또 제삼시에 나가보니 장터에 놀고 서 있는 사람들이 또 있는지라 그들에게 이르되 너희도 포도원에 들어가라 내가 너희에게 상당하게 주리라 하니 그들이 가고 제육시와 제구시에 또 나가 그와 같이 하고 제십일시에도 나가보니 서 있는 사람들이 또 있는지라 이르되 너희는 어찌하여 종일토록 놀고 여기 서 있느냐 이르되 우리를 품꾼으로 쓰는 이가 없음이니이다 이르되 너희도 포도원에 들어가라 하니라 저물매 포도원 주인이 청지기에게 이르되 품꾼들을 불러 나중 온 자로부터 시작하여 먼저 온 자까지 삯을 주라 하니 제십일시에 온 자들이 와서 한 데나리온씩 받거늘 먼저 온 자들이 와서 더 받을 줄 알았더니 그들도 한 데나리온씩 받은지라 받은 후 집주인을 원망하여 이르되 나중 온 이 사람들은 한 시간밖에 일하지 아니하였거늘 그들을 종일 수고하며 더위를 견딘 우리와 같게 하였나이다 주인이 그중의 한 사람에게 대답하여 이르되 친구여 내가 네게 잘못한 것이 없노라 네가 나와 한 데나리온의 약속을 하지 아니하였느냐 네 것이나 가지고 가라 나중 온 이 사람에게 너와 같이 주는 것이 내 뜻이니라 내 것을 가지고 내 뜻대로 할 것이 아니냐 내가 선하므로 네가 악하게 보느냐 이와 같이 나중 된 자로서 먼저 되고 먼저 된 자로서 나중 되리라 ✝ 마태복음 20 : 1-16

천국은 포도원에서 일할 일꾼을 찾아 아침에 일찍 나간 주인과 같고
포도원에는 할 일이 많아 언제든 일할 사람을 찾고 있다

하루 중에 어떤 시간이든지 와서 일하라
아주 늦게 온 자도 후회하거나 낙심하지 말고 일하라

누구도 품삯에 대하여 이러쿵저러쿵 말하지 말라
하나님은 약속하신 대로 누구에게나 공평하게 줄 것이다

하나님은 선하신 분이시기에 사람들의 중심을 보시니
하나님의 깊고 높으신 섭리를 깨달으라

누구든지 나중 된 자가 먼저 되고 먼저 된 자가
나중 될 수 있는 것이 하나님의 섭리이며 뜻이다

473 | 죽음과 부활을 미리 예언하신 주님

어느 누가 태어나서
자기의 잘못도 아닌데
타인의 죗값으로 십자가를 지겠는가

십자가에 못 박혀서 죗값을
대신 치를 사람이 어디에 있겠는가

예수는 바로 나의 죄 때문에
골고다 언덕 십자가에 못 박혀서
죗값의 대속제물이 되어주셨다

하나님 아버지의 뜻과
거룩한 섭리임을 미리 아셨기에
제자들에게 십자가의 죽음과
삼 일 만에 부활하심을 예언하셨다

자신이 왜 죽는가를 아는 것은
참으로 놀라운 일인데
십자가에 달리시면서도
끝까지 하나님의 뜻에 순종하시며
율법을 이루시고 구원을 완성하셨다

474 | 인자가 온 것은

인자는
섬김을 받으려 함이 아니라
섬기려 오셨다

이 땅에 오셔서
제자들의 발을 씻겨주시고
죄인을 구하고 병자를 치유하시고
공생애 삼십삼 년 동안
섬기는 삶의 모범이 되어주셨다

예배와 찬양을 받으시고
섬김을 받아야 마땅하신 분이
사람들을 섬기셨다

소중한 목숨까지
많은 사람들의 죗값의
대속물로 바치셨다

하늘의 뜻을 땅에 이루는
섬김의 삶은
우리가 본받아야 할 삶이다

475 | 기도의 능력

어리석고 무지몽매한 삶
목숨을 다하여 살아보아도 결국에는
흰 뼛가루 한 줌으로 남아 뿌려지고 만다

예수 이름으로 기도드리며
몸과 마음과 영혼이 가장 순결한 보혈을 믿고
천국에 갈 수 있도록 간구해야 한다
아무리 몸부림을 쳐도 소용없는 인생살이
나약하고 부족하지만 믿고 의지하는 사람은
더 큰 일을 할 것이라 말씀하셨다

바람이 불 때보다 더 떨리는
죄악에 가슴 치는 연약한 삶
생명의 말씀 믿으면
새로운 성령의 역사가 일어난다

어설픈 신앙으로 어찌 주를 전할까
안타까움에 기도하는데
강한 확신을 주시고 인도하신다

기도할 것이 많은 이
행복한 그리스도인이요
기도할 것 없다면 불행한 사람이다

476 | 우리의 표정을 찾고 싶습니다

한 방울의 물도 헛되이 떨어짐 없고
구름 한 점 떠나감도 헛됨 아니듯
거리에서 만나는 눈빛에서
그 사람이 살아온 삶이 보인다

사람들이 채울 수 없는 허허로움에
웃음과 울음을 잃고 허무해지고
말은 많아졌으나 진실과 정은 사라졌다

일하며 돈은 벌어도 소박한 기쁨 떠나가고
허울만 좋고 소문난 잎만 무성하고
아픔이 자꾸만 커지고 있다
주님은 맑은 눈동자로 바라보시는데
우리는 어떤 얼굴과 모습으로 살아가는가

기쁠 때보다 슬플 때 주님을 찾고
즐거울 때보다 괴로울 때 주님을 찾는다
주님을 기도를 통해 만나니
우리의 심장이 어떻게 뛰고 설레는가
구원받은 성도라면 사랑을 뜨겁게 받으며
날마다 하늘 사랑의 은혜 속에
간절한 소망을 갖고 사는 것이다

477 | 날마다 기쁨으로 살게 하소서

영원부터 만물을 창조하신 하나님 속에 감추어졌던 비밀의 경륜이 어떠한 것을 드러내게 하려 하심이라 이는 이제 교회로 말미암아 하늘에 있는 통치자들과 권세들에게 하나님의 각종 지혜를 알게 하려 하심이니 곧 영원부터 우리 주 그리스도 예수 안에서 예정하신 뜻대로 하신 것이라 우리가 그 안에서 그를 믿음으로 말미암아 담대함과 확신을 가지고 하나님께 나아감을 얻느니라 ✝ 에베소서 3 : 9-12

나의 영혼과 마음에 새 생명을 주시고
항상 밝고 깨끗한 마음으로 살게 하소서
사랑으로 일생 동안 기도하며
말씀과 찬양과 기도를 통하여
만나는 기쁨으로 살게 하소서

자연과 풍경 속에서 깨닫고 하시고
들에 핀 작은 꽃들 속에서도
주님의 사랑을 알게 하시고
사람들 속에서 기쁨을 알게 하소서

고통 속에도 기쁨으로 살아가게 하시고
삶의 변화의 기쁨을 전하게 하소서
내 안에 점점이 박혀오는 주님의 말씀이
삶의 거울이 되게 하소서

날마다 해바라기처럼 긴 목으로
주님을 향한 그리움을 갖습니다
주님이 이 땅에 다시 오시는 날
들판을 산책할 수 있다면 얼마나 좋을까
정답게 마주할 날이 오니 힘이 솟아납니다

478 | 이 땅에서 가장 행복한 사람

너희는 유혹의 욕심을 따라 썩어져 가는 구습을 따르는 옛 사람을 벗어버리고 오직 너희의
심령이 새롭게 되어 하나님을 따라 의와 진리의 거룩함으로 지으심을 받은 새 사람을 입으
라 ✝ 에베소서 4 : 22-24

눈여겨보아도 알다가도 모를 듯한 세상살이에
무슨 미련과 욕심으로 살겠습니까

사람은 속마음 안 보여주는데
주님은 속마음까지 보여주셨으니
수없이 어리석음을 깨달아 고백합니다

사람의 지나간 자취가 남는 것은
몇 장의 사진과 죽음뿐인데
남의 가슴에 못 박지 않고 살고 싶습니다

손에 쥔 것도 놓고 가는데 무엇을 갖고
오래도록 살리라 망언을 하며 살겠습니까

모든 것이 주님의 뜻이요 사랑인 것을
늘 감사하며 살아가는 것이 축복입니다

큰소리치고 누가 알아주지 않아도
끝나는 인생살이 늘 마음 비우고
온 가족 한마음으로 예배드릴 때 행복합니다

479 | 주님을 만나길 원하던 사람들

주님을 만나기 위해 모이고
말씀을 사모하고 기도할 때마다
놀라운 기적이 일어나 변화되어
하나님께 영광과 찬양을 돌립니다

주님을 의지하고 순종하고 따르며
따뜻한 손길을 원하는 이들에게
빛과 생명과 구원의 기쁨을 주십니다

말씀으로 때를 얻든지 못 얻든지
말씀을 전하는 삶을 살기를 원하오니
내 마음의 방주를 견고하게 하셔서
믿음이 새어 나가지 않게 하소서

사람들이 찾아오면 갖가지 모습으로
살아온 모든 것을 들어주시고
어떤 두려움도 편하게 감싸주십니다

누구나 만나기를 원하면 함께하시니
삶의 공간마다 영혼의 공간마다
풍성하고 가득하게 은혜로 채워집니다

480 | 진리가 너희를 자유롭게 하리라

> 그러므로 예수께서 자기를 믿은 유대인들에게 이르시되 너희가 내 말에 거하면 참으로 내
> 제자가 되고 진리를 알지니 진리가 너희를 자유롭게 하리라 ✝ 요한복음 8 : 31-32

진리가 너희를 자유롭게 하리라
너희가 예수의 이름을 부른 것처럼
예수를 믿고 그 이름으로 부르라
주님도 너희 이름을 불러주실 것이다

마음의 문을 열고 영접하고
생명의 말씀을 믿으면 제자가 된다
주님의 말씀을 깨닫고 흘린 눈물이
주님을 믿는 고백이 되어
믿고 따르면 구속을 받는다

봄이 오면 온 땅이 햇살을 받아
새 생명이 움터 나오듯
죄에서 자유롭게 될 것이다

바싹 메마르고 시들 대로 시든 마음을
활짝 열어주실 것이다
생명의 말씀이시며
진리가 되시는 예수께서
모든 죄에서 자유롭게 하실 것이다

481 | 기름 부음을 받으시는 예수

마리아는 지극히 비싼 향유 곧 순전한 나드 한 근을 가져다가 예수의 발에 붓고 자기 머리 털로 그의 발을 닦으니 향유 냄새가 집에 가득하더라 제자 중 하나로서 예수를 잡아줄 가룟 유다가 말하되 이 향유를 어찌하여 삼백 데나리온에 팔아 가난한 자들에게 주지 아니하였 느냐 하니 이렇게 말함은 가난한 자들을 생각함이 아니요 그는 도둑이라 돈궤를 맡고 거기 넣는 것을 훔쳐 감이러라 ✝ 요한복음 12 : 3-6

예수께서 유월절이 다가올 때
주님이 기도하시는 감람산이 가까운
베다니 마을에 머무르셨다

이곳, 죽은 자 나사로를 살리신 마을에
살아난 나사로가 예수와 함께 앉아 있다

주님을 사랑하고 섬기기를 원하여
따르는 마리아가 주님 발에 나드 향유를 붓고
자기의 머리카락으로 닦아내었다

주님은 마리아가 기름을 붓는
그 이유를 아시고
하나님의 섭리가 다가오고 있음을
더욱 진실하게 받아들이셨다

제자들은 몰랐다
그러나 주님은 자신이 십자가에 죽은 뒤
장사할 날을 위해 향유를
간직하라고 말씀하셨다

482 | 베다니의 나사로

베다니 마을에 죽었다 살아난
나사로가 살고 있다

나사로는 죽어 무덤에 있던 사람
생명이 끊어져 소망이 없고
육체가 썩어 냄새가 나던 사람이다

죽은 나사로를 향하여
예수의 생명을 살리는 말씀이 들렸다
"나사로야 나오너라"

죽었던 나사로가
멀쩡하게 살아 무덤에서 나와
썩어 냄새가 나던 사람이
눈에 생기가 돌고 심장이 뛰었다

죽었다가 다시 살아난
나사로가 예수와 함께 있다

이 얼마나 놀라운 광경인가
예수는 부활이요 생명의 주인이시다

483 | 가룟 유다의 불만

불만은 화를 부르고
성질을 날카롭게 하고 죄를 짓게 하고
결국에는 일을 거슬러 화를 입게 한다

가룟 유다는 어둠의 자식
돈에 욕심이 가득하고
많은 죄를 부르는 자다

예수의 죽음을 위하여 믿음의 고백으로
향유를 발에 붓는 마리아를 향하여
화를 내며 불만을 쏟아냈다

"왜 헛되게 향유를 허비하느냐
향유를 삼백 데나리온에 팔아
가난한 자들에게 주지 않느냐"

가룟 유다는 맡긴 돈궤에서
돈을 훔쳐 오던 자이다
가룟 유다에게는 미래가 없고
눈앞에 보이는 현실에만 급급한 자이다

스승도 모르고 예수도 알지 못하는
악마의 자식이나

484 | 구원하러 오신 주님

예수께서 사람들을 향하여 외치십니다
나를 믿고 나를 보내신 하나님을 믿으라고 하십니다
주님을 보고 믿음을 갖는 자는
하나님을 본 것처럼 믿어야 합니다

내 말을 듣고 그대로 행하라
나는 이 땅에 심판하러 온 것이 아니라
세상 사람들을 죄의 억압에서
구원하러 왔다

예수를 외면하고 부인하고 떠나면
분명하고 확실하게 심판을 받습니다

주님을 몰라 바보처럼 눈물이 나오니
봄비 내리듯 주님의 말씀을
영혼에 내려주시기 원합니다

하나님의 말씀하심이 영생이시니
누구나 복음을 믿으면 영생을 얻습니다
주님은 심판하러 오지 않고
구원하러 오셨지만 마지막 날에는
예수께서 심판주로 오십니다

485 | 제자들의 발을 씻겨주시는 주님

저녁 잡수시던 자리에서 일어나 겉옷을 벗고 수건을 가져다가 허리에 두르시고 이에 대야에 물을 떠서 제자들의 발을 씻으시고 그 두르신 수건으로 닦기를 시작하여 시몬 베드로에게 이르시니 베드로가 이르되 주여 주께서 내 발을 씻으시나이까 예수께서 대답하여 이르시되 내가 하는 것을 네가 지금은 알지 못하나 이 후에는 알리라 베드로가 이르되 내 발을 절대로 씻지 못하시리이다 예수께서 대답하시되 내가 너를 씻어주지 아니하면 네가 나와 상관이 없느니라 시몬 베드로가 이르되 주여 내 발뿐 아니라 손과 머리도 씻어주옵소서 예수께서 이르시되 이미 목욕한 자는 발밖에 씻을 필요가 없느니라 온몸이 깨끗하니라 너희가 깨끗하나 다는 아니니라 하시니 이는 자기를 팔 자가 누구인지 아심이라 그러므로 다는 깨끗하지 아니하다 하시니라 ✝ 요한복음 13 : 4-11

주님께서 겉옷을 벗으시고 허리에 수건을 두르시더니
친히 대야에 물을 떠오셔서
손수 제자들의 발을 씻고 닦아주셨다

죄를 씻겨주려고 오신 주님이
제자들의 발까지 씻겨주시다니
참 모범적이고 위대하시고 헌신적인
참된 스승, 예수 그리스도 주님이시다
선한 목자 되신 예수 그리스도가
이 땅에서 섬김을 행동으로 보여주셨다

제자 베드로가 말했다
내 더러운 발도 씻겨주시렵니까
"내가 씻어주지 않으면 너와 상관이 없다"
놀란 베드로는 말했다
주여 내 발과 손과 머리, 온몸을 다 씻겨주소서

"베드로야 목욕한 자는 온몸이 깨끗하다
가룟 유다야 너만은 아직 깨끗하지 못하구나"

486 | 끝까지 사랑하시는 예수

예수 그리스도는 시작도 사랑이시며
끝까지 사랑하여주신다

사람들은 기회마다 배신하고
조롱하고 비웃고 떠나지만
예수 그리스도는 우리를 창세전부터
선택하시고 사랑하여주신다

예수 그리스도는 우주 역사상
인류 역사상 최고의 사랑
드라마의 주인공이시다

사람들은 자기의 이익을 위하여
모략하고 음모를 꾸미고
시시때때로 변절하며 살아간다

예수는 선하시고 사랑이 많으신 분
죄인의 죗값을 치르시며
끝까지 사랑하여주신다

주여 나를 씻겨주소서
나의 죄악을
나의 범죄를
나의 잘못을
나의 실수를 씻겨주소서

주여 나의 몸짓과 행동을 씻겨주소서
주여 나를 씻겨주소서
나의 교만과
나의 오만과
나의 자만과
나의 거만을 씻겨주소서

나의 모든 것을 깨끗이 씻겨주시고
나를 인도하여주소서
주여 나를 씻겨주소서
나의 과거를
나의 오늘을
나의 미래를 씻겨주소서

488 | 너희 중에 하나가 나를 팔 것이다

예수께서 이 말씀을 하시고 심령이 괴로워 증언하여 이르시되 내가 진실로 진실로 너희에게 이르노니 너희 중 하나가 나를 팔리라 하시니 제자들이 서로 보며 누구에게 대하여 말씀하시는지 의심하더라 ✝ 요한복음 13 : 21-22

제자들아 너희들 중에서 하나가
나를 돈으로 팔 것이다
가룟 유다야 너도 제자로 부름을 받아
삼 년 동안이나 따라다니며
주님께서 행한 일과 능력을
네 두 눈으로 앞에서 보지 않았느냐

너를 믿고 돈궤까지 맡겼거늘
시시때때로 불평을 일삼으며
모든 일에 트집을 잡고 불평하더니
무슨 욕심과 유혹에
인도하여주시는 구주 예수를
돈으로 팔려고 하는가

가룟 유다야 너를 위하여 오신 구주를
죄악에서 구원하러 오신 예수를
물건으로 돈으로만 생각하느냐

수많은 사람들 중에 선택되어
제자가 된 것은 참으로 복된 일인데
한순간 잘못된 마음과 선택으로
불행의 그림자가 가득하다

489 | 내가 곧 길이요 진리요 생명이다 1

> 너희는 마음에 근심하지 말라 하나님을 믿으니 또 나를 믿으라 내 아버지 집에 거할 곳이
> 많도다 그렇지 않으면 너희에게 일렀으리라 내가 너희를 위하여 거처를 예비하러 가노니
> 가서 너희를 위하여 거처를 예비하면 내가 다시 와서 너희를 내게로 영접하여 나 있는 곳에
> 너희도 있게 하리라 내가 어디로 가는지 그 길을 너희가 아느니라 도마가 이르되 주여 주께
> 서 어디로 가시는지 우리가 알지 못하거늘 그 길을 어찌 알겠사옵나이까 예수께서 이르시
> 되 내가 곧 길이요 진리요 생명이니 나로 말미암지 않고는 아버지께로 올 자가 없느니라
>
> 🕮 요한복음 14 : 1-6

주님이 어디로 가시는지 알고 있느냐
방향을 읽지 못하고 알지 못하여
마음이 캄캄하여 길을 찾지 못하고
헛곳을 돌아다니며 방황하고 있다

주님이 길이요 진리요 생명이시니
진리마저 깨닫지 못하며 걱정하지 말고
진리가 되시는 주 예수를 믿어라
주님께서 우리가 있을 거처를
하늘에 마련하시고 다시 오시니
기다리다 영접하면 계신 곳에 초대하신다

우리의 영혼을 인도하시는 주께서
어디로 가시는지 너는 알지 못하여 궁금하구나
오랫동안 빠져 있던 죄의 슬픔과 고통에서
벗어나게끔 보혈로 씻겨주신다

주님의 보혈의 사랑 어찌 있을 수 있을까
곧 길과 진리와 생명이시니
의심하지 말고 믿고 따르라

세상에는 수많은 길이 곳곳에 널려 있다
처음에는 어느 길이나 반기며
오라고 환영하는 길인 줄 알았다
살다 보면 가기 쉽고 재미있는
낭만의 길 고통의 길이 많지만
결국 끝은 멸망과 죽음이다

해묵은 죄를 들춰내고 짓눌려
숨 막히게 살아가며 서러워 울지 말고
주 예수의 은혜 속에 살아가자

주님의 음성을 듣고 깨달았다
"나는 길이요 진리요 생명이라
나로 말미암지 않고서는
아버지의 나라에 갈 수 없느니라"

좁은 길이지만 걱정할 필요가 없는
꼭 가야 할 구원의 길이니 행복하다
골고다 십자가 고통 속에 더욱 빛나는
주님의 보혈은 참으로 위대하고 숭고하다

몸과 영혼이 예수 이름으로 구원받았을 때
기쁘고 행복해 은혜 속에 흘러가고 싶다

491 | 구원의 길

길, 길, 길, 길, 길, 길, 길, 길
길, 길, 길, 길, 길, 길, 길, 길
길, 길, 길, 길, 길, 길, 길, 길

이 많은 길 중에 구원의 길은 예수
수많은 경쟁 속에서
남의 시선 하나
의식하지 않고 가고 싶은 길

십자가를 생각하면
눈물이 나고 가슴이 아리고 아픈 것은
나의 죄 때문에 예수께서 십자가를 지고 가셨기에

두 귀 쫑긋 세우고 말씀 따라 살면
천국으로 인도하시는
생명의 길 되시는 예수

내 마음의 갈피마다
주님의 말씀으로 채워주시니
사랑의 말씀에 고개를 끄덕이며
미구 좋아하고 싶다

492 | 주의 길로 가게 하소서

좁은 길 생명의 길로 가게 하시고
온전히 주님의 뜻을 알게 하소서

편하다고 신경 쓰지 않아서 좋다고
수많은 길 중에 곁길로 가게 마시고
미로 속에 빠져 헤매지 않게 하소서

화려한 유혹의 길로 접어들지 않고
수많은 광고판을 만나도
현혹되어 곁길로 빠져들어
죄악의 길로 가지 않게 하소서

수많은 유혹의 손길을 만나도
안일에 빠지지 않게 하소서

혼자 목 놓아 울어도 해결되지 않는
죄를 가슴에 품고 살기보다
삶의 조각들, 은혜로 채워가게 하소서

좁은 길이라도 생명의 길로 가게 하시고
주님 안에 사는 법을 가르쳐주소서

493 | 주님만이 구원의 길

예수께서 이르시되 내가 곧 길이요 진리요 생명이니 나로 말미암지 않고는 아버지께로 올 자가 없느니라 너희가 나를 알았더라면 내 아버지도 알았으리로다 이제부터는 너희가 그를 알았고 또 보았느니라 ✝ 요한복음 14 : 6-7

주님만이 나의 구원의 길이요
어두운 세상의 진리요 생명이 되게 하소서
우리 주님께서 인도하여주시고
푸른 하늘 보면 주님 생각이 밀려오니
홀로 쓸쓸하게 걸어가지 않게 하소서

사람들이 알려주는 길을 가려고
욕망의 길로 걸어가지 않게 하시고
서운하게 갈라진 것마저 채워주시니
스스로 올무 되어 죽어가지 않게 하소서

한눈팔지 않고 서성거리지 않고
망설이며 두리번거리지 않고 곧장
인도하심 따라 살아가게 하소서

적막한 외로움이 파고들 때
절망하지 않고 우뚝 서 있는 십자가의
못 하나마다 용서를 깨닫게 하소서

주님을 날마다 사모하며 살기에
때로는 크게 때로는 작고 나지막하게
부르고 싶은 이름이 예수가 되게 하소서

494 | 주님을 처음 만난 고백

시몬 베드로가 대답하여 이르되 주는 그리스도시요 살아 계신 하나님의 아들이시니이다
✝ 마태복음 16 : 16

주님을 처음 만난 고백은
주는 그리스도시요 하나님의 아들입니다
갈 길을 몰라 헤맬 때
길이 되시는 주님을 만남은 기적입니다

구원의 주님
죄악 속에서 밉살스러운데 건져주시고
부족한 날 인도하시고 함께하여주십니다

홀로는 풀 수 없는 죄를 용서하시고
몸과 마음으로 체험하게 하심은
이 세상 어느 곳에도 없는 사랑입니다

주님만을 믿고 고백하며 살기 원합니다
초라하고 연약하고 부족할 때
자족하는 커다란 기쁨에 휩싸입니다

주님의 사랑이 날마다 피어오르니
계절을 따라 열매를 맺기를 원합니다

하나님의 기뻐하심을 힘입어
나 홀로는 아무것도 할 수 없으니
뜻대로 원대로 마음에 새겨 닮게 하소서

495 | 어린아이들과 같지 않으면

> 예수께서 한 어린아이를 불러 그들 가운데 세우시고 이르시되 진실로 너희에게 이르노니
> 너희가 돌이켜 어린아이들과 같이 되지 아니하면 결단코 천국에 들어가지 못하리라
> ✝ 마태복음 18 : 2-3

너희들의 명예와 권세가 얼마나 하겠느냐
죄악이 눈 가리기 전에 생명의 빛을 보라

구석구석에 낀 죄 더러운 걸레로 닦아내고
꾸겨서 버린다고 사라질 것인가
회개하지 않으면 사라지지 않는다

사라지지 않는 죄를 감추고 가린들
무슨 소용인가 겉치장만 하지 말고
마지막 남은 죄의 옷까지 벗고
예수를 영접하고 눈물로 회개해야 한다

하늘 높은 줄 모르고 치솟는 너희들의 교만은
하늘을 찌르고 무섭고 두려운 것이 없구나

세상 사람들아 맑고 고운 눈을 가진
때 묻지 않은 순박한 아이들을 보아라
아이들의 모습을 주님이 원하신다

세상 사람들아 주님의 이름으로
마음 곱게 다스려 어린아이를 영접하라
주님의 큰 사랑을 마음에 담아라

496 | 아이들

사람들이 예수께서 만져주심을 바라고 어린아이들을 데리고 오매 제자들이 꾸짖거늘 예수
께서 보시고 노하시어 이르시되 어린아이들이 내게 오는 것을 용납하고 금하지 말라 하나
님의 나라가 이런 자의 것이니라 ✝ 마가복음 10 : 13-14

어린 새처럼 꿈을 품고 날고픈
마음이 가득한 아이들
맑고 고운 눈동자가 솔직하다

예수 그리스도 주님은
언제까지나 늘 같은 마음으로
양 떼를 기르는 목자처럼
푸른 초장으로 인도하신다

주님은 병들고 지친 사람들을
아이처럼 품에 꼭 안아주시고
빚진 마음을 갖고 나와도
천하보다 귀한 아이처럼 사랑해주신다

"너희들도 이 아이들과 같이 되지 않으면
천국에 들어가지 못하리라"

아이들은 막 피어오른 들꽃처럼
푸른 하늘 아래 생기발랄하고
생명이 가득한 순수한 아름다움이다

497 | 어린아이같이 되게 하소서

나의 마음이 순수하여
어린아이 같은 마음으로
주님을 사모하게 하소서

나의 마음이 어린아이가 되어
하늘나라에 갈 수 있도록 생각도
발걸음도 어린아이가 되게 하소서

뛰어노는 아이들같이
아무 거짓 없는 해맑은 웃음으로
맑은 모습, 순결한 모습으로
때 묻지 않은 영혼이 되게 하소서

어린아이 같아야 천국에 갈 수 있다 하신
주님이 그리우면 눈물이 울컥 나지만
나의 몸과 마음을 정결하게 하소서

나로 하여금
어린아이의 마음을 갖게 하여주시고
나의 삶이 따뜻하고 해맑아
어린아이 같은 믿음이 되게 하소서

498 | 예수만 전하여주리라

예수를 닮고 구원받은 아이들
주님도 이들처럼 되지 않으면
천국에 들어갈 수가 없다고 하셨다

티 없이 맑고 고귀한 아이들
이 귀한 영혼들에게 생명의 말씀
예수 사랑을 전하는 사명을 주시니
이 얼마나 놀라운 축복이며 은혜인가

어린아이들 한 영혼 한 영혼
마음밭이 옥토가 되기를
기도하고 사랑하며 복음을 전한다

내 힘만으로 사랑할 수 없으니
오직 성령과 말씀만 따라 살아가며
내 갈 길 먼저 가 늘 준비해주시는
주님만 전하고 싶다

이 귀한 어린 영혼들을 가르치는
직분을 주심에 감사하며
온 마음과 정성을 다하여
예수를 전함은 참 고맙고 좋은 일이다

> 그러므로 누구든지 이 어린아이와 같이 자기를 낮추는 사람이 천국에서 큰 자니라
> ✝ 마태복음 18 : 4

욕망이 활활 타는 줄 모르고
욕심의 크기를 더하며 허욕을 부리면
욕망의 꽃은 금방 시들고 사라진다

세상의 욕망에 목 타는 사람들
저지른 죄악을 통곡해도 소용이 없으니
뜨거운 회개의 눈물을 흘려야 한다

어린아이 마음 같아야 하는데
요리조리 피하고 이 궁리 저 궁리 하며
도망치고 싶어 하는 사람들아

어린아이 하나를 영접하는 것이
주님을 영접한 것이라 말해도
더 귀중한 것 더 바쁜 것이 있다고
스스로 올무에 걸리는 사람들아
부족하고 어리석은 사람들아

죗값인 죽음의 골고다 언덕을
어깨가 처지도록 십자가를 지시고
보혈의 사랑으로 넘으신 주님을 만나라
십자가의 외침이 천국 열쇠가 되었다

500 | 용서하라

용서는 용서할 수 있을 때까지
끝까지 용서하는 것이
진정한 용서이다

예수 그리스도는
죄를 고백하면 용서하여주신다

죄의 용서는 한계가 없고
스스로 고백하면
모든 것을 용서받는다

용서를 받았으니
용서하는 삶을 살자
용서할 수 없을 때도
용서하는 것이 진정한 사랑이다

용서를 받아들이지 못하는
사람은 용서가 되지 않는다
사랑도 일방적이지 않다
서로 주고받는 것이 사랑이다

501 | 어린아이 같은 마음을 주소서

어린아이 같은 마음을 주소서
울고 싶을 때 펑펑 속 시원히 울고
웃고 싶을 때 한바탕 웃을 수 있는
거짓 없는 순수한 마음을 주소서

욕심을 부려도 짜증을 내어도
부모를 알아보고 형제를 알아보는
순수한 사랑의 정을 갖게 하소서

죄에서 떠나 평안한 길목에서
마음 한구석에 괜스레 미련이 남아
죄와 다시 숨바꼭질하지 말게 하소서

흙먼지 속에서 뒹굴어도 무엇이
그리도 좋은지 밝고 맑은 아이들
어둠이 오기 전에 집을 찾게 하소서

잘못해도 야단맞을 줄 알고
용서를 받을 줄 아는 마음을
어린아이 같은 순수한 마음을 주소서
내 마음에 스며드는 주님의 생명과
구원의 말씀이 살갑게 다가오게 하소서

502 | 하나님은 사랑

온 우주에 가득한 놀라우신 사랑
하늘과 땅에 오직 주님의 사랑뿐이다
내 마음에 주 사랑이 가득가득 차올라
나는 주 안에서 행복하다

하늘이 사무치도록 그리운 것은
하나님이 창조하신 놀라운 사랑 때문이다
외로운 슬픔을 감싸주시고
죄의 시름을 풀어 쉬게 하시는
예수 사랑에 그리움이 뭉친다

온갖 시련과 고난을 이겨온 것도
지울수록 선명해져 오는
보혈의 사랑 때문이다

십자가의 예수 그리스도만큼
절박하게 외로운 시간이 있을까
깜깜한 죽음의 무덤 열고 부활하시고
사망권세를 이기신 주님을 믿는다

죄에 찔리고 때 묻은 것을 용서받아
눈물로 사랑하는 것은 한마음이 된다

503 | 죄에서 벗어나라

눈앞에 뿌연 안개 덮이듯
견디지 못할 슬픔이 몰려올 때
뒷걸음치지 말고 죄의 유혹에서 벗어나
주님을 새롭게 만나야 한다

흩어지고 얽히고설켰던
마음의 곡절을 풀어내고
죄의 올무에서 벗어나야 한다
탐욕의 눈으로 채 가려고 노리고 있는
사탄의 세력을 알고 있는가
호기심을 잔뜩 갖고 실족게 하는
욕심 가득한 거짓 선지자를 아는가

영혼이 실족하고 무너지면 죽는데
예수를 믿고 구원받는 것보다
다급한 일이 어디 있는가
철없이 저지른 불장난 같은 세월
놓아버릴 때 행운과 축복이 다가오니
주님께 맡기고 인도하심을 받자

잠깐 왔다 가는 인생 죄악으로 더럽혀진 영혼이
십자가 보혈로 구원받았으니
예수는 사나 죽으나 잊을 수 없다

504 | 실로암에 가서 씻으라

내가 세상에 있는 동안에는 세상의 빛이로라 이 말씀을 하시고 땅에 침을 뱉어 진흙을 이겨
그의 눈에 바르시고 이르시되 실로암 못에 가서 씻으라 하시니 (실로암은 번역하면 보냄을
받았다는 뜻이라) 이에 가서 씻고 밝은 눈으로 왔더라 † 요한복음 9 : 5-7

나면서 소경이 되어 세상 못 보는 자여
네가 소경이 된 것은 너의 죗값이 아니라
하나님이 하시는 일을 나타내려고 함이다

주님의 말씀을 믿고 나오라
지금까지 겪었던 절망과 실의에서 벗어나라
주님은 세상의 빛이시다
주님께서 땅에 침을 뱉어 진흙을 이겨
너의 눈에 발랐으니 실로암에서 눈을 씻어라

눈이 안 보이는 것이 얼마나 조롱거리며
얼마나 큰 아픔이더냐
어찌할 수 없는데 눈을 뜨게 해주셨다

실로암에서 눈을 씻고 주님을 바라보아라
이는 하나님께서 영광을 받으려고
너에게 행한 일이다

삭은 뼈처럼 아프던 고통이 사라졌으니
어둠에서 떠나 빛 가운데에서 살아라
죄악에서 벗어나 진리 가운데 살아라
진실한 기도와 행동은 하늘에 닿는 것이다

505 | 따르게 하소서

길 가실 때에 어떤 사람이 여짜오되 어디로 가시든지 나는 따르리이다 ✝ 누가복음 9 : 57

주님께서 친밀함으로 오셔서
함께 가기를 원하시니
힘들어 움츠리던 야윈 어깨를 펴고
정결한 마음으로 따르게 하소서

늘 가까이 계시는 주님이 함께하시니
가라 하면 가고 오라 하면 오는 믿음으로
겸손하게 따르게 하소서

그리워 사모하며 푸르른 생명처럼
햇살 잘 드는 숲 속 많은 나무들처럼
날마다 성장하고 자라게 하소서

주님이 걸어가신 길마다
복음의 길을 가기를 원하오니
날마다 주 안에 있음을 기뻐하며
날마다 주님을 닮아가게 하소서

삶과 죽음 속에서 생명의 주인이 되시는
주님의 말씀 따라 가슴 떨리는 기쁨으로
끝날 수 없는, 끝나지 않는 영원한
주님의 사랑 안에 살게 하소서

506 | 70인 제자들의 파송

칠십 인의 제자들이여
먼저 가서 길을 예비하라
들꽃처럼 제각기 피어나도록
둘씩 흩어져 복음을 증거하라

주님이 우리의 연약함을 아시고
사악한 땅에 보냄에 눈물만 가득해
어린 양을 이리에게 보냄 같다 하셨다
매일 만나는 사람들에게
예수 그리스도의 평안을 전하고
영접하는 이들의 영접을 받으라

병들어 신음하는 사람들을 고치고
하나님의 나라가 가까이 왔다 외쳐라
복음을 외면하는 자를 원망하지 말고
영접하지 않는 자들을 탓하지 말라

말씀을 믿으면 주님의 말을 듣는 것이요
말씀을 저버리면 주님을 저버리는 것이다
천국이 가까이 왔다 복음을 전하라

507 | 최고의 기쁨

그러나 귀신들이 너희에게 항복하는 것으로 기뻐하지 말고 너희 이름이 하늘에 기록된 것으로 기뻐하라 하시니라 ✝ 누가복음 10 : 20

하늘나라에 이름이 기록된 것보다
더한 기쁨이 어디에 있습니까
어떠한 물질과 명예와 권세도
만들 수 없는 놀라운 기쁨입니다

길고 지루한 터널만 같아 괴롭고
슬픔에 지쳐 울고 싶은 밤
눈물보다 진하게 날 사랑하시고
흔들리는 마음의 균형을 잡아주셨습니다

나의 이름이 생명책에 기록된 것은
놀라운 축복이며 간증할 기쁨입니다

십자가의 진한 보혈로 이루어진
눈물겨운 예수 사랑 속에 빠져들어
힘겨워 기대고 싶을 때
화산의 분화구처럼 쏟아지는 사랑에
하나님의 자녀가 되었습니다

내일을 알 수 없는 막막함 속에 숨죽이던
죄악에서 떠나 영원한 구원 얻은 기쁨에
주님의 사랑이 깊은 강이 되어 흐릅니다

508 | 돌아온 70인의 제자들의 노래 1

칠십 인이 기뻐하며 돌아와 이르되 주여 주의 이름이면 귀신들도 우리에게 항복하더이다
✝ 누가복음 10 : 17

주님은 주의 이름으로 수많은 귀신들이 떠났고
절망의 안타까운 사연을 들고 나오는
온갖 각양각색의 병자들을 고쳐주시고
고통의 눈물까지 깨끗이 닦아주셨습니다

주여 주의 이름으로 복음을 전하면
선지자의 대접을 받고 발길 닿는 곳마다
주의 이름으로 기적이 일어났습니다

지옥 불구덩이 영원히 꺼지지 않는 불길이
공포의 현실이 되지 않도록
심령마다 복음의 소중한 꿈을 전합니다

주님을 따르는 제자가 되었으니
복음 전하는 발걸음을 옮기며
주님의 인도하심을 예감하며 따릅니다

기도하며 눈 감으면 손 닿을 만한 곳에
주님이 계실 것만 같아
시들었던 눈빛도 맑아집니다
십자가 구원의 사랑을 몸소 보여주신
주님이 문득문득 그리워서
하나님을 찬양하며 영광을 돌립니다

509 | 돌아온 70인의 제자들의 노래 2

그러나 귀신들이 너희에게 항복하는 것으로 기뻐하지 말고 너희 이름이 하늘에 기록된 것으로 기뻐하라 하시니라 ☜ 누가복음 10 : 20

너무나 신나고 놀라운 일입니다
주의 이름으로 떠날 것을 명하니
귀신들이 벌벌 떨며 항복했습니다

주님의 이름의 능력과 권세를
귀신과 사탄들도 알고 벌벌 떨어
능력과 권세로 승리할 수 있었습니다

복음을 세상에 전할 수 있는
능력을 주심을 감사드립니다

우리를 해할 자가 없음을 압니다
귀신들이 항복한 것을 기뻐하지 말고
우리의 이름이 하늘나라 생명책에
기록됨을 기뻐하게 하소서

세상에서 귀신을 쫓고 능력을 행해도
이름이 하늘나라 생명책에 없으면
그 무슨 소용입니까
주님이 손바닥에 새김같이 기억해주시니
하늘 소망으로 부족함을 채우며 삽니다

510 | 아내를 사랑하라

하나님이 짝지어
둘이 한 몸을 이룬 아내를
어찌 사랑하며 돌보지 않는가

이웃의 아내를 탐하며
허튼 마음을 가지고 간음하는 자는
저주와 버림을 받아
죄의 굴레에 빠질 것이다

퉁명스런 눈빛과 쌀쌀한 말투로
아내를 슬프고 가슴 아프게 하지 말고
성깔을 부려 절망하게 하지 말라
오직 사랑으로 감싸주며 사랑하라

이웃의 아내를 탐하고 간음하는 자들아
욕망에 불을 끄지 않는가
예수의 고귀한 피에 어찌 죄를 짓느냐

마음을 완악하게 하지 말고
죄악에서 돌아서서 아내를 버리지 말라
해 짧아지는 겨울처럼 더 외롭다
하나님의 은총으로 영원히 사랑하라

511 | 내 작은 소망으로

내 작은 가슴에
소박한 꿈 이루어지면
그 작은 기쁨에 취하여
내 마음의 길로만 갑니다

언제나 당신 앞에 설 때면
짓궂은 개구쟁이처럼
더럽혀진 모습이었습니다

당신은 십자가의 아픔도
사랑의 빛으로 주셨으니
그 빛 하나하나가
우리 가슴에 사랑으로 비춰입니다

오늘은 내 작은 소망이나마
봇물처럼 쏟아져 나오는
뜨거운 마음의 기도를 드리고 싶습니다

오늘은 주여
기도의 다리를 놓아주십시오
당신을 만나고 싶습니다
당신을 사랑합니다

512 | 수전절의 예수 그리스도

예루살렘에 수전절이 이르니 때는 겨울이라 ✝ 요한복음 10 : 22

주 예수는 봄, 여름, 가을, 겨울
어느 시절에나 말씀을 가르치셨다
마음마저 구겨져 버리고
덧없는 세상 붙잡고만 있으면
복음 전해도 깨닫지 못한다

독해질 대로 독해져서 성난 이빨을
하얗게 드러내 목자가 될 수 없다
하나님과 하나 됨을 증거하시고
진리의 말씀을 전하는데
유대인은 돌을 던지려 하였다

선하신 주님이 선하게 증거하는데
믿지 못하고 헛된 망상에
신뢰를 불신으로 만들었다
하나님의 뜻이 아니면 어찌하는가

예수 그리스도의 보혈에
저녁노을처럼 붉게 물들어 가며
예수 사랑에 풍덩 빠져야 한다

513 | 세대 분별하며 서로 화해하라

또 무리에게 이르시되 너희가 구름이 서쪽에서 이는 것을 보면 곧 말하기를 소나기가 오리라 하나니 과연 그러하고 남풍이 부는 것을 보면 말하기를 심히 더우리라 하나니 과연 그러하니라 외식하는 자여 너희가 천지의 기상은 분간할 줄 알면서 어찌 이 시대는 분간하지 못하느냐 또 어찌하여 옳은 것을 스스로 판단하지 아니하느냐 ✝ 누가복음 12 : 54-57

자연의 움직임 속에서도
하나님의 섭리를 깨달을 수 있다

검은 구름이 몰려오면
하늘에서 소낙비가 쏟아져 내릴 것이다
남쪽의 바람이 더운 공기를 몰고 와
온도가 높아지는 것이 자연의 이치다

잘난 척하는 자들은 하늘의 뜻도
잘 아는 척할 뿐 순종하지 않는다
뛰어난 듯 대단할 것 같지만
막상 하고 나서 보면 쓸모가 없다

하나님의 뜻을 헤아리지 못하고
옳고 그름을 분별하지 못하면 불행하다

오해가 있을 때나 다툴 일이 생기면
빨리 화해를 하는 것이 좋다

인간관계가 잘못되면 어려움이 생기고
인간은 죄 속에 살고 있어
죄를 씻지 못하면 영영 헤어나지 못한다

514 | 여자여 네 병에서 놓였다

예수께서 안식일에 한 회당에서 가르치실 때에 열여덟 해 동안이나 귀신 들려 앓으며 꼬부라져 조금도 펴지 못하는 한 여자가 있더라 예수께서 보시고 불러 이르시되 여자여 네가 네 병에서 놓였다 하시고 안수하시니 여자가 곧 펴고 하나님께 영광을 돌리는지라 회당장이 예수께서 안식일에 병 고치시는 것을 분 내어 무리에게 이르되 일할 날이 엿새가 있으니 그 동안에 와서 고침을 받을 것이요 안식일에는 하지 말 것이니라 하거늘 주께서 대답하여 이르시되 외식하는 자들아 너희가 각각 안식일에 자기의 소나 나귀를 외양간에서 풀어내어 이끌고 가서 물을 먹이지 아니하느냐 그러면 열여덟 해 동안 사탄에게 매인 바 된 이 아브라함의 딸을 안식일에 이 매임에서 푸는 것이 합당하지 아니하냐 예수께서 이 말씀을 하시매 모든 반대하는 자들은 부끄러워하고 온 무리는 그가 하시는 모든 영광스러운 일을 기뻐하니라 ☙ 누가복음 13 : 10-17

한 여자가 귀신 들려 병에 십팔 년 동안이나
붙잡혀 있을 때 몸과 영혼도 상하고
골골도 무너지고 고통과 슬픔만 가득했다
예수께서 다가오셨다 "여자여! 네 병에서 풀렸다!"

말씀이신 그분의 놀라운 말
예수의 말은 곧 치유가 되어 십팔 년 동안이나
병들었던 몸이 완전히 새롭게 회복되었다

예수 그리스도가 병든 여인에게
손을 내밀어 안수하여 고쳐주시자
오금도 펴지 못했는데 한순간에 펴졌다

병자였던 여자는 너무나 행복해
모든 영광을 하나님께 돌리는데
좋고 행복한 일에도 시비 거는 자가 있다
말씀을 멋대로 해석하는 어리석은 자들이다
예수를 훼방하고 반대하며 진리를 거부하고
믿음이 전혀 없는 성전 마당만 밟는 자들이다

515 | 선지자들을 죽이는 예루살렘

> 곧 그때에 어떤 바리새인들이 나아와서 이르되 나가서 여기를 떠나소서 헤롯이 당신을 죽이고자 하나이다 이르시되 너희는 가서 저 여우에게 이르되 오늘과 내일은 내가 귀신을 쫓아내며 병을 고치다가 제삼일에는 완전하여지리라 하라 그러나 오늘과 내일과 모레는 내가 갈 길을 가야 하리니 선지자가 예루살렘 밖에서는 죽는 법이 없느니라 예루살렘아 예루살렘아 선지자들을 죽이고 네게 파송된 자들을 돌로 치는 자여 암탉이 제 새끼를 날개 아래에 모음같이 내가 너희의 자녀를 모으려 한 일이 몇 번이냐 그러나 너희가 원하지 아니하였도다 보라 너희 집이 황폐하여 버린 바 되리라 내가 너희에게 이르노니 너희가 주의 이름으로 오시는 이를 찬송하리로다 할 때까지는 나를 보지 못하리라 하시니라 ✝ 누가복음 13 : 31-35

예수 그리스도여 예수살렘을 떠나소서
헤롯이 주님을 죽이려 합니다

예루살렘아 왜 마음이 꼬이고 뒤틀려서
하나님의 사람과 선지자들을 돌로 치려 하는가
너희들이 아무리 죽이려 하여도
선한 목자가 되신 예수 그리스도는
병든 자를 고치시고 귀신을 쫓아내고
불쌍한 길 잃은 양들을 찾아 나서신다

너희가 선지자들을 죽이고 예수를 죽여도
주님은 삼 일 만에 다시 부활하여 살아나실 것이다

가슴 치며 통곡도 하지 못한다면
어찌 회개를 하겠는가 예루살렘아
선지자들이 하나님의 일을 하도록 도우라
너희가 하나님의 일을 하도록 돕지 않고
하나님의 뜻을 이루지 않으면
비림딩하고 황폐하여실 것이다

516 | 수종병(심장염)을 고쳐주신 예수

안식일에 예수께서 한 바리새인 지도자의 집에 떡 잡수시러 들어가시니 그들이 엿보고 있
더라 주의 앞에 수종병 든 한 사람이 있는지라 예수께서 대답하여 율법 교사들과 바리새인
들에게 이르시되 안식일에 병 고쳐주는 것이 합당하냐 아니하냐 그들이 잠잠하거늘 예수
께서 그 사람을 데려다가 고쳐 보내시고 또 그들에게 이르시되 너희 중에 누가 그 아들이나
소가 우물에 빠졌으면 안식일에라도 곧 끌어내지 않겠느냐 하시니 그들이 이에 대하여 대
답하지 못하니라 ✝ 누가복음 14 : 1-6

예수께서 안식일에 수종병을 고치셨다고
시비를 거는 자들아
남의 일이라고 시비를 걸고 탓하는 것이
성전의 지도자들이 할 일인가
하나님의 일을 하는 자들이 왜 그리도
매정하고 쌀쌀하게 냉기가 도는가

네가 병에 걸렸으면 어떤 마음이 되겠는가
어떤 조치를 했겠느냐
네 귀한 아들이 안식일에
우물에 빠졌다면 어떻게 행동할 것인가

온 동네 떠나갈 듯
야단법석을 떨며 꺼내주기를 바라고
누가 구해주면 펄펄 뛰며 기뻐할 것이다

안식일이라도 병자가 찾아오면
고쳐주는 것이 마땅한 일이 아닌가
안식일에 수종병을 고쳐준 것이 무슨 잘못이냐
주 예수는 빈 마음을 채워주시고
이 땅에 영적, 육적 병을 고치러 오신 분이다

517 | 돌아온 탕자의 비유 1

> 아들이 이르되 아버지 내가 하늘과 아버지께 죄를 지었사오니 지금부터는 아버지의 아들
> 이라 일컬음을 감당하지 못하겠나이다 하나 아버지는 종들에게 이르되 제일 좋은 옷을 내
> 어다가 입히고 손에 가락지를 끼우고 발에 신을 신기라 그리고 살진 송아지를 끌어다가 잡
> 으라 우리가 먹고 즐기자 이 내 아들은 죽었다가 다시 살아났으며 내가 잃었다가 다시 얻었
> 노라 하니 그들이 즐거워하더라 ✝ 누가복음 15 : 21~24

탕자는 욕심만 사나운 어리석은 인물이라
아버지의 재산을 탐내 미리 상속받아
세상에 부러울 것 하나도 없었다
돈은 일만 악의 뿌리요
큰돈이 생기면 찾아오는 것이 유혹이라
유산을 물려받자 아버지의 간섭이 싫어
잰걸음으로 멀리 떠나
돈 떨어질 때까지 허랑방탕에 빠졌다

유혹에 놀아나는 것이 재미있어
흥청망청 쓰다 거지꼴이 되고 말았다
친구도 없고 여자도 없이
아무도 도와주지 않는 외톨이가 되고
흉년까지 덮쳐 짐승이 먹는 먹이를 먹으며
꼴사납게 신세타령하는 신세가 되고 말았다

죽기 전에 아버지께 용서를 받고자
탕자가 힘과 용기를 내서 집으로 돌아왔더니
아버지는 모든 것을 용서하시고 받아주셨다
탕자의 비유는 죄에서 돌이켜
주님께로 돌아오는 것을 깨닫게 해주었다

518 | 돌아온 탕자의 비유 2

> 또 이르시되 어떤 사람에게 두 아들이 있는데 그 둘째가 아버지에게 말하되 아버지여 재산
> 중에서 내게 돌아올 분깃을 내게 주소서 하는지라 아버지가 그 살림을 각각 나눠주었더니
> 그 후 며칠이 안 되어 둘째 아들이 재물을 다 모아가지고 먼 나라에 가 거기서 허랑방탕하
> 여 그 재산을 낭비하더니 다 없앤 후 그 나라에 크게 흉년이 들어 그가 비로소 궁핍한지라
>
> ✝ 누가복음 15 : 11-14

재산의 내 몫을 주면 마음대로 살아보겠다
돈이면 무엇이든 될 수 있는 세상
원하는 대로 욕심껏 살겠다

세상의 돈 쓰는 재미를 느끼며
꿈에 그려보던 즐거움과 쾌락을 좇으며
먹고 마시고 마음껏 놀아보며
향락과 풍조에 젖어 살아보겠다

돈이면 어디든 갈 수 있으니
얼마나 환상적인 일인가
누가 탐내기 전에 나의 몫을 달라
젊음도 잠깐 즐겁게 살아야 하는 것
세상 한번 멋지게 질주를 하며
발길 닿는 대로 멋대로 살고 싶다

죄를 지으면서 가슴이 조마조마해도
순간의 흥미로움에 빠져버려
진리에서 멀어지면 종말도 빠르게 다가온다
칠흑 같은 어둠 속으로 빠져들게 하는
죄의 타락은 쏜살같이 다가온다

519 | 돌아온 탕자의 비유 3

아버지여 허튼 마음속에 못나고 어리석어
돈만으로 행복할 수 없다는 것을
돈이 다 떨어진 뒤에야 깨달았습니다
사랑도 친구도 명예도 거짓처럼
돈 떨어지자 한순간에 사라져버렸습니다

쾌락도 환락도 한동안 꽃피었다가
시들고 안개처럼 사라져버려
거지 꼴 신세가 되니 돌아가고 싶습니다

뜨거운 한숨 쉬며 후회해도 소용이 없으니
나의 부족함을 용서하소서
종도 좋으니 아버지의 집에 살게 하소서

쾌락의 즐거움도 잠시뿐
다가오는 것은 차가운 시선들과 냉소와 미움
깜깜한 밤하늘의 빛나는 별들 아래서도
허무와 절망 속에 버려진 신세가 되었습니다

세상 헛된 것들을 욕심부렸던
죄와 잘못을 용서하시고
종이라도 좋사오니 사랑을 원합니다

520 | 돌아온 탕자의 비유 4

주님의 사랑을 몰랐을 때가 탕자다
돈이면 온 세상이 언제나
내 마음대로 될 것만 같았고
친구들도 곁에 있을 줄 알았다
안락이 최고의 기쁨이고
욕망의 쾌락이 행복인 줄 알았다

돈과 욕망은 비참과 절망만 남기고
뭇시선들의 냉기는 얼음보다 차갑다
남은 것은 비참함과 어리석음뿐
황망하고 미래를 내다볼 수 없는
답답함만 가슴에 가득 남았다

아버지의 마음을 깨달아 알았으니
하늘과 아버지께 죄인이오니
이 탕자의 죄를 용서하시고 받아주세요

아버지께서 이 탕자 아들을
외면하지 않으시고 받아주시기를
주름 잡히신 손으로 잡아주시기를
원하는 마음 굴뚝같이 간절하다

521 | 돌아온 탕자의 비유 5

찾았다 숨 막히도록 아리던 가슴
아버지께로 돌아가 잃어버린 영혼을 찾았다

돈만 있으면 다 될 것 같은 세상
죄악의 올무 속에 갇혔던 나는
죄가 나를 배반하여 버려져도
캄캄한 어둠 속인 줄도 몰랐다

돈이 있으면 따라오던 친구도
여자도, 모든 것도 돈 떨어지니 하루아침에
다 도망쳐 버리고 혼자 남게 되었다

어리석은 인생이라 탓하며 쉬는
한숨에 땅이 꺼질 듯 괴롭고
안갯속이라 갈 길을 못 찾아
수많은 죄들이 차곡차곡 쌓이고 엉겨붙어
어둠이 죄악인 것을 알았다

찾았다 더러운 모든 과거의 죄를
참회하고 용서받으니
핏발 선 더러운 눈빛 맑아지고
생명의 빛을 찾았고 잃어버린 영혼을 찾았다

522 | 아홉은 어디 갔느냐

문둥병자 열 사람
사람들이 가장 싫어하는 문둥병에 걸려
어찌 살아갈 방도를 찾지 못하고 살았다

절벽에 매달린 듯 처절하고 고통스러운 삶에
주님의 손길이 다가와
문둥병을 고치고 건강해져서 돌아갔다

제 길로 각자 떠나 삶이 좋아졌는지
병을 치료해주신 사랑을 잊었는지
오직 한 사람만 주님께 감사하러 왔다
아홉은 어디로 갔는가
이 세상 모든 사람들을 초청했는데
어디 갔는가, 아홉은 어디로 갔는가

죄에서 구원키 위하여 피 흘렸건만
찾아와 감사하는 이는 너무나 적다
아홉은 어디로 갔는가
주님밖에 모른다고
주님만을 위하여 살겠다고 다짐하더니
신앙생활 잘하더니 어디로 갔나
오늘의 아홉을 주님이 찾고 계신다

523 | 바리새인의 기도

두 사람이 기도하러 성전에 올라가니 하나는 바리새인이요 하나는 세리라 바리새인은 서서 따로 기도하여 이르되 하나님이여 나는 다른 사람들 곧 토색, 불의, 간음을 하는 자들과 같지 아니하고 이 세리와도 같지 아니함을 감사하나이다 나는 이레에 두 번씩 금식하고 또 소득의 십일조를 드리나이다 하고 세리는 멀리 서서 감히 눈을 들어 하늘을 쳐다보지도 못하고 다만 가슴을 치며 이르되 하나님이여 불쌍히 여기소서 나는 죄인이로소이다 하였느니라 내가 너희에게 이르노니 이에 저 바리새인이 아니고 이 사람이 의롭다 하심을 받고 그의 집으로 내려갔느니라 무릇 자기를 높이는 자는 낮아지고 자기를 낮추는 자는 높아지리라 하시니라 🕊 누가복음 18 : 10-14

하나님께 드리는 기도는
솔직하고 진솔한 고백이어야 한다
포장하고 위장하고 허세를 부리면
거짓과 위장으로 드리는 기도다

죄를 죄로 인정하지 않고
죄인인 자신을 의롭다 스스로 말하며
완악하여 마음이 깨지지 않는 것은
가장 어리석고 잘못된 기도다

금식도 헌금도 남에게 보여주기 위하여 한다면
진실한 주님 앞에 모두가 헛된 것이다
바리새인이 드리는 기도는
허공을 치는 기도, 응답이 없는 기도다

자신의 모습 그대로
예수의 이름과 보혈의 공로에 의지하는
진실한 기도가 살아 있는 기도이며
하늘에 닿는 생명의 기도다

524 | 착하고 충성된 종

화려하지 않아도 드러나지 않아도 좋다
아주 작은 일에 최선을 다하고
충성을 다하여 일하는 사람이
하나님 앞에 착하고 충성된 사람이다

얼마나 많은 사람들이
허세와 겉치레로 허영을 부리며 사는가
얼마나 많은 사람들이
뽐내고 과시하고 잘난 척하며
자신의 잘난 이력을 내세우는가

자기의 재능대로 있는 모습 그대로
최대의 성과를 나타내는 사람들
하나님은 그들을 원하신다

작은 일에도 행복해하고
작은 선행에도 늘 몸과 마음으로
최선을 다하여 아름다운 열매를 맺는다
자신에게 맡겨진 달란트에
남김이 있는 삶을 사는 사람들이
착하고 충성된 종이다

525 | 간음한 여인 1

그들이 묻기를 마지 아니하는지라 이에 일어나 이르시되 너희 중에 죄 없는 자가 먼저 돌로 치라 하시고 ✝ 요한복음 8 : 7

돌들이 소리를 지른다
"너는 간음하였다!"
양심이 무섭고 부끄럽지 않은가

사람들이 시시덕대고 수선을 떨며 정죄하고
욕설을 퍼붓고 외면하는 저민 듯 아픈 죄를
오직 주 예수 그리스도만 용서하신다

율법의 눈으로 소리치던 돌들도 떨어지고
매서운 사람들의 눈초리들도 멀어져 갔다

죄의 어두운 골목길 찾아다니며
함께 즐기던 사람들조차 죄를 묻고
전혀 모르던 사람들처럼 손가락질을 하고 있어
눈물만 쏟아져 내린다

주님께서 더럽혀진 나를 새롭게 하시니
다시는 욕망의 길로 가지 말고
용서받은 기쁨과 사랑 속에 살자

한때는 더럽혀진 영혼이었으나
죄악의 고통과 슬픔의 뿌리까지 용서받고
내 영혼이 구원받아 행복한 삶이 열리고 있다

예수께서 일어나사 여자 외에 아무도 없는 것을 보시고 이르시되 여자여 너를 고발하던 그들이 어디 있느냐 너를 정죄한 자가 없느냐 대답하되 주여 없나이다 예수께서 이르시되 나도 너를 정죄하지 아니하노니 가서 다시는 죄를 범하지 말라 하시니라 ☞ 요한복음 8 : 10-11

죄인이라고 소리치는 돌들의 외침이 들리는가
사랑한다고 품에 안아주던 육체는 시들고
병들어 버려 반겨주던 시선마저
피 말리고 생가슴을 찢고 돌을 던졌다
쫓기고 찢겨 서러운 몸뚱이로 서 있을 때
사랑해준다던 그들조차 돌을 들었는데
예수는 무엇을 말하던가
저주하며 욕설을 퍼붓고 고발하던
그들에게 무엇이라 말하던가
침묵 중에 땅에 글을 쓰시던 주님
"너희 중에 죄 없는 자가 이 여인을 쳐라"
말씀을 펴고 사랑하셨다
타인을 정죄하던 자들이
자기의 수치스런 속마음이 낱낱이 드러나자
부끄러워 돌마저 놓고 도망쳤다
여인은 도망치지 않고 머물렀다
"여인이여! 나도 너를 정죄치 않겠다
다시는 죄를 범하지 말라"
병든 영혼을 구원해주는 생명의 길을 가라
주님께 쉽게 마음을 건네지 못한 죄지은 여인의
죄를 용서하시니 눈물이 울컥울컥 쏟아져 내리지만
아무리 생각해도 주님 만나기를 잘했습니다

527 | 외롭지 않다

나를 보내신 이가 나와 함께 하시도다 나는 항상 그가 기뻐하시는 일을 행하므로 나를 혼자 두지 아니하셨느니라 ☩ 요한복음 8 : 29

찬 바람 불어와 괴롭고 슬퍼져 몸부림쳐도
마음을 다독여주시니 홀로 외롭지 않습니다
가장 아름다운 십자가의 사랑에
죄를 회개하게 하심으로 새로운 기쁨을 주십니다

슬픔과 고통이 욱여싸도
모두 떠나고 남은 것 없어도
아무도 없는 은밀한 곳에서
홀로 기도해도 고독하지 않습니다

지은 죄 내던질 수 없을 때
모든 죄 용서하셔서 검은 울음
쏟아내게 하시니 속 시원합니다

가난해도 목마름을 채워주시고
밝은 웃음 찾아오니 외롭지 않아
주님의 이름을 침이 마르도록 부르고 싶습니다

목이 아프도록 불러도 좋을
예수가 구주가 되셔서 참 행복한데
주님께 무엇을 드려야 하겠습니까
주 안의 삶은 어느 한 시절도 헛되지 않습니다

528 | 주를 전하리라

세상은 어두워지고 암울해지지만
늘 주님의 말씀을 기억하며
진리를 깨달아야 빛으로 살 수 있다

세상을 구원하실 참사랑이 왔으니
생명의 복음이 함께하도록
풍성한 구원의 열매가 맺히도록
넘치는 사랑을 전해야 한다

세상의 사랑은 식어가지만
수천 마디 말보다 따뜻한 손길에
진리의 말씀으로 구원받고
영혼이 거듭나 새롭게 된다

영혼이 병든 자는 사랑을 모르니
십자가 보혈이 흐르도록
마음을 활짝 열고 의지하여
기도를 드리면 소원이 하늘에 올라간다

기도가 응답되어 돌아오면
나의 꿈이 하나둘 이루어지고
하늘의 꿈을 나눌 날이 다가온다

529 | 내가 주님을 만난 후에는

주님을 몰랐을 때
몰아치듯 따지듯 빌립처럼 말했다
"나사렛에서 선한 것이 어찌 날 수 있느냐"
주님을 몰랐을 때
불신하며 조롱하며 강도처럼 말했다
"하나님의 아들이면 나를 내려오게 하라"

주님을 영접한 후로는
믿음을 순수하게 베드로처럼 고백했다
"주님은 그리스도시요 하나님의 아들이다"

주님을 만난 후에는
성령의 은혜로 바울처럼 간증했다
"내가 자랑할 것은 십자가 외에는 없다"
주님은 죄 묻지 않으시고
작은 믿음을 보시고
죄를 용서해주시고 해방시켜주셨다

주님을 향한 믿음에 확신이 있는
오늘은 주님이 참 많이 그립고 보고 싶다

530 | 잃어버린 영혼을 찾아오신 예수 1

인자가 온 것은 잃어버린 자를 찾아 구원하려 함이니라 ✝ 누가복음 19 : 10

호시탐탐 노리는 죄 속에
구원의 손길이 가득한데 왜 방황하나
누구보다 사랑해주시는
주님이 바라보는데 어디 있나

언제나 잃어버린 영혼을 부르면
아침 이슬로 풀들이 목 축이듯
내 영혼의 갈함을 인도해주시는
주님의 사랑의 아름다움을 보았다

잡초와 같이 죄로 뒤엉켜
절망에 생명을 잃으면 죄악의 흉터에
남는 것은 지옥 가는 형벌뿐이다

내 영혼을 얼마나 사랑하는지
휑한 가슴 채워주시는 주 안에 있음이
얼마나 기쁘고 행복한지 알아야 한다

웃음조차 잃었는데 기쁨을 되찾았고
소리 없는 고요 속에서도
늘 인도하시고 함께 동행하여주시니
온 마음과 온 영혼으로 찬양하라

531 | 잃어버린 영혼을 찾아오신 예수 2

잃어버린 영혼을 찾아오신 주님
죄짓고 시침 떼고 능청 부리는
못되고 질긴 내 영혼을 살펴주소서

나의 체온마저 싸늘하게 만드는
죄를 숨기고 감추고 싶어 할 때
낱낱이 감찰하시고 인도하시는
예수의 사랑에 물들고 싶습니다

멀리멀리 흘러간 세월 속에
내가 알고 지은 모든 죄와
나도 모르는 사이에 지은 죄까지
보혈로 깨끗이 씻겨주소서

항상 바라보는 은혜 속에
믿음이 식지 않도록 늘 깨워가며
주님의 손길을 기다리고 있으니
항상 내 마음에 머물기를 원합니다

양을 아시는 목자가 되시니
죄악에서 내 이름을 불러주시고
내 마음을 아시니 함께하여주소서

532 | 악마의 자식들아

속수무책으로 깨닫지 못하고
죄악에 눈 어둡고
어리석고 무능한 자들아
헤매며 갈 길을 못 찾는 자들아

너의 욕심으로 잉태된 자여
욕망만 가득 차올라 배만 불리면
피가 가득한 죽음을 부른다

진리를 떠나 온통 거짓투성이고
위선과 가식과 거짓말뿐이니
힘도 없이 나둥그러질 텐데
갈 길도 없이 어디로 가느냐

악마의 자식들아 진리에 귀가 멀고
거짓에 귀가 쫑긋하여 달려가는
악마의 자식 저주받은 자들이다

죽음의 그림자 찾아와도
주님이 구원하고 사랑한다는 말
믿으면 허물 벗듯 죄에서 구원받아
성결하고 정결하게 살아갈 수 있다

533 | 믿음을 주소서

예수께서 사망의 골짜기에 찾아와
온갖 허물과 병마를 담당하시고
죄로 멍든 마음에 구원의 옷을 입혀주셨다

눈먼 자 귀먹은 자 귀신 들린 자
죽은 자 길 잃은 자도 사망의 벼랑에 서서
생명의 길을 찾았다

나약한 자들의 믿음을 보시고
치유해주신 예수의 눈빛을 만나면
울먹하도록 감사하는 마음에
즐거운 소망 속에 기뻐할 수 있다

주님의 손길이 상처를 어루만져 주시니
믿음 속에 절망과 좌절을 넘어 울음이
웃음이 되고 신앙이 날개 돋아 비상한다

십자가의 붉은 피 고통 속에
사무쳐 오는 고독이 십자가에 새겨지고
내 마음에도 보혈의 사랑이 흘러넘친다
나의 부족과 연약함을 아시는 주님
나에게 믿음을 주소서

534 | 주님은 내 영혼을 구원해주셨다

진실로 진실로 너희에게 이르노니 사람이 내 말을 지키면 영원히 죽음을 보지 아니하리라
✝ 요한복음 8 : 51

어떤 이유와 변명도 영혼을 파먹는
죄를 어찌할 수가 없는데
주님의 사랑에 회개의 눈물이 가슴속에
샘물처럼 스며들어 와 구원의 복음을 믿는다

그 어떤 것도 영혼을 골골이 속 썩게 하는
죗값을 어찌할 수가 없고
죄의 심판을 피해 달아날 수 없는데
주님은 내 영혼을 구원해주셨다

주님의 하늘 사랑으로 텅 비었던
죄악 된 삶이 새로워져 힘들게 짓밟힐수록
믿음과 열정이 더욱 힘차게 솟아난다

어떤 꾸밈과 속임도 용서받을 수 없는데
쓸쓸하고 외로웠던 내 손 잡아주시고
죄의 사슬 풀어주시니 감사의 기도 드린다

죄로 황량하고 욕심으로 무정했던
삶 속에 진리의 빛을 비춰주시고
주름져 가는 세월도 생명의 길로 인도하시니
다정하게 도란도란 사랑 이야기 나누고 싶다

535 | 마르다의 고백

그들이 길 갈 때에 예수께서 한 마을에 들어가시매 마르다라 이름하는 한 여자가 자기 집으로 영접하더라 그에게 마리아라 하는 동생이 있어 주의 발치에 앉아 그의 말씀을 듣더니 마르다는 준비하는 일이 많아 마음이 분주한지라 예수께 나아가 이르되 주여 내 동생이 나 혼자 일하게 두는 것을 생각하지 아니하시나이까 그를 명하사 나를 도와주라 하소서 주께서 대답하여 이르시되 마르다야 마르다야 네가 많은 일로 염려하고 근심하나 몇 가지만 하든지 혹은 한 가지만이라도 족하니라 마리아는 이 좋은 편을 택하였으니 빼앗기지 아니하리라 하시니라 ✝ 누가복음 10 : 38-42

평생을 살면서 곁눈 한번 안 주고
마음 한번 헛되게 쓰지 않고
빈틈없이 일하고 부지런히 살았습니다
아름답고 행복할 줄 알았는데
좋은 선택이 아니라니
힘 빠지고 아무 생각도 없습니다

오 주님 나는 알았습니다
주님을 따르려면 자신과 이웃을 함께
서로 사랑하고 섬겨야 함을
새삼스럽게 깨닫고 알았습니다

주님, 부끄러움에 얼굴을 붉히고
몸과 마음을 떨며 갇히지 않고
삶이 살맛 나도록 주님의 인도를 받으며
더욱 폭넓게 살기를 원합니다

주여 진리를 깨닫게 하여주시니
나에게 남겨진 목숨이 다하는 날까지
주님께 헌신하며 살게 하소서

536 | 마리아의 고백

지나온 세월을 헛되고 헤프게
마음 가는 대로 모두 써버렸는데
오늘은 주님을 만났으니
오직 말씀을 마음에 새기며
구원받은 기쁨으로 살겠습니다

화려함과 멋도 한순간에 스쳐 가고
함께했던 그 많은 사람들도
모두 다 떠나가 버립니다

허물투성이 비천함도 받아주시니
한동안 괴롭히던 처절하고 독한 슬픔도
은혜 속에 잊어봅니다

즐기던 것을 버린 것을 후회하지 않고
내 가슴에 방울지는 주님의 사랑에
새 생명으로 순수한 마음을 갖습니다

새로운 삶을 기다리는 물가에
주님이 오셔서 구원받게 하시니
살아갈 명분이 꽃처럼 피어남은
놀라운 기쁨이며 감동과 은혜입니다

537 | 주님을 따르는 여인 마르다

> 주께서 대답하여 이르시되 마르다야 마르다야 네가 많은 일로 염려하고 근심하나 몇 가지만 하든지 혹은 한 가지만이라도 족하니라 마리아는 이 좋은 편을 택하였으니 빼앗기지 아니하리라 하시니라 ✝ 누가복음 10 : 41-42

주님을 의지하면서도
무언가를 해야 한다는 조급함에
늘 실수를 저지릅니다

누구보다 잘하고 싶은 마음에
누구보다 뽐내고 싶은데
욕심만 가득하여 무엇을 할까요
늘 나의 행위만 자랑하고 싶었습니다

마리아가 잘 선택했습니다
온전한 뜻을 이루기 위하여
모든 것을 맡겨야 하는 것입니다

초라한 몰골도 마다하지 않으시고
나를 받아 구원하여주시고
구하는 것에 응답하시니
주님은 진정 나의 구주이십니다

주님만을 의지하는 마음으로
나의 입술의 모든 말로 굳게 다짐하며
주님의 복음을 전하는 삶을 살겠습니다

538 | 마르다야 마르다야

마르다야 주님을 너희 집에 영접하고도
무슨 하고픈 일이 많고 많아
마음만 바쁘고 분주하구나

혼자 일하는 것 같아
힘들고 지쳐 원망이 생기고
불만이 가득하면 일하는 것이
무슨 보람이 있겠는가

선하고 착한 일은 진실한 것인데
누구를 탓하고 원망하는가
누구를 미워하고 싫어하는가

바보스러운 옹졸한 마음으로
고뇌 속에 염려하고 근심하면
마음이 쪼개지는 소리가 들린다

좋은 것은 한 가지만 택하고 아무에게도
빼앗겨서는 안 될 소중한 것임을 알아야 한다
주님 은혜로 뜨겁게 호흡하며
넓고 깊은 마음으로 깨달았으니
영혼을 천하보다 귀하게 여겨라

539 | 주님이 날 부르시고

어둠 속에 방황하다
목마르고 배고프고 하잘것없던 삶이
예수 그리스도의 구원의 사랑
아무도 끊을 수 없는 사랑에 빠졌다

왜 망설이고 방황하고 있나
주님이 날 부르시고 인도하셔서
꼭 잡고 놓지 않으시니
주님의 손을 잡고 따르면 된다

죄에 눌렸던 가슴을 뻥 뚫어주시고
은혜를 샘솟듯 풍족하게 하시니
뭉클하게 피어나는 사랑을 빼앗을 수 없다

세상 죄의 모진 질고와 아픔을
말끔히 깨끗하게 씻겨주시며
시종 말없이 웃고 있는
주님은 내 마음을 알고 계신다

주여 어느 때까지 기도를 드려야
주님의 모습을 볼 수 있겠습니까
주님을 만나고 싶습니다

540 | 주여! 나를 불쌍히 여겨주소서 1

그들이 여리고에 이르렀더니 예수께서 제자들과 허다한 무리와 함께 여리고에서 나가실 때에 디매오의 아들인 맹인 거지 바디매오가 길 가에 앉았다가 나사렛 예수시란 말을 듣고 소리 질러 이르되 다윗의 자손 예수여 나를 불쌍히 여기소서 하거늘 많은 사람이 꾸짖어 잠 잠하라 하되 그가 더욱 크게 소리 질러 이르되 다윗의 자손이여 나를 불쌍히 여기소서 하는 지라 예수께서 머물러 서서 그를 부르라 하시니 그들이 그 맹인을 부르며 이르되 안심하고 일어나라 그가 너를 부르신다 하매 맹인이 겉옷을 내버리고 뛰어 일어나 예수께 나아오거 늘 예수께서 말씀하여 이르시되 네게 무엇을 하여 주기를 원하느냐 맹인이 이르되 선생님 이여 보기를 원하나이다 예수께서 이르시되 가라 네 믿음이 너를 구원하였느니라 하시니 그가 곧 보게 되어 예수를 길에서 따르니라 ✝ 마가복음 10 : 46-52

다윗의 자손 예수여 바디매오입니다
내가 지은 모든 죄를 용서하여주셔서
주님을 바라보게 하소서

헛된 생각으로 자랑하며 허풍에 살던 나를
주여 불쌍히 여겨주소서
죄악 속에서 뒹굴며 살며
죄가 결국 사망이라는 것을 모르고
죄를 즐기려 했던 못된 나를 용서하소서

죄악에 발목이 잡혀 어찌할 수 없을 때
수렁에서 건져내사 도말하여주소서
보혈로 영혼을 깨끗하게 하소서

죄악의 물결에서 나를 건져내어 살려주시고
평화가 넘쳐흐르게 하셨습니다
영원한 사랑으로 주님을 바라보고
영혼이 새롭게 되었으니 찬양하며 따릅니다
날마다 주님의 손을 잡고 동행하고 싶습니다

주님을 구세주로 믿고 따릅니다
눈이 안 보였을 때 슬프고 저주스럽고
고통스러운 나날이었습니다

눈이 안 보이니 할 수 있는 것들이
별로 없었습니다
식사를 제대로 할 수 있습니까
일용할 양식을 위하여 돈을 벌 수 있습니까

눈에 보이지 않는 조롱과 모멸감과
멸시를 견디기가 너무나 힘들어
나사렛 예수의 소문을 듣고
언젠가 주님을 만나고 싶어
학수고대하며 그날을 기다렸습니다

주님이 여리고에 오시다니요
내가 살고 있는 마을에 오시다니요
이런 기회가 어디에 있겠습니까

주님을 믿고 나의 믿음을 보이며
나의 눈이 뜨이기를 원합니다
나사렛 예수여 나의 주님이여
주님의 은혜로 눈이 떠져 보게 되있습니나

542 | 사랑의 손길 모아

예수께서 이르시되 오히려 하나님의 말씀을 듣고 지키는 자가 복이 있느니라 하시니라
✝ 누가복음 11 : 28

예수 보혈의 피 묻은 구원의 손길로
죄가 사라지고 구원받았다
홀로 외롭고 고독한 순간에도
주님을 의지하고 기도하면
작고 부족하고 연약할지라도
사랑의 손길로 인도하심을 받는다

절망 가득한 독한 슬픔 쏟아져도
지극히 작은 자에게 나눌 수 있는
사랑에 기쁘고 평안하다
이 시간 예수님의 음성이 들린다
"네 이웃을 네 몸과 같이 사랑하라"

옷이 아무리 화려하고
거리에 불빛이 휘황찬란해도
애절한 아픔에 얼굴 표정이 어둡다

이웃을 내 몸처럼 사랑하며
하나님의 뜻을 이루어야 한다
내 마음속에 못 잊을 내가 사모하는
주님을 사랑하고 전하며 살고 싶다

543 | 네 이웃을 사랑하라 1

어떤 율법 교사가 일어나 예수를 시험하여 이르되 선생님 내가 무엇을 하여야 영생을 얻으리이까 예수께서 이르시되 율법에 무엇이라 기록되었으며 네가 어떻게 읽느냐 대답하여 이르되 네 마음을 다하며 목숨을 다하며 힘을 다하며 뜻을 다하여 주 너의 하나님을 사랑하고 또한 네 이웃을 네 자신같이 사랑하라 하였나이다 ✝ 누가복음 10 : 25-27

이웃 사랑마저 없으면 소망이 없으니
밝은 웃음으로 사랑을 전하는 것은
삶을 회복시키는 신선한 바람이다
이웃이 어떤 표정으로 살고 있나
괴롭히고 피눈물 나게 하면 안 된다
비열한 자가 쓰러지는 자를 외면하고
꺾어 넘기는 자를 환호한다
때리고 치고 일어나는 자에게
챔피언이라 부르며 숨차도록 박수한다

겉옷의 가식보다 나눔의 여유 속에
오직 사랑으로 원수를 위해 기도하라
사랑의 모양은 같을 수는 없고
강한 분노는 상처를 깊게 남긴다

이웃을 향한 사랑이 가득하다면
이보다 멋진 어울림이 어디에 있는가
이웃 사랑은 행복을 울타리로 만든다
죄는 고통과 저주의 손을 내밀지만
예수는 스스로 희생양이 되셨으니
오만상 찌푸리며 망설이지 말고
이웃을 사랑히며 온진한 믿음을 가져라

544 | 네 이웃을 사랑하라 2

또 사랑은 이것이니 우리가 그 계명을 따라 행하는 것이요 계명은 이것이니 너희가 처음부
터 들은 바와 같이 그 가운데서 행하라 하심이라 ✝ 요한2서 1 : 6

내 이웃이 기뻐할 때 손뼉 치고
환호하며 기뻐하게 하여주시고
내 이웃이 슬퍼할 때 위로하며
잘 해결될 수 있도록 서로 합심하여
기도를 드리게 하소서

내 이웃이 모든 희망이 마모되어
앞날을 어찌할 수 없어 고통당할 때
도와주고 함께 아파하게 하소서

갑자기 닥친 슬픔과 고통에
힘들어 삶을 포기하고 싶을 때
이웃이 나를 괴롭히고 비웃을 때도
기도로 이해하게 하소서

주님의 십자가의 사랑이
늘 감동이 되어 내 가슴에 넘쳐나오니
용서하며 사랑하며 살게 하소서

내 이웃을 내 몸처럼 사랑하며
예수 안에 사는
행복한 기분을 누리게 하소서

545 | 네 이웃을 사랑하라 3

내 죄가 추악하고 더러우니
하나님의 용서를 깊이 깨닫고 회개하여
주님의 십자가의 사랑을
영혼 깊이 느끼게 하소서

죄가 보혈로 깨끗이 씻김을 받아
심령이 새롭게 변했을 때
가장 행복한 사람은
바로 그리스도인 구원받은 성도입니다

예수 십자가의 보혈로
죄인을 품어주셔서 죄 용서받았으니
사랑이 꽃피고 열매 맺을 때까지
겁 없이 가시 돋친 마음 삭이게 하소서

인간 스스로는 풀어낼 수 없는
죄의 절망의 매듭들을
한순간에 풀어주신 사랑에 감사드립니다

주님의 십자가는 크나큰 사랑으로
죄인을 구원하는 가장 명쾌한 해답이며
예수 그리스도의 사랑입니다

546 | 네 이웃을 사랑하라 4

그런즉 믿음, 소망, 사랑, 이 세 가지는 항상 있을 것인데 그중의 제일은 사랑이라
✝ 고린도전서 13 : 13

누가 주님의 제자일까
누가 이웃을 사랑할까
사랑의 손길을 기다리며 헐벗고
굶주린 사람들이 많고 많은데
사랑의 손길이 되어주는 이는 누구인가

오른손이 한 일 왼손이 모르고
일흔 번씩 일곱 번을 용서할
사랑을 나타낼 사람은 누구인가

죄악을 보혈로 씻김 받은 사람들
예수를 구주로 고백하는 사람들이다

예수 그리스도의 은혜와 사랑으로
목마른 가슴에 생수가 터져
갈한 심령을 채워주신다

복음대로 행동하는 푸르른 마음으로
그리스도인들이 전도를 통하여
헐벗은 영혼에게 복음을 전하고
죄악에서 구원하시는 예수를 전한다

547 | 기적을 요구하는 시대

무리가 모였을 때에 예수께서 말씀하시되 이 세대는 악한 세대라 표적을 구하되 요나의 표적밖에는 보일 표적이 없나니 ✝ 누가복음 11 : 29

돌덩이처럼 굳은 악한 사람들아
무엇을 요구하는 악한 세대여
너희들을 위하여 무슨 표적을 구하는가
새 생명을 얻으면 기쁨이
한순간 눈에 보이는 것에 현혹되어
어두워진 불신을 치유받아야 한다

악한 세대여 악한 사람들아
예수를 영접하고 소망을 가져라

기적을 구하지 않고 온전히 영접하며
죄악을 쏟아내어 주님을 부둥켜안고 싶다
새들도 하늘을 날며 자유를 누리는데
죄악에 끌려가며 자유를 못 누리는가
들판의 꽃들이 계절 따라 피고 지는 것

삶을 마음대로 살아도 심판이 있다
주님을 필연으로 만나야 하기에
무작정 살아온 삶 목적 있게 산다
늘 간직하고 싶은 사랑 가슴에 담고
하나님께 영광을 돌리기 위하여
보혈로 씻겨주시면 정결하게 살겠다

548 | 여자여 네가 네 병에서 놓였다 1

열여덟 해 동안이나 귀신 들려 앓으며 꼬부라져 조금도 펴지 못하는 한 여자가 있더라 예수
께서 보시고 불러 이르시되 여자여 네가 네 병에서 놓였다 하시고 안수하시니 여자가 곧 펴
고 하나님께 영광을 돌리는지라 ✝ 누가복음 13 : 11-13

질병에 사로잡혀 몸이 꼬부라지고
제대로 일어서지도 걷지도 못한 채
모질게 흘러간 세월이었다
십팔 년이 되어도 아물지 못하는
상처의 아픔을 예수께서 치유해주신다

오그라진 몸뚱어리 죽은 듯 살아도
모진 목숨이 붙어 있기에
가장 허약한 병마를 치유받아야 한다

십팔 년 된 병을 앓는 여자를 부르시고
치유의 능력으로 말씀하셨다
"여자여 네가 네 병에서 놓였다!"
예수께서 친히 손을 내밀어 안수하시니
온몸에 피가 돌고 생기가 돌아 힘이 난다

죄지은 자의 용서가 얼마나 어려운가
죄짓는 것은 구주 예수 그리스도를
다시 십자가에 못 박는 일이다
양심이 꼬부라지고 뒤틀린 인생들아
너를 두루 살펴 예수 그리스도를 만나
죄와 병마에서 벗어나야 한다

549 | 여자여 네가 네 병에서 놓였다 2

주님의 손길이 필요합니다
모두 다 똑같이 허우적거리며
똑같이 죄지은 사람이었습니다
죄를 숨기기 위해 급급했지만
숨김없이 낱낱이 드러나 깨달았습니다

죄악으로 떠내려가 감당할 수 없는
고통에 퍽퍽 쓰러지는 곳곳에
구원의 손길이 필요합니다

죄지은 마음 눈물로 녹아내리고
뒤끝도 없이 도말하여주시는
커다란 용서에 두 무릎을 꿇습니다

구원은 회개의 눈물을 먹고 자란 열매니
어리석었던 생각을 버리고
주님의 말씀을 따르기를 원합니다

죄로 가득해 병마가 가득할 뿐인
내 마음을 주님께 드리니 받아주시고
나의 병이 나를 놓아주게 하여
주님께 앞으로 나가기를 원합니다

550 | 여자여 네가 네 병에서 놓였다 3

주님의 손길을 느끼게 하소서
주님의 부드러운 손길을 느끼며
가까이 계심을 믿고 동행하며
말씀 속에서 체험하게 하소서

어둠 속에서 빛을 잃지 말게 하시고
빛 안에서 어둠을 몰아내며
고통에 잡히지 않게 하소서
주님 "내가 여기에 있습니다
나와 함께하여주소서!"라고
외칠 수 있는 용기를 주소서

믿음으로 주님의 손길을 느끼게 하소서
주님의 치유의 손길을 통해
가슴속에 스며드는 편안함을 느끼며
구원의 주님을 온전히 믿게 하소서

지치고 목마른 나에게 기쁨을 채워주시니
기쁨 따로 눈물 따로 늘 엇갈리고
미흡한 삶이지만 기쁨으로 살게 하소서

551 | 삯꾼은 목자가 아니다

나는 선한 목자라 선한 목자는 양들을 위하여 목숨을 버리거니와 삯꾼은 목자가 아니요 양
도 제 양이 아니라 이리가 오는 것을 보면 양을 버리고 달아나나니 이리가 양을 물어 가고
또 헤치느니라 달아나는 것은 그가 삯꾼인 까닭에 양을 돌보지 아니함이나 나는 선한 목자
라 나는 내 양을 알고 양도 나를 아는 것이 아버지께서 나를 아시고 내가 아버지를 아는 것
같으니 나는 양을 위하여 목숨을 버리노라 ✝ 요한복음 10 : 11-15

삯꾼이 하는 짓을 보라
저들은 양들을 인도하는 목자가 아니요
거짓으로 가득한 자들이다

자기의 이익만을 추구하고
양들을 먹이지도 보살피지도 못하고
상처를 치유하지도 못한다
양들도 저들이 훔쳐 온 것이요
유혹이란 미끼에 넘어온 것들이다

삯꾼은 어려움이 닥치면
양들을 그대로 버리고 줄행랑을 치며
제 목숨만 살고자 달아날 것이다

삯꾼들은 양들을 사랑하지 않고
자신의 욕심에 눈이 어두워
두 눈이 벌겋게 충혈되어 있다

주님이 함께하시지 않는다면
저들은 하루아침에 무너지고 마는
힘없는 모래성일 뿐이나

552 | 너희는 내 양이 아니다

예수 그리스도에게 돌을 던지려는
사리 분별을 못 하는 유대인들아
너희는 주님의 양이 아니다

마음을 의심으로 요동치게 만들고
믿지 않는 것은 불신에서 시작된다
주님께서 아버지 하나님의 일을
이 땅에서 행하시고 증거하는데
믿지 않는 것은 믿음이 없는 것이다

주님을 믿는 것이
못 믿는 것보다 단순하고 쉬운데
거부하는 것은 큰 죄가 될 뿐이다

주님이 선한 목자이시기에
양들은 순종하며 믿으며 따른다
양들에게 영생을 주시니
마음에 평안과 기쁨이 가득하다

주님의 양들은 영원히 멸망하지 않고
구원받음은 아무도 빼앗을 수 없는
하나님이 인간에게 주시는 축복이다

553 | 나사로야 나오라 1

이 말씀을 하시고 큰 소리로 나사로야 나오라 부르시니 죽은 자가 수족을 베로 동인 채로
나오는데 그 얼굴은 수건에 싸였더라 예수께서 이르시되 풀어놓아 다니게 하라 하시니라
🕮 요한복음 11 : 43-44

생명의 막장인 죽음까지
내리치는 절망 가득한 슬픔에
떠나버린 생명을 어찌할 수 없어
처절하고 애통하게 가슴이 아팠다

삶과 죽음으로 갈라놓은
무덤의 돌문은 굳게 닫혀 있어
울부짖어도 살아날 수 없다

늘 함께하던 오라비 잃은 슬픔에
주님이 일찍 오셨다면 어떠했을까
머릿속에 원망이 가득했다

주님은 죽음을 향하여 명령하셨다
"나사로야 나사로야 일어나라
다시 살아 나오는 나사로
이를 풀어주어 다니게 하라"

어쩔 수 없는 죽음에서
영생의 길이 있음을 보여주셨다

기쁨만을 원하는 군중은
절망 앞에서 흩어진다

절망의 시간이 다가오면
군중은 열망의 초점을 잃고
두 손은 허공을 허우적거린다

통곡도 아픔도 지쳐버린 시간
모두 다 질문만 할 뿐 대답이 없다

머리 둘 곳 없는 예수는
뚜벅뚜벅 걸어가 죽음의 벽을 헌다
"나사로야, 일어나라!"
살아 일어서는 나사로 앞에
군중은 놀람과 경이뿐이다.

기적만을 요구하는 군중은 어리석고
예수 그리스도의 구원의 사랑을
원하는 사람은 슬기롭다

나사로를 죽음에서 살려놓으신
생명의 주님이 영원한 천국으로
우리를 초대하셨으니 은혜 중에 은혜다

555 | 선한 사마리아인

사람과 사람 사이에 사랑과
우정이 오고 가야 살맛이 난다
이 세상은 겉으로는 풍족하지만 곳곳에
사랑과 물질을 강도당한 사람들이
모진 고통에 신음하며 앓고 있다

겉으론 안정되고 편안한 것 같지만
음란과 놀음과 섹스와 술에
어둠이 깊게 그늘져 살아가고 있다
한 번뿐인 소중한 삶을
경마와 경륜과 경정, 섰다판에
돈을 쓰며 벌쭉벌쭉 웃어보아도
강도당한 기분처럼 기쁨이 없다

갈 길조차 잃어버린 사람들이
곳곳에서 서성거리며 기웃거리며
죄 속에 어둠과 사망을 빨아들이고 있다
사람들이 겉으로 멋과 폼을 잡고 살지만
속으로 강도 만나 신음하고 있는데
선한 사마리아인처럼 도와주지 않는다

556 | 어디로 어디로

죄짓고 아무 일 없는 듯이 숨겨놓아도
하늘은 낱낱이 기억하고 있다
적막하게 홀로 서 있는 한 그루 나무처럼
외로움에 견딜 수 없어
마른 나뭇가지 끝 바람에 흔들리며
허탈해 방황하며 어디로 가고 있는가

목숨은 찰나일 뿐 죄짓는 것은
예수를 다시 골고다 언덕 위에
십자가에 못 박는 일이니
회개하여 구원받아 기쁨으로 간구하자

황폐한 죄악의 거리에서 헤매며
궁색한 변명 버리고 표적만을 구하며
믿음을 갖지 못해 허공을 휘젓지 말자

죄악의 발자국 따라 끌려다니지 않고
예수를 믿고 회개하여 말씀을 믿으며
구원을 전하며 소망을 갖고 살아가면
은혜의 단비 쏟아져 내리고
생생한 성령의 바람이 불어온다

557 | 그리스도인다운 삶을 살게 하소서

소금이 좋은 것이나 소금도 만일 그 맛을 잃으면 무엇으로 짜게 하리요 땅에도, 거름에도 쓸데 없어 내버리느니라 들을 귀가 있는 자는 들을지어다 하시니라 ☚ 누가복음 14 : 34-35

그리스도인다운 삶을 살게 하소서
헛되이 겉모양만 허울 좋게 살지 말고
희생과 순종으로 해바라기처럼
바라보며 소망을 갖기를 원합니다

헐벗고 허겁지겁 살아보아도
속절없이 산 날을 후회하며
가난에 시달리고 피곤에 시달려
창자마저 텅 빈 날이 많습니다

홀로 발버둥 쳐야 밑동만 늘 빠지고
맨날 그 타령뿐이고 다 된 것 같아도
빈손이 되는 허탕일 뿐입니다

주님의 말씀에 은혜가 넘쳐
예수 안에 산다는 것은
나를 버리고 따라나서길 원하는 것입니다
늘 종종걸음으로 소득도 없이
아무런 보람도 없이 살기보다
치열한 부대낌 속에서도 믿음의 담력과
희망으로 꽃피어 나고 싶습니다

558 | 이웃 사랑

하나님이 우리를 사랑하시는 사랑을 우리가 알고 믿었노니 하나님은 사랑이시라 사랑 안에 거하는 자는 하나님 안에 거하고 하나님도 그의 안에 거하시느니라 ✝요한1서 4 : 16

주님이 이 땅에 오셔서
정신없이 얽힌 실타래를 풀어내어
이루신 사랑은 이웃 사랑이다

백부장과 사마리아 사람
사연이 많고 허기긴 사람도
중풍병자와 친구와 배회하는 사람도
모두 다 이웃 사랑이다

오 리를 걷기를 원하는 자와
십 리를 동행하며 겉옷을 원하는 이에게
속옷까지 줄 수 있는 마음이다

죄로 인해 죽음에 몰렸을 때
지고지순한 사랑을 주셨으니
사랑을 원하는 이웃에게 따뜻하게
베푸는 것이 참된 성도들의 삶이다

자신의 몸을 제물로 드려
무한한 구원의 사랑으로
완벽한 사랑의 모범을 보여주셨다

559 | 잔치에 초청받았을 때

청함을 받은 사람들이 높은 자리 택함을 보시고 그들에게 비유로 말씀하여 이르시되 네가
누구에게나 혼인 잔치에 청함을 받았을 때에 높은 자리에 앉지 말라 그렇지 않으면 너보다
더 높은 사람이 청함을 받은 경우에 너와 그를 청한 자가 와서 너더러 이 사람에게 자리를
내주라 하리니 그때에 네가 부끄러워 끝자리로 가게 되리라 ✝ 누가복음 14 : 7-9

당신이 잔치에 초청받았을 때
스스로 교만하고 잘난 척하며
좋은 자리에 덥석 앉으려고 말라

당신보다 신분이 높은 사람이
초청되어 오면 곧 자리를 빼앗기고
망신스럽게 내려와 앉아야 한다

늘 겸손하게 낮은 마음으로
그들이 안내하는 자리를
이해하고 받아들이는
넓은 아량을 갖고 살아야 한다

초청받았을 때
자신을 겸손히 낮추면 낮출수록
주변 사람들이 알고 높여주는 것이다

하늘까지 교만한 자는 낮아지고
겸손한 사람은 그 성품을 사람들이 알고
존귀하게 여겨준다

560 | 주님 예수로 변화된 삶을 살게 하소서 1

내가 예수 그리스도의 심장으로 너희 무리를 얼마나 사모하는지 하나님이 내 증인이시니라 내가 기도하노라 너희 사랑을 지식과 모든 총명으로 점점 더 풍성하게 하사 너희로 지극히 선한 것을 분별하며 또 진실하여 허물없이 그리스도의 날까지 이르고 예수 그리스도로 말 미암아 의의 열매가 가득하여 하나님의 영광과 찬송이 되기를 원하노라 ✝ 빌립보서 1 : 8-11

주님 예수로 말미암아
변화된 삶 속에 파도처럼 밀려오는
하늘 사랑을 체험하게 하소서
죄악 속에 과거에 얽매여 빚진 자처럼
초라하게 살지 않게 하소서

죄지었던 날 회개하고
빛 속에 살게 하시고
죄지은 영혼의 폭풍우를 잠재워 주시고
날마다 예수의 심장으로 뛰게 하소서

지난날의 허물과 죄를 용서받았으니
주님의 자녀답게 강하고
담대한 믿음으로 살아가게 하소서

들판에 서 있는 큰 나무처럼
그늘과 쉼을 만들어주시는 주님
가족과 이웃에게 꼭 필요한 사람이 되어
행복하고 감사하며 살게 하소서
하나님의 따뜻한 은혜 속에서
예수의 날까지 늘 항상 인도하소서

561 | 주님 예수로 변화된 삶을 살게 하소서 2

예수로 변화된 삶을 살게 하소서
죄악의 오한으로부터 따뜻하게 감싸주시고
구겨진 삶 활짝 쭉 펼쳐주셔서
하늘이 환하게 열리게 하소서

죄를 자백하여 빛 가운데 살며
구원의 빛을 소멸하지 않고
초라한 숙맥이 아니라
살맛 나는 사람이 되게 하소서

탐욕의 잡초만 무성하게 자라
불순하고, 그릇되고, 잘못되고
어그러진 생각 속에서 힘들었던 삶
은혜로 깨끗이 세탁해주소서

죄악과 작별하여 몸과 마음을 씻고
영혼을 씻어 죄악에 걸려 몸부림치던
몸과 마음이 청결하게 하소서

티끌 속에 피었다가 죽더라도
부끄럽지 않게 살게 하시고
떠오르는 해처럼 밝게 웃으며
기막히게 좋은 날을 맞게 하소서

누구든지 자기 십자가를 지고 나를 따르지 않는 자도 능히 내 제자가 되지 못하리라
✝ 누가복음 14 : 27

복음을 전하는
예수의 소문은 널리 퍼져나가
예수를 따르는 사람들의 숫자가
날이 갈수록 점점 더 많아졌다

생명의 복음을 전하시는
전도를 위하여 제자가 필요했지만
아무나 예수의 제자가 될 수는 없다

예수의 제자가 되려면
자신과 과거의 신분을 던져버리고
목숨까지 버릴 수 있도록
의미 있는 결단을 요구하셨다

오직 예수 그리스도만을 믿고
순종하고 따르는 사람들을
주님은 제자로 삼기를 원하셨다

누구든지 예수 그리스도의
제자가 되려면 자기를 부인하고
자기 십자가 지고 예수를 본받아야 한다

563 | 길 잃은 양 한 마리 1

너희 중에 어떤 사람이 양 백 마리가 있는데 그중의 하나를 잃으면 아흔아홉 마리를 들에 두고 그 잃은 것을 찾아내기까지 찾아다니지 아니하겠느냐 ✝ 누가복음 15 : 4

목자가 양 백 마리를 기르고 있었는데
어느 날 갑자기 양 한 마리가
양 우리로 돌아오지 않았다

양을 잃은 슬픔에
목자는 애절한 눈물을 흘리고
가슴이 미어지는 아픔에 비척거리며
고개를 돌리며 찾고 살폈다

사나운 짐승들이 우글거리는
낯선 들판에서 눈물이 메마르고
공포에 질려 어찌할 줄 몰랐다

선한 목자는 산과 들을 헤매며
돌아오지 못한 양 한 마리를
가시넝쿨 속 엉킨 곳에서 찾아
어깨에 메고 돌아와 안아주었다

돌아온 어린 양 한 마리
목자의 사랑에 눈물을 흘렸다
구원의 기다림이 없는 것은
절망과 죽음일 뿐 소망이 없다

564 | 길 잃은 양 한 마리 2

너희 중에 어떤 사람이 양 백 마리가 있는데 그중의 하나를 잃으면 아흔아홉 마리를 들에
두고 그 잃은 것을 찾아내기까지 찾아다니지 아니하겠느냐 또 찾아낸즉 즐거워 어깨에 메
고 집에 와서 그 벗과 이웃을 불러 모으고 말하되 나와 함께 즐기자 나의 잃은 양을 찾아내
었노라 하리라　☩ 누가복음 15 : 4-6

목자가 들판을 아무리 헤매도
양 한 마리가 보이지 않아
잃어버린 양 한 마리를 찾아 나선다
어디 있나 어디 갔나 양 한 마리
혼자 목 놓아 울어도 소용없다

목자를 떠나 우리를 떠나 양 떼를 떠나
어디로 갔나 피를 말리듯 간절히 찾는
사랑의 목자의 음성이 그립다

곳곳에 사나운 짐승들이 입을 벌리고
가시덤불과 웅덩이가 깊은데 어디 있나

목숨도 한 줄기 바람으로 사라지는데
목자는 한결같은 마음으로 울며
잠 못 자고 몹시 마음 아파한다

양 한 마리를 찾아 힘들고 지친
양을 어깨에 메고 돌아와
친구들과 이웃을 불러 즐겁게 웃으며
모두 함께 기뻐하고 잔치를 연다

565 | 길 잃은 양 한 마리 3

우리는 모두 길 잃은 양 한 마리
사랑이 있는 곳에 행복의 보금자리가
만들어지면 얼마나 행복할까

외롭고 슬픈 사람들도
사랑의 울타리에 들어가면
마음이 따스해지고 행복해진다

길 잃은 양도 목자의 정이
몹시도 그리운 날 목자를 만나면
오늘 이곳에 사랑으로
따뜻한 삶의 터전이 이루어진다

아픔을 아는 사람들의 베풂은
슬픔을 아는 손길에서 이루어지고
고통을 넘고 절망을 넘는다

하늘땅 끝까지 찾아다니며
잃어버린 양을 찾으면 아픔을 넘고
힘들었던 순간을 잊고 마음껏 축복한다

보금자리에서 꿈과 소망을 이루어가는
이 좋은 날 한없는 축복이 가득하다

566 | 부자와 나사로

아브라함이 이르되 얘 너는 살았을 때에 좋은 것을 받았고 나사로는 고난을 받았으니 이것을 기억하라 이제 그는 여기서 위로를 받고 너는 괴로움을 받느니라 ✝ 누가복음 16 : 25

온 동네가 떠들썩하게 잔치를 벌이고
남부러울 것 없이 떵떵거려도
토막 난 꿈은 한순간에 사라진다
부자는 대문 앞에서 구걸하는 나사로에게
마음 한번 사랑 한번 주지 않고
인심 더럽게 상에서 남은 것으로
생색내며 불쌍하고 추하게 바라보았다

오른손이 한 일을 왼손이 알고
왼손이 한 일을 오른손이 알게 하려고
욕심껏 살더니 네가 간 곳이 어디냐

거지 나사로는 천사에 받들려
아브라함의 품에 들어갔는데
부자는 음부의 고통에 신음하며
혀끝에 물 한 방울을 요구한다

부귀를 누리더니 어디로 갔느냐
나눔도 없이 궤도를 이탈하여 살더니
사탄이 죄를 솔솔 펼치며 조롱하는데
잘산다고 큰소리치더니 지옥에 떨어졌다
부자가 천국 가기는
낙타가 바늘귀 들어가는 것처럼 힘들다

567 | 실족하게 만들지 말라

헝클어지고 뒤틀리고
찌르는 말과 행동 때문에
보고 들은 사람들이 상처를 받아
실족하게 만들지 말라

믿음의 모범을 사람들이 보고
본받고 싶고 함께하고 싶어
주님 앞에 나올 수 있도록
복된 성도의 삶을 살아야 한다

하나님이 죄에서 돌이켜
끊임없이 피어나는 사랑 안으로
돌아오기를 원하고 계신다
작은 어린아이 한 명일지라도
너희 때문에 실족한다면
얼마나 안타까운 일인가

예수를 만나 죄를 자복하여
믿음 속에 하늘의 평안을 얻고
약속된 땅을 사모하며
주께로 돌아오는 사람들이 많아지기를
하나님께서 원하고 계신다

568 │ 용서하라

누가 먼저 용서할 수 있는가
죄를 용서받은 자가
수많은 갈등 속에서도
용서할 수 있는 용기와 마음이 있다

얼굴에 깊숙한 주름을 지으며
심각하게 고민할 필요 없이 용서한다면
얼마나 상쾌하고 행복한 일인가

죄를 용서받지 못하여 괴롭고
잘못 저지른 일로 번민하고
고통과 절망을 안고 살아간다

늘 비비며 부딪치며 살아가도
죄를 숨길 수 없어 늘 쫓기며 살아가도
그냥 그대로 놓아둘 수는 없는
죄는 제일 무거운 짐이다

죄는 몽땅 회개하고 용서를 받아야
깨끗이 씻어지고 마음이 가벼워진다
죄를 용서받은 복된 그리스도인라면
용서할 수 있는 마음을 가져야 한다

569 | 겨자씨만 한 믿음

주께서 이르시되 너희에게 겨자씨 한 알만 한 믿음이 있었더라면 이 뽕나무더러 뿌리가 뽑혀 바다에 심기어라 하였을 것이요 그것이 너희에게 순종하였으리라 ✝ 누가복음 17 : 6

믿음이 크고 작은 것보다
믿음이 작아도 싹을 틔워
잘 자라는 것이 중요하다
겨자씨만 한 아주 작은 믿음일지라도
하나님을 향한 열망이 있어야 한다

메마른 풀잎 바싹 마른 영혼일지라도
기막히도록 아름다운 십자가의
보혈의 사랑을 믿고 받아들인다면
구원의 사랑을 받을 수 있다

아주 굳건하고 열정이 있다면
하나님의 뜻을 신뢰하고 확신할 수 있다
구주를 고백하는 입술의 용기가 중요한 것은
신앙의 출발점이요 첫걸음이기 때문이다

좁쌀 같은 아주 작은 믿음일지라도
어떤 것보다 귀하다
작은 믿음에서 평화와 안식이 시작되고
주님의 뜻이 이루어진다

570 | 하나님의 나라는 어디에 있을까

바리새인들이 하나님의 나라가 어느 때에 임하나이까 묻거늘 예수께서 대답하여 이르시되
하나님의 나라는 볼 수 있게 임하는 것이 아니요 또 여기 있다 저기 있다고도 못 하리니 하
나님의 나라는 너희 안에 있느니라 ✝ 누가복음 17 : 20-21

하나님의 나라는 어디에 있을까
천국은 마음속에서부터 이루어진다
마음이 죄로 엉클어져 있으면
소란스럽게 흘러가는 세월 속에서
죄로 가득해 지옥같이 살아간다

죄는 불행과 비극을 만들어 처참하고
불안한 몸짓 속에 마음속에서 날마다
다툼과 분노가 일어나 불평이 가득하다

회개의 기도는 구원받기 위하여
하나님께 드리는 간곡한 표현이다

하나님의 말씀으로 마음이 청결하면
가슴 떨리는 구원의 기쁨 속에
천국과 같은 사랑이 충만해지고
마음에 평안이 강처럼 흘러넘친다

천국이 여기 있다 저기 있다
자기의 생각대로 함부로 말하지 말라
주님을 영접하고 믿고 따르면
그때부터 마음속에 천국이 있다

571 | 어리석은 부자

죽는 날 모르고 부자 되는 환상에 빠져
홀로 즐거워 웃는 인생들이 안타깝다

세상 부귀영화를 다 누리며
천년만년 끄떡없이 잘살 것만 같아도
모든 것은 한순간에 사라질 뿐이다

어깨에 힘주고 살아보아도
갑자기 하루 한 날 아무 기척 없이
허무하게 떠나는 것이 인생이다

죄의 수렁에 허우적거리면서
일평생 따뜻한 인사 한번 없이
사랑의 나눔 한번 없이 살아간다

목숨이란 돈과 권세로 살 수 없는 것
창고에 잔뜩 쌓아도 지옥에 가지만
예수는 구원의 생명길이다
욕심 갖고 살아도 한순간에 무너지는데
시류에 따라 믿음이 약해지지 말자
하늘 끝자락 바라보며
목숨의 소중함을 깨닫게 해주신 주님을 생각한다

572 | 어린아이에게 안수하시는 예수

그때에 사람들이 예수께서 안수하고 기도해주심을 바라고 어린아이들을 데리고 오매 제자들이 꾸짖거늘 예수께서 이르시되 어린아이들을 용납하고 내게 오는 것을 금하지 말라 천국이 이런 사람의 것이니라 하시고 그들에게 안수하시고 거기를 떠나시니라

✝ 마태복음 19 : 13-15

주님은 마음 착한 어린아이들을
사랑하시고 늘 가까이하셨다

어린아이가 가져온 물고기 두 마리와
떡 다섯 개로 오천 명을 먹이고도 남는
놀라운 기적도 일으키셨다

천국도 어린아이 같은 순수한 마음을
가지지 않으면 들어갈 수 없다고 하셨다

예수에게는 누구나 갈 수 있다
천국은 어린아이 같은
순수한 마음을 가진 사람들이
들어갈 수 있는 곳이다

예수는 죄인도 병자도 노인도 어린아이도
이 세상 어떤 사람도 편견 없이
받아주시는 사랑의 구세주이시다

주님은 어린아이를 사랑하여주시고
머리 위에 안수하시고 축복하여주셨다

573 | 부자 청년

예수께서 이르시되 네가 온전하고자 할진대 가서 네 소유를 팔아 가난한 자들에게 주라 그리하면 하늘에서 보화가 네게 있으리라 그리고 와서 나를 따르라 하시니 그 청년이 재물이 많으므로 이 말씀을 듣고 근심하며 가니라 ✝ 마태복음 19 : 21-22

부자 청년은 무엇이 궁금해
스스로 주님을 찾아와 만났을까
재물을 나누라 하심을 듣고
영원한 생명을 소유할 수 있던 날
왜 슬픈 기색을 띠고 돌아갔나

짧은 삶 하루해가 사라지듯
산산조각 나 부서진 꿈
냉가슴을 앓아야 무엇할 것인가

물질 명예 권세 지식이었던가
돈 보따리 붙잡고 내 돈 하며 죽어도
탐욕 속에 도망쳐도 갈 곳이 없다

숨 막히게 숨어도 하나님의 눈길 안
주님을 만나면 새 생명을 얻는데
어리석어 영영 떠나도 갈 곳이 없다

죄 속에서 나쁜 습관대로 살면
죄악의 입 구멍이 너무나 커서
욕심대로 빨려 들어가면
사람의 힘으로는 빠져나올 수 없다

574 | 응답받은 과부

이 과부가 나를 번거롭게 하니 내가 그 원한을 풀어주리라 그렇지 않으면 늘 와서 나를 괴롭게 하리라 하였느니라 ✝ 누가복음 18 : 5

눈물의 아픔에 젖어 깨지고 무너지며
살았기에 애타고 간절히 매달리며
응답에 목말라 안타깝게 울부짖는다

울부짖음에 관심이 없고
들은 척하지도 않고 무관심하던
불의한 재판관도 답변을 줄 때까지
마냥 제자리에서 늘 구하며 기다린다

산에서 소리쳐도 메아리가 있고
호수도 파문이 일어나는데
어찌 사람의 말을 못 들은 척합니까

못 본 척 못 들은 척 하지 말고
깊이 영원히 잠들 수 없다면
보고 듣고 입으로 말해주시오

당신은 어디로도 도망갈 수 없으니
단 한 가지 소망 생명과 같은 것
원한을 풀어주시오
간절한 간구에 응답받은 과부
누구든지 간절하게 기도하면
들으시고 응답하여주신다

575 | 바리새인과 세리의 기도

두 사람이 기도하러 성전에 올라가니 하나는 바리새인이요 하나는 세리라 바리새인은 서서 따로 기도하여 이르되 하나님이여 나는 다른 사람들 곧 토색, 불의, 간음을 하는 자들과 같이 아니하고 이 세리와도 같지 아니함을 감사하나이다 나는 이레에 두 번씩 금식하고 또 소득의 십일조를 드리나이다 하고 세리는 멀리 서서 감히 눈을 들어 하늘을 쳐다보지도 못하고 다만 가슴을 치며 이르되 하나님이여 불쌍히 여기소서 나는 죄인이로소이다 하였느니라 내가 너희에게 이르노니 이에 저 바리새인이 아니고 이 사람이 의롭다 하심을 받고 그의 집으로 내려갔느니라 무릇 자기를 높이는 자는 낮아지고 자기를 낮추는 자는 높아지리라 하시니라 ✝ 누가복음 18 : 10-14

기도를 하나님이 듣고 계시는데
사람들이 먼저 들으라고
말만 앞세우는 미사여구만 가득한가
거짓과 위선이 가득하다면 금식이 무슨 소용이며
마음이 없는 십일조가 무슨 소용이랴

예수 이름 없고 욕심 가득한 기도는
하늘에 오르지도 못하고 허공만을 맴돌다 사라지니
세리의 진실한 기도를 들으라
어떤 기도가 생명의 기도인지 확실하게 깨달아 알고
주님이 들으시는 기도를 해야 한다

주님의 십자가의 모습을
뜨거운 눈시울로 바라보다
그리움이 가득해 눈에 이슬이 맺혀
그리운 눈물의 옹달샘 하나 생긴다
홀로 밤새워 기도하며 이마에
이슬이 젖어도 무어니 무어니 해도
주님 사랑에 젖으면 참 행복하다

576 | 세리의 기도

세리는 멀리 서서 감히 눈을 들어 하늘을 쳐다보지도 못하고 다만 가슴을 치며 이르되 하나님이여 불쌍히 여기소서 나는 죄인이로소이다 하였느니라 ✝누가복음 18 : 13

나의 눈을 들어 어찌 감히
의로운 구주 예수 그리스도
구원의 주님을 바라보겠습니까

말씀에서 떨어지고 멀어져
죄악투성이로 떨리는 영혼뿐
보일 것도 드릴 것도 하나 없는
초라한 몰골뿐인 무지막지한 죄인입니다

내 마음에 어떻게 주를 모시겠습니까
허공의 끝없는 깊이 속에 빠져
영 죽을 인생을 구원하여주시겠습니까

죄 탓에 소리도 못 지르고 기도하여도
주님의 사랑이 애 터지게 그리워
목마저 쉬어버렸습니다
무거운 죄악의 번뇌에 짓눌려 괴로우니
나의 죄를 용서하여주소서

나의 가슴을 치며 소리 없는
통곡을 할 수밖에 없습니다
주여 나의 죄를 용서하여주소서

577 | 예수로 새롭게 창조되리라

예수로 새롭게 창조되리라
삼천리에 오천 년 역사를 일구어온
이 나라 민족이 예수로 새롭게 시작한다

온 땅과 하늘이여 노래하라
하나님의 영광을 선포하며
밝은 역사의 거보를 내딛어라

마음밭을 기도와 말씀으로 갈아서
성령 충만으로 부정과 부패가 사라지고
빈틈을 타고 들어오는
한탕주의가 사라져야 한다

정직하고 땀 흘리는 사람들이 대접받는
행복한 나라를 만들어가자
새 역사 창조의 깃발이 올랐으니
하나님의 영광 드러나도록 땀 흘리자

오천 년 역사 이 민족 위에
하나님의 영광의 빛 찬란하게 비치면
민족의 저력 속에 창조의 문이 열린다
기도하라 이 민족의 내일을 위하여

아들이 있는 자에게는 생명이 있고 하나님의 아들이 없는 자에게는 생명이 없느니라
✝ 요한1서 5 : 12

죄로 가득했던 세월 병든 마음의
죄악을 씻겨주시려고 보혈을 쏟으셨다
더럽고 추한 허물에 이끼가 잔뜩 끼어
정신을 잃고 멍하니 살았는데
십자가로 완성하신 보혈의 사랑으로
선명한 흔적을 남겨놓으셨다

가시 돋쳐 포악스럽게 빗발치는
죄악의 모함의 소리 다 사라지고
삶의 중심에 찾아오셨다
내일이 흐릿하여 희망 없는데
빈궁했던 마음이 부요해지고
은혜가 넘쳐 기쁨과 평안을 주셨다

삶 속에 복음은 언제나 사라지지 않고
영혼에 새겨지는 생명의 말씀이
몸과 마음을 사랑으로 묶어준다

삶 속에 늘 함께하여주시며
질퍽이던 죄악의 늪에서 건져주시는
구원의 사랑이 너무나 고맙다
기쁨의 눈물로 두 눈이 퉁퉁 부어도
팔딱팔딱 뛰며 주님을 반갑게 만나고 싶다

579 | 소경 바디매오

보고 싶습니다
태어나 빛을 볼 수 없고 살길이 막막해
죽을 고생을 하며 빈손으로 구걸했습니다
무거운 죄짐을 지고 모진 목숨
망할 놈의 세상을 한탄하고
몸부림치며 자포자기하며 살았습니다

속을 차리고 병자를 고치시고
치유하여주시는 예수의 소문을 듣고
목숨이 남아 있는 날 동안
주님을 만나기를 손꼽아 기다렸습니다

눈을 뜨게 하시고 귀가 열리게 하시고
벙어리가 입을 열게 하시고 귀신을 쫓고
병을 고치시는 예수를 만나
손을 내밀어 치유를 받고 싶습니다

죄 속에 수많은 상처로 불안하게 살며
가슴만 애태웠는데 주님이 오신다니
눈이 보이고 영혼이 맑아지기를 원합니다
주님으로 인해 내 영혼이 맑아지고
바람과 추억이 많아져 갈수록 행복합니다

580 | 소경을 치료해주시는 예수

예수께서 머물러 서서 그를 부르라 하시니 그들이 그 맹인을 부르며 이르되 안심하고 일어
나라 그가 너를 부르신다 하매 맹인이 겉옷을 내버리고 뛰어 일어나 예수께 나아오거늘 예
수께서 말씀하여 이르시되 네게 무엇을 하여 주기를 원하느냐 맹인이 이르되 선생님이여
보기를 원하나이다 예수께서 이르시되 가라 네 믿음이 너를 구원하였느니라 하시니 그가
곧 보게 되어 예수를 길에서 따르니라 ✝ 마가복음 10 : 49-52

주님이 부르니 안심하고 일어나라
눈먼 슬픔, 눈먼 고통, 눈먼 절망을 아시고
치유하려고 부르신다

뼈마디까지 끊어질 듯 아플 때
아물지 않던 상처를 치유해주셨다

제풀에 쓰러졌던 거지 겉옷을 벗고
눈을 떠 보기를 원하며 드릴 것은
너절한 푸념뿐 절로 고개가 숙여집니다
내 눈이 온전히 치유되기를 원하며
밝아진 눈으로 세상을 보고 싶습니다

타인의 아픔을 스치듯 지나치지 않으시고
절망 속에 축복을 예비하시니 감사드립니다

참담하게 아픈 상처를 치료해주시고
손길로 깨끗이 씻겨주소서
구원의 감격에 가열된 마음에서
입술로 찬양하며
원망보다 기쁨으로 함께하심을 믿습니다

581 | 삭개오야 속히 내려오라 1

예수께서 여리고로 들어가 지나가시더라 삭개오라 이름하는 자가 있으니 세리장이요 또한 부자라 그가 예수께서 어떠한 사람인가 하여 보고자 하되 키가 작고 사람이 많아 할 수 없어 앞으로 달려가서 보기 위하여 돌무화과나무에 올라가니 이는 예수께서 그리로 지나가시게 됨이러라 ✝ 누가복음 19 : 1-4

주님을 만나고 싶은 간절한 마음을
가닥가닥 짜 올려 기도와 찬송과 말씀의
삭개오가 뽕나무에 올라갔다

키는 작아도 미진한 것을
극복하며 살려고 발버둥 치다 보니
날마다 욕심의 키가 자꾸만 커져서
부자로 살기만을 원했다

행복은 돈이 주는 것이 아니니
돈이 많아질수록 불안하고
허영심과 의심이 생겨 교만해졌다

돈이 만들 수 없는 구원을 얻기 위하여
죄 속에 살다가 마음에 변화를 일으켜
주님을 만나보기를 원했다

삭개오는 세상의 모든 것보다
주님이 더 귀하다는 걸 깨달았다
"삭개오야 내려오라!"
주님이 부르니 믿음의 키가 커지고
삶이 새롭게 변화되었다

582 ┃ 삭개오야 속히 내려오라 2

삭개오가 서서 주께 여짜오되 주여 보시옵소서 내 소유의 절반을 가난한 자들에게 주겠사
오며 만일 누구의 것을 속여 빼앗은 일이 있으면 네 갑절이나 갚겠나이다 ✝ 누가복음 19 : 8

이토록 기쁜 날이 올 줄 몰랐습니다
아무도 관심을 갖지 않아
불안한 마음이 뼈들 사이에서
외로워 멍울진 설움만 내뱉었습니다

돈에만 욕심 많은 세리쟁이
키 작고 볼품없는데 관심을 갖고
오늘 집에 유하시겠다니
기쁨을 감당 못 해 눈물이 터집니다

주님 모습 보기만 해도 행복한데
비정했던 날 버리고 구주로 영접하니
오늘은 삶의 최고로 기쁜 날
행복이 활짝 꽃피는 날입니다
이날을 영원히 기억하며
심령의 가난함 속에서도
세상의 어떤 부귀영화보다
주님을 사랑하겠습니다

나를 찾아오심이 고마워
참으로 무거운 내 죄를 깨달아
허물을 고백하오니 용서하여주소서

583 | 삭개오야 속히 내려오라 3

난쟁이 삭개오
주님이 자꾸만 보고 싶어
주님을 만나고 영접하여
하나님의 은총으로 아브라함의 자녀가 되었다

키가 작은 삭개오 난쟁이 삭개오
주님이 보고 싶고 만나고 싶어
기도의 뽕나무에 올라갔다
찬양의 뽕나무에 올라갔다
말씀의 뽕나무에 올라갔다

삭개오 키 작은 난쟁이
주님이 찾아오셔서
심장 한복판에 구원의 사랑을
영원히 지워지지 않도록 새겨놓으셨다

키가 작은 삭개오야
예수 그리스도를 만나고 영접하여
너의 인생이 새롭게 바뀌었다
하늘을 향하여 비상하는 복된 믿음을 가져라

오늘은 주님의 은혜로 구원받은 날
내일은 주님의 날
가도 가도 끝이 없는 줄 알았더니
어느 날 한순간에 떠나는 삶이다

주님 앞에 슬픔이 있다는 것은
두려운 비극이니 다짐보다는
무릎 꿇고 기도하는 것이 절실하다

아슬아슬한 근심 걱정의 죄의 다리를 넘어
죄 사함을 받아 영생복락을 얻도록
풀어낼 수 없는 죄악을
십자가의 고난으로 풀어주셨다

죄악은 더럽고 추악한 옷이며
성도의 의의 옷은 회개하고
입을 수 있는 사랑의 옷이다

주님과 함께 살아가는 삶은
이 땅에서 가장 축복받은 삶이다
주님의 사랑의 흔적
푸른 눈물 되어 뚝뚝 떨어지니
강이 되어 마음에 흘렀으면 좋겠다

585 | 마음을 열어요, 지금!

가을비 내리는 날 쓸쓸하게
신세타령하고 팔자타령하는 게 무슨 소용인까
상처받은 마음 깊이 할퀴며 산다

회개하지 않으면 생명줄 끊어지고
무덤으로 스스로 파고들어
죽음의 함정 지옥에 떨어지고 만다

저지른 죄가 버짐처럼 퍼져
하나님의 아들 예수 그리스도를
십자가에 못 박았으니 가장 큰 죄다

두 눈이 뒤집혀 남의 뒤통수 치고
멱살 잡고 명치 누르고 염장 지르던
죄를 용서받아야 한다

하늘에서 쏟아지는 성령의 충만함
밀물처럼 다가오는 사랑을 받고
한숨짓던 짐 벗으면 행복한 사람이다
주님의 말씀을 듣고 마음을 열면
자연이 아름답고 선명하게 보인다

하나님께서 지으신 모든 것이 선하매 감사함으로 받으면 버릴 것이 없나니 하나님의 말씀
과 기도로 거룩하여짐이라 🕊 디모데전서 4 : 4-5

예수 그리스도 그 이름을 아십니까
예수 그 이름을 들어보셨습니까
예수 그리스도를 만나
내 마음에 죄가 보이고 허물이 보이고
흠이 보여 회개하지 않을 수 없습니다

자질구레하고 짓궂은 생각을 하며
옹색하게 살며 삭신이 아파 힘들었던
그늘진 운명을 바꾸어주신 예수를
혹시 잊지 않았습니까

절망스럽고 암울한 고통 속에 있더라도
말씀을 맛보고 예수 안으로 들어오면
한숨짓던 삶이 떠나고 기쁨이 옵니다

다정한 눈빛 벅차게 불러도 좋은
영영 못 잊을 사랑하는 주님
꿈길에도 찾아오시면 꼭 만나고 싶습니다

기도하면 무한 사랑에 파르르 떨리고
뜨거운 목숨 눈물 자루 터져버립니다
주님의 손길을 느끼며 언제부터 친해졌을까
목덜미가 간지럽고 행복이 가득합니다

587 | 주님 안에 살 수 있는 삶

주께서 너희 마음을 인도하여 하나님의 사랑과 그리스도의 인내에 들어가게 하시기를 원하노라 ✝ 데살로니가후서 3 : 5

하늘마저 서러워 구겨져 보이던 날도
맑고 푸른 하늘 가득히 밀려오는
늘 사무치는 그리움 느낄 수 있습니다

아주 작은 것도 소중하게 생각하는 것이
주님을 영접해 빼앗긴 양심을 찾았을 때
예수와 함께 가는 생명의 길입니다

마음을 평안하게 다스리고
꾸물거림 없이 소망을 갖고
땀 흘리며 살아가면 즐겁습니다

사람들을 좋아하고 사랑하고
이해하고 기뻐하며 살아갈 때
말씀이 열매 맺기 시작합니다

선하고 악한 일이 무엇인지를 알기에
말하는 것이 전혀 부끄럽지 않도록
살 수 있음을 감사드립니다

주님 말씀에 고개를 끄덕이도록
순종하며 모든 것을 감사드리며
사랑에 풍덩 빠지고 싶습니다

588 | 우리의 생애 최고의 날

하나님이 세상을 이처럼 사랑하사 독생자를 주셨으니 이는 그를 믿는 자마다 멸망하지 않고 영생을 얻게 하려 하심이라 ✝ 요한복음 3 : 16

세월은 흘러가고 한 줌의 재로 남을 삶
살면서 한 번쯤은 최고의 날
크나큰 박수 소리와 함께
기쁨의 파도가 치는 날이 있기를 원한다

우리 생애 최고의 날
예수를 알고 믿는 사람들에게
이 땅에서의 최고의 날은 언제인가

내가 구원받았다 소리치며 외치고 싶은 날
내 얼굴이 웃음을 찾고
내 마음은 구원의 기쁨을 찾았습니다

주위에 누가 있고 없고 관계없이
장소가 화려한 무대가 아니어도
주님의 눈길이 가고 손길이 가고
발길이 가는 곳에 나도 가고 싶습니다

맨몸으로 모멸의 아픔도 홀로 이겨내신 주님
십자가의 외침에 풀잎도 하늘과 땅도 흔들렸다
보고픈 날 주님의 손길 스치기만 해도 좋은 날
주님께 안겨볼 날은 삶의 최고의 날이다

589 | 향유를 부은 여인

마리아는 지극히 비싼 향유 곧 순전한 나드 한 근을 가져다가 예수의 발에 붓고 자기 머리
털로 그의 발을 닦으니 향유 냄새가 집에 가득하더라 ✝ 요한복음 12 : 3

내 마음의 진실을 보여드리고 싶어
값비싼 향유를 발에 붓고 씻으며
진실한 마음을 눈물로 고백했습니다

긴긴 죄의 고통을 알기에
죄에서 도망쳐 나와 회개하며
홀로 아픔과 고백을 쏟았습니다

삶에서 가장 행복한 시간입니다
부유해도 헛살면 무엇합니까
슬픈 몸짓을 끝내야 합니다

늘 허기져 죄악에 덜미가 잡혀
고통이 찾아올 뿐 신음 소리만 커져갔으나
주님은 나를 새롭게 하여주시고
순결한 영혼을 허락하시니 찬양합니다

주님이 찾아오셨으니 향유의 향이
온 집에 가득하듯 말 못 할 상처를
깨끗하게 용서받고 싶습니다
여자의 고운 머리칼로 씻으며
진실한 마음으로 고백하오니 씻겨주소서

590 | 포도원과 어리석은 농부

농부들이 그를 보고 서로 의논하여 이르되 이는 상속자니 죽이고 그 유산을 우리의 것으로 만들자 하고 포도원 밖에 내쫓아 죽였느니라 그런즉 포도원 주인이 이 사람들을 어떻게 하겠느냐 와서 그 농부들을 진멸하고 포도원을 다른 사람들에게 주리라 하시니 사람들이 듣고 이르되 그렇게 되지 말아지이다 하거늘 ✝ 누가복음 20 : 14-16

세상의 모든 일의 시작과 끝이
하나님의 섭리 속에 이루어짐을
모르는 것은 믿음 없는 불신의 행동이다

포도원을 주인에게 빌린
어리석은 욕심 덩어리 농부가
탐을 내어 포도원을 통째로 갖고 싶어 했다

주인이 포도원의 소출을 받으려고
종을 보낼 때 함부로 때리고
아무것도 없이 보내었다
어리석은 농부는 포도원을 소유하려고
상속자 아들까지 포도원에서 내쫓아 죽였다

포도원이 자기 것이 될 줄 알았지만
포도원 주인이 와서 농부들을
다 죽이고 포도원을 도로 찾았다

이 세상의 모든 것은 하나님의 것이니
내 것으로 만들려고 착각하지 말고
모든 영광을 하나님께 돌리며
삶을 허락하심을 감사하며 살아가야 한다

591 | 아름다운 영혼을 가진 마리아 1

예수께서 베다니 나병 환자 시몬의 집에 계실 때에 한 여자가 매우 귀한 향유 한 옥합을 가지고 나아와서 식사하시는 예수의 머리에 부으니 제자들이 보고 분개하여 이르되 무슨 의도로 이것을 허비하느냐 이것을 비싼 값에 팔아 가난한 자들에게 줄 수 있었겠도다 하거늘 예수께서 아시고 그들에게 이르시되 너희가 어찌하여 이 여자를 괴롭게 하느냐 그가 내게 좋은 일을 하였느니라 가난한 자들은 항상 너희와 함께 있거니와 나는 항상 함께 있지 아니하리라 이 여자가 내 몸에 이 향유를 부은 것은 내 장례를 위하여 함이니라 내가 진실로 너희에게 이르노니 온 천하에 어디서든지 이 복음이 전파되는 곳에서는 이 여자가 행한 일도 말하여 그를 기억하리라 하시니라 ✝ 마태복음 26 : 6-13

오 나의 주님
사랑의 발길로 찾아와 주시는
주님을 반기기에 너무나 초라하다
눈물로 진실한 고백을 하며
주님의 머리에 향유를 부어드리고 싶다

생명이 없으면 구질구질한 날일 뿐
무엇으로 고백할 수 있나
죄악으로 얼룩져 소망도 없던 심장이
힘차게 뛰니 기쁘고 행복하다

이 시간 기쁨을 찾으며 정성을 다 쏟아
귀한 향유를 주님의 머리에 부어드립니다
죄를 씻겨주시는 보혈을 내 영혼에 담았으니
주님 나의 고백과 정성을 받아주소서

무겁게 내려앉았던 우울함은 던져버리고
마음의 창을 활짝 열어
주님이 주신 소망을 전하며 살겠습니다

592 | 아름다운 영혼을 가진 마리아 2

나약한 몸에 아름다운 영혼으로
오직 예수만 사랑하며 살다 간
마음이 늘 넉넉한 마리아
늘 애태웠던 마음을 아무도 몰랐다

죄악의 번민으로 맺힌 한을 알고 계시니
늘 상처 가득한 마음을 감싸주신다

아름다운 영혼을 가진 마리아
하늘도 땅도 하소연 듣지 않아도
외로운 가슴을 안고 하늘 뜻 이룬다
이 지상에 고통이 많아도
하늘 기쁨이 충만해 진리를 품고 산다

영원히 초대된 안식의 나라에서
언제까지나 영원히 행복할 마리아
세월의 주름살도 펴고 활짝 웃는다

사랑을 알기에 사역을 끝까지 도우며
복음 사역에 동참한 마리아
복음의 역사의 길을 만든
귀한 그리스도인 여인 중 하나다

주님을 몰랐더라면 버둥댈수록
감기는 것은 죄의식뿐이었을 텐데
얼마나 삭막하고 무의미했을까

살아가면서 수없이 되뇌어보는
마음속을 향한 질문, 왜 사는가
아우성을 치고 잔머리 굴리지 말고 살자

주님의 보혈의 은혜 속에 어우러지면 아름다운데
모르면 참 어리석은 일이다

눈물 콧물 흘리며 살아도
주먹질 발길질 해대며 살아도
의미가 없다면 헛된 삶이다

수없이 넘어지고 쓰러져도
담쟁이덩굴이 조금씩 자라
담장을 기어오르듯 믿음이 성장한다

주님을 만나 나의 모든 것이 변화되어
산 소망으로 내일을 소망하며
온전한 기쁨으로 살게 되었다

594 | 옥토가 되라

예수께서 비유로 여러 가지를 그들에게 말씀하여 이르시되 씨를 뿌리는 자가 뿌리러 나가서 뿌릴새 더러는 길가에 떨어지매 새들이 와서 먹어버렸고 더러는 흙이 얕은 돌밭에 떨어지매 흙이 깊지 아니하므로 곧 싹이 나오나 해가 돋은 후에 타서 뿌리가 없으므로 말랐고 더러는 가시떨기 위에 떨어지매 가시가 자라서 기운을 막았고 더러는 좋은 땅에 떨어지매 어떤 것은 백 배, 어떤 것은 육십 배, 어떤 것은 삼십 배의 결실을 하였느니라

✝ 마태복음 13 : 3-8

밭은 여러 종류가 있다
돌짝밭, 가시떨기 밭, 옥토 밭……
사람의 마음밭도 여러 가지다

어떤 밭에 어떤 씨를 뿌리고
농부가 어떻게 가꾸느냐에 따라
추수 때에 거두는 열매가 달라진다
옥토에 씨가 잘 심기고
농부가 땀을 흘려서 정성껏 잘 가꾸고
하나님께서 축복하여주심으로
삼십 배, 육십 배, 백 배의 열매가 열린다

진실하지 못하고 정직하지 못하여
잘못되고 안 좋은 밭에
아무 성의 없이 씨를 뿌리면
결국에는 헛된 농사가 되고 만다

사람의 마음도 옥토가 되지 않으면
생명의 말씀 듣지 않으면 아무 소용이 없다
우리의 마음의 밭이 죄를 회개하고
새롭게 옥토가 되어 예수를 영접해야 한다

595 | 가장 큰 계명, 사랑하라

> 예수께서 사두개인들로 대답할 수 없게 하셨다 함을 바리새인들이 듣고 모였는데 그중의 한 율법사가 예수를 시험하여 묻되 선생님 율법 중에서 어느 계명이 크니이까 예수께서 이르시되 네 마음을 다하고 목숨을 다하고 뜻을 다하여 주 너의 하나님을 사랑하라 하셨으니 이것이 크고 첫째 되는 계명이요 둘째도 그와 같으니 네 이웃을 네 자신같이 사랑하라 하셨으니 이 두 계명이 온 율법과 선지자의 강령이니라 ✝ 마태복음 22 : 34-40

사랑은 강하고 모든 것을 뛰어넘는다
사랑보다 위대한 힘은 없다
이 세상에서 가장 큰 계명이 사랑이다
사랑이 없다면 존재의 이유도 없고
살아갈 가치도 없다

목숨을 다하고 뜻을 다하여
모든 열정과 정성을 다하여
천지만물을 창조하시고 주관하시고
운행하시는 하나님을 사랑하라

가족과 이웃을 내 몸처럼 사랑하라
하나님을 사랑한다고 말하면서
가족과 이웃을 사랑하지 않는 것은
어리석은 일이요 거짓된 삶이다

사랑은 아름답게 만들고
행복한 웃음을 웃게 한다
주님의 사랑을 가슴에 담고
하늘을 소망하며 살 수 있다면
그보다 더한 행복이 있을까

596 | 예수가 누구의 자손이냐

바리새인들이 모였을 때에 예수께서 그들에게 물으시되 너희는 그리스도에 대하여 어떻게
생각하느냐 누구의 자손이냐 대답하되 다윗의 자손이니이다 ✝ 마태복음 22 : 41-42

바리새인들에게 예수께서 물으셨다
그리스도가 누구의 자손이라 생각하느냐
다윗의 자손이다

주님께서 말씀하셨다
다윗이 성령에 감동되어
그리스도를 주라 칭하였은즉
어찌 그 자손이 되겠느냐

예수 그리스도는 하나님의 아들
성부 성자 성령 주의 한 분이 아닌가

어리석은 바리새인들이여
너희들은 구제주가 아닌 누구를 원하는가
눈앞에 구주가 계시거늘 왜 모르고 있는가

네 가슴에 스며드는 생명의 말씀이 없더냐
예수를 사람의 가문으로 말하지 말라

바리새인들은 아무 말도 하지 못하고
다시는 아무도 누구의 자손이냐 묻지 않았다

597 | 그리스도인의 길을 간다

기도할 때마다 보고 싶고
푸른 하늘에 흠뻑 젖어 행복을 느낀다
성스럽게 밤하늘의 별들이 노래하고
탐스럽게 익은 열매들이
진실함으로 하나님께 영광을 돌린다

주님의 손 잡으면 처참해 빠져나올 수 없는
죄의 수렁에서 건져주시니
구원을 주시는 주님을 생각만 해도
좋아 얼굴에 웃음이 가득해진다

굽이굽이 흘러가는 강물처럼 살아가며
핏방울 같은 주님의 생명의 말씀
가슴 깊이 새겨놓아 사랑에 빠졌다

가슴 깊이 스미는 생명의 말씀을 들으면
나는 마음 문을 활짝 열고
미소 지으며 그리스도인의 길을 간다

천국 문에서 나의 구주 예수께서
웃음 띤 얼굴로 내 손 잡아주시며
천국에 들어가자 하시면 참 좋겠다

598 | 나사로 때문에 예수를 믿더라 1

유대인의 큰 무리가 예수께서 여기 계신 줄을 알고 오니 이는 예수만 보기 위함이 아니요 죽은 자 가운데서 살리신 나사로도 보려 함이러라 대제사장들이 나사로까지 죽이려고 모의하니 나사로 때문에 많은 유대인이 가서 예수를 믿음이러라 ✝ 요한복음 12 : 9-11

예수께서 복음을 전하신 삼 년 동안
얼마나 많은 사람들이 예수를 만났을까
얼마나 많은 사람들이
신앙을 고백하고 예수를 믿었을까
예수를 믿고 나서 얼마나 변화를 느꼈을까

그 많은 사람들 중에 유독
죽었다 다시 살아난 나사로를 보고
많은 유대인들이 예수를 믿었다

무덤에서 죽어 있던 나사로를 살리신
예수 그리스도의 부활의 능력
사망권세를 이기셨기 때문이다

죽은 지 며칠이 지나 썩어가는
나사로를 다시 살리신 생명의 능력을
눈으로 똑똑히 보았기 때문이다

나 때문에 예수를 믿을 사람이 있을까
이러한 축복이 우리에게 있다면
이는 놀라운 하나님의 은총이요
이는 놀라운 하나님의 사랑의 증거다

599 | 나사로 때문에 예수를 믿더라 2

죽음에서 다시 살아난 나사로 덕분에
수많은 유대인들이 예수에게로 돌아왔다

죽은 지 나흘이나 되어 썩어가는 냄새가 나도록
굴무덤에 들어 있던 자가
주님의 말씀의 능력으로 사망에서 살아났다
"나사로야! 나오라!"
"나사로를 풀어놓아 다니게 하라!"

오늘도 주님의 음성이 들린다
"너의 죄에서 회개하여라!"
"너의 질고에서 고침을 받으라!"

나사로의 죽음에 생명의 말씀이 물들었다

죽었던 나사로는
죄악의 사망권세를 이기고 나와
생명과 진리의 말씀에 자유함을 얻었다

주님은 오늘 나로 인해
많은 사람들이 예수 그리스도를
믿고 구원받기를 원하신다

600 | 예루살렘에 입성하시는 예수

제자들이 가서 예수께서 명하신 대로 하여 나귀와 나귀 새끼를 끌고 와서 자기들의 겉옷을 그 위에 얹으매 예수께서 그 위에 타시니 무리의 대다수는 그들의 겉옷을 길에 펴고 다른 이들은 나뭇가지를 베어 길에 펴고 앞에서 가고 뒤에서 따르는 무리가 소리 높여 이르되 호산나 다윗의 자손이여 찬송하리로다 주의 이름으로 오시는 이여 가장 높은 곳에서 호산나 하더라 예수께서 예루살렘에 들어가시니 온 성이 소동하여 이르되 이는 누구냐 하거늘 무리가 이르되 갈릴리 나사렛에서 나온 선지자 예수라 하니라 ✝마태복음 21 : 6-11

어린 나귀 타고 입성하시며 겸손으로
십자가를 지시고자 걸어가심을 보여주었다
"호산나 다윗의 자손이여
왕으로 오신 이여"를 외치며
겉옷을 깔고 종려나무를 들고
앞장서 나가며 환호하던 무리들이여

예수가 만왕의 왕이거늘
어찌 너희들이 왕이 되기를 원하는가
어찌 너희들의 뜻대로 안 된다고
얼굴 색깔이 변하여 십자가에 못 박는가

달면 삼키고 쓰면 뱉는 자들아
너희들은 기적만을 요구하고
표적만을 요구하며
신앙마저 닳고 닳아 믿음이 전혀 없구나

불신은 수치를 만들고 믿음은 행복을 만든다
내 마음의 세포마다 깊이
주님의 이름이 새겨지기를 원한다

601 | 기도할 때에 믿고 기도하라

이르되 주 예수를 믿으라 그리하면 너와 네 집이 구원을 받으리라 하고 ✝ 사도행전 16 : 3

믿음이 있는 사람이 기도를 하면
무엇이든지 하늘의 응답이 있다
믿음이 없으면 기도가 아니라
중언부언이요 넋두리일 뿐
아무 소용 없는 말일 뿐이다

힘들고 어려울 때 기도하면
하늘나라 소망이 힘차게 느껴지고
하나님이 나의 기도를 들으시고
응답하심을 확신할 수 있다

우리는 예수의 이름으로
하나님의 영광을 드러내기 위해
필요한 것들을 구해야 한다

하나님은 자녀들의 기도에 귀를 기울이시고
응답하여주시기를 기뻐하신다

기도할 때마다 믿음으로 기도하라
하나님이 들으시고 응답하신다

602 │ 예수가 타고 가신 나귀

이르시되 너희는 맞은편 마을로 가라 그리로 들어가면 아직 아무도 타보지 않은 나귀 새끼
가 매여 있는 것을 보리니 풀어 끌고 오라 만일 누가 너희에게 어찌하여 푸느냐 묻거든 말
하기를 주가 쓰시겠다 하라 하시매 ✝ 누가복음 19 : 30-31

나귀야 어린 나귀야 예루살렘에 입성하시는
예수를 태우고 얼마나 힘들었는가
세상 죄를 지고 가는 어린양인 줄 모르고
이 땅의 왕이 되는 줄 알고
기뻐하던 어리석은 사람들아

고난이 싫고 축복만을 원한다면
예수의 보혈과 이름이 없이
어찌 구원을 이루겠는가

이 세상에 수없는 사람들이 왔다가
죄지은 어지러운 발자국만 남기고
흔적도 없고 발자국도 없고
체취도 없이 사라지고 만다

예수 그리스도를 말없이 등에 태우고
순종하는 어린 나귀를 보라
골고다 언덕을 십자가를 지고 가시는
예수 그리스도의 모습이 아닌가
주님이 가기를 원하신다면
고난과 역경이 와도 기쁨으로 가야 하리라

603 | 주님이 가신 길

내가 어디로 가는지 그 길을 너희가 아느니라 ✝ 요한복음 14 : 4

주님이 가신 길
힘들고 외롭던 고난의 길
구원의 길을 가기를 원합니다

이 땅에 오셔서 쉼도 없이
날마다 이 마을 저 마을 찾아다니시며
복음 전하며 회개를 촉구하시며
영혼을 인도하신 생명의 길입니다

길 안내 표지판 많아도
새 생명으로 인도하는 길이 아니면
삶은 영영 끝나고 마니
믿음의 오솔길을 거닐다
사랑하는 주님을 만나고 싶습니다

주님의 십자가로 죄를 용서받고
한 걸음씩 한 걸음씩 구원의 길을 갑니다
오늘도 예수의 은혜로 행복하게 살기에
온 가슴을 열어 예수를 영접합니다

주님의 말씀은 생명을 주시니
가슴에만 새겨두기에 너무나 소중해
온 세상에 널리 전하고 싶습니다

604 | 길과 진리와 생명 1

예수께서 이르시되 내가 곧 길이요 진리요 생명이니 나로 말미암지 않고는 아버지께로 올
자가 없느니라 ☩ 요한복음 14 : 6

뼛속까지 곪아 터지고 썩게 하는 죄를 짓고
서성거리고 방황하며 구원받지 못하고
멸망의 길로 간다면 어처구니없는 일이다

죄 안에 사는 것보다 무서운 죄는
예수를 부인하고 영접하지 않아
생명으로 인도하는 길을 찾지 못하는 것

죽음의 고난이 영원한 생명길이 되어
폴폴 돋아나는 주님을 향한 그리움에
사랑하는 마음을 막을 수 없다
주님은 "내가 곧 길이요 진리요 생명이니
나로 말미암지 않고는 아버지께로
올 자가 없느니라"라고 말씀하셨다

믿음으로 구원의 다리를 건너
주님을 만나고 싶은 간절한 마음에
두 눈에 눈물이 그렁그렁 고인다

주께서 한결같은 사랑을 꽃피워 주시고
햇볕 같은 손길로 소망을 주셨으니
발목 잡힌 죄의 사슬 풀어내고 주님을 본받자

605 │ 길과 진리와 생명 2

인자도 머리 둘 곳 없는
절박한 세상에 복음을 전하기 위해
광야에서 목마르게 금식기도 하셨다

겟세마네 동산의 간절한 기도로
골고다 십자가에 못 박힐 준비를
기도로 예비하신 주 예수다

복음 사역 속에서
오직 말씀과 능력과 사랑으로
겸손하게 모범을 보여주셨다

주님은 늘 생명의 길로 인도하시고
말씀으로 진리를 깨우쳐주시고
죄를 회개하고 새 생명을 얻게 하셨다

고난의 길을 택하셔서 죄악의 짐을
십자가 선홍의 보혈의 피로 용서하시고
새롭게 살 길을 열어주셨다

구원의 기쁨으로 설렌 가슴에 찾아오시는
내 주 예수 그리스도가 그리워 울먹이며
애타는 소리가 복음의 꽃으로 피어난다

생명의 길을 모르는 사람들
어디서 와서 어디로 가나 묻는 사람들입니다
매섭도록 차가운 세상 사람들의
무관심한 외면의 눈빛에 상처받은 사람들에게
주님은 길과 진리와 생명이 되어주셨습니다

주님 앞에 나와 눈물로 회개하니
늘 괴롭히던 죄의 매듭은 풀려 사라지고
보혈로 씻김을 받아 구원받았습니다

주의 품을 떠나 죄악 속에서 방황하지 말고
주님의 음성을 들어야 합니다
천하를 호령하여도 나를 잃음은 큰 불행입니다

세상의 수많은 길, 숲에서 자지러지는
허무함 속에서 영생의 구원의 길을 찾음은
빼앗길 수 없는 간절한 소망입니다

주님을 따라 떠난 사람들이 가는 길은
시작과 끝이 전혀 다릅니다
길을 찾아 지치고 힘들었던 죄악의 삶에서
생명의 길 구원의 길을 찾은 사람들은
주님을 만난 사람들입니다

607 | 그리스도의 몸인 교회

이에 가르쳐 이르시되 기록된 바 내 집은 만민이 기도하는 집이라 칭함을 받으리라고 하지 아니하였느냐 너희는 강도의 소굴을 만들었도다 하시매 🕮 마가복음 11 : 17

그리스도인들아 깨어나라
화려함과 안락함의 주인이 되어
편하게 문화생활로 예배 보는 자들아
형식주의자들아 바리새인들아
죄의 아우성이 들리기 전에 깨닫고 변화되라

너희의 주인은 돈이냐 예수 그리스도냐
욕심을 드러내어 주님의 이름을 가로채느냐

어리석은 자들아 깨어나라
피로 값 주고 사신 교회의 주인은 누구냐
예수 그리스도가 아니더냐

신령과 진정으로 예배하는 자를
찾고 있으니 장사꾼들아 사라져라
속속들이 살펴보아도 잘한 것 없고
흉측하게 죽음의 손에 끌려가고 만다
주 앞에 두 손 들고 회개하라

불길한 악몽을 꾸게 하는
죄의 고통이 구슬픈 가락이 될 때
죄에서 떠나 회개하라

608 | 회칠한 무덤

네온사인 화려한 불빛 아래 속이며
멋진 인생을 산다지만
모두 회칠한 무덤이다

겉으로 멀쩡해도 가난하고
청결하지 못하면 꿍꿍이속 여우 같고
늑대같이 썩고 부패한 양심이다

회개하라 독사의 자식들아
죄악이 겹겹이 둘러쳐 욕심내어도
불신이 단단하게 응어리진다

사람들은 누구나 쓸쓸한 마음,
외로운 마음, 서러운 마음,
고독한 마음을 갖고 살아간다
예수를 모르는 척 영접하지 않고
꼬깃꼬깃 접힌 마음만 애태우고
말씀 전하지 않으면 버림받은 자다

잔혹하게 지적당하고 파고드는
죄의 고통 당하는 날 오기 전에
회개하라 독사의 자식들아

609 | 서기관들과 바리새인들을 향하여 꾸짖는 예수

> 너희 중에 큰 자는 너희를 섬기는 자가 되어야 하리라 누구든지 자기를 높이는 자는 낮아지고 누구든지 자기를 낮추는 자는 높아지리라 ✝ 마태복음 23 : 11-12

서기관들과 바리새인들이여
너희가 어찌 하나님의 일을 하면서
온유하고 겸손한 마음으로 행하지 않고
권세만 높게 가지려 하는가

교만하고 오만 자만 거만하여
모세의 자리에까지 앉았으니
머지않아 하늘에까지 닿을 것인가
사람을 구원하고 영혼에 평안을 주며
하나님의 말씀을 전해야 하는데
무거운 짐이 힘들고 벅차지 않는가

속은 썩었는데 옷으로 치장하고
하나님의 말씀을 옷술에 적어
그럴듯하게 사람들에게 보이며
성직을 잘 행하는 것처럼 보이려 하는구나

하나님 앞에 영광은 돌리지 않으면서
도리어 존경을 받고 싶어 하는구나
어리석은 서기관과 바리새인이여
천국 문을 닫고 못 들어가게 하니
너희도 못 가는구나 무능한 자들이여

610 | 예루살렘을 보고 우시는 예수

> 가까이 오사 성을 보시고 우시며 이르시되 너도 오늘 평화에 관한 일을 알았더라면 좋을 뻔
> 하였거니와 지금 네 눈에 숨겨졌도다 날이 이를지라 네 원수들이 토둔을 쌓고 너를 둘러 사
> 면으로 가두고 또 너와 및 그 가운데 있는 네 자식들을 땅에 메어치며 돌 하나도 돌 위에 남
> 기지 아니하리니 이는 네가 보살핌받는 날을 알지 못함을 인함이니라 하시니라
>
> ✝ 누가복음 19 : 41-44

예루살렘에 어린 나귀를 타고
입성하신 예수 그리스도가
예루살렘 가까이 오셔서
성을 보시고 우셨다

하나님의 성읍이 하나님의 평화에
관한 일을 알지 못하고
안쓰럽게도 눈이 가려지고 말았다

하나님을 구별하지 못하여
사탄의 도구가 되어 어리석게
이용당하는 것을 보시고
그 안타까움에 눈물을 흘리셨다

진리를 떠난 성은 악하게 사용되는 것
예루살렘 성에 죽음이 닥치고
무너져 내릴 것을 보시고
너무나 안타까워하셨다

예루살렘은 돌 위에 돌 하나 남지 않을 것이고
하나님의 보호하심에서 멀어져
버림당할 것을 바라보고 계셨다

611 | 예루살렘을 보시고 탄식하시는 예수

> 예루살렘아 예루살렘아 선지자들을 죽이고 네게 파송된 자들을 돌로 치는 자여 암탉이 그 새끼를 날개 아래에 모음같이 내가 네 자녀를 모으려 한 일이 몇 번이더냐 그러나 너희가 원하지 아니하였도다 보라 너희 집이 황폐하여 버려진 바 되리라 내가 너희에게 이르노니 이제부터 너희는 찬송하리로다 주의 이름으로 오시는 이여 할 때까지 나를 보지 못하리라 하시니라 ✝ 마태복음 23 : 37-39

예루살렘아 예루살렘아
하나님의 뜻을 떠난 도성이여
하루속히 하나님의 품으로 돌아오라
왜 하나님의 뜻을 깨닫지 못하고
하나님이 보내신 선지자들을 죽이고
파송된 사람들을 돌로 치는가

하나님의 사람들이 도성에서
하나님의 뜻을 이루고
하나님의 섭리를 따르려고 했으나
너희 도성은 원하지 않았다

예루살렘아 하나님의 뜻을 배반하면
너희 도성은 하루아침에 무너지고
하루아침에 황폐하여질 것이다

지금이라도 늦지 않았으니
죄악 된 행위를 깨닫고 돌아서서
하나님을 경배하고 찬양하라
구원의 문은 뒷문은 없고 앞문만 있다

612 | 권위 있게 말씀 전하는 예수

하루는 예수께서 성전에서 백성을 가르치시며 복음을 전하실새 대제사장들과 서기관들이
장로들과 함께 가까이 와서 말하여 이르되 당신이 무슨 권위로 이런 일을 하는지 이 권위를
준 이가 누구인지 우리에게 말하라 대답하여 이르시되 나도 한 말을 너희에게 물으리니 내
게 말하라 요한의 세례가 하늘로부터냐 사람으로부터냐 그들이 서로 의논하여 이르되 만
일 하늘로부터라 하면 어찌하여 그를 믿지 아니하였느냐 할 것이요 만일 사람으로부터라
하면 백성이 요한을 선지자로 인정하니 그들이 다 우리를 돌로 칠 것이라 하고 대답하되 어
디로부터인지 알지 못하노라 하니 예수께서 이르시되 나도 무슨 권위로 이런 일을 하는지
너희에게 이르지 아니하리라 하시니라 ✝누가복음 20 : 1-8

대제사장과 서기관들과 장로들은
말씀을 믿고 들으려 하지 않았다
권위 있게 전하시는 예수가 싫고
사람들이 믿으니 무너뜨리기를 원했다
권세와 직위가 흔들리는 것이 두려웠고
예수가 권위 있게 전하는 말씀에
사람들이 왜 따르는 것인지
궁금하고 그 이유를 알고 싶었다

"당신은 무슨 권위로 이런 일을 하는가"
"요한의 세례가 하늘로부터냐 사람으로부터냐"
"우리는 알지 못한다"
"나도 무슨 권위로 이런 일을 하는지 말하지 않겠다"

예수께서는 어느 누구의 허락을 받으시고
말씀을 전하시는 분이 아니다
예수는 하나님의 아들이시다
주님은 지금도 하늘나라에서
우리를 사랑하며 바라보고 계신다

613 | 돌 하나 돌 위에 남지 않고

예수께서 성전에서 나가실 때에 제자 중 하나가 이르되 선생님이여 보소서 이 돌들이 어떠하며 이 건물들이 어떠하니이까 예수께서 이르시되 네가 이 큰 건물들을 보느냐 돌 하나도 돌 위에 남지 않고 다 무너뜨려지리라 하시니라 ✝ 마가복음 13 : 1-2

말씀과 기도와 사랑이 없고
예수와 성령이 없으면 믿음이 흔들려
돌 위에 돌 하나 남지 않고
다 사라지고 무너질 것이다
물고 뜯고 싸우고 시기하고
물 빠져나간 갯벌만큼 허전한
예수 그리스도가 없는 교회여

인간만 모이면 죄악을 무성하게 짓고
십자가의 피가 사라지고 숫자에 빠져
철없는 짓에 허방으로 떨어지고
하나도 남김없이 모조리 무너진다
헐값 인생에 값비싼 대가를 치렀으니
구걸이 아니라 회개하고 돌아오라

세상을 떠도는 삶이 아니라
예수 그리스도의 인도하심 따라
새록새록 돋아나는 믿음 속에
예수 안에서 정착하는 삶을 살자
골고다 십자가에 피 흘리신
주님의 청춘, 그 사랑에 감사하자

614 | 채찍을 든 예수

성전에 들어가사 장사하는 자들을 내쫓으시며 그들에게 이르시되 기록된바 내 집은 기도하
는 집이 되리라 하였거늘 너희는 강도의 소굴을 만들었도다 하시니라 ✝ 누가복음 19 : 45-46

죄악의 바람을 가르는 채찍 소리
뼈를 저미는 날카로운 비명 소리가 나고
온유하신 주님이 분노로 가득했다

거룩한 집에 가득한 짐승들 성전 안에서도
착취를 일삼고 돈독이 오른 자들을
다시 돌아오지 못하도록 사정없이 내쫓았다

돈 바꾸는 사람들의 돈을 쏟고
비둘기 파는 자들에게 말씀했다
"내 아버지의 집을 장사하는 집으로 만들지 말라"

성전은 기도로 거룩하고
진실한 성도들의 순수한 헌금과
헌신하며 순종하는 마음으로 이루어진다

누가 예수의 이름으로 어리석게 장사꾼이 되었는가
누가 예수를 팔아 주머니를 채우는가

척박한 자들아 오늘도 채찍을 들게 하는가
성전은 거룩한 만민이 기도하는 집이다

615 | 가난한 과부의 헌금 1

예수께서 눈을 들어 부자들이 헌금함에 헌금 넣는 것을 보시고 또 어떤 가난한 과부가 두 렙돈 넣는 것을 보시고 이르시되 내가 참으로 너희에게 말하노니 이 가난한 과부가 다른 모든 사람보다 많이 넣었도다 저들은 그 풍족한 중에서 헌금을 넣었거니와 이 과부는 그 가난한 중에서 자기가 가지고 있는 생활비 전부를 넣었느니라 하시니라 **☞ 누가복음 21 : 1-4**

과부가 헌금한 두 렙돈 지극히 작지만
하나님은 중심을 보시고
허영으로 내는 것보다 진실을 보신다

천지만물을 창조하신 이가
어찌 물질을 탐하겠는가
천지를 운행하시는 이가
어찌 물질에 욕심을 내시랴

과부가 두 렙돈 생활비 전부를
아낌없이 드림에 감동하시는데
무엇을 드리고 우쭐대는가

더럽고 너절하게 회개하지 않으면
후회해도 죽음의 잿빛이 칠해진다

목숨을 주셨는데 헌금 낸 것을 자랑하는가
죽음 후에 곡소리 사방에 퍼져도
지옥으로 가면 돌아오지 못한다

죄 속에 호사스러운 것보다
은혜 속에 청빈하게 사는 것이 더 큰 행복이다

616 | 가난한 과부의 헌금 2

예수께서 헌금하는 것을 자세히 살펴보셨다
어떤 마음으로 헌금하고 있는가
여러 사람들이 헌금하는 모습과
여러 부자들이 헌금하는 모습과
아주 가난하고 홀로 사는 과부가
헌금하는 모습도 바라보셨다

가난한 과부의 헌금을 말씀하셨다
"내가 진실로 너희에게 이르노니
이 가난한 과부는 헌금함에 넣는
모든 사람보다 많이 넣었다
그들은 풍족한 중에 넣었고
이 과부는 가난한 삶 중에 자기가
가진 것 전부를 넣었다"

주님께서는 헌금하는 것은
형식이나 생색내기 위함이 아니라
진정한 마음으로 해야 함을 가르쳐주셨다

617 | 생명의 말씀을 가르치시고 쉼을 갖는 예수

예수는 이 땅에 오신 사명을
친히 감당하시려고 낮에는 성전에서
하나님의 말씀을 가르치셨다

생명의 말씀이 없으면
누구든지 신앙이 굳건하지 못하고
나약하여 흔들리고 쓰러진다

믿음을 반석 위에 세워 말씀 안에서
날마다 성숙된 신앙을 가져야 한다

예수는 밤에는 감람원이라는
산에서 말씀을 가르치시기 위하여
기도로 준비하시고 쉼을 취하셨다

예수 주님은 공생애를 통하여
성직자의 삶을 말로만이 아니라
생활의 모범으로 보여주셨다

주님의 말씀 전하심을
보고 믿고 따르고 싶은 사람들은
말씀을 듣고 사모하는 마음으로
아침에 서둘러서 성전으로 나왔다

618 | 항상 기도하고 깨어 있으라

사람들은 하나님의 뜻을 이해하지 못하고
깨닫지 못하여 욕망에 걸려들어
방탕하지 말고 늘 깨어서 기도해야 한다

자기의 잘못을 잊으려고 술에 취하고
생활의 염려로 근심하고 걱정하며
늘 흔들리면 죄에 죄를 더할 뿐이다

마음에 참평안을 주시는
예수 앞으로 나와 피곤한 몸과 마음에
쉼을 얻고 생명의 구원을 받아야 한다

사람의 목숨은 영원하지 못하다
부귀와 권세가 넘쳐도 거두어 가시면
한순간 사라지는 참 안쓰러운 목숨이다
말씀을 묵상하고 깨어서 기도하며
살아 있는 믿음으로 살아야 한다

예수 사랑보다 귀한 것이 어디에 있는가
한번 사랑하면 영원히 끊을 수 없는
고귀한 하늘 사랑이 예수 사랑이다

619 | 예수를 어떻게 죽일까

죄를 회개하고 믿고 호응하며
구원받아야지 왜 비판만 일삼을까
의인 되신 예수를 협잡꾼으로 알고
무슨 방도로 죽일까 궁리하는 사람들은
참 어리석고 무능하고 불쌍하다

죄를 짓고 죽어가는 사람들을
살리러 오신 선한 목자 예수를
죽이려 헛된 모략을 일삼고 있다
자신들의 죄는 들여다보지 못하고
어떻게 살고 있는지 깨닫지도 못하고
죄에 죄를 더 짓고 싶어 한다

구원자 예수를 십자가에 죽이려는 자들아
너희들이 어떻게 하나님의 성전에서
말씀을 전하고 선포하는 자들인가
믿지 않는 자들의 행동이니
이 얼마나 어리석고 터무니없는 일인가

주님의 구원의 말씀을 붓으로 찍어
너희의 잔혹한 양심에 적어주고 싶다

624

620 | 네 믿음이 떨어지지 않도록 기도하라

시몬아, 시몬아, 보라 사탄이 너희를 밀 까부르듯 하려고 요구하였으나 그러나 내가 너를 위하여 네 믿음이 떨어지지 않기를 기도하였노니 너는 돌이킨 후에 네 형제를 굳게 하라
✝ 누가복음 22 : 31-32

시몬아 시몬아 베드로야 베드로야
믿음에서 떨어져 나가지 마라
네 믿음이 너를 시험하여
나를 부인하지 않도록 기도하라

믿음을 바라고 원하는 것을 주시니
힘들게 구겨진 삶 펼쳐주시고
하늘이 환하게 열리게 하소서
죄를 자백하여 빛 가운데 살게 하시고
구원의 빛 안에서 살맛 나게 하소서

"시몬아 시몬아 베드로야 베드로야
사탄이 너를 밀 까부르듯이 시험할 것이다"

어떤 시험 속에서도 흔들리지 않도록
늘 준비하며 기도하게 하시고
주님의 기적으로 구원받았으니
부끄럽지 않게 살게 하소서

떠오르는 해처럼 밝게 웃으며
어떤 순간에도 주님을 따르며
기막히게 좋은 날을 맞게 하소서

621 | 주님은 참포도나무 1

주님은 포도나무 우리는 가지
탐스럽고 싱싱하고 맛 좋은
열매를 풍성하게 맺어야 한다

포도나무는 보잘것없어 보여도
잘 익은 포도송이를 보면
포도알의 크기가 같다

비와 이슬을 먹고 자라는
포도알의 색깔이 같고
하나를 씹어도 같은 맛
여러 개를 같이 씹어도 같은 맛이다

주님이 나는 포도나무 너희는 가지라 하심은
모두가 하나임을 말하는 것이다
주님은 뛰어난 스타를 원하는 것이 아니라
주 안에 살기를 원하는 사람을 찾는다

주님은 포도나무요 우리는 가지니
주 안에서 열매를 맺어주시니
오순도순 모여 살아가면 된다

622 | 주님은 참포도나무 2

주님은 포도나무
우리는 가지라 말씀하시니
가지는 붙어 있어야 탐스런 열매를 맺는다

잘 익은 포도송이를 보라
모양이 탐스러워 보기에도 좋고
먹으면 맛깔나 맛이 좋다

주님은 똑같이 은혜로 자라나
주 안의 사람들이 하나 되어
연합하여 선을 이루기를 원하신다

설익은 포도송이를 보라
한 알 한 알 크기가 다르고
한 알 한 알 맛이 다르고
얼마나 엉성하게 보이는가

성도들은 잘 익어가는
포도송이가 되어 흥그러움 속에
주님이 기뻐하시는 삶을 살아야 한다

623 | 허수아비와 예수

믿음의 주요 또 온전하게 하시는 이인 예수를 바라보자 그는 그 앞에 있는 기쁨을 위하여 십자가를 참으사 부끄러움을 개의치 아니하시더니 하나님 보좌 우편에 앉으셨느니라 너희가 피곤하여 낙심하지 않기 위하여 죄인들이 이같이 자기에게 거역한 일을 참으신 이를 생각하라 ✝ 히브리서 12 : 2-3

들녘의 벼들은 허수아비에게
바람이 부는데 왜 홀로 서 있느냐 묻지 않았다
예수가 십자가에 달리신 이유를 묻지 않았다
왜 피 흘리시는지 알지 못했다
들녘에 온갖 새들이 날아왔다 갔어도
묵묵히 왜 서 있느냐고 묻지 않았다
눈치만 빨라 도망쳤다 돌아오곤 하였다
가을걷이가 끝날 때 이유를 알았다

허수아비는 농부가 세웠으나
골고다 십자가 위의 예수는
전능하신 창조주 하나님의 아들이다

성문 밖 골고다에 흐르는 피는 모든 죄를
깨끗이 씻겨주고 거룩하게 한다
예수를 알지 못해 온갖 조롱을 하며
왜 십자가에 달리는가 이유를 묻지 않았다
예수를 사랑하는 거룩한 성도들은
자기의 죄 때문인 줄 알아
꿈인 듯 생시인 듯 눈앞에 그려지는
골고다 언덕 십자가 사랑에 감사드린다

624 | 예수의 사랑

> 내 계명은 곧 내가 너희를 사랑한 것같이 너희도 서로 사랑하라 하는 이것이니라
> ✝ 요한복음 15 : 12

주님은 부족함도 사랑하여주시고
넉넉지 못할 때도 은혜를 주시니
불신을 버리고 온전히 신뢰하고 싶다
주님을 몰랐을 때도 멀리 있을 때도
가장 가까이 다가오셔서 사랑하여주신다

잃어버린 날들을 던져버리고
희망을 갖고 저녁 호수에 물드는 노을처럼
끝없는 하늘 사랑에 물들어 가고 있다

방황할 때는 얼굴조차 들 수 없는데
주 안에서 더욱 새롭게 하여주시니
심장의 박동이 더 거세진다

주님은 부르시고 인도하여주시니
물과 성령으로 거듭나서
예수 안에 사는 것은 무척 신나는 일이다

십자가 사랑을 주셔서 가슴이 뜨겁도록
사랑해도 좋을 예수를 절절히 사랑하며
꿈속에도 주님을 만나보고 싶다

625 | 열매 없는 무화과나무 1

예수께서 예루살렘에 이르러 성전에 들어가사 모든 것을 둘러보시고 때가 이미 저물매 열두 제자를 데리시고 베다니에 나가시니라 이튿날 그들이 베다니에서 나왔을 때에 예수께서 시장하신지라 멀리서 잎사귀 있는 한 무화과나무를 보시고 혹 그 나무에 무엇이 있을까 하여 가셨더니 가서 보신즉 잎사귀 외에 아무 것도 없더라 이는 무화과의 때가 아님이라 예수께서 나무에게 말씀하여 이르시되 이제부터 영원토록 사람이 네게서 열매를 따 먹지 못하리라 하시니 제자들이 이를 듣더라 ✝ 마가복음 11 : 11-14

나무에 푸르른 잎만 무성하고
열매 맺지 못하면 아무 쓸데도 없는
나무라 저주받은 것과 같다

홀로 먹고 싸고 닦고 움켜쥐어도
하나님을 알지 못하고 진리의 말씀을
믿지 않으면 쓰레기만도 못하다

홀로 걷고 앉고 서고 뛰고
휘두르는 권세라면 아무리 높아도
하루아침에 떨어질 자리일 뿐이다

주님이 원하신다면 언제나
따르고 섬길 준비가 되어야 하고
이웃이 사랑과 나눔을 원하면
순수한 마음으로 나누어야 한다

주님을 만날 수 있다면 달려가고 싶다
예수의 나눔의 사랑을 닮아가며
이웃 사랑을 나누면 행복하다

626 | 열매 없는 무화과나무 2

이른 아침에 성으로 들어오실 때에 시장하신지라 길가에서 한 무화과나무를 보시고 그리
로 가사 잎사귀밖에 아무것도 찾지 못하시고 나무에게 이르시되 이제부터 영원토록 네가
열매를 맺지 못하리라 하시니 무화과나무가 곧 마른지라 ✝ 마태복음 21 : 18-19

잎만 무성하고 화려한 껍데기보다
실속 있는 풍성한 열매를 원하신다

절망에 찌든 안쓰러움에도
입만 살아 떠들고
죄와 거짓만 가득한 것보다
겸손하고 진실한 고백을 원하신다

온갖 형형색색의 화려한
위장으로 색칠한 거짓보다
진실을 원하시고 화려한 것보다
순수하고 깨끗한 진실을 원하신다

무화과나무야
나뭇가지에 잎들만 가득하고
열매가 하나도 없이 허울만 좋고
겉만 화려해 남 보기 좋으면 무엇하랴

주님은 잎사귀만 무성함보다
탐스럽고 먹음직한 열매를 원하신다

627 | 겸손한 삶을 살라

너희 중에 큰 자는 너희를 섬기는 자가 되어야 하리라 누구든지 자기를 높이는 자는 낮아지고 누구든지 자기를 낮추는 자는 높아지리라 ✝ 마태복음 23 : 11-12

교만한 자는 주님과 성도들을
진심으로 사랑하는 마음으로
온유하고 겸손하게 섬길 수 없다

우리가 주님의 사랑을 받는 자라면
성도들에게 봉사하고
섬기는 자가 되어야 한다

예수는 겸손하게 살라고 말씀하시고
친히 이 땅에 오셔서 가장 온유하고
겸손한 모습을 보여주셨다

예수 안에서 자기를 높이는 사람은
낮은 사람이 되고
낮아지고 겸손히 행하는 사람은
주님이 높여주실 것이다

항상 예수 그리스도의 온유하시고
겸손하신 삶을 배우고 닮아가며
주님 안에서 살며 사랑하다 죽고 싶다

628 | 화 있으라, 서기관들과 바리새인들이여 1

화 있을진저 외식하는 서기관들과 바리새인들이여 너희는 천국 문을 사람들 앞에서 닫고 너희도 들어가지 않고 들어가려 하는 자도 들어가지 못하게 하는도다 화 있을진저 외식하는 서기관들과 바리새인들이여 너희는 교인 한 사람을 얻기 위하여 바다와 육지를 두루 다니다가 생기면 너희보다 배나 더 지옥 자식이 되게 하는도다 ✝ 마태복음 23 : 13-15

예수 그리스도는 외식하는 서기관과
바리새인들을 보고 진노하셨다
사랑의 주님이 다시는 돌이킬 수 없는
절망의 길을 가는 서기관들과
바리새인들의 악한 모습을 보시고
화가 있으라고 진노하셨다

천국 문마저 닫아버리고
사람들도 못 들어가게 하고
자신들도 들어가지 않는
남도 자신도 구원받지 못하는
가장 불행한 사람들이다

바리새인들은 전도를 하여도
천국 백성이 되게 하는 것이 아니라
자기들보다 더 악한
지옥의 자식을 만들어놓는
가장 못된 종교인들이다

죄를 짓고 방황할 때
가장 좋은 처방은 모든 것을 떠나
주님 앞으로 나가는 것이다

629 | 화 있으라, 서기관들과 바리새인들이여 2

> 뱀들아 독사의 새끼들아 너희가 어떻게 지옥의 판결을 피하겠느냐 그러므로 내가 너희에게 선지자들과 지혜 있는 자들과 서기관들을 보내매 너희가 그중에서 더러는 죽이거나 십자가에 못 박고 그중에서 더러는 너희 회당에서 채찍질하고 이 동네에서 저 동네로 따라다니며 박해하리라 그러므로 의인 아벨의 피로부터 성전과 제단 사이에서 너희가 죽인 바라가의 아들 사가랴의 피까지 땅 위에서 흘린 의로운 피가 다 너희에게 돌아가리라
>
> ✝ 마태복음 23 : 33-35

뱀들아 독사의 자식들아 독한 욕으로
예수는 바리새인과 서기관들을 책망하셨다
하나님의 일을 한다 하면서도
정작 하나님의 일을 방해하는 방해자들아
짐작이 아니라 믿음과 확신으로 살아야 한다

선지자들을 죽이고 지혜로운 자는 내쫓고
사람을 죽이고 십자가에 못 박고
채찍질하고 모함하고 박해하는 자들이다
이들은 하나님의 사람들
하나님이 원하는 성직자들이 아니다
악마의 자식들 지옥의 자식들이다

서기관과 바리새인들은
하나님의 뜻을 따르는 것이 아니라
악마의 하수인이 되어 선지자들과
사람을 죽이고 방해하는 악의 축이다
이 세상에서 가장 불행한 사람들은
죄인을 구원하러 오신 예수를 모르고
배척하며 모략을 일삼는 사람들이다

630 | 미혹을 받지 않도록 주의하라

예수께서 대답하여 이르시되 너희가 사람의 미혹을 받지 않도록 주의하라 많은 사람이 내 이름으로 와서 이르되 나는 그리스도라 하여 많은 사람을 미혹하리라 난리와 난리 소문을 듣겠으나 너희는 삼가 두려워하지 말라 이런 일이 있어야 하되 아직 끝은 아니니라 민족이 민족을, 나라가 나라를 대적하여 일어나겠고 곳곳에 기근과 지진이 있으리니 이 모든 것은 재난의 시작이니라 ✝ 마태복음 24 : 4-8

마지막 때에 미혹의 영이 시험할 때
간곡한 외침에도
맥없는 대답뿐일지라도
미혹을 받지 않도록 주의하라

많은 거짓 선지자들이
자기가 재림한 예수라 말하고
말씀을 제멋대로 해석할 것이다

사탄의 세력이 다가와 유인하려 하지만
말씀으로 반석 위에 서서
강하고 담대한 믿음으로 이겨내야 한다

마지막 날에는 전쟁과 기근이 있고
때로는 슬프고 아프고
때로는 절망이 있을지라도
환란을 이기신 예수께서 인도하실 것이다

예수를 믿고 말씀 속에
구원의 확신이 있으면 언제든지
어느 때든지 인도하실 것이다

631 | 온 세상에 복음이 전파되면

> 그때에 많은 사람이 실족하게 되어 서로 잡아주고 서로 미워하겠으며 거짓 선지자가 많이 일어나 많은 사람을 미혹하겠으며 불법이 성하므로 많은 사람의 사랑이 식어지리라 그러나 끝까지 견디는 자는 구원을 얻으리라 이 천국 복음이 모든 민족에게 증언되기 위하여 온 세상에 전파되리니 그제야 끝이 오리라 ✝ 마태복음 24 : 10-14

마지막 환란 때에 믿음이 약한 자들은
넘어지고 실족하고 쓰러지고
심장마저 지독한 그리움으로
점점 더 조여들 것이다

마음은 불신의 바람에 흔들리고
미움이 미움을 낳고 불신이 불신을 낳아
서로 믿지 못해 다툼이 일어날 것이다

거짓 선지자들이 온갖 말로
선도들을 미혹할 것이고
온갖 잘못된 일들이 일어나고
사랑은 냉랭하게 식어만 갈 것이다

예수를 소망하고 바라보며
믿음을 굳건히 지키는
깨어 있는 성도들은 가슴이 찡하고
터질 것 같은 감동으로 구원받을 것이다

천국 복음 예수의 복음이
온 세상 가득히 전파되는 날
세상의 끝이 올 것이다

632 | 재림하시는 예수

예수는 이 땅의 모든 족속들이
다 볼 수 있도록 오실 것이다
큰 나팔 소리가 나고 천군천사들과 함께
구름을 타고 능력과 권능으로
예수 그리스도께서 재림하실 것이다

그날은 온 세상에 크나큰 변화가 일어나
해가 어두워지고
달이 빛을 발하지 못할 것이다

예수 재림의 징조가 하늘에 나타나
모든 사람에게 분명하게 보일 것이다

내 영혼이 구원받기 위하여
예수 그리스도 이름에 의지하여
투명한 하늘 앞에 기도하며
간절한 마음으로 기다리고 있을 것이다

예수 그리스도는 택한 사람들을
온 세상 이 끝에서 저 끝까지
사방에서 모으실 것이다

633 | 신랑을 기다리는 열 처녀

그때에 천국은 마치 등을 들고 신랑을 맞으러 나간 열 처녀와 같다 하리니 그중의 다섯은
미련하고 다섯은 슬기 있는 자라 ✝ 마태복음 25 : 1-2

등불과 기름이 준비되었습니까
바쁘다 정신 팔려 예배보다
바쁜 일을 하지 않습니까

가족을 사랑하고 있습니까
일 바쁘다는 핑계로 다른 짓을 하며
가족을 외롭게 하지 않습니까

술 먹고 음란과 오락에 빠져
세상 온갖 잔치에 달려가고 싶어 하는데
당신의 마음에 성령 충만하십니까

돈 버는 일에 급급해 형제도 몰라라
외모만 갖추고 쳇바퀴 도는
인생을 허무해하고 있지 않습니까

재림의 날 지은 죄를 후회할 날이 오는데
등불은 어찌 되었습니까
기름 준비는 어찌 되었습니까
주님은 또렷한 발걸음으로 다가오시는데
주님을 맞이할 믿음이 준비되셨습니까

634 | 나의 삶에 주어진 달란트를 남기게 하소서

다섯 달란트 받았던 자는 다섯 달란트를 더 가지고 와서 이르되 주인이여 내게 다섯 달란트를 주셨는데 보소서 내가 또 다섯 달란트를 남겼나이다 그 주인이 이르되 잘하였도다 착하고 충성된 종아 네가 적은 일에 충성하였으매 내가 많은 것을 네게 맡기리니 네 주인의 즐거움에 참여할지어다 하고 ✝ 마태복음 25 : 20-21

주께서 원하시는 삶 끝나는 날까지
후회하지 않고 달란트를 남기게 하소서
들풀도 꽃 피우고 열매 맺는데 욕심대로 산다면
이 얼마나 허망하고 거짓된 삶입니까

나에게 주어진 달란트가 몇 달란트인지
모르지만 헛되이 살지 않게 하소서
붉은 저녁노을이 아름답듯이
마지막까지 최선을 다하여 살게 하소서
세상을 바로 보고 제대로 소리를 듣고
온전한 말을 하며 달란트를 남기게 하소서

죄짓는 것을 즐기는 사람들 속에서
즉흥으로 감상에 젖어 살지 않고
치열한 순간에도 말씀을 기억하게 하소서
위선으로 나태해 손가락질받지 않고
성실함으로 참된 모습을 보이게 하시고
반석 위에 세워진 믿음으로 살게 하소서

누리는 것 좋아하지 않고 사랑을 베풀며
하늘에 보화를 쌓으며 살게 하소서

635 | 인생의 달란트

또 어떤 사람이 타국에 갈 때 그 종들을 불러 자기 소유를 맡김과 같으니 각각 그 재능대로
한 사람에게는 금 다섯 달란트를, 한 사람에게는 두 달란트를, 한 사람에게는 한 달란트를
주고 떠났더니 ✝ 마태복음 25 : 14-15

누구나 달란트를 갖고 있지만
화려함과 부유함과 위대함은
달란트와는 아무런 관계가 없다

떠들썩하게 놀라운 일을 했어도
하나님이 원하시는 뜻과 다르면
달란트와는 관계가 없다

허락하신 삶 속에 이웃과 사랑을 나누고
나눔을 베풀며 살아가고 있는가

교만을 낮추고 겸손한 모습으로
사람들의 마음을 따뜻하게 감동시키며
하나님의 뜻을 이루었는가

시간도 가고 세월도 흘러가
다시는 돌아오지 않는데
주님의 사랑과 인도하심은 영원하다

진실을 깨닫고 인생의 달란트의
의미를 알고 따르는 것이
예수를 믿고 사랑하는 길이다

636 | 양과 염소의 비유

인자가 자기 영광으로 모든 천사와 함께 올 때에 자기 영광의 보좌에 앉으리니 모든 민족을 그 앞에 모으고 각각 구분하기를 목자가 양과 염소를 구분하는 것같이 하여 양은 그 오른편에 염소는 왼편에 두리라 ✝ 마태복음 25 : 31-33

오늘의 세상 들판에는 양과 염소가
서로 뒤섞여 풀을 뜯고 있으며
세상에는 의인과 죄인이 뒤섞여 살아
의인과 죄인을 잘 구별할 수가 없다

주님이 하나님의 영광으로
이 땅에 다시 오시는 재림의 날에는
천군천사와 함께 오셔서
하나님의 영광의 보좌에 앉으실 것이다

온 세상이 주 앞에 설 것이며
그들이 선악 간에 심판을 받고
죄인과 의인이 확실히 구분될 것이다

주님을 반가움과 기쁨으로 맞이해야 할
그날이 오면 회개의 시기가 늦어지고
무슨 변명으로도 회피로도
지은 죄에서 벗어날 수가 없다

지금 당장 구별이 안 된다고
죄에 빠져 살지 말고 하루 속히
구원받고 성도의 삶을 살아야 한다

637 | 예수를 죽이려고 흉계를 꾸미는 사람들

이틀이 지나면 유월절과 무교절이라 대제사장들과 서기관들이 예수를 흉계로 잡아 죽일
방도를 구하며 이르되 민란이 날까 하노니 명절에는 하지 말자 하더라 ✝ 마가복음 14 : 1-2

누가 예수를 죽이려고 하는가
성전의 지도자가 인간을 구원하러 오신
예수를 영접하지 않고 죽이려고 모함하며
엄청난 흉계를 꾸미고 있다

성직자들이 어찌 죄로 캄캄하고 눈멀어
예수를 십자가에 못 박으려 하는가
하나님의 말씀을 대언하는 자들은
주님의 길을 예비하는 사람들이 아닌가
하나님의 일을 도모하지 않고
예수를 죽이려고 계략 속에 거짓이 드러날까
걱정과 근심에 눌리고 있다

예수를 죽이면 예수를 따르는 수많은
민중이 일어나서 민란을 일으킬까 두려워
명절에 일을 꾸미고자 하지 않았다
세월이 흐르고 나면 예수를 죽이려고
흉계를 꾸민 것을 얼마나 후회할까
내가 왜 그 일을 했을까
세상에서 가장 미련한 지도자들
예수를 죽이려고 흉계를 꾸민 사람들이
바로 성전의 성직자들이었다

638 | 첫 성만찬을 만드신 예수

> 그들이 먹을 때에 예수께서 떡을 가지사 축복하시고 떼어 제자들에게 주시며 이르시되 받아서 먹으라 이것은 내 몸이니라 하시고 또 잔을 가지사 감사기도 하시고 그들에게 주시며 이르시되 너희가 다 이것을 마시라 이것은 죄 사함을 얻게 하려고 많은 사람을 위하여 흘리는바 나의 피 곧 언약의 피니라 그러나 너희에게 이르노니 내가 포도나무에서 난 것을 이제부터 내 아버지의 나라에서 새것으로 너희와 함께 마시는 날까지 마시지 아니하리라 하시니라 이에 그들이 찬미하고 감람산으로 나아가니라 ☩ 마태복음 26 : 26-30

예수 그리스도는 스스로 첫 성만찬을
마련하시고 그의 몸과 피를 나누어주셨다

예수 그리스도의 죽음과 부활 속에
우리도 함께 죽고 사는 것이다

오늘도 우리에게 감동을 주시는 주님
성만찬은 예수 그리스도의
인간을 향한 구속의 사랑의 표현이라
주님의 은혜를 가슴 깊이 새겨놓는다

주님은 친히 자기의 몸을 떼어주시고
자기의 피를 상징하는
포도주를 나누어주시니
지고지순한 하늘 사랑의 표현이다

떡은 사람들에게 꼭 필요한 음식이다
주님의 떡을 먹음으로
우리 안에 함께하심을 체험하는 것이다
주님을 마음의 방에 모셔야 한다

639 | 유월절 다락방

예수께서 제자 중의 둘을 보내시며 이르시되 성내로 들어가라 그리하면 물 한 동이를 가지고 가는 사람을 만나리니 그를 따라가서 어디든지 그가 들어가는 그 집 주인에게 이르되 선생님의 말씀이 내가 내 제자들과 함께 유월절 음식을 먹을 나의 객실이 어디 있느냐 하시더라 하라 그리하면 자리를 펴고 준비한 큰 다락방을 보이리니 거기서 우리를 위하여 준비하라 하시니 ✝ 누가복음 6 : 13-15

포도주와 떡을 나누며
예수 그리스도 스스로 제물이 되셔서
내 피 내 몸이니 먹고 마시라
피와 살을 나누던 그 다락방

다락방 음식 중에 양이 없었던 것은
예수께서 어린양이 되셔서
하나님 앞에 빵이 되어 나누어주셨다

예수 그리스도를 통하지 않으면
어느 누구도 구원받을 수 없으니
성찬을 영원히 기념하라 말씀하셨다

다락방에서 대속의 피와 살을
나누어주심으로 새롭게 예수를 만났다
성만찬이 있던 날
"너희들 중에 하나가 나를 팔리라" 하실 때
"나입니까 나입니까"를 되풀이할 뿐
다락방에서 베푸신 구속의 뜻을 알지 못했다

> 그들이 먹을 때에 예수께서 떡을 가지사 축복하시고 떼어 제자들에게 주시며 이르시되 받
> 으라 이것은 내 몸이니라 하시고 또 잔을 가지사 감사기도 하시고 그들에게 주시니 다 이를
> 마시매 이르시되 이것은 많은 사람을 위하여 흘리는 나의 피 곧 언약의 피니라
>
> ✝ 마가복음 14 : 22-24

주께서 잡히시기 전날 밤
다락방에서 성찬을 베풀고
떡과 포도주를 나누어주시며
내 몸과 피라
십자가의 의미를 알려주셨다

자신의 몸과 피를
빵과 포도주로 나누어주신 주님은
모든 사랑이 나눔에서 시작함을
몸소 보여주셨다

말씀의 다락방에 기도가 모이고
찬송이 모이고 열매가 맺히면
내일의 희망이 보인다

떡과 포도주를 나누어주시고
예수의 흔적이 있는 곳
빛의 자녀들이 복음과 사랑을 전한다

십자가의 사랑과 나눔의 사랑을 알려주신
예수의 사랑이 가득한 다락방
가슴 아픈 연민이 스며든다

641 │ 주님의 마지막 성만찬 2

죄로 구원의 길이 아마득한 이 땅에서
주님이 복음의 사역을 하시므로
비로소 구원의 길이 열렸다
주님의 사명이 끝나갈 무렵
마가의 다락방에서 마지막 만찬을 가지셨다

주님께서 떡을 가지고 축복하시고
제자들에게 떼어주시며 말씀하셨다
"받으라 이것은 내 몸이다"
떡을 함께 나누신 주님은
포도주잔을 들어 감사기도를 드린 후
제자들에게 마시게 하시며 말씀하셨다
"이것은 많은 사람을 위하여 흘리는
나의 피, 곧 언약의 피다"

주님은 우리를 구속하시기 위하여
모든 것을 헌신하시고
마지막으로 주님의 몸과 피까지
사랑으로 나누어주셨다

주님의 사랑은 가장 위대한 사랑이며
우주 가운데 가장 고귀한 사랑이다

예수 그리스도 주님께서 첫 번째 성만찬이자
지상에서 최후의 성만찬을
마가의 다락방에서 베푸셨다
주님의 식탁에 초대되어 예수와 함께
식사하는 제자들은 선택받은 사람들이며
축복받은 하나님의 사람들이다
예수 그리스도는 성만찬을 통하여
나눔의 삶이 얼마나 소중한 것인지를
몸소 실천해 보여주셨다
성만찬은 예수의 몸과 피를 나누며
하나님의 은혜를 체험하는 성스러운 시간이다
하나님과 인간의 벽이 허물어지고
예수의 보혈이 죄를 용서하는
놀라운 구속의 은혜를 기념하는 시간이다
성만찬은 예수의 십자가의 죽음과 부활의 은혜를
떡을 먹고 포도주를 마시며
체험하는 시간이다
성만찬을 통하여 기념하라고 하셨으니
예수께서 몸소 보여주시고 나누어주신
마가 다락방의 성찬을 나누며
예수의 구속의 사랑을 체험하는
경건하고 고귀한 시간을
오늘도 갖는다

643 | 떡과 포도주

내가 너희에게 전한 것은 주께 받은 것이니 곧 주 예수께서 잡히시던 밤에 떡을 가지사 축
사하시고 떼어 이르시되 이것은 너희를 위하는 내 몸이니 이것을 행하여 나를 기념하라 하
시고 식후에 또한 그와 같이 잔을 가지시고 이르시되 이 잔은 내 피로 세운 새 언약이니 이
것을 행하여 마실 때마다 나를 기념하라 하셨으니 너희가 이 떡을 먹으며 이 잔을 마실 때
마다 주의 죽으심을 그가 오실 때까지 전하는 것이니라 ✝ 고린도전서 11 : 23-26

주 예수 그리스도께서 십자가에
달리기 위하여 잡히시던 날 밤에
떡과 포도주로 성찬을 베푸셨다

떡을 가지고 축사하시고
제자들에게 떼어주시며
이것은 내 몸이니
이것을 행하여 나를 기념하라 하셨다

식사 후에 포도주를 나누어주시며
이 잔의 포도주는
내 피로 세운 새 언약이니
이것을 행하여 나를 기억하라 하셨다

주 오실 때까지 성찬을 통하여
예수의 몸과 피를 받아들이고
예수 그리스도의 구속을
감사하며 찬양해야 한다

성찬식을 통하여 예수 보혈의 용서를
기념하고 늘 기억해야 한다

644 | 주여 나를 살펴주소서

주여 나의 삶 속에서 행한 죄를
남김없이 숨김없이
낱낱이 살펴주소서

나 스스로 알지 못하고
기억하지 못하여 깨닫지 못하는
모든 죄를 하나도 남김없이 용서하소서

내 자신이 나의 죄로 인하여
주님을 십자가에 못 박은
죄인 중의 죄인임을 깨닫게 하소서

죄에서 벗어나 겸손하게 하시고
항상 의롭게 살 수 있는
믿음과 용기를 주소서

주여 나를 낱낱이 살펴주소서
나의 과거와 현재와 미래의
모든 것을 의탁하오니
나를 용서하여주시고
늘 새롭게 인도하여주소서

645 | 베드로가 주님을 부인할 것을 예언하신 주님

예수께서 제자들에게 이르시되 너희가 다 나를 버리리라 이는 기록된바 내가 목자를 치리니 양들이 흩어지리라 하였음이니라 그러나 내가 살아난 후에 너희보다 먼저 갈릴리로 가리라 베드로가 여짜오되 다 버릴지라도 나는 그리하지 않겠나이다 예수께서 이르시되 내가 진실로 네게 이르노니 오늘 이 밤 닭이 두 번 울기 전에 네가 세 번 나를 부인하리라 베드로가 힘 있게 말하되 내가 주와 함께 죽을지언정 주를 부인하지 않겠나이다 하고 모든 제자도 이와 같이 말하니라 ✝ 마가복음 14 : 27-31

주님이 십자가를 지시러 갈 때가 되었으니
마음을 단단히 결단하고 준비하라
오늘 밤에 너희들은 다
나를 부인하고 살려고 도망칠 것이다
하나님의 말씀에
"내가 목자를 치리니 양들이 흩어지리라"
예언되어 있다

제자들아 두려워하지 말라
말씀에 기록된 대로 이루어지는 것은
하나님 아버지의 뜻이다
모든 제자들이 나를 부인하고 달아나도
절대로 부인하지 않는다 호언장담하지 말라

베드로야 너도 분명히 알게 될 것이다
오늘 밤 닭이 두 번 울기 전에
세 번이나 나를 부인할 것이다
"내가 죽어도 주님을 부인하지 않겠나이다"
베드로야 너는 오늘 세 번이나 부인할 것이다

646 | 시몬아 시몬아

시몬아 시몬아 베드로야
사탄이 너를 밀 까부르듯 시험하려고 요구했다

베드로는 주님을
세 번이나 부인할 것이지만
주님은 베드로를 위하여 기도하셨다

베드로가 주님의 수제자로서
시련과 고통을 극복하고
제자들에 앞장서서 주님의 일을 할 것을
주님은 아시고 연단하고 훈련시키셨다

이런 시련을 통하여
이런 연단을 통하여
베드로를 알곡 제자로 만들고
강하게 키워내시는 주님이시다

이런 시험을 통하여
베드로를 강하고 담대하게
복음을 전할 수 있는
제자로 훈련시키는 것이다

647 | 제자의 발을 씻겨주시는 주님의 사랑 1

> 베드로가 이르되 내 발을 절대로 씻지 못하시리이다 예수께서 대답하시되 내가 너를 씻어
> 주지 아니하면 네가 나와 상관이 없느니라 시몬 베드로가 이르되 주여 내 발뿐 아니라 손과
> 머리도 씻어주옵소서 ✝ 요한복음 13 : 8-9

사랑은 무엇인가
사랑하는 사람을 위하여
자기의 목숨까지 아낌없이 주는 것이다
변치 않는 사랑으로 죄를 지고 가시는
주님은 언제나 사랑이시다

따뜻하고 고마운 인정이
가득한 주님의 손이
제자들의 발을 씻겨주시고
머리부터 발끝까지 사랑하신다

주님의 사랑하는 제자 베드로는
처음에는 알지 못하여
씻지 않으면 상관없음을 몰랐다

베드로는 깨달았다
"손과 머리도 씻겨주소서"
"너희는 목욕했으니 다 씻을 필요가 없다
그러나 모두는 아니다" 하시던 주님

나의 거짓과 죄악을 씻겨주시고
주님을 떠나지 않게 하소서

마음의 창틀에 뽀얗게 먼지가 앉으면
깨끗이 닦아야
창 너머 맑은 하늘을 볼 수 있다

사람의 허물과 잘못은 스스로 씻을 수 없고
예수 이름으로 회개하며 보혈로 씻겨야 한다

세상 쾌락은 잠시 즐기는 것뿐
죄가 자꾸만 목에 걸려
죄와 이별하고 아픔을 자른다

주여 나는 더러우니 주님의 손길로
나의 발을 씻겨주셔서
더러운 것을 깨끗하게 하소서

주님 앞에서는 늘 순한 마음으로
선한 목자를 따르는 착한 양이 되어
주님과 함께 거하고 싶다

아무리 쪼개고 쪼개도 아파서
애태우던 마음의 허전함도 사라지니
눈길만 있어도 행복하다

649 | 내가 행한 것을 아느냐

창조주의 손길이 없는 곳이 어디냐
하나님의 섭리 안에 있거늘
나그네와 같이 사는 인생이
큰소리를 친들 무엇을 할 수 있나

하나님의 행하심을 아는가
죄를 미워하고 떠나 회개하고
신령과 진정으로 드리는 예배를
얼마나 기뻐하시는지 아는가

죄지은 고통 소리와 한숨과
병들어 앓고 신음하는
차마 듣기 힘든 소리가 가득하다

하나님이 선하게 행하심을 알면
사랑을 원하며 소망의 삶을 살아간다

돌아보아라 둘러보아라
살아 있는 초록빛 만물이
늘 만나서 서로 반기며 좋아하며
하늘을 찬양하고 있지 않는가

650 | 너희 중에 하나가 나를 팔리라

예수께서 이 말씀을 하시고 심령이 괴로워 증언하여 이르시되 내가 진실로 진실로 너희에게 이르노니 너희 중 하나가 나를 팔리라 하시니 ✝ 요한복음 13 : 21

자신의 이익을 위하여 예수를 판 적이 없나
믿음을 판 적이 없나 생각해보라
이기심 욕심 허영심 물질 때문에
주님을 판 적이 없는가

돌아서라 예수를 팔아 장사하는 자들아
이익만 남기려 하는 자들아
상표를 파는 자들아 악한 죄에서 떠나라

회개하라 예수를 팔아먹는 자들아
복음을 부를 늘리는 수단으로
사용하는 어리석은 자들아

주님의 사랑 훔쳐 먹고 살지 말고
감사하며 살아야 한다
예수를 어찌 돈으로 계산하는가
돌아서라 예수의 음성을 들어라
"너희 중에 하나가 나를 팔리라"

가롯 유다야 예수를 만나면 기쁨이 찾아오고
예수를 떠나면 불행과 죽음이 찾아온다

651 | 심령에 저주가 임한 가룟 유다

예수께서 이 말씀을 하시고 심령이 괴로워 증언하여 이르시되 내가 진실로 진실로 너희에게 이르노니 너희 중 하나가 나를 팔리라 하시니 ✝ 요한복음 13 : 21

심령에 저주가 임하여
사탄이 마음속으로 들어가 버린
태어나지 않았으면 더 좋았을
불쌍하고 안타까운 가룟 유다

악마의 올무에 걸려 욕심의 그물에 걸려
눈에 돈독이 가득해
최상에서 최하로 떨어지는
수직 낙하하는 꼴이 되고 말았다

제자의 직분은 사라지고
우편의 길도 아니고
좌편의 길도 아니라
스승 예수를 돈에 팔아버리더니
가장 위험하고 어리석은 결단
자살의 길을 선택하고 말았다

그 고귀한 마지막 성만찬에서
예수의 몸과 피를 온전히 받지 못하고
불신의 마음에 사탄이 들어갔다
돈궤의 맛과 돈 빼돌리는 재미를 알고
빼돌린 돈을 쓰는 맛을 안 가룟 유다
구세주마저 팔고 죽음을 얻었다

652 | 가롯 유다야 네가 하려는 일을 하라

예수 그리스도는 가롯 유다의 마음의
중심을 이미 알고 계셨다

하나님의 일에서 마음이 떠나
주님을 사랑하는 마음이 떠나
매양 퍼 올린 것이 욕심이고 불신이냐
가롯 유다야 네가 하려는 일을 하라

참으로 무섭고 두렵고
부끄럽고 돌이킬 수 없는
욕심의 비극으로 마음이 기울어진
참담한 비극 중의 비극이다

주님이 주시는 사명을 잃어버리고
정신이 나간 가롯 유다야
네가 하려는 일을 속히 하라

인류 역사상 가장 추악하고
가장 큰 죄악을 저지르고
스스로 침몰할 난파선을 타고 말았다

배도자는 참혹한 어둠 속으로
들어가 지옥으로 떨어지고 말았다

653 | 가룟 유다 1

저물매 그 열둘을 데리시고 가서 다 앉아 먹을 때에 예수께서 이르시되 내가 진실로 너희에게 이르노니 너희 중의 한 사람 곧 나와 함께 먹는 자가 나를 팔리라 하신대 그들이 근심하며 하나씩 하나씩 나는 아니지요 하고 말하기 시작하니 그들에게 이르시되 열둘 중의 하나 곧 나와 함께 그릇에 손을 넣는 자니라 ✝ 마가복음 14 : 17-21

갈 길을 재촉해 달아나더니
양심조차 마비되어 돈만 있으면 보란 듯이
세상을 멋지게 활보하며 살 줄 알았느냐

한순간 욕심에 갇히고 죄에 눈멀고 귀먹어
스승 예수조차 머릿속 돈으로 계산하다가
올무와 덫에 걸려 스스로 계산당한
미련하고 둔한 사람 가룟 유다

심장을 뚫고 찌르는 불안감에
실핏줄 하나하나가 터지는 듯한 고통에
소리 지르며 몸부림쳐 보아도
죄의 수렁이 하늘의 시선을 가려버려
도망쳐도 갈 곳이 없고 온통 벽일 뿐이다

하늘과 땅이 맞붙은 듯 제자리
어딜 가나 예수의 모습만이 보일 뿐
한순간의 욕심이 죽음으로 변해
그가 죽은 땅은 피밭이 되었다
욕심의 허망함이여
돈도 못 쓰고 죽음을 선택한 가룟 유다
이 시대의 가룟 유다는 누구인가

654 | 가룟 유다 2

너의 할 일을 하라 가룟 유다여
너는 지금 무슨 일을 하려느냐
무엇이 생각과 마음을 바꾸어놓았느냐
사탄이 네 속에 들어갔구나!

주님은 성만찬을 행하시며
살과 피를 나누고 있는데
늘 돈궤를 갖고 다니더니
주님을 팔려는 생각을 하는구나

늘 허우적거리더니 큰일을 저질렀다
사람들에게 괜한 생색을 내며
큰소리만 치지 마라
말보다 행동이 더 중요하다

비겁하게 모든 것을 계산하며 살던 유다야
세상에 태어나지 않았으면 좋았을 미련한 사람아
주님이 말씀하신다
"너는 너의 할 일을 하라"

655 | 세상을 이기신 예수

> 예수께서 대답하시되 이제는 너희가 믿느냐 보라 너희가 다 각각 제 곳으로 흩어지고 나를 혼자 둘 때가 오나니 벌써 왔도다 그러나 내가 혼자 있는 것이 아니라 아버지께서 나와 함께 계시느니라 이것을 너희에게 이르는 것은 너희로 내 안에서 평안을 누리게 하려 함이라 세상에서는 너희가 환난을 당하나 담대하라 내가 세상을 이기었노라 ✝ 요한복음 16 : 31-33

제자들아
내가 십자가를 지는 날이
가까이 오고 있으니 각오하고 있으라
너희가 각각 도망쳐서 흩어져
나를 홀로 남게 할 때가 왔다
나는 혼자 있지 않는다
하늘 아버지께서 언제나
나와 함께하고 나를 인도하고 계신다

나 때문에 너희들에게 여러 가지 환란과
고난과 시련이 다가오지만
기도와 말씀으로 혹독한 시련을 이겨내라

사랑하는 제자들아
이겨낼 수 있는 믿음과 담력을 가져라

나도 언제나 너희들 속에 있다
내가 세상 죄를 지고 십자가의 고난을
받는다고 상심하거나
죽음을 슬퍼하지 말라
세상 이기고 삼 일 만에 부활하여
아버지 계신 하늘나라로 갈 것이다

656 | 가이사 것과 하나님의 것을 구별하라

서기관들과 대제사장들이 예수의 이 비유는 자기들을 가리켜 말씀하심인 줄 알고 즉시 잡고자 하되 백성을 두려워하더라 이에 그들이 엿보다가 예수를 총독의 다스림과 권세 아래에 넘기려 하여 정탐들을 보내어 그들로 스스로 의인인 체하며 예수의 말을 책잡게 하니 그들이 물어 이르되 선생님이여 우리가 아노니 당신은 바로 말씀하시고 가르치시며 사람을 외모로 취하지 아니하시고 오직 진리로써 하나님의 도를 가르치시나이다 우리가 가이사에게 세를 바치는 것이 옳으니이까 옳지 않으니이까 하니 예수께서 그 간계를 아시고 이르시되 데나리온 하나를 내게 보이라 누구의 형상과 글이 여기 있느냐 대답하되 가이사의 것이니이다 이르시되 그런즉 가이사의 것은 가이사에게, 하나님의 것은 하나님께 바치라 하시니 그들이 백성 앞에서 그의 말을 능히 책잡지 못하고 그의 대답을 놀랍게 여겨 침묵하니라
✝ 누가복음 20 : 19-26

서기관들과 대제사장들은 잘못을 지적받자
화가 나서 예수를 잡으려고 모략을 꾸몄다
예수에게 모사꾼을 보내어
책잡을 질문을 던져 예수를 모함하려고
모든 계획을 철저하게 꾸몄다

유대를 다스리는 총독에게 세금을 내는 것이
옳은가 그렇지 않은가
교묘한 술책으로 예수를 잡으려 했다

말씀이신 예수는 분명한 대답을 하셨다
가이사 것은 가이사에게
하나님의 것은 하나님에게 바치라
이 확실한 대답으로 말문을 막아버리셨다
예수가 근본이심을 그들은 몰랐다

분명하게 구별하여 드려라
하나님의 것은 하나님께 드리고
가이사의 것은 가이사에게 주어라

657 | 믿음으로 기도하라

예수를 믿고 구원받은 자만이
진정한 기도를 드릴 수 있다

예수 이름으로 하는 기도가 아니면
주문이나 넋두리일 뿐이다

말씀이 굳건한 자만이 기도할 수 있고
예수 안에 있는 자만이
예수 그리스도 이름으로 기도할 수 있다

믿음이 굳건한 사람은
습관처럼 기도하는 삶을 살아가지만
믿음이 없는 사람은
점점 더 불신하며 기도하지 않는다

주님께서 분명하고 확신 있게 말씀하셨다
"너희가 기도할 때에
무엇이든지 믿고 구하는 것은 다 받으리라"

오 주여
은혜의 단비를 내려주소서

658 | 살아 있는 자의 하나님

부활 때에는 장가도 아니 가고 시집도 아니 가고 하늘에 있는 천사들과 같으니라 죽은 자의 부활을 논할진대 하나님이 너희에게 말씀하신바 나는 아브라함의 하나님이요 이삭의 하나님이요 야곱의 하나님이로라 하신 것을 읽어보지 못하였느냐 하나님은 죽은 자의 하나님이 아니요 살아 있는 자의 하나님이시니라 하시니 ✝ 마태복음 22 : 30-32

하나님은 살아 있는 자의 하나님이시다
진리를 깨닫지 못한 어리석은 자들은
이 모양 저 모양으로
의문을 만들고 질문을 만들어
진리를 혼동하게 하려 한다

칠 형제가 한 여자를 아내로 삼았는데
부활 때 누구의 아내가 되겠느냐
참 생각도 잘 만들어내어
예수께 질문을 던졌다

부활 때에는 장가도 가지 않고
시집도 가지 않고 영원히 살아갈 것이며
하나님의 백성과 자녀는
천사와 동일할 것이다

아브라함의 하나님이요
이삭의 하나님이요
야곱의 하나님이다
하나님을 믿으려면 의심하는
모든 것을 버리고 믿어야 한다

659 | 하나님의 아들과 다윗의 자손

예수께서 그들에게 이르시되 사람들이 어찌하여 그리스도를 다윗의 자손이라 하느냐 시편에 다윗이 친히 말하였으되 주께서 내 주께 이르시되 내가 네 원수를 네 발등상으로 삼을 때까지 내 우편에 앉았으라 하셨도다 하였느니라 그런즉 다윗이 그리스도를 주라 칭하였으니 어찌 그의 자손이 되겠느냐 하시니라 ✝ 누가복음 20 : 41-44

예수는 다윗의 자손이 아니라
온 우주를 창조하신 하나님의 아들이다

인간의 육신을 입고
이 땅에 오신 예수는 사람이 아니다
창조주 하나님이시며
하나님의 독생자이시다

예수 그리스도의 계보는
예수의 모친 마리아의 몸을 통하여
인간의 육신을 입고
이 땅에 오시는 예수를 보여주는 것이다

예수는 하나님의 독생자이며
우리의 구세주이시니
다윗의 육신적 자손이 아니다

예수는 그리스도이시며
우리를 구원하여주시고
영원히 언제까지나 빛이 되시며
함께하여주실 성자 하나님이시다

660 | 내가 세상을 이기었노라

예수는 세상을 창조하신 분
세상을 운행하시는 분
세상을 이기신 분이다

사탄의 시험을 말씀으로 이기시고
죄와 어둠의 권세를 이기시고
악의 권세를 이기시고
사망권세를 이시기고
십자가의 고난을 이기신 분이다

주님은 언제나 전지전능하신 하나님과
함께 계시고 임마누엘이 되신다

예수 그리스도를 따르는 자들은
하나님이 언제나
함께하신다는 것을 믿을 수 있다

하나님은 우리에게
예수 안에서 참평안을 주시고
예수 그리스도는 세상을 이기셨다

661 | 위선적인 서기관을 떠나라

> 모든 백성이 들을 때에 예수께서 그 제자들에게 이르시되 긴 옷을 입고 다니는 것을 원하며 시장에서 문안받는 것과 회당의 높은 자리와 잔치의 윗자리를 좋아하는 서기관들을 삼가라 그들은 과부의 가산을 삼키며 외식으로 길게 기도하니 그들이 더 엄중한 심판을 받으리라 하시니라 ✝ 누가복음 20 : 45-47

성직자는 주 예수를 닮아 정직하고
겸손하고 온유하고 청빈해야 한다
옷과 치장이 화려하면 진리가 변질되고
하나님과 예수는 사라지고
그들이 등장하게 된다

위선자들은 화려함을 좋아하고
섬기기보다 대접받기를 좋아하고
성직보다 학위를 자랑하고 뽐내며
하나님보다 자신의 권위를 더 내세우고
자신의 이름만을 드러내기를 원한다
그런 거짓 성직자들은 떠나야 한다

위선자들은 선한 목자가 아니라
양 떼를 삼키는 자들이다
모든 것을 돈으로만 계산하는 자이다
자신의 문제에 늘 휩싸이고
성도들을 돌아보지 못하고
가산을 삼키고 겉치레하는 자를 떠나라
그들은 하나님의 사람이 아니다

662 | 항상 기도하고 깨어 있으라

너희는 스스로 조심하라 그렇지 않으면 방탕함과 술 취함과 생활의 염려로 마음이 둔하여
지고 뜻밖에 그날이 덫과 같이 너희에게 임하리라 이날은 온 지구 상에 거하는 모든 사람에
게 임하리라 이러므로 너희는 장차 올 이 모든 일을 능히 피하고 인자 앞에 서도록 항상 기
도하며 깨어 있으라 하시니라 ✝ 누가복음 21 : 34-36

험난한 세상을 살아가는 성도들아
늘 푸르른 수목처럼 싱싱하게 자라고
늘 깨어서 시험에 들지 않도록 기도하라

습관적으로 기도하시던
예수를 닮아가며 말씀으로 무장하고
성령 충만하여 스스로 단정히 하고
늘 깨어 있지 않으면
유혹에 넘어지고 쓰러지고 만다

욕망에 방탕해 술과 놀이의 노예가 되고
온갖 염려와 근심에 빠지면
몸과 영혼이 타락할 수밖에 없다

고통이 많은 세상에서
염려와 근심이 많은 세상에서
성도들아 구별된 삶을 살고자 한다면

잊지 못할 십자가의 사랑 이야기
꽃피우며 늘 가슴에 새기며
늘 깨어 있는 성도가 되어라

663 | 겟세마네 기도 1

겟세마네 동산에서 외로움을 앓고
고독하게 기도하시는 주 예수는 홀로
쓸쓸한 고독 속에 어둠보다 무겁게 짓누르는
죽음이 가까이 다가오는 것을 아셨다

인간이 죽음 앞에 몸부림치며
절망 속에 절규하는 외침을 알기에
죽음의 잔을 쏟고 깨뜨릴 수 없어
"할 수만 있으면 이 잔을 내게서 옮겨달라"고
수없이 되뇌이셨다

죽기보다 싫은 절망을 이기는
겟세마네의 기도의 힘을 아는 사람들은
어둠 속에서 간절히 기도한다
적막한 동산에서 고난을 준비하시며
홀로 절규하는데 그들은 어디에 있는가

제자가 되기 원하고 병 낫기 원하며
옷이라도 만지기를 원했던 그들은 어디에 있는가
어둠마저 짙게 누르는데 슬퍼하시며
얼굴을 땅에 대시고 간곡히 기도하셨다

664 | 겟세마네 기도 2

피할 수 없는 죗값을 홀로 지시며
땀이 피가 되도록 간곡히 기도하시는
주님의 음성이 들리는가

"아버지여 할 수만 있으면
이 잔을 내게서 옮겨주옵소서
그러나 나의 원대로 마옵시고
아버지의 뜻대로 되기를 원합니다"

겟세마네 동산에서 중보의 기도를 하시는데
잠시도 깨어 있을 수 없었는가
예수께서 광야의 사십 일 금식기도를 하시며
시험이 찾아왔을 때 말씀으로 이기셨다

주님이 십자가 고통 속에
죽음의 저주를 감당하시기 위하여
심장에서 진액을 짜내고 있으시지 않는가
겟세마네의 기도는 고통이다
우리도 주님처럼 어려운 순간마다
잠시도 깨어 있을 수 없는가

예수께서 나가사 습관을 따라 감람산에 가시매 제자들도 따라갔더니 그곳에 이르러 그들에게 이르시되 유혹에 빠지지 않게 기도하라 하시고 그들을 떠나 돌 던질 만큼 가서 무릎을 꿇고 기도하여 이르시되 아버지여 만일 아버지의 뜻이거든 이 잔을 내게서 옮기시옵소서 그러나 내 원대로 마시옵고 아버지의 원대로 되기를 원하나이다 하시니 천사가 하늘로부터 예수께 나타나 힘을 더하더라 예수께서 힘쓰고 애써 더욱 간절히 기도하시니 땀이 땅에 떨어지는 핏방울같이 되더라 기도 후에 일어나 제자들에게 가서 슬픔으로 인하여 잠든 것을 보시고 이르시되 어찌하여 자느냐 시험에 들지 않게 일어나 기도하라 하시니라

✝ 누가복음 22 : 39-46

어둠 속에서 빛은 은총이며
갈 길을 인도받는 것은 축복이기에
죄악을 회개하고 살아야 좋은 삶입니다

빛이 체온을 잃는 어둠 속에서도
주님을 닮아가기 위하여 간절히 기도합니다

내 마음이 자꾸만 다가가는 것은
주님의 사랑이 아픔과 상처를
치유하심을 늘 기억하기 때문입니다

소중한 목숨까지 죄에서 풀어주셨으니
감람산의 간절한 기도를 늘 기억하며 살아야 합니다

"내 아버지여!
만일 할 만하시거든 이 잔을 내게서 지나가게 하옵소서!
그러나 나의 원대로 마옵시고 아버지의 원대로 하옵소서!"
십자가의 피 흘림으로 외치시던
기도 소리가 들리는데 그들은 다 어디에 있습니까?

감람산 고뇌의 기도에 땀이 핏방울이 되었다
잠들어 버린 제자들 삼 년 동안 곁에 있었으면
주님의 마음을 알 수 있을 텐데
제자들은 피곤하여 깨어 있을 수 없었다
제자들아 너희를 찾는다
어찌하여 깨어 있을 수 없느냐
왠지 쓸쓸한 날은 허공 가득히
사탄이 팔을 뻗치며 흔들어놓는다
기도하는 법을 가르쳐주시고
모범을 보여주신 주님
세속의 눈물은 속되지만 회개의 눈물은 복되다

우리는 많은 말로 자랑하는데
주님은 심장의 진액을 짜내며
간절히 하나님 아버지께 기도를 드리신다
우리는 보여주려고 하는데
한적한 곳에서 하늘을 우러러보며
진실한 심정으로 기도하신다
지상에서 하늘로 통하는 사잇길 하나 없고
오직 예수가 생명의 길이니
주님이 사무치게 그리운 날 벽에 기대어
조촐한 마음으로 하늘을 향해 기도한다
늘 다가오시는 주님의 모습을 본받게 하신다

667 | 감람산 기도 3

시몬 베드로야 너는 자고 있느냐
지금은 자다가도 시험에 들지 않게
깨어서 기도할 때다

주님은 십자가 고난을 받으시기 위해
시각을 다투며 기도하면서
홀로 엄청난 고통의 고독에 잠기셨다

마음이 곤곤하여 죽게 되었는데
무엇을 하고 있느냐
지금이 깨어 있어야 할 때인지 분별하라

땅에 엎드려서 안간힘을 쓰시는
주님의 간절한 간구의 절규를 기억하라
"아빠 아버지여! 아버지께서는 모든 것이 가능하오니
이 잔을 내게서 옮기시옵소서 그러나
나의 원대로 마옵시고 아버지의 원대로 하옵소서!"

시몬 베드로야 어리석음에 빠져 있지 말고
시험에 들지 않게 깨어 기도하라
나의 사랑하는 제자야
나는 간절히 기도하고 있는데 잠들어 있구나

668 | 감람산 기도 4

> 예수께서 나가사 습관을 따라 감람산에 가시매 제자들도 따라갔더니 그곳에 이르러 그들에게 이르시되 유혹에 빠지지 않게 기도하라 하시고 그들을 떠나 돌 던질 만큼 가서 무릎을 꿇고 기도하여 이르시되 아버지여 만일 아버지의 뜻이거든 이 잔을 내게서 옮기시옵소서 그러나 내 원대로 마시옵고 아버지의 원대로 되기를 원하나이다 하시니 천사가 하늘로부터 예수께 나타나 힘을 더하더라 예수께서 힘쓰고 애써 더욱 간절히 기도하시니 땀이 땅에 떨어지는 핏방울같이 되더라 기도 후에 일어나 제자들에게 가서 슬픔으로 인하여 잠든 것을 보시고 이르시되 어찌하여 자느냐 시험에 들지 않게 일어나 기도하라 하시니라
>
> ✝ 누가복음 22 : 39-46

늘 습관처럼 기도하시는 주님께서
감람산에서 기도하실 때에 제자들과 함께 가셨다
제자들에게 유혹에 빠지지 않도록 기도하라며
진실한 마음으로 당부하시고
무릎을 꿇고 하늘을 향하여 기도하셨다
"아버지여! 만일 아버지의 뜻이거든
이 잔을 내게서 옮기시옵소서
그러나 나의 원대로 마옵시고
아버지의 원대로 되기를 원합니다"

절박함과 간절함으로 기도하실 때
천사가 수종을 들며 힘을 더하여주었다
얼마나 간절히 기도하셨기에 흘리는 땀이
핏방울같이 되었을까
십자가의 고난을 준비하는 감람산 기도는
목숨을 건 사투의 기도였다
우리도 주님처럼 내 뜻이 아니라
하나님의 뜻이 이루어지도록, 늘 시험에 들지 않도록
영적으로 깨어 기도하는 삶을 살아야 한다

669 | 기도는 영적인 호흡이오니

기도는 영적인 호흡이오니
주님의 기도하시는
숨결을 날마다 느끼게 하소서
주님의 말씀을 묵상하며
깨닫는 재미와 흥미로움을 갖게 하소서

고단한 삶에 쉼을 주시니
대화하듯 자연스럽게 기도하며
다정다감하게 들리는 음성을 듣게 하소서

고통과 절망에서 벗어나 기쁨과 감격을 쏟아내어
정갈하고 아름답게 하소서
속임과 과장 없이 겉과 속이 같게 하시고
죄짐을 벗고 주님의 뜻을 이루게 하소서

주님과 끊을 수 없는 깊은 정 들었으니
혼신을 다하는 열정을 갖게 하소서

내 마음속에서 끊임없이 떠오르는
주님 모습 그리며 살게 하시고
목숨 끊어질 때까지 주님을 사랑하며
천국의 삶이 아름답게 하소서

670 | 주여, 분노를 다스리게 하소서

우리가 마음에 뿌림을 받아 악한 양심으로부터 벗어나고 몸은 맑은 물로 씻음을 받았으니
참마음과 온전한 믿음으로 하나님께 나아가자 ☩ 히브리서 10 : 22

날마다 꼬리를 물고 일어나는
살인, 방화, 강도, 부실 공사, 뇌물 사건,
강간, 성폭행 갖가지 사건들로
비명이라도 지를 듯이
아픔과 고통을 느낄 때가 많습니다

상처가 분노로 느껴질 때
피로가 쌓여 골수까지 흐를 때
흥분하여 화를 내지 말게 하소서

거센 비난에 분노가 끓고
온몸에 핏줄의 온도가 높아질 때
비탈길 미끄러지듯 생각 없이
성질을 폭발하기보다 자제하게 하소서

사소한 일에 벌컥 성내지 않고
작은 일에 섣부르게 행동하지 않고
분노하기보다 차분히 가라앉게 하소서

화산이 폭발함과 같이 분노가 터지고
성질이 가슴에 불덩이를 던질 때
숨이 막혀도 하늘을 바라보며
온전한 믿음으로 살게 하소서

671 | 기도를 가르쳐주소서 1

나의 주님 기도를 가르쳐주소서
기도는 하나님께 드리는 순결한 마음입니다
거짓 기도는 사람이 먼저 듣기 원하는
가식의 기도입니다
주님의 기도는 새벽 미명에 한적한 곳에서의
순수한 영혼의 기도입니다

우리의 기도는 외식의 기도이며
중언부언 부족한 기도입니다

주님의 기도는 외마디로 외쳐도
하늘에 울리는 맑고 고결한 기도입니다
지상과 하늘을 연결하는
영혼의 생명에서 터져 나옵니다

주님을 마음에 영접하고
하나님을 향하여 드리는
영혼의 고백이 하늘 끝에 닿습니다
냉정한 눈빛에서 매정한 바람이 불어와도
평생토록 기도하며 살아야 합니다
주님을 지상에서 만날 수 없으나
기도 속에 늘 만남과 기쁨을 주소서

672 | 기도를 가르쳐주소서 2

달려가고만 싶습니다
설렘에 가슴이 뛰고 터질 것 같아서
기다리고 있을 수 없어 뛰쳐나갔습니다

먼 길도 아닌데
당신은 항상 내 곁에 계신데
어제도 오늘도 커다란 눈으로
두리번거리며 당신만 찾습니다

눈을 들어 가슴을 열고
언제나 부르면 내 안에 계신 이를
내 마음 내 뜻대로 살아가면서
소리치며 원망했습니다

이제는 두 손 들어 찬양합니다
오 자유함 나의 주여
영원한 사랑 안에 삽니다

외치고만 싶습니다
나의 가슴 찢어지며 들어온 빛
보혈의 붉은 피의 새 생명이
너무나 큰 사랑임을
하늘도 알고 나도 알기 때문입니다

673 | 기도의 창문

지난밤 잠겼던 목청이 살아나면
영적인 호흡인 기도를 하기 위하여
아침에 기도의 창문을 연다

괴로워 울지도 웃지도 못한 날
고달픔을 위로받고 싶을 때
말씀에 의지하면 마음이 든든하다

작은 고통에도 눈물로 찡얼거리며
걱정과 근심을 하던 습관을 버리면
소망이 가득해지고 사랑에 감동받는다

주님의 행적이 복음이 되었으니
아침에 밀려오는 햇살처럼
주님의 은혜를 충만하게 받는다

아침 햇살이 온 누리에 가득하듯
은혜가 가득해 찬양이 되고
내 귓가에 생명의 말씀이 들려온다

674 | 예수를 죽이려는 사람들

예수께서 전도하시고 세례를 베푸시고
모든 병자들을 고쳐주시자
수많은 사람들이 예수를 따랐다

성전의 지도자들은 못마땅한
눈으로 바라보며 사람들의 관심이
자기들에게서 멀어져 가고
예수께로 찾아가는 것을 분노했다

예수를 죽이고 십자가에 못 박으려고
가야바라 하는 대제사장의 관정에 모여
악랄한 흉계를 꾸몄다

예수께서 십자가에 못 박히시는 것은
구세주로서 사랑으로 선택하신 길이다

대제사장과 서기관과 장로들은
하나님의 뜻을 깨닫지 못하고
믿음이 없었기에 악의 축으로
죄악의 도구로 사용당하고 있었다
예수는 십자가에 달리사 삼 일 만에
살아나실 것을 예언하시고 성취하셨다

675 | 예수의 장례를 준비한 여인

예수께서 베다니 나병 환자 시몬의 집에 계실 때에 한 여자가 매우 귀한 향유 한 옥합을 가지고 나아와서 식사하시는 예수의 머리에 부으니 제자들이 보고 분개하여 이르되 무슨 의도로 이것을 허비하느냐 이것을 비싼 값에 팔아 가난한 자들에게 줄 수 있었겠도다 하거늘 예수께서 아시고 그들에게 이르시되 너희가 어찌하여 이 여자를 괴롭게 하느냐 그가 내게 좋은 일을 하였느니라 가난한 자들은 항상 너희와 함께 있거니와 나는 항상 함께 있지 아니하리라 이 여자가 내 몸에 이 향유를 부은 것은 내 장례를 위하여 함이니라 내가 진실로 너희에게 이르노니 온 천하에 어디서든지 이 복음이 전파되는 곳에서는 이 여자가 행한 일도 말하여 그를 기억하리라 하시니라 ✝ 마태복음 26 : 6-13

나병 환자 시몬의 집에서
예수께서 제자들과 식사하실 때
한 여인이 값비싼 향유를
예수 그리스도의 머리에 부었다

제자들은 미친 짓이라고 야단법석이었지만
예수는 이 여인이 자신의 장례를
미리 준비한 것이라고 말씀하셨다

믿음이 없는 자들은 눈으로만 보고
복된 마음으로 읽지 못하고
현실만 보고 내일을 알지 못한다

제자들이 예수를 따라다녔지만
예수의 마음 예수의 진심을 아직도
깨닫지 못하고 땅의 것만 바라보며
향유 붓는 여인의 마음과
예수의 마음을 전혀 읽지 못했다

676 | 영생은 예수를 아는 것

영생은 곧 유일하신 참 하나님과 그가 보내신 자 예수 그리스도를 아는 것이니이다
✝ 요한복음 17 : 3

예수를 구세주로 알지 못하면
행하고 따르고 믿을 수 없다
예수를 구세주로 알고 믿으면
죄가 깨어지고 부서진 영혼도
눈물겨운 구원을 받아 영생을 얻는다

주 예수만이 죄에서 구원하시고
속사람까지 거듭나 새사람이 되게 하시고
천국으로 인도하실 분이시다

예수를 알고 깨닫고 따를 때
몸과 마음이 새롭게 변화되고
예수 그리스도가 구세주이심을
확신할 수 있다

예수 그리스도를 부활이요
생명이라 믿는 자는
영원히 죽지 않는다고 말씀하셨다

예수만이 유일한 영생의 통로이며
천국으로 인도하시는
길과 진리와 생명이 되신다

677 | 항상 기도하고 깨어 있으라

너희는 스스로 조심하라 그렇지 않으면 방탕함과 술 취함과 생활의 염려로 마음이 둔하여지고 뜻밖에 그날이 덫과 같이 너희에게 임하리라 이날은 온 지구 상에 거하는 모든 사람에게 임하리라 이러므로 너희는 장차 올 이 모든 일을 능히 피하고 인자 앞에 서도록 항상 기도하며 깨어 있으라 하시니라 ✝ 누가복음 21 : 34-36

그리스도인이라면 항상 기도하고
깨어 있는 믿음이 있는
강하고 담대한 성도가 되어야 한다

말씀을 늘 상고하고
생활 속에서 빛이 되고 소금이 되어
세상에서 믿음의 본이 되어야 한다

모든 염려와 근심을
하나님께 맡기고 성령 충만함을 믿고
믿음의 강한 군사로 무장해야 한다

방황하고 술 취하고
생활을 염려하고 살아가면
마음이 둔해지고 믿음이 나약해진다

재림의 주님이 언제 오실지
알 수 없으니
항상 기도하고 깨어 있는
믿음 있는 성도의 삶을 살아야 한다

678 | 가르치시는 예수

성경 말씀이 생명의 말씀일지라도
잘 믿고 깨닫지 않으면
진리를 바르게 전할 수가 없다

예수께서 말씀을 가르치시고 전하셨는데
복음을 전하는 사명을 받은 성도가
가르치고 전하지 않으면 사명을
온전히 다하지 못하는 것이다

복음인 진리의 말씀도 전하지 않으면
들을 수 없고 깨달을 수 없고
성경도 읽고 보고 듣고
깨닫지 않으면 변화가 없고
믿음도 없고 아무 소용이 없다

전하는 자부터 먼저 진리를 깨닫고
말씀을 주신 하나님께 감사하고
이 생명 말씀을 전하는 일에
전력 질주하며 최선을 다해야 한다

주님의 말씀은 진리이며
주님의 말씀은 생명입니다

679 | 예수를 배반하는 가룟 유다 1

> 그때에 열둘 중의 하나인 가룟 유다라 하는 자가 대제사장들에게 가서 말하되 내가 예수를 너희에게 넘겨주리니 얼마나 주려느냐 하니 그들이 은 삼십을 달아 주거늘 그가 그때부터 예수를 넘겨줄 기회를 찾더라 ✝ 마태복음 26 : 14-16

은 삼십에 스승을 팔고 구세주를 팔다니
이 얼마나 못나고 어리석은 짓인가
인류 역사에 길이 남을
예수 그리스도의 열두 제자 중에 하나
이 얼마나 위대한 선택받음인가
이 얼마나 복된 일인가

얼굴을 찌푸리고 돈에 눈이 멀고
욕심에 양심마저 마비되고
갈 길을 찾지 못하고 마음이 흔들려
방황하는 가룟 유다는
죄가 이끄는 욕심에 망하게 되었다

예수 제자 가룟 유다가
은 삼십에 예수를 팔고
예수를 죽이려는 자에게
넘겨줄 기회를 찾고 있다

자기 목숨도 죄로 인해 죽음으로
쓰러지고 있다는 것을 까맣게 모르고
가룟 유다가 세상에 태어나서
가장 못되고 헛된 짓을 하고 있다

680 | 예수를 배반하는 가룟 유다 2

열둘 중의 하나인 가룟인이라 부르는 유다에게 사탄이 들어가니 이에 유다가 대제사장들
과 성전 경비대장들에게 가서 예수를 넘겨줄 방도를 의논하매 그들이 기뻐하여 돈을 주기
로 언약하는지라 유다가 허락하고 예수를 무리가 없을 때에 넘겨줄 기회를 찾더라

✝ 누가복음 22 : 3-6

늘 불만이 많던 예수의 제자 가룟인
유다의 마음에 사탄이 들어갔다
예수의 제자가 아니라 사탄의 종이 되고 말아
주를 팔 생각으로 가득찼다

자기의 생명을 구원해주시는
자기를 죄에서 구원해주실 구세주가
욕망을 채워줄 돈으로 보였다

스승을 팔아 넘겨줄 모략을 짜는
차가운 가룟 유다의 마음을
사탄이 조종하기 시작했다

오늘 당신의 마음속에는 누가 있는가
구원자이신 예수 그리스도인가
당신의 욕망을 채워줄 것 같은 사탄인가

어리석은 인간들이여
예수 그리스도는 약속을 지키지만
사탄은 결코 지키지 않고
자살이라는 처절한 죽음으로 몰아갔다

681 | 내가 여기 있습니다

예수께서 나가사 습관을 따라 감람산에 가시매 제자들도 따라갔더니 그곳에 이르러 그들에게 이르시되 유혹에 빠지지 않게 기도하라 하시고 그들을 떠나 돌 던질 만큼 가서 무릎을 꿇고 기도하여 이르시되 아버지여 만일 아버지의 뜻이거든 이 잔을 내게서 옮기시옵소서 그러나 내 원대로 마시옵고 아버지의 원대로 되기를 원하나이다 하시니 천사가 하늘로부터 예수께 나타나 힘을 더하더라 예수께서 힘쓰고 애써 더욱 간절히 기도하시니 땀이 땅에 떨어지는 핏방울같이 되더라 ✝ 누가복음 22 : 39-44

예수께서 십자가에 달리실 날이
가까이 다가오자 습관처럼 기도하시러
감람산에 가서서 무릎을 꿇고 기도하셨다
"내가 여기 있습니다 내가 죽게 되었습니다"

예수 그리스도의 기도에 힘쓰고 간절함이
얼마나 강했으면 창자를 가르는 고통 속에
땀이 땅에 떨어지는 핏방울같이 되었을까

어느 누가 기도할 때 땀이 나도록 기도할 수 있을까
땀이 핏방울이 되도록 기도할까
예수께서 인간을 죄에서 구원하시는 일은
힘들고 감당하기 어려운 고난이다

십자가의 고난의 보자기가
펼쳐지기 시작했는데 제자들은 잠들어 있다

육신을 입고 오셔서 인간적인 갈등을 해소하시고
하나님 아버지의 뜻을 따르려고 기도하시며
예수 그리스도 홀로 인간의 모든 죄를 지고
가시는 것은 얼마나 고통스러운 일인가

682 | 배반자의 키스

말씀하실 때에 한 무리가 오는데 열둘 중의 하나인 유다라 하는 자가 그들을 앞장서 와서 예수께 입을 맞추려고 가까이 하는지라 예수께서 이르시되 유다야 네가 입맞춤으로 인자를 파느냐 하시니 ✝ 누가복음 22 : 47-48

겟세마네의 어둠 속에 죽음이 다가와
몸부림치고 힘든 형극의 길이기에
애쓰며 더욱 간절히 기도하셨다

다가오는 고난을 느끼는 얼굴에서
떨어지는 땀방울은
땅에 떨어져 핏방울이 되는데
배도의 길에 선 가룟 유다가 온다

게슴츠레하게 시선을 마주치지 못하고
떨리는 입술로 입 맞추는 배반의 키스는
죽음을 부르고 주님은 생명을 부른다

예수는 허물을 용서하여주시는데
배신해 물질을 얻으려는 배도자는
이 순간 예수와 영영 이별을 고한다

죄를 끊어내는 아픔을 겪지 않은
절망의 배도자 가룟 유다가
욕심과 불안으로 시뻘겋게 충혈된 눈으로
예수를 팔려고 지목하는 순간
지옥의 그림자가 온몸에 드리운다

683 | 너희가 누구를 찾느냐 1

단 한 번 왔다 가는 인생살이
그럴듯하게 주름잡고 폼 잡고
살아도 아무 소용 없는데
너희가 누구를 찾느냐

너무도 슬프게 살아가는 인생살이
예수를 불러보지도 못한 너희가
누구를 찾느냐

병들고 고장 난 삶을 살아오며
제자 가룟 유다가 예수의 삶을
눈앞에서 보고 살아왔으면서도
늘 곱지 않은 눈으로 비난하더니
불신과 욕심의 노예가 되어 구주 예수를
단돈 은 삼십에 팔고 말았다

너희가 날 왜 찾느냐
당신의 제자 유다가 잡으라
당신 있는 곳을 알려주었다
너희가 나를 찾았으니
이 사람들이 가는 것을 용납하라
아버지의 말씀을 응하게 하려 하심이라

684 | 너희가 누구를 찾느냐 2

예수께서 그 잡으러 온 대제사장들과 성전의 경비대장들과 장로들에게 이르시되 너희가
강도를 잡는 것같이 검과 몽치를 가지고 나왔느냐 내가 날마다 너희와 함께 성전에 있을 때
에 내게 손을 대지 아니하였도다 그러나 이제는 너희 때요 어둠의 권세로다 하시더라
✝ 누가복음 22 : 52-53

너희가 누구를 찾느냐
가룟 유다야
대제사장들과 경비대장과 장로들과
아랫사람들과 함께 어둠의 권세가 되어
검과 몽치를 들고 오는 가룟 유다야

너희가 누굴 찾느냐
강도를 찾느냐 검과 몽치는 왜 들었느냐
너희가 늘 성전에서 보던
예수를 찾느냐 내가 그니라

가룟 유다야 내가 너와 삼 년을 함께하여
복음을 전하고 세례를 베풀고
이적을 보이고 병자들을 고치고
돈주머니를 너에게 맡겼거늘
너는 무엇을 얻으려고 나를 찾느냐

물질을 버리고 따르라고 부탁하였는데
너는 아직도 깨닫지 못하였구나
가룟 유다야 물질만 아는 도둑이여
네가 누굴 찾느냐
내가 나사렛 예수 바로 그니라

685 | 너희가 누구를 찾느냐 3

너희가 누구를 찾느냐
누구를 찾기에 횃불을 밝히고
무기를 들고 있느냐

너희가 누구를 찾느냐
하나님의 뜻을 이루려고 온
나사렛 예수를 찾느냐 내가 그로다

너희가 누구를 찾느냐
내가 무슨 죄를 죄었기에
너희가 그토록 찾느냐

내가 무슨 잘못을 하였기에
이 밤중에 횃불을 들고
강도를 찾듯 무기까지 들고 찾느냐

가룟 유다야 두려워하는 눈빛으로
네가 나를 찾느냐
슬프도다 내 제자가 나를 파는구나

내가 그로다
너희가 찾는 나사렛 예수가 바로 나로다

686 | 말고의 귀

이에 시몬 베드로가 칼을 가졌는데 그것을 빼어 대제사장의 종을 쳐서 오른편 귀를 베어버
리니 그 종의 이름은 말고라 예수께서 베드로더러 이르시되 칼을 칼집에 꽂으라 아버지께
서 주신 잔을 내가 마시지 아니하겠느냐 하시니라 🕇 요한복음 18 : 10-11

참으로 이상합니다
당신을 잡으러 왔는데
왜 내 귀를 자른 제자를 책망하고
잘린 귀를 온전케 하셨습니까

아무런 영문도 모르고
모두 검과 몽둥이를 들었는데
검을 든 자는 검으로 망한다니요
칼을 들고 달려들 줄 알았습니다

순순히 따르는 예수여
이곳으로 안내하고 포용한 사람도
한패였다고 합니다
왜 우리가 당신을 붙잡아야 하는지
도무지 이유를 모르겠습니다

당신이 수많은 사람들을 치유하고
새롭게 변화시킨다는 소문이 장안에 가득합니다

당신을 만난 사람들이 기뻐하는데
왜 당신을 잡아가야 하는지
나는 정말 모르겠습니다

687 | 주님의 길을 갑니다

주여 묻고 싶습니다
혼자만의 아픔과 고통 속에
고독하고 슬플 때가 있고
용기를 잃고 버림받을 때가 있습니다
주님도 몸소 시험받았기에
슬픔도 고독도 아픔도 체험하시고
중심을 아시고 인도하여주시니
누구보다도 주님을 사랑합니다

삶을 살아갈수록
쓸쓸하고 외롭지 않게 하여주시고
때로는 쓰러져도 일으켜주십니다
힘들고 지칠 때 목마름도 채워주시니
내 가슴에 주님만 남습니다

무한히 부족한 자에게
구원의 극치의 기쁨을 주시니
사랑하는 마음을 들키고 싶습니다
영원한 주님의 눈빛을
늘 기억하며 항상 가슴에 담고
믿고 따르며 복음의 길을 걸어갑니다

688 | 도망치는 겁쟁이 제자들 1

제자들이 다 예수를 버리고 도망하니라 ✝ 마가복음 14 : 50

예수를 신뢰하고 따르던 제자들아
뭐가 무서워 꼴사납게 도망치느냐
불신의 덫과 올가미에 걸려들어
믿음의 밑바닥이 드러나 아쉽다
주와 함께 죽으러 가자 발 벗고 나서며
큰소리 탕탕 칠 때는 언제이더냐
그동안 헛배 부르고 헛것을 보았느냐

주님을 주라고 고백하고
죽기까지 부인하지도 않겠다더니
무엇 때문에 줄행랑을 치느냐
너의 죄로 인해 예수는 고난받으시는데
말씀마저 어슴푸레한가
무모한 모습이 초라해 슬프다

혀끝에 유혹의 목소리 가득한데
죄악이 무서워 도망치느냐
주님은 십자가의 고난을 받으시는데
어디로 도망치고 있느냐
제자들아 가장 소중한 시간에
주님이 꼭 필요로 할 때 도망치고 있는가

693

> 그러나 이렇게 된 것은 다 선지자들의 글을 이루려 함이니라 하시더라 이에 제자들이 다 예수를 버리고 도망하니라 ✝ 마태복음 26 : 56

제자들아 믿음이 좋은 양
주님과 동행하겠다고 호언장담하고
배신하지 않겠다고 굳게 다짐하더니
주님을 버리고 막연하게 도망치느냐
주님과 삼 년 동안 동행하며
주님께서 이 마을 저 마을에서 전도하시고
말씀의 능력으로 병자를 고치시고
귀신을 쫓아내시고 세례를 베푸시며
오병이어의 역사를 나타내심을 보고
기뻐하며 감격하던 너희가 아니냐

우리 중에 누가 더 크냐고
자리다툼하던 너희들이 아니냐
우리 중에 누가 팔 것이냐고
궁금해하던 너희가 아니냐
주님은 바로 너희의 죄 때문에
재판을 받으시고 십자가를 지시는데
비정한 제자들아 어디로 도망치느냐
섬뜩한 사망의 그늘이 찾아와도
주님은 언제나 함께하시는데
겁쟁이 제자들아 어디로 가느냐
믿음을 다시 찾아라 제자들아

690 | 자살한 가룟 유다의 묘지, 피밭 1

그때에 예수를 판 유다가 그의 정죄됨을 보고 스스로 뉘우쳐 그 은 삼십을 대제사장들과 장로들에게 도로 갖다 주며 이르되 내가 무죄한 피를 팔고 죄를 범하였도다 하니 그들이 이르되 그것이 우리에게 무슨 상관이냐 네가 당하라 하거늘 유다가 은을 성소에 던져 넣고 물러가서 스스로 목매어 죽은지라 대제사장들이 그 은을 거두며 이르되 이것은 핏값이라 성전고에 넣어둠이 옳지 않다 하고 의논한 후 이것으로 토기장이의 밭을 사서 나그네의 묘지를 삼았으니 그러므로 오늘날까지 그 밭을 피밭이라 일컫느니라 ✝ 마태복음 27 : 3-8

돈에 눈멀고 양심에 화인 맞은
예수의 제자 가룟 유다야
스승 팔아 무얼 얻었는가

은 삼십 냥 손에 쥐어본 희열도
잠시 잠깐에 아침 안개 사라지듯 사라지고
사방에서 몰려오는 불안과 가슴을 옥죄여 오는
양심의 소리에 떨리지 않는가

죄악의 생활은 처음부터 착각이라
뉘우쳐도 값은 돌릴 수 없고
억하심정으로 저지른 죄는 참혹하다
은 삼십 냥을 써보지도 못한
가룟 유다는 돈을 성소에 던지고
목매달아 죽어 창자가 터져 나왔다

세상을 돈으로 계산하던 네가
남긴 것은 무엇인가
나그네의 묘지 피밭밖에 더 있더냐
오늘도 또 다른 가룟 유다가
예수를 팔아도 남길 것은 피밭밖에 없다

691 | 자살한 가룟 유다의 묘지, 피밭 2

너를 구원하여주시고
제자로 선택하시고
삼 년 동안이나 함께 복음을 전하신
구세주를 어찌 은 삼십에 팔 생각을 했을까

도무지 이해할 수 없는 행동을 벌인
예수의 제자 가룟 유다
은 삼십에 팔고 나서 얼마나 번민했을까
얼마나 후회하며 고통스러워했을까

저지른 죄는 후회할 수 없는 것
예수를 판 돈으로 부자가 되었는가

아무 일도 못 하고 갈등에 빠지고
번민에 빠져 돈을 써보지도 못하고
은 삼십을 성전에 던지고 목매달아 죽었다

예수를 판 돈은 피밭을 사는 데 써지고 말았다
은 삼십에 예수를 판 가룟 유다는
역사상 가장 불행한 사람이다

오늘도 이 시대의 가룟 유다는
예수를 돈으로 팔고 있다

이에 군대와 천부장과 유대인의 아랫사람들이 예수를 잡아 결박하여 먼저 안나스에게로
끌고 가니 안나스는 그해의 대제사장인 가야바의 장인이라 가야바는 유대인들에게 한 사
람이 백성을 위하여 죽는 것이 유익하다고 권고하던 자러라 ✝ 요한복음 18 : 12-14

이스라엘 백성을 대신하는
대제사장 가야바는
예수가 구세주이심을 알지 못하고
이단자나 잘못된 선지자로 알았다

진정 깨어 기도하고 말씀을 깨달은
진실한 대제사장이었다면
예수의 삶을 바라보며
예수가 구세주임을 알았을 것이다

가야바는 그럴듯한 옷을 입고
진리를 분간할 줄 모르는
모양새만 그럴듯하고 허울만 좋은 제사장이었다

하나님의 섭리와 뜻을 헤아리지 못하고
권위와 권세의 노예가 된
머리부터 발끝까지 형식적인 제사장이었다

예수 그리스도는 죄인을 위하여
대속제물이 되어 오셨거늘
가야바는 예수 그리스도를
진짜 죄인 취급 하여 죽이려 하고 있다

693 | 예수를 빌라도에게 넘기는 대제사장

새벽에 모든 대제사장과 백성의 장로들이 예수를 죽이려고 함께 의논하고 결박하여 끌고
가서 총독 빌라도에게 넘겨주니라 ✝ 마태복음 27 : 1-2

교회의 지도자들이 사악한 생각에
교회의 주인이 되신 예수를
밤새 쑥덕공론하며 모략을 꾸며 죽이려 하였다

올바르게 생각하고 올바르게 행동해야 할
교회의 지도자들이 자기들의 자리와
권세가 무너질까 두려워 구원자 예수를
죄의 결박을 풀어주시려고 오신 예수를
도리어 묶어서 결박하였다

진리를 주시고 생명을 주시고
길을 알려주시고 자유를 주시고
병든 심령을 치유하여주시는
예수를 함부로 붙잡아 빌라도에게 넘겨주었다

양심이 마비되어 더러운 모략을 내뿜어
예수를 십자가에 매달려는 음모를 꾸미는
너희들의 행위는 잘못된 것이다

제사장들과 장로들은 그들의 판단과
행동을 어떻게 책임질 것인가
예수를 넘긴 핏값을 평생토록 후회하며
눈물 흘려도 소용없으니 어찌 감당할 것인가

694 | 헤롯 앞에 선 예수

헤롯이 예수를 보고 매우 기뻐하니 이는 그의 소문을 들었으므로 보고자 한 지 오래였고 또한 무엇이나 이적 행하심을 볼까 바랐던 연고러라 여러 말로 물으나 아무 말도 대답하지 아니하시니 대제사장들과 서기관들이 서서 힘써 고발하더라 헤롯이 그 군인들과 함께 예수를 업신여기며 희롱하고 빛난 옷을 입혀 빌라도에게 도로 보내니 헤롯과 빌라도가 전에는 원수였으나 당일에 서로 친구가 되니라 ✝ 누가복음 23 : 8-12

어떤 죄도 티끌만큼도 없는 예수가 헤롯 앞에 서서
죄인으로 신문받을 이유가 무엇인가
대제사장들과 서기관들이 참 어리석어
하나님의 뜻과 섭리를 몰라보고
자신들을 구원하실 구세주도 모른다

예수께서 자신의 눈앞에서 행하신 일을
두 눈으로 똑똑히 보고서도 가슴 떨리는 감동으로
받아들이지 못해 믿지 못하고 있다
자신들을 죄에서 구원하러 오신 예수를
배척하여 궁지로 몰아 죽이려 하고 있다

예수를 보자 헤롯은 기분 좋은 표정으로
혹시나 소문대로 신비한 이적과 표적을
볼 수 있지 않을까 묘한 호기심이 발동하였다
헤롯이 물어도 대답할 가치 없는 말에
예수는 묵묵히 아무 말도 하지 않으셨다
헤롯은 예수를 업신여기고 조롱하며
원수였던 빌라도와는 하루아침에
세상에서 둘도 없이 친한 것처럼
짝짜꿍하는 아주 못된 사이가 되었다

695 | 만왕의 왕인 예수 그리스도

빌라도가 이르되 그러면 네가 왕이 아니냐 예수께서 대답하시되 네 말과 같이 내가 왕이니라 내가 이를 위하여 태어났으며 이를 위하여 세상에 왔나니 곧 진리에 대하여 증언하려 함이로라 무릇 진리에 속한 자는 내 음성을 듣느니라 하신대 ✝ 요한복음 18 : 37

빌라도가 예수에게 네가 왕이냐 묻자
예수 그리스도는 분명하게 말씀하셨다
"네 말과 같이 내가 왕이니라
내가 이를 위하여 태어났으며
이를 위하여 세상에 왔나니
곧 진리에 대하여 증언하려 함이로다
무릇 진리에 속한 자는 내 음성을 듣느니라"
예수 그리스도는 만왕의 왕이시다

빌라도와 바리새인 서기관들은
거짓의 가면을 뒤집어쓴
진리에 속한 자들이 아니라서
예수 그리스도가 누구인지 몰랐다

진리를 모르는 자들이 진리가 되신 예수를
자기들 마음이 끌리는 대로
조롱하고 비판을 일삼으며 재판했다

너희들 마음대로 예수 그리스도의 권위를
바닥에 떨어뜨려 산산조각 내려 해도
예수 그리스도는 변함이 없는
영원한 만왕의 왕이시다

696 | 내 나라는 이 세상이 아니다

빌라도가 대답하되 내가 유대인이냐 네 나라 사람과 대제사장들이 너를 내게 넘겼으니 네가 무엇을 하였느냐 예수께서 대답하시되 내 나라는 이 세상에 속한 것이 아니니라 만일 내 나라가 이 세상에 속한 것이었더라면 내 종들이 싸워 나로 유대인들에게 넘겨지지 않게 하였으리라 이제 내 나라는 여기에 속한 것이 아니니라 ✝ 요한복음 18 : 35-36

우리 주 예수 그리스도는
천지만물을 창조하시고 운행하시는
전지전능하신 창조주 하나님이시다

성부 성자 성령 삼위일체 중에 성자이시며
예수는 이 세상에 속하지 않으신 분이시다

예수 그리스도께서 이 땅에 오셔서
십자가에 친히 달리사 보혈의 피를 흘려
죄 사함을 주신 것도 예언을 성취하신
하나님의 구속사의 섭리이다

예수의 나라는 이 세상의 나라가 아니다
이 세상은 인간의 나라요
예수 그리스도의 나라는 하늘나라다
예수 그리스도는 천지만물의 주인이시며
천지만물을 운행하시는 전지전능하신 분이다

예수 그리스도의 나라는
이 세상이 아니요 천상의 하늘나라다
하나님의 사람들이 아주 오랫동안
영원히 행복할 나라 천국이다

697 | 빌라도의 아내 1

죄인을 구원하고 버림받은 병든 자를 고쳤는데
무슨 죄가 있기에 재판을 합니까
죄를 범한 일이 없다는
옳은 사람을 잘못했다고 재판합니까

이 재판 탓에 근심과 고통으로 염려하며
꿈에서도 몸부림치고 있으니
예수는 죄 없고 무고하니 상관하지 마소서

무서운 죗값을 어이하려고 합니까
소문을 듣지 못했습니까
선하고 착한 일을 하신 분이 아닙니까
보통 사람들과 다른 분입니다

귀먹고 눈먼 자 앉은뱅이와 중풍병자를 고치시고
죽은 자를 살리고 바다 위를 걸으시고
바다를 잠잠케 하셨습니다

떡 두 개와 물고기 다섯 마리로
오천 명을 먹이고 열두 광주리를 남기신
하나님의 아들이니 재판하지 마소서
죗값을 어찌 감당하려 하십니까

빌라도여 빌라도여 핏발 선 눈빛으로 분노하며
예수를 재판하지 마시고 풀어주시오
당신이 왜 재판하십니까
영원히 가슴에 한 맺힐 일을 하지 마십시오
예수는 결코 죄인이 아닙니다
우리가 가질 수 없는 능력과 권세가 있는 분입니다
예수에 대한 소문을 듣지 않았습니까
죄인을 구원하시고 소경의 눈을 뜨게 하시고
귀신 들린 자를 고쳐주시고 죽은 자도 살리셨습니다
누가 이런 일을 할 수 있습니까

예수가 잘못한 일이 무엇입니까
돈을 가지려 했습니까 여자를 탐했습니까
당신의 권세를 원했습니까
예수는 온유하고 겸손하며 옳은 분입니다
빌라도여 어찌 양심을 구겨 넣고
왜 죄인은 풀어주고 의인을 심판합니까
왜 당신이 죄를 지으려 합니까
빌라도여 나의 남편이여 예수를 지금 당장 풀어주시오
풀어주지 않으면 가장 잔인한 폭력이 될 것입니다
이 일로 인하여 제 가슴이 너무나 아픕니다
저분 예수가 만약에 하나님의 아들이라면
우리가 어찌 하늘에서 보겠습니까

699 | 예수를 재판한 빌라도

빌라도가 이르되 어찜이냐 무슨 악한 일을 하였느냐 그들이 더욱 소리 질러 이르되 십자가
에 못 박혀야 하겠나이다 하는지라 빌라도가 아무 성과도 없이 도리어 민란이 나려는 것을
보고 물을 가져다가 무리 앞에서 손을 씻으며 이르되 이 사람의 피에 대하여 나는 무죄하니
너희가 당하라 ✝ 마태복음 27 : 23-24

억세게도 불운한 지도자 빌라도는
법대로 하지 못하고 아우성에 휩쓸려
예수를 잘못 재판하였다
물에 손만 씻으면 되는가
발뺌만 하면 죄가 사라지는가
죗값이 너에게 되묻지 않겠느냐

죄 없는 자 죽이고 죄 있는 자 살려주며
법을 제대로 집행하지 못하고
올무에 갇혔으니 얼마나 불행한가
예수가 고난받은 것을 기억하며
신앙고백을 하는 성도들의 입술 속에서
빌라도는 오늘도 고통받는다

비굴하고 어리석은 빌라도여
죄의 구덩이에 자신을 던지는 자여
죗값은 아무리 시간이 흘러가도
용서되지 않고 남아 있어 소리친다
놓칠세라 꽉 잡아도 남지 않는 삶
손을 씻어도 죄의 멍에는 늘 남아
너의 죗값은 영원하다

700 | 누구를 풀어달라 하느냐

> 빌라도가 대제사장들과 관리들과 백성을 불러 모으고 이르되 너희가 이 사람이 백성을 미혹하는 자라 하여 내게 끌고 왔도다 보라 내가 너희 앞에서 심문하였으되 너희가 고발하는 일에 대하여 이 사람에게서 죄를 찾지 못하였고 헤롯이 또한 그렇게 하여 그를 우리에게 도로 보내었도다 보라 그가 행한 일에는 죽일 일이 없느니라 그러므로 때려서 놓겠노라 무리가 일제히 소리 질러 이르되 이 사람을 없이하고 바라바를 우리에게 놓아주소서 하니 이 바라바는 성중에서 일어난 민란과 살인으로 말미암아 옥에 갇힌 자라 빌라도는 예수를 놓고자 하여 다시 그들에게 말하되 그들은 소리 질러 이르되 그를 십자가에 못 박게 하소서 십자가에 못 박게 하소서 하는지라 빌라도가 세 번째 말하되 이 사람이 무슨 악한 일을 하였느냐 나는 그에게서 죽일 죄를 찾지 못하였나니 때려서 놓으리라 하니 그들이 큰 소리로 재촉하여 십자가에 못 박기를 구하니 그들의 소리가 이긴지라 이에 빌라도가 그들이 구하는 대로 하기를 언도하고 그들이 요구하는 자 곧 민란과 살인으로 말미암아 옥에 갇힌 자를 놓아주고 예수는 넘겨주어 그들의 뜻대로 하게 하니라 ✝ 누가복음 23 : 13-25

저 외침은 무슨 외침인가
죄 없는 예수를 십자가에 못 박고
민란을 일으키고 살인한 자
바라바를 풀어주는 저들은 누구인가
너희들은 누구인지 모르는가

너희들의 소리 지름과 울부짖음은
무엇을 요구하고 있는가
너희들이 목청껏 외침은 무엇을 요구하고 있는가
선을 버리고 악을 도모하는 악한 자들아
예수는 이 땅에 오신 구주가 아니신가
누구를 십자가에 달고 풀어달라 하느냐

가슴 아프게 통곡할 수밖에 없구나
너희들이 달려야 할 십자가에 누구를 매달아 죽이려 하느냐
눈빛이 가증스럽다 어리석은 인생들아
처절한 슬픔의 어둠 속에서 이 슬픈 아픔에 목 놓아 울고 싶다

701 │ 유명한 죄수 바라바 1

> 대제사장들과 장로들이 무리를 권하여 바라바를 달라 하게 하고 예수를 죽이자 하게 하였
> 더니 총독이 대답하여 이르되 둘 중의 누구를 너희에게 놓아주기를 원하느냐 이르되 바라
> 바로소이다 ✝ 마태복음 27 : 20-21

참으로 이상한 일입니다
십자가에 처형받을 중죄인이
풀려나다니 이게 웬일입니까
죄 없다고 하니 잘못된 것 아닙니까

예수와 게임이라도 하듯 선택하여
바라바를 풀어주다니 알 수 없습니다
예수는 눈 뜨게 하고 벙어리를 고쳐주고
귀신을 쫓아내고 병에서 구원하고
죽은 사람도 살려주시는 분인데
도대체 어떻게 된 일입니까

예수 이분이 죄인이라니요
많은 사람들이 만나기를 원했는데
죄인은 살리고 예수는 죽이려 하다니
참으로 이상한 일입니다
석방되지만 무언가 잘못된 것입니다
예수가 나 대신 멍에를 메고
십자가에 달릴 모양입니다
죽어야 할 내가 살아났습니다
사람들이 미친 듯 참 이상합니다

702 | 유명한 죄수 바라바 2

도저히 있을 수 없는 희한한 일이 벌어졌다
너희들이 한 짓이 도대체 어떤 짓이냐
바라바는 유명한 죄수였으나
죗값을 치르지 않고
감옥에서 풀려 나오게 되었다

죄 없는 예수가 바라바 대신
죄인이 되셔서 죗값을 치르는 죄수로
십자가에 매달리게 되셨다

아무 죄 없는 예수를 십자가에 못 박으려고
대제사장과 관리들과 백성들
모두가 거짓말을 만들어내고 있다

바라바는 사슬을 풀고 감옥에서 나와
가족들과 친구들을 만나 기뻐했을 것이다

죄를 대신한 예수를 잊지 못했을 것이다
이 사건에서 우리의 죄를 대속하시려는
십자가 고난의 예수의 모습을 볼 수 있고
죄인인 우리의 모습을 발견할 수 있다

703 | 어리석은 자들아

예수를 재판하고 때린 어리석은 자들아
침 뱉은 어리석은 자들아
너희들의 두 눈으로 보라

똑똑히 보라 그가 누구이신가를
어둠을 열고 빛으로 오신 이가 아닌가
구원자 만병의 의원 되시는 예수가 아닌가

채찍질하는 어리석은 자들아
가시관을 씌우고 홍포를 입힌
어리석고 바보 같은 자들아
너희들이 똑똑히 깨닫고 알게 되리라
그가 누구이신가를

예수를 조롱하고 못 박은 어리석은 자들아
철없이 저지른 무모한 짓에
결과가 지옥불이라면 어찌하겠는가
회개하라 어리석은 자들아
너희들 앞에 다시 오리라
만왕의 왕 심판의 주로 다시 오리라

704 | 채찍질당하는 예수

빌라도여 왜 아무 죄도 찾지 못한
무죄한 예수를 어찌 네가 채찍질하는가
군인들이여 왜 가시나무로
면류관을 엮어 머리 위에 씌우는가
군인들이여 왜 너희 마음대로
예수의 옷을 벗기고 자색 옷을 입히는가

예수는 아버지의 뜻을 이루시려고
아무 말도 하지 않으시고
속죄 제물로 모든 것을 받아들이신다
제물이 된 후에는 변명하시지 않고
반항하시지 않고 묵묵히 가신다

채찍질을 당해도 손으로 때려도
인간을 죄에서 구원하시기 위하여
예수는 십자가의 길을 가시니
죗값이 얼마나 무서운가를 알 수 있다

예수는 십자가를 지시려고 오셨기에
하나님 아버지의 뜻에 순종하려고
조롱을 받으며 말없이 가신다

705 | 십자가에 못 박으라

이에 예수께서 가시관을 쓰고 자색 옷을 입고 나오시니 빌라도가 그들에게 말하되 보라 이
사람이로다 하매 대제사장들과 아랫사람들이 예수를 보고 소리 질러 이르되 십자가에 못
박으소서 십자가에 못 박으소서 하는지라 빌라도가 이르되 너희가 친히 데려다가 십자가
에 못 박으라 나는 그에게서 죄를 찾지 못하였노라 ✝ 요한복음 19 : 5-6

민음이 없고 말씀이 없고
예수 그리스도가 없는 차가운 시선들
소망이 없이 잔인하고 잔혹하다

죄악 속에 사는 사람들은
자기가 지금 어떤 잘못된 일을
저지르고 있는지도 모른다
자기가 지금 어떤 실수와 죄를
저지르고 있는지도 모른다

빛으로 오신 예수를 영접하지 않고
구원자 예수를 죄인으로 몰아
십자가에 못 박으라 외치고 있다

불신이 얼마나 무서운가
지금 인간이 저지르지 말아야 할 일을
저주받을 일을 꾸미고 있다

가시면류관을 쓰신 예수는 죄 없이
십자가에서 죽음으로써
우리를 사망에서 구원하셨다

706 | 나는 그에게서 죄를 찾지 못하였노라

이에 예수께서 가시관을 쓰고 자색 옷을 입고 나오시니 빌라도가 그들에게 말하되 보라 이 사람이로다 하매 대제사장들과 아랫사람들이 예수를 보고 소리 질러 이르되 십자가에 못 박으소서 십자가에 못 박으소서 하는지라 빌라도가 이르되 너희가 친히 데려다가 십자가 에 못 박으라 나는 그에게서 죄를 찾지 못하였노라 ✝ 요한복음 19 : 5-6

예수는 죄가 하나도 없으신
고귀한 하나님의 아들 독생자이시다

빌라도는 예수 그리스도를 죄인처럼
옷을 입혀놓고서도 군중들에게 말했다

"보라 이 사람이로다
너희가 데려다가
십자가에 못 박으라
나는 그에게서 죄를 찾지 못하였노라"

죄가 없는데 심판받고 처형당하는가
위선자 빌라도는 군중의 여론에 밀려
거짓 재판을 하고 말았다

죄를 찾을 수 없는
성결하신 예수 그리스도가
우리를 죄에서 구원하시기 위하여
모든 모욕과 모략으로
십자가에 못 박혀 고난당하셨다

707 | 십자가에 못 박게 하소서

> 그들이 소리 지르되 없이하소서 없이하소서 그를 십자가에 못 박게 하소서 빌라도가 이르되
> 내가 너희 왕을 십자가에 못 박으랴 대제사장들이 대답하되 가이사 외에는 우리에게 왕이
> 없나이다 하니 이에 예수를 십자가에 못 박도록 그들에게 넘겨주니라 ✝ 요한복음 19 : 15-16

예수를 없이하소서
예수를 십자가에 못 박게 하소서
외치는 유대인들과 대제사장들이여
도대체 왜 이런 일을 하는가

예수 그리스도는 죄를 씻겨주시려고
십자가에 못 박힐 대속제물로 오셨거늘
어찌하여 죄인들이 심판하고
의로우신 예수를 십자가에 못 박으라
함부로 고함을 치는가

너희가 죄인이거늘 죄 없고 흠 없는
예수를 어찌하여 너희 마음대로 심판하며
십자가에 못 박으라 하느냐

예수는 만왕의 왕이시거늘
어찌 가이사에게 비교하는가

너희가 어찌하여
예수를 심판하고 재판하는가
심판받아야 할 자들은 바로 너희들이다

708 | 예수를 십자가에 못 박히도록 넘겨주다

빌라도여 너도 네 아내도 예수에게서
죄를 찾아내지 못하여
풀어놓으라고 간곡히 부탁했는데
어떻게 십자가에 못 박히도록
예수를 넘겨주는가

예수는 십자가의 고난을 받으신다
빌라도에게 고난을 받으신다

자신의 책임을 회피하려고
군중이 두려워 거짓 재판하는 빌라도여

예수 그리스도는 하나님의 도구로
쓰임을 받았을 뿐이니 큰소리치지 말라

예수는 마음대로 재판당하실 분이 아니시다
바로 너를 만드시고 창조하신
하나님의 아들 구세주 예수 그리스도다

악역을 맡은 빌라도여
너의 삶은 비굴하고 안타깝고 초라하다

709 | 예수를 채찍질하는 빌라도

이에 빌라도가 예수를 데려다가 채찍질하더라 ✝ 요한복음 19 : 1

지혜가 없는 빌라도여
재판도 옳지 못하게 하는
권세의 가면을 쓴 어리석은 지도자여
죄인도 아닌 하나님의 아들 예수를
네가 어찌하여 채찍질하는가

예수 그리스도가 무엇을 잘못했는가
예수 그리스도가 무슨 죄를 지었는가
조목조목 말해보고 증거를 대보아라

예수 그리스도가 무슨 죄를 지었는가
죄목을 분명하고 확실하게 말해보아라

싹수가 노란 빌라도여
예수를 채찍질하는 이유를
명확하게 말해보아라

사람인 네가 감히 어찌하여
하나님의 아들을 채찍질하는가
어리석은 빌라도여
어떤 심판을 받으려고 채찍질하는가
너는 지금 악의 도구로 사용되고 있다

710 | 예수를 십자가에 못 박으라 외치는 대제사장들

대제사장들과 아랫사람들이 예수를 보고 소리 질러 이르되 십자가에 못 박으소서 십자가에 못 박으소서 하는지라 빌라도가 이르되 너희가 친히 데려다가 십자가에 못 박으라 나는 그에게서 죄를 찾지 못하였노라 ✝ 요한복음 19 : 6

예수를 십자가에 못 박으라
소리치는 대제사장들과 아랫사람들아
지금 무슨 짓을 하고 있는 것인가
빌라도는 죄를 찾지 못하였다 하는데
너희가 이 땅의 성직자들인가
얄궂고 심령이 어두운 대제사장들아
너희가 어찌 하나님의 아들
예수 그리스도의 죄를 찾았다고
거짓을 핑계 삼아 처치 곤란한 존재로 여겨
얼렁뚱땅 죄를 뒤집어씌우려 하는가
예수 그리스도는 죄가 전혀 없는 분이시다

어찌 감히 예수를 깔보며 죄를 말하는가
너희들 양심 속에 숨어 자란
진리에 어긋난 불신이 너희를 삼키는구나
정신이 아리송한 너희가 저지른 모든 죄를
예수께 뒤집어씌우는구나
아둔하고 어리석은 대제사장들아
너희들의 그 말과 그 행동 그대로
하나님이 심판하실 것이다
너희가 어찌 감히 하나님의 아들
예수를 십자가에 못 박으라 하는가

711 | 예수를 부인하는 베드로 1

한 시간쯤 있다가 또 한 사람이 장담하여 이르되 이는 갈릴리 사람이니 참으로 그와 함께 있었느니라 베드로가 이르되 이 사람아 나는 네가 하는 말을 알지 못하노라고 아직 말하고 있을 때에 닭이 곧 울더라 주께서 돌이켜 베드로를 보시니 베드로가 주의 말씀 곧 오늘 닭 울기 전에 네가 세 번 나를 부인하리라 하심이 생각나서 밖에 나가서 심히 통곡하니라
✝ 누가복음 22 : 59-62

주님을 늘 따른다고 무작정 장담했는데
세 번이나 부인하니 닭 울음이 양심을 찢고
못난 목숨이 어처구니없어 부끄러웠습니다

주님 말씀이 가슴에 들렸습니다
"세 번씩이나 나를 부인하리라"
점점 커져오는 목소리에
가만히 있을 수 없어 뛰쳐나갔습니다

내 한 목숨 살자고 나를 구원하신
주님을 세 번이나 부인하고 말았습니다
부인할 것이란 주님의 말씀이 생각나
졸렬한 꼴에 통곡해도 어리석었습니다

늘 하늘의 뜻에 따르시는
주님의 눈길과 마주쳤을 때
사랑하심을 알았는데 온전히 따르지 못했습니다

어설프고 부족한 자의 참회를 받아주시고
말씀의 통로가 되어주시니
예수와 함께 죽고 살겠습니다

712 | 예수를 부인하는 베드로 2

베드로는 아래뜰에 있더니 대제사장의 여종 하나가 와서 베드로가 불 쬐고 있는 것을 보고 주목하여 이르되 너도 나사렛 예수와 함께 있었도다 하거늘 베드로가 부인하여 이르되 나는 네가 말하는 것이 무엇인지 알지도 못하고 깨닫지도 못하겠노라 하며 앞뜰로 나갈새

✝ 마가복음 14 : 66-68

"주는 그리스도시요 하나님의 아들"이라고
당당하게 고백하던 예수의 제자 베드로가
주님을 세 번씩이나 부인했습니다

그렇게 당당하던 제자가
주님이 십자가에 달리기 위하여
붙잡혀 가는데 알지도 못한다고
지지리도 못나 낡은 속임수로 부인했습니다

닭이 두 번 울기 전에 세 번이나 부인하리라 하신
주님의 말씀에 아무 준비도 못 했습니다
주님을 부인하고 통곡하며 알았습니다
나의 믿음이 매우 나약하고 보잘것없었구나

주님은 세상 죄를 위하여
십자가를 지시고자 가시는데
베드로는 목숨을 부지하기 위해
세 번씩이나 부인했습니다
베드로는 고백했습니다
주여 나의 어리석음을 용서하소서
주여 나의 연약함을 용서하소서

713 | 예수를 부인하는 베드로 3

어린아이 앞에서 쩔쩔매며 주님을 부인하다니
메마른 가슴에 철철 눈물이 흐릅니다
주님을 따르던 날 감격이 충만해 부러울 것 없었는데
이리 쉽게 부인할 줄은 나도 몰랐습니다

주님이 함께하시지 않으면 아무것도 할 수 없다는
말씀을 이제야 가슴에 새겨놓았습니다
모든 것을 깨달을수록 착잡하여 눈물이 쏟아지니
창피하고 부끄러운 불신의 마음을 몽땅 다 풀어주소서
허망하여 하늘과 땅이 무너진 듯 초점을 잃은 나에게
주님의 음성이 크게 들려옵니다
"네가 닭 울기 전에 세 번 나를 부인하리라!"

거센 풍랑 속에서도 갈릴리 바다에서
고기 잡던 힘 좋은 어부로
온갖 시련을 당당하게 잘 견디며 살아왔는데
주님을 부인하던 그 순간이 너무 초라합니다
삼 년 동안이나 따르면서 깨닫지 못해 호언장담하고도
멀리 따라가다가 부인했습니다
오늘에야 어리석음을 깨닫고
여기 베드로가 눈물을 흘리며 심히 통곡합니다
이제부터는 주님의 뜻을 충실히 따르겠습니다

714 | 도망치는 청년

무슨 일일까 얼마나 다급했던지
화끈거리는 얼굴로 벗은 몸을 홑이불로 감싸고
청년이 예수를 따라갔다

예수 그리스도께서 모략을 꾸민 자들에게
잡히자 다급하게 찾아온 두려움에
무슨 생각을 성급하게 했는지
홑이불도 내팽개치듯 던져버리고
벗은 몸으로 도망쳤다

아무것도 준비되지 않은 믿음은
뜻하지 않은 일이 벌어지면 아무 소용 없이
목숨만 살자고 달아나고
어디론가 줄행랑을 쳐버린다

무슨 일이 일어나든지
어떤 환란이나 고난이 찾아오든지
대처할 수 있는 믿음이 산 믿음이다

예수를 따르다 죽으면 죽으리라는
일사각오의 믿음이 없다면
진정한 예수의 제자가 아니다

715 | 예수를 조롱한 대제사장들

어리석고 무책임한 대제사장들이여
죗값을 타인에게 전가하며
예수를 십자가에 못 박으려고
악의가 넘치는 주장을 한 못된 자들이여

십자가 위에
유대인의 왕이라 쓴 것을 반대하고
자칭 유대인의 왕이라고 쓰라며
비웃던 자들이여

예수 그리스도가 만왕의 왕이시거늘
자칭 유대인의 왕이라며
조롱하고 잘난 척하던 못된 자들이여

미련하고 잔망스런 대제사장들이여
어찌 자신이 행한 잘못을 몰랐던가
참으로 불쌍한 인생들이여

716 | 예수를 외면하는 사람들

민중이 자기들이 원하는 열망이 없고
환상도 깨어져 버려 예수를 궁지로 몰아가고 있다

앉은뱅이와 눈먼 자를 고치고
귀머거리와 귀신 들린 자를 치유하실 때
메시야를 원하며 그토록 환호하던 자들이
큰 기적을 바라며 예수를 떠나고 있다

예수가 가난하고 힘없는 버려진 자들을
치유하고 죄를 용서하셔서 인기가 높아지시자
성전의 지도자들이 시기하고
질투하기 시작하여 가시 돋친 모략으로
예수를 현실을 외면한 어긋난 예언자로 몰아넣었다

구원자 예수 그리스도가 하늘의 권세가 없는
무기력하고 사랑만 외치는 한 사내로만 보였다

눈먼 자들이 진리를 보고
온갖 병자들이 고침과 구원을 받았지만
예수를 따르는 숫자는 너무도 적었다

사람들은 현실의 행복만을 원하지만
예수는 지상에 대한 영원한 사랑을 보여주신다

717 | 홍포를 입으신 이

예수 그리스도에게 자색 옷을 입히며
서로 조롱하는 너희는 누구냐
너희가 예수가 누구인 줄 안다면
진정 이런 일을 하겠는가

어리석고 눈먼 총독의 군병들이여
어찌 예수의 옷을 벗기고
너희 마음대로 자색 옷을 입히는가

주 예수 이분은 열두 명도 더 되는 하늘의
천군천사를 부리는 하나님의 아들이시다

만왕의 왕에게 가시관을 씌우고
갈대를 오른손에 들리고 그 앞에 무릎 꿇어
"유대인의 왕이여 평안할지어다"
조롱하는 자들아 총독의 군병들아
무슨 권세로 침을 뱉고 갈대로 치는가

어찌 눈앞에 두고도 몰랐나
순간만 아는 자들아
한 번도 들어본 적이 없는 구원 소식
최고의 행복을 알지 못하는가

718 | 가시면류관을 쓰신 예수

가시나무를 꺾어 가시면류관을 만들어
조롱하며 예수의 머리에 씌운다
가시는 사악한 죄가 만들어놓아
사람들을 찌르고 괴롭힌다

아담이 죄를 짓자 땅은 가시덤불을 만들어내고
죄를 짓는 사람들도 가시 노릇을 한다

살아 있는 작은 새도 가슴이 따뜻하거늘
인간의 가슴이 그리도 차고 독할 수가 있는가

사람들은 죄를 점점 더 짓고
불안과 초조와 음란과 시비와
음모와 모함과 도박과 싸움과
죽음의 가시밭길을 걸어간다

가시면류관 속에 예수는 인간이 지은
모든 죄의 고통을 몸소 당하셨다

예수는 우리를 위해
모든 것을 감당하셨다
예수께서 주시는 평안은
세상이 주는 것과 다른 참평안이다

719 | 골고다 언덕길

독생자 예수가 인간의 죄를 지시고
십자가의 고난을 당하러 골고다 언덕길을
채찍에 맞으며 힘들게 올라가시는데
모두 다 어디 갔을까
그토록 간절히 외치던 사람들

하나는 우편 하나는 좌편 자리를
원하던 이들은 어디 갔을까
초막 셋을 지어 함께 살기를
원하던 이들은 어디 갔을까

맹인에서 눈을 뜬 사람들
중풍 병마에서 고침을 받은 사람들
앉은뱅이에서 고침을 받은 사람들
죽었다가 다시 살아난 나사로
귀신에게 놓인 사람들 어디로 갔을까

예루살렘에 입성하실 때 환호하던 사람들
예수는 십자가를 지고 가시는데
모두 다 어디 갔을까

720 | 골고다 언덕을 기억합니다

세 개의 십자가 골고다 언덕을 기억합니다
허공중에 쓸쓸하게 십자가에 매달려
고귀하신 보혈을 흘리신 예수
하늘 사랑을 가슴에 담으며
십자가에 못 박히시던 구속의 날을 기억합니다

사람이 이토록 어리석고 미련합니까
아무 죄를 찾지 못했는데 모함 속에
재판을 받고 죄인이 되는
기막힌 슬픔이 어디에 있습니까
죗값의 못이 박힐 때마다
뼈 마디마디 끊어질 듯 심한 고통과
애간장을 녹이는 십자가 사랑을 기억합니다

사망권세 이기시려고
스스로 십자가를 지시고 골고다 언덕길을 가신
깊은 정적 속에도 꽃피어 나는
구원의 사랑은 영원히 빛날 것입니다
골고다 십자가의 사랑에
모든 죄악을 하나도 남김없이 훌훌 털어내고
죄의 속살까지 파내어 회개합니다
구속의 사랑을 어찌 잊을 수 있습니까
오직 믿음으로 영원히 간직하겠습니다

721 | 십자가 고난을 택하신 예수

곧 창세 전에 그리스도 안에서 우리를 택하사 우리로 사랑 안에서 그 앞에 거룩하고 흠이
없게 하시려고 그 기쁘신 뜻대로 우리를 예정하사 예수 그리스도로 말미암아 자기의 아들
들이 되게 하셨으니 이는 그가 사랑하시는 자 안에서 우리에게 거저 주시는바 그의 은혜의
영광을 찬송하게 하려는 것이라 우리는 그리스도 안에서 그의 은혜의 풍성함을 따라 그의
피로 말미암아 속량 곧 죄 사함을 받았느니라 ✝ 에베소서 1 : 4-7

왜 예수 그리스도께서는
힘들고 고통스러운 십자가의 고난을
스스로 택하셨을까

하나님은 이미 창세전에
우리를 지극히 사랑하셔서
예수 안에서 거룩한 백성으로 선택하셨다

이 세상이 있기도 전부터 우리를
하나님의 자녀로 선택하여주셨다

조건 없는 하늘 사랑의 고귀함으로
하나님의 기쁘신 뜻대로 이루셨다

하나님의 구속의 은혜로
예수를 대속제물이 되게 하시고
그가 흘리신 보혈로 구원받게 하셨다

때가 차매 예수가 이 땅에 오셨고
십자가의 보혈로 죄에서 구원하셨다

골고다의 예수는 십자가에서
외마디를 외치고
사람들의 예수는 대낮에
여인의 목에 대롱대롱 매달려
깔깔대고 웃는다

은 삼십 냥에 팔린 예수는
오늘은 금으로 도금된 채
하얀 여인의 목에 매달려
가슴만 예쁘다고 한다

열창하는 팝송 가수의 목에
매달린 십자가는 입으로 예수를 부르고
춤추는 여인의 가슴에 대롱대롱 매달린
십자가는 몸으로 예수를 부른다

사람들의 예수는 장식품이 되어가고
우리들의 예수는 골방에서도
마음이 가난한 자들에게 찾아와
마음의 문을 두드리신다

723 | 우리를 위하여 저주받으신 예수

그리스도께서 우리를 위하여 저주를 받은 바 되사 율법의 저주에서 우리를 속량하셨으니 기록된바 나무에 달린 자마다 저주 아래에 있는 자라 하였음이라 이는 그리스도 예수 안에서 아브라함의 복이 이방인에게 미치게 하고 또 우리로 하여금 믿음으로 말미암아 성령의 약속을 받게 하려 함이라 ✝ 갈라디아서 3 : 13-14

죄로 인하여 저주받아
영벌에 처해져야 할
죄인들을 위하여 십자가에 친히 달리사
우리를 위하여 대신 저주받으신 예수

하나님의 아들 구세주 예수가
율법의 저주에서 우리를 구원하여주셨다

이 큰 사랑을 누가 거부하겠는가
이 고귀한 사랑을 누가 변론하겠는가

예수는 만인이 보는 가운데
저주를 받으사 십자가에 달리셨다

이 놀라운 사랑에 감사하지 않겠는가
이 놀라운 사랑을 찬양하지 않겠는가

이 세상에서 가장 위대한
예수 그리스도의 사랑은
믿음으로 성령의 약속을 받게 하셨다

724 | 우리의 죄악을 입으신 예수

예수 그리스도는 우리를 위하여
십자가에 달려 죄악을 입으셨다

하나님이 죄인이 되셨다
하나님이 대속제물이 되셨다
하나님이 피와 눈물을 흘리셨다

늘 불신하고 배반하고 도망치며
회피와 핑계와 시비를 일삼는
인간은 죄악 속에 살며 절대로
십자가에 달리지 못할 것이다

하나님은 자신의 창조물 중에서
인간을 사랑하사 자비를 베푸셨다
예수 그리스도는 자신을 때려도
모욕당하고 침을 맞아도
묵묵히 골고다 언덕길을 걸으셨다

하나님의 독생자가 죄인이 되어
죄악을 입으시고 십자가를 지셨다

725 | 나를 위하여 십자가를 지신 예수

십자가 예수의 모든 일이
하나님의 섭리이시다
난 예수를 직접 만난 적도 없지만
나의 죄를 씻기 위하여 보혈을 흘려주셨다
이 얼마나 놀라운 사랑이며
이 얼마나 놀라운 은혜인가

홍포를 입으시고 가시관을 쓰시고
나무 십자가를 지시고 골고다 언덕길을 오르시며
채찍에 맞아 땀과 피로 물드셨다

골고다로 올라가신 예수는
바로 나를 죄에서 구원하시려고
하나님이 예정하시고 실행하신
놀라운 구속의 은혜이며 축복이다
나무 십자가에 양손이 못 박히시고
십자가에 매달려 기도하시고
목말라하심이 나를 위한 일이니
이 얼마나 큰 사랑을 받은 것인가

성전의 휘장이 찢어지고 운명하신 뒤
삼 일 후에 부활하셔서 구원을 완성하심이
나를 위한 얼마나 놀라운 은혜인가

726 | 구경하는 사람들

잿빛 구름이 잔뜩 낀 하늘 아래
예수는 나무 십자가를 지시고
골고다를 향하여 죄를 지고 가시는데
아무런 안타까움도 죄책감도 없이
무엇을 구경하고 있는가

얼굴을 보라 모습을 보라
깊고 깊으신 근심 누구의 죄 때문인가
바로 나와 너의 죄 때문이 아닌가

중풍병과 문둥병을 고쳐주시고
눈 뜨게 하시고 귀신이 쫓아 정신을 온전하게
고쳐주신 예수가 강도들과 함께
십자가를 지신 모습을 바라보라

예수가 무엇 때문에 십자가를 지고 있는지
주의 얼굴을 보라 누구의 죄 때문인가

오늘 너를 초청하셨다
네 영혼의 구석구석에 숨은 죄까지
보혈로 깨끗이 씻겨주시고
구경꾼이 아닌 주인공으로 초청하셨다

727 | 골고다 언덕길을 향하여 걸어가시는 주님

군인들이 예수를 끌고 브라이도리온이라는 뜰 안으로 들어가서 온 군대를 모으고 예수에게 자색 옷을 입히고 가시관을 엮어 씌우고 경례하여 이르되 유대인의 왕이여 평안할지어다 하고 갈대로 그의 머리를 치며 침을 뱉으며 꿇어 절하더라 희롱을 다 한 후 자색 옷을 벗기고 도로 그의 옷을 입히고 십자가에 못 박으려고 끌고 나가니라 ✝ 마가복음 15 : 16-20

머리에는 가시관을 쓰시고 홍포를 입으시고
채찍에 맞아 힘없이 걸어가신 골고다 언덕길

무거운 십자가를 지신 고통 속에
발자국마다 핏방울로 적시고
힘들어 비틀거리는, 얼굴의 핏기가 사라진
주님을 어이합니까

죄인이 가야 할 길과 죄짐을
주께서 홀로 대신 지시다니
그 사랑과 은혜를 어찌 감당해야 합니까

주님의 놀라운 사랑에
서로의 가슴과 가슴으로 감격하면서도
왜 주님을 닮지 못할까
주님처럼 사랑을 실천하지 못함을
용서하여주시고 인도하여주소서

골고다 언덕길 내 대신 십자가를 지신
사랑을 어찌 갚겠습니까
놀라운 사랑 나의 사랑이오니
진실하게 고백하게 하소서

728 | 골고다 언덕길에 모여든 사람들

세 사람이 십자가 지고 골고다로 향하니
소문이 어찌나 빠른지
오랜만에 볼만한 구경거리가 생긴 줄 알고
온 마을 사람들이 인산인해로 몰려들었다

재판을 받던 두 사람 중 하나는
무작정 죄만 짓던 바라바이고
한 분은 인간을 구원하러 오신 예수인데
하나님의 뜻을 모르는 자가 잘못 선택했다

구원을 외치고 회개를 외치며 귀신을 쫓아내고
병자를 고쳐주시던 주께서 아무 저항도 없이
십자가를 지시는 것을 무능력하게 생각했다

소경과 중풍병자를 고쳐주신 분이 아닌가
귀신 들린 자를 온전하게 해주시고
오병이어의 기적을 행하신 그분이 아닌가

온유하게 말씀하시던 분이 말없이
골고다로 향하니 참 이상한 일이었다
주님께서 이 순간만큼은 속죄 제물이 되셔서
하나님의 섭리를 따르는 시간
오직 하나님의 뜻에 순종하는 시간이었다

729 | 골고다 예수 그리스도의 얼굴을 보라

인간의 죄 탓에 가혹하게 으깨어지고
고통 속에 야윈 어깨를 보라
핏기 사라진 얼굴을 보라

자기가 지은 죄도 아닌데
인간이 지은 죄를 대속하시기 위하여
홀로 외롭고 쓸쓸하게 형장으로
모질게 끌려가는 얼굴을 보라

이 땅에 오신 구세주가 외면당하고
모략에 휘말리고 배신을 당하여
처절한 고독에 해쓱해진 얼굴을 보라

환호하던 사람들도 구경꾼으로 바뀌고
따르던 제자들은 도망치고
섬기던 여인들조차도
아무것도 할 수 없어 눈물만 뿌리고 있다

고통의 가시관 핏물이 흘러 얼굴이 젖고
고통스럽고 처절하게 조롱당하신 분은
인간을 구원하러 오신 구세주이시다

730 | 왜 우느냐 예루살렘의 딸들아 1

여인들이여 눈물을 닦아라
지금은 나를 위하여 울 때가 아니다
너와 네 자녀를 위하여 울어야 한다
어디로 갈지 모르고 갈팡질팡하는 여인들아
답답한 마음의 거울을 닦고 살펴보아라

주님이 예언하시지 않으셨던가
죽은 후에 삼 일 만에 부활하실 것이라고
예수를 보지 않고 무엇을 보고 따랐던가

보아라 너희 자녀를 위하여 울라
지금 어디로 가고 있는가
어디로 끌고 가고 있는가

눈과 입은 무엇을 하고 있는가
마음을 어디에 빼앗기고 있는가
십자가를 지신 예수를 보라
너의 죄짐을 지고 가시는 예수를 보라

예수를 바라보며 인간적인 눈물을 흘리지 말고
아무런 후회 하지 말고 소망을 갖고
너와 자녀들을 위하여 진실한 눈물을 흘려라

731 | 왜 우느냐 예루살렘의 딸들아 2

누구를 위하여 울고 있나
예루살렘의 여인들이여
너와 네 자녀를 위해 울 때다

무엇을 바라보고 울고 있는가
너의 자녀는 지금 어디에서
무엇을 바라보며 살아가고 있는가

네 마음의 중심을 보라
불신의 그림자가 가득하지 않은가
의심의 그림자가 가득하지 않은가

믿음으로 주님을 바라봐야지
제 설움의 감정의 안개에 갇혀
울고 있는 것이 아니냐

누구를 위하여 울고 있나
예루살렘의 여인들이여
지금은 주를 위하여 울 때가 아니고
너의 모든 죄악을 회개하고
너와 네 자녀를 위해 울 때다

732 | 왜 우느냐 예루살렘의 딸들아 3

죄를 대속해주시려고
온갖 질고의 십자가를 지시고 골고다 언덕에
발걸음을 옮겨놓으실 때마다
애통하며 울부짖던 여인들 어찌하시렵니까

로마 병정의 채찍이 내리칠 때마다
군중 속에 욕설이 나올 때마다
침을 뱉고 저주할 때마다
가슴이 찢어지는 아픔에
울부짖던 여인들을 어찌하시렵니까

그 능력 그 권세 어찌하시고
어찌하여 강도와 같이 십자가를 지시고
저주가 가득한 골고다로 가십니까
모두 다 우리의 죄 때문입니다
십자가의 고난을 당하시는 주님
이 사랑을 어찌 감당합니까

여인들 앞에서 발길을 멈추신 주님
통곡하고 울부짖는 여인들에게
"여인들이여! 나를 위하여 울지 말고
너와 네 자녀들을 위하여 울라!"
세상의 죄악을 지고 오르며 말씀하셨습니다

왜 우는가
죄인을 사랑하시어 십자가를 지신
예수 사랑이 너무나 고마워서인가

왜 우는가
죄인을 인도하시는
주님의 모습이 너무 안타까워서인가

왜 우는가
십자가의 고통을 당하시는
주님의 고통을 알아서 우는가

죄에 서러웠던 세월이 떠나가서
주님의 십자가의 고통을 알기에
서러워서 우는가

여인들이여
너희와 너희 자녀들을 위하여 울라

예수 그리스도는
하나님의 뜻을 성취하시기 위하여
고난의 십자가를 지셨다

734 | 구레네 사람, 시몬 1

나가다가 시몬이란 구레네 사람을 만나매 그에게 예수의 십자가를 억지로 지워 가게 하였더라 ✝ 마태복음 27 : 32

지칠 대로 지치신 모습
흐르는 피 떨어지는 땀방울
창백하게 십자가를 지시다 쓰러지셨다

돌에 부딪혀 무릎 깨져 피 흐르고
온몸은 채찍에 멍이 들었어라
예수와 함께하던 이는 아무도 없나

이곳엔 구원을 요청하며
초청했던 사람은 아무도 없나
눈 뜬 자 귀신 나간 자 중풍병자
온갖 병에서 놓임받은 자들 어디로 갔나

골고다를 향하여
세상 죄짐을 지고 가시는데
구경꾼은 욕설을 퍼붓고 침 뱉고 돌 던진다

탈진하여 쓰러지고 넘어지는데
돌보지 않는 몰인정한 사람들아
무엇하러 왔나 구레네 시몬아 복이 있다
십자가를 억지로 지고 갔어도
복이 있다 구레네 사람 시몬아

735 | 구레네 사람, 시몬 2

그들이 예수를 끌고 갈 때에 시몬이라는 구레네 사람이 시골에서 오는 것을 붙들어 그에게 십자가를 지워 예수를 따르게 하더라 ✝ 누가복음 23 : 26

오, 주여 골고다를 향하여 십자가를
몸소 지고 가시는데
주님의 고통을 대신하여
구레네 사람 시몬인
제가 십자가를 지게 되었습니다

처음에는 길을 가다가
억지로 십자가를 지게 되어
화가 나고 불평과 불만이 생겼습니다

왜 이렇게 많은 사람들 속에서
하필이면 내가 십자가를 지게 되었을까
운수가 더럽다 이건 분명히 잘못된 일이다
수많은 의구심과 잘못된 생각으로
몸서리치도록 싫고 당장이라도 벗어 던지고
도망치고 싶었습니다

채찍과 돌에 맞아 피 흘리며 골고다로
걸어가시는 모습을 보며 생각했습니다
이 순간이 도리어 나에게는
하나님의 은총의 시간입니다
도구로 쓰임받아 감사드립니다

736 | 구레네 사람, 시몬 3

주님 예수의 소문을 듣고
시골에서 막 올라왔는데
힘들고 고통스러웠지만
십자가를 대신 지고
골고다 언덕에 올랐습니다

오 주여 부족한 나에게 어떻게
이런 은총을 베푸셨습니까
땀이 비 오듯 흐르고 힘이 들고
어깨가 끊어질 듯 아프지만
주여 감당하겠습니다

십자가를 제가 지다니
얼마나 놀라운 은총이며 축복입니까
나의 죄를 위하여 대속제물이 되시어
십자가에 못 박히시기에
말없이 순종하며 따르겠습니다

주여 이 순간을 기억하여
평생토록 가슴에 새기며 살겠습니다
주여 어찌하여 나의 죄 때문에
십자가를 지시는 고통을 당하십니까

737 | 십자가를 만든 목수

용서하소서
주님이 지신 십자가를 만든 목수입니다
그동안도 내가 만든 십자가에서
사람들이 죽어가는 것을 보며 슬퍼했습니다

아무리 죄인이라 해도
처참하게 십자가에 매달려 죽어가는 것을
바라보며 괴로워했습니다
용서하소서
주님이 지신 십자가를 만든 목수입니다

이번에도 흉악한 죄인들이 달릴
십자가를 만드는 줄 알았습니다
내가 만든 십자가에 주님이 달리시다니요

주님은 유명한 목수
만드신 멍에는 가볍다고 소문이 났는데
주님이 달리신 십자가를 만들었습니다

용서하소서
내가 만든 십자가에 주님이 달리시다니요

738 | 못을 만든 사람

어쩌다 이런 일이 일어났을까
평생에 만든 것들이 많고 많은데
내가 만든 못이 얼마나 많은데
내가 만든 못으로 십자가에 박히시다니
이게 도대체 어찌 된 일입니까

이 마을 저 마을 대장장이가 얼마나 많고 많은데
왜 내가 만든 못으로 구주 예수를
십자가에 박도록 하셨습니까

나의 못이 그분을 왜 박았을까
십자가에 달리사 피 흘리신 예수를
왜 나의 죄가 못 박았을까
이 얼마나 통분하고 가슴을 칠 일입니까

그토록 많은 사람들이
병을 고침받고 행복해졌는데
다윗의 자손 나사렛 예수를
내가 만든 못으로 박았습니다

나를 용서하소서
어쩌다 내가 악의 도구로 사용되었습니까
주여 이 초라하고 부족한 대장장이를 용서하여주소서

739 │ 십자가에 못 박히러 가시는 예수

> 이에 총독의 군병들이 예수를 데리고 관정 안으로 들어가서 온 군대를 그에게로 모으고 그의 옷을 벗기고 홍포를 입히며 가시관을 엮어 그 머리에 씌우고 갈대를 그 오른손에 들리고 그 앞에서 무릎을 꿇고 희롱하여 이르되 유대인의 왕이여 평안할지어다 하며 그에게 침 뱉고 갈대를 빼앗아 그의 머리를 치더라 희롱을 다 한 후 홍포를 벗기고 도로 그의 옷을 입혀 십자가에 못 박으려고 끌고 나가니라 ✝ 마태복음 27 : 27-31

얼마나 아프셨을까 가시관 쓰신 예수
그 고통을 어찌 잊을 수 있을까
가시관 고통이 이마를 찔러도 원망도
불평도 없이 조롱과 수모를 달게 받으셨다

찾으려 해도 죄 하나조차 없으신
예수 그리스도가 내 죄를 홀로 지셨다

인간의 모든 죄를 용서하시기 위해
가시관 쓰시고 붉은 피가 온 얼굴 온몸을
덮어 내리는 고통 속에도 사랑하심을
포기하지 않고 잊지 않으셨다

절망으로 몰려오는 죽음 앞에서도
초조함 없이 하나님께 부탁하셨다
"아버지여 내 영혼을 부탁하나이다"

주님은 기도하심을 잊지 않으시고
내 영혼과 세상을 위하여
예수 구원의 생명의 길
새롭게 살 길을 활짝 열어놓으셨다

740 | 예수를 희롱하는 군병들

군인들이 가시나무로 관을 엮어 그의 머리에 씌우고 자색 옷을 입히고 앞에 가서 이르되 유대인의 왕이여 평안할지어다 하며 손으로 때리더라 ✝ 요한복음 19 : 2-3

예수를 희롱하고 놀리고 침 뱉으며
때리고 비웃고 조롱하는 로마 군병들이여

너희 눈앞에 있는 분이 누구신 줄 아는가
악을 도모하는 자들아 어리석고 불쌍하다

그들 눈앞에서 참혹하게 조롱당하시면서도
아무 말도 아무런 변명도 하지 않으시고
하나님이 원하시는 일을 묵묵히 준행하신다

로마 군병들이여 너희들도 들었을 것이다
복음 전도하시며 바다 위를 맨발로 걸으시고
죽어서 냄새나는 나사로를 살리시고
문둥병자 중풍병자 삼십팔 년 된 병자를
예수의 손길로 고치셨다

일곱 귀신을 쫓아내고 군대 마귀를 몰살시키고
포도주가 물이 되는 수많은 표적을 행하셨다

지금 어떤 생각을 하는가 좀 이상하지 않은가
어떤 조롱도 다 받으시는 것을 보고 있지 않는가
하나님 아버지의 뜻을 이루시기 위해서다

741 | 예수께 가시관 씌운 로마 병사

군인들이 가시나무로 관을 엮어 그의 머리에 씌우고 자색 옷을 입히고 앞에 가서 이르되 유
대인의 왕이여 평안할지어다 하며 손으로 때리더라 ✝ 요한복음 19 : 2-3

예수의 몸을 함부로
채찍질하며 때린 로마 병사여
무슨 일을 저질렀기에
죄인 다루듯이 매질을 하는가

귀한 면류관을 쓰실 만왕의 왕에게
왜 가시로 만든 가시관을
억지로 씌우고 조롱하는가

하나님의 아들 구원자가
머리에 가시관을 쓰시고
피 흘리는 모습을 보라
이 모습이 신나고 즐거운 일인가

안타까운 로마 병사여
너희가 한순간 행한 행위가 얼마나
잘못된 일인가 통곡할 날이 올 것이다
분명히 눈앞에서 보게 될 것이다

잘못한 일이 얼마나 후회가 되고
너희가 행한 행위가 얼마나
잘못된 것인지 알게 될 것이다

742 | 십자가

해골이라는 곳에 예수의 십자가와
강도들의 십자가가 나란히 세워졌다

구주가 강도와 같이 십자가에 달리시다니
인간의 죄가 얼마나 추악한 죄인가
주님의 십자가의 사랑에 감사할 뿐이다

저주스럽고 원망스럽던 십자가이지만
보혈로 씻김받은 후에는
십자가 외에 자랑할 것이 없다

나무 십자가는 아무 의미가 없으나
주님이 죄를 지시고 달리셨기에
죄에서 구원하는 십자가가 되었다

주님을 따르려면 자신을 부인하고
십자가를 지고 따르라 하셨으니
골고다 그 길을 제자가 되어 따라가자

정결하신 주님이 나의 죄 때문에
십자가에 달리셨으니
십자가의 고통을 조금이라도 곱씹으며
주님의 모습을 닮아가자

743 | 벌거벗겨진 예수

주님은 십자가에 달리시기 전에
왜 벌거벗겨지셨을까

죄는 벌거벗겨져야 다 드러난다
숨겨놓고 감추어놓은 죄도
벌거벗겨 놓으면 만천하에 드러난다

죄가 드러나면 아무 변명도
회피도 핑계도 할 수 없다
죗값을 치러야 한다

예수는 바로 나 대신 벌거벗겨지시고
대속제물로 죗값을 치르셨다

우리가 죄지은 모습으로
하나님 앞에 서면 똑같이
심판을 당할 것을 보여주셨다

주님의 사랑에 감동하지 않을 수 없다
나의 죄를 대속하여주신
오 주님 당신을 사랑합니다

744 | 십자가에 달린 예수

> 우리가 알거니와 우리의 옛 사람이 예수와 함께 십자가에 못 박힌 것은 죄의 몸이 죽어 다시는 우리가 죄에게 종노릇하지 아니하려 함이니 이는 죽은 자가 죄에서 벗어나 의롭다 하심을 얻었음이라 만일 우리가 그리스도와 함께 죽었으면 또한 그와 함께 살 줄을 믿노니 이는 그리스도께서 죽은 자 가운데서 살아나셨으매 다시 죽지 아니하시고 사망이 다시 그를 주장하지 못할 줄을 앎이로다 그가 죽으심은 죄에 대하여 단번에 죽으심이요 그가 살아 계심은 하나님께 대하여 살아 계심이니 이와 같이 너희도 너희 자신을 죄에 대하여는 죽은 자요 그리스도 예수 안에서 하나님께 대하여는 살아 있는 자로 여길지어다 ✝ 로마서 6 : 6-11

십자가에 피 흘림을 아십니까
나사렛 목수가 십자가에 못 박히셨습니다
바로 우리의 죄 때문에 십자가에 달리셨습니다

십자가에 달리시던 날
주님의 형상을 닮은 인간이 주님의 손과 발을
십자가에 쾅쾅 못으로 박았습니다

십자가 재판을 실행한 그들에게는 불행의 사건이었지만
하나님의 구속을 원하는 백성들에게는
인간의 죗값을 하나님이 스스로 지신
지상 최대 최고의 은총의 사건입니다

나사렛 목수가 나를 위하여 십자가에
고통을 감수하시며 달리셨는데
이 구원의 사랑을 어찌 모른다 하겠습니까

당신은 알고 있습니까 고난이 주는 진정한 아픔을
그 순간에 당신과 나도 십자가에 달렸던
사실을 알고 계십니까

745 | 예수를 십자가에 못 박는 소리

저 소리가 들리는가
하나님의 아들이 이토록 참혹하게
죄인으로 못 박히는 소리가 들리는가
나의 죗값이 아니던가 저 소리가 들리는가

천지만물을 창조하신 손과 발에
쇠못을 박아대는 망치 소리가
온갖 죄를 못 박는 소리가 들리는가
십자가에 못 박는 소리가 들리는가

어찌 인간이 하나님의 아들을
십자가에 못 박아 피 흘려 죽게 만드는가
죄가 부르는 소리가 들리지 않는가
사망이 너를 부르고 죄가 너를 부르고 있다
십자가에서 쏟아지는 주의 피가
죄지은 사람들의 영혼을 적시니
새 생명의 꽃으로 피어난다

내 마음의 죄를 말끔히 씻어주셨다
십자가에 달리신 예수여 용서하소서
주께서 십자가에 못 박힘은 나 때문이다
십자가에 달린 예수여 용서하소서
나의 죄 때문에 주님이 십자가에 달리셨다

746 | 주님을 십자가에 못 박은 로마 병사

지금 눈앞에 있는 예수 그리스도를
나무 십자가에 못 박기 위하여
망치를 들고 못질하려는 로마 병사여

그대는 이분이 누구이신지 아는가
이 땅과 바로 너를 구원하러 오신
구세주 예수 그리스도이시다

망치를 들어 힘차게 못질할 때마다
외마디를 외치시는 주님을 아는가
주님을 십자가에 못 박은 로마 병사여!
그대는 의무를 다했다 생각하겠지만
언젠가는 가장 크게 후회할 것이다

로마 병사여
그대는 아는가 이분이 누구이신지 아는가
하나님의 아들 구세주 예수이시다
어찌 구주를 십자가 형틀에 못 박는가
어리석은 로마 병사여

너는 이 땅에 와서 가장 못된
악역을 맡은 불쌍한 인간이다
불행한 로마 병사여 안타까운 로마 병사여

747 | 못 박히신 예수의 손

그들이 큰 소리로 재촉하여 십자가에 못 박기를 구하니 그들의 소리가 이긴지라
✝ 누가복음 23 : 23

누가 예수의 손에 못을 박았는가
세상을 살아가는 사람들
모두 다 움켜쥐려는 손들뿐인데
주님께서 손길이 닿는 자를 치료하시고
구원하시고 거룩한 흔적을 새겨놓으셨다

주님의 손길은 허공을 향하여
절규하던 손을 붙잡아 주시는
구원의 손길이 아닌가

주님이 너희에게 무엇을 원하시던가
너희의 믿음을 보시고 아시고
인도하여주시고 구원하여주시고
치료하여주시던 분이 아니신가

누가 예수의 손에 못을 박았는가
십자가에 못 박힌 손을 보라
너무나도 신비한 사랑이다

주님은 더없이 다정한 손길로
항상 붙잡아 주시고 인도하신다
누가 예수의 손에 못을 박았는가
누가 하나님의 아들의 손에 못을 박았는가

748 | 십자가에 못 박힌 예수를 바라보라

그들이 큰 소리로 재촉하여 십자가에 못 박기를 구하니 그들의 소리가 이긴지라
🕇 누가복음 23 : 23

바라보라 가시관을 쓰시고
왜 십자가에 못 박히셨는가

죄 때문에 조롱과 희롱 당하고
수치를 당해야 할 것은 우리가 아닌가
영문 밖에서 죄 없으신 주님이 힘겹고
지치시도록 골고다 언덕을 오르셨다

죄를 지시고 십자가에 달리신 이가
외면당하고 멸시당하고 조롱당하셨다

십자가의 절망 속에서도
죽음의 고통 중에서도 기도하신다
"아버지여 저들은 저들의 죄를
알지 못하나이다 저들을 용서하소서"

십자가에 달리신 이의
옆구리를 누가 창으로 찔렀는가
심장에서 피가 흐른다
제물이 되어 성스러운 몸이 찢어지사
죄로 하나님과 갈라졌던 우리를
보혈의 사랑으로 연결시켜주셨다

749 | 골고다 언덕의 십자가 1

골고다 언덕에는 수없는 십자가가 세워졌다
아무 관심 없이 저주받은 사람들이
비참하게 매달려 외마디를 외치며
분노하다 몸부림치며 죽어갔다

어느 날 골고다 언덕에
세 개의 십자가가 세워졌다
양편에는 강도였고
한가운데 달리신 분은 예수
하나님의 아들이 죗값으로
대속제물이 되어 십자가에 못 박히셨다

이보다 슬픈 일이 있을까
구원자 예수가 십자가에 달리시다니
이런 일이 있어야 되는가

이보다 놀라운 사랑이 어디에 있는가
십자가의 외침은
우리를 구원하시기 위한
하나님을 향한 간절한 기도였다
골고다에서 날 위하여 십자가에서 달리신
예수를 영원히 사랑하리라

750 | 골고다 언덕의 십자가 2

죄짐을 지시고 달리신 곳
골고다 언덕의 십자가
인간을 죄에서 구원하신 곳이다

보혈로 용서가 쏟아져 내린 곳
하나님과 나 사이에 가로막혔던
벽이 무너진 곳 하늘나라로 가는 길이
활짝 열린 곳이 골고다 십자가 형틀이다

새 생명을 주시기 위하여
십자가에 달리신 곳 골고다
하나님의 화해의 사랑이
보혈로 쏟아져 내린 곳 골고다 십자가

주님은 십자가의 보혈로 용서하심으로
사랑의 최고의 정점을 보여주신다
하나님과 까마득하게 멀던 거리가
가장 가까워진 곳이 십자가 현장이다

구속의 사랑의 절정이
이루어진 곳이 골고다 십자가다
나의 최고의 자랑은 십자가 외에는 없다

751 | 골고다 언덕의 십자가 3

갈보리 산 위의 십자가를 바라봅니다
아무도 원치 않는 죽음의 길을
세상 죄를 지고 가시는
어린양 되셔서 한 발자국씩 걸어가신
골고다 언덕길을 바라봅니다

육신을 입으신 주님이 죽으신 곳 향하여
마지막 그 언덕길 위를 바라봅니다
갈증에 타오르듯이 마른 입술
골고다 그 언덕에서
거룩한 피로 구원하셨습니다

주님의 몸에서 마지막 피 한 방울
떨어졌을 때 제물로 드린
보혈의 능력이 나타나기 시작했습니다

십자가 제단에 어린양 제물이 되셔서
피 흘리는 모습을 바라보며
순례자의 길을 가기를 원합니다
쏟아지는 눈물로도 감당할 수 없는 사랑
영원히 가슴에 새겨도 좋을
나의 주님을 사랑하기를 원합니다

752 | 골고다 언덕 위에 선 사내

높음이나 깊음이나 다른 어떤 피조물이라도 우리를 우리 주 그리스도 예수 안에 있는 하나님의 사랑에서 끊을 수 없으리라 ✝ 로마서 8 : 39

골고다 언덕 위에 선 사내가
그리운 것은 사랑하기 때문입니다

그가 먼저 나를 사랑했다는 것을 안 후에는
"주는 그리스도시요 살아 계신 하나님의 아들"이라고
믿음으로 순종하며 고백합니다
나보다 항상 한 걸음 앞서 인도하십니다
홀로 사는 인생들 세상을 바라보아도
주님이 없이는 살아갈 의미가 없습니다

죄로 인한 마음의 상처의 속주름마저
치유하시고 온전하게 구원받아
하나님의 자녀가 되게 하시는 주님
때때로 촉촉하게 젖어드는 주님의 사랑
때때로 풍성하게 쏟아부어 주시는
놀라운 사랑에 감사드립니다

주님이 없다면 무슨 소망이 있겠습니까
모두들 떠나가는 삶일 뿐
내 마음에 늘 그리운 주님이 계시기에
오늘도 기쁨으로 찬양을 드립니다

753 | 죄인과 같이 십자가에 달리신 예수

그들이 거기서 예수를 십자가에 못 박을새 다른 두 사람도 그와 함께 좌우편에 못 박으니 예수는 가운데 있더라 ✝ 요한복음 19 : 18

구원자가 죄인들과 함께
십자가 형틀에 못 박히는 죄인이 되셨다

십자가 좌우편에 강도짓을 저지른
죄인들이 매달리고
그들과 똑같이 취급받아
그 가운데 십자가에 매달리셨다

예수 그리스도와 함께
십자가에 달린 강도가
죄 없으신 주를 욕하고 조롱했다
예수를 따르던 사람들은 보고 절망할 뿐
주님의 사랑을 알 턱이 없다

저분이 표적을 행하시고 이적을 행하시고
오병이어를 행하시고 귀신을 쫓아내시고
세례를 베푸시고 물 위를 걸어가시던 예수이신가

주를 바라보며 사람들은 허탈에 빠져
깊은 뜻을 아직도 몰랐다
십자가 구속이 없이는 용서할 수 없고
우리가 구원받을 수 없기에
죄인들과 함께 십자가에 못 박히셨다

십자가의 도가 멸망하는 자들에게는 미련한 것이요 구원을 받는 우리에게는 하나님의 능력이라 ✝ 고린도전서 1 : 18

십자가 아래 사는 길은
주님이 십자가에 달리신
고난의 이유를 알고 깨달아야 하는 것
예수 안에 살기를 원하는 것은
주님의 인도하심 속에서 예수의
온유하고 긍휼하심과 순종하심을
날마다 생활 속에서 체험하는 것이다

십자가 아래 사는 길은
주를 닮아가는 마음으로
이웃을 내 몸같이 사랑하는 것이다
십자가 아래 사는 길은
낮은 곳에서 겸손으로 허리를 동이고
주님의 인도를 원하고
함께하심을 체험하는 것이다

십자가 아래 사는 길은
삶을 맡기고 인도받으며
몸과 마음으로 온전히 헌신하는 것이며
모든 것에 내 것이 없고
주님의 것이 되기를 원하는 것이다

내가 그리스도와 함께 십자가에 못 박혔나니 그런즉 이제는 내가 사는 것이 아니요 오직 내 안에 그리스도께서 사시는 것이라 이제 내가 육체 가운데 사는 것은 나를 사랑하사 나를 위하여 자기 자신을 버리신 하나님의 아들을 믿는 믿음 안에서 사는 것이라 내가 하나님의 은혜를 폐하지 아니하노니 만일 의롭게 되는 것이 율법으로 말미암으면 그리스도께서 헛되이 죽으셨느니라 ✚ 갈라디아서 2 : 20-21

주여 용서하소서
당신을 십자가에 못 박게 한
죄인은 바로 나니 주여 용서하소서
나의 죄 때문에 십자가에 못 박히시고
수치와 치욕을 당하신 주여 용서하소서

가진 것도 없이 빌려 쓰다가
얻는 것도 없이 떠돌다 가는
슬픈 인생 구원하고자 주님이 내민 손을
뿌리친 무지함을 용서하소서
당신을 부르고 따르라 했지만
내 갈 길로 간 나의 죄를 용서하소서

속없이 뭉그러지는 허망한 삶에
목숨 걸며 살지 않게 하시고
날마다 기도의 호흡을 허락하시고
나의 삶 전체가 아멘이게 하소서
온 세상의 모든 죄를 용서하시려고
한꺼번에 수치와 모욕을 당하신
주를 십자가에 못 박은 죄를 용서하소서

756 | 십자가 아래 사는 길 3

> 그러나 내게는 우리 주 예수 그리스도의 십자가 외에 결코 자랑할 것이 없으니 그리스도로
> 말미암아 세상이 나를 대하여 십자가에 못 박히고 내가 또한 세상을 대하여 그러하니라
> ✝ 갈라디아서 6 : 14

주님을 바라보게 하소서
죄질이 흉악한 범죄자를 매달아
처형하던 골고다 십자가에서
피 흘리시는 주님을 바라보게 하소서

죄인들의 모습과 똑같이
두 강도와 함께 죄인처럼 십자가에
못 박히신 예수를 묵상하게 하소서

심한 갈증 속에 외치시던
일곱 번의 외침과 사랑의 중보기도와
구원의 손길을 가슴 깊이 깨닫습니다

죄 없이 죄인이 되어 소름 끼치는
십자가 형틀을 지시고 대속제물이 되신
주님을 바라보게 하소서

죄인 중의 죄인이 자신이었음을 깨달으며
날마다 주님을 바라보며
십자가를 묵상하며 살아가게 하소서

> 그들이 거기서 예수를 십자가에 못 박을새 다른 두 사람도 그와 함께 좌우편에 못 박으니 예수는 가운데 있더라 ✝ 요한복음 19 : 18

골고다 언덕의 세 사람
세 개의 십자가 모양은 같으나 달린 이들은 달랐다
한 분은 주 예수 그리스도
두 사람은 사람들을 괴롭히고 약탈하며
정신 사납게 살던 강도였다

강도들은 자기의 죄 때문에
죗값인 형벌로 십자가에 달렸으나
아무 죄도 없으신 예수 그리스도는
우리를 대신해 십자가에 달리셨다

하나님의 물질을 강도질한 우리 대신
주님께서 십자가에 달리셨다
하나님의 시간을 강도질한
우리 대신 주님께서 십자가에 달리셨다

조롱하는 강도 애원하는 강도
골고다의 세 사람은 각각 다른 모습이었다
죽음의 순간에 갈 길도 모르는 사람들과
구원을 베푸시는 주님이 골고다에 있었다
우리들의 모습이 함께 있었다

758 | 십자가 수난의 시간

지금도 무심하고 관심 없는 사람들아
골고다 십자가 위에서 외쳐지는
역사상 최대의 절규가 들리는가
하나님의 아들이 죄 때문에
최악의 고통을 당하는 모습을 보는가

절규가 외쳐지는 순간마다
화목제물이 되어 죄를 짊어지시고
죄를 용서하시기 위하여 피를 흘리신다

나의 죄를 대신해 누가 죽어줄 수가 있는가
누가 죄악을 담당할 수가 있는가
십자가에서 운명하시는 순간
우리 죄는 용서되었다

죄악의 노을 속으로 들어가
죽으신 줄 알았는데 십자가의 고난
삼 일 후에 빛으로 부활하셨다

측량할 수 없는 사랑 속에
주님을 찾는 자나 영접하는 자 누구나
하나님의 자녀가 되는 권세를 주셨다

759 | 단번에 죽으신 예수

인간의 죄를 구속하시기 위하여
십자가 죄인의 형틀에 매달려
우리를 대신해 죗값으로 대속제물이 되시어
단번에 죽으심으로 용서하여주신다

십자가에서 단번에 죽으신 것은
하나님이 인간을 사랑하셔서
의로써 불의를 대신하여
죗값을 정당하게 치르신 것이다

죄가 있으면 하나님 앞에 나갈 수 없기에
희생의 어린양이 되어주심으로
죄에서 단번에 용서받고 구원받아
하나님 앞으로 나갈 수 있게 되었다

주님의 보혈로 죄 사함받고
주님의 은혜로 긍휼함을 입어
예수 이름으로 하나님 앞으로 나갈 수 있는
생명과 구원의 길이 활짝 열렸다

그가 빛 가운데 계신 것같이 우리도 빛 가운데 행하면 우리가 서로 사귐이 있고 그 아들 예수의 피가 우리를 모든 죄에서 깨끗하게 하실 것이요 ♱ 요한1서 1 : 7

인간의 죄로 영적인 질서가 파괴되고
하나님과의 관계가 무너지고 상실된다
죄는 하나님의 창조 섭리를 거역하는
어리석음과 거짓된 지혜 속에서
교만한 마음으로 행동하는 것이다

죄지은 사람들과 죄짓는 사람들은
온갖 변명과 핑계를 일삼고
남의 탓으로 돌리고 회피하며
드러나지 않게 가리려고 애를 쓴다

아무도 모르게 지은 죄라 해도
결국에는 만천하에 드러난다
죄를 용서받고 씻을 수 있는 것은
주 예수의 보혈밖에 없다

스스로 제물이 되셔서
십자가에 보혈을 흘려주시고
모든 죄를 용서하여주셨다
예수 그리스도의 보혈의 공로가 아니면
인간은 지은 죄를 용서받을 수 없다

761 | 예수 그리스도의 보혈 2

예수의 보혈은 인간 구원을 위한
놀라운 일이며 지극한 사랑의 표현이다
예수의 보혈은 하나님의 피다
우리는 하나님의 아들 예수의 피로
죄를 씻김받아 구원받는 것이다

하늘과 땅을 이어준 피보다 진한 사랑을
하나님이 구속의 사랑으로 베푸셨다
마리아의 태를 잠시 사용하신 것뿐
예수는 독자적인 탄생이다

예수의 피는 마리아의 아들의 피가 아니다
독자적인 하나님의 아들 예수의 피다
마리아의 피가 예수의 혈관에 흘렀다면
보혈이 될 수도 없고 구원받을 수도 없다

하나님의 구속의 섭리는 놀랍고 세밀하기에
찬양과 영광을 하늘 높이 올려드리는 것이다

고난의 풀숲을 헤치고 나오신
예수 보혈 외에는 죄 사함을 받을 수 없기에
하나님의 무한하신 사랑에 감사드릴 뿐이다

구세주께서 이 땅에 오셔서
인간에게 주신 최고의 선물은
십자가의 보혈의 은혜다

십자가 고난의 보자기에 싸인
보혈의 은혜는 죄의 모든 문제를
해결해주는 사랑의 표현이다

골고다 십자가에 고난당하심은
나의 죄를 대속하신 놀라운 사랑이며
감당하기에 큰 은혜와 사랑이기에
온 마음으로 감사하며 받아들여야 한다

어떤 사랑이 십자가의 사랑보다
더 클 수가 있겠는가
더 깊을 수가 있겠는가
더 넓은 수가 있겠는가

보혈로 죄에서 구원받았고
예수 그리스도의 사랑은 영원하기에
온 영혼과 마음으로 뒹굴고 싶은 사랑에
감사와 찬양을 하늘 높이 드린다

763 | 보혈의 피 흘리시는 예수

죄는 예수의 보혈의 피가
흐르지 않으면 사함받을 수 없다

겟세마네 동산에서
십자가에 달리기 위하여 고뇌하며
기도하실 때 보혈의 피를 흘리셨다

로마 병사에게 수없이
온몸에 채찍질당하시며
순수한 보혈의 피를 흘리셨다

가시관을 쓰시고 보혈의 피를 흘리셨다
십자가를 지고 가실 때 보혈의 피를 흘리셨다
십자가에 못 박히실 때 보혈의 피를 흘리셨다

로마 병사가 옆구리를 창으로 찔렀을 때
고귀한 보혈의 피를 흘리셨다
인간의 죄악을 씻어주시기 위하여
주님께서 보혈의 피를 아낌없이 흘려주셨다

끝없을 것만 같았던 고독도 끝나고
인간의 핏속에 흐르는 죄로
무너져 내릴 것 같은데 보혈의 꽃이 피었다

율법을 따라 거의 모든 물건이 피로써 정결하게 되나니 피 흘림이 없은즉 사함이 없느니라
✝ 히브리서 9 : 22

예수의 피는 구원자의 피로서
죄를 용서해주는 능력이 있는 보혈의 피다
예수께서 인간의 대속제물이 되셔서
십자가에 달려 피 흘리시지 않으셨다면
인간의 죄를 씻을 수 없었다

인간의 죄 때문에
하나님의 독생자가 이 땅에 오셔서
죗값의 제물이 되어 십자가에
처참하게 죽임당하여 피를 흘리시니
하나님의 고통에 온 산천이 흐느꼈다

예수의 피는 하나님의 피다
예수의 피 흘림이 없이는 겹겹이 쌓인 죄를
절대로 사할 수 없다

피를 쏟듯 피어나는 붉은 동백꽃보다
주님의 보혈은 더 붉은 선홍빛으로
우리 죄를 깨끗이 씻어주신다

예수의 보혈은 능력이 있고
예수의 보혈은 권세가 있다
예수의 피로 죄 씻김을 받고 구원받았다

> 염소와 송아지의 피로 하지 아니하고 오직 자기의 피로 영원한 속죄를 이루사 단번에 성소에 들어가셨느니라 염소와 황소의 피와 및 암송아지의 재를 부정한 자에게 뿌려 그 육체를 정결하게 하여 거룩하게 하거든 하물며 영원하신 성령으로 말미암아 흠 없는 자기를 하나님께 드린 그리스도의 피가 어찌 너희 양심을 죽은 행실에서 깨끗하게 하고 살아 계신 하나님을 섬기게 하지 못하겠느냐 ✝ 히브리서 9 : 12-14

죄를 용서하려면 반드시
피를 흘려야 한다
속죄 제물을 드리던 용서의 피는
십자가에서 끝을 맺는다

십자가의 제물이 된 후에는
더 이상 제사가 필요하지 않다

예수께서 좋은 일의 대제사장으로 오셔서
흠도 티도 없는 몸을 제물로 드리셨다

인간의 죄를 용서하기 위해서는
아무 죄가 없는
예수 그리스도의 피가 있어야 했다

예수 그리스도의 피로
우리를 죽은 행실에서 구원하신 사랑을
가슴이 미어질 듯 받아들이며
살아 계신 하나님께
영광과 찬양으로 예배를 드린다

766 | 예수의 피는 화목제물이다

곧 예수 그리스도를 믿음으로 말미암아 모든 믿는 자에게 미치는 하나님의 의니 차별이 없
느니라 모든 사람이 죄를 범하였으매 하나님의 영광에 이르지 못하더니 그리스도 예수 안
에 있는 속량으로 말미암아 하나님의 은혜로 값없이 의롭다 하심을 얻은 사 되었느니라 이
예수를 하나님이 그의 피로써 믿음으로 말미암는 화목제물로 세우셨으니 이는 하나님께서
길이 참으시는 중에 전에 지은 죄를 간과하심으로 자기의 의로우심을 나타내려 하심이니
✝ 로마서 3 : 22-25

보혈의 피는 화목제물이다
주께서 십자가에 못 박히실 때
하나님 아버지의 뜻을 따라
아무런 흔들림 없이 순종하셨다

로마 병사가 못을 박아도
주먹을 꼭 쥐지 않고
손을 펴서 그대로 못에 박히셨다

예수 그리스도는 십자가에서 단 한 번도
거부하거나 망설이거나 반항하지 않으시고
속죄 제물로 오셨기에
하나님의 부름에 겸손히 따르셨다

거룩하고 인자한
치유의 손 온유의 손 자비의 손이
못 박히고 피를 흘렸다

주님이 십자가의 피로써 인간이 지은
모든 죄를 다 지워주시며
하나님의 사랑을 표현해주셨다

767 | 예수의 피로 죄 사함을 받았다

> 우리는 그리스도 안에서 그의 은혜의 풍성함을 따라 그의 피로 말미암아 속량 곧 죄 사함을
> 받았느니라 ✝ 에베소서 1:7

그 어떤 것으로도
인간의 죄는 사함을 받지 못한다
오직 예수 그리스도의 피
보혈의 피만이 인간을 죄에서 구속하고
더러운 죄를 깨끗하게 씻어준다

우리는 보혈의 피로
온갖 불순한 죄에서
속량, 곧 죄 사함을 받았다

십자가 고난을 당하사
흘리신 보혈의 피로 구원받았다
욕심을 따라 살던
죄로 얼룩진 과거의 진노의 자녀가
하나님의 자녀가 되었다

허물과 죄로 죽었던 우리를
보혈의 피로 살려내셨다
주님의 사랑이 온몸에 가득해
주님을 사랑한다고 외치고 싶다

768 | 예수의 보혈로 가까워졌다

그때에 너희는 그리스도 밖에 있었고 이스라엘 나라 밖의 사람이라 약속의 언약들에 대하여는 외인이요 세상에서 소망이 없고 하나님도 없는 자이더니 이제는 전에 멀리 있던 너희가 그리스도 예수 안에서 그리스도의 피로 가까워졌느니라 ✝ 에베소서 2 : 12-13

하나님의 백성인 유대인도 아닌
이방인들이 보혈로 하나님과 가까워졌다

죄인으로 예수 밖에 있고
하나님과 아주 멀리 떨어져 있던 자들도
예수 그리스도의 보혈로
죄 사함을 받고 구원받게 되었다

예수 그리스도 안에서
예수 그리스도의 보혈의 은혜로
하나님과 가까워졌다

세상에서 소망도 없고 하나님도 없던 자들에게
십자가의 보혈로 하나님과 화목하게 하셨다

하나님과 원수 되었던 것을
십자가로 소멸해주셔서
하나님과 가까이하게 하여주셨다

769 | 하나님의 사랑

> 하나님의 사랑이 우리에게 이렇게 나타난 바 되었으니 하나님이 자기의 독생자를 세상에 보내심은 그로 말미암아 우리를 살리려 하심이라 사랑은 여기 있으니 우리가 하나님을 사랑한 것이 아니요 하나님이 우리를 사랑하사 우리 죄를 속하기 위하여 화목제물로 그 아들을 보내셨음이라 사랑하는 자들아 하나님이 이같이 우리를 사랑하셨은즉 우리도 서로 사랑하는 것이 마땅하도다 ✝ 요한1서 4 : 9-11

하나님은 사랑을 말로만
하시는 것이 아니라
표현하시고 실행하시는 분이다

인간을 사랑하셔서
예수 그리스도를 이 땅에 보내심은
우리를 죄에서 구원하려 하심이다

하나님은 사랑이시기에
우리가 먼저 사랑한 것이 아니라
하나님이 우리를 먼저 사랑하셨다

인간 사랑의 최대 표현은
죄를 대속하기 위하여
아들을 이 땅에 보내신 것이다

우리가 하나님의 사랑을 받았으니
우리도 사랑하며 사는 것이
하나님 안에서 사는 것이다

770 | 예수의 피는 구원을 외친다

그리스도께서는 장래 좋은 일의 대제사장으로 오사 손으로 짓지 아니한 것 곧 이 창조에 속하지 아니한 더 크고 온전한 장막으로 말미암아 염소와 송아지의 피로 하지 아니하고 오직 자기의 피로 영원한 속죄를 이루사 단번에 성소에 들어가셨느니라 ✝ 히브리서 9 : 11-12

골고다가 울리도록
온 세상이 울리도록
구원의 역사가 완성될 때까지
피를 토하며 절규하듯 기도로 외치셨다

하나님의 아들이 이 땅에 오셔서
나를 위하여 보혈을 흘리시려고
골고다 십자가에 달리셨다
영혼이 생명의 소리를
듣지 못하는 귀머거리였으나
보혈로 생명의 소리를 듣게 되었다

주의 피는 죄지은 자들에게
멸시받고 천대받은 자들에게
각종 질병에 시달리고 있는 자들에게
귀신 들린 자들에게 구원을 외친다

골고다 언덕 십자가의 외침이 들린다
심장까지 파인 절규의 기도가 들린다
지금도 누구든지 주님을 영접하면
믿는 자의 영혼과 마음에 찾아와 주신다

771 │ 예수의 홍포를 가지려는 사람들

십자가에 못 박고 그 옷을 나눌새 누가 어느 것을 가질까 하여 제비를 뽑더라
✝ 마가복음 15 : 24

자기들 멋대로 십자가에 못 박은 자들이
예수의 옷 홍포를 가지려고
누가 가질까 제비뽑기한다

홍포와 속옷까지 벗겨내고
조롱하며 남의 옷을 가지려는 자들이다
제 옷도 아닌 남의 옷을
옷 주인의 허락도 받지 않고
서로 가지려는 것은 어떤 행동일까

옷을 입고 있었던 자를
인정하지 않아도 좋다는 것이며
자기 마음대로 조롱하여도 좋다는 것이다
못 박은 자들은 구세주를
하나님의 아들로 인정하지 않았다

하나님의 뜻과 섭리를
그들은 몰라도 너무 몰라
크나큰 죄를 지어 하나님의 아들을
범죄자로 만들어 죽이고 있다

772 | 물과 피로 거듭나는 삶

예수께서 하나님의 아들이심을 믿는 자가 아니면 세상을 이기는 자가 누구냐 이는 물과 피로 임하신 이시니 곧 예수 그리스도시라 물로만 아니요 물과 피로 임하셨고 증언하는 이는 성령이시니 성령은 진리니라 증언하는 이가 셋이니 성령과 물과 피라 또한 이 셋은 합하여 하나이니라 ✝ 요한1서 5 : 5-8

하나님의 축복으로 구원받으려면
물과 피로 씻어야 한다
예수는 물로만 아니고 피로써 오신
인간을 구원하시기 위한
십자가 형틀의 속죄 제물이시다

인간의 구원의 역사를 이루시고
이 모든 일을 증언하시고
인도하여주시는 분은 성령이시다

십자가에 달리셨을 때
로마 병사가 창으로 옆구리를 찔렀을 때
곧 물과 피가 나왔다

예수의 피는 우리의 죄를 가려주고
덮어주고 미루어주는 것이 아니라
모든 죄를 용서하여
하나도 남김없이 없애주시는 것이다

그리스도가 죄를 씻어주셨기에
하나님도 우리의 모든 죄를
다 잊어주시고 사랑하여주신다

773 | 예수 안에서 하나님의 의가 되게 하셨다

전능하신 하나님이 우리의
죄를 바라보고 알고 계셨다
하나님은 죄를 벌하실 것인가
모든 죄를 용서하실 것인가

하나님은 스스로 해답을 찾으시고
예수를 십자가의 제물이 되게 하셨다

십자가 없는 보혈은 없고
십자가 없는 구원도 없고
예수 없이는 아무것도 이룰 수 없다

우리가 구원받기 위해서는
믿고 그 안에서 살아야 한다

하나님께서 죄가 없는 예수에게
인간의 모든 죄를 씌워
속죄 제물로 받으시고
인간과의 관계를 다시 회복하셨다

우리의 죄가 예수께로 옮겨지고
보혈로 용서받고 구원받았으니
놀랍고 거룩하신 하나님의 사랑이다

774 | 하나님의 사랑의 확증

하늘나라 생명책에는
예수 그리스도의 보혈로 구원받은
사람들의 모든 이름이 적혀 있다

하나님은 세상을 사랑하셔서
독생자를 보내시고
십자가에 죽게 함으로써
하나님의 사랑을 확증하셨다

하나님의 사랑은
어느 누구에게나 공평하고
끝도 없이 무궁무진하다

인간의 사랑은 바닥을 드러내지만
하나님의 사랑은 영원에서 시작하여
영원으로 무한정 지속되는 것이다

하나님은 오늘도 사랑하여주시고
예수 이름으로 기도할 때
기뻐하시고 응답하여주신다

775 | 주님의 옷을 나누는 사람들

군인들이 서로 말하되 이것을 찢지 말고 누가 얻나 제비 뽑자 하니 이는 성경에 그들이 내 옷을 나누고 내 옷을 제비 뽑나이다 한 것을 응하게 하려 함이러라 군인들은 이런 일을 하고 ✝ 요한복음 19 : 24

죄가 하나도 없으신 구세주 예수를
조롱하며 침 뱉고 채찍으로 치며
십자가에 못 박고 옷까지 제비뽑기해 나누던
어리석은 사람들아

누구를 위해 십자가에 달리셨는데
눈멀고 귀먹어 바로 보지 못하고
바로 듣지도 못한 어리석은 자들아

가장 거룩한 죽음 앞에서
한 벌 옷을 장난삼던 사람들아
영혼이 버림받는 줄도 모르고
자기 백성을 저희 죄에서 구원하실 이
예수를 비웃고 조롱하는구나

어리석은 사람들아 이 죄인들아
십자가에 달린 예수만 지키면 무엇하느냐

네 영혼은 어둠 속으로
달리고 있는데 어찌하려는가
죄에 빠진 어리석은 영혼아

776 | 지금 이 시간에도

모이기를 폐하는 어떤 사람들의 습관과 같이 하지 말고 오직 권하여 그날이 가까움을 볼수록 더욱 그리하자 ✝ 히브리서 10 : 25

지금 이 시간에도
웃음이 진실인가 사실인가
아픔을 잊고 살지 말아야지

할 일 없이 쓸모없이 왔다 가며
질척질척 살아가는데
혼자 행복에 도취되지 말아야 한다

예수의 삶이 진실인가 사실인가
불신하는 사람들이 많지만
떠나가 잊힌 사람들 이야기처럼
모른 채 살지 말아야 한다

지금 이 시간에도 주님의 음성이
살갑게 다가오는데
주님의 사랑을 깨닫고 있는가

좁은 길은 가기 힘들지만
예수의 사랑은 확실하다
주님과 인연이 있음이 축복이며
온통 은혜와 축복의 꽃밭이다

777 | 구원의 완성

죄에서 구원하시려 십자가에 매달려
숨 막혀 하시는 몸짓을 어찌 볼 수 있는가
마리아의 눈빛은 피 맺힌 눈물에 젖고
제자 요한은 절망의 탄식에 빠진다

골고다 언덕길을 오가는 사람들의
수많은 발자국들이 지나갔지만
주님의 발자국은 구원의 발자국이다

주님 앞에 왜 서야 하는가
모든 죄를 대신 감당하시고
대속하여 십자가로 용서하여주셨다
습관적으로 기도에 골몰하신 것도
인간 구원을 위한 것이었다

가시관이 영혼을 짓누르고
십자가의 못이 고통을 더 관통시키지만
끝까지 고난을 이겨내시고
하나님의 때가 차매 구원을 완성하셨다

778 | 성경을 기록한 이유 1

예수께서 제자들 앞에서 이 책에 기록되지 아니한 다른 표적도 많이 행하셨으나 오직 이것
을 기록함은 너희로 예수께서 하나님의 아들 그리스도이심을 믿게 하려 함이요 또 너희로
믿고 그 이름을 힘입어 생명을 얻게 하려 함이니라 ✝ 요한복음 20 : 30-31

예수 그리스도의 행적을
성경으로 기록한 이유는 무엇일까
인간을 죄에서 구원할
생명의 복음, 구원의 복음을
보고 읽고 들어 알고 깨닫게 하려 함이다

성경은 예수 그리스도가
하나님의 아들이며 구주이심을
확실하게 알려주는 복된 말씀이다

하나님의 말씀을 믿고 지키는 자가
구원받은 거룩한 성도다
하나님의 말씀을 따라 살면 길이 열리고
진리가 보이며 새 생명으로 구원받는다

인간에게 주신 생명의 말씀
곧 영혼의 양식이다
성경을 통하여 예수 그리스도를 믿고
성령 충만함을 받아
하나님의 백성이 되게 하려 하심이다

779 | 성경을 기록한 이유 2

하나님의 말씀
성경을 만든 이유는 무엇일까
성경을 왜 기록했을까

하나님의 말씀을 보고 믿어
예수 그리스도가 하나님의 아들
구세주이심을 믿게 하시려는 것이다

하나님의 말씀을
왜 믿고 따르며 살아야 할까
하나님의 놀라우신 구속의 섭리가 있다

구주의 말씀을 믿고 구원받고
영원한 생명을 얻게 하시려는
하나님의 놀라운 사랑이며
예수 그리스도의 마음이다

성경은 생명의 말씀이니
보는 자에게 믿음이 생기고
믿는 자에게 확신이 생기는 것이다

성경은 살아 계신 전능하신
하나님의 생명의 말씀이다

780 | 왼편 강도의 절규 1

당신이 만일 하나님의 아들이라면
어이해 처절하고 비참하게
참혹한 고통을 받을 수가 있습니까

당신이 만일 하나님의 아들이라면
어서 죽어가는 나를 내려주시길 바랍니다

지금 이 순간 살고 싶은 생각과
욕심밖에는 아무것도 없습니다

당신이 진정 하나님의 아들이라면
저 무리들이 왜 소리치며 저주하며
죽이려 하는지 이해할 수 없습니다

소문을 들었는데 병자를 고친 예수라면
죽어 나흘 된 자를 살린 능력이 있다면
어이해 처참하게 죽어갈 수 있습니까

당신이 진정 하나님의 아들이라면
어서 빨리 내려놓아 주십시오
낙원도 필요 없고 살고만 싶습니다

악인은 최후의 순간에도
악을 버리지 못하고
증오를 가슴 가득 채운다

골고다에 십자가 세 개가 서 있었다
십자가의 왼편에 달린 강도가
예수를 비방하며 소리를 질렀다
"네가 그리스도가 아니냐
너와 나 우리를 구원하라"

이 말은 구주에게 간곡히
부탁하는 것이 아니라
똑같은 죄인 취급을 하며
조롱하고 협박하는 것이다

자기의 죄와 잘못을 깨닫지 못하고
남만을 비방하며 끝까지 발버둥 치는
악한 자의 최후의 모습이다

예수는 아무 잘못이 없거늘
죄를 지은 강도가 되려
더 큰소리를 치다니
세상살이의 이치가 이러한가

782 ┃ 골고다 십자가의 갈림길

삶의 최후는 영생과 영벌의 갈림길
골고다 언덕 십자가에 달린
두 강도가 갈림길에 서 있다

오른편 강도는 자기의 죄를 인정하고
예수 그리스도를 구주로 고백하며
구원을 청하였다

삶의 마지막 순간에 믿음을 선택하여
예수 그리스도와 함께 죽음과 동시에
낙원에 이르는 축복을 받았다

왼편 강도는 죽을 때까지
자기가 지은 죄를 깨닫지 못하고
진리를 알지도 못하여
구세주를 조롱하고 비방하다가
죽음에 이르고 영벌에 처해졌다

인간이 구원받는 것은
최후의 순간의 선택이 중요하다는 것을
우리에게 잘 보여준다

783 | 오른편 강도 1

삶의 마지막 순간에
진실한 고백만 남은 오른편 강도는
모두 다 외면하는 골고다 십자가의
예수를 향하여 기도했다

"당신이 낙원에 이를 때 나를 기억하소서!"

죽음에서 내려달라는 구걸과
고통을 멈추게 해달라는 애걸이 아닌
새 생명을 위한 간절한 고백이었다

주일성수 십일조 한번 안 냈어도
전도 한번 못 했어도 구원받은 사람
의인은 믿음으로 산다

믿음보다 형식이란 올무에 갇혀 있지 않는가
우리는 바리새인인가 세리인가

죽음 직전 예수를 만난 오른편 강도보다
삶 속에서 예수를 일찍 믿었으니
주를 닮아가는 그리스도인이 되자

예수를 함부로 비방하지 말라
우리는 우리가 잘못 행한 일로
마땅하게 벌을 받는 것이지만
예수는 그렇지 않다

그동안 쭉 예수를 보지 않았던가
소문을 들어보지 않았던가
만났던 사람들이 말하지 않았던가
예수가 한 일 중에 옳지 않은 것 하나도 없다

오른편 강도의 입에서 "주여"라는 말이 나왔다
예수 그리스도를 구주로 고백했다
"주 예수여 당신의 나라에 임하실 때 나를 기억하소서"

이 일을 통하여 예수 그리스도는
죄를 고백하는 자의 즉각 구원을 보여주셨다
예수께서 말씀하셨다
"네가 오늘 나와 함께 낙원에 있을 것이다"

오른편 강도는 죽음이 가까운 순간에
구주 예수 그리스도를 주로 받아들였다
죽음 앞에서 예수가 생명의 빛으로 다가오셨다
오른편 강도는 예수와 낙원으로 가 구원받았다

785 | 십자가 곁에 선 여인

예수의 십자가 곁에는 그 어머니와 이모와 글로바의 아내 마리아와 막달라 마리아가 섰는지라 ✝ 요한복음 19 : 25

이 여인의 이름은 마리아
십자가에 달리신 예수는 아들이다
어린 시절부터 마음에 담고 보아왔던 아들이
십자가에 달리는 것을 지켜보는
어머니의 고통을 아무도 이해할 수 없다

아들의 말을 가슴에 담던 어머니 마리아는
아들의 죽음을 보며 울부짖지도 않고
복받치는 슬픔을 말로도 표현하지 않았다

몸부림치는 모습을 보이지 않고
가슴을 저미는 슬픔 속에서
흐트러짐 없는 몸과 마음으로
하나님의 뜻을 오직 가슴에 새겼다
주님의 잉태부터 십자가까지
하나님의 뜻을 마음에 담으며
아무런 말 없이 순종할 따름이다

온 세상의 여인들이여
마리아의 사랑의 모습을 보라
너희들은 어찌 저리도 슬피 우는가
눈물 밴 가슴에 고통을 이겨내는 사랑이
얼마나 위대하고 고귀한 사랑이며 순종인가

786 ㅣ 다섯 군데 피 흘리신 주님

머리에는 가시관을 쓰시고
손과 발에는 못 박히셔서
다섯 군데 피 흘리신 주님 예수
죄를 용서하려고 가시관을 쓰셨습니다

선악과를 먹으면 정녕 죽으리라는
그 말씀을 잊고 선악과를 손에 쥐었던
인간을 용서하시려고 양손에 못 박히셨습니다

하나님과 동행하던 발로
사탄의 올무 속에 걸어 들어간 인간을
용서하시고자 양발에 못이 박히셨습니다

잠이 든 아담의 옆구리에서
갈비뼈를 뽑아 여자를 만드시고
부부가 되게 하신 하나님
만인의 신랑이 되신 예수의 옆구리가
창에 찔리어 물이 쏟아졌습니다

다섯 군데 피 흘리신 사랑은
지워질 수 없는 영원한 사랑이기에
평생을 두고 찬양하여도 그 사랑을
다 표현할 수 없습니다

787 | 예수의 보배로운 피

너희가 알거니와 너희 조상이 물려준 헛된 행실에서 대속함을 받은 것은 은이나 금같이 없어질 것으로 된 것이 아니요 오직 흠 없고 점 없는 어린 양 같은 그리스도의 보배로운 피로 된 것이니라 ✝ 베드로전서 1 : 18-19

예수 그리스도는 영원무궁한 세계에서
우리를 구원하시기 위하여
제한된 시간의 세계로 찾아오셨다

예수 그리스도께서 우리를 사랑하시는
가장 위대한 표현은 무엇인가

인간의 육신을 입고 이 땅에 오셔서
온 인류를 죄에서 구속하시기 위하여
십자가의 고난의 보혈로 죄를 사해주셨다

시간을 주장하시던 분이
시간 속으로 찾아오셨다
죄도 없는 분이 죄를 담당하시려고 오셨다

때가 없는 영원한 분이
때를 맞추어 인간을 구원하러 오셨다
우리를 구원하시려고 십자가를 지셨다

흠 없고 점 없는 어린양의 피로
모든 죄에서 십자가 보혈의 피로 구속하셨다

788 | 골고다의 그 외침이

처절한 고통의 십자가
그 아픔 그 고통을
내 어찌 다 알 수 있겠습니까

주님이 절규하듯 마지막 순간까지 외치신
구원의 소리를 어찌 다 가슴에 담으리까

인간의 치욕을 짊어지신 골고다의 고난은
심령이 가난한 자를
하나님이 사랑하신다는 표현입니다

십자가의 보혈로 죄악의 결과가
얼마나 고통스러운지 알려주시고
주님의 대속으로 죄의 상처를 치유해주셨고
골고다의 외침으로 중보의 기도를 하셨습니다

골고다의 절망의 순간에도
하나님과의 일치됨을 보여주신
주님은 놀라우신 구원자이십니다

오늘도 우리의 심령 속에
골고다의 외침과 사랑이 살아 있습니다

789 | 여자여 보소서 아들입니다 1

예수께서 자기의 어머니와 사랑하시는 제자가 곁에 서 있는 것을 보시고 자기 어머니께 말씀하시되 여자여 보소서 아들이니이다 하시고 또 그 제자에게 이르시되 보라 네 어머니라 하신대 그때부터 그 제자가 자기 집에 모시니라 ✝ 요한복음 19 : 26-27

말없이 애태우며 십자가 예수를
바라보는 어머니 마리아
얼마나 가슴이 아팠을까
심장이 녹아내리는 슬픔에
얼마나 처절하게 고통스러운 순간이었을까

인간의 모든 죄를 홀로 담당하시고
십자가에 못 박혀 피 흘리시는
고통 속에서도 어머니를 잊지 않으시고
"여자여 보소서 아들이니이다"
"보라! 네 어머니이니라" 말씀하셨다

마리아를 부르시고
제자에게 어머니로 모시라고 말씀하신
어머니를 향한 참으로 숭고한 사랑이다
고통으로 까맣게 가슴이 타들어 가는
절절한 아픔 속에서도 뜻을 알기에
마리아는 모든 주님의 말씀을
가슴에 담고 말없이 서 있었다

이 사랑의 모습은 사랑의 진실을 보여주시는
하늘 사랑의 명장면이다

790 | 여자여 보소서 아들입니다 2

마리아, 정결한 여인이여
하나님의 아들을 잉태하고
낳고 키우고 모든 말씀을
마음에 담았던 복된 여인이여

하나님의 아들 예수 그리스도는
십자가의 처절한 고통 속에서도
마리아의 사랑을 잊지 않았습니다

마리아는 십자가 예수의 모든 것이
하나님의 뜻임을 알아 가슴에 담고
하늘의 뜻이 이 땅에 성취되기를 원하며
가슴이 저미는 고통을 감수했습니다

예수의 말씀에 마음이 어찌 되었습니까
"여자여! 당신의 아들입니다"
마리아, 순결한 여인이여
얼마나 아프고 고통스러웠습니까

당신을 아시고 사랑하는 제자 요한에게
사랑을 함께 나누어야 함을 부탁하신
주님은 사랑입니다

791 | 아버지여 저들을 사하여주옵소서 1

이에 예수께서 이르시되 아버지 저들을 사하여주옵소서 자기들이 하는 것을 알지 못함이니이다 하시더라 그들이 그의 옷을 나눠 제비 뽑을새 ✝ 누가복음 23 : 34

십자가에 달린 예수가 무엇을 외치는가
아무런 원망과 요구도 없이
연민도 없이 용서의 기도를 드린다

기진맥진하여 혼미할 지경에도
하나님을 아버지라 부르고
조금도 의심치 않으시고
그 쓰디쓴 잔을 그대로 감당하신다

저들이 무엇을 알지 못하는가
죄를 죄인 줄 모르고
십자가에 못 박는 이유를 모르고
거짓된 자들이 혼미케 하여 알지 못한다

용서하시는 주님은 사랑이시다
십자가에서 중보자임을 보여주셨다
우리가 알지 못하던 죄를 짊어지시고
용서하시는 것을 십자가에서 보여주셨다

우리의 죄를 사하시기 위해서 처절하게
십자가에 달리신 역사상 최대의 용서이다

사악한 사람들은 죄를 저지르고
잘못을 저질러도 알지 못하고
자기가 한 짓을 깨닫지 못한다

늘 진실을 부정하고 죄를 인정하지 않아
죄인일 수밖에 없다
자기의 죄 때문에 십자가에 달리신
예수를 보고 소리를 지른다

"성전을 헐고 사흘 만에 짓는다고 한 자여
네 자신을 구원해봐라"
"네가 너를 구원하여 십자가에서 내려와 봐라"
예수는 십자가에 달려 군중의 조롱과
멸시와 천대를 홀로 받으셨다

눈으로 보고 귀로 듣고도 믿지 못하고
말로 하고도 자기가 하는 짓을 알지 못하고
죄를 짓는 사람들이다

주님은 이 모든 죄를 용서하시기 위하여
기도드리셨다
"아버지여! 저들을 사하여주옵소서
자기가 하는 일을 알지 못하나이다"

793 | 예수의 십자가

예수의 십자가 위에서 인간 구속을
위한 사랑의 모든 것이 이루어집니다
십자가 보혈의 용서가 없다면
죄에서 구원도 평안도 얻을 수 없습니다

처절한 고통 속에 슬프고도 애달픈
십자가는 고난의 형벌이지만
은혜와 사랑으로 받아들이면
주님과 가장 가까워질 수 있습니다

그리스도인들은 자기를 포기하고
정과 욕심을 십자가에서
예수와 함께 못 박은 사람들입니다

예수 십자가의 보혈이 오늘도 흐릅니다
예수의 부활이 사망권세를 이겨내어
구원을 완성했습니다

예수 그리스도의 보혈을 믿고
구세주로 받아들일 때 죄에서 해방되고
모든 것이 새로워집니다

794 | 예수 그리스도를 믿는다는 것은

예수 그리스도를 믿는다는 것은
그분을 내 마음에 모시고
예수 안에서 그분을 닮아가는
삶을 사는 것입니다

예수 그리스도를 믿는다는 것은
주를 영접하고 그리스도인이 되어
빛과 소금이 되어 살아간다는 것입니다

우리의 삶에서
주님을 고백하고 시인하고
전하지 않으면 믿음이 없는 삶입니다

우리의 삶에 오신
예수 그리스도를 온전히 받아들이고
그분의 뜻과 섭리를
이루며 살아가야 합니다

예수 그리스도를 믿는다는 것은
주님의 이름으로 기도하고
한마음으로 예배드리는 것입니다

795 | 십자가의 사랑 1

십자가에서 외친 일곱 말씀이
사탄의 나라에서는 장송곡이 되고
죄에서 해방과 구원의 기쁨이 시작되었다

주님을 사모하는 것은
참으로 놀라운 은혜이며 축복이기에
삶의 새로운 출발점은 주님이시다

고난을 생각할 때마다
경건함과 겸비함 속에
어린아이와 같은 믿음이 있기를 원한다

참회의 눈물을 흘리기 원하며
거룩한 성소로 가는 문을
활짝 열어주심을 감사드린다
영원한 구속의 비밀을 알고 기도하는 기쁨은
신앙의 고백이며 간증이다

십자가의 운명의 시간은
가장 아름다운 구원의 하늘 사랑이
완성되는 고귀한 순간이다

인간의 죄가 얼마나 악한 것인가
오죽하면 하나님의 아들이
십자가에 매달린 죄인이 되어
속죄 제물이 되셔야 했을까

죄를 지어도 회개할 줄 모르고
악에 악을 더하고
죄에 죄를 더하는 인간들
하나님이 그런 못된 인간들을 위하여
십자가의 구속의 사랑을 베푸셨다

인간의 힘과 능력으로는
죄를 씻고 구원받을 수 없기에
독생자가 십자가에 달리셨다

얼마나 참담한 일인가
죄를 짓고 감당도 못 하는 인간들이
죄를 씻기 위하여 믿고 받아들이며
영접하지 않는다면
구원의 문은 영영 닫힐 수밖에 없다

797 | 침묵하시는 하나님

제육시로부터 온 땅에 어둠이 임하여 제구시까지 계속되더니 제구시쯤에 예수께서 크게 소리 질러 이르시되 엘리 엘리 라마 사박다니 하시니 이는 곧 나의 하나님, 나의 하나님, 어찌하여 나를 버리셨나이까 하는 뜻이라 ✝ 마태복음 27 : 45-46

십자가에 못 박히신 예수는
홀로 버림받은 듯 쓸쓸하게 고통당하셨다
예수를 따르던 자들은 다 떠나가고
조롱하고 구경하는 자들과
안타까워하는 자 몇 사람만이 남았다

하나님마저 버린 듯 침묵하시고
아무 일도 일어나지 않았다
이 순간의 가장 숭고한 외침
구원의 문이 열리는 외침이다
"나의 하나님 나의 하나님
어찌하여 나를 버리셨나이까"

인간의 육신을 입고 오신
이유와 목적을 가장 잘 나타내는
고통의 외침이며 생명의 외침이다

인간을 구원하시기 위하여
제물이 되신 주님의 외침이며
하나님의 사랑을 가장 고귀하게 보여준다

798 | 내가 목마르다 다 이루었다 하신 예수 1

> 그 후에 예수께서 모든 일이 이미 이루어진 줄 아시고 성경을 응하게 하려 하사 이르시되
> 내가 목마르다 하시니 거기 신 포도주가 가득히 담긴 그릇이 있는지라 사람들이 신 포도주
> 를 적신 해면을 우슬초에 매어 예수의 입에 대니 예수께서 신 포도주를 받으신 후에 이르시
> 되 다 이루었다 하시고 머리를 숙이니 영혼이 떠나가시니라 ✝ 요한복음 19 : 28-30

외롭고 고독하고 허무하게 살아가며
내일이 막막하기만 한 인간의 죄를
구원하시기 위하여 십자가에 달리셨다

십자가에 매달리신 주님께서
고통을 호소하시며 외치시다가
하나님 아버지의 뜻대로 모든 일이 성취되고
말씀이 그대로 이루어짐을 아셨다

인간의 영혼의 갈증을 채워주시는 주님께서
십자가 고통 속에서 피를 다 쏟아
탈진하시고 목마르자 말씀하셨다
"내가 목마르다!"

지켜보던 사람들이 신 포도주를 적신 해면을
우슬초에 매어 주님의 입을 축여주니
받으신 후 말씀하셨다
"다 이루었다!"
주님이 이 땅에 오셔서 하나님 아버지의
모든 사명을 다 이루셨다

799 | 내가 목마르다 다 이루었다 하신 예수 2

나사렛예수가 재판을 받아도
홍포를 입히고 침 뱉고 채찍질하여도
기적은 일어나지 않았다
가시관을 쓰시고 십자가를 지시고
골고다를 향하여 걸어가시다
힘없이 쓰러지셔도 기적은 일어나지 않았다

십자가에 못 박히고 유대인의 왕이란
죄인의 패가 붙어도 외면하는 것 같고
강도마저 조롱하고 로마 병정도 희롱하며
옷을 서로 나누려고 주사위를 던졌다

골고다 언덕 위에서 못 박히시고 있을 때
혹시나 하나님의 손길이 있을까 했지만
아무 일도 일어나지 않을 것 같았다
외마디 속에 예수는 운명하셨다
"아버지여! 나의 영혼을 부탁하나이다"

진정한 기적이 온 세상에 가득 일어났다
성전의 휘장이 갈라지고 화목제물이 되셨다
주님이 모든 것을 다 이루셨다
기적 중의 기적의 다리가 놓였다
바로 예수의 이름인 '구원'이다

이 세상에 살고 있는 사람들 중에
과연 생을 마치는 최후의 고백으로
"다 이루었다" 말할 수 있는 사람 있을까
주님은 사명을 다 이루셨다

하늘 보좌를 비우고 대속제물이 되시어
골고다 제단의 어린양이 되시어
보혈의 피를 아낌없이 흘리셨다

죗값은 제물이 죽어야 살기에
하나님의 아들이 대속제물이 되어 드려졌다

피 흘림 없이 죄 사할 수 없기에
구원의 사랑을 이루기 위해
이 땅에 오신 이유와 목적을
십자가에 달려 운명하심으로
영혼을 구원하시는 사랑을 이루셨다

처음 흘린 눈물은
죄를 회개하는 참회의 눈물이다
구원받은 후에 흘린 눈물은
주님의 사랑에 대한 감사의 고백이다

801 | 내가 목마르다 다 이루었다 하신 예수 4

십자가의 주님이 목마르시다
양 떼들을 푸른 초장 시원한 물가로
인도하시는 주님이 목마르시다
갈한 심령에 생수를 터뜨려주시는
구주 예수 그리스도가 목마르시다

이 갈한 목마름의 외침은
우리를 구원하시기 위하여
외로운 탄식과 고뇌를 알려주시는 것이다

우리의 영혼의 갈증을 풀어주실 분이
주님밖에 없는 것을 보여주신다

예수 그리스도는 여섯 시간 동안
십자가에 매달려 있으셨다
영혼의 갈증을 아시는 주님께서
구원의 샘가로 날마다 인도하여주신다

모든 것의 근본이신 주께서 인간의 궁핍과
갈증을 아시고 고난의 십자가에서
고통스런 탈수 증세를 당하신 것이다
주님은 참 위대하신 구세주이시다

802 | 죄의 비극을 구원으로 바꾸시는 예수

죄의 결과가 만드는 참담한 비극을
스스로 십자가로 죗값을 치르시고
새 생명의 구원으로 바꾸어주신
구세주 예수 그리스도 주님이시다

십자가의 고통과 절망 속에
우리의 죽을 목숨의 죄를 씻어주셨다
예수 그리스도는
어떤 형식이나 꾸밈이 없이
스스로 친히 속죄 제물이 되시고
어린양으로 십자가에서 죽으셨다

우리의 모든 죄를 스스로 뒤집어쓰시고
세상 죄를 지고 가는 어린양이 되시어
골고다 언덕에서 십자가를 지셨다

죄로 인하여 지옥으로 갈 참담한 비극을
천국으로 가는 즐겁고 기쁘고 행복한 삶으로
바꾸어놓으셨다

803 | 우리의 친구가 되시는 예수

우리의 죄짐을 맡으시고
대신 짊어지신 예수 그리스도 주님은
때때로 우리의 친구가 되어주신다

힘들고 어려울 때 기도해보라
주님이 가까이 다가오셔서
우리의 마음 중심에 함께하여주신다

연약하고 부족할 때 찬송해보라
주님이 마음에 느껴질 것이다
초라하고 나약할 때 말씀을 묵상하라
주님이 인도하여주실 것이다

우리가 절실히 주님을 원할 때
주님은 우리를 결코 버리지 아니하신다
사람들이 다 떠나가 버려도
주님은 언제나 우리와 함께하신다

주님은 고난 중에도 기쁨 중에도
언제나 우리와 함께하신다

804 | 예수 안에서 항상 이기게 하신다

항상 우리를 그리스도 안에서 이기게 하시고 우리로 말미암아 각처에서 그리스도를 아는 냄새를 나타내시는 하나님께 감사하노라 ♣ 고린도후서 2 : 14

우리는 아무런 염려와 근심과
걱정할 필요가 하나도 없이
기도하면 주님이 함께하신다

하나님은 우리가 항상
극심한 역경과 고통 속에서도
앞이 안 보이는 절망 속에서도
어떤 상황에서도 이기게 하신다

믿음이 없으면 걱정과 근심이 생기고
문제가 일어나고 사고가 터지고
불신하는 탓에 불행한 일이 일어난다

하나님은 창조주 하나님이시고
천지만물을 운행하시며
시작과 끝이 되시는 하나님이시다

천하의 모든 일을 시작하시고
항상 넉넉하게 이기게 하시는 하나님은
권능의 하나님이시다

805 | 주님은 우리를 영원히 사랑하십니다

우리가 시작할 때에 확신한 것을 끝까지 견고히 잡고 있으면 그리스도와 함께 참여한 자가 되리라 ✝ 히브리서 3 : 14

외로울 때 생각하면
주님이 이 땅에서 얼마나 외로우셨을까
왜 사람들은 힘들게 살고 있는 것일까
가장 뜨거운 눈물로 기도드리고 싶다

눈물이 날 때에 주님을 생각하면
이 땅에서 슬퍼하신 주님이
웃어주신다면 무엇을 바랄까

우리 주 예수 그리스도께서
아무도 나를 알아주지 않을 때에도
언제나 나를 사랑하고 기억하심을 안다

나의 마음을 너무나 잘 아신다
주님이 모든 것을 체휼하셨기에
우리를 영원히 사랑하신다

힘들지 않고 기뻐하며 즐겁게
살 수 있는 생명의 힘을 얻으려면
생명의 길로 나가야 한다
파란 하늘을 창조하신 것을 보면 주님께서는
청결하고 깨끗한 마음을 좋아하시는 것 같다

806 | 예수 그리스도의 사랑

영혼과 마음에 그려지는 구원의 사랑
십자가의 사랑은 영원합니다
삶의 숲에서, 강가에서, 바닷가에서
세미한 음성을 들었습니다

절망과 고독이 거세게 몰려와도
잡초 속에 피어나는 아름다운 꽃처럼
자꾸만 주님의 사랑이 돋아납니다

희망을 갖고 살 수 있는 것은
생명이 살아 심장이 박동하기 때문입니다
늘 맑고 푸르게 흘러내리는
아름다운 사랑을 아낌없이 주십니다

언제 어디서나 쉴 수 있고
기댈 수 있고 맡길 수 있는
주님의 마음에 편안히 기대고 싶습니다

지상과 영원으로 이어놓고
영혼 속을 흐르는 십자가의 사랑은
주님 앞에 바로 설 때까지
영원히 찬양해도 좋을 사랑입니다

807 | 영혼을 하나님 아버지께 부탁하신 예수 1

> 예수께서 큰 소리로 불러 이르시되 아버지 내 영혼을 아버지 손에 부탁하나이다 하고 이 말씀을 하신 후 숨지시니라 ✝ 누가복음 23 : 46

주님은 가장 외로운 시간에 혼자가 되셨다
고독을 홀로 견디며 기도하셨다
영혼의 갈등을 기도로 삭이며
심란한 마음을 하나님 아버지 뜻으로
가라앉히고 안정을 가지셨다

광야와 산과 빈 들판에서
지상에서 만날 수 있는
가장 아름다운 시간을 위하여
영혼의 구원을 위하여
굶주림과 절망 속에서 기도하셨다

땀방울이 핏빛이 되도록
애간장을 녹이고 심장을 짜내며
삶의 마지막 순간까지 십자가에서
피 흘리시며 홀로 기도하셨다

"아버지여!
내 영혼을 아버지의 손에 부탁하나이다!"
하늘과 땅이 맞닿는 기도로
주님이 영혼을 부탁하셨다

이 땅에 구세주로 오신 예수
아기로 탄생하시어 삼십삼 년 동안
우리와 함께 사시며 함께 웃고 울고
때때로 피눈물까지 흘리셨다

구원을 완성하시기 위하여 대속물이 되시어
십자가에 달리시고
온몸의 진액이 다 빠지시고
정한 목숨이 다하는 시간 주님의 영혼을
하나님께 애가 터지게 간곡히 부탁하셨다

"아버지여!
내 영혼을 아버지 손에 부탁하나이다!"
온몸에 전해오는 사랑을 느낄 수 있는
간절한 목소리의 기도다
죄인을 위하여 사랑을 몸소 보여주시고
십자가에서 아름다운 사랑으로
인간을 향한 구원을 완성하셨다

주님의 십자가의 사랑은
위대하고 신비한 사랑이며
영원히 기억될 하늘 사랑이다

809 | 예수를 모욕하는 사람들

지나가는 자들은 자기 머리를 흔들며 예수를 모욕하여 이르되 아하 성전을 헐고 사흘에 짓
는다는 자여 네가 너를 구원하여 십자가에서 내려오라 하고 그와 같이 대제사장들도 서기
관들과 함께 희롱하며 서로 말하되 그가 남은 구원하였으되 자기는 구원할 수 없도다 이스
라엘의 왕 그리스도가 지금 십자가에서 내려와 우리가 보고 믿게 할지어다 하며 함께 십자
가에 못 박힌 자들도 예수를 욕하더라 ✝ 마가복음 15 : 29-32

고난 중에 못 박혀 있을 때도
구경하고 조롱하던 사람들이 있다
예수의 사역을 거짓으로 부정하려고
머리를 흔들며 모욕하고 조롱하고 비웃었다

"성전을 헐고 사흘에 짓겠다는 자여!
네가 너를 구하여서 십자가에서 내려오라!"

이 조롱하는 자들도 예수의 말씀을
듣고서 알고 있는 자들이다
아는 자들이 더 무섭다는 말이 맞다

이들은 믿지 않는 자, 영접하지 않는 자다
대제사장과 서기관 성정의 지도자들도
믿지 못하고 알지 못하고 같이 조롱했다

"이스라엘 왕의 그리스도가 지금 십자가에서
내려와 우리가 보고 믿게 할지어다"
이들은 눈을 뜬 허깨비들, 바보들이었다
자기를 구원해주실 예수를 모르고
안쓰럽게 조롱하며 비웃고 있었다

810 | 십자가 예수의 운명을 지켜본 여인들 1

예수를 향하여 섰던 백부장이 그렇게 숨지심을 보고 이르되 이 사람은 진실로 하나님의 아들이었도다 하더라 멀리서 바라보는 여자들도 있었는데 그중에 막달라 마리아와 또 작은 야고보와 요세의 어머니 마리아와 또 살로메가 있었으니 이들은 예수께서 갈릴리에 계실 때에 따르며 섬기던 자들이요 또 이 외에 예수와 함께 예루살렘에 올라온 여자들도 많이 있었더라 ✝ 마가복음 15 : 39-41

당신의 두 아들이 제자가 된 것이
얼마나 귀한 복입니까
놀라운 축복이라 즐겁고 행복했습니다
주님은 당신의 아들을 우편에 좌편에
앉혀줄 이 나라의 왕이 아니라
죄에서 구원하시는 구주 예수이십니다

두 아들이 제자가 된 것만으로도
이 지상에서 받을 수 있는 가장
놀라운 복 중의 복입니다
예수 그 이름으로 행하고 전하며
축복하는 제자가 된 것보다
더한 복이 어디에 있겠습니까

살로메여 당신의 아들을 사랑하여 제자로
선택하신 주님은 구주이십니다
내 아들을 제자로 선택하신 주님이
십자가를 지시다니요 이를 어찌합니까
제자가 되어 살맛 나고 얼마나 좋았는데
이토록 처참하게 죽으시다니요
나는 어찌하면 좋겠습니까 나의 주님 예수여

811 | 십자가 예수의 운명을 지켜본 여인들 2

이 마을 저 마을 다니시며 구원을 전하며
복음을 전할 때 따르던 여인들이
십자가 예수의 운명을 바라보고 있다

고난의 십자가에서 고통받으시고
하나님 아버지께 영혼을 부탁하시어
세상의 모든 죄를 홀로 감당하시며
목숨줄을 놓으시는 주님을 보고 있다

여인들 중에는 막달라 마리아
야고보와 요셉의 어머니 마리아
세베대의 아들의 어머니도 있다
예수를 믿어 귀신을 쫓아주고
죄 사함을 받고 세례를 받고
구원을 받은 여인들이다

눈앞에서 그토록 믿고 따랐는데
아무런 저항도 없이
아무런 표적도 없이
십자가에서 운명하시는 것을 보고
얼마나 절망했을까
얼마나 가슴이 찢어지듯이 아팠을까

812 | 십자가로 이기셨다

> 너희가 세례로 그리스도와 함께 장사되고 또 죽은 자들 가운데서 그를 일으키신 하나님의 역사를 믿음으로 말미암아 그 안에서 함께 일으키심을 받았느니라 또 범죄와 육체의 무할례로 죽었던 너희를 하나님이 그와 함께 살리시고 우리의 모든 죄를 사하시고 우리를 거스르고 불리하게 하는 법조문으로 쓴 증서를 지우시고 제하여 버리사 십자가에 못 박으시고 통치자들과 권세들을 무력화하여 드러내어 구경거리로 삼으시고 십자가로 그들을 이기셨느니라 ✝ 골로새서 2 : 12-15

사탄의 조소와 조롱과
비웃음은 깨끗이 사라지고
하나님은 십자가로 죄와의 싸움에서
승리하셨다

세례를 통하여 주와 함께 장사되고 죽은 자들
가운데서 일으키심을 받았다

인간의 죄와 함께 못 박히시고
동에서 서가 먼 것같이
인간의 모든 죄를 도말하여주셨다

죄를 드러내고 고소하여도 소용없도록
모든 죄를 담당하셨다
십자가에서 모든 죄를 사하시고
죄악의 통치자들과 죄의 권세를
무력화시켜버려 아무 쓸모 없게 만드셨다

하나님은 십자가로 죄의 권세를 이기셨다
이 모든 것이 구원의 선물이다
할렐루야

813 | 승리를 주시는 하나님

사망이 쏘는 것은 죄요 죄의 권능은 율법이라 우리 주 예수 그리스도로 말미암아 우리에게
승리를 주시는 하나님께 감사하노니 그러므로 내 사랑하는 형제들아 견실하며 흔들리지
말고 항상 주의 일에 더욱 힘쓰는 자들이 되라 이는 너희 수고가 주 안에서 헛되지 않은 줄
앎이라 ✝ 고린도전서 15 : 56-58

하나님께서는 구주 예수로 말미암아
날마다 우리에게 승리를 주시고
날마다 믿음 가운데 이기게 하여주신다

인간의 가장 큰 문제는
죄가 사망을 가져오니
늘 죄를 지적당하며 평안을 잃고
불안과 초조에 떠는 것이다

죄의 문제를 예수가 대속제물이 되시어
스스로 흘리신 고귀한 십자가 보혈로
깨끗이 씻어주시고 해답을 내주셨다

예수 그리스도 안에서 구원받았으니
견고하고 굳센 믿음 속에
흔들리지 않는 신앙을 가져야 한다

항상 주님의 일에 동참하고
주님의 일을 열심히 하고
우리의 수고가 헛되지 않도록
하나님이 기억하시고 인도하심을 믿어야 한다

814 | 예수의 영혼이 떠나다

제구시쯤에 예수께서 크게 소리 질러 이르시되 엘리 엘리 라마 사박다니 하시니 이는 곧 나의 하나님, 나의 하나님, 어찌하여 나를 버리셨나이까 하는 뜻이라 ✝ 마태복음 27 : 46

하나님이 창세전부터 예정하신
인간의 구속사가 예수께서 운명하시자
부활을 앞두고 말씀대로 이루어졌다

예수 그리스도는 죗값으로
십자가에서 하나님으로부터
버림을 당하시는 모습이 되셨다
인간이 당해야 할 죗값의 모든 것을
주님이 친히 당하셨다

죄를 지은 인간이 버림을 당해야 하는데
주님께서 우리의 죗값을 대신하여
고난당하시고 버림을 당하셨다

우리를 구원하시기 위하여
고독하고 처절하게 외치시는
십자가 마지막 음성이 귓가에 쟁쟁하다

주 예수 그리스도가
우리의 구주이심을 믿고 무한 감사드리며
영원히 찬양하며 경배드린다

815 | 홀로 절대 고독에 빠진 예수

제구시쯤에 예수께서 크게 소리 질러 이르시되 엘리 엘리 라마 사박다니 하시니 이는 곧 나의 하나님, 나의 하나님, 어찌하여 나를 버리셨나이까 하는 뜻이라 ☩ 마태복음 27 : 46

십자가에 외롭게 매달려
홀로 절대 고독에 빠져
심장이 터지도록 외치셨다
"나의 하나님 나의 하나님
어찌하여 나를 버리셨나이까"

십자가에 달려 힘들고 지쳐
있는 힘을 다하여 기도하셨다
"나의 하나님 나의 하나님
어찌하여 나를 버리셨나이까"

하늘과 온 땅이 어두워지는데
진정 아들을 모른 척하고 버리시는 것일까
하나님은 인간을 구원하시기 위하여
마지막 때를 기다리고 계시며
버려야 하는 이 순간이 대속제물이 될 수 있는
인간 구속사의 가장 중요한 시간이다

예수가 우리를 사랑하시는 것은
우리의 사랑을 받기를 원하시는 것이다
따르는 자도 자기를 버려야 한다

816 | 찢어진 성전의 휘장 1

때가 제육시쯤 되어 해가 빛을 잃고 온 땅에 어둠이 임하여 제구시까지 계속하며 성소의 휘장이 한가운데가 찢어지더라 ✝ 누가복음 23 : 44-45

성소의 휘장의 한가운데가
위에서 아래로 찢어지자
하나님과 사람 사이에
죄로 인해 가로막혔던 담이 허물어지고
중보자 예수가 중간에 서 계신다

지친 몸으로 제물이 되신
십자가 고통도 끝날 시간이 되고
목숨이 끊기고 운명의 시간이 찾아왔다

여섯 시쯤에 해가 갑자기
빛을 잃기 시작하고
온 땅에 시커먼 어둠이 들더니
아홉 시까지 지속되었다

성소의 휘장의 한가운데가
찢어져 제사가 필요 없어지고
신령과 진정으로 예수 이름으로
거룩한 예배를 드리는 시대가 왔다

인간을 위하여
마지막 속죄 제물이 되시어
인간을 구속하여주셨다

817 | 찢어진 성전의 휘장 2

우리를 구원하러 오신
구원자가 고통의 십자가 위에서
"엘리 엘리 라마 사박다니"라고 외치며
괴로움 속에 제물이 되어 죽음으로
인간의 모든 죗값을 치르셨다

불평과 불의가 찢어지고
멍이 풀리고 고통스럽던 상처도 아물고
새로운 생명의 구원의 길
은혜와 자비의 길이
보혈로 새롭게 활짝 열렸다

십자가에서 숨죽이며 다가오는
처절한 고통 속에 대속의 은혜로
죽으심에 진리를 깊이 깨닫는다

세상의 길이 다 헛된 길이지만
동토에 봄이 찾아오듯이
구원의 길은 새 생명의 길이다

거듭난 성도들만이 갈 수 있는
보혈로 이루어놓은 구원의 길이다

818 | 찢어진 성전의 휘장 3

영혼이 떠나자 성소와 지성소의 휘장이
위로부터 아래까지 두 폭으로 찢어져
둘로 나뉘져 갈라지고 말았다

성스럽던 것들이 평범하게 되어
하나님께 나가는데 지성소도 사라지고
벽도 사라지고 담도 사라지고 말아
하나님 앞에는 모든 것이 드러났다

거룩한 척하며 쳐놓은 커다란 휘장도 필요 없다
비밀인 척할 필요도 없다
새로운 길을 열어주신 하나님 앞에 나가려면
예수의 이름만 필요하다

자기의 육체를 찢어
지성소의 휘장도 찢어지게 하셨다
인간의 중간에 끼어서
마치 중보자인 양 하는 자는 사탄이다

하나님 앞에 나가는 것은
생명의 떡이 되시는 예수 이름으로 나가
주님의 인도하심을 받는 것이다

819 | 주께서 죽으시던 날

여인들이 골고다로 향하시는
예수를 보며 눈물을 흘린다

사랑이 메마른 시대에 주께서 죽으시던 날
흘러내린 골고다 언덕 십자가의 보혈이
죄 많은 사람들의 몸과 마음과 영혼을
촉촉하게 적시고 있다

주님이 속죄 제물로 바쳐지실 때
성전의 휘장이 찢어져 내려
하나님과 인간 사이에 담이 무너지고
영혼이 찢기며 구원의 빛이 찾아왔다

십자가의 제물이 되시어
인간의 죄를 대속하여 죽으시던 날
인간의 제사는 영원히 막을 내렸다

오늘날 지금도 성도들의
하나님을 향한 예배를 통하여
경배와 찬양과 기도가 열납되고 있다
주여 영광 받으소서
아멘

820 | 예수가 운명하시자 무덤이 열렸다

무덤들이 열리며 자던 성도의 몸이 많이 일어나되 예수의 부활 후에 그들이 무덤에서 나와
서 거룩한 성에 들어가 많은 사람에게 보이니라 ✟ 마태복음 27 : 52-53

운명하시자 많은 무덤이 열리며
잠자던 성도의 몸이 다시 살아났다
예수의 부활 후에
무덤에서 사람들이 살아나서
거룩한 성에서 많은 사람에게 보였다

이 놀라운 일은
재림하시는 날을 예고하시는 모습이며
죽었던 자들이 다시 살아나는 것은
하나님의 능력으로만 할 수 있는 일이다

예수 그리스도의 부활은
성도들이 영생을 얻는 것을
미리 보여주시는 것이다

예수의 부활로
많은 성도들이 죽음에서 살아나
수많은 사람들을 만나며 성안을 돌아다녔다
죽음을 이기시고 부활하신
구세주를 찬양합니다
할렐루야

821 | 예수의 흔적

골고다 십자가
최악의 고통이 있었던 자리
예수의 흔적에서 죄의 아픔을 넘어
구원의 기쁨을 느낀다

주님의 십자가를 바라보면
사랑에 눈물이 나고
눈을 감으면 가슴이 벅차다

주님 예수로 거듭난 삶
새로운 인생의 길이 열린다

잊는다 해도 영원히 잊을 수 없는
구원의 은혜로 찬양과 경배를 드린다

오늘 나는 예수의 십자가를
자랑할 수 있는 상처
예수의 흔적을 가졌다

822 | 주여 영광을 받아주소서

주여 영광을 받아주소서
주님만큼 위대하고 의로우신 분은
이 세상에 아무도 없습니다

죄악의 난간에 서서 떨어져 죽을 우리를
보혈의 피를 흘려 구원하신
그 사랑, 그 은혜는 은총이요, 사랑입니다

하나님의 독생자 주님이 어떻게 오셔서
온몸이 상처로 얼룩지시며 십자가를 지시고
용서를 베푸시고 구원하여주십니까

십자가는 죄의 고통에서 해방되는 것이니
주님의 사랑을 어찌 해야 합니까
주님의 은혜를 어찌해야 합니까

이토록 감당할 수 없는
무궁한 하늘 사랑을 받았는데
나에겐 주님께 드릴 것이 하나도 없습니다
주여 영광을 받아주소서
주여 찬양을 받아주소서

823 | 그날을 위하여

> 그리스도의 고난이 우리에게 넘친 것같이 우리가 받는 위로도 그리스도로 말미암아 넘치는도다 우리가 환난 당하는 것도 너희가 위로와 구원을 받게 하려는 것이요 우리가 위로를 받는 것도 너희가 위로를 받게 하려는 것이니 이 위로가 너희 속에 역사하여 우리가 받는 것 같은 고난을 너희도 견디게 하느니라 ✝ 고린도후서 1 : 5-6

그날을 위하여 오늘이 있다
사랑을 위해 휘장이 갈라지도록 외치던
가시관의 아픔이여
새벽별이신 당신의 아침은
골고다 언덕 너머 빛나고 있다

유대 땅 작은 고을에서
불기 시작한 주님의 바람이
지금 이 땅에 살아 세차게 불고 있습니다

당신의 겟세마네의 눈물이 우리의 눈물이 되게 하소서
골고다의 외침이 우리 외침이 되게 하소서
십자가의 뜨거운 가슴으로 온 천지가 불붙게 하소서

이 땅에 순교의 역사로 빛나는 교회들이여
아침을 나는 비둘기로 비상하라
우리의 가슴에서 세계의 가슴으로
복음의 빛으로 눈부시게 빛나라
이 산하를 꽃피워 예수의 심장으로 뛰게 하라
그날을 위하여 오늘도
우리의 가슴에서 세계의 가슴으로
성령의 불길로 활활 영원히 타올라라

824 | 십자가에 달리신 예수의 옆구리를 창으로 찌른 로마 병사 1

군인들이 가서 예수와 함께 못 박힌 첫째 사람과 또 그 다른 사람의 다리를 꺾고 예수께 이르러서는 이미 죽으신 것을 보고 다리를 꺾지 아니하고 그중 한 군인이 창으로 옆구리를 찌르니 곧 피와 물이 나오더라 이를 본 자가 증언하였으니 그 증언이 참이라 그가 자기의 말 하는 것이 참인 줄 알고 너희로 믿게 하려 함이니라 ✝ 요한복음 19 : 32-35

사랑의 가교를 놓아주신 주님인데
로마 병사여 너는 무슨 억하심정으로
무슨 악한 마음과 심술로
주님의 옆구리를 창으로 찔렀는가

숨이 끊어져 이미 죽으셨는데
왜 옆구리를 창으로 찔렀는가
너를 위해 피를 쏟으신 주님이 아니신가

왜 로마 병사에게 옆구리를 창으로 찔리셔야 했나
이는 예수의 증거하심이 참이라
우리를 위하여 죽으심을 하나님께서 보이심이라

강도들은 무릎이 꺾여 죽었는데
주님은 성경의 예언대로 뼈 하나 꺾이지 않고
십자가에서 내려오셨다
이제 찌른 자도 볼 것이다

사람들아 너희는 왜 다시
십자가에 예수를 못 박았나
너희는 왜 다시 못 박고 있나
너희는 지금 어떤 일을 하고 있는가

로마 병사여
그대가 지금 누구의 옆구리를
창으로 찔러 피를 쏟게 하는가
그분이 누구이신지 아는가

그분은 구세주 예수다
너와 그리고 세상 모든 사람들을
죄에서 구원하여주시려고 오신
하나님의 아들이시다

로마 병사
너는 자신의 임무를 다했다고
생각하고 있는지 모르지만
악의 도구로 사용되는 것은
참으로 딱한 일이 아닌가
네가 후회할 날이 올 것이다

로마 병사여
왜 예수의 옆구리를 창으로 찔렀는가
죗값을 치르는 날이 오기 전에
창으로 찌른 예수를 구주로 받아들이고
회개하라 로마 병사여

826 | 십자가에 달리신 예수의 옆구리를 창으로 찌른 로마 병사의 고백

제가 정말
십자가에서 고통당하시는
예수의 옆구리를
창으로 찌른 것입니까

나는 정말 몰랐습니다
상관의 지시에 따라
명령에 따라 행동했을 뿐
나는 아무 잘못이 없습니다

왜 하필이면 나에게
이런 일이 생긴 것입니까

이 땅에 구세주로 오신 예수를
왜 내가 가진 창으로 찔러
더 고통당하게 했습니까

왜 나에게 이런 잘못된
엄청난 일이 벌어진 것입니까
후회할 뿐입니다
이 일을 어찌 감당해야 합니까

827 | 백부장의 고백 1

백부장과 및 함께 예수를 지키던 자들이 지진과 그 일어난 일들을 보고 심히 두려워하여 이르되 이는 진실로 하나님의 아들이었도다 하더라 ✝ 마태복음 27 : 54

보라 하나님의 아들이 아닌가
십자가에 달리신 예수를
처음부터 끝까지 나는 보았다

십자가의 기도와 지진을 보라
진실로 하나님의 아들이 아닌가

예수는 죄가 없는데
왜 십자가에 못 박았는가
우리가 죄인인데
왜 대신 십자가에 달리셔야 했는가

이 죗값을 누가 받으려는가
왜 몰랐는가
예수가 십자가에 달리신 이유를

주님의 애타는 마음을 누가 알까
십자가의 예수를 보라
진실로 하나님의 아들이 아니신가

주님의 십자가 아래서
진실한 마음으로 고백합니다
진정 하나님의 아들이십니다

아무 죄도 없으신 분이
가장 극악한 죄인처럼
십자가에 달려 세상 죄짐을 지시려
순종하시는 것을 보면
실로 하나님의 아들이십니다

다른 죄인들은 자기의 죄를 변명하고
뻔뻔하게 부인하는데
아무 죄도 없으신 주님은
모든 고통을 홀로 감당하시니
진정 하나님의 아들이십니다

인간들은 누구나 자기 욕심과
욕망의 늪에 빠져 죄를 짓는데
인간을 구원하여주시고자
십자가에 몸소 달리셨으니
진정 하나님의 아들이십니다

829 | 예수의 시신을 거둔 아리마대 요셉 1

공회 의원으로 선하고 의로운 요셉이라 하는 사람이 있으니 (그들의 결의와 행사에 찬성하지 아니한 자라) 그는 유대인의 동네 아리마대 사람이요 하나님의 나라를 기다리는 자라 그가 빌라도에게 가서 예수의 시체를 달라 하여 이를 내려 세마포로 싸고 아직 사람을 장사한 일이 없는 바위에 판 무덤에 넣어두니 이날은 준비일이요 안식일이 거의 되었더라 갈릴리에서 예수와 함께 온 여자들이 뒤를 따라 그 무덤과 그의 시체를 어떻게 두었는지를 보고 돌아가 향품과 향유를 준비하더라 계명을 따라 안식일에 쉬더라 ✝ 누가복음 23 : 50-56

나는 공회 의원 아리마대 요셉이오
빌라도여 빌라도여
십자가에 못 박혀 돌아가신
예수의 시신을 나에게 주시오
그를 장례하겠습니다

믿음이 있는 사람 요셉은 예수의 시신을
십자가 형틀에서 내려 세마포로 정결하게 쌌다
주여 이게 어찌 된 일입니까
구주께서 숨을 거두시다니요
말씀처럼 다시 살아나시는 겁니까
너무나 가슴이 아파 어쩔 수가 없습니다

주여
단 한 번도 사람을 장사한 적이 없는
바위의 무덤에 주님을 모시겠으니
평안히 영면하시기 바랍니다
오 주여
이게 어찌 된 일입니까
구주 예수 그리스도께서 숨을 거두시다니요

830 │ 예수의 시신을 거둔 아리마대 요셉 2

저물었을 때에 아리마대의 부자 요셉이라 하는 사람이 왔으니 그도 예수의 제자라 빌라도에게 가서 예수의 시체를 달라 하니 이에 빌라도가 내주라 명령하거늘 요셉이 시체를 가져다가 깨끗한 세마포로 싸서 바위 속에 판 자기 새 무덤에 넣어두고 큰 돌을 굴려 무덤 문에 놓고 가니 거기 막달라 마리아와 다른 마리아가 무덤을 향하여 앉았더라 ✝ 마태복음 27 : 57-61

빌라도여
정령 당신은 어떤 분인 줄 몰랐습니까

나에게 예수의 시신을
모실 수 있도록 허락해주십시오
내가 그분을 무덤에 모시고 싶습니다
아무나 함부로 다룰 수 없습니다

나는 그분을 압니다
수많은 사람들에게 새로운 삶의
놀라운 변화와 사랑을 주신 분입니다

십자가에 달리신 예수의 시신을 주십시오
정한 세마포에 싸서
바위 속에 판 새 무덤에 모시겠습니다

나는 예수 그리스도 그분을 압니다
그동안 어떤 일을 하시고
어떤 변화를 일으키셨는지를
십자가에 달리신 예수의 시신을 주십시오

831 │ 예수의 시신을 거둔 아리마대 요셉 3

십자가에 못 박히는 것을 보면서도
주님의 능력을 보고 체험한 사람들이
아무도 막지 못하고 방관하고
두려워하며 떨고 있었다

하나님 나라가 오기를 기다리던 공회 의원인
아리마대 요셉은 안식일 전날
빌라도에게 당당하게
예수의 시신을 달라고 요구했다

빌라도는 예수가 벌써 죽었을까
계속 의심하다가
백부장에게 여부를 물어보더니
죽은 지 오래되었다고 하니
요셉에게 내어주었다

아리마대 요셉은 예수를 세마포에 싸서
자신의 동굴 무덤 속에 안치하고
돌로 무덤을 닫아놓았다

막달라 마리아와 요셉의 어머니 마리아가
끝까지 지켜보고 있었다
요셉은 믿음이 강하고 담대한 사람이다

832 | 예수 무덤을 지키는 경비병

요셉이 예수를 세마포로 두르고
동굴 무덤에 장사를 지냈다
대제세장들은 죽은 예수도 두려웠다
주님께서 시시때때로 죽은 후에
삼 일 만에 부활하신다는 말씀을 하셨기에
그 소문은 온 마을마다 파다했다

다시 살아나면 우리는 무슨 꼴인가
어떻게 대처해야 할지를 몰랐다
수많은 생각이 꼬리를 물어
혼돈과 두려움 속에 나날을 보내며
경비병들에게 무덤을 굳게 지키라고 명령했다

혹시 제자들이 시체를 훔쳐 가서 숨겨놓고
예수가 다시 살아났다고
헛소문이라도 낼까 두렵고 떨렸다

하나님의 섭리를 알지 못하는 대제사장들아
소문으로 살아나신 것이 아니라
하나님의 능력으로 고난당하신 지 삼 일 만에
무덤이 열리며 부활하셨다

833 | 너희가 평안하냐

여인들이여 너희가 평안하냐
십자가 고난의 고행길을 따라가서 보고
운명까지 바라보았던 여인들

무덤에 장사되는 것을 지켜본 여인도 있다
가슴 아파하는 여인들에게 부활하신
예수께서 말씀하셨다
"너희가 평안하냐"

여인들이 얼마나 마음이 불안하여 떨고 힘들어했으면
주님께서 위로하시고 다독이시며 평안을 주는 말씀을 하셨을까
"너희는 무서워 말라 가서 형제들에게 갈릴리로 가라 하라
거기서 나를 보리라"

십자가에서 분명 운명하신 주님이
다시 살아나셔서 눈에 보이는 것이
여인들은 믿어지지 않고 무섭고 두려웠을 것이다
주님은 여인들의 마음을 아시고
주님의 부활을 다시 확신시켜주셨다
"갈릴리에서 나를 다시 볼 것이다"

834 | 예수를 지키는 경비병의 보고

> 여자들이 갈 때 경비병 중 몇이 성에 들어가 모든 된 일을 대제사장들에게 알리니 그들이
> 장로들과 함께 모여 의논하고 군인들에게 돈을 많이 주며 이르되 너희는 말하기를 그의 제
> 자들이 밤에 와서 우리가 잘 때에 그를 도둑질하여 갔다 하라 만일 이 말이 총독에게 들리
> 면 우리가 권하여 너희로 근심하지 않게 하리라 하니 군인들이 돈을 받고 가르친 대로 하였
> 으니 이 말이 오늘날까지 유대인 가운데 두루 퍼지니라 ✝ 마태복음 28 : 11-15

경비병들은 예수의 무덤이
비었다는 것을 알았다
삼 일 만에 부활했다는 것을
분명히 알고 있었다

대제사장들은 자기들이 만약이라고
생각했던 일이 벌어지자
점점 더 두려움이 몰려오기 시작했다

장로들과 함께 모여 모의하고
경비병들을 매수하여
사람들에게 거짓 소문을 내었다

"예수는 부활하지 않았다
한밤중에 경비병들이 잠들었을 때에
제자들이 시신을 훔쳐 갔다"

그들이 아무리 거짓 소문을 내고
온갖 흉계를 꾸미고 모략을 일삼아도
주님은 십자가에 고난당하신 후
삼 일 만에 무덤에서 부활하셨다

835 | 만방에서 만민에게 복음을 전하라 1

> 그 후에 열한 제자가 음식 먹을 때에 예수께서 그들에게 나타나사 그들의 믿음 없는 것과 마음이 완악한 것을 꾸짖으시니 이는 자기가 살아난 것을 본 자들의 말을 믿지 아니함일러라 또 이르시되 너희는 온 천하에 다니며 만민에게 복음을 전파하라 믿고 세례를 받는 사람은 구원을 얻을 것이요 믿지 않는 사람은 정죄를 받으리라　✝ 마가복음 16 : 14-16

너희는 온 천하를 다니며
만방에서 만민에게 주 예수를 전하라
생명과 구원의 복을 전하라

믿고 죄를 자복하고 회개한 사람들에게
주 예수 이름으로 세례를 주라
온 세상에 복의 투망을 던져
사람을 낚는 어부가 되어라

너희를 맞아들이고 예수를 믿는 사람들은
주님의 이름으로 구원받을 것이다
복음을 전하여도
받아들이지 않고 믿지 않는 사람들은
정죄와 심판을 면하지 못할 것이다

너희들은 예수 이름으로 성령의 능력으로
귀신을 쫓아내고, 새 방언을 말하고
병든 사람에게 손을 얹어 고쳐라
손을 얹으면 병이 낫도록
복음의 능력을 전하고 행하라

836 | 만방에서 만민에게 복음을 전하라 2

그러므로 예수도 자기 피로써 백성을 거룩하게 하려고 성문 밖에서 고난을 받으셨느니라
그런즉 우리도 그의 치욕을 짊어지고 영문 밖으로 그에게 나아가자 ✝ 히브리서 13 : 12-13

갈릴리 바다에서 만난 제자들아
십자가의 고난을 받으셨으나
성경에 이른 대로 삼 일 만에 살아나셨다

제자들아 하나님 아버지께서 너희들에게
하늘과 땅의 모든 권세를 주셨다

너희는 이 세상 땅 끝까지 가서
모든 민족을 제자로 삼아
누구나 구별 없이 모든 사람을
예수의 제자로 삼아라

제자들아 너희는 하나님 아버지와 아들 예수와
보혜사 성령의 이름으로 세례를 주어라

제자들아 너희는 내가 너희에게 가르친 말씀
생명의 복음을 모든 사람에게
깨닫도록 가르치고 전하라
"내가 세상 끝날까지 너희와 함께 있을 것이다."

837 | 만방에서 만민에게 복음을 전하라 3

> 또 어려서부터 성경을 알았나니 성경은 능히 너로 하여금 그리스도 예수 안에 있는 믿음으로 말미암아 구원에 이르는 지혜가 있게 하느니라 모든 성경은 하나님의 감동으로 된 것으로 교훈과 책망과 바르게 함과 의로 교육하기에 유익하니 이는 하나님의 사람으로 온전하게 하며 모든 선한 일을 행할 능력을 갖추게 하려 함이라 ✝디모데후서 3:15-17

어린아이같이 순진하게 살고 싶을 때
때 묻지 않고 착하게 살고 싶을 때
맑은 기운이 온몸에 돌아
빈 가슴을 사랑으로 채워주십니다

믿음이 잘 성장하고 굳게 자라나
이미 다 이루신 주님 안에서
승리하는 삶을 살게 하소서

쓰라린 고통도 연단의 기회로 삼아
아침에 밀려드는 햇살처럼 따뜻한
주님의 사랑을 항상 받게 하소서

내 마음속 이야기를 나눌 수 있는
주님과 동행할 수 있음이
참 고마우니 선하게 살게 하소서

생명의 길 밝게 보여주시니
주님을 만남이 축복입니다
주님의 은혜 속에 능력을 받아
만방에 복음을 전하는
그리스도인의 성숙한 믿음을 갖게 하소서

838 ┃ 가장 위대한 사랑 1

그러나 이제는 너희가 죄로부터 해방되고 하나님께 종이 되어 거룩함에 이르는 열매를 맺었으니 그 마지막은 영생이라 죄의 삯은 사망이요 하나님의 은사는 그리스도 예수 우리 주 안에 있는 영생이니라 ✝ 로마서 6 : 22-23

역사상 가장 위대한 사랑은 십자가의
구속의 사랑 온전히 완성된 사랑이다

인간의 죗값을 치르신 십자가 보혈의 사랑보다
더 귀한 사랑이 있을까
자기의 모든 것을 송두리째
아낌없이 주며 희생하는 사랑이 있을까

주님의 사랑은 위대한 사랑
모두 다 받기만 원하는데
목숨까지 내어주신 끝없는 사랑이다

이토록 애절한 사랑이 있을까
죄짐을 죄인 대신 홀로 지시고
죄인 대신 죽는 사랑이 있을까

자기 멋대로 사랑하기 원하는데
십자가에서 아낌없이 쏟아주신 사랑이다

가장 고귀한 사랑 속에
영생을 선물로 받았으니
싱그러운 은총을 영원히 누리며 살고 싶다

> 오직 사랑 안에서 참된 것을 하여 범사에 그에게까지 자랄지라 그는 머리니 곧 그리스도라
> ✝ 에베소서 4 : 15

주님만 사랑하게 하소서
죄악의 너절한 길목에서
주님을 만난 것은 기적입니다
믿고 기도함을 들어주심을 감사합니다

죄의 잔상에서 벗어나 무모했던 삶에
질서가 잡히고 욕심을 앞세우기보다
겸손한 마음으로 주님을 닮기를 원합니다

예수의 구원과 사랑보다
풍성하고 아름다운 은혜가 어디 있습니까

성령 충만 속에 살게 하시고
나약하고 고달픈 흐름을 멈추고
진실하게 거듭나게 하소서

먼지처럼 사라질 목숨에
놀라운 사랑을 주셨으니
죄의 흐느낌이 아니라 고백으로
가슴으로 울며 사랑하게 하소서

840 ┃ 누가 우리를 사랑할 수 있을까

오직 성령의 열매는 사랑과 희락과 화평과 오래 참음과 자비와 양선과 충성과 온유와 절제
니 이 같은 것을 금지할 법이 없느니라 그리스도 예수의 사람들은 육체와 함께 그 정욕과
탐심을 십자가에 못 박았느니라 ✝ 갈라디아서 5 : 22-24

누가 우리를 사랑할 수 있을까
기억의 갈피마다 사랑이 가득합니다
주님은 유일하게 단 한 분
하나님의 말씀으로 예언되어
이 땅에 오신 구세주이십니다

늘 괴로운 몸짓에 빠지고
몸살 난 몸부림으로 헉헉대는
버림받은 자를 구원하러 오셨으니
주께서 부르시면 달려가겠습니다

심령의 가난함을 나누어주시고
주님의 보혈로 죄짐을 풀어주셔서
웃음 띤 얼굴이 되살아납니다

누가 이토록 사랑할 수 있겠습니까
순종의 십자가를 지셨기에
구원의 기쁨에 눈물을 흘립니다
보혈은 석양의 황혼보다 아름답습니다
이 땅에 귀한 보혈을 흘려주셔서
울음이 멈추고 기쁨이 찾아옵니다

841 | 예수의 무덤 경비병 1

> 그 이튿날은 준비일 다음 날이라 대제사장들과 바리새인들이 함께 빌라도에게 모여 이르되 주여 저 속이던 자가 살아 있을 때에 말하되 내가 사흘 후에 다시 살아나리라 한 것을 우리가 기억하노니 그러므로 명령하여 그 무덤을 사흘까지 굳게 지키게 하소서 그의 제자들이 와서 시체를 도둑질하여 가고 백성에게 말하되 그가 죽은 자 가운데서 살아났다 하면 후의 속임이 전보다 더 클까 하나이다 하니 빌라도가 이르되 너희에게 경비병이 있으니 가서 힘대로 굳게 지키라 하거늘 그들이 경비병과 함께 가서 돌을 인봉하고 무덤을 굳게 지키니라 ✝ 마태복음 27 : 62-66

참으로 어리석은 일입니다
한밤중에 돌무덤을 지켜야 하다니
도무지 이해가 안 됩니다
도대체 누가 시체를 훔쳐 갑니까

이 무덤 속에 누가 있습니까
예수라는 사람이 아닙니까
십자가에 달리다니 이상한 일입니다

온 땅에 어둠이 가득하고 땅이 진동하고
바위가 터지고 지진도 일어났습니다
몹시 두렵고 무서웠습니다
우리가 무덤을 왜 지키게 되었습니까

이토록 두렵다면
왜 죽었을까요
도무지 알 수 없는 일입니다
예수가 삼 일 만에 살아난다고 하니
참 두렵고 이상한 일입니다

842 | 예수의 무덤 경비병 2

> 여자들이 갈 때 경비병 중 몇이 성에 들어가 모든 된 일을 대제사장들에게 알리니 그들이 장로들과 함께 모여 의논하고 군인들에게 돈을 많이 주며 이르되 너희는 말하기를 그의 제자들이 밤에 와서 우리가 잘 때에 그를 도둑질하여 갔다 하라 만일 이 말이 총독에게 들리면 우리가 권하여 너희로 근심하지 않게 하리라 하니 군인들이 돈을 받고 가르친 대로 하였으니 이 말이 오늘날까지 유대인 가운데 두루 퍼지니라 ✝ 마태복음 28 : 11-15

밤새 분명히 지켜보았는데
아무도 얼씬거리지 않고 누가 오지도 않았다
그런데 돌문이 옮겨지고
살아났으니 심상치 않다

이 마을 저 마을 돌아다니며
말씀을 전하고 전도하실 때
죽으면 삼 일 만에 부활한다고 하셨다

살아나셨다
분명히 예언의 말씀대로
삼 일 만에 부활하셨다

잘못이 없으니 제사장에게 말해야 한다
이상한 일이다
왜 돈까지 주면서 제자들이 훔쳐 갔다고
거짓말하라는 것일까

살아나는 것이 두려운 모양이다
예수의 예언대로 살아나 빈 무덤이 되었다

843 | 새벽 미명에

주님이 보고 싶어 찾아왔습니다
주님이 그리워서 찾아왔습니다
주님 예수가 너무나 보고 싶어
한걸음에 달려왔습니다

십자가의 사랑과 은혜가
너무도 고귀하고 소중하기에
무덤이라도 찾고 싶었습니다

오 주여 어찌 된 일입니까
두렵고 무섭습니다
죽음에서 부활하셔서 갈릴리로 가시다니요
어찌 된 일인지 너무나 기쁩니다

이 새벽 미명에 보고 싶은 예수
부활의 소식을 들으니
이 귀한 소식을 전하고 싶어
달음질하며 마음껏 외칩니다
"주님이 부활하셨습니다"

844 | 빈 무덤

세상길 불투명해 잠시 쉬었다 가고
인간을 흙으로 돌아가게 하는
무덤을 가로막던 큰 돌이 치워졌다

영생을 가로막던 죄가 사라지고
부활하신 예수 그리스도가
사망권세를 이기고 살아나셨다

아버지께 영혼을 맡기신
주님이 부활해 살아나셨으니
주님께 영혼을 맡기며 산다
"사망아 네가 왜 소리치느냐
주님이 너를 이기셨다"

무덤을 병사가 지켜도 소용없듯
아무리 우기고 조롱하여도
주님이 죄를 사하시고 제물이 되사
구원을 완성하여주셨다

빈 무덤이 되어 영생을 주시고
죄악은 막을 내렸다
할렐루야 예수 부활하셨다

845 | 무덤가로 달려간 여인들

주님이 살아 계시면 얼마나 좋을까
인자하시고 온유하신 주님 왜 죽으셔야 했을까

죄인을 용서하시고 문둥병자, 귀신 들린 자,
중풍병자를 고치시고, 오병이어를 일으키시고
나사로를 살리시고
얼마나 놀라운 일들을 많이 하셨던가

주님이 이토록 십자가에서 처절하고
허망하게 돌아가시다니
말씀처럼 삼 일 후 다시 살아나실까

안식 후 첫날 무덤가로
달려간 예수를 따르던 여인들
주님을 보고 싶고 봉사하고 싶어
향품을 갖고 찾아간 여인들
얼마나 아름다운가

사랑하는 마음이 얼마나 복된가
부활의 소식을 제일 먼저 들었다
여인들은 예수의 죽음을 보러 갔다가
여인들이 사모하여 부활을 보았다

846 | 주님을 찾는 마리아

주님 어디에 계시옵니까
십자가 피 흘리는 고통 속에도
오직 구원을 외치신 주님을 만날 수 없고
볼 수 없는 외로움이 너무나 큽니다

주님 어디에 계시옵니까
주님을 찾고 싶습니다
주님을 만나고 싶습니다
사랑을 받기만 한 마리아입니다

주님을 옮겨놓은 사람은 누구입니까
당신이 만약에 옮기셨다면
주님이 계신 곳을 말해주소서
주님을 만나고 싶습니다
나의 삶을 새롭게 하여주신
구주를 지금 만나고 싶습니다

주님이 신앙이고 믿음이니
나의 주님을 만나고 싶습니다
어찌하여 머뭇거리겠습니까
주님 어디에 계시옵니까

847 | 랍오니여

랍오니여 살아나셨습니다
삼 일 만에 부활하실 거라는
주님의 예언의 말씀, 진실입니다
십자가를 지시고 골고다로 향하시던
그날부터 눈물로 지새우며
그리워 찾아왔는데 살아나셨습니다

이 소식 주님의 부활의 기쁜 소식을
누구에게 먼저 전해야 할까요

기쁨에 주님의 손을 꼭 잡고 싶은데
만류하시는 주님을 향한 사랑은
가슴에 너무나 벅차옵니다

랍오니여 살아나셨군요
주님의 부활의 소식
이 기쁨을 누구에게 전해야 할까요
눈을 떠도 보이시니 꿈인가요
주님의 예언대로 부활하셨습니다

848 | 부활하신 주님의 빛

부활이 동터오는 아침
빛을 찾을 수 없는 죄악의 어둠 속에
새 생명의 길로 인도하는
빛이 비쳤으니 부활하신 주님의 빛입니다

죄악의 어둠이 사방에 깔려 있어
갈 길을 찾지 못하는 자를
구원의 길로 인도하고
죄악의 올무에서 벗어나게 하는 빛은
선한 목자 되신 주님의 빛입니다

나의 죄 때문에 십자가에서 고난당하신 주님
죽음을 이기시고 부활하신 주님께서
내 마음을 밝혀주셨으니
주님을 구주로 고백하고 전합니다

죄악의 더러운 것들을
보혈로 깨끗하게 씻어주시고
나를 항상 인도하는 빛이 있으니
부활하신 주님의 빛입니다

우리에게 구원을 가장 확실하게 알려주시는
생명의 빛 부활하신 주님의 빛입니다

849 | 부활하신 예수를 만난 막달라 마리아 1

예수께서 안식 후 첫날 이른 아침에 살아나신 후 전에 일곱 귀신을 쫓아내어 주신 막달라 마리아에게 먼저 보이시니 마리아가 가서 예수와 함께하던 사람들이 슬퍼하며 울고 있는 중에 이 일을 알리매 그들은 예수께서 살아나셨다는 것과 마리아에게 보이셨다는 것을 듣고도 믿지 아니하니라 ✝ 마가복음 16 : 9-11

안식 후 첫날 부활하신 주님께서
막달라 마리아의 몸속에 숨어서
일곱 마귀를 쫓아내시고
막달라 마리아를 만나셨다

주님이 살아나시다니요
주님이십니까
일곱 귀신에게 시달려 몰골이
엉망진창이고 뒤죽박죽이던 저를
죄악에서 구원하신 예수께서
다시 살아나셨습니다

동네 사람들이여
예수 그리스도가 십자가에 달려
돌아가셨다고 결코 슬퍼하지 마십시오
다시 부활하신 주님이
만나주시고 보여주셨습니다

동네 사람들이여
주님의 부활을 믿으시기 바랍니다
내 두 눈으로 똑똑하게 보았습니다
나를 구원하신 구주가 부활하셨습니다

854

850 | 부활하신 예수를 만난 막달라 마리아 2

욕망의 꽃이 되어 헤매며
귀신에 옥죄어 몸부림쳐야 했던
가련한 여인이 구원받았다

지독한 고통의 수레바퀴 속에서
허무와 욕정의 노예가 되어
죽음의 길로 들어가야 했던
참담했던 여인 막달라 마리아
왜 헤매고 있었는가

버림받고 농락당하던 여인이
일곱 귀신이 쫓겨나자
주님의 손길에 아름다움을 되찾았다

십자가 고난의 현장에서
얼마나 아프실까 왈칵 울어버리고
주님이 묻히신 무덤도 보았다

두렵고 무섭고 떨리는데
부활의 주님 음성이
"마리아야!" 귓가에 들려왔을 때
"랍오니!" 선생님을 외치며
주님을 사랑한 여인 막달라 마리아

851 | 변화된 여인 막달라 마리아 1

달아나도 갈 곳 없는 초라한 여인 앞에
주님은 새로운 생명의 길이며
참으로 놀랍고 신비하고 야릇한 사랑입니다

쫓는 사람 앞에 쫓기는 사람은 절망뿐인데
등을 향하여 던져지는 돌멩이들과
죽음으로 달려오는 발자국 소리조차
당신 앞에 멈추어 섰습니다

오랫동안 행복처럼 흘러내렸던
유혹의 웃음도 탐욕스런 사랑도
천하를 살 듯한 돈도 한낱 거짓입니다
잠시 화려했던 여인의 욕망은 죄악의 꼬리를
물고 늘어져 여기 눈물과 흐트러진 머리칼과
찢어진 옷을 바람에 날리며 맨발로 서 있습니다

뒤돌아보면 칼로 찌르는 시선들
저들은 사랑이 아니었습니다
여인의 감옥이 되어 서 있는 자에게
진리를 말하는 사랑입니다
죄로 얼룩져 남은 건 돌멩이뿐인데
주님은 하늘 사랑이 되시어
홀로 남은 자에게 동반자가 되어주십니다

852 | 변화된 여인 막달라 마리아 2

주님이 날 아신다니 사람이 날 알아주어도
기분이 좋은데 주님이 날 아신다니
얼마나 행복한 일입니까

죄지은 몸짓도 허물없이 받아주신
놀라운 주님의 구속의 사랑은
춤추어도 좋고 노래하여도 좋도록
기쁨을 주시고 웃음을 주시니
뛰며 날아갈 듯 기쁨이 넘칩니다

나의 모든 것을 아시고 치유하여주시고
날 괴롭히던 것을 쫓아주시니
구주 예수 그리스도의 놀라운 능력이며
최고의 사랑의 구원의 표현입니다

고귀한 사랑을 새기도록 영혼을 밝혀주시니
주님의 사랑에 크게 기뻐하며
용기를 내어 살 수 있습니다
복음을 전하며 즐겁고 기쁘게 살아가며
온몸이 으스러지도록
주님의 사랑을 받고 싶습니다

853 | 표적을 행하신 주님

예수께서 놀라운 표적을 많이
행하신 이유는 무엇일까
십자가를 지고자 오신 주님께서
많은 병든 영혼을 살려주셨다

제자들은 주님이 행하신 표적을
모두 다 기록할 수 없었지만
복음을 기록한 이유는 단 한 가지
하나님의 아들이심을 믿는 것이다

예수 그리스도 구원의 주님은
편히 쉴 틈도 없이 기도하시고
전도하시고 병자들을 치유하셨다

이 땅에 오신 예수 그리스도는
병든 영혼 갈망하는 영혼을 찾아
안식을 주기 위해 피곤하셨지만
구원을 원하면 구원해주셨다

주님이 늘 생각나도록 눈동자 속에
나의 마음에 주님의 사랑을 영원히
잊을 수 없도록 새겨놓고 싶다

854 | 다시 오시는 예수

그때에 인자의 징조가 하늘에서 보이겠고 그때에 땅의 모든 족속들이 통곡하며 그들이 인자가 구름을 타고 능력과 큰 영광으로 오는 것을 보리라 ✝ 마태복음 24 : 30

예수 그리스도가 이 땅에 다시 오시는
재림의 모습을 모든 사람들이 눈앞에서
분명하고 똑똑히 볼 날이 다가오고 있다

그날에는 알곡과 가라지를 분별하는
큰 환란이 있고 해도 달도 빛을 잃고
하늘의 별마저 떨어지는 환란이 있을 것이다

주께서 다시 지상에 오시는
재림의 징조가 하늘에서 보인다
그때에는 이 지구 상의 모든 족속들이
죄를 통회자복하고 통곡하며
재림하는 예수를 기다릴 것이다

재림하실 때는 구름을 타고
천사들과 함께 하나님의 크신 능력과
큰 영광으로 큰 나팔 소리와 함께
천군천사들과 함께 오실 것이다

재림하실 때는 심판주로 오시니
세상 모든 사람들을 이 하늘 끝에서
저 하늘 끝까지 다 모을 것이다

855 | 부활하신 주님의 빛 1

> 예수께서 이르시되 나는 부활이요 생명이니 나를 믿는 자는 죽어도 살겠고 무릇 살아서 나를 믿는 자는 영원히 죽지 아니하리니 이것을 네가 믿느냐 ✝ 요한복음 11 : 25-26

빛 없는 죄악에서 새 생명의 길로 인도하는 빛
부활하신 주님의 빛입니다
죄악이 사방에 깔려 있어
갈 길을 찾지 못하고 헤매는 자들을
죄악의 올무에서 벗어나게 하신
선한 목자 되신 주님의 빛입니다

죄악 때문에 고난당하신 주님
죽음을 이기시고 부활하신 주님을
구주로 고백하고 전했습니다
죄악의 더러운 것들을
보혈로 깨끗하게 씻어주시고
항상 인도하시는 부활하신 주님의 빛입니다

우리의 마음속에 구원을 알리는
주님의 빛이 있으니
한껏 입을 벌려 외치고 싶습니다
"예수께서 부활하셨다!"
예수 그리스도는 부활하심으로
그 누구도 그릴 수 없는
구원이란 명작을 만들어놓으셨습니다

놀랍도다 하나님의 사랑의 힘이여
사망권세를 이기시고 부활하신
능력과 권능의 예수 그리스도이시다
조롱하고 멸시하던 자들도
질시하고 비웃던 자들도
놀라운 부활의 신비를 어쩔 수 없다

저주와 죽음의 그림자가 덮쳐와도
십자가에서 대속을 위한 제물이 되시어
죽음은 단 한 번에 끝나고
긍휼하심으로 구원을 완성시켜주셨다

찬송하라 하나님의 긍휼하심이여
찬송하라 주 예수의 크신 사랑이여

죄악을 들켜 마음이 덜컹 내려앉아
어찌할 수 없을 때 단짝이 되어주셔서
구원의 길로 인도해주신
주님이 찾아오셔서 함께해주신다
주님께 죄를 용서받아 한숨을 멀리하고
구원의 은혜를 고백하며 살아간다
하나님의 사랑이여 영원하라

857 | 엠마오로 가는 두 제자

> 그날에 그들 중 둘이 예루살렘에서 이십오 리 되는 엠마오라 하는 마을로 가면서 이 모든 된 일을 서로 이야기하더라 그들이 서로 이야기하며 문의할 때에 예수께서 가까이 이르러 그들과 동행하시나 그들의 눈이 가리어져서 그인 줄 알아보지 못하거늘 예수께서 이르시되 너희가 길 가면서 서로 주고받고 하는 이야기가 무엇이냐 하시니 두 사람이 슬픈 빛을 띠고 머물러 서더라 ✝ 누가복음 24 : 13-17

엠마오로 가는 제자들아
마음이 뜨거워질 때 어찌하였느냐
주님이 진리의 말씀을 들려주셨다
부활하시고 동행하여주시는데
엠마오로 가는 제자들은
주님이 함께하심을 몰랐다

부활의 기쁨은 십자가 고통 후에 온다
제자들은 부활의 소식을 듣고 은혜받아
죽음의 그림자 속에 생명이 찾아왔다

주님이 함께하심을 뒤늦게 알고도
기쁨이 넘치도록 밝혀주시니
발길을 막는 숱한 역경이 있어도
강하고 담대하게 뛰어넘을 수 있다

구석지고 후미진 곳에 버려졌던
죄를 도말하시고 용서해주시고
죽어가던 영혼을 살려주시는 기쁨에
살아야 할 이유를 분명히 알았다

858 | 너희에게 평강이 있을지어다

이날 곧 안식 후 첫날 저녁때에 제자들이 유대인들을 두려워하여 모인 곳의 문들을 닫았더니 예수께서 오사 가운데 서서 이르시되 너희에게 평강이 있을지어다 ☩ 요한복음 20 : 19

고통당하던 죄악을 회개로 쏟아내고
눈물에 젖어 주님을 바라보라
너희에게 평강이 있을지어다

절망하며 뒷짐 지고 서성거리지 말고
주님 앞으로 나아가면 평강이 있다

죄와 사망을 이기시고
부활하신 주님이 찾아오시니
너희에게 평강이 있을지어다

주님이 주시는 참평안은 흉내 낼 수 없다
죽음을 이기고 죄를 씻어주시사
영원히 변치 않을 참평안을 주셨다

부활의 주님이 찾아와 말씀하셨다
너희에게 평안이 있다

주님을 만난 부활의 기쁨에
정신을 잃을 만큼 놀랍고
가슴팍이 쿵쿵 뛰어 눈시울이 뜨겁다

859 | 도마

믿음이 없을 때 죄지으며 살았지만
믿음을 고백한 후로는
주님의 뜻대로 인도하심 따라
먼저 나라와 그 의를 구하기를 원한다

때로는 주와 함께 죽으러 가자고
담대한 듯 외쳤는데 의심이 생겼을 때
주님 예수의 부활하심도 믿지 못했다

부활의 주님의 손과 발의 못 자국과
허리의 창 자국을 본 뒤에는
고난의 길을 가니 죄를 용서하여주신다

죄악의 칼날이 심장을 찔러도
죽음이 가장 어둡게 찾아와도
하늘 사랑의 밝은 빛이 비치니
주님의 삶이 너무나 아름답다

믿음으로 주님을 신뢰하며
믿음으로 주님을 날마다 증거하며
평생토록 주 안의 삶을 살기를 원한다

860 | 예수가 누구인가 1

도마가 대답하여 이르되 나의 주님이시요 나의 하나님이시니이다 ✝ 요한복음 20 : 28

예수가 누구인가
당신은 대답할 수 있습니까
당신은 고백할 수 있습니까

주는 그리스도시요 살아 계신
하나님의 아들이십니다
오늘도 많은 사람들이
두리번거리고 기웃거리며
목자를 찾고 진리를 찾고 있습니다

예수가 누구인가
당신은 시인할 수 있습니까
당신은 간증할 수 있습니까

덧없이 쓰러져 사라져갈 삶 속에
오늘도 수많은 사람들이
인생이 무엇인가 묻고 있는데
오늘도 수많은 사람들이
사랑이 무엇이냐 찾고 있는데
예수는 우리를 구원하시는
구세주이시며 사랑이며 복음이십니다

861 | 예수가 누구인가 2

잠 못 이루는 밤 생각합니다
졸지도 주무시지도 않으시는
주님은 지금도 날 위하여
하나님 보좌 우편에서 기도해주십니다

잠 못 이룬다고 불평하지 말고
답답한 마음 확 열어
모든 죄를 회개하며 엉엉 울고 싶습니다

내 죄악의 틈서리에
주님의 온유하신 손길이 찾아오니
새순 돋듯 사모하는 마음 어찌할 수 없습니다
은혜에 감사하며 간절한 기도를 드립니다

이 세상 살아감이 사랑인데
깊은 밤 구원받은 사랑을 생각하면
평안한 마음으로 잠들 수 있습니다

깊은 밤 주님의 사랑을 생각하면
늘 감사와 기쁨 속에 불행했던 날들이
행복이 되어 콧날이 뜨겁도록 그립습니다

862 | 나는 물고기 잡으러 간다

갈릴리 바다의 유명한 어부 베드로
사람을 낚는 어부가 되기로 결심하고
제자가 되었던 하나님의 사람이다

삼 년 동안 제자가 되어 같이 다니며
예수가 복음을 전하며 수많은 병자를 낫게 하고
수많은 죄인들이 예수를 믿고 회개하고
세례를 받고 구원받는 것을 지켜보았다

주님과 함께 동고동락하며 기도하고
복음을 전하던 베드로가
예수께서 십자가에 달리시기 전에
예수를 모른다고 세 번이나 부인하였다

죄를 통곡하고 회개하였지만
주님은 십자가에 달리셨다
수제자 베드로가 모든 것을 버리고
예전처럼 물고기를 잡으러 간다

베드로야 베드로야
발길을 돌려 주님께로 나와라
주님의 말씀대로 사람을 낚는 어부가 되어라

863 | 네가 나를 사랑하느냐

그들이 조반 먹은 후에 예수께서 시몬 베드로에게 이르시되 요한의 아들 시몬아 네가 이 사람들보다 나를 더 사랑하느냐 하시니 이르되 주님 그러하나이다 내가 주님을 사랑하는 줄 주님께서 아시나이다 이르시되 내 어린 양을 먹이라 하시고 ✝ 요한복음 21 : 15

갈릴리 바닷바람을 아는 베드로야
네가 나를 사랑하느냐 내 양을 먹이라
변화산에서 마음이 동하여
초막 셋을 짓고 살기를 원하고
다락방에서 떡과 포도주를 나눌 때
내니이까 묻던 베드로야

겟세마네 동산에서 기도하지 못하고
칼을 들었던 베드로야
어린 비자에게도 부인하고
닭 울음소리에 통곡하던 베드로야

내가 부를 때 모든 것을 버리고
나를 따라 사람을 낚는 어부가 된 베드로야
부활의 소식 듣고 달려왔던 베드로야
네가 나를 사랑하느냐 내 양을 먹이라

하늘의 구름이 떠나가듯 연약함을 버리고
제자의 사명을 다하겠습니다
주님을 부인한 고통 속에서도 붙잡아 주시니
주님이 그리울수록 전도하며 살겠습니다

864 | 베드로의 사랑 노래

세 번째 이르시되 요한의 아들 시몬아 네가 나를 사랑하느냐 하시니 주께서 세 번째 네가 나를 사랑하느냐 하시므로 베드로가 근심하여 이르되 주님 모든 것을 아시오매 내가 주님을 사랑하는 줄을 주님께서 아시나이다 예수께서 이르시되 내 양을 먹이라 ✝ 요한복음 21 : 17

바닷바람과도 싸워 이긴 억센 사내
베드로에게 다가오신 주님을
구주라고 고백함은 믿음의 고백입니다

날마다 수많은 갈등 속에
항상 사랑한다고 다짐했습니다
온유하고 언제나 친절하신
주님의 행하심이 온전합니다

성만찬 날도 떡과 포도주를 먹고 마시며
수없이 주님을 사랑하겠다고
어떠한 일이 있어도 사랑하겠다고
다짐했습니다

십자가 고난을 받으시기 위하여
주님은 고통을 감수하시는데
못난 나는 세 번이나 부인했습니다

비수처럼 꽂혀오는 죄를 용서하시고
다시 붙잡아 주시는 주님의 사랑을
온 마음과 온 영혼으로 느끼며
항상 설렘 속에 복음을 전하며 살겠습니다

865 | 누가 주의 음성을 듣는가

놀라운 구원 역사를 이루셨기에
성경으로 기록하고도 넘친다
누가 주의 음성을 듣는가
누가 사랑으로 다가오는 세미한 음성을 듣는가

"누구든지 내 음성을 듣고 마음의 문을 여는 자는
내가 그와 더불어 먹고 마시리라" 하심을 누가 듣는가

누가 주의 음성을 듣는가
주께서 살과 피를 나누시며
"이것은 내 몸이니 이것은 내 피니
이것을 먹고 마실 때마다 나를 기념하라"
말씀하신 주님의 음성을 듣는가

목자는 양을 알고 양은 목자를 알건만
나를 쫓으라 내 양을 먹이라
좁은 길로 가라 이웃을 사랑하라 하신
주의 음성을 누가 듣는가
귓가에 울리던 말씀 선명하게 들려
가슴에 새기면 믿음이 싱싱하게 자라난다

866 ㅣ예수의 그날까지 1

평강의 하나님이 친히 너희를 온전히 거룩하게 하시고 또 너희의 온 영과 혼과 몸이 우리 주 예수 그리스도께서 강림하실 때에 흠 없게 보전되기를 원하노라 ✝ 데살로니가전서 5 : 23

예수의 그날까지 주의 명령 따라서
복음의 나팔을 불며 가리라
너희가 성령을 받으면 유대와 사마리아와 땅끝까지
이르러 내 증인이 되리라
예수의 증인이 되어 살아가리라

전도를 통하여 심령이 열리기를
원하고 시도해도 닫힌 사람들에게
몇 번이고 말씀을 증거하며 나가리라

어떠한 고통과 시험이 다가와도
주님이 원하시면
모든 것을 잃어도 예수만은 잃을 수 없으니
가리라 그날까지 주의 명령 따라서
복음의 나팔을 불며 가리라

주님이 오시는 날 "착하고 충성된 종아"
하시는 음성을 들을 수 있도록
날마다 선한 싸움을 하며 가리라
주님을 사랑하는 연민이 가득해
막 벙글어 피어나는 첫사랑의 믿음이
참 예쁘게 잘 익은 열매가 되고 싶다

고통이 가시처럼 찔러 와
절망이 절벽처럼 느껴질 때
고통이 벽처럼 빙 둘러버렸을 때
주님의 삶을 기억하게 하소서

지상의 삶 삼십삼 년 동안
아무런 욕심과 소유 없이 나눔의 삶으로
하나님의 뜻을 이루심을 기억하게 하소서

절망과 고통만 쌓이는데 주님을 따라가며
삼십삼 년 동안 베푸시고 인도하신
구원의 사랑을 알게 하시고
미움을 버리고 사랑하게 하소서

주님을 몰랐다면
죄 속에서 절망하여 포기했을 텐데
주님의 이름으로 죄를 회개하고
정결한 마음으로 주님의 손길을 기다립니다

주님이 나에게 오시지 않았다면
어두운 죄악의 길로 갔을 텐데
죄인의 길 벗어나 믿음을 갖고
예수의 그날까지 복된 성도가 되게 하소서

주여, 이곳에 함께하소서
이 땅은 죄 속에 아무런 구원도 없습니다

세상의 모든 길에 죄를 저지르려는 사람들의
욕망과 절망만 타오를 뿐
목에 핏줄이 선 채로 희망도 없습니다

세상의 모든 것들이 화려해도
어두운 길목에서 방황할 뿐이지만
이곳에 함께하시면
고독과 외로움의 덩어리는 사라지고
착한 일들이 시작되고 열매를 맺습니다

주여 언제나 함께하소서
헛된 꿈 하나 없이 버리고
소망의 날개 활짝 펴고 비상하며
함께하는 구원의 삶이 새롭습니다

피로써 화목제물이 되어주신
십자가 사랑이 내 심장에 꽂히던 날
주님의 이름으로 구원받았습니다

주의 구원하심을 온전히 믿게 하시고
죄를 지어 꽉꽉 닫혔던 마음을
활짝 열게 하시고
주님을 영접하여 구원받고 시인하고
고백하여 하나님의 자녀가 되게 하소서

홀로 발버둥 치면 어떤 방법으로도
구원받을 수 없으니
내 영혼이 주님의 이름으로
새 생명을 받아 소생하게 하소서

불행을 알지 못해
잿더미 위에서 회개를 망설이고
늦추고 망각해버리는 사람들에게
찾아오셔서 구원으로 함께하소서

지옥으로 질주하던 발걸음을 돌이켜
십자가로 영원한 생명을 얻어
천국에 갈 수 있는 믿음을 주소서
주님의 사랑으로 구원받을 수 있어
눈물 펑펑 쏟아도 좋습니다

870 | 주여 용서하게 하소서

그리스도 예수 안에 있는 속량으로 말미암아 하나님의 은혜로 값없이 의롭다 하심을 얻은 자 되었느니라 ✝로마서 3 : 24

용서하게 하소서
미움의 상처가 깊어 용서가 되지 않을 때
자꾸 미워지고 보복하고 싶을 때
주의 십자가를 묵상하게 하소서

나의 죄를 용서하시기 위하여
십자가에서 손과 발에 못 박히심과
허리의 창 자국과 비웃음을 생각하게 하소서

죄로 인해 고통받았던 사람들과
공포와 상실감에 직면하여
어찌할 수 없던 사람들이
구원의 복음을 알게 하소서

구원의 완성을 위하여 제물이 되어
마지막 숨을 거두기까지 기도하며
죄를 씻어주신 지순하고 고귀한
사랑을 깨닫게 하여주소서

눈빛과 가슴으로 만나며
참회의 눈물도 복이 되게 하소서

871 | 세상 끝날까지 함께 있을 것이다 1

예수께서 나아와 말씀하여 이르시되 하늘과 땅의 모든 권세를 내게 주셨으니 그러므로 너희는 가서 모든 민족을 제자로 삼아 아버지와 아들과 성령의 이름으로 세례를 베풀고 내가 너희에게 분부한 모든 것을 가르쳐 지키게 하라 볼지어다 내가 세상 끝날까지 너희와 항상 함께 있으리라 하시니라 ✝ 마태복음 28 : 18-20

십자가의 고난을 받으시고 삼 일 만에
부활하신 주님은 복음 전도 부탁하시며
하늘과 땅의 모든 권세로 모든 민족에게
진리의 복음을 전하라고 말씀하셨다

예수를 영접하는 자들에게
아버지와 아들과 성령의 이름으로
물로 세례를 주라고 말씀하셨다

복음을 가르쳐 말씀을 지키게 하면
세상 끝날까지 영원히
동행하여주신다고 말씀하셨다

십자가는 새로운 변화의 시작이며
우리가 갈 수 없던 구원의 길이
제물이 없어도 예수 이름으로 열렸다

회개의 눈물은 보석보다 아름다워
죄에서 구원하여주시고
길과 진리와 생명이 되어 동행하여주신다

872 | 세상 끝날까지 함께 있을 것이다 2

우리와 언제까지 함께하시렵니까
날 사랑하신다는 말씀이
내 가슴에 사무칩니다

세상 끝날까지 함께하신다는
말씀을 따라 길을 가오니
성령의 바람 불어옴을 믿습니다

하늘과 땅의 모든 권세를 주시고
세상 끝날까지 함께하신다는
말씀을 따라 주의 길을 갑니다

예수 그리스도 주님은
누구를 찾아온 손님이 아니라
나를 찾아오신 구주 예수이십니다

십자가에서 숨을 거두시고
삼 일 만에 살아나 부활 승천하셔서
우리와 함께하십니다

하늘과 땅의 모든 권세를 주시고
세상 끝날까지 함께하시니
말씀 따라 맡겨주신 사명을 온전하게 감당하기 원합니다

873 | 하나님의 보좌 우편에 앉으신 예수

우리를 죄에서 구속하시고
세상 죄 지고 가는 어린양으로 오셨다
유대 땅 베들레헴 마구간에서
아기 예수로 태어나셔서
목자들과 동방박사들의 경배와
찬양을 받으시고 영광을 돌리셨다

나사렛 동네에 사시며 청년 목수가 되시고
요단 강에서 주님의 길을 예비하는
세례 요한을 만나셨다

갈릴리 해변에서 제자들을 선택하시고
온 땅에 구원의 복음 전하며
죄악을 회개하라고 촉구하셨다

골고다 언덕 위에서 십자가에 못 박혀 달리사
죽은 지 삼 일 후에 부활하시고
하늘에 올라 승천하시고
하나님의 보좌 우편에 앉으셨다

주님이 너무 그리워 목메더라도
이 땅에 다시 오실 날을
고대하며 살아감이 축복이다

874 | 중보자 예수

주님은 한 손으로는 하나님을 붙잡으시고
다른 한 손으로는 우리를 붙잡으시며
십자가 피로 화목게 하시는 중보자시다

하나님과 원수 되어 갈라졌던
우리를 살리기 위하여
십자가를 지시고 골고다 언덕길을 가셨다

어둠을 뚫고 보름달이 환하게 솟아나듯이
죄악으로 가득 찬 인간의 죄를 대신하여
화목제물이 되어 십자가에 달려
율법을 완성하시고 사랑을 표현하셨다

죄악의 수렁에서 나를 건져주시고
내 손을 잡아 하나님과 화목게 하시고
하나님의 우편에서 중보의 기도를 하신다

이 놀라운 은혜를 어찌 다 찬양할까
내 영혼에 흐르는 중보자
보혈의 피를 감사하며 찬양하기 원한다

875 | 주님의 약속하심을 기다리게 하소서

그들이 모였을 때에 예수께 여쭈어 이르되 주께서 이스라엘 나라를 회복하심이 이때니이까 하니 이르시되 때와 시기는 아버지께서 자기의 권한에 두셨으니 너희가 알 바 아니요 오직 성령이 너희에게 임하시면 너희가 권능을 받고 예루살렘과 온 유대와 사마리아와 땅끝까지 이르러 내 증인이 되리라 하시니라 ✝ 사도행전 1 : 6-8

말씀의 약속을 이루어주시는 주님을
기억하며 기다리며 인내하게 하소서
세상만사가 내 뜻대로 되지 않고
모든 일들이 하나님의 섭리와
계획 속에 이루어짐을 믿게 하소서

죄악의 한순간 욕망의 짜릿한 한순간
흥분에 도취되어 살던 죄가 조롱하니
죄를 회개하고 구원받게 하소서

지상에 만족하며 살며 천상을 저버리던
죄에 속아 살던 삶을 회개하게 하시고
주의 뜻과 약속을 잊지 않게 하소서

주 예수께서 시절에 따라 약속하심을
기다릴 줄 아는 성숙된 믿음이
반석 위에 세워지게 하여주소서

믿음의 촉각을 갖게 하시고
기도하여 성령으로 강하고 담대하게 하소서

876 | 내 증인이 되라

천군천사와 함께 다시 오실 날
오실 때와 기한을 생각지 말고
천하만사가 하나님의 뜻이니
주님이 다시 오시는 날을 기다리자

십자가의 구원으로 죽음과 절망의
사슬에서 벗어나고 성령을 충만하게 받았다
죄악 된 세상에서 세상 모든 사람에게
한 줄기 소망이 되시는 예수를
전하는 생명의 복음의 증인이 되자

하나님의 자녀들아
권능을 받고 예루살렘과 온 유대와
사마리아와 땅끝까지 예수의 증인이 되자

보혈로 씻겨 구원받은 사람들아
들꽃이 들판에 정겹게 피듯이
온 세상에 복음이 피어난다

길이 되신 주님을 따르며
주님이 계신 곳으로
아주 좋아라 하며 달려가고 싶다

877 | 다시 오실 주님 예수

> 올라가실 때에 제자들이 자세히 하늘을 쳐다보고 있는데 흰옷 입은 두 사람이 그들 곁에 서 서 이르되 갈릴리 사람들아 어찌하여 서서 하늘을 쳐다보느냐 너희 가운데서 하늘로 올려 지신 이 예수는 하늘로 가심을 본 그대로 오시리라 하였느니라 ✝ 사도행전 1 : 10-11

갈릴리 사람들아 어찌 하늘만 바라보느냐
부활 승천하신 예수는 구름을 타고
너희가 본 그대로
다시 너희 앞에 오신다

주께서 다시 오실 때
심판의 주로 만왕의 왕으로 오시면
저를 찌른 자도 볼 것이다
저를 조롱한 자도 볼 것이다

갈릴리 사람들아 오늘을 살아가는 사람들아
어찌 세상과 사람만 바라보느냐
어찌 교회만 바라보느냐

너희들이 회개의 눈물을
흘릴 수 있는 기회는 아직 있다
보라 하늘에 올라가신
너희가 본 그대로 다시 오시리라

우리의 삶 속에서 생활 속에서
주님의 얼굴을 만나볼 수 있다면
그보다 더 귀한 축복이 있을까

878 | 예수 그리스도 안의 즐거움

인간이 저지른 죄악과 불신으로
하나님과 인간 사이에
단절이 생기고 불화가 일어났다

하나님과 인간 사이의 거리감에
중보가 되어주시고
구원의 사랑으로 화목하게 하셨다

주님은 친히 다가오셔서
우리의 길과 진리와 생명이 되셔서
구원의 길로 인도하여주셨다

죄 때문에 즐거움이 사라지고
고통과 절망과 근심으로 살았는데
예수 그리스도로 말미암아
옛것은 지나가고 새롭게 되었다

주 예수 그리스도의 사랑으로
즐거움과 구원의 기쁨으로
날마다 주님과 동행하는 마음으로
하나님 안에서 즐거워하게 되었다

879 | 흑암의 권세에서 하늘나라로

> 그가 우리를 흑암의 권세에서 건져내사 그의 사랑의 아들의 나라로 옮기셨으니 그 아들 안에서 우리가 속량 곧 죄 사함을 얻었도다 ☙ 골로새서 1 : 13-14

인간은 하나님의 창조 섭리를 잊고
사탄의 유혹을 받아 죄를 짓고
각기 제 길로 가며 뿔뿔이 헤어지고 말았다

어디로 가야 할지 방향도 모르고
어디에 머무를 것인지도 모르고
죄 속에서 맴맴 돌며
갈등 속에 맹목적으로 살았다

죄를 지어 돌아설 수 없는 자리를 맴돌며
죽음을 기다리며 소망 없고 내일이 없는
허무한 삶을 살아야 했다

하나님이 우리를 흑암의 권세에서
예수로 말미암아 구원하여주셔서
싱싱한 마음으로 갈 길을 찾고
하나님께 예배드리게 되었다

하나님이 우리를 어둠의 지옥의 권세에서 벗어나
하나님의 나라로 옮겨주시고
천국을 소망하며 살게 하여주셨다

880 | 우리를 위로하시는 예수

찬송하리로다 그는 우리 주 예수 그리스도의 하나님이시요 자비의 아버지시요 모든 위로의 하나님이시며 우리의 모든 환난 중에서 우리를 위로하사 우리로 하여금 하나님께 받는 위로로써 모든 환난 중에 있는 자들을 능히 위로하게 하시는 이시로다 그리스도의 고난이 우리에게 넘친 것같이 우리가 받는 위로도 그리스도로 말미암아 넘치는도다

✝ 고린도후서 1 : 3-5

하나님은 예수 그리스도의 하나님
전능하시며 자비로우시고
우리를 위로하시는 하나님이시다

우리가 받는 모든 고난과
고통과 환란 속에서 함께하시며
주님이 위로하여주신다

하나님은 예수 그리스도로 말미암아
십자가에서 예수의 보혈로
구원의 꽃을 피워주시고
부활로 구원의 열매를 맺게 하여주셨다

하나님이 우리를 친히 위로하시고
모든 어려운 고난과 역경을 이겨내게 하시니
예수의 고난과 위로가 넘치고 넘쳤다

보혈로 죄를 벗게 하시고
의의 옷을 입게 하여주셨다
구원의 사랑과 십자가의 사랑은
넘치는 사랑이다

881 | 주님의 손길을

믿음의 순수한 마음으로 기도하면
지금도 주님의 손길을 느낄 수 있습니다
믿음이 적어 의심하며 바다 위를 걸어오다
빠져 들어가던 베드로를 건져주시던
구원의 손길을 느낄 수 있습니다

온갖 병자들에게 고침을 주시고
온갖 사람들에게 변화를 주시던
능력의 손길을 느낄 수 있습니다
바리새인들과 사두개인들의 죄를 지적하시며
회개를 외치시던 권능의 손길을 느낄 수 있습니다

제자들에게 떡과 포도주를 나누어주시며
내 몸이요 내 살이라 하시던
나눔의 손길을 느낄 수 있습니다

겟세마네 동산에서 절정의 고독 속에
기도하시던 손길을 느낄 수 있으며
골고다 언덕 위에서 고통 속에 절규하며
구원을 이루시던 피 흘림의
구속의 손길을 느낄 수 있습니다
오늘도 말씀과 기도 속에서
주님의 손길을 느낄 수 있습니다

882 ┃ 우리를 향하여 웃으시는 주님

너희가 알거니와 너희 조상이 물려준 헛된 행실에서 대속함을 받은 것은 은이나 금 같이 없어질 것으로 된 것이 아니요 오직 흠 없고 점 없는 어린 양 같은 그리스도의 보배로운 피로 된 것이니라 ✝ 베드로전서 1 : 18-19

예수 그리스도 구원의 주님께서
우리를 향하여 웃으실 때는 언제일까

이 땅에서 한 번이라도 웃으셨다는 내용이
성경에는 없는데
늘 안타까워하시고 대속하신 주님

골고다 십자가에서 피 흘리시고
겟세마네 동산에서 얼마나 절박한 고뇌 속에
기도하셨으면 진액이 흘러나와
땀방울이 피가 되었을까

지금 이 시간
주님을 찬양하는 이 시간
웃고 계시지 않을까

지금 내 마음에 주님의 웃음이
다가오는 것 같아 행복하다

주님의 웃음소리가 듣고 싶습니다
주님, 주님을 사랑합니다

883 | 주님의 은총

우리들의 마음에 주님의 은총이 깃들고
새 생명의 살길이 열리고
살아갈 의미와 목적이 생겼습니다

어울림 속에 모든 것을 잊은 듯
떠들고 웃어대는 순간에도
들리지 않는 듯하나 거대한
생명의 목소리가 있습니다

주님의 은혜는 광활한 생명의 숲이며
주님은 영적인 호흡을 허락하시는 분이니
심령의 가난함이 말갛게 드러납니다

우리들의 마음에 고결한 성품을 닮아가며
주님으로 인해 기뻐하고 슬퍼하는
순결한 고백의 숲이 있습니다

사슴 같은 눈망울로 사모하며 바라봅니다
주님 안에서는 화젯거리가 늘 새롭고
모든 것이 아름답습니다
우리는 생명으로 충만하게 하시는
사랑과 축복 속에 찬란하게 살아 있습니다

884 | 작은 일들 속에도

이러므로 형제들아 우리가 모든 궁핍과 환난 가운데서 너희 믿음으로 말미암아 너희에게 위로를 받았노라 그러므로 너희가 주 안에 굳게 선즉 우리가 이제는 살리라

✝ 데살로니가전서 3 : 7-8

겨자씨만 한 믿음이 소중한 것처럼
작은 일들 속에도 찾고 만날 수 있는
행복은 있으니 작은 사랑도
인도하심 속에 기억하십니다

거지에게 주는 동전 하나도
힘든 이 부축해주는 것도
우산을 같이 쓴 것도 기억하시니
작은 일들 속에도 행복은 있습니다

배고픈 사람에게 빵을 나눔도
가슴 아픈 이에게 위로의 말
한마디 한 것도 기억하시니
진실은 작은 일에서 시작됩니다

사랑함이 기다림의 연속인 시간 속에
지상에서 마지막 날일지 몰라도
하루하루 스쳐 가는 말씀 속에
소망을 갖고 살아갑니다
다시 이 땅에 오신다는 소식에
기다림이 즐거움이 되고
하루하루가 소망이 되고 꿈이 됩니다

885 | 너로 새날의 빛이 되게 하리라

사랑하는 자들아 너희를 연단하려고 오는 불 시험을 이상한 일 당하는 것같이 이상히 여기지 말고 오히려 너희가 그리스도의 고난에 참여하는 것으로 즐거워하라 이는 그의 영광을 나타내실 때에 너희로 즐거워하고 기뻐하게 하려 함이라 너희가 그리스도의 이름으로 치욕을 당하면 복 있는 자로다 영광의 영 곧 하나님의 영이 너희 위에 계심이라

✝ 베드로전서 4 : 12-14

너는 누구인가
전능하신 하나님의 형상으로 창조된
최고의 걸작품이 아닌가

미래를 바라보며 섭리를 느끼며
꿈과 비전을 마음껏 펼쳐나가라
너를 지명하고 부르신 하나님을
모든 호흡을 다하여 찬양하라

너를 택하신 하나님이 내일을 향하여
너를 보내시며 새날의 빛이 되게 하신다

두 팔을 벌려 환호하고
가슴 깊이 하나님의 섭리를 느끼며
복음의 빛과 사랑을 전하라
너는 하나님의 자녀 거룩한 백성
하나님이 축복하신 복된 자녀다

내가 살아 있는 기쁨과 감동으로
주님의 일을 할 수 있도록
날마다 인도하여주시기 때문이다

886 | 늘 예수와 함께하리라

예수 그리스도의 계시라 이는 하나님이 그에게 주사 반드시 속히 일어날 일들을 그 종들에게 보이시려고 그의 천사를 그 종 요한에게 보내어 알게 하신 것이라 요한은 하나님의 말씀과 예수 그리스도의 증거 곧 자기가 본 것을 다 증언하였느니라 이 예언의 말씀을 읽는 자와 듣는 자와 그 가운데에 기록한 것을 지키는 자는 복이 있나니 때가 가까움이라

✤ 요한계시록 1 : 1-3

사랑하고 늘 따르며
주님의 길을 갔던 제자 요한은 자신을
예수 그리스도의 종이라고 표현하고 있다

요한은 제자 중에 가장 어렸다
주께서 십자가에 못 박히실 때
모든 제자들은 도망쳐 버렸지만
요한은 홀로 십자가 아래에 있었다

십자가에 달린 예수 그리스도로부터
모친 마리아를 모셔달라는 부탁을 받을 정도로
신뢰하고 사랑받는 제자였다

예수의 사랑과 관심을 한 몸에 받은
어린 제자 요한이 요한계시록을 기록하였다

제자 요한은 하나님의 말씀과 증거와
자기가 본 것을 다 기록하였다

요한은 자기가 기록한
요한계시록을 읽는 자와 듣는 자와
지키는 자에게 복이 있다 말하고 있다

887 | 주님 계신 곳에 가고 싶어라

주님 계신 곳에 가고 싶어라
그곳에는 아름다움이 가득하고
기쁨과 행복이 가득하다

주님을 향한 무한한 소망 속에
천군천사 찬양드리고
축복된 모습을 보면
한없이 주께 영광과 찬미를 드리고 싶다

노래 중의 노래로 찬양하며
은혜 중의 은혜로 구원을 찬양한다
주님 계신 곳에 가고 싶어라

한목소리와 한마음으로 찬양하며
젖과 꿀이 흐르는 땅
슬픔과 근심과 걱정이 없는 곳에서
영원히 살며 찬양하고 싶다

날마다 주님의 눈동자 속에 있음을 알고
메말랐던 마음에 은혜가 충만해지면
성령의 불로 활활 타올라
기도하고 찬양 속에 행복해진다

888 | 주님께 감사드립니다

너는 진리의 말씀을 옳게 분별하며 부끄러울 것이 없는 일꾼으로 인정된 자로 자신을 하나
님 앞에 드리기를 힘쓰라 ✝ 디모데후서 2 : 15

주님을 알고 믿고 시인하고 고백하며
전하게 하신 주님께 감사드립니다

나를 기억하시고 선택하여주시고
쓰임받고 열매 맺게 하여주시고
풍성하게 하심을 감사드립니다

내 마음을 주님이 알아주시고
살아온 날만큼 사랑을 받았으니
살아갈 날 동안 감사하게 하소서

침울하던 죄악의 먹구름을 걷어주시고
구속의 피로 죄를 용서받아
감사한 마음에 고개를 들 수 없어도
내 마음을 화창하게 하여주시고
반겨주시니 가슴이 찡해옵니다

죄악과 선을 긋고 살며 아름답고
밝게 웃는 모습으로 감사드리며
뭉게구름처럼 피어오르는 소망을 이루며
살아가고 싶습니다

889 | 예수 그리스도 안에 있는 영생

> 그러나 이제는 너희가 죄로부터 해방되고 하나님께 종이 되어 거룩함에 이르는 열매를 맺었으니 그 마지막은 영생이라 죄의 삯은 사망이요 하나님의 은사는 그리스도 예수 우리 주 안에 있는 영생이니라 ☙ 로마서 6 : 22-23

죗값은 사망인데 죄에서 해방되는 기쁨은
영혼이 새롭게 변화되고
믿음이 마음껏 비상하는 축복이다

죄악의 종으로 살다 하나님의 종이 되어
거룩함에 이르는 열매를 맺어감이
하나님의 인도하심이다

죄의 삯은 사망이지만
하나님께서 그리스도 예수 안에서
우리에게 구원을 선물로 주시고
영원히 살 수 있는
영생의 길을 활짝 열어놓으셨다

선물은 주는 사람도 받는 사람도 행복하다
슬픔의 아픔을 알기에
선물을 주고받는 기쁨의 감동을 알 수 있다

하나님께서 예수를 구원의 선물로 주시고
주 예수 그리스도 안에서
천국에 갈 수 있는 영생을 주셨다

890 | 생명이 다하는 날까지

내가 예수 그리스도의 심장으로 너희 무리를 얼마나 사모하는지 하나님이 내 증인이시니라 ♣ 빌립보서 1 : 8

예수의 심장으로 살아가게 하시고
죄에서 구원하여주시고
놀랍고 찬란한 사랑과 은혜를 주심을
감사하게 하소서

주님을 향한 열망이 가득하여
생명이 다하는 날까지
후회 없이 살 수 있는 소망을 주소서

날마다 주님을 사모하며
죄악의 고통 밑바닥에서 시련과 절망이
몰아쳐도 두려워 말게 하소서

내 목숨의 마른 가지에 목마름이
가득해도 적셔주시고
견고한 반석의 믿음을 갖게 하소서

절망의 그림자 늘어진 고독 속에서도
충만한 은혜를 주심을 믿게 하소서
이 지상의 삶이 끝날지라도
영원한 천국을 소망하고 있으니
생명이 다하도록 믿으며 살게 하소서

891 | 예수만 전하리라 1

> 오직 성령이 너희에게 임하시면 너희가 권능을 받고 예루살렘과 온 유대와 사마리아와 땅
> 끝까지 이르러 내 증인이 되리라 하시니라 ☩ 사도행전 1 : 8

산천이 변하여도
긴 세월 하루같이 목청이 터지도록
가슴과 가슴마다 예수 이름을 전합니다
세월이 흐르고 역사가 바뀌어도
믿음을 반석 위에 세워
수많은 영혼 영혼마다
구원의 열매가 열려야 합니다

온 세상이 아무리 변화되고 달라져도
예수 그리스도의 능력으로
굳센 믿음으로 강하고 담대하게
전 세계를 향하여 전해야 합니다

모래성은 아무리 쌓아도
허물어지고 흩어질 뿐이니
이 시대의 빛과 진실이 되어
모든 마음마다 십자가를 전해야 합니다

메마른 가슴들과 메마른 영혼들이
예수 그리스도의 보혈에 젖어
죽어가던 영혼이 소생하도록
복음의 나팔을 불어야 합니다

892 | 예수만 전하리라 2

이제는 우리 구주 그리스도 예수의 나타나심으로 말미암아 나타났으니 그는 사망을 폐하시고 복음으로써 생명과 썩지 아니할 것을 드러내신지라 내가 이 복음을 위하여 선포자와 사도와 교사로 세우심을 입었노라 ✝ 디모데후서 1 : 10-11

목숨이 다하고 힘이 소진할 때까지
언제나 어느 곳에서나
만나는 사람들에게 주 예수 이름을 전하라

죽어가는 영혼을 깨우고 갈한 심령을 적셔주는
생명의 말씀으로 이 시대의 복음을 증거하라

메마른 영혼들이여
기도하고 찬양하고 경배하며
예수 그리스도를 향하여 영광을 돌려라

주 예수 그리스도의 날이 오기까지
복음을 통하여 수많은 가슴에
수많은 영혼에 전하며 영광을 돌리고
복음 증거의 기쁨을 누려라

강하고 담대하게 가슴이 벅차오르도록 외쳐라
하늘의 뜻이 이루어지도록 강하고 힘차게 외쳐라
하늘에는 영광이요 이 땅에는 기쁨이 되도록
예수 그 놀라운 이름으로 외쳐라

893 | 열두 제자로 뽑힌 맛디아

제비 뽑아 맛디아를 얻으니 그가 열한 사도의 수에 들어가니라 ✝ 사도행전 1 : 26

사도행전이 열렸다
복음의 문이 세계로 열리는 길에
열두 제자로 선택된 맛디아여
복된 수많은 사람들 중에
영원히 기억될 이름이 되었다

한 사람 한 사람 열두 사람이
모든 것을 버리고 열두 제자로
곧 사람 낚는 어부가 되었다

가룟 유다는 부귀영화를 꿈꾸다
돈독에 스승마저 은 삼십 냥에 팔았으나
더러운 삶은 나그네의 무덤이 되고
죽음으로 곤두박질쳐 떠났다

맛디아는 주를 사랑하는 것이
진실한 삶 복된 삶임을 알았기에
부름을 받아 제자가 되었다
불같은 믿음의 열정으로 제자가 되었으니
맛디아는 복되고 기억된다
성령의 바람이 불어온다

894 | 머릿돌이 되신 예수

이 예수는 너희 건축자들의 버린 돌로서 집 모퉁이의 머릿돌이 되었느니라 ✝ 사도행전 4 : 11

이 땅의 사람들은 잘 알아야 한다
예수 그리스도를 사람들이 외면하고
십자가에 못 박아 고난당하게 했으나
죽은 자 가운데서 다시 살아나 부활 승천하셨다

끝없는 십자가 사랑의 보혈로
죄인들은 용서받아 구원받고
병자들은 나사렛 예수의 이름으로
회복되어 건강하게 되었다

예수는 버림당하여 버린 자 되어
십자가에 달리셨으나 건축자들이
쓸모없어 버린 돌, 모퉁잇돌이 되었다

이 세상에서 죄를 지은 모든 사람을
구원하여주실 분은 구주 예수 그리스도
단 한 분밖에 없다

내 심중에 부르고 싶은 이름 하나 있다면
가뭄에 단비처럼 시원한 생명수가 되시는
예수 그리스도 주님이시다

895 | 허물없이 그리스도의 날까지 이르라

> 너희로 지극히 선한 것을 분별하며 또 진실하여 허물없이 그리스도의 날까지 이르고 예수 그리스도로 말미암아 의의 열매가 가득하여 하나님의 영광과 찬송이 되기를 원하노라
> ✝ 빌립보서 1 : 10-11

삶에는 죽음도 있고 생명도 있어
선과 악을 분명하게 구분할 수 있어야
바른 믿음의 삶을 살 수 있다

성도라면 그리스도인이라면
하나님의 생명의 말씀을 깨달아
선악을 구별하여 선을 행해야 한다

사랑에 물든 거룩한 백성이라면
옹색한 마음보다 넓은 마음으로
회한과 아쉬움 속에 살지 말고
꿈과 희망을 갖고 살아야 한다

고귀하고 값진 사랑을 주시는
예수 안에서 살기를 원한다면
순결한 믿음으로 흠과 허물이 없이
그리스도의 날까지 이르러야 한다

어깨를 늘어뜨린 버거운 삶 속에서도
예수로 인하여 풍성한 열매를 맺는
축복된 삶 속에 영광과 찬송을 돌려야 한다

896 | 새 사람을 입으라

유혹의 욕심을 버리고
구습을 버리고 옛 사람을 벗어버리고
하늘에 소망을 두고 새 사람을 입으라

죄악의 잿빛 구름에 가려 헛발질만 하지 말고
주 안에서 마음이 새롭게 되어
하나님의 의로움을 본받는 삶을 살아가라

의와 진리의 거룩함으로
지으심을 받아 새 사람을 입어야
고난과 질시를 버리고 새롭게 살 수 있다

과거를 붙잡고 있지 말고 회개하고 버려야
오늘 예수 안에서 새로운 삶을 살 수 있다
덧없이 살아온 과거를 버리고
이루어내지 못한 절망을 버리고
성공하지 못한 실패를 떠나야 한다

하늘 소망을 갖고 새 사람이 되어
하나님의 의로우신 일을 행하는
선한 그리스도인의 삶을 살아야 한다

897 | 예수 안에서 함께 지어져 가라

> 너희는 사도들과 선지자들의 터 위에 세우심을 입은 자라 그리스도 예수께서 친히 모퉁잇 돌이 되셨느니라 그의 안에서 건물마다 서로 연결하여 주 안에서 성전이 되어가고 너희도 성령 안에서 하나님이 거하실 처소가 되기 위하여 그리스도 예수 안에서 함께 지어져 가느 니라 ✝ 에베소서 2 : 20-22

성도들아 서로 연합하여
하나님이 거하실
거룩한 처소가 되기 위하여
예수와 함께 아름답게 지어져 가라

하나님의 손길과 은혜 속에
예수 그리스도를 영접하고 믿는
성도들이 모이는 곳에
하나님이 함께 거하시기를 원하신다

혼자만 있다면 천국도 천국이 아니고
성전도 성전이 아니고 기쁨도 기쁨이 아니다

친히 모퉁잇돌이 되어주셨으니
성도들도 주 안에서 활기차게 연합하여
하나님의 아름다운 성전이 되어야 한다

예수 그리스도를 믿는 모든 성도들은
주 안에서 틈이 없이 하나가 되어
하나님이 거하실 처소가 되어야 한다

898 | 종의 멍에를 메지 말라

십자가의 고통과 고독을 이겨내시고
우리를 사랑하셔서 보혈로 죄를 씻어주시고
자유롭게 하시려고 진리의 자유를 주셨다

자유를 얻었다고 자기 마음대로
예수 그리스도를 떠나 다시 죄를 짓고 산다면
자유가 아니라 상처만 남는 불법이고 방종이다

주님 안에서 누리는 자유는
선함과 진리 안에서의 자유다

예수 안에서 진리의 자유를 누리지만
예수 밖으로 나가면 자유가 아니라 불법이다
죄를 짓고 방종하는 것은 죄일 뿐이며
죗값은 사망을 부를 뿐이다

하나님은 진리를 원하시니
믿음을 담대하고 굳건히 세워
예수를 믿고 따르며 죄를 떠나
다시는 종의 멍에를 메지 말아야 한다

899 | 성령이 충만한 하나님의 사람

그들이 돌로 스데반을 치니 스데반이 부르짖어 이르되 주 예수여 내 영혼을 받으시옵소서
하고 무릎을 꿇고 크게 불러 이르되 주여 이 죄를 그들에게 돌리지 마옵소서 이 말을 하고
자니라 ✝ 사도행전 7 : 59-60

스데반 초대교회의 첫 순교자
하늘을 우러러 하나님 보좌 우편에 계신
주를 바라보며 복음을 전하는 것이 행복했다

십자가에 달리시고 기도하시는
예수 그리스도의 생명의 복음을 전하다
성 밖으로 내침을 당하고
무수한 돌들에 맞아 쓰러지면서도
하나님께 간절한 기도를 드렸다

죽음 앞에서도 고결하신 주님을 닮아
원수를 사랑하는 마음으로
무릎마저 꿇고 하늘을 우러러 소리치며
기도하던 스데반이다
"주 예수여 내 영혼을 받으소서!"
"주여! 이 죄를 저들에게 돌리지 마옵소서!"

오늘도 그리스도인의 가슴마다 들린다
예수를 전하다 순교당한 초대교회 그리스도인
성령 충만한 하나님의 사람이다

900 | 복음을 온 땅에 전하게 하소서

오직 성령이 너희에게 임하시면 너희가 권능을 받고 예루살렘과 온 유대와 사마리아와 땅
끝까지 이르러 내 증인이 되리라 하시니라 ✝ 사도행전 1 : 8

온 땅에 예수 복음이 충만하게 하소서
병들고 타락해 추락하는 세상에서
복음을 땅끝까지 전하게 하시고
생명의 등불이 되게 하소서
수많은 눈과 귀와 입을 통하여
생명의 언어를 전하게 하시고
살아 있는 목소리가 되게 하소서

죄 속에 살면 불안하고 두려워도
예수 안에 살면 참평안이 찾아오고
주님이 언제나 함께하시니
누가 언제 만나보아도
예수 그리스도의 복음의 기쁨을
구원으로 맛보며 살게 하소서

누가 언제 어디서 소개하여도
조금도 부끄럽지 않아
사랑이 열병이면 앓아도 좋게 하소서
돌무덤의 부활로 구원이 열렸으니
살아 있는 생명의 복음을
말씀과 기도로 온 땅에 전하게 하소서

901 | 성령 충만함을 주소서

무더운 여름날에 소나기가
한바탕 시원스레 쏟아져 내리면
가슴까지 시원하듯이
성령의 은혜 속에 젖게 하소서

태양 빛 같은 열정으로
때를 얻든지 못 얻든지
복음 전하는 기쁨 속에
복된 성도의 삶을 살게 하소서

성령의 강하고 담대한 믿음으로
뒤돌아보지 않고 앞으로 전진하는
강하고 담대한 삶을 살아갈 수 있습니다

초대교회 성도들에게
불과 혀와 바람 같은 성령 충만을 부어주셔서
늘 성령 충만으로 살게 하소서

초대교회 성도들처럼
모든 삶을 그리스도인답게
아름다운 열정으로 살게 하시고
내 입을 크게 열어 채워주소서

902 | 구원에 이르는 지혜

성경은 하나님의 살아 있는
생명과 구원의 말씀
권세와 능력과 은혜의 말씀이다

하찮은 세월 흘러가는 데 목매달지 말고
하나님의 말씀을 온전히 배워서
구원을 확신하는 믿음의 삶을 살아야 한다

성경은 예수 그리스도를 통하여
구원에 이르게 하는 지혜가 있게 한다

하나님은 말씀으로 천지를 창조하시고
말씀으로 인도하시고 교훈하시며
말씀으로 축복하여주신다

하나님의 말씀은 구원으로 안내하는
복음의 길이요 진리요 생명이다
하나님의 말씀을 통하여
생명의 길로 인도하는
구원에 이르는 지혜를 깨달아야 한다

903 | 선한 일을 열심히 하는 자기 백성

예수 그리스도께서 우리를 대신하여
십자가를 지고 가셨으니
나에게 구주가 되시는 주님이 참 좋다

주님의 보혈로 우리의 죄를 용서하시고
속량하시고 깨끗하게 하여 구원받게 해
자기 백성이 되게 하여주셨다

죄를 지어 가슴앓이하던 사람들을 대신해
인고의 십자가로 고난당하시고
죄에서 구원을 받게 해주신
하나님의 백성이니 선한 일에 동참해야 한다

하나님의 사람들은 하나님의 뜻대로
하나님의 일을 하면 힘과 열정이 솟아난다

하나님이 우리와 함께하시니
구원받은 선한 일에 동참해야 한다
오늘은 주님의 사랑으로 구원한 복음을
마음껏 이야기해도 행복하고 좋다

904 | 영원한 나라

예수께서 죄악에서 구원하여주시고
영원한 천국에 초대하셨다

천국은 죄 없는 자들만
들어갈 수 있는 곳인데
예수께서 보혈로 죄를 사하여주셔서
천년만년 살아도 좋을 천국에 갈 수 있다

천국은 하나님의 나라이며
영원한 생명이 존재하는 곳이며
기쁨이 넘치는 행복으로 가득한
영원한 나라 축복받은 낙원이다

우리는 주님의 천국에 부르심을 받아
믿음으로 믿고 온전히 받아들이며
우리의 믿음을 더욱 견고히 쑥쑥 키워서
강하고 담대하게 살아야 한다

우리 구주 예수 그리스도께서
우리의 죄를 속량하시고
대속하여주시고 예비하신 하늘나라
영원한 천국에 초대하여주셨다

905 | 예수를 아는 지식

오직 우리 주 곧 구주 예수 그리스도의 은혜와 그를 아는 지식에서 자라가라 영광이 이제와
영원한 날까지 그에게 있을지어다 ▼ 베드로후서 3 : 18

하나님의 말씀 속에서 예수를 깊이 배워야
주님의 인도하심을 알 수가 있다
만물을 운행하시는 하나님의 말씀 속에서
예수 그리스도가 구주이시며
구원자이심을 확신하며
값있고 가치 있는 믿음으로 살아야 한다

세상의 지식은 한계가 있으나
하나님의 창조 말씀과 지혜는
영원하니 지혜를 믿음으로 구하라
모든 고통을 이겨내시고 열매가 되신
예수 그리스도를 아는 성숙한 지식에서
늘 자라가며 성숙한 믿음을 가진
성도의 삶을 살아야 한다

예수 그리스도의 삶을 알면 알수록
더욱더 닮아가고 싶고 감사하고 싶고
더욱더 영광을 돌리고 싶다
예수 그리스도는 우리 구주이시며
우리를 인도하여주시고
함께하여주시는 영원한 구세주이시다

906 | 세상을 이기는 믿음

무릇 하나님께로부터 난 자마다 세상을 이기느니라 세상을 이기는 승리는 이것이니 우리의 믿음이니라 ✝ 요한1서 5 : 4

죄 속에 사는 자들은
구원받을 수 없고
세상을 이길 수 있는
믿음이 없고 불신만 가득하다

하나님의 사람들은
물과 성령으로 거듭나고
예수의 십자가의 보혈로 구원받았다

예수 그리스도의 보혈로 구원받은
하나님의 친백성은
세상을 이기는 믿음이 있다

예수께서 단번에 주신 믿음
생명이 넘치는 믿음
죽음을 이기신 살아 있는 믿음
행동하는 믿음이
세상을 이기는 믿음이다

907 | 죽음을 맛보신 예수

오직 우리가 천사들보다 잠시 동안 못하게 하심을 입은 자 곧 죽음의 고난 받으심으로 말미암아 영광과 존귀로 관을 쓰신 예수를 보니 이를 행하심은 하나님의 은혜로 말미암아 모든 사람을 위하여 죽음을 맛보려 하심이라 ✝ 히브리서 2 : 9

하나님은 예수를 골고다 나무 십자가
형틀에서 죽음의 고난을 받게 하셨다

인간을 죄에서 속량하시고 구속하여주시려고
영원히 살아 계실 주님 예수로 하여금
삼 일간 죽음을 맛보게 하셨다

인간의 죄 때문에 죽음을 맛보시고
무덤에서 부활하여 다시 살아나셨다
예수는 인간을 구원하시기 위하여
속죄 제물의 사명을 다하셨다

하나님이 인간의 죄 때문에
죽으셨다 삼 일 만에 다시 사셨다

인간이 지은 죗값을
하나님이 속죄 제물이 되어 치르셨는데
누가 반론할 것인가
인간의 구원을 완성하여주셨다

908 | 성령의 열매 맺는 삶을 살게 하소서

> 오직 성령의 열매는 사랑과 희락과 화평과 오래 참음과 자비와 양선과 충성과 온유와 절제
> 니 이 같은 것을 금지할 법이 없느니라 그리스도 예수의 사람들은 육체와 함께 그 정욕과
> 탐심을 십자가에 못 박았느니라 ✝ 갈라디아서 5 : 22-24

한 목숨도 흙 한 덩어리에 불과하지만
육체와 정욕과 탐심을 십자가에서
주님과 함께 못 박았으니
생명의 씨가 자라나게 하소서

죄악 속에 어지럽고 지저분하게 살던 삶
지옥의 천 리 길로 떨어지는
허무하고 황당한 죄의 길에서 돌아서게 하소서

어디로 가야 할지 모를 때
방황하며 갈피를 못 잡을 때에도
주님이 길이 되어주소서

믿음으로 씨 뿌리게 하시고
성령의 아홉 가지 열매 맺게 하시고
미련한 모순 덩어리 우둔함뿐이니
오순절 성령을 부어주시고 지혜롭게 하소서

주님의 인도하심 속에 날마다 기도를 통하여
믿음을 개간하여나가게 하시고
불같은 열정으로 삭아 내리지 않고
좋은 결과를 만들게 하소서

909 | 예수만 전한 복음의 사도 바울

사울은 힘을 더 얻어 예수를 그리스도라 증언하여 다메섹에 사는 유대인들을 당혹하게 하니라 ✝ 사도행전 9 : 22

예수를 믿는 자에게 돌 던지던 자가
예수를 전하다가 돌에 맞고
저주하던 자가 모욕을 당하고
핍박하던 자가 핍박을 받고 있다

예수 믿는 자들을 죽이러 다니다가
다메섹 도상에서 예수를 만난 후에는
여러 번 태장을 맞고 묶이고 욕을 먹고
옥에 갇혀도 예수를 외치던 사도 바울이다

발길 닿는 곳 손길 닿는 곳이면
유대인이나 이방인이나 누구에게든지
언제 어디서나 예수를 전도하며 다녔다

말할 수 있으면 말로 예수를 전하고
말할 수 없으면 편지로 전했다
"나는 예수의 흔적을 가졌노라
성도 중에 지극히 작은 자라!"

일생토록 오직 십자가만을 자랑하며
겸손과 온유로 목숨 다하도록
예수를 전한 거룩한 주의 종 바울이다

910 | 바울과 실라

한밤중에 바울과 실라가 기도하고 하나님을 찬송하매 죄수들이 듣더라 이에 갑자기 큰 지
진이 나서 옥터가 움직이고 문이 곧 다 열리며 모든 사람의 매인 것이 다 벗어진지라

✝ 사도행전 16 : 25-26

한밤중 어둠 속에 옥에 갇혀 있어도
기도하며 찬송하던 바울과 실라여
너희들의 찬양에 옥문마저 열렸다

절망 속에 갇힌 자들 속에서도
살아 있는 성령의 전도자를
누가 가둘 수 있는가
세상의 올가미가 만든 감옥은
하나님이 주신 자유를 가두지 못했다

찬양 속에 홀연히 큰 지진이 일어나
옥터가 움직이고 옥문이 열리고
갇힌 자의 매인 줄까지 풀렸다

이 세상 무엇이 가둘 수 있나
"우리를 묶던 간수여 주 예수를 믿으라
그리하면 너와 네 집이 구원을 얻으리라"

간수들이여 우리를 보라
하늘이 열려 속박은 떠나고
하나님은 피난처이시니 찬양을 돌린다

911 | 생명의 언어

믿음은 바라는 것들의 실상이요 보이지 않는 것들의 증거니 선진들이 이로써 증거를 얻었
느니라 ✝ 히브리서 11 : 1-2

생명의 말씀 샘솟듯 솟아나는
말씀 속에 아름다운 언어가 꽃피게 하소서

지식을 자랑하는 자들에게
지식이 무엇인지를 알게 하시고
지혜가 무엇인지를 깨닫게 하소서

오늘도 수많은 책들이 소리치며
"여기 길이 있다! 저기 길이 있다!"
화려한 미사여구와 유혹의 말들로
포장하여 춤추며 손짓합니다

우주여 아침부터 충혈된 눈으로
말초신경 자극에 농락당하지 말고
생명의 언어로 충만하게 하소서

구원의 말씀을 담대하게 증거하게 하시고
성경을 읽으며 생명의 글을 쓰게 하소서
지혜가 충만하여 말씀을 읽고 마음에 새겨서
하나님의 자녀답게 살게 하시고
아름다운 언어와 글자가 꽃피게 하소서

912 | 우리는 알아야 합니다

선한 일을 행한 자는 생명의 부활로, 악한 일을 행한 자는 심판의 부활로 나오리라
✝ 요한복음 5 : 29

우리는 알아야 합니다
불행과 절망 속에 허덕이고 있는 사람이 많습니다
삶이 짧다는 것을 기억해야 합니다
얼마나 많은 사람들이
죄 속에 죽어가고 있습니까

십자가의 은총을 받지 못하고
얼마나 많은 사람들이 방황합니까
따뜻한 마음을 잃고 절망하고
고통당하는 사람들이 많습니다

우리는 알아야 합니다
죄 속에 사는 삶은 그림자를 잡는 것이니
말과 혀로 나타내는 것이 아니라
행함과 진실함으로 살아야 합니다

멀지 않은 훗날 초라하지 않은
삶을 위하여 말씀을 읽으며 깨닫고
사랑을 베풀며 살아야 합니다

살아가는 동안 시간과 맞부딪치며 일깨워 놓은 것에
보람과 감동을 느끼며 살아야 합니다

913 | 사랑과 위로의 사람 바나바

착하고 선하고 심령이 가난한 사람
삶의 모습에서 예수를 보여주고
빛과 소금이 되어 많은 마음을
밝고 따뜻하게 한 사람 바나바

가난하고 버려진 사람들을 위하여
소외된 사람들을 위하여
재산과 사랑을 아낌없이 나누고
복음을 위하여 고난을 즐겨 받았다

구브로 수리아 길리기아 가는 곳마다
하나님의 교회를 든든히 세웠던
성령 충만한 믿음의 사람
처음으로 그리스도인이라 불린 사람

이 허망한 세월 어찌 살까
불평하는 사람들 속에서
구별된 성도의 삶을 살아갔다
예수를 전하다 간 사랑의 그리스도인
선하고 착한, 심령이 온유한 사람
사랑과 위로의 사람 바나바

914 | 성도들의 기도 1

우리 구주 예수 그리스도로 말미암아 우리에게 그 성령을 풍성히 부어주사 우리로 그의 은
혜를 힘입어 의롭다 하심을 얻어 영생의 소망을 따라 상속자가 되게 하려 하심이라
✝ 디도서 3 : 6-7

주님을 믿고 따른 성도들이
늘 부족한 생각으로 살아야만 할까
왜 이토록 변화가 없을까
고민할 때가 많이 있습니다

옛것은 지나고 새 삶을 얻었으니
온전한 믿음으로 방황하지 않고
물과 피로써 거듭난 성도의 삶을
주 안에서 살기를 원합니다

항상 궁금증이 있을 때
믿음에 믿음을 더하여주시고
호언장담만 하는 것이 아니라
반석 위에 믿음을 세우기 원합니다

사탄의 세력들이 미혹하여
허무와 미움의 올무 놓을 때마다
기도함으로 믿음을 얻어
날마다 승리하는 삶을 살기를 원합니다
주님을 믿는 성도라면 늘 깨어서 기도하고
주님이 원하시는 일을 하며
기쁨을 누리며 살기를 원합니다

915 | 성도들의 기도 2

오직 오늘이라 일컫는 동안에 매일 피차 권면하여 너희 중에 누구든지 죄의 유혹으로 완고하게 되지 않도록 하라 우리가 시작할 때에 확신한 것을 끝까지 견고히 잡고 있으면 그리스도와 함께 참여한 자가 되리라 ✝ 히브리서 3 : 13-14

기쁨이 되시며 찬송이 되시는 주님
성실하고 열심을 다하기를 원하지만
욕심 탓에 실패할 때가 많으니 인도하소서

내 욕망 내 고집으로 살았으니
삶의 지혜를 분별하여
허망한 것을 떠나 진리 안에 살게 하소서
은혜와 평강을 주시는 주님
질병과 고통을 치료하여주소서

절망 속에도 따뜻한 위로와
삶의 의욕을 허락하여주시고
주님의 거룩함에 이르게 하소서

믿음으로 구원받아
영생에 이르게 하여주시고
어떤 것으로도 사랑을 끊을 수 없게 하소서

주님 안의 기쁨과 자유로
주님의 이름을 거룩하게 하고
뜻을 온전히 이루게 하소서

916 │ 어디 누구 말 좀 해보시오

어디 누구 말 좀 해보라
자기 마음대로 다 해본 사람 누구인가
못 해본 일 안 해본 일 하나도 없다는 사람 있는가
어디 누구 말 좀 해보시오
세상에 안 가본 곳 없다는 사람 누구입니까
할 짓 못 할 짓 다 했다고 해도
이야기를 듣고 보면
남의 가슴에 못질한 몹쓸 것이다

온 세상 다 보았다는 사람도
지구의 한쪽 구석구석을 돌았을 뿐
너무도 뻔하기에 자랑할 것도 없다

뛰어나도 병들고 늙고 날랜 사람도
하루아침에 쓰러지고 녹용에 웅담에
사슴 피에 사향노루에 상어 지느러미를 먹었어도
하루 세 끼 먹고 사는 것은 똑같다

어디 누구 말해보시오
세상에 부러울 것 하나도 없다는 이
그 이유가 무엇인지 떳떳하게
속 시원히 말 좀 해보시오

917 | 주님 생각날 때마다

그러므로 형제들아 우리가 예수의 피를 힘입어 성소에 들어갈 담력을 얻었나니 그 길은 우리를 위하여 휘장 가운데로 열어놓으신 새로운 살길이요 휘장은 곧 그의 육체니라
히브리서 10 : 19-20

주님 생각날 때마다 사모하며
기도하고 응답받을 때마다
믿음이 담대해지고 충만해집니다

주님께서 십자가의 사랑을 주시니
주님이 눈빛 가까이 살게 하시니
늘 가까이 주님과 교제해야 합니다

주님 생각날 때마다
삶 속에 들리는 주님의 음성 들으며
홀가분한 마음으로
기쁨과 감사가 넘치게 하소서

주님의 은혜 원할 때마다
마음의 골목마다 은혜가 넘치고
말씀 속에 깊이 묵상하면
마음이 평안하고 행복합니다

주님은 우리들의 구원이 되시니
십자가 고난도 아름다운 사랑이 됩니다

918 | 내 영혼 깊은 곳에

할렐루야 내 영혼아 여호와를 찬양하라 나의 생전에 여호와를 찬양하며 나의 평생에 내 하나님을 찬송하리로다 ☘ 시편 146 : 1-2

내 영혼 깊은 곳에 사랑과 보혈이
나의 모든 죄를 씻어주시니
은총과 참평안이 흘러내려
가슴 뛰도록 사랑을 찬양합니다

예수의 피가 죄악을 맑게 씻어주시고
천국을 소망하며 살게 하셨습니다
주님의 기도가 나를 위한 중보가 되어
늘 함께 기쁨으로 살게 하셨습니다

십자가 고통의 아픔을 알아야
사랑을 온전히 알 수 있습니다
슬픈 사랑이 기쁜 사랑이 되었습니다

가족을 사랑하고 이웃을 사랑하고
형제를 사랑하며 살 수 있는
넓은 사랑의 마음이 생겨났습니다

그리운 겟세마네 동산으로
골고다 언덕으로 가고 싶습니다
주님과 대화하기 위하여
기도의 창문 하나 항상 열어놓겠습니다

919 | 행복

주님이 이 작은 자를 기억하시니
떨리는 마음일지라도
주님의 손을 꼭 붙잡고 싶습니다

삶이 지상에서 끝나는 줄 알았는데
영원한 천국에 초대받았으니
죽음의 두려움이 없습니다

죄를 지어 옥죄여 옴을 어찌할 수 없는데
어둠 속에 찾을 수 없던 빛을
밝혀주고 인도하시니 참 행복합니다

죄악 속에 핏기 없이 괴로운데
핏속의 죄까지 남김없이
용서하여주시니 행복합니다

이 작은 자를 구원하셔서
참 행복하오니 혼자 서성거리지 말고
동행하는 삶을 살게 하소서
나에게 찾아오시고 늘 함께하시니
하늘을 향하여 타오르는
믿음의 불길이 꺼지지 않습니다

920 | 우리들의 삶에는

하나님의 말씀을 너희에게 일러주고 너희를 인도하던 자들을 생각하며 그들의 행실의 결말을 주의하여 보고 그들의 믿음을 본받으라 예수 그리스도는 어제나 오늘이나 영원토록 동일하시니라 ✝ 히브리서 13 : 7-8

어둠 뒤에는 빛이 슬픔 뒤에는 기쁨이
선한 싸움 뒤에는 의의 면류관이 있기에
어떤 모욕도 어떤 조롱도
믿음의 기쁨을 빼앗지 못합니다

십자가의 사랑은 사망에서 생명으로
절망에서 소망으로 부족에서 넘침으로
갇힘에서 자유를 주셨습니다

이 모든 것은 예수 나의 주님의 사랑
늘 함께하시는 구속의 사랑입니다

힘들고 어려울 때 생각나는 주님
진리와 빛 가운데 살기를 원합니다

놀라운 구속의 약속들로
삶의 길목마다 인도하시기에
아무런 두려움이 없습니다

내 죄를 깨닫고 기도할 수 있는 것도
모두 다 주님의 사랑과 은혜입니다

921 | 주님의 사랑받는 제자가 되어

오늘은 주님의 사랑받는 제자가 되어
가르침을 배우고 본받으며
주님의 뜻을 이루게 하소서

아침 이슬에 수목이 목을 축이듯
아침의 기도로 갈한 심령을 채워주시고
세상에 태어나 처음 하늘을 나는 새처럼
나약하오니 모든 것을 의지하게 하소서

사랑하는 식구들과 형제들과
주님의 향기를 나타내는
성도가 되게 하소서

죄악의 시린 영혼을 감싸주시니 부르심에
응답하며 맡겨진 사명을 감당하게 하소서

주님이 원하는 곳에 가게 하시고
열심을 내어 믿고 순종하여
웃음 빛깔도 맑고 행복하게 하소서
늘 사모하며 온 뜻 온 마음
온 정성을 다하여 경외하며 기도하게 하소서

922 | 하루를 위한 기도

그러므로 형제들아 내가 하나님의 모든 자비하심으로 너희를 권하노니 너희 몸을 하나님
이 기뻐하시는 거룩한 산 제물로 드리라 이는 너희가 드릴 영적 예배니라 너희는 이 세대를
본받지 말고 오직 마음을 새롭게 함으로 변화를 받아 하나님의 선하시고 기뻐하시고 온전
하신 뜻이 무엇인지 분별하도록 하라 ✝ 로마서 12 : 1-2

새벽 기도로 영성 깨우며
하루를 시작하오니
참기쁨과 참소망을 주소서

한 생명이라도 죄에서 해방되어
그 마음에 은혜가 가득하다면
사랑받는 성도로 부족함이 없습니다

오늘을 맡기오니 무슨 일을 하든지
예수 이름으로 살게 하소서

세계와 민족과 교회를 위하여
가정을 위하여 영광을 나타내며
하루에 필요한 일용할 양식을 주시고
주님의 사랑으로 이 세상에
평화와 사랑이 가득하게 하소서

행방을 알 수 없는
죄악의 세월을 좇지 말게 하시고
길이 되신 주님을 따르게 하소서
나의 목자시니 복된 성도가 되게 하소서

923 | 황무지가 장미꽃같이

타락한 땅이여 범죄를 저지른 백성이여
아름다움은 없고 잡초만 무성한가
버림받아 잊히고 소외된 사람들아

영혼에 생수가 넘쳐흐를 때면
황무지에 장미꽃이 피어난다
온 세상에 생수가 넘쳐흐르면
산천초목이 푸르러 아름다운 세상이 된다

예수의 보혈로 적셔지지 아니하면
마른 뼈같이 지치고 찌들어 유리방황한다

알코올과 약물에 중독되고
사탄의 조종을 받던 사람들이여
사방에서 생수의 바람이 불어와
뼈에 살이 붙으면 믿음의 군사가 된다

겨자씨 믿음일지라도
옥토에 심어지면 열매가 맺히고
소망으로 사랑의 숲을 이룬다
괴롭고 외로워도 예수의 길을 가자
황무지에 장미꽃 피듯 꽃피워 가자

924 | 위의 것을 찾으라

너희가 죄에서 구원을 받고
예수 그리스도로부터 살아났으면
땅의 것에 다시 목숨을 걸지 말고
하늘 것 위의 것을 찾자

땅의 것은 잠시 잠깐 눈에 보이다가
홀딱 지나가 버리고 사라지는 것들
허상과 허망한 것들을 추구하지 말고
회개하며 감사로 글썽거리는 눈물 속에
하늘의 소망과 영원을 추구하며 살자

죄악의 어둠에 잠겨 죽었다가 다시
예수 그리스도로 살아났으면
생명이 되시는 예수 그리스도께서
구원하신 은혜 깨닫고 살아야 한다

다시 이 땅에 재림하실 때에 구원받은
성도들과 함께 같이 온다는 것을 믿어야 한다
예수 그리스도와 함께 살고 싶다면
땅에 소망을 두지 말고
하늘에 소망을 두고 믿고 따라야 한다

925 | 하늘 사랑으로 감싸주소서

내가 확신하노니 사망이나 생명이나 천사들이나 권세자들이나 현재 일이나 장래 일이나 능력이나 높음이나 깊음이나 다른 어떤 피조물이라도 우리를 우리 주 그리스도 예수 안에 있는 하나님의 사랑에서 끊을 수 없으리라 ✝ 로마서 8 : 38-39

내 마음을 하나님의 사랑으로
날마다 감싸주시니
그 놀라운 하늘 사랑과
예수의 십자가 구속의 사랑에서
나를 끊을 수 없다

늘 가까운 사람들 속에서도
이해받지 못해 아픈 마음
사랑받지 못한 병든 마음
관심받지 못해 너무 많이 상처받았다

천하보다 귀한 생명들이
몸과 마음에 고통받을 때
냉수 한 그릇의 손길을 나눌 사람은
예수 사랑에 빚진 사람들이다

누가 눈과 귀가 되어주고 입과 손과 발이 되어
사랑의 도구가 되어주는가
내가 날마다 죽어야 날마다 주 안에서 산다

하나님을 아버지라 부르는 복된 사람들
예수 안에서 주님을 닮아가는 사람들이다

926 | 예수로 행복하다 외치리라

봄날에 하늘을 향하여
활짝 피어나는 하얀 목련꽃처럼
이 계절에 새롭게 태어나는 그대여
복음의 순결과 진리로 노래하라

잎도 하나 없이 온몸의 정열로
한순간에 피어나는 목련꽃처럼
이 계절에 예수의 보혈의 꽃
구원의 복음의 꽃을 피워라

한순간뿐인 삶을 예수로 인해 구원받았으니
이보다 더한 행복이 어디 있나

봄날 순결을 노래하는
하얀 목련꽃처럼 피어날 수 있다면
얼마나 복되고 행복한 일인가

봄날에 온 세상에 환하게 피어나는
하얀 목련꽃처럼
모두 예수로 행복하다 외쳐라

927 | 생명의 언어가 충만하게 하소서

날마다 쏟아져 나오는 책들과 방송과
신문과 잡지들의 홍수 속에
보이는 글자는 많으나
살아 있는 글자는 적습니다

살아 있는 언어로 외치게 하시고
영혼과 가슴마다
성령의 바람이 세차게 불게 하소서

빈 공간 한구석에 처박혀 있듯
자신도 모르게 영혼을 죽이고
말초신경을 자극하는 저질문화를 버리고
생명 있는 글이 쏟아지게 하소서

십자가의 보혈이 가슴에 스며들어
예수꾼이 되게 하시고
찬양과 구원의 소식이 넘치게 하소서

뉴스도 죄악의 소식보다
사랑의 소식과 기쁜 소식이 넘치게 하시고
살아 있는 말씀으로 마음의 서가에
생명력이 충만하게 하소서

928 | 예수의 말씀을 들으라

복음에는 하나님의 의가 나타나서 믿음으로 믿음에 이르게 하나니 기록된바 오직 의인은
믿음으로 말미암아 살리라 함과 같으니라 ✝ 로마서 1 : 17

믿음을 갖기를 원하면
예수 그리스도가 전하는 복음
생명의 구원의 말씀을 들으라

믿음은 하나님의 말씀을
들음에서 시작하고 말씀을 듣는 것은
예수 그리스도의 말씀에서 시작된다

말씀이 없는 신앙은 미흡하고
근본이 없는 헛것이며
거짓 신앙이자 껍데기 가라지 믿음이다

어둠 속에서도 빛을 발하는
생명의 말씀에서 시작하여
열매 맺는 것이 복된 믿음이다

참소망을 갖게 하시는 구세주 예수 안의
참되고 복된 믿음을 가져라
믿음에서 믿음이 더 강해지고
의인된 삶은 믿음 속에서 이루어진다

929 | 우리를 위하여 오신 예수

우주 속의 아주 작은 떠돌이별 중 하나인
지구에 우리가 살고 있다는 것이
신비로운 일이다

날마다 우주 속을 맴도는
지구에 수많은 나라와 민족이
꿈과 희망을 갖고 살아가는 것이
참으로 놀라운 일이다

하나님의 창조 섭리가 아니면
도저히 상상으로도
이루어질 수 없는 일이다

하나님의 신비 우주의 신비 지구의 신비
창조주 하나님의 모든 섭리는
귀하고 신비롭고 경이롭다

이 지구에 예수께서 우리를 위하여 오셨다
온 우주 창조하시고 주관하시는 하나님의 아들이
우리를 위하여 지구에 오셨다

930 | 예수 그 이름으로 노래하리라

한 치 앞도 모르면서 큰소리치지 말고
예수 이름으로 노래하며
아름다운 이야기를 만들며 살고 싶다
죄악의 어둠이 사라지고
주의 영광을 하늘 높이 나타냄은 축복이다

주 예수 십자가에 피 흘리시고
죽었다가 다시 부활하셨으니
생명의 노래로 죽음에서 인도하시며
절망에서 인도하시니
예수 이름의 능력을 나타내라

귓전을 울리고 심장을 울리는
십자가에 못 박히는 고통 속에
예수 그리스도의 간절한 간구가
하늘에 닿았으니 예수 향기를 나타내라

땅끝까지 사명을 다하며
하늘 영광 속에 은총이 가득하기를 기도하며
예수 그 이름으로 노래하라

931 | 그날을 기다리며

그날을 기다리며 등불을 준비하라
방황하는 이에게 주님의 길을 알려주라
절망 속에도 그날을 기다리며
유혹도 화려함도 뒤로하고
예수를 외치며 십자가를 자랑한다

삭막해진 세상을 사랑하고
따뜻한 마음을 나누어주며
고독할 때 복음의 빛을 밝힌다

죄 속에 살면
공포와 두려움과 고통만 남을 뿐이니
세상을 떠나면 다시는 돌아올 수 없으니
생명 있는 날 예수를 영접해야 한다

예수를 포기하면 희망을 잃으니
유혹과 화려함을 뒤로하고
오직 예수 십자가를 자랑하며 살고 싶다
주님께서 뜨거운 목숨으로
사랑을 아끼지 않으셨으니
시간도 없는 영원한 천국에서 살고 싶다

932 | 예수의 젊은이들이여!

너희는 이 세대를 본받지 말고 오직 마음을 새롭게 함으로 변화를 받아 하나님의 선하시고
기뻐하시고 온전하신 뜻이 무엇인지 분별하도록 하라 ✝로마서 12 : 2

푸른 초장의 목자이신 예수 이름으로
찬양과 경배를 드리는 젊은이들이여
심장이 힘차게 뛰도록
젊은 날 하나님을 기억하고
감격하면 축복이 함께한다

오늘 여기에 젊은이들이 함께 모여
찬양하며 기도하며 영광을 돌림보다
더 좋은 날이 어디 있는가

예수를 사랑하고 모든 것을
맡기고 가야 할 길을 가면
푸른 초장에 꽃 피고 열매가 맺힌다

젊은이들이여 이 세대를 분별하며
하나님의 뜻이 얼마나 선하신지
온전하신 뜻이 무엇인지
분명하게 깨닫고 내일을 살아가라

그날이 오기까지 찬양하며 경배하며 전하자
예수 심장으로 뛰어보자

933 | 이 땅에 복음의 나팔을 불어라

나 예수는 교회들을 위하여 내 사자를 보내어 이것들을 너희에게 증언하게 하였노라 나는 다윗의 뿌리요 자손이니 곧 광명한 새벽 별이라 하시더라 성령과 신부가 말씀하시기를 오라 하시는도다 듣는 자도 오라 할 것이요 목마른 자도 올 것이요 또 원하는 자는 값없이 생명수를 받으라 하시더라 ✝ 요한계시록 22 : 16-17

들려오는 소리 많은 세상에
영혼을 살리는 생명의 소리는 적으니
유혹과 미혹의 말에 쓰러지는 사람들이 많은 곳에
복음의 나팔을 불어라

가시덤불 쏟아내고 사랑은 식어가
인정이 없고 차갑고 싸늘한 세상에
말씀이 없어 기갈이 가득한 곳에
생명 말씀의 생수로 젖게 하라

이 세대의 화려함은 눈부신데
향기를 잃은 아름다움뿐
생명이 없고 영생이 없으나
주 안에는 생명이 있고 영생이 있다

하나님의 사람들아 복음의 노래를 부르라
거룩한 백성 하나님의 자녀들아
새 노래로 주님을 찬양하며 예수로 충만하여라

하늘의 별처럼 사막의 모래알처럼
천에 만에 하나 뽑으시고 인도하시는 주님
빛을 비춰주셔서 새롭게 하소서

934 | 주님의 마음

너희 안에 이 마음을 품으라 곧 그리스도 예수의 마음이니 그는 근본 하나님의 본체시나 하
나님과 동등됨을 취할 것으로 여기지 아니하시고 오히려 자기를 비워 종의 형체를 가지사
사람들과 같이 되셨고 사람의 모양으로 나타나사 자기를 낮추시고 죽기까지 복종하셨으니
곧 십자가에 죽으심이라 이러므로 하나님이 그를 지극히 높여 모든 이름 위에 뛰어난 이름
을 주사 하늘에 있는 자들과 땅에 있는 자들과 땅 아래에 있는 자들로 모든 무릎을 예수의
이름에 꿇게 하시고 모든 입으로 예수 그리스도를 주라 시인하여 하나님 아버지께 영광을
돌리게 하셨느니라 ✝ 빌립보서 2 : 5-11

낮아지고 낮아져 사람이 되어
주님의 마음을 아시는 하나님 아버지
오직 아버지의 이름으로
켜켜이 쌓인 응어리 풀어주시고
주님을 향하는 마음이 하나가 되게 하소서

오직 아버지의 이름으로 속마음이 피멍울로 굳어질 때
파도에 씻기는 모래알처럼 씻어주시고
보전하여 지켜주소서

오직 아버지께로 가오니
눈멀고 귀먹어 말 못 하게 하던
죄에서 떠나 기쁨을 충만하게 하소서

오직 아버지의 말씀으로 죄를 지적하는 손가락이
비수처럼 심장에 다가와도 빠지지 않게 하소서

오직 아버지의 이름으로 세상에 속하지 않게 하시고
주님의 이름 앞에 모든 자들이 무릎을 꿇게 하시고
예수 그리스도를 주님이라 시인하게 하소서

935 | 주님을 섬기는 루디아

우리가 드로아에서 배로 떠나 사모드라게로 직행하여 이튿날 네압볼리로 가고 거기서 빌립보에 이르니 이는 마게도냐 지방의 첫 성이요 또 로마의 식민지라 이 성에서 수일을 유하다가 안식일에 우리가 기도할 곳이 있을까 하여 문밖 강가에 나가 거기 앉아서 모인 여자들에게 말하는데 두아디라 시에 있는 자색 옷감 장사로서 하나님을 섬기는 루디아라 하는 한 여자가 말을 듣고 있을 때 주께서 그 마음을 열어 바울의 말을 따르게 하신지라 그와 그 집이 다 세례를 받고 우리에게 청하여 이르되 만일 나를 주 믿는 자로 알거든 내 집에 들어와 유하라 하고 강권하여 머물게 하니라 ✝ 사도행전 16 : 11-15

주님을 마음에 모시고 몸으로 섬기는
루디아는 두아디라 시의 자색 옷감 장사다

주님의 말씀을 들을 때
마음의 문을 활짝 열어주셔서
주님을 따르게 하셨다

주님의 사도 바울을 섬기며
복음을 믿고 순종하던 여인이다
온 집이 예수를 믿고 따르며
그리스도를 영접하여 세례를 받았다

온 집을 열어 주님의 제자를 환영하며 맞아주었고
복음의 진리를 깨달은 루디아
하나님의 말씀이 읽히는 곳마다
그의 삶이 전하여지고 있다

아름답기 그지없는 마음으로
주님을 섬기며 주님의 길을 따라가는
복된 믿음의 여인 루디아

936 | 복음을 전하는 아볼로

주의 복음을 전하며 예수를 따르는
아볼로는 알렉산드리아에서 태어났다

말솜씨가 아주 좋고
말씀의 진리를 깨달아 하늘 문이 열렸다
진리의 자유를 얻어
하나님의 섭리와 뜻을 알았다

아볼로가 회당에서
복음을 강하고 담대하게 전하며
하나님의 말씀을 정확하게 전했다

그의 믿음이 모범이 되어
주님의 백성 그리스도인들에게
유익을 주며 복음의 열매를 맺었다

주님을 알지 못하는 세상 사람들을
강하고 담대한 말씀으로 이겨냈다
예수를 그리스도라 증거한
모범적인 주님의 전도자
복음의 전도자 아볼로다

937 | 하나님의 말씀 속에서 1

이 예언의 말씀을 읽는 자와 듣는 자와 그 가운데에 기록한 것을 지키는 자는 복이 있나니 때가 가까움이라 🕇 요한계시록 1 : 3

죄를 통분히 여겨 회개치 않은
딱딱한 마음의 껍질을 깨뜨리고
온유하고 부드럽게 찾아오신
예수를 깊이 깨닫게 하소서
말씀 속에서 전하시는
복된 구원의 소식을 듣게 하시고
말씀을 읽고 듣고 지키며 살게 하소서

병마와 질고를 십자가로 치유해주신 은혜 속에
서럽고 어두운 밤이 사라지고
생명의 구원의 기쁨을 누리게 하소서
매일매일 믿음을 확인하며
주님을 새롭게 만나고
주님을 기억하고 알아보게 하소서

흘러가는 세월 속에서 쭈그러진 얼굴
활짝 펴고 할 일을 하게 하시고
고단한 짐을 내려놓아 쉼을 얻게 하소서
말씀 속에서 강하고 담대하게 살아가며
헛되이 물러서지 않고 강건한 믿음으로
깊은 영성을 체험하여
성령으로 충만하게 하소서

> 말씀이 육신이 되어 우리 가운데 거하시매 우리가 그의 영광을 보니 아버지의 독생자의 영광이요 은혜와 진리가 충만하더라 ✝ 요한복음 1:14

하나님의 말씀은 천지를 창조하신 생명의 말씀
진리의 말씀이 몸을 입고
이 땅에 오셔서 전파된 구원의 말씀이다

하나님의 말씀은 영생의 말씀
구원의 말씀 은혜의 말씀
예수 그리스도가 곧 말씀이시다

하나님의 고귀하신 섭리와
뜻을 분별하게 하시니
하나님을 믿고 순종해야 한다

하나님의 말씀을 읽는 자 보는 자 듣는 자
말씀대로 순종하여 지키는 자들이
복된 성도 바로 그리스도인이다

생명의 말씀 하나님의 말씀을
지키고 따르는 자에게 복이 있다
재림 예수가 가까이 오고 계신다

939 | 주님이 사도 바울을 택하신 이유

> 그리스도께서 나를 보내심은 세례를 베풀게 하려 하심이 아니요 오직 복음을 전하게 하려
> 하심이로되 말의 지혜로 하지 아니함은 그리스도의 십자가가 헛되지 않게 하려 함이라
> ✝ 고린도전서 1 : 17

사도 바울이 예수 그리스도의 부름을 받아
하나님의 뜻에 따라 사도가 되었다

예수 그리스도께서
사도 바울을 택하신 것은
세례를 베풀기 위해서가 아니라
오직 구주 예수 그리스도의 복음을
온 땅에 전하기 위해서다

오직 예수의 길의 복음을
오직 예수의 진리의 복음을
오직 예수의 생명의 복음을 전하게 하셨다

복음을 전하는 것은
지혜와 지식으로만 되는 것이 아니다

예수 그리스도의 골고다 언덕의
십자가가 헛되지 않게
순수한 진리의 복음을 있는 그대로
온 세상에 전해야 하는 것이다

940 | 보배로운 산 돌이 되신 예수

너희도 산 돌같이 신령한 집으로 세워지고 예수 그리스도로 말미암아 하나님이 기쁘게 받으실 신령한 제사를 드릴 거룩한 제사장이 될지니라 ✝ 베드로전서 2 : 5

구원의 구주 예수 그리스도
이 땅에 오셨으나
모든 사람들이 외면하고 버렸다

주님은 사람에게 버림을 받고
모함 속에 배척을 받았으나
하나님의 택하심을 입으시고
보배로운 산 돌이 되셨다

슬픈 운명 속에 버려진 돌이
하나님의 섭리를 이루신
생명의 산 돌이 되셨다

하나님께서 보배로운 모퉁잇돌을
시온에 두셨으나 비웃고 모략하며
없는 죄를 씌워 사람들이 버렸다

건축자들이 버린 돌이 머릿돌이 되어
하나님의 구원의 역사가 이루어졌다
하나님의 거룩한 백성의 구주가 되셨다

941 | 사나 죽으나 예수

이 허망한 세월을 흘려보내고 나면
어찌하며 살 것인가
내 마음의 죄악의 서글픈 내력과
일상의 슬픔마저 버리고
예수를 따르며 살아야 한다

예수 그리스도를 믿으려면
사나 죽으나 주님의 것이 되어
주 예수 그리스도를 따라야 한다

살아도 주를 위하여 살고
죽어도 주를 위하여
일사각오의 신앙과
살아 있는 생명의 믿음으로 살아야 한다

구속의 사랑을 받은 사람들아
예수 그리스도를 믿고
사나 죽으나 예수 안에서 살라

사나 죽으나 부름을 따라 순종하며
주 안에서 사명을 다하며 살아야 한다

> 그리스도의 은혜로 너희를 부르신 이를 이같이 속히 떠나 다른 복음을 따르는 것을 내가 이
> 상하게 여기노라 다른 복음은 없나니 다만 어떤 사람들이 너희를 교란하여 그리스도의 복
> 음을 변하게 하려 함이라 ✝ 갈라디아서 1 : 6-7

예수의 복음은 영원히 변하지 않는
이 지상과 천상에서 찾을 수 있는
단 하나의 구원의 복음이다

다른 복음은 없으니 말씀 잘 푼다고
색다른 복음이 아니다
성경을 잘 해석한다고 떠든다고
색다른 복음이 결코 아니다

인간적인 생각에 빠져서
다른 복음을 따르는 것은
잘못된 신앙에서 비롯된 것이다

예수의 복음 외에 다른 복음은 없으니
성경은 성경으로 풀어나가야 한다
만약에 다른 복음이 있다면
생명의 복음을 변질시킨 것이다

예수의 복음은 영원히 마르지 않는 보혈로
구속이 완성된 단 하나의 복음이다
다른 복음을 전하면 저주받는다

943 | 복음의 그물을 던지게 하소서

복음의 그물을 던지게 하소서
온 세상의 어장에 믿음으로 던져
사람을 낚는 어부가 되게 하소서

죄로 인하여 버림받은 아픔의 상처로
삶의 의미를 잃은 이들을 향하여
복음의 그물을 힘껏 던지게 하소서

죄를 회개하며 떨어지는 눈물 속에
주님의 구원의 사랑을 깨닫는
천하보다 귀한 영혼들을 위하여
주님을 소망하게 하소서

세상에 눈을 돌려 숫자만을 생각하며
모든 것을 원하면 실패할 수밖에 없으니
하늘을 향하여 마음을 모아 기도하며
오직 말씀에 의지하게 하소서

연약함을 버리고 성령의 능력으로
온 세상 모든 나라와 민족을 향하여
어느 때든지 주님의 영광을 위하여
복음의 그물을 던지게 하소서

944 | 자기 백성을 지키시는 하나님

천지를 창조하시고 주관하시는 하나님은
언제 어디서나 불꽃같은 눈으로 지켜주신다

고된 역경과 시련이 폭풍처럼 밀려와
모든 것을 집어삼킬 것 같아도
성도라면 두려워하지 않는다

어둠과 쾌락의 즐거움에 빠져들어
절망 속에 혼자 남아 있을 때
슬프게 울부짖으며 회개하게 하소서

기나긴 불신의 터널을 지나
부족할 때마다 부족을 느끼며
주님의 도우심으로 채워나가게 하소서

역사는 흐르고 흘러도
변하지 않는 사랑으로 자기 백성을 지키시는
하나님의 섭리가 우리와 함께하신다

날마다 눈을 들어 하늘을 바라보며
겸손히 기도하며 감사하는 마음으로
주님을 그리워하며 즐겁게 살자

945 | 믿음의 첫걸음을 바르게 걷게 하소서

등산하는 것도 첫걸음부터 시작되오니
망설이거나 주저하지 말고
믿음의 끈을 꼭 매고 새롭게 출발하여
한 걸음 한 걸음씩 나아가게 하소서

삶의 골목길 지나갈 때마다
참된 믿음의 삶을 살기 위해
사랑과 소망 속에 살게 하시고
첫걸음을 바르게 걷게 하소서

죄의 실망과 실패의 고통 속에서
만들어지는 착잡하고 참담한 마음을
기도의 응답과 구원의 사랑을 받아
주 안에서 행복하게 살게 하소서

모든 일들이 뒤틀리고
제대로 되지 않는 날에도
우울하고 답답해 불평하지 않게 하소서

해가 찬란하게 빛을 발하며 뜨듯
새로운 은혜를 체험하게 하시고
끝끝내 믿음의 능력으로
주님을 닮아가게 하소서

946 | 너희 믿음을 확신하라

삶에 안개 가득하듯 죄가 자욱하게 끼면
진리가 자리를 잃고 떠날 수 있으니
너희는 믿음이 어디에 있는가 시험해보고
너희 자신의 믿음을 살펴보라

죄의 음침한 모습을 생명과 구원의 모습으로 바꾸어놓은
구원자 예수 그리스도가
너희 안에 계시지 않으면 헛된 믿음이다

예수 그리스도의 마르지 않는 보혈로
우리의 몸과 마음과 영혼이
깨끗하게 씻김을 받았으니
믿음에 확신을 갖고 살길을 활짝 열어라
어려운 고비마다 성도답게 살아가자

죄악 속에 살면 구원의 길이 흐릿해지지만
열심과 열정을 다하여 그리스도인답게 살면
구원의 길은 갈수록 선명해진다

바른 믿음과 올바른 신앙으로
구원자 예수 그리스도를 믿고 따르라
주님만이 길과 진리와 생명이 되신다

947 | 누가 나를 위해 지금 기도하는가

누가 나를 위해 지금 기도하는가
주님은 지금도 하나님 보좌 우편에서
우리를 위하여 중보의 기도를 하신다

고통에서 벗어나려면 기도하라
절망에서 벗어나려면 기도하라
고민에서 벗어나려면 기도하라

기도의 골방에서
주님을 만날 수 있고
주님과 행복한 시간을 가질 수 있다

깨어 기도하는 시간처럼
주님을 만날 좋은 때는 없다
괴로워 몸부림치던 날도
뜨겁게 기도하면 일으켜 세워주신다

주님이 은혜를 계속 주시고
신실한 기도에 응답하시니
나의 모든 짐이 가벼워졌다
기도할 때 주님의 다정한 음성을 듣는다

948 | 하나님의 백성은 보호하신다

사랑하는 자들아 주께는 하루가 천 년 같고 천 년이 하루 같다는 이 한 가지를 잊지 말라
✝ 베드로후서 3 : 8

하나님은 자기 백성이 힘들고 어렵게
안개 숲 헤쳐 나가야 할 때
언제나 어느 곳에서나 보호하신다

칠흑 같은 어둠 속에
길을 찾을 수 없을지라도
언제나 빛으로 함께하신다

백성이 소망 하나 없이 힘들고 지쳐 쓰러져도
인내하는 자의 피맺힌 간구를 들어주신다

수없이 쫓기고 핍박을 당해도
임마누엘이 되어 동행하여주시니
시름시름 그리움을 앓고 싶다

아무런 대가도 없이
언제나 변치 않는 사랑으로
우리의 죄를 사하시고 인도하신다

믿음의 백성을 응원하시고
영원한 날까지 인도하시니
재림하시는 주님을 기다린다

949 | 주님은 지금 오고 계신다

그러나 주의 날이 도둑같이 오리니 그날에는 하늘이 큰 소리로 떠나가고 물질이 뜨거운 불에 풀어지고 땅과 그중에 있는 모든 일이 드러나리로다 ✝ 베드로후서 3 : 10

주께서 도둑같이 오신다
이 길로 오실까 저 길로 오실까
궁금해질 때가 있다

구름이 유난히 아름답고
노을이 붉게 물들며
천둥과 벼락이 세차게 치는 날이면
혹시 주님이 오시는가
주님이 재림하시는 풍경을 그린다

주님이 재림하시는 날
맑게 웃고 밝아지는 세상
모두 웃고 기뻐하는 날이 되어야 한다

구름 타고 오시는 주님
그리워 울먹이며 말로 못 하고
얼마나 많은 날을 기다려야 할까
재림의 주님은 지금 오고 계신다

950 | 주님은 어떤 모습으로 오십니까

주님은 어떤 모습으로 오시렵니까
먼 그리움으로 마음 축나는데
주님은 어떤 모습으로 오시렵니까

막막한 기다림이 가득한데
죽음을 사랑으로 받아들이신
주님이 보고 싶습니다

천리만리 멀고 먼 하늘 끝에서
이 땅에 오실 주님을 반갑게 만나는
이 놀라운 은혜가 어디 있습니까

그리움이 사무쳐 눈을 감아도
주님의 모습이 떠올라
뼛속까지 파르르 울립니다

주님 나를 보시고
"나와 함께 천국에 가자"
이 한마디 말씀하시면
아무것도 원할 것이 없습니다
아멘 주 예수여
어서 오시옵소서

951 | 주님을 만나는 날 1

내 삶에서 주님을 만나는 날은 최고의 날
주님을 만나는 날을 기다립니다
아무것도 제대로 한 일이 없어 부족하고
아무것도 내세울 것이 없어 초라하고 연약하지만
구원의 주님을 소망하며 기다립니다

선연히 비추는 주님의 모습
하나님이 육신으로 오셔서
인간의 삶을 몸소 체휼하시고
모든 죄를 담당하시려고 십자가를 지셨습니다

점점 곪아 터지는 상처를 치유하시고
병든 영혼을 구하시려고
주님은 삼 일 만에 부활하셨습니다

다시 오시는 주님 모든 영광과 찬양을
홀로 받으시기에 합당합니다
모든 인간들이 구속의 주님을 영접하고
주님을 찬양하기를 원합니다
주님을 고대하며 그리워할 때마다
눈물로 감사의 기도를 드립니다

주님을 만나는 날이 기다려집니다
아무것도 한 일이 없고
아무것도 내세울 것이 없어 연약하지만
구원의 주님을 만나는 날을 기다립니다

온 세상 가득히 빛으로 오실 주님
죄와 실망으로 구겨진 얼굴을 펴주시고
모든 질고와 상한 마음을 치유해주시는
우리 주님 예수 그리스도를 찬양합니다

다시 이 땅에 오시는 주여
모든 영광과 찬양을 홀로 받으시며
하나님이 창조하신 모든 인간들이
주님을 찬양하며 경배하기를 원합니다

다시 오실 주님이 그리워지면
눈물로 감사의 기도를 드릴 뿐입니다

인간적으로 부족하지만 주님만 의지하기 원하며
지친 영혼 안식할 날 신비로운 감동의 날
가장 복된 날 주님을 만나는 날을 기다립니다

953 | 주님을 만나는 날 3

들판에 피어나는 꽃들에서
초록을 물들이는 나무들 속에서
주님을 만나자

하늘에 떠 있는 구름들과 들판에 부는 바람에서
주님을 만나자

유유히 흐르는 강물과
찬란한 빛을 내는 태양의 열기 속에서
주님을 만나자

사랑하는 가족들과 성도들 속에서
집 가까이 살고 있는 이웃들 속에서
거리에서 만나는 사람들 속에서
다정한 친구들과의 만남 속에서
주님의 손길을 느끼자

새들의 노래 속에서 쏟아지는 빗소리에서
사람들의 목소리 속에서 주님의 음성을 듣자

우리들의 마음에서 가까운 사람들의 마음에서
멀리 있는 사람들의 마음에서 주님을 만나자
삶 속에서 주님을 만나자

954 | 그날 주 예수 다시 오시는 날

이 말씀을 마치시고 그들이 보는데 올려져 가시니 구름이 그를 가리어 보이지 않게 하더라 올라가실 때에 제자들이 자세히 하늘을 쳐다보고 있는데 흰옷 입은 두 사람이 그들 곁에 서서 이르되 갈릴리 사람들아 어찌하여 서서 하늘을 쳐다보느냐 너희 가운데서 하늘로 올려 지신 이 예수는 하늘로 가심을 본 그대로 오시리라 하였느니라 ✝ 사도행전 1 : 9-11

그날 주 예수 다시 오시는 날
천군천사 나팔 소리와 함께
구름 타고 오시는 날

주님께서 물으실 그때에
연약하고 부족하였구나
허물이 많구나 물으실 그때에

주여 우리의 죄와 허물 때문에
십자가에 달리시지 않으셨나요
이렇게 대답할 수밖에 없습니다

그날 주 예수 다시 오시는 날
의인에게 상을 주고 죄인을 심판하시는 날

이웃을 사랑하고 형제를 용서하였느냐
자매를 불쌍히 여겼느냐
나에게 다가오셔서 주님께서 물으실 그때에

주여 주님이 아시나이다
그 때문에 항상 함께하지 않으셨나요
말할 수밖에 없습니다

955 | 예수 앞에 나오시오!

갈 길을 잃고 헤매는 사람들
때때로 먹구름이 끼어 갈 길을 찾지 못할 때
진리와 빛이 되시는 예수 앞에 나오시오

원하던 모든 것들이 시들어 고통당해 가슴이 시리고
아픈 사람들은 치유받고 싶다면
상처를 다독여주시는 예수 앞에 나오시오

언제 걷힐지 모르는 죄악의 어둠 속에 사는 사람들은
회개하고 구원자 주님 앞에 나오시오
고독하고 쓸쓸하고 외로워
영혼의 쉼을 얻고 싶다면 예수 앞으로 나오시오

삶에 균열이 생기고
죄악 속에 젖어 몽롱해지는 사람은
정신 바짝 차리고 예수 앞에 나오시오

뼈마디가 녹도록 절망스러운 사람들도
행복한 삶을 원한다면 예수 앞에 나와서
주님 오셨다가 간 자리마다 피어난
복음의 사랑을 받고 천국에 초대받으시오

만일 누구든지 이 두루마리의 예언의 말씀에서 제하여버리면 하나님이 이 두루마리에 기록
된 생명나무와 및 거룩한 성에 참여함을 제하여버리시리라 이것들을 증언하신 이가 이르
시되 내가 진실로 속히 오리라 하시거늘 아멘 주 예수여 오시옵소서 ✝ 요한계시록 22 : 19-20

예수 그리스도 이 땅에 재림하시는 날은
축제의 날이자 심판의 날
선지자와 거짓 선지자가 구별되고
양과 염소와 죄인과 의인이 갈라지고
알곡과 가라지가 구분되는 날이다
천국 문이 열리고 초대된 사람들이
하나님을 찬양하며 기뻐하고
감사드리며 들어가는 날이다

회개치 않은 자 토색한 자
하나님의 영광을 가린 불신자
음란한 자들이 지옥에 들어가는 날이다

인간은 잔인하게 하나님의 아들
예수까지 십자가에 못 박아 죽였으니
회개하지 않으면 천국에 갈 수 없다
반석 위에 세운 믿음으로
중보자 예수를 구주로 고백하고 시인하며
등불을 켜 든 신랑과 같이
주님의 재림의 날을 기다리자

957 | 예수 그리스도 재림의 날 2

예수 그리스도의 재림의 날
그날과 그때를 아무도 모른다
하늘의 천사들도 모른다

성도들아 주의하라 깨어 있으라
생각지도 않은 때에 주님이 오시리니
말세의 성도들이여 깨어 있으라

주님이 오시는 날이 언제인지
하나님만이 아시고 꼭 실행하여 오실 것이다
지난날 죄를 회개하고 용서받고 구원받은
지혜로운 다섯 처녀처럼
예수의 재림을 기다리라

예수의 재림의 날을 고대하며
헛된 신앙 따르지 말고 올바른 믿음 속에
성령의 열매를 계절 따라 맺어가며
주 앞에 서기를 원하며 살아가라

주님의 날이 홀연히 올 것이다
이 세상 모든 성도들이
기뻐하고 환영하며 감사할 날이 올 것이다

958 | 예수 그리스도 다시 오시는 날 1

이것들을 증언하신 이가 이르시되 내가 진실로 속히 오리라 하시거늘 아멘 주 예수여 오시옵소서 주 예수의 은혜가 모든 자들에게 있을지어다 아멘 ✝ 요한계시록 22 : 20-21

부활하사 구름 타고
하늘에 오르신 예수 그리스도
언제 다시 구름 타고 오실까

주님이 오시는 날 낮일까 밤일까
봄, 여름, 가을, 겨울 어느 때일까
오실 날은 하나님만 아신다

늘 기도하며 깨어 있는 성도가 되어
슬기로운 처녀처럼 등불을 준비하라
등을 켜 들어 어둠을 밝히며
기쁘고 반갑게 맞이하라

재림하는 예수는 처음에 오실 때와
다르게 모든 사람 행한 대로
심판하는 재판장으로 오시니
죄를 감추고 없어 양과 염소로 나눈다

날마다 내 마음속에
불쑥불쑥 찾아오시는 주님을 기다리며
이웃을 사랑하고 원수를 용서하며 살아가
주님이 오시는 날 잘했다 칭찬받자

959 | 예수 그리스도 다시 오시는 날 2

내 영혼을 새롭게 하여주시고
나보다 먼저 찾아와 주시는 주님
영과 육이 추구하는 방향이 다르니
말씀으로 새롭게 하여주소서

나의 마음 깊은 곳에 숨어 영혼을 물어뜯는
죄를 씻어주시고 거듭난 삶 살게 하소서

하나도 자랑할 것 없는데 뽐내는
교만의 추함이 없게 하시고
혼란하고 심란한 긴 한숨을 버리고
해진 것을 믿음으로 꿰매며
마음의 평강을 누리게 하소서

주의 말씀에 귀를 기울이게 하시고
가늘고 나약한 믿음을 강하게 하시고
보혈의 피로 죄의 속박에서 벗어나
복된 성도의 삶을 살게 하소서

꿈속에서도 그리운 주님
나의 영혼을 날마다 새롭게 하시는
참빛 되신 주님의 사랑으로
밝고 건강한 믿음으로 살게 하소서

964

예수 안에 사는 법을 배워
예수 다시 오시는 날
모든 영광을 하나님께 돌리게 하소서

주님과 친구의 우정을 갖게 하시고
언제나 대화하시고 치료하시고
후원자가 되시니 마음이 부요합니다

주님과 나는 아무도 갈라놓을 수 없는
가장 놀랍고 귀한 사랑에 빠졌으니
생명의 길로만 가게 하소서

올바른 생각과 믿음으로 바라보며
허황된 욕심과 욕망을 떠나
하늘을 소망하며 진실하게 하소서

의무감에 허겁지겁 따르지 않고
주님의 말씀과 질서에 순종하며
영광을 돌림이 목적이 되게 하소서

예수 그리스도 다시 오시는 날
오직 하나님의 영광을
온전히 찬양하며 감사하게 하소서

961 | 끊을 수 없는 하나님 사랑

높음이나 깊음이나 다른 어떤 피조물이라도 우리를 우리 주 그리스도 예수 안에 있는 하나님의 사랑에서 끊을 수 없으리라 ✝로마서 8 : 39

예수 그리스도 안에서 이루어진
구원의 하나님의 사랑은
이 세상의 다른 어떤 존재도
끊을 수 없는 사랑이다

하나님의 사랑은 예수 십자가의 보혈
예수 그리스도의 고난의 흔적으로 이루어진
놀라운 은혜의 사랑이다

예수 사랑은 그 높이를 헤아릴 수 없고
그 깊이를 헤아릴 수 없고
그 넓이를 헤아릴 수 없는
가장 위대한 사랑이다

모든 것이 되시는 하나님께서
모든 것을 허락하시고
가장 아끼시는 독생자 예수를
구주로 보내주신 크고 놀라운 사랑이다

하나님의 사랑은 예수 안에 있는 한
영원히 끊을 수 없도록 영원한 천국으로
동행하며 이루어지는 하늘 사랑이다

962 । 예수를 구주로 시인하면 구원받는다

네가 만일 네 입으로 예수를 주로 시인하며 또 하나님께서 그를 죽은 자 가운데서 살리신 것을 네 마음에 믿으면 구원을 받으리라 사람이 마음으로 믿어 의에 이르고 입으로 시인하여 구원에 이르느니라 ✝ 로마서 10 : 9-10

예수를 구주로 시인할 수 있고
고백할 수 있는 사람은
예수를 영접한 사람이다

예수를 구주로 시인할 수 있는 사람은
자기의 모든 죄를 회개하여
예수 그리스도의 보혈로 깨끗하게
씻김을 받고 용서를 받은 사람이다

예수를 마음으로 믿는 사람은
예수 이름으로 믿고 예수 이름으로 기도하고
예수 이름으로 순종하는 사람이다

구세주 예수 그리스도를 구주로 시인하고
하나님께서 그를 십자가에서 고난받게 해
삼 일 만에 살리신 것을 믿으면 구원받는다

사람은 마음으로 믿으면 의인이 되고
입으로 시인하면 구원받으니
예수 그리스도를 찬양하며 영광을 돌리자

963 | 주님을 위하여 무엇을 했는가 1

하나님의 말씀은 살아 있고 활력이 있어 좌우에 날 선 어떤 검보다도 예리하여 혼과 영과 및 관절과 골수를 찔러 쪼개기까지 하며 또 마음의 생각과 뜻을 판단하나니 지으신 것이 하나도 그 앞에 나타나지 않음이 없고 우리의 결산을 받으실 이의 눈앞에 만물이 벌거벗은 것 같이 드러나느니라 ✝ 히브리서 4 : 12-13

이 세상에 태어날 때
값을 지불하고 태어난 자가 있는가
예수 사랑을 외상으로 받으면서도
감사도 하지 않고 큰소리를 친다
"나에게 무엇을 해주었는가"

빈손만 내밀고 화내고 욕설을 내뱉으며
성난 얼굴이 시시각각으로 변한들 무슨 소용이냐
예수를 팔아 정치하고 사업하고
이권 다툼에 시끄러워진다

헌금도 본전 생각이 간절해 더 큰 것만을 원하며
축복만 원하고 형제를 돌보지 않는다
끝없는 욕심과 분노와 욕망을
다 갚기 전에는 못 벗어난다
예수 안에 살수록 빛이 많고
밖에 살면 응어리진 헛된 욕심을 낼 뿐이다

예수를 위하여 무엇을 하였는가
주님 뜻대로 살아가며
주님이 원하시는 삶을 살아야 한다

964 | 주님을 위하여 무엇을 했는가 2

주님을 위해서 무엇을 했는가
모든 행위가 벌거벗은 것처럼 드러날 날이
오고 있으니 예수 안에서
헌신하는 성도의 삶을 살아가자

칠흑같이 캄캄한 어둠 속에
한 줄기 빛이 되어 찾아오신 주님 안에서
믿음의 공동체를 이루고
탐스런 포도송이로 잘 익어간다
하나님의 은혜로 태어나 살고 있음은
최고의 축복이니 최선을 다하자

기도하며 응답될 때 희망을 갖게 하시고
목숨을 다해 주신 말 한마디
"사랑한다"는 말에 목이 멘다
땀 흘린 소득의 십분의 일로
감사를 드릴 수 있음이 감사하다

모든 것을 쉽게 얻고자 얕은꾀에 빠지지 말고
모든 일에 성실하게 믿음의 경주를 하자
선명하게 드러나는 정이 그리우니 서러움을 털고
수고의 기쁨을 나누며 마지막까지 최선을 다하자

965 | 오! 주님

주님 부끄럼 없이 진실하게 고백합니다
태어날 때부터 저질렀던 죄와
나의 모든 허물을 쏟아놓습니다

예수 그리스도 앞에 죄악을 풀어놓지 않으면
구원받아 새롭게 출발할 수 없으니
주님께 순종하며 따르게 하소서

주홍 같고 진홍 같은 붉은 죄를 용서하시고
나의 삶을 통째로 바꾸어주소서
고집과 생각만으로 살고자 했던
지난날들의 삶을 용서하시고
십자가에 못 박았던 죄인을 용서하소서

예수를 모르는 지혜와 지식은 헛될 뿐이니
말씀을 믿고 행동하는 삶을 살게 하소서

주님의 흔적과 예수의 십자가를
자랑할 수 있는 힘과 용기를 주시고
천국에 갈 것인가 지옥에 갈 것인가 망설이지 말고
주님의 자녀로 복음의 증인이 되어
순종하는 믿음의 자녀가 되게 하소서

966 | 하나님의 사랑

아버지가 아들을 세상의 구주로 보내신 것을 우리가 보았고 또 증언하노니 누구든지 예수를 하나님의 아들이라 시인하면 하나님이 그의 안에 거하시고 그도 하나님 안에 거하느니라 ☀ 요한1서 4 : 14-15

두 손 두 무릎 꿇은들 무엇할 것이며
입술로 간곡히 기도한들
세상이 어찌 될 것이냐 말하지만
모르고 어리석어 하는 말입니다

날 구원하러 오신 예수를
말로 다 표현할 수는 없지만
당신들도 보다시피 알다시피
늘 기쁨 속에 살고 있지 않습니까

찬송을 부른들 어찌할 것이며
말씀을 보고 들으며 지킨들 어찌하며
순종이 무엇이냐 말들 하지만
구원의 기쁨을 모르고 하는 말입니다

예수가 겸손하게 낮아지셔서
골고다 언덕 위의 십자가에 달리시고
부활하심을 믿고 기뻐합니다

죄를 고백하고 용서를 받았으니
당신은 거룩한 백성 구원받은 성도
하나님의 자녀란 사실을 알고 계십니까

967 | 예수와 만나는 사람들 1

여러분은 자기를 위하여 또는 온 양 떼를 위하여 삼가라 성령이 그들 가운데 여러분을 감독
자로 삼고 하나님이 자기 피로 사신 교회를 보살피게 하셨느니라 ✝ 사도행전 20 : 28

한 번도 만나지 못했던 사람들과
출근길의 지하철에서 스쳐 가며
몸을 부딪치며 생존경쟁을 느낀다

어디로 가는 것인가 혼란에 빠져
신음 속에 지쳐버린 사람들
모두들 삶의 근거지를 찾아가는
제 나름대로의 목적지가 있을 텐데
낭만이니 고독이니 하며 살아가는 사람들

도착한 역에서 밀려 나올 때 소리치는 사람들
"예수 믿으세요"
"예수만이 여러분을 구원하십니다"
듣든지 못 듣든지 밀려가지만
몇 사람은 마음에 찔림을 받아
예수의 평안이 함께할 것이다

예수를 어떻게 믿을 것인가
주님을 따라야 한다

나의 속사람을 날로 새롭게 하시는 주님은
죄악 속에도 빛이시니 소중합니다
말씀과 기도로 뿌리를 내리고
속사람 새롭게 되어 굳센 믿음을 갖습니다

이웃을 사랑하고 배려하며
말씀을 마음 판에 새기고
날마다 천국을 소망하며 살게 하소서

불신이 생겨나고 나태해질 때
교만하여 돌과 쇠같이 마음이 굳어갈 때
속사람을 날로 새롭게 하여
적도의 열기보다 뜨거운 사랑을 주소서

죄는 모호하고 불분명하게 하오니
죄악을 떠나 때를 분별하며
선한 양심으로 믿음 변치 않게 하소서

천국 문 앞에서 회개하지 않은 악인들이
때늦은 후회 속에 통곡할 것이니
말씀 안에서 확고한 믿음으로
주 예수 그리스도를 믿게 하소서

욕망에서 떠나게 하소서
욕망의 강을 거슬러 오르다 빠져 죽고
진노의 채찍이 오기 전에 떠나게 하소서
남의 울타리를 넘보지 않고 배려해주고
격려해주는 사랑의 마음이 아름답습니다

욕망의 숲이 불타오른 뒤 남는 것은 허탈뿐이지만
창문이 깨끗한 집은 집 안도 편안하고 아늑합니다
인생은 미완성이기에 늘 욕심의 포로가 되지만
주님의 사랑은 늘 함께 익어가는
사랑의 열매입니다

성을 도구화하면 남는 것은
타락과 병든 몸뿐이지만
진실한 사랑은 아름답고 행복합니다
사랑을 도박하거나 탈취하거나 강탈할 때
도적이요 간음이니 온몸을 잘라내듯 절제하고
뼈마디가 끊어지도록 욕망을 끊어야 합니다

예수 사랑이 없으면 모든 것을 잃지만
예수 사랑이 있으면 모든 것을 얻습니다

970 | 삶 속에 여유를 갖게 하소서

여호와는 나의 목자시니 내게 부족함이 없으리로다 그가 나를 푸른 풀밭에 누이시며 쉴 만
한 물가로 인도하시는도다 내 영혼을 소생시키시고 자기 이름을 위하여 의의 길로 인도하
시는도다 ✝ 시편 23 : 1-3

삶의 여백 속에서 함께하시는 주님과
은밀하게 교제하는 시간에
주님을 날마다 묵상하게 하소서

생활의 분주함 속에서도 바쁘다는
갖가지 이유와 핑계로 주님을 떠나 살며
한숨과 허탈함에 빠지지 않고
늘 주 안에서 보람 있는 삶을 살게 하소서

세상 바람이 차갑고 쌀쌀하니
얄팍한 간계와 꾀 속에 살지 않고
발자취를 따라 지혜롭게 살게 하소서

삶의 진실을 깨닫게 하시고
단 한 번뿐인 삶을 은혜로 살게 하시고
죄짓는 마음을 훌훌 벗어버리고
유리창 닦듯 닦으며 살게 하시고
고단한 마음을 주님의 품 안에 안기게 하소서

주님께서 평생의 나침판이 되어주셔서
믿음의 아름다운 열매가 열리게 하시고
기쁘고 슬플 때 언제나 감사드리게 하소서

971 | 홀로 기도할 때

> 하나님을 가까이하라 그리하면 너희를 가까이하시리라 죄인들아 손을 깨끗이 하라 두 마음을 품은 자들아 마음을 성결하게 하라 슬퍼하며 애통하며 울지어다 너희 웃음을 애통으로, 너희 즐거움을 근심으로 바꿀지어다 주 앞에서 낮추라 그리하면 주께서 너희를 높이시리라 ✝ 야고보서 4 : 8-10

홀로 기도할 때 죄의 두려움이 없으면
진실해지고 거짓이 모두 사라지고
예수의 사랑이 온 가슴에 번집니다

홀로 있을 때마다 솔직한 고백으로
마음 구석구석에 스며 있던
죄와 악의 모양이라도 털어버리며
염치없지만 간절히 기도합니다

나의 모든 죄와 허물을 보혈의 공로로
하나도 남김없이 용서받았으니
사랑의 마음을 나누며 살아가며
모든 것을 늘 드리고 싶은 마음입니다

홀로 십자가에 외롭게 달리셨듯이
홀로 기도하며 고독할 때도
십자가의 고통을 깨닫게 하시고
굳게 믿고 따르며 신뢰하기를 원합니다

밤이 오면 새들이 안식을 위하여
둥지로 날아가듯이
주님의 품 안으로 들어가고 싶습니다

972 | 장미와 그리스도

덩굴장미 속에 바라보는 주님
바람 소리조차 외로움에 몸부림치던
겟세마네 동산에 올라
고독을 피처럼 흘려
꽃피운 사랑 어찌 감당하오리까

붉은 장미 속에 바라보는 주님
골고다 언덕에 홀로 서서
외마디로 휘장을 찢어 붉게 흘린 피
이 몸을 적시고도 온 세상에 흐르오니
어찌 감사하오리까

백장미 속에 바라보는 주님
저주도 조소도 끝나버린 날
가시도 어쩔 수 없어 꽃 피움처럼
찬란히 부활하신 주님

이 세상에서 가장 고귀한 언어
사랑을 주신 예수여
어찌 찬양하오리까

973 | 진달래꽃이 필 때면

봄철에 온 산에 진달래꽃
붉게 피어날 때면
주님의 사랑을 깨달을 수 있다

꽃 피어 온 산천을
붉게 물드이는 진달래꽃도
봄 한 계절 피었다 질 뿐

예수 그리스도 주님이
골고다 십자가의 고난 속에서 피우신
보혈의 꽃은 계절도 없이 피어나
죄인과 병든 영혼을 구원한다

눈으로는 볼 수 없으나
내 마음에 가장 활짝 피어나
향기를 발하는 예수 보혈의 꽃은
죄를 씻어주는 고귀한 은총이다

하나님의 말씀 생명의 복음은
예수를 믿으면 전도를 통하여
세상 구석구석 누구에게나 전할 수 있다

974 | 라일락 피는 계절에

라일락 피는 계절에
새롭게 피어나는 그리스도인이여
그대는 예수의 편지로
사람들의 시선 속에 다가가라

온 땅에 봄이 가득한
이 계절에 새로운 얼굴로 다가오는
예수 그리스도의 향기로
사람들의 마음속으로 다가가라

날마다 들려오는 수많은
어둠의 소식들 속에 너는
생명의 소식 기쁨의 소식이 되어
사람들의 영혼 속에 다가가라

이제 막 새롭게 거듭나는
이 땅의 복된 하나님의 자녀들이여
주님 안에서 모든 것을 바라라
주님이 너와 함께 하시리라
주님이 너를 도우시리라

975 | 나를 창조하여 주심에 감사드립니다

> 태초에 하나님이 천지를 창조하시니라 땅이 혼돈하고 공허하며 흑암이 깊음 위에 있고 하나님의 영은 수면 위에 운행하시니라 하나님이 이르시되 빛이 있으라 하시니 빛이 있었고 빛이 하나님이 보시기에 좋았더라 하나님이 빛과 어둠을 나누사 하나님이 빛을 낮이라 부르시고 어둠을 밤이라 부르시니라 저녁이 되고 아침이 되니 이는 첫째 날이니라
>
> ✝ 창세기 1 : 1-5

내 모습이 하나님의 형상을 닮았으니
축복 중의 축복입니다 거울 보며
"나는 하나님의 걸작품이다" 외치며
선택하시고 구속하여주심을 찬양합니다

예전엔 나의 괴로움만으로 고통스러워
파도가 부서지는 아픔 속에
이웃의 아픔이 슬프지 않았고
속울음을 꽤 쏟으며 살아왔습니다

이제는 구원받았사오니
이웃의 고통을 위하여 기도하게 하시고
믿음 속에서 항상 동행하며 살게 하여주소서

나를 구원하여주시니
몸과 영혼이 깃들 둥지는
사랑이 풍성하신 주님밖에 없습니다

진실한 주님을 향한 그리움과 기쁨에
속마음을 털어놓고 싶어
콧잔등이 간지럽습니다

976 | 눈물

날마다 우리 짐을 지시는 주 곧 우리의 구원이신 하나님을 찬송할지로다 (셀라)
✝ 시편 68 : 19

죄를 회개해야 몸과 영혼이 맑아지고
생각을 정리해야 기쁨과 웃음이 찾아온다
건강한 삶의 비결은
늘 부지런히 일하며 주 안에 사는 것
거짓 없는 눈물보다 진실한 것이 어디 있을까

입술을 깨물고 허리띠를 졸라매고
살아보아도 헛된 날이지만
마음이 쨍하고 깨지도록
눈물로 회개하면 보혈로 용서받는다

의심의 수렁에서 걱정에 흔들렸던
마른 가슴을 적셔주고 내 영혼을 휘감아
돌고 도는 사랑에 눈물의 고백이 흐른다

상상의 끝머리 잡된 생각보다
항상 주님이 계시기를 소망하며
피도 눈물도 메마른 세상이지만
주님이 구주이심을 눈물로 고백한다

마음 한 조각 그리움이 되었는데
주님은 저 푸른 하늘을 버리고
날 사랑하시고자 이 땅에 오셨다

977 | 고독이 휘몰아쳐 올 때

홀로 그네 타듯 고독이 휘몰아칠 때도
가슴 치는 통곡도 소용없고 덩그렇게
홀로 남는 외로움도 깨달아 살게 하소서

고독하다고 소리치며 허풍 떨기보다
날마다 주님과 동행하는 기쁨 속에
폐허 속에서도 생명의 꽃으로 피게 하소서

일과 사람과 가족들 속에서
공동체 속에서 고독을 느낄 때
사랑하는 마음을 갖게 하소서

고독이 폭풍처럼 휘몰아쳐 올 때
영적인 성숙의 시간을 가지어
삶을 돌아보게 하소서

골고다의 고독한 예수를 마음에 새기며
아첨이나 험담을 하지 않고
어떤 시련과 절망과 파멸도 이겨내는
기도를 할 수 있는 믿음의 담력을 주셔서
언제나 응답을 기다리게 하소서

978 | 허락하신 일용할 양식을 감사하게 하소서

그러므로 내가 너희에게 이르노니 목숨을 위하여 무엇을 먹을까 무엇을 마실까 몸을 위하여 무엇을 입을까 염려하지 말라 목숨이 음식보다 중하지 아니하며 몸이 의복보다 중하지 아니하냐 공중의 새를 보라 심지도 않고 거두지도 않고 창고에 모아들이지도 아니하되 너희 하늘 아버지께서 기르시나니 너희는 이것들보다 귀하지 아니하냐 너희 중에 누가 염려함으로 그 키를 한 자라도 더할 수 있겠느냐 ✝ 마태복음 6 : 25-27

맛난 음식을 먹는 것도
기쁨과 즐거움 중의 하나지만
먹을 것에 너무 집착하지 않게 하소서

날마다 일용할 양식에 감사하며
내 배만 부른 것으로
만족함을 느끼지 않게 하시고
가난한 이웃을 기억하게 하소서

일용할 양식이 이루어지기까지
수고한 이들을 축복하여주소서

음식을 먹을 수 없는 병든 이들과
가진 것이 없이 사는 이들을
늘 기억하며 나누며 살게 하소서

음식을 먹을 때 감사하게 하시고
허락하신 건강으로 땀 흘리며
최선을 다하여 일하게 하소서

979 | 예수 그리스도의 복음을 전하는 좋은 병사 1

> 너는 그리스도 예수의 좋은 병사로 나와 함께 고난을 받으라 병사로 복무하는 자는 자기 생활에 얽매이는 자가 하나도 없나니 이는 병사로 모집한 자를 기쁘게 하려 함이라 경기하는 자가 법대로 경기하지 아니하면 승리자의 관을 얻지 못할 것이며 수고하는 농부가 곡식을 먼저 받는 것이 마땅하니라 ✝ 디모데후서 2 : 3-6

예수 그리스도의 보혈로 씻음을 받은
그리스도인이 되었으니
하나님의 생명의 복음을 전하는
강하고 굳센 좋은 병사가 되자

예수 안에서 반석 위에 세워진
담대한 믿음으로 때와 시절을 따라
예수의 생명의 복음을 전하자

예수 그리스도의 복음을 전하는
좋은 병사로서 각자의 맡은 사명을
기쁨과 즐거움으로 감당하며 살자

주님 안에서 기쁠 때 함께 기뻐하고
슬픔과 고통을 함께 나누자
복음을 전하는 병사답게 살아가며
주님이 기뻐하시는 삶을 살아가자

예수 그리스도의 선택을 받았으니
모든 일을 제쳐놓고 언제나
신명 나게 하늘 복음을 전하며
세월이 흘러갈수록 행복하게 살자

예수 그리스도의 복음을 전하는
좋은 병사가 되기를 갈망하오니
죄악의 골 깊은 벼랑에서도
견디기 힘든 고난 속에서도
성령으로 함께하소서

해와 별과 달 온갖 꽃들과
나무와 모든 것을 창조하시고
말씀이 육신으로 오심을 찬양합니다

늘 함께 성령의 인도하심 따라
믿음이 요동하거나 흔들리지 않게 하소서

내 마음 어루만지고 치유해주시고
죄의 유혹도 회개함으로 구원받아
굳건한 믿음으로 복음을 전하게 하소서

마음 판에 어릿어릿 비치던 말씀
화살이 되어 꽂히게 하시고
입술로 신앙을 고백하게 하소서
주님의 사랑은 눈물 나도록
기억의 갈피마다 수놓아져
늘 떠나지 않는 그리움이 되었습니다

981 | 예수 그리스도의 복음을 전하는 좋은 병사 3

주님을 영원히 찬양합니다
전능하신 하나님의 능력을 찬양하며
온 마음 다하여 고백하오니
영원히 영광을 받아주시기를 원합니다

길가의 작은 꽃들도 바람도 파도도
하늘의 해와 달과 별들도
푸른 하늘에 피어오르는 구름 한 점도
하나님을 찬양함이 아름답습니다

온 우주가 주님을 찬양하는데
이 부족하고 작은 자도
주님을 찬양하게 하심을 감사드립니다

죄로 멍든 심령도 보혈로 씻어주시고
이 작은 자라도 천국에서 소망 속에
예수의 복음을 전하는
믿음 좋은 병사가 되기를 원합니다

사뭇 부풀어 오르는 행복한 마음으로
눈물 젖은 눈으로 감사하며
하나님을 뜨겁게 찬양함이 축복입니다

982 | 온 천하에서 열매 맺는 복음

기도할 때마다 감사를 드립니다
모든 일의 시작도 끝도
하나님의 섭리 속에서 이루어집니다

사방에 사탄이 죄악의 올무를 놓아도
믿음으로 담력 있게 복음 전하며
소망의 다리를 이웃에게 놓아가는
복 있는 삶을 살기를 원합니다

시냇물 찾아가는 양 떼처럼
하늘에 복된 소망을 쌓아가며
진리 안에서 순례자의 삶을 삽니다

예수 그리스도의 생명의 복음을 듣고
깨달아 걱정과 의심이 사라지고
믿음이 확실한 그리스도인이 됩니다

하나님의 종으로 선한 일꾼이 되어
잊지 않고 맡겨진 사명에 헌신하며
성령 안에서 천하에 말씀을 꽃피우며
계절을 따라 풍성한 열매를 맺습니다

983 | 나를 부르신 하나님

온 세상 사람들 중에 나를 선택하여
기쁘게 부르신 나의 하나님
어쩌면 무리 중에
휩쓸려버렸을지도 모르는데
감추어져 드러나지도 않았을 텐데

하나님께서 나를 기억하사 부르시고
인도하시고 구원하여주셨다
어느 날 나의 이름이 생명책에
기록되었다는 놀라운 사실을 알았을 때
나는 감사의 눈물을 흘리고 말았다

지구 상의 나의 존재는 작고도 작은데
나를 위해 십자가에 달리사
피 흘려 나의 죄를 대속하여주셨다

지금도 하나님의 보좌 우편에서
나를 위하여 기도하시니
온 마음으로 영광을 돌려도 부족하다
나의 삶의 전부를 희생하여
평생토록 기억하며 기도하고
찬양과 경배를 드려도 부족할 뿐이다

984 | 예수를 전파하라

복음을 전할 때 예수 그리스도를 전하고
온 땅의 모든 나라 모든 민족에게
때를 얻든지 못 얻든지 만나는 사람들마다
생명의 복음 말씀을 전파하라

복음을 전하는 자가
예수보다 더 자신을 나타내
유명하게 되려는 것은
예수 그리스도의 영광을 가리는 것이다

복음을 전파할 때 예수를 먼저 나타내고
예수 그리스도를 만나게 하라
주님께서 우리의 죄를 용서하여주시고
구주가 되시는 것을 전파하라

예수만이 만인을 구원하실 분으로
우리를 죄에서 구원하실 수 있다
복음 전하는 자라면 대접받기를 좋아하고
섬김을 받으려고 하지 말고
예수처럼 먼저 섬기는 삶을 살아가라

985 | 예수 복음 외에 다른 복음은 없다

그리스도의 은혜로 너희를 부르신 이를 이같이 속히 떠나 다른 복음을 따르는 것을 내가 이상하게 여기노라 다른 복음은 없나니 다만 어떤 사람들이 너희를 교란하여 그리스도의 복음을 변하게 하려 함이라 ✝ 갈라디아서 1 : 6-7

예수 그리스도만이 생명의 말씀이요
예수 그리스도만이 살아 있는 복음이다
하나님 외에 다른 하나님이 없듯이
하나님의 성경 말씀 예수의 복음 외에
다른 복음은 전혀 있을 수 없다

예수 그리스도 우리 주님은
은혜로 우리를 부르시고 입술로
주를 고백하게 하시고
생명의 말씀을 주셨다

성경 외에 다른 복음은 없으니
성도들을 교란하고 이간질시키려고
복음을 변질시켜 장사하는 자들은
하나님의 사람들이 아니다

자기의 이름을 위하여 복음을 마음대로
해석하는 자들은 하나님의 사람들이 아니다
예수 그리스도만을 증거하는
살아 있는 하나님의 말씀 이외에
다른 말씀이 하나님의 말씀이라고
하는 자들은 저주받을 것이다

986 | 모두가 주님의 은혜입니다

내가 이 세상에 태어난 것도
내가 지금까지 살아온 것도
주님을 믿어 천국에 갈 수 있는 것도
모두가 주님의 은혜입니다
내가 어찌 주님의 보혈로 죄를 씻고
죄를 벗고 구원받을 수 있겠습니까
모두가 주님의 은혜입니다

내가 어찌 구세주 예수 그리스도의
구속의 사랑을 받을 수 있겠습니까
모두가 주님의 은혜입니다
나만을 바라보면 부족하여
그 아무것도 할 수 없는데
십자가 사랑으로 새롭게 되었으니
모두가 주님의 은혜입니다

내가 어찌 나를 구원하신 주님을
찬양하지 않을 수 있겠습니까
모두가 주님 은혜입니다
내가 어찌 하나님의 말씀
이 귀한 복음을 전하지 않겠습니까
모두가 주님의 은혜입니다

987 | 예수 그리스도 제자의 순교

세금 받던 성격이 꼼꼼한 마태는 에티오피아의 시골 동네에서
예수 그리스도의 생명의 말씀을 전하다가 순교했다
예수의 제자 마가는 알렉산드리아 온 시가지에서 짐승처럼 질질 끌려다니며
온몸이 갈기갈기 찢어지는 참혹한 고통 속에 처참하게 순교했다
예수의 제자 의사 누가는 옛 그리스에서
올리브나무에 몸이 매달린 채로 순교했다
예수의 가장 어린 제자 요한은 펄펄 끓는 가마솥에 던져졌으나
살아나 밧모 섬에 외롭게 유배되었다가 요한계시록을 기록하고 순교했다
예수 그리스도의 사랑을 받은 수제자 갈릴리 어부 베드로는 로마에서
십자가 형틀에 거꾸로 매달려 순교했다
예수 제자 갈릴리 어부 야고보는 성전의 가장 높은 탑에서 던져져
많은 무리가 던지는 돌에 맞아 순교했다
예수의 제자 바돌로매는 목숨이 살아 있을 때
온몸의 가죽이 벗겨져 처참한 고통 속에 순교했다
예수의 제자 사람을 낚는 어부 안드레는 예수처럼 십자가에 매달려 순교했다
예수의 제자 중에 가장 의심이 많았던 도마는 동인도에서
예수 구원의 복음을 전하다가 불신자가 찌르는 대나무 죽창에 찔려 순교했다
예수의 제자 유다는 몸에 화살을 맞아 죽어가면서도
하나님의 영광을 나타내며 순교했다
예수를 은 삼십에 판 가룟 유다 대신 제비 뽑아
제일 마지막 제자로 선택된 맛디아는 뜨거운 열정으로 복음을 전하다가
사람들이 던지는 돌에 맞아 물에 빠져 순교했다

988 | 믿음의 공동체를 위하여

> 만물의 마지막이 가까이 왔으니 그러므로 너희는 정신을 차리고 근신하여 기도하라 무엇
> 보다도 뜨겁게 서로 사랑할지니 사랑은 허다한 죄를 덮느니라 서로 대접하기를 원망 없이
> 하고 각각 은사를 받은 대로 하나님의 여러 가지 은혜를 맡은 선한 청지기같이 서로 봉사하
> 라 만일 누가 말하려면 하나님의 말씀을 하는 것같이 하고 누가 봉사하려면 하나님이 공급
> 하시는 힘으로 하는 것같이 하라 이는 범사에 예수 그리스도로 말미암아 하나님이 영광을
> 받으시게 하려 함이니 그에게 영광과 권능이 세세에 무궁하도록 있느니라 아멘
>
> ✝ 베드로전서 4 : 7-11

믿음의 공동체에 함께하시고

날마다 공급하시는 힘과 능력으로

땀 흘려 얻은 소득이 기쁨이 되게 하소서

공동체 안의 모든 지체들이

독수리같이 주를 앙망하며 살게 하시고

선한 사랑을 나누는 삶을 살게 하소서

기도와 찬양의 능력으로

더욱 온전한 믿음을 체험하게 하시고

주님이 가르쳐주신 기도가

모범이 되어 기도하게 하시고

말씀이 영혼의 양식이 되게 하소서

예수를 온전히 믿고 따르며

때를 따라 생명의 복음 전하게 하시고

주 안에서 서로 사랑하며

믿음의 공동체 지체로서 하나 되게 하소서

지체들이 모일 때마다 예배드리며

찬양하고 기뻐하게 하시고

흩어지면 서로를 위해 기도하며

복음의 산증인으로 발 벗고 나서게 하소서

989 | 오늘 누가 주님의 제자일까

오늘 누가 주님의 제자일까
오늘 누가 이웃을 내 몸처럼 사랑할까
삭막한 세상 사랑의 손길을
기다리는 것은 너무나 많고 많은데
사랑의 손길이 되어줄 사람들은 누구일까

예수 십자가로 구원받은 그리스도인이라면
전 세계는 한 형제자매가 아닌가
들었는가 보았는가 지금 이 순간에도
헐벗고 굶주려 죽어가는 어린 영혼들을
보았는가 들었는가 지금 이 순간에도
병들고 지쳐서 쓰러져
할딱거리는 사람들을 찾아가야 한다

지금 바로 이 시간이 주님이 말씀하시던
소자에게 냉수 한 그릇의 사랑을
베풀어야 할 나눔의 시간이 아닌가

우리가 갈 수는 없어도
예수 이름으로 사랑의 손길을 모은다면
사랑이 세상 끝까지 닿을 수 있다
우리 함께 동참하며 사랑을 나누자

한번 떠나면 돌아올 수 없는 삶을
어찌 한가로이 바람 나들이처럼
살아가겠습니까

인연이란 말은 쉽게 하지만
한 사람 한 사람 만나 가까움을 느끼며
살기란 너무도 어렵습니다

눈빛을 느끼고 가슴을 열어
따스한 사랑을 갖기란
겨울날 꽃 피우기처럼 안타깝습니다

살아감의 한 둘레 속에서
만나는 사람들과
웃고 울고 때로는 어울리며
가까움도 느껴보았지만
그것이 꼭 진실한 사랑은 아니었습니다

그 어느 날 내 가슴이 확 열리며
하늘 그 하늘 사랑이 벅차도록 밀려왔을 때
나는 그만 고백하고 말았습니다
"오 주여 나는 당신을 사랑합니다"

991 | 우리는 그리스도인

우리는 누구입니까
사랑받아본 사람이 사랑할 힘이 있고
용서받아본 사람이 용서할 힘이 있습니다
우리는 주님의 보혈로 용서받은 그리스도인
주님의 사랑과 용서를 한량없이 받았습니다

하나님이 세상을 사랑하셔서
예수 그리스도께서 이 땅에 오셨으니
믿으면 구원받고 영생을 얻습니다

우리 하나님의 자녀들은
예수 그리스도의 이 같은 사랑을 받았고
한도 없고 끝도 없는 영원한 하늘 사랑을
충만하게 받았습니다

사랑과 용서로 모진 마음을 품지 말고
한결같은 사랑을 나누어야 하고
내게 있는 것을 나누어야 합니다

우리의 삶에 나눔이 있어야
주님의 손길이 함께하시고
우리의 마음이 닿는 곳에
예수가 드러납니다

992 | 너희와 항상 함께 있을 것이다

주여 우리와 항상 함께하소서
구원의 주님이 우리의 삶 속에
항상 함께하심을 믿습니다

주님은 목자 우리는 양이오니
날마다 인도하여주시옵소서
"너희와 항상 함께 있으리라"
말씀하신 음성이 들리오니 함께하소서

이 세상은 순간마다 다가오는 절망과 고통 속에
아픔이 너무나 많습니다

아픔과 절망 속에 오가는 사람들의
절규가 너무나 많습니다

욕망과 절망 사이를 오가며
타락하는 사람들의 절제하지 못함과
방종이 너무나 많습니다

우리의 믿음을 담대하게 하시고
삶 속에 주님이 함께하소서

993 | 천국에서 만나기를

천국에서 그대를 만날 수 있는
기쁨이 있기를 간절하게 기도드린다

주님이 우리를 천국으로 인도하시는
그날 우리는 기쁨 속에
진정 하나님의 사랑으로 행복하리라

우리가 천국에서 만날 수 있다는 것은
얼마나 놀라운 축복인가
나도 천국에 있는 것이니
이 얼마나 놀라운 축복일까

우리가 세상의 근심과 고통을 끝내고
영원한 천국에서 살 수 있다니
이 얼마나 놀라운 하나님의 사랑이며
이 얼마나 놀라운 은혜인가

그대여 천국은 아름다운 곳이니
지상에서 날마다 행복하고
아름다운 추억을 만들며 살아가야 하리라

994 | 우리와 늘 함께하여주시는 주님

우리 구주 예수 그리스도로 말미암아 우리에게 그 성령을 풍성히 부어주사 우리로 그의 은혜를 힘입어 의롭다 하심을 얻어 영생의 소망을 따라 상속자가 되게 하려 하심이라
✝ 디도서 3 : 6-7

눈물과 슬픔을 아시고 두려움을 아시고
늘 함께하여주심을 감사드립니다

우리와 늘 함께하여주시는 주님
골고다 십자가의 모진 고통을 이겨내시고
상한 아픔도 이겨내신
주님의 인도하심을 감사드립니다

삶 속에는 늘 비극이 있고
절망이 있고 슬픔이 있지만
심령에 성령을 풍성히 부어주시고
힘입어 의롭다 하여주시기를 원합니다

희망 속에 산다는 것을 축복이며 행복이오니
언제나 기도하면 응답하여주심을 믿고
기다릴 수 있는 믿음을 주시기를 원합니다
배고픔을 알아 일용할 양식을 베푸시는 주님께
늘 감사하며 살게 하소서

기쁠 때나 슬플 때나 부요할 때나 가난할 때나
건강할 때나 아플 때나 늘 함께하시는 주시니
영생의 소망에 따라 상속자가 되기를 원합니다

995 | 주여 나의 일생 동안

나의 일생 동안 기도하여도
당신의 외침 한마디만도 못합니다

나의 일생 동안 시를 쓴다 하여도
당신의 말 한마디만도 못합니다

나의 일생 동안 봉사하여도
당신의 따스한 손길
한 번만도 못합니다

나의 일생 동안 용서하여도
당신이 십자가에 흘리신
피 한 방울만도 못합니다

나의 사는 날 동안 나의 자랑은
분토만도 못합니다

996 | 주여 나를 기억하소서

주여 주의 날에 나를 꼭 기억하여주소서
죄지어 지옥문으로 달음질하며 달려가던
나를 보혈로 구원하여주셨으니
천국문에서 만난 주님께서
"나와 함께 가자" 하시면 더 바랄 것이 없습니다

우리 주님 예수 그리스도가 아니면
내가 어찌 구원받을 수 있으며
어찌 천국에 들어갈 수 있겠습니까

나는 부족하고 연약하고
아무 쓸모 없는 죄인일 뿐이니
마지막 날 주님께서 재림하시는 날에
나를 꼭 기억하여주소서

주님 앞에 늘 부족하고 드릴 것 없고
내세울 것이 하나도 없으니
주여 나를 기억하시고 인도하여주소서

주님의 이름으로 구원받아
영원한 하늘나라 천국문에 들어가게 하소서

997 | 날마다 주님을 깊이 묵상하게 하소서

> 나의 영혼이 잠잠히 하나님만 바람이여 나의 구원이 그에게서 나오는도다 오직 그만이 나의 반석이시요 나의 구원이시요 나의 요새이시니 내가 크게 흔들리지 아니하리로다
> ✝ 시편 62 : 1-2

이 세상에서 가장 소중한 구원자
예수는 구세주이시며 구원자이십니다
삶이란 왔다가 떠나는 것이지만
하나님의 은혜 아래 영생이 있기에
하늘 소망으로 살기를 원합니다

교만함과 죄악 속에서 죽는다면
얼마나 부질없고 의미 없고
보잘것없이 초라한 삶입니까

구주께서 죄악에서 구원하여주시고
천국에 초대하여주셨으니
마음 넉넉한 사랑과 기쁨에 만족합니다

영원히 사랑받기에 합당하신
구주 예수의 심장을 타고 흐르는 사랑에
나의 구세주 주님을 찬양합니다

사랑하는 주님을 닮아가게 하시고
말씀으로 마음을 밝히며
날마다 주님을 깊이 묵상하게 하소서

998 | 당신은 선택할 수 있는가

당신은 생명의 길 죽음의 길 중에서
어느 곳으로 선택하여 갈 것인가
선택에 따라 때로는 살고 때로는 죽는다

좁은 길과 넓은 길
좁은 문과 넓은 문에서
당신은 어느 것을 택할 것인가

하나님을 섬길 수도 있고
물질과 사탄을 섬길 수도 있는데
당신은 누구를 경배하고 섬길 것인가

믿음을 반석 위에 세울 수도 있고
불신을 모래 위에 세울 수도 있는데
당신은 어느 곳에 세울 것인가

양이 될 수도 염소가 될 수도 있는데
당신은 무엇을 선택할 수 있는가
세상의 죄악의 길로 갈 것인가
천국의 생명의 길로 갈 것인가
당신의 선택에 따라 운명이 달라진다

999 | 천국에 들어가게 하시는 예수

> 모든 은혜의 하나님 곧 그리스도 안에서 너희를 부르사 자기의 영원한 영광에 들어가게 하신 이가 잠깐 고난을 당한 너희를 친히 온전하게 하시며 굳건하게 하시며 강하게 하시며 터를 견고하게 하시리라 ✝ 베드로전서 5 : 10

예수가 죽음으로써 모든 것이
희망이 없는 절망으로 끝나는 줄 알았다
생명의 희망이 절망 속으로 빠져들어 가
죽음의 어둠만 남아 있을 줄 알았다

예수가 베풀던 세례도 전하는 복음도
아무런 의미 없이 헛되이 사라지고
죄 사함도 끝나는 줄 알았다

예수가 삼 일 만에 부활하시고 보혈의 은혜가
모든 죄를 씻어주고 용서함으로
하나님의 자비와 은혜가 흘러넘쳤다

십자가에서 피 흘리시고 찢기셨던 예수가
사망권세를 이기시고 살아나셔서
우리를 영원한 천국에 초대하셨다

절망으로 흐르던 것들이 예수의 부활로
소망으로 변하여 온전하게 하시고
더욱더 강하고 견고하게 하셨다
예수의 고난으로 구원의 길이 열리고
새로운 믿음으로 시작하게 하셨다

1000 | 하나님은 언제나 함께하신다오

그대의 속주머니 깊숙이 들어 있는
신약성경 속에 하나님은 잠들고 계시지 않다오
예배당 종소리가 울리지 않는 날에도
그분은 함께하신다오
횡단보도의 붉은 신호등이 켜지고
골목에서 아이들이 싸우며 울 때
도둑이 아무도 모르게 담을 넘고
밤을 지키는 병사가 졸고 있을 때
죽음을 기다리는 사형수의 감옥에도
하나님은 계신다오
그대가 기도를 드리는 시간에만
하나님이 계시는 것은 아니라오
그대의 눈앞에 언제나 볼 수 있는 두 손처럼
하나님은 언제나 함께하신다오
고민할 때 화날 때 아픔으로 몸져누워 있을 때
절망으로 죽고 싶을 때 그분은 우리 곁에 계신다오
우리는 순간순간 그분이 보아주시기를 원하지만
그분은 우리의 영원을 보고 계신다오
기쁠 때 소망 있을 때만
그분이 당신 곁에 있다고 생각한다면
그대는 정말 어리석은 그리스도인이오
그대가 멀리 도망가고 싶어 할 그 순간에도
가장 가까이에서 마음 문을 두드리고 계신다오

1000편의 시로 쓴 예수 그리스도의 생애

—

개정판 1쇄 2018년 7월 25일
지은이 용혜원
펴낸이 김영재
펴낸곳 책만드는집

—

주소 서울시 마포구 양화로3길 99, 4층 (04022)
전화 3142-1585·6
팩스 336-8908
전자우편 chaekjip@naver.com
출판등록 1994년 1월 13일 제10-927호
© 용혜원, 2018

—

—

ISBN 978-89-7944-661-6 (03230)